U0902830

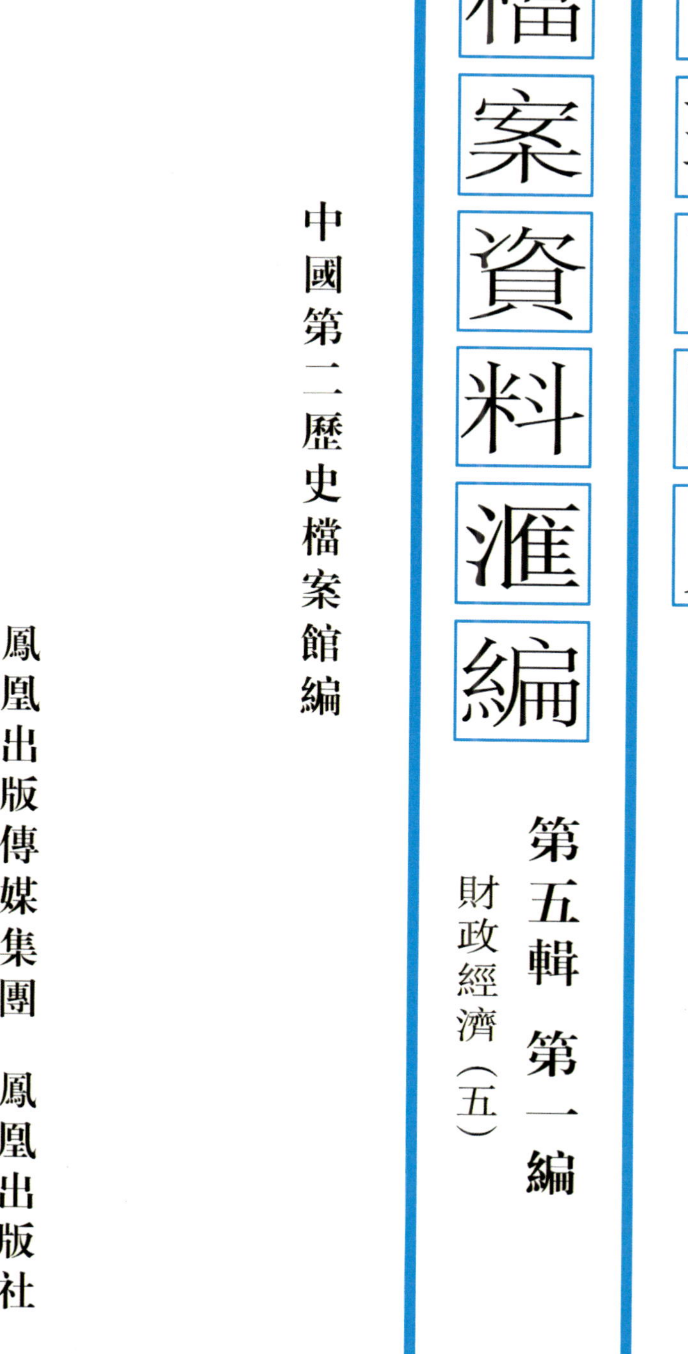

中華民國史檔案資料滙編

第五輯 第一編

財政經濟（五）

中國第二歷史檔案館編

鳳凰出版傳媒集團 鳳凰出版社

目　录

〔六〕工矿业

（一）工矿业概况

一、工矿业法规

二、利用外资与限制设厂

(二)工矿业统计

一、工业统计

〔六〕工矿业

(一)工矿业概况

一、工矿业法规

1. 国民政府关于公布特种工业奖励法致行政院训令

(1929年7月31日)

国民政府训令　字第六六二号

令行政院

为令饬事。查特种工业奖励法现经制定，明令公布，应即通饬施行。除分令外，合亟抄发原条文，令仰遵照，并转饬所属一体遵照。此令。

计抄发特种工业奖励法一份

主　　　席　蒋中正
司法院院长　王宠惠
行政院院长　谭延闿
考试院院长　戴传贤
立法院院长　胡汉民
监察院院长　蔡元培

中华民国十八年七月三十一日

特种工业奖励法

第一条　凡中华民国人民所办工业，合于左列各款之一，确著成绩者，得依本法，呈请奖励之。

甲、创办基本化学工业、纺织工业、建筑材料工业、制造机器工业、电料工业及其他重要工业者。

乙、制品能大宗行销国外者。

丙、自己发明或输入外国新发明，首先在一定区域内制造者。

丁、应用机械或改良手工制造洋货之代用品者。

第二条 奖励方法如下：

一、准在一定区域内有若干年之专制权。但至多以五年为限。

二、准减若干年国营交通事业运输费。但至多以五年为限。

三、准免或准减若干年材料税。

四、准免或准减若干年出品税。

前条甲、丙两款工业，得释用或并用前项一至四各款，乙款工业得释用或并用二至四各款，丁款工业得释用或并用三、四两款。

第三条 呈请奖励者应具呈请书载明左列事项，呈请工商部核办。

一、公司及工厂之种类、名称。

二、经理、董事及重要职员之履历。

三、总店、总厂并分店、分厂所在地。

四、资本及其种类财产价值或估价之标准。

五、公司及工厂创立以来之经过并成绩。

六、制品之种类、商标、出产及销场情形。

七、其他关于公司及工厂之一切纪载物、印刷品、图样、表册、凭证等。

第四条 工商部接受呈请书，应交奖励工业审查委员会审查之。

前项审查委员会以工商部及有关系之主管机关所派委员组织之。委员会规程及审查标准另定之。

第五条　凡呈请经审查委员会审查合格，工商部核准奖励后给予执照，并呈报国民政府备案。

第六条　凡参有外资之工业，概不受本法之奖励。

第七条　本法自公布日施行。

〔国民政府行政院档案〕

附录：行政院转报奖励商务印书馆股份有限公司等案备案呈

(1930年8月—1934年11月)

(1) 行政院呈(1930年8月8日)

呈为转呈事：案据实业部呈称：窃查自民国十八年七月三十一日奉国民政府明令公布特种工业奖励法暨十九年二月二十七日奉钧院公布奖励特种工业审查暂行标准及奖励工业审查委员会规程后，即由前工商部召集财政、交通、铁道等三部及建设委员会所派委员依法组织奖励工业审查委员会，实施奖励，经审查合格发给执照者，有商务印书馆股份有限公司免税案一件。嗣本部改组成立，赓续办理，先后根据该会审查报告，分别核准，奖励发给执照者计有汉藜公司等四件，依照特种工业奖励法第五条之规定，已核准奖励案件应呈报国民政府备案。兹谨将上列核准备案之奖励方法及给照日期开列清折二扣，备文呈报，敬乞鉴核，分别存转备案，实为公便。等情。据此。经本院复核无异，理合检同清折一扣，备文呈请钧府鉴核备案。谨呈

国民政府

附呈清折一扣

兼行政院院长　蒋中正

中华民国二十年八月八日

核准特种工业奖励案清单

呈请人	工业种类	奖励方法	给照日期	备注
商务印书馆股份有限公司	制造华文打字机	免征出口税叁年	民国十九年九月一日	前工商部核准
汉藜公司	制造印字机	免征出口税叁年	民国二十年六月二十六日	以下各案均由本部核准
江南制纸股份有限公司	芦浆制纸	免征纸张出口税五年并减低运费二成以二年为限	民国二十年六月二十六日	
纬成股份有限公司	机制绢丝	准在浙江省内享有专制权三年，并减低运费三成，以二年为限	民国二十年七月十日	
中业化工股份有限公司	制炼靛粉	准在辽宁省营口市五十公里以内享有专制权五年	民国二十年七月二十三日	

（2）行政院呈（1933年10月20日）

案据实业部呈称：查本部前据章华毛绒纺织股份有限公司等先后呈请，援照特种工业奖励法，核给奖励等情，当经发交奖励工业审查委员会审查合格，分别准予专制权、减轻运输费、免征税项等奖励，咨送有关系之主管各部查照办理，并发给特种工业奖励执照，在案。兹遵照该奖励法第五条规定，将前项核准奖励各案，造具清单二份，备文呈报，敬请鉴核，转呈国民政府备案。等情。据此。除指令外，理合检同原清单一份，转请鉴核备案。

谨呈

国民政府主席林

附呈原清单一份

行政院院长　汪兆铭

中华民国二十二年十月二十日

核准特种工业奖励案清单，计开

呈请人	工业种类	奖励方法	给照日期	备注
章华毛绒纺织股份有限公司	毛绒纺织	免征出品税三年	民国二十年十一月二十日	
裕庆德毛织工厂	毛绒纺织	准减原料及出品运输费五成，以二年为限	民国二十年十二月十七日	
四川重庆求新制皮有限公司	机器制革	免征出品税三年	民国二十年十二月	
天原电化股份有限公司	基本化学工业	免征原料盐税及盐酸烧碱漂白粉三种出品税各一年	民国二十年十二月	
天津兴华泡花碱厂	制碱工业	免征出品税三年	民国二十一年九月五日	
中国维一毛绒纺织厂无限公司	毛织工业	免征出品税二年	民国二十一年十月十五日	
天原电化厂股份有限公司	基本化学工业	准减国营铁路运输费一成，航轮运费五成，均以一年为限	民国二十二年三月	该公司以前准免税期间短未受实惠，并因外货之倾销，损失甚巨，第二次呈请继续核给奖励，经审查结果，除税项碍难续免外，准酌减出品运输费。
大中华制钙厂	基本化学工业	出品行销国内，准减百分之二。五关税一年限	民国二十二年三月二十日	
耀明桅灯厂	制造桅灯厂	以原呈图式之镀锡机械，对于桅灯之机械镀锡方法部分在上海市区域享有专制权三年	民国二十二年五月	
福建造纸股份有限公司	机器制纸	以老竹制造机器纸张，在福建省旧福州府属十县境内享有专制权三年，其出品行销国内，免征转口税三年。	民国二十二年八月	

（3）行政院呈（1934年11月9日）

案据实业部呈称：窃查本部遵照特种工业奖励法，第一第二两批核准奖励各案，前经列单呈报转请备案，在案。兹将在该法未废止以前最后准予奖励各案，造具清单二纸，备文呈送，敬请鉴核，转呈国民政府备案。等情。据此。除指令外，理合检呈原送清单，备文转呈鉴核备案。谨呈

国民政府

计检呈原送清单一张

行政院院长　汪兆铭

中华民国二十三年十一月九日

实业部核准特种工业奖励案清单

呈请人	工业种类	奖励方法	给照日期	备注
纬纶泰记毛织厂股份有限公司	毛织工业	准减国营航轮运输费五成以二年为限	民国二十二年十二月二十二日	
东亚毛呢纺织股份有限公司	纺毛及毛织工业	出品减国营航轮铁路运输费各五成，以二年为限，出洋完全免税	民国二十二年十二月二十二日	
开成造酸股份有限公司	基本化学工业	免征国产硫铁矿关税三年，并减出品国营航轮铁路运输费各五年，以三年为限	民国二十三年一月	
天原电化厂股份有限公司	基本化学工业	续减出品国营航轮运费五成，铁路运输费一等，各以一年为限	民国二十三年三月	
商务印书馆股份有限公司	制造华文打字机	续免出口税三年	民国二十三年三月三十日	
大中染料厂股份有限公司	化学工业	准免硫化玄青染料转口正附税二年	民国二十三年六月	以下四案系于二十年四月十日审定核准，因候主管部咨复延缓给照日期

续表

呈请人	工业种类	奖励方法	给照日期	备注
肇新化学厂股份有限公司	化学工业	减征炭酸钙出品转口二。五附税一年，国营轮船运输费百分之五十，以三年为限	民国二十三年九月	
奚德记制造水泥煤屑砖厂	机器制砖工业	准减出品国营轮船运输费百分之二十五，以三年为限	民国二十三年九月	
中国石公司	建筑材料工业	应用机器制造花岗石出品，准在青岛市区内享有专制权三年，所制花岗石、云石出品，减收国营航轮运输费百分之三十，以叁年为限	民国二十三年九月二十七日	

〔国民政府档案〕

2. 国民政府公布的《公司法》及《公司法施行法》

(1929年12月—1931年2月)

(1) 公司法(1929年12月26日)

第一章 通则

第一条 本法所称公司，谓以营利为目的而设立之团体。

第二条 公司分为四种：

一、无限公司。

二、两合公司。

三、股份有限公司。

四、股份两合公司。

公司之名称，应标明其种类。

第三条 公司为法人。

第四条 公司以其本店所在地为住所。

第五条 公司非在本店所在地主管官署登记后，不得成立。

前项登记之声请，应于公司章程订立后十五日内为之。

第六条　公司设立登记后，如发现其设立程序或其登记事项，有违法或虚伪情事时，经法院裁判后，通知主管官署撤销其登记。

第七条　公司登记后满六个月尚未开始营业者，主管官署得呈请工商部撤销其登记。

前项所定期限，如有正当事由，公司得呈请准予延展。

第八条　公司登记事项如有变更时，应于变更后十五日内向主管官署声请为变更之登记。

第九条　公司设立登记后，有应登记之事项而不登记，或已登记之事项有变更而不为变更之登记者，不得以其事项对抗第三人。

第十条　公司之解散，除破产外，应于接受解散命令或决议解散后十五日内，向主管官署声请为解散之登记。

第十一条　公司不得为他公司之无限责任股东，如为他公司之有限责任股东时，其所有股份总额，不得超过本公司实收股本总数四分之一。

第二章　无限公司

第一节　设立

第十二条　无限公司之设立，应有股东二人以上公同订立章程，签名盖章，每人各执一份。

第十三条　无限公司章程应载明下列各款事项。

一、公司名称。

二、所营之事业。

三、股东之姓名、住所。

四、本店、支店及其所在地。

五、股东出资之种类、及价额或估价之标准。

六、订立章程之年、月、日。

第十四条　公司自章程订立后十五日内，应将下列各款事项向主管官署声请登记。

一、前条所列各款事项。

二、定有解散事由者，其事由。

三、定有代表公司之股东者，其姓名。

第二节　公司之内部关系

第十五条　公司之内部关系，除法律有规定者外，得以章程定之。

第十六条　股东以债权抵作股本，而其债权到期不能受清偿者，应由该股东补缴。如有损害，并负赔偿之责。

第十七条　公司盈亏之分派，如章程无订定时，以股东之出资之多寡为准。

章程中仅就盈余或亏损定有分派之比例者，其所定比例于盈余亏损均适用之。

第十八条　各股东均有执行业务之权利，而负其义务。但章程订定由股东中之一人或数人执行业务者，从其订定。

第十九条　股东之数人或全体执行业务时，关于业务之执行，取决于过半数。

执行业务之股东，关于通常事务，各得单独执行。但其余执行业务之股东有一人提出异议时，应即停止执行。

第二十条　经理人之选任及解任，应得全体股东过半数之同意。

第二十一条　公司变更章程及为章程所定事业范围外之行为，应得全体股东之同意。

第二十二条　不执行业务之股东，得向执行业务之股东质询公司营业情形，查阅财产文件。

第二十三条　执行业务之股东，非有特约，不得向公司请求报酬。

第二十四条　股东因执行业务，所代垫之款，得向公司请求偿还，并支付垫款之利息。如系负担债务而其债务尚未到期者，得请求提供相当之担保。

股东因执行业务受有损害而自己无过失者，得向公司请求赔偿。

第二十五条　公司章程订明专由股东中之一人或数人执行业务时，该股东不得无故辞职，他股东亦不得无故使其退职。

第二十六条　股东执行业务，应依照章程及股东之决议。

违反前项规定，致公司受有损害者，应负赔偿之责。

第二十七条　股东代收公司款项不于相当期间照缴，或挪用公司款项者，应加算利息，一并偿还。如有损害，并应赔偿。

第二十八条　股东非经其他股东全体之同意，不得为自己或他人为与公司同类营业之行为，及为他公司之无限责任股东。

股东违反前项规定时，其他股东得以过半数之决议，将其为自己或他人所为之行为，认为为公司所为。但自行为后逾一年者，不在此限。

第二十九条　股东非经其他股东全体之同意，不得以自己股份之全部或一部转让于他人。

第三节　公司之对外关系

第三十条　公司得以章程或股东全体之同意，特定代表公司之股东，未经特定者，各股东均得代表公司。

第三十一条　代表公司之股东，关于公司营业上一切事务，有办理之权。

第三十二条　公司对于股东代表权所加之限制，不得对抗善意第三人。

第三十三条　代表公司之股东或经理人，因执行业务致他人受有损害时，应由行为人与公司连带负赔偿之责。

第三十四条　代表公司之股东，如为自己或他人与公司为买卖、贷借、或其他法律行为时，不得同时为公司之代表。但向公司清偿债务时，不在此限。

第三十五条　公司财产不足清偿债务时，由股东连带负其责任。

第三十六条　加入公司为股东者，对于未加入前公司之债务，亦应负责。

第三十七条　非股东而有可以令人信其为股东之行为者，对于善意第三人，应负与股东同一之责任。

第三十八条　公司非弥补损失后，不得分派盈余。

第三十九条　公司之债务人，不得以其债务与其对于股东之债权抵销。

第四节　退股

第四十条　章程未定公司存续期限者，除关于退股另有订定外，股东得于每营业年度终退股。但应于六个月前以书面声明。

股东有不得已之事由时，无论公司定有存续期限与否，该股东得随时退股。

第四十一条　除前条规定外，各股东因下列各款情事之一而退股。

一、章程所定之事由发生。

二、死亡。

三、破产。

四、受禁治产之宣告。

五、除名。

第四十二条　股东有下列各款情事之一者，得经其他股东全体之同意议决除名。但非通知后，不得对抗该股东。

一、应出之资本不能照缴，或屡催不缴者。

二、违反第二十八条第一项之规定者。

三、有不正当行为，妨害公司之利益者。

四、不尽重要之义务者。

第四十三条　公司名称中列有股东之姓或姓名者，该股东退股时，得请求停止使用。

第四十四条　退股之股东与公司之结算，应以退股时公司财产之状况为准。

退股股东之出资，不问其种类，均得以金钱抵还。

退股时公司事务有未了结者，于了结后计算，并分派其盈亏。

第四十五条　退股股东应向主管官署声请登记。对于登记前公司之债务，于登记后二年内仍负连带无限之责任。

股东转让其股份者，准用前项之规定。

第五节　公司之解散

第四十六条　公司因下列各款情事之一而解散。

一、章程所定解散之事由发生。

二、公司所营之事业，已成就或不能成就。

三、股东全体之同意。

四、股东仅余一人。

五、与他公司合并。

六、破产。

七、解散之命令。

股东遇有不得已之事由，得声请法院发前项第七款之命令。

第四十七条　公司得以全体股东之同意与他公司合并。

第四十八条　公司决议合并时，应即编造资产负债表及财产目录。

公司为合并之决议后，应即向各债权人分别通知及公告，并指定三个月以上之期限，声明债权人得于期限内提出异议。

第四十九条　公司不为前条之通知及公告，或对于在其指定之期限内提出异议之债权人不为清偿或不提供相当之担保者，不得以其合并对抗债权人。

第五十条　公司为合并时，应于十五日内向主管官署分别以下列各款声请登记。

一、因合并而存续之公司，为变更之登记。

二、因合并而消灭之公司，为解散之登记。

三、因合并而另立之公司，为设立之登记。

第五十一条　因合并而消灭之公司，其权利义务应由合并后存续或另立之公司承受。

第六节　清算

第五十二条　解散之公司在清算中，于清算范围内，视为尚未解散。

第五十三条　公司解散后之财产，除经股东之决议定有清算人外，应由全体股东清算。

第五十四条　由股东全体清算时，股东中有死亡者，清算事务由其继承人行之。继承人有数人时，应推定一人行之。

第五十五条　不能依第五十三条规定定其清算人时，法院得因利害关系人之声请，选派清算人。

第五十六条　法院因利害关系人之声请，认为必要时，得将清算人解任。但股东选任清算人之解任，亦得由股东过半数之决议行之。

第五十七条　清算人应于就任后十五日内，将其姓名、住所及就任日期向法院呈报。

清算人之解任，应由股东于十五日内向法院呈报。

清算人由法院选派时，应公告之。解任时，亦同。

第五十八条　清算人之职务如下：

一、了结现务。

二、收取债权、清偿债务。

三、分派剩余财产。

清算人因执行前项职务，有代表公司为一切行为之职权。

第五十九条　清算人有数人时，关于清算事务之执行，以其过半数决之。但对于第三人，各有代表公司之权。

第六十条　对于清算人之代表权所加限制，不得对抗善意第三人。

第六十一条　清算人就任后，应即检查公司财产情形，造具资产负债表及财产目录，送交各股东查阅。

清算人应于六个月内完结清算,不能于六个月内完结清算时，清算人得申叙理由，声请法院展期。

清算人遇有股东询问时，应将清算情形随时答复。

第六十二条　清算人就任后应以公告方法，催告债权人报明债权。对于明知之债权人，并应分别通知。

第六十三条　公司财产不足清偿其债务时,清算人应即声请，宣告破产。

清算人移交其事务于破产管财人时，其职务即为终了。

第六十四条　清算人非清偿公司之债务后，不得将公司财产分派于各股东。

第六十五条　剩余财产之分派，依各股东出资之多寡定之。

第六十六条　清算人应于清算完结后十五日内造具决算报告书，送交各股东，请求其承认。如股东不于一个月内提出异议，即视为承认。但清算人有不正当行为时，不在此限。

第六十七条　清算人应于清算完结后十五日内，向法院呈报。

第六十八条　公司之帐簿及关于营业与清算事务之文件，应自清算完结时起，保存十年。其保存人，以股东过半数定之。

第六十九条　股东之连带无限责任，自解散登记后满五年而消灭。

第三章　两合公司

第七十条　两合公司以无限责任股东与有限责任股东组织之。

有限责任股东以出资定额为限，对于公司负其责任。

第七十一条　两合公司除本章规定外，准用第二章之规定。

第七十二条　两合公司之章程，除记载第十三条所列各款事项外，并应记明各股东之责任为无限或有限。

第七十三条　有限责任股东不得以信用或劳务为出资。

第七十四条　经理人之选任或解任，以无限责任股东过半数之同意决之。

第七十五条　有限责任股东得于每营业年度终，检查公司之业务及财产之情形。

遇必要时，法院得因有限责任股东之声请，许其随时检查公司之业务及财产之情形。

第七十六条　有限责任股东非得无限责任股东全体四分之三以上之同意，不得以其股份之全部或一部转让他人。

第七十七条　有限责任股东得为自己或他人为与本公司同类营业之行为，亦得为他公司之无限责任股东。

第七十八条　有限责任股东如有可以令人信其为无限责任股东之行为者，对于善意第三人，负无限责任股东之责任。

第七十九条　有限责任股东不得执行公司业务及对外代表公司。

第八十条　有限责任股东不因受禁治产之宣告而退股。

有限责任股东死亡时，其股份归其继承人。

第八十一条　有限责任股东，遇有不得已之事故时，得经全体无限责任股东四分之三以上之同意退股，或声请法院，准其退股。

第八十二条　有限责任股东有下列各款情事之一者，得经全体无限责任股东之同意，将其除名。

一、不履行出资之义务者。

二、有不正当行为妨害公司之利益者。

前项除名，非通知该股东后，不得对抗之。

第八十三条　两合公司因无限责任股东或有限责任股东全体之退股，而解散。但有限责任股东全体退股时，得以无限责任股东全体之同意，改为无限公司。

第八十四条　两合公司改为无限公司时，应于十五日内向主管官署声请为两合公司解散之登记，并为无限公司设立之登记。

第八十五条　两合公司解散后，得由无限责任股东过半数之决议选任清算人。无前项决议时，由全体无限责任股东清算。

第八十六条　前条第一项之清算人，得由无限责任股东过半数之决议将其解任。

第四章　股份有限公司

第一节　设立

第八十七条　股份有限公司应有七人以上为发起人。

第八十八条　发起人应订立章程，载明下列各款事项，签名盖章。

一、公司之名称。

二、所营之事业。

三、股份之总额及每股金额。

四、本店、支店及其所在地。

五、公司为公告之方法。

六、董事或监察人当选之资格。

七、发起人之姓名、住所。

第八十九条　下列各款事项非经载明于章程者，不生效力。

一、解散之事由。

二、股票超过票面金额之发行。

三、发起人所得受之特别利益及受益者之姓名。

第九十条　发起人认足股份总数时，应即按股缴足第一次股款，并选任董事及监察人。

前项选任方法，以发起人表决权之过半数定之。

第九十一条　董事于就任后，应即呈请主管官署选派检察员查验第一次股款已否缴足及下列各款事项是否确当。

一、以金钱外之财产抵作股款者，其姓名及其财产之种类、价格与公司核给之股数。

二、应归公司负担之设立费用，及发起人得受报酬之数额。

第九十二条　主管官署查核发起人所得受之特别利益、报酬或设立费用，如有冒滥，得裁减之。

抵作股款之财产，如估价过高者，得减少所给股数或责令补足。

第九十三条　发起人不认足股份者，应募足股份总数。

第九十四条　发起人应备联单式之认股书载明下列各款事项。由认股人填写所认股数、金额及其住所，签名盖章。

一、订立章程之年、月、日。

二、第八十八条、第八十九条及第九十一条所列各款事项。

三、各发起人所认之股数。

四、第一次缴纳之股款。

五、股份总数募足之期限，及逾期未募足时，得由认股人撤销所认股份之声明。

以超过票面金额发行股票者，认股人应于认股书注明认交之金额。

第九十五条　认股人有照所填认股书缴纳股款之义务。

第九十六条　股票之发行价格不得低于票面金额。

第一次应缴之股款，不得少于票面金额二分之一。

第九十七条　股份总数募足时，发起人应即向各认股人催缴第一次股款。

以超得票面金额发行股票时，其溢额应与第一次股款同时缴纳。

第九十八条　认股人延欠第一次应缴之股款时，发起人应定二个月以上之期限，催告该认股人照缴，并声明逾期不缴，失其权利。

发起人已为前项之催告，认股人不照缴者，即失其权利。其所认股份，另行募集。

前项情形如有损害，仍得向该认股人请求赔偿。

第九十九条　第一次股款缴足后，发起人应于三个月内召集创立会。

第一百条　创立会之召集及决议，准用第一百二十九条至第一百三十一条、第一百三十四条第一项、第三项，及第一百三十五条之规定。

创立会之决议应有认股人过半数代表股份总数过半数者之出席，以出席人表决权之过半数行之。

出席人不满前项定额时，得以出席人表决权之过半数为假决议，并将假决议通知各认股人。其发有无记名式之股票者，并应将假决议公告，于一个月内再行召集创立会，其决议以出席人表决权之过半数行之。

第一百零一条　发起人应将关于设立之一切事项报告于创立会。

第一百零二条　创立会应选任董事及监察人。

第一百零三条　董事及监察人应调查下列各款事项，报告于创立会。

一、股份总数已否认足。

二、各认股人第一次股款已否缴足。

三、第八十九条第三款及第九十一条各款所列事项是否确当。

董事及监察人如有由发起人中选出者，创立会得另选检查人，为前项之调查报告。

第一百零四条　发起人所得受之特别利益报酬或设立费用，如有冒险，创立会得裁减之。抵作股银之财产，如估价过高者，创立会得减少其所给股数，或责令补足。

第一百零五条　未认之股份及已认而未缴第一次股款者，应由发起人连带认缴。其已认而经撤销者，亦同。

第一百零六条　前二条情形公司受有损害者，得向发起人请求赔偿。

第一百零七条　创立会得修改章程或为公司不设立之决议。

第一百零八条　股份总数募足后逾六个月而第一次股款尚未缴足，或已缴纳而发起人不于三个月内召集创立会者，认股人得撤销其所认之股。

第一百零九条　股份全由发起人认足者，应于第九十一条所定之检查完结后，股份非全由发起人认足者，应于创立会完结后十五日内，由董事将下列各款事项，向主管官署声请登记。

一、第八十八条第一款至第五款所列事项。

二、各股已缴之金额。

三、董事及监察人之姓名、住所。

四、定有解散事由者，其事由。

第一百一十条　公司经设立登记后，认股人不得将股份撤销。

第二节　股份

第一百一十一条　股份有限公司之资本应分为股份，每股金额应归一律，不得少于二十元，但一次全缴者，得以十元为一股。

第一百一十二条　各股东之责任，以缴清其股份之金额为限。

股东不得以其对于公司之债权，抵作股款。

第一百一十三条　股份为数人共有者，其共有人应推定一人行使股东之权利。

股份共有人，对于公司负连带缴纳股款之义务。

第一百一十四条　公司非经设立登记后，不得发行股票。

违反前项规定发行股票者，其股票无效。但持票人得对于发行股票人请求损害赔偿。

第一百一十五条　股票应编号载明下列各款事项，由董事五人以上签名盖章。

一、公司之名称。

二、设立登记之年、月、日。

三、股数及每股金额。

四、股款分期缴纳者，其每次分缴之金额。

记名股票为同一人所有者，应记载同一姓名或名称。

第一百一十六条　公司之股份非于设立登记后，不得转让。

发起人之股份，在公司开始营业后一年内，不得转让。

第一百一十七条　记名股票之转让，非将受让人之姓名、住所记载于公司股东名簿，并将受让人之姓名，记载于股票，不得以其转让对抗公司及第三人。

第一百一十八条　公司得发行无记名股票，但其股数不得超过股份总数三分之一。

第一百一十九条　公司不得自将股份收买，或收为抵押品。

第一百二十条　公司非依减少资本之规定，不得销除其股份。

第一百二十一条　公司每届收取股款，应于一个月前向各股东分别催告及公告。

股款届期不缴者，公司得再定一个月以上之期限分别催告及公告，并声明逾期不缴，失其股东之权利。

公司已为前项之催告及公告，股东仍不照缴者，即失其股东之权利。

第一百二十二条　股东缴款迟延者，应加算利息，如章程定有违约金者，公司得请求违约金。

第一百二十三条　股东失其权利而其股份为受让者，其所应缴之股款，公司得定一个月以上之期限，催告各转让人缴纳。

转让人受前项催告最先缴纳股款者，取得其股份。逾期不缴者，公司得拍卖其股份。

拍卖所得之金额不敷应缴之股款时，仍得依次向原股东及转让人请求补偿。

第一百二十四条　前条所定转让人责任，自其转让记载股东名簿后经过两年而消灭。

第一百二十五条　股票非缴足后，公司不得因股东之请求发给无记名股票。

股票为无记名式者，其股东得随时请求改为记名式。

第一百二十六条　股东名簿应编号记载下列各款事项。

一、各股东之股数及其股票号数。

二、各股东之姓名、住所。

三、各股份已缴之股款，及其缴纳之年、月、日。

四、各股份取得之年、月、日。

五、发行无记名股票者，应记载其股数、号数及发行之年、月、日。

六、发行优先股者，应于号数下注明优先字样。

第三节　股东会

第一百二十七条　股东会分下列二种：

一、股东常会每年至少召集一次。

二、股东临时会遇必要时召集之。

第一百二十八条　股东会由董事召集。

股东会之决议，除本法另有规定或公司章程另有订定外，准用第一百条第二项、第三项之规定。

第一百二十九条　公司各股东，每股有一表决权。一股东而有十一股以上者，应以章程限制其表决权。但每股东之表决权及其代理他股东行使之表决权，合计不得超过全体股东表决权五分之一。

第一百三十条　股东得委托代理人出席股东会，但应出具委托书。

第一百三十一条　股东对于会议之事项有特别利害关系者，不得加入表决。亦不得代理他股东行使其表决权。

第一百三十二条　无记名股票持有人，非于开会前五日将其股票交存公司，不得出席。

第一百三十三条　有股份总数二十分之一以上之股东，得以书面记明提议事项及其理由，请求董事召集股东临时会。

前项请求提出后十五日内董事不为召集之通知时，股东得呈请主管官署许可，自行召集。

第一百三十四条　股东常会之召集，应于一个月前通知各股东，对于持有无记名股票者，应于日前公告之。

临时股东会之召集，应于十五日前通知各股东，对于持有无记名股票者，应于二十日前公告之。

通知及公告中应载明召集事由及提议之事项。

第一百三十五条　股东会之议决事项，应作成决议录，由主席签名盖章。

决议录并应记明会议之时、日及场所，主席之姓名及决议之方法。

决议录应与出席股东之名簿一并保存。

第一百三十六条　股东会得查核董事造具之表册、监察人之报告，并决议分派盈余及股息。因为前项查核，股东会得选任检查人。

第一百三十七条　股东会之召集或决议，违反法令或章程时，股东得自决议之日起，一个月内声请法院，宣告其决议为无效。

第四节　董事

第一百三十八条　公司董事至少五人，由股东会就股东中选任之。

第一百三十九条　董事就任后，应将章程所定当选资格应有股份之股票，交由监察人于公司中保存之。

第一百四十条　董事之报酬，未经章程订明者，应由股东会议定。

第一百四十一条　董事任期不得逾三年，但得连选连任。

第一百四十二条　董事得随时以股东会之决议将其解任。但定有任期者，如无正当理由而于任满前将其解任时，董事得向公司请求赔偿因此所受之损害。

第一百四十三条　董事缺额达总数三分之一时，应即召集股东临时会补选之。

董事缺额未及补选而有必要时，得以原选次多数之被选人代行职务。

第一百四十四条　董事之执行业务，除章程另有订定外，以其过半数之决议行之。关于经理人之选任及解任，亦同。

第一百四十五条　公司得依章程或股东会之决议，特定董事中之一人或数人，代表公司。

第二十八条、第三十一条至第三十三条之规定，于董事准用之。

第一百四十六条　董事应将章程及历届股东会决议录、资产负债表、损益计算书，备置于本店及支店，并将股东名簿及公司债存根簿备置于本店。

前项章程及簿册，股东及公司之债权人得随时请求查阅。

第一百四十七条　公司亏折资本达总额三分之一时，董事应即召集股东会报告。

公司财产显有不足抵偿债务时，董事应即声请宣告破产。

第一百四十八条　董事之执行业务，应依照章程及股东会之决议。

董事违反前项规定，致公司受损害时，对于公司负赔偿之责。

第一百四十九条　股东会决议对于董事提起诉讼时，公司应自决议之日起一个月内提起之。

第一百五十条　有股份总数十分之一以上之股东，得为公司对董事提起诉讼。

前项情形，法院因监察人之声请，得命起诉之股东提供相当之担保。如因败诉致公司受损害时，起诉之股东对于公司负赔偿之责。

第一百五十一条　公司与董事间之诉讼，除法律另有规定外，由监察人代表公司，股东会亦得另选代表公司为诉讼之人。

第五节　监察人

第一百五十二条　监察人由股东会就股东中选任之。

第一百五十三条　监察人之报酬，未经章程订明者，应由股东会议定。

第一百五十四条　监察人任期一年，但得连选连任。

第一百五十五条　第一百四十二条之规定，于监察人准用之。

第一百五十六条　监察人得随时调查公司财务状况，查核簿册文件，并请求董事报告公司业务情形。

第一百五十七条　监察人对于董事所造送于股东会之各种表册，应核对簿据，调查实况，报告其意见于股东会。

第一百五十八条　监察人对于前二条所定事务，得代表公司委托会计师、律师办理之。其费用由公司负担。

第一百五十九条　监察人认为必要时，得召集股东会。

第一百六十条　监察人各得单独行使监察权。

第一百六十一条　监察人不得兼任公司董事及经理人。

第一百六十二条　董事为自己或他人与本公司有交涉时，由监察人为公司之代表。

第一百六十三条　监察人因不尽职务致公司受有损害者，对于公司负赔偿之责。

第一百六十四条　股东会决议对于监察人提起诉讼时，公司应自决议之日起一个月内提起之。

前项起诉之代表，股东会得于董事外，另行选派。

第一百六十五条　有股份总数十分之一以上之股东，得为公司对监察人提起诉讼。

前项情形，法院因董事之声请，得命起诉之股东提供相当之担保。

如因败诉致公司受损害时，起诉之股东对于公司负赔偿之责。

第六节　会计

第一百六十六条　每营业年度终，董事应造具下列各项表册，于股东常会开会前三十日交监察人查核。

一、营业报告书。

二、资产负债表。

三、财产目录。

四、损益计算书。

五、公积金及股息、红利分派之议案。

前项表册，监察人得请求董事提前交付查核。

第一百六十七条　董事所造具之各项表册、与监察人之报告书，应于股东常会开会前十日，备置于公司本店，股东得随时查阅。

第一百六十八条　董事应将其所造具之各项表册，提出于股东会，请求承认。经股东会承认后，董事应将资产负债表、损益计算书及公积金与股息、红利分派之决议公告。

第一百六十九条　各项表册经股东会承认后，视为公司已解除董事及监察人之责任。但董事或监察人有不正当行为者，不在此限。

第一百七十条　公司分派盈余时，应先提出十分之一为公积金。但公积金达资本总额二分之一者，不在此限。

超过票面金额发行股票所得之溢价，应全部作为公积金。

第一百七十一条　公司非弥补损失及依前条规定提出公积金后，不得分派股息及红利。公司无盈余时，不得分派股息及红利。但公积金已超过资本总额二分之一，或由盈余提出之公积金有超过该盈余十分一之数额者，公司为维持股票之价格，得以其超过部分充派股息。

第一百七十二条　违反前条规定分派股息及红利时，公司之债权人得请求退还。

第一百七十三条　公司依其业务之性质，自设立登记后，如需二年以上之准备，始能开始营业者，经主管官署之许可，得以章程订明于开始营业前，分派股息于股东。

前项股息之定率，不得超过周年五厘。

第一百七十四条　股息及红利之分派，除章程另有订定外，以已缴股款之多寡为准。

第一百七十五条　有股份总数二十分一以上之股东，得声请法院选派检查员检查公司业务及财产情形。

法院于检查员报告后，认为必要时，得命监察人召集股东会。

第七节　公司债

第一百七十六条　公司非依第一百八十六条之规定为决议后，不得募集公司债。

第一百七十七条　公司债之总额不得逾已缴股款之总额。如公司现存财产少于已缴股款之总额时，不得逾现存财产之额。

第一百七十八条　公司债券每张金额，不得少于二十元。

第一百七十九条　公司债如预定偿还金额超过券面金额时，

于同次发行之各种债券，应有同一之超过率。

第一百八十条　募集公司债时，董事应公告下列各款事项。

一、公司之名称。

二、公司债之总额及债券每张之金额。

三、公司债之利率。

四、公司债偿还方法及期限。

五、前已募集公司债者，其未偿还之数额。

六、公司债发行之价额、或其最低价额。

七、公司股本总额、及已缴股款之总额。

八、公司现存财产之总额。

九、公司债募足之预定期限，并逾期得由应募人撤销其应募之声明，董事得备联单式之应募书，载明前项各款事项，由应募人填写所认数额及其住所、签名、盖章。

第一百八十一条　公司债募足时，董事应向各应募人请求缴足其所认数额。

董事自收足公司债款后，应于十五日内将前条第一项第二款至第四款之事项、及公司债发行之年、月、日，向主管官署声请登记。

第一百八十二条　公司债之债券，应编号载明发行之年、月、日，并第一百八十条第一项第一款至第四款之事项，由董事签名、盖章。

第一百八十三条　公司债存根簿应将所有债券依次编号，并载明下列各款事项。

一、公司债债权人之姓名及住所。

二、第一百八十条第一项第二款至第四款之事项。

三、公司债发行之年、月、日。

四、各债券取得之年、月、日。

第一百八十四条　以记名式之公司债转让时，非将受让人姓名、住所记载公司债存根簿，并将其姓名记载于债券，不得以其转让，对抗公司及第三人。

第一百八十五条　债券为无记名式者，债权人得随时请求改为记名式。

第八节　变更章程

第一百八十六条　公司非经股东会决议，不得变更章程或增减资本。

前项之决议，由股东过半数代表股份总数过半数者之出席，以出席股东表决权三分二以上之同意行之。

出席之股东不满前项定额时，得以出席股东表决权之过半数为假决议。并将假决议通知各股东。其发有无记名式之股票者，并将假决议公告，于一个月内再行合集第二次股东会。其决议以出席股东表决权之过半数，行之。

第一百八十七条　公司非收足股款后，不得增加资本。

第一百八十八条　公司增加资本或整理债务时，得发行优先股。但应于公司章程中订明优先股应有权利之种类。

第一百八十九条　公司已发行优先股者，其章程之变更如有损害优先股东之权利时，除股东会之决议外，更应经优先股东会之决议。

优先股东会，准用关于股东会之规定。

第一百九十条　公司添募新股时，应先尽旧股东分认。如有余额，始得另募。

第一百九十一条　公司增加资本时，有以金钱外之财产抵作股款者，其人、其财产之种类、价格，及公司核给之股数，应于决议增加资本时，同时议决之。

第一百九十二条　公司添募新股时，董事应备联单式之认股书，载明下列各款事项，由认股人填写所认股数金额及其住所、签名、盖章。

一、第八十八条第一款至第六款、第八十九条及第九十一条第一款之事项。

二、增加资本决议之年、月、日。

三、增加资本之总额及每股金额。

四、第一次缴纳之股款。

五、发行优先股时，其种类及各种优先股之总额。

同时发行数种优先股者，认股人应于认股书填明其所认股份之种数及其数额。

第一百九十三条　公司增加资本，于第一次股款收足后，董事应即召集股东会，报告关于募集新股之事项。

第一百九十四条　监察人应调查下列各款事项，报告于股东会。

一、所募新股已否认足。

二、各新股第一次应缴之股款，已否缴足。

三、有以金钱外之财产抵作股款者，所核给股份之数是否确当。

为前项之调查及报告，股东会得另选检查人。

第一百九十五条　第一百九十三条之股东会完结后，董事应于十五日内将下列各款事项向主管官署声请登记。

一、增加资本之总额。

二、增加资本决议之年、月、日。

三、各新股已缴之股款。

四、发行优先股者，其优先股应有权利之种类、各种优先股之总额及每种每股之金额。

未经登记前，不得发行新股票或为新股份之转让。

第一百九十六条　公司添募新股所发行之新股票，应编号载明股数及下列各款事项，由董事五人以上签名、盖章。

一、公司之名称。

二、增加资本登记之年、月、日。

三、增加股份总数，及每股金额。

四、发行优先股者，优先股之总额及其优先权利。

五、增加股份之股款，分期缴纳者，其每次分缴之金额。

第一百九十七条　第九十五条至第九十八条、及第一百一十一条至第一百一十三条之规定，于添募新股，准用之。

第一百九十八条　因减少资本换给新股票时，公司应于减资登记后定六个月以上之期限，通告各股东换取。并声明逾期不换取后，失其股东之权利。

股东于前项期限内不换取者，即失其股东之权利。公司得将其股份拍卖，以卖得金额给还该股东。

第一百九十九条　因减少资本而合并股份时，其不适于合并之股份，准用前条第二项之规定。

第二百条　第四十八条及第四十九条之规定于减少资本，准用之。

第二百零一条　股份有限公司因下列各款事由而解散。

一、章程所定解散之事由发生。

二、公司所营事业已成就、或不能成就。

三、股东会之决议。

四、有记名股票之股东不满七人。

五、与他公司合并。

六、破产。

七、解散之命令。

第二百零二条　公司解散时，除破产外，董事应即通知各股东。其发行无记名股票者，并应公告之。

第二百零三条　股东会为公司解散、及与他公司合并之决议，准用第一百八十六条第二项之规定。

第二百零四条　因合并而解散之公司，准用第四十八条至第五十一条之规定。

第十节　清算

第二百零五条　公司之解散，除合并及破产外，以董事为清算人。但章程另有订定、或股东会另选清算人时，不在此限。

不能依前项之规定，定清算人时，法院得因利害关系人之声请，选派清算人。

第二百零六条　清算人除由法院选派者外，得由股东会决议解任。

法院因监察人或有股份总数十分一以上股东之声请，得将清算人解任。

第二百零七条　清算人于执行清算事务之范围内，除本节有规定外，其权利、义务与董事同。

第二百零八条　清算人之报酬，非由法院选派者，由股东会议定。其由法院选派者，由法院决定。

清算费用及清算人之报酬，由公司现存财产中尽先给付。

第二百零九条　清算人就任后，应即检查公司财产情形，造具资产负债表及财产目录，提交股东会请求承认。

第二百一十条　清偿债务后剩余之财产，并按各股东所缴股款之数额比例分派。

但公司发行优先股而章程中另有订定者，不在此限。

第二百一十一条　清算完结时，清算人应于十五日内造具清算期内收支计算书、损益计算表，连同各项簿册，提交股东会请求承认。

股东会得另选检查人，检查前项簿册是否确当。

簿册经股东承认后，视为公司已解除清算人之责任。但清算人有不正当之行为者，不在此限。

第二百一十二条　公司之各项簿册及文件，应自清算完结登记后保存十年。其保存人由清算人及其他利害关系人声请法院，指定之。

第二百一十三条　清算完结后，如有可以分派之财产，法院因利害关系人之声请，得选派清算人重行分派。

第二百一十四条　第五十二条、第五十七、第五十八条、第六十条至第六十四条及第六十七条之规定，于股份有限公司之清算，准用之。

第五章　股份两合公司

第二百一十五条　股份两合公司之股东，至少应有一人负无限责任。

第二百一十六条　股份两合公司于下列各款事项，准用两合公司之规定。

一、无限责任股东对内之关系。

二、无限责任股东对外之关系。

三、无限责任股东之退股。

其余事项，除本章有规定外，准用关于股份有限公司之规定。

第二百一十七条　设立股份两合公司，应由无限责任股东为发起人，订立章程，载明下列各款事项，签名、盖章。

一、第八十八条第一款至第五款之事项。

二、无限责任股东之姓名、住所。

三、无限责任股东股款以外之出资，其种类及价格、或估价之标准。

第二百一十八条　无限责任股东应负募集股份之责。

第二百一十九条　认股书应记载下列各款事项。

一、第八十九条、第九十四条第一项第一、第二、第四、第五各款，及第二百一十七条所载之事项。

二、无限责任股东认有股份者，其股数。

第二百二十条　创立会应于股东中，选任监察人。

无限责任股东，不得为监察人。

第二百二十一条　无限责任股东得于创立会及股东会陈述意见。但虽有有限股份，亦无表决权。

第二百二十二条　监察人应调查第一百零三条第一项及第二百一十七条第三款所载事项，报告于创立会。

第二百二十三条　公司创立会完结后，应于十五日内，将下列各款事项向主管官署声请登记。

一、第八十八条第一、第二、第三、第五各款，第一百零九条第二、第四各款，第二百一十七条第二、第三各款所载事项。

二、定有代表公司之无限责任股东者，其姓名、住所。

三、监察人之姓名、住所。

第二百二十四条　代表公司之无限责任股东，除一百三十八条至第一百四十二条不适用外，准用关于股份有限公司董事之规定。

第二百二十五条　两合公司应须全体股东同意之事项，在股份两合公司除股东会决议外，更应有无限责任股东之同意。

前项之决议，准用第一百八十六条第二项、第三项之规定。

第二百二十六条　两合公司解散事由之规定，于股份两合公司准用之。

第二百二十七条　无限责任股东如全行退股，有限责任股东得依第一百八十六条第二项之规定决议，改为股份有限公司。

第二百二十八条　公司之解散，除因合并破产及以命令解散外，应以无限责任股东之全体或其所选任之清算人与股东会所选任之清算人共同清算。但章程另有订定者，不在此限。

无限责任股东选任清算人时，以过半数决之。股东会所选任之清算人，应与无限责任股东或其所选任之清算人人数相等。

第二百二十九条　清算人除依第二百零九条及第二百一十一条之规定，将各项簿册提交股东会，请求承认外，并应请求无限责任股东全体之承认。

第二百三十条　股份两合公司改为股份有限公司时，准用第四十八条第二项及第四十九条至第五十一条之规定。

第六章　罚则

第二百三十一条　公司执行业务之股东发起人、董事、监察人及清算人，有下列各款情事之一者，得科五百圆以下之罚金。

一、违反本法关于呈报期限或声请登记期限之规定者。

二、违反本法关于公告期限或通知期限之规定者。

三、本法所定应许查阅之簿册文件，无正当理由而拒绝查阅者。

四、对于依本法而为之调查，有妨碍之行为者。

五、违反第九十四条第一项、第一百九十二条第一项、及第二百一十九条之规定，不备认股书或认股书记载不实者。

六、违反第一百一十四条第一项、及第一百九十五条第二项之规定，发行股票者。

七、违反第一百一十五条、第一百八十二条及第一百九十六条之规定，于股票债券之记载不实者。

八、公司章程、股东会决议录、股票名簿、公司债存根簿、营业报告书、资产负债表、财产目录、损益计算书及有关于分派股息红利与提出公积金之议案不备置于本店、或有不实之记载者。

第二百三十二条　公司执行业务之股东、发起人、董事、监察人及清算人，有下列各款情事之一者，得科一千元以下之罚金。

一、违反第一百四十七条第一项、第一百七十五条第二项之规定，不召集股东会者。

二、对于官署或股东会陈述报告不实者。

三、违反第四十八条及第四十九条之规定，而与他公司合并者。

四、对于依本法而为之检查，有妨碍之行为者。

五、违反第一百二十条之规定，而销除股份者。

六、违反第一百二十五条第一项之规定，而发给无记名股票者。

七、违反第六十三条第一项及第一百四十七条第二项之规定，不即声请宣告破产者。

八、不依第一百七十条第一项之规定，提出公积金者。

九、违反第六十四条之规定，分派公司财产者。

十、公司受解散之命令而解散时，不将事务移交于清算人者。

第二百三十三条　公司执行业务之股东、发起人、董事、监察人及检查人，有下列各款情事之一者，科一年以下之徒刑，或二千圆以下之罚金。

一、声请为设立登记或增资登记时，关于股份总数之认足、股款已缴之总数有不实之陈述者。

二、不论用何名义，为公司收买本公司股份或收作抵押品者。

三、违反本法之规定，分派股息或红利者。

四、在公司章程所定之事业范围外，动用公司财产为投机事业者。

(2) 公司法施行法(1931年2月21日)

第一条　凡公司章程有与公司法抵触者，除本施行法另有规定外，应于公司法施行后六个月内，依法改正，呈由主管官署报部备案。

第二条　凡公司于公司法施行前，已为他公司之有限责任股东超过公司法第十一条规定之限制者，应于公司法施行后三年内，将超过部份转让。逾期不转让者，得因利害关系人之声请或主管官署之揭发，由法院拍卖该部份，以卖得金额，给还该股东。

第三条　无限责任股东于公司法施行前，已加入非同类营业之他公司为无限责任股东者，应于公司法施行后一年内退出之。

第四条　凡公司于公司法施行前已开始清算者，公司法六十一条第二项所规定之期限，自公司法施行日起算。

第五条　股份组织之公司，于公司法施行前已开始募股，而未定有募股期限者，应于公司法施行后一个月内补定期限，公告及通知认股人。

第六条　公司法施行前，已交股款未及股份票面金额二分之一者，其不足部份应于公司法施行后一年内，依法交足。

第七条　公司法施行前，股份公司之发起人已收足第一次股款，经过三个月，尚未召集创立会者，应于公司法施行后一个月内召集之；其未经过三个月者，应于公司法施行后三个月内召集之。

第八条　公司法施行前，股份组织之公司之发起人，已募足股份总数逾六个月，而第一次股款尚未收足者，应于公司法施行后三个月内按股收足。未及六个月者，应于公司法施行后六个月内，按股收足。

第九条　违反前二条规定者，准用公司法第一百零八条之规定。

第十条　公司股份每股金额不满十元者，应于公司法施行后六个月内，将股份合并，并呈由主管官署报部备案。其不能合并之股份，准用公司法第一百九十八条第二项之规定。

第十一条　股份有限公司之股票、债票，未经董事五人以上之签名、盖章者，应于公司法施行后一年内，由现任董事五人以上补行签名、盖章。

第十二条　公司于公司法施行前，发行无记名股票超过股份总数三分之一时，应于公司法施行后一年内，将超过之股数改为记名式。

第十三条　公司法施行前，公司发行之股票不合公司法第一百一十五条第二项规定者，应于公司法施行后一年内，依法改正之。

第十四条　公司章程定有股东会出席股数时，其最高限度不得超过股份总数五分之三，最低限度不得少于三分之一。

第十五条　公司依公司章程召集股东会不足法定人数时，应适用公司法第一百条第三项之规定，再行召集股东会。

第十六条　公司应将每届股东会之决议录、出席签名簿、代表出席委托书，妥为保存。

第十七条　公司法施行前，依公司章程之规定，一股东而有十一股以上之表决权者，于公司未依本施行法第一条之规定改正章程前，其表决权之行使，仍依其规定。

第十八条　公司董事名额原定不足五人时，应于公司法施行后六个月内补选足额，并呈由主管官署报部备案。

第十九条　公司法施行前，董事有为他公司之无限责任股东者，应于公司法施行后一年内，退出之。

第二十条　公司法施行前，以监察人执行董事职务者，自公司法施行之日起，停止其董事职务，并依公司法第一百四十三条第二项之规定，补足董事名额。

第二十一条　凡以股数为标准规定董事、监察人被选资格时，在董事，其股银不得超过资本总额千分之三；在监察人，不得超过千分之一。

第二十二条　公司每届营业年度告终，应将营业报告书、资产负债表、财产目录、损益计算书，于股东会承认后十五日内，呈报主管官署查核。

第二十三条　凡设立股份有限公司，应先备具营业计划书、发起人姓名、经历及认股数目，连同招股章程，由全体发起人具名，呈由主管官署备案后，方得开始招股。但发起人认足股份总额时，得不备具招股章程。前项招股章程，应载明募股期限。

第二十四条　公司开创立会时，应呈请主管官署派员临会监督，并由监督人员签名于决议录。

第二十五条　股份公司呈准招股后，因故停业招募时，其筹备用费，由发起人连带负责。

第二十六条　股份有限公司发起人所认股份总数，不得少于股本总额二十分之一；其股本总额在百万元以下者，不得少于十分之一。

各发起人所认股数，应于招股章程中载明。

第二十七条　凡同种类之公司，不问是否在同一省市区域以内，不得使用相同之名称。

第二十八条　公司设立支店，应于设立后一个月内，将下列各款事项向所在地主管官署声请登记。

一、支店名称。

二、支店所在地。

三、支店经理人姓名、籍贯、年龄、住所。

四、支店登记执照所载事项及执照号数。

第二十九条　公司法施行前，未经登记之支店，应于本法施行后六个月内，补请登记。

第三十条　公司支店之迁移、撤销及已登记之事项，有变更时，应于一个月内向所在地主管官署申请登记。

第三十一条　公司登记后，其登记执照由实业部发给之。

第三十二条　公司登记规则，由实业部定之。

第三十三条　本法自公司法施行之日施行。

〔《国民政府公报》1929年12月—1931年2月〕

3. 国民政府公布的《工厂法》及《工厂法施行条例》

（1929年12月—1931年1月）

（1）工厂法（1929年12月30日）

第一章　总则

第一条　凡用汽力、电力、水力发动机器之工厂，平时雇佣工人在三十人以上者，适用本法。

第二条　本法所称主管官署，除有特别规定者外，在市为市政府，在县为县政府。

第三条　工厂应备工人名册，登记关于工人之左列事项。

一、姓名、年龄、籍贯、住址。

二、入厂年、月。

三、工作类别、时间及报酬。

四、技能、品行。

五、工作效率。

六、在厂所受赏罚。

七、伤、病种类及原因。

第四条　工厂每六个月应将下列事项，呈报主管官署一次。

一、工人名册。

二、工人伤、病及其治疗经过。

三、灾变事项及其救济。

四、退职工人及其退职之理由。

第二章　童工女工

第五条　凡未满十四岁之男女，工厂不得雇佣为工厂工人。

十二岁以上，未满十四岁之男女，在本法公布前，已于工厂工作者，本法施行时，得由主管官署核准，宽其年限。

第六条　男女工人在十四岁以上，未满十六岁者，为童工。童工只准从事轻便工作。

第七条　童工及女工不得从事下列各种工作。

一、处理有爆发性、引火性或有毒质之物品。

二、有尘埃、粉末或有毒气体散布场所之工作。

三、运转中机器或动力传导装置危险部份之扫除、上油、检查修理及上卸皮带绳索等事。

四、高压电线之衔接。

五、已溶矿物或矿滓之处理。

六、锅炉之烧火。

七、其他有害风纪或有危险性之工作。

第三章　工作时间

第八条　成年工人每日实在工作时间，以八小时为原则。如因地方情形或工作性质有必须延长工作时间者，得定至十小时。

第九条　凡工厂采用昼夜轮班制者，所有工人班次，至少每星期更换一次。

第十条　除第八条之规定外，因天灾事变季节之关系，仍得延长工作时间，但每日总工作时间不得超过十二小时。其延长之时间，每月不得超过三十六小时。

第十一条　童工每日之工作时间不得超过八小时。

第十二条　童工不得在午后七时至翌晨六时之时间内工作。

第十三条　女工不得在午后十时至翌晨六时之时间内工作。

第四章　休息及休假

第十四条　凡工人继续工作至五小时，应有半小时之休息。

第十五条　凡工人每七日中，应有一日之休息。

第十六条　凡政府法令所规定应放假之纪念日，均应给假休息。

第十七条　凡工人在厂继续工作满一定期间者，有特别休假，其休假期如下：

一、在厂工作一年以上，未满三年者，每年七日。

二、在厂工作三年以上，未满五年者，每年十日。

三、在厂工作五年以上，未满十年者，每年十四日。

四、在厂工作十年以上者，其特别休假期每年加给一日，其总数不得超过三十日。

第十八条　凡依照第十五条至第十七条所定之休息日及休假期内，工资照给。如工人不愿特别休假者，应加给该假期内之工资。

第十九条　关于军用、公用之工作，主管官署认为必要时，得停止工人之休假。

第五章　工资

第二十条　工人最低工资率之规定，应以各厂所在地之工人生活状况为标准。

第二十一条　工厂对工人应以当地通用货币为工资之给付。

第二十二条　工资之给付应有定期，至少每月发给二次；论件计算工资者，亦同。

第二十三条　依第十条、第十九条之规定，延长时间时，其工资应照平日每小时工资额加给三分之一至三分之二。

第二十四条　男女作同等之工作，而其效力相同者，应给同等之工资。

第二十五条　工厂对于工人不得预扣工资，为违约金或赔偿之用。

第六章　工作契约之终止

第二十六条　凡有定期之工作契约，期满时，必须双方同意，方得续约。

第二十七条　凡无定期之工作契约，如工厂欲终止契约者，应于事前预告工人。其预告之期间，依下列之规定，但契约另订，有较长之预告期间者，从其契约。

一、在厂继续工作三个月以上，未满一年者，于十日前预告之。

二、在厂继续工作一年以上，未满三年者，于二十日前预告之。

三、在厂继续工作三年以上者，于三十日前预告之。

第二十八条　工人于接到前条预告后，为另谋工作，得于工作时请假外出，但每星期不得过二日之工作时间。其请假期内工资照给。

第二十九条　工厂依第二十七条之规定，预告终止契约者，除给工人以应得工资外，并须给以该条所定预告期间工资之半数。其不依第二十七条之规定而即时终止契约者，须照给工人以该条所定预告期间之工资。

第三十条　有下列各款情事之一者，纵于工作契约期满前，工厂得终止契约，但应依第二十七条之规定，预告工人。

一、工厂为全部或一部之歇业时。

二、工厂因不可抗力停工在一个月以上时。

三、工人对于其所承受之工作，不能胜任时。

第三十一条　有下列各款情事之一时，纵于工作契约期满前，工厂得不经预告终止契约。

一、工人屡次违反工厂规则时。

二、工人无故继续旷工至三日以上或一个月之内无故旷工至六日以上时。

第三十二条　凡无定期之工作契约工人，欲终止契约，应于一星期前，预告工厂。

第三十三条　有下列情事之一者，纵于契约期满前，工人得不经预告，终止契约。

一、工厂违反工作契约或劳动法令之重要规定时。

二、工厂无故不按时发给工资时。

三、工厂虐待工人时。

第三十四条　对于第三十条第三款，第三十一条第一款及第三十三条各款有争执时，得由工厂会议处理之。

第三十五条　工作关系终止时，工人得请求工厂给与工作证明书，工厂不得拒绝。但工人不依第三十二条之规定，而即时终止契约，或有第三十一条所列各款情事之一者，不在此限。

前项证明书应记载下列事项：

一、工人之姓名、年龄、籍贯及住址。

二、工作种类。

三、在厂工作时期及成绩。

第七章　工人福利

第三十六条　工厂对于童工及学徒，应使受补习教育，并负担其费用之全部。其补习教育之时间，每星期至少须有十小时。对于其他失学工人，亦当酌量补助其教育。

前项补习教育之时间，须在工作时间以外。

第三十七条　女工分娩前后，应停止工作，共八星期，工资照给。

第三十八条　工厂在可能范围内，应协助工人举办工人储蓄及合作社等事宜。

第三十九条　工厂在可能范围内，应提倡工人正当娱乐。

第四十条　工厂每营业年度终结算，如有盈余，除提股息公积金外，对于全年工作，并无过失之工人，应给以奖金或分配盈余。

第八章　工厂安全与卫生设备

第四十一条　工厂应为下列之安全设备：

一、工人身体上之安全设备。

二、工厂建筑上之安全设备。

三、机器装置上之安全设备。

四、工厂预防火灾、水患等之安全设备。

第四十二条　工厂应为下列之卫生设备：

一、空气流通之设备。

二、饮料清洁之设备。

三、盥洗所及厕所之设备。

四、光线之设备。

五、防卫毒质之设备。

第四十三条　工厂对于工人应为预防灾变之训练。

第四十四条　主管官署如查得工厂之安全或卫生设备有不完善时，得限期令其改善。于必要时，并得停止其一部之使用。

第九章　工人津贴及抚恤

第四十五条　在劳动保险法施行前，工人因执行职务而致伤、病或死亡者，工厂应给其医药补助费及抚恤费，其补助及抚恤之标准如下。但工厂资本在五万元以下者，得呈请主管官署核减其给与数目。

一、对于因伤、病暂时不能工作之工人，除担任其医药费外，每日给以平均工资三分二之津贴。如经过六个月，尚未痊愈，其每日津贴得减至平均工资二分之一，但以一年为限。

二、对于因伤病成为残废之工人，永久失其全部或一部之工作能力者，给以残废津贴，其津贴以残废部分之轻重为标准，但至多不得超过三年之平均工资，至少不得低于一年之平均工资。

三、对于死亡之工人，除给与五十元之丧葬费外，应给与其遗族抚恤费三百元及二年之平均工资。

前项平均工资之计算，以该工人在厂最后三个月之平均工资为标准。

丧葬费、抚恤费应一次给与，但伤、病津贴、残废津贴得按期给与。

第四十六条　受领前条之抚恤费者，为工人之妻或夫；无妻或无夫者，依下列顺序。但工人有遗嘱时，依其遗嘱。

第一，子女。

第二，父母。

第三，孙。

第四，同胞兄弟、姊妹。

第四十七条　工人遇有婚丧大故，急需用款时，得向工厂请求预支一个月以内之工资，或发还储金之全部或一部。

第四十八条　工厂遇灾变时，工人如有死亡或重大伤害者，应将经过情形及善后办法，于五日内呈报主管官署。

第十章　工厂会议

第四十九条　工厂会议由工厂代表及全厂工人选举之同数代表组织之。

前项工厂代表，应选派熟习工厂或劳工情形者充之。工人代表选举时，应呈请主管官署派员监督。

第五十条　工厂会议之职务如下：

一、研究工作效率之增进。

二、改善工厂与工人之关系，并调解其纠纷。

三、协助工作契约及工厂规则之实行。

四、协商延长工作时间之办法。

五、改进厂中安全与卫生之设备。

六、建议工厂或工场之改良。

七、筹划工人福利事项。

第五十一条　前条所列各款事项，关于一工场者，先由该工场工人代表与工厂协商处理之。如不能解决，或涉及两工场以上之事项时，由工厂会议处理之。工厂会议不能解决时，依劳资争议处理法办理。

第五十二条　工人年满十八岁者，有选举工人代表之权。

第五十三条　有中华民国国籍之工人，年满二十四岁，在厂继续工作六个月以上者，有被选举为工人代表之权。

第五十四条　工厂会议之工人代表及工厂代表，各以五人至九人为限。

第五十五条　工厂会议之主席，由双方代表各推定一人，轮流担任之。

工厂会议每月开会一次，于必要时，得召集临时会议。

第十一章　学徒

第五十六条　工厂收用学徒，须与学徒或其法定代理人订立契约，共备三份，分存双方当事人，及送主管官署备案。其契约应载明下列各款事项：

一、学徒姓名、年龄、籍贯及住址。

二、学习职业之种类。

三、契约缔结之日期及其存续期间。

四、相互之义务。如约定学徒应纳学费时，其学费额及其给付期；如约定学徒应受报酬时，其报酬额及其给付期。

前项契约，不得限制学徒于学习期满后营业之自由。

第五十七条　未满十四岁之男女，不得为学徒。但于本法施行前已入工厂为学徒者，不在此限。

第五十八条　学徒之习艺时间，准用本法第三章之规定。

第五十九条　学徒除见习外，不得从事本法第七条所列各种工作。

第六十条　学徒对于工厂之职业传授人，有服从、忠实、勤勉之义务。

第六十一条　学徒于习艺期间之膳宿、医药费，均由工厂负担之，并于每月酌给相当之零用。

第六十二条　学徒于习艺期间内，除有不得已事故外，不得中途离厂。如未得工厂同意而离厂者，学徒或其法定代理人，应偿还学徒在厂时之膳宿、医药费。

第六十三条　工厂所招学徒人数，不得超过普通工人三分之。

第六十四条　工厂所收学徒人数过多，对于学徒之传授无充分之机会时，主管官署得令其减少学徒之一部，并限定其以后招收学徒之最高额。

第六十五条　工厂对于学徒，在其学习期内，须使职业传授人尽力传授学徒契约所定职业上之技术。

第六十六条　除第三十一条所列各款外，有下列情事之一者，工厂得终止契约。

一、学徒反抗正当之教导者。

二、学徒有偷窃行为，屡戒不悛者。

第六十七条　除第三十三条所列各款外，有下列情事之一者，学徒或其法定代理人得终止契约。

一、工厂不能履行其契约上之义务时。

二、工厂对于学徒危害其健康或堕落其品行时。

第十二章　罚则

第六十八条　工厂违背本法第七条及第十一条至第十三条之规定者，处一百元以上五百元以下之罚金。

第六十九条　工厂违背本法第五条、第八条至第十条、第三十七条及第六十三条之规定者，处五十元以上三百元以下之罚金。

第七十条　工厂违背本法第四十五条之规定者，处五十元以上二百元以下之罚金。

第七十一条　工厂违背本法第三条、第四条、第十四条至第十九条及第三十六条之规定者，处一百元以下之罚金。

第七十二条　凡工厂工头对于职务上如因不忠实行为或懈怠，致发生事变，或使事变范围扩大时，处一年以下有期徒刑、拘役或五百元以下之罚金。

第七十三条　工人以暴力妨害厂务进行，或损毁厂内货物器具者，依刑法最高度之刑处断。

第七十四条　工人以强暴协迫使他人罢工时，工厂得即时开除之，并得送官署依法惩办。

第十三章　附则

第七十五条　工厂规则之订定或变更，须呈准主管官署，并揭示之。

第七十六条　本法施行条例，另定之。

第七十七条　本法施行日期，以命令定之。

〔《国民政府公报》1930年1月16、17日〕

(2) 国民政府关于公布工厂法施行条例给文官处训令 (1930年12月16日)

国民政府训令　字第六八八号

令文官处

为令知事。查工厂法施行条例业经制定，明令公布。除分令外，合行抄发该条例，令仰知照，并转饬所属一体知照。此令

计抄发工厂法施行条例一份

国民政府主席　蒋中正

立法院院长　胡汉民

中华民国十九年十二月十六日

工厂法施行条例

第一条　本条例依工厂法第七十六条规定制定之。

第二条　主管官署执行工厂法及本条例规定之事项，应受最高主管机关之指导监督。

第三条　工厂应置备簿册，随时详载工厂法第三、第四两条规定事项，除按期缮呈主管官署外，应保存之。

工人名册及其他簿册表格之程式，由最高主管机关定之。

第四条　户籍法未颁行前，工厂雇佣工人于年龄发生疑义时，由工人之法定代理人负责证明。

第五条　十二岁以上未满十四岁之男女，在工厂法公布前已在厂工作者，应于工厂法施行后两个月内，将该工人姓名、籍贯、年龄、入厂日期、工作种类及工作性质，呈请主管官署核展期限。

第六条　工厂依工厂法第八条、第十条之规定延长工作时间时，应详叙理由，呈报主管官署。

第七条　工厂应将每日开工、停工、用膳及休息时间，连同全年休假日期公布之。

第八条　工厂采用昼夜轮班制者，应将各班工人姓名及其工作日期与时间备簿登记之。

第九条　工厂法第十六条所称之纪念日如下：

(一)一月一日　中华民国成立纪念

(二)三月十二日　总理逝世纪念

(三)三月二十九日　革命先烈纪念

(四)五月五日　革命政府纪念

(五)七月九日　国民革命军誓师大会

(六)十月十日　国庆纪念

(七)十一月十二日　总理诞辰纪念

(八)其他由国民政府临时指定之日

除前项纪念日外，五月一日国际劳动节，亦应放假。

第十条　工厂法第十七条之工作年数，其在工厂法施行前者，应合并计算之。

第十一条　工厂应将每月发给工资次数及日期，预定公布之。

第十二条　工厂为全部或一部之歇业，或停工在一月以上时，应事先呈报主管官署。

第十三条　工厂举办工人及学徒之补习教育时，应将办法及设备呈报主管官署，并应每六个月将办理情形呈报一次。

第十四条　女工依工厂法第三十七条之规定停工者，因厂方之请求，应取具医生诊断书。

第十五条　工厂法第四十条所称营业年度，由工厂自行规定，呈报主管官署备案。

第十六条　工厂法第四十条规定之奖金或分配盈余，由工厂择用其一，于章程中规定之。

工厂法施行前已成立之工厂，应于工厂法施行后两个月内，将前项办法规定呈报主管官署。

第十七条　工厂平时雇佣工人在三百人以上者，应于厂内设置药室，储备救急药品，并聘医生每日到厂，担任工人医药及卫生事宜。

第十八条　童工、女工及年满五十岁之工人，其工作之分配，应于健康检查后定之。

第十九条　有碍卫生及有危险性之制造场所、工厂，应严禁儿童入内。

第二十条　工厂雇佣女工者，应于可能范围内设托婴处所，并雇佣看护人，妥为照料。

第二十一条　工厂之建筑，应由注册工程师依工厂法第四十一条、第四十二条规定，计划之。

第二十二条　工厂一切机器及锅炉，在使用前或使用一定期间后，应由专家举行安全检查，如发现危险，应即停止使用，并从事修理或更换机件。

第二十三条　工场建筑物及其附属场所，应设相当数目之太平门或太平梯。

第二十四条　工厂门户应向外开，工作时间不得下锁。

第二十五条　工厂内应严禁吸烟及携带引火物品。

第二十六条　工厂有下列各款情事之一者，其场屋及附属场所之建筑地点，应由主管官署核定之。

一、凡制造品及其原料有危险性者。

二、凡物品制造时，所散布之气体或溢出之液体危害公众卫生者。

第二十七条　工厂对于工业上所发出有毒之气体、液体及产余物质，应视其性质与数量，分别为滤过、沉淀、澄清及分解之设施，不得任意散布或抛入江、河、池、井之内。

第二十八条　工厂遇有工人在工作时间伤、病者，应延医生或送医院诊治。死亡者，应即日报主管官署，并通知其家属。

第二十九条　工厂法第四十五条所规定之津贴、丧葬、抚恤等费，工厂应依下列规定，给予之。

一、伤、病及残废津贴，至少每半月一次。

二、丧葬费于工人死亡之翌日，一次给予其家属。

三、抚恤费于工人死亡后一月内，给予工厂法第四十六条规定之受领人。

第三十条　工厂应置备簿册，载明发给医药津贴、丧葬、抚恤各费，日期、数目及受领人。

第三十一条　工厂对于工人丧葬费或抚恤费之法定受领人，有疑义时，应由受领人觅保证明。

第三十二条　工厂会议之工人代表，由厂内工人过半数以上之出席，选举之。工厂之各部分距离较远或人数过多者，得按各部分工人人数之多寡，分配代表人数，分区选举之。第一届工人代表之选举，应由厂方于工厂法施行后二个月内，拟具选举办法，呈准主管官署后，举行之。

厂中已组织工会者，前项选举办法，应由工会签注意见。

第二届以后工人代表之选举，由工厂会议办理之。

第三十三条　选举工人代表时，应选候补代表六至九人，遇有工人代表不能出席时，即由候补代表补充之。

第三十四条　工人代表之选举办法，应于选举前三日，于工厂显明处所，公告之。并应于举行前，向工人至少作一次口头解释。

第三十五条　工厂会议工人代表之任期为一年；连选者得连任。

第三十六条　工厂应将工厂会议之双方代表名单，呈报主管官署备案。其改派改选时，亦同。

第三十七条　工厂应备置工厂会议纪录簿，并于开会时，派员纪录下列事项。

一、开会日期及地点。

二、出席代表、主席及纪录员之姓名。

三、讨论及决议事项。

四、其他报告及建议事项。

每次会议终了时，应由主席将纪录当场宣读，并署名、盖章。

第三十八条　本施行条例，与工厂法同日施行。

〔国民政府档案〕

(3) 国民政府关于改定工厂法及工厂法施行条例施行日期给文官处训令(1931年1月31日)

国民政府训令　字第五五号

令文官处

为令知事。查工厂法及工厂法施行条例前经明令，定自民国二十年二月一日起施行在案，兹改定自民国二十年八月一日为工厂法及工厂法施行条例施行日期，除明令公布并分行外，合行令仰知照，并转饬所属一体知照。此令。

国民政府主席　蒋中正

行政院院长　蒋中正

立法院院长　胡汉民

中华民国二十年一月三十一日

〔国民政府档案〕

4. 行政院抄发《矿业法》及其施行日期致工商部训令

（1930年5—11月）

（1）行政院抄发矿业法训令（5月29日）

行政院训令　字第贰〇七七号

令工商部

为令知事。案奉国民政府第三一三号训令内开：查矿业法规现经制定，明令公布，除施行日期另以命令定之并分行外，合行抄发该法原条文，令仰知照，并转饬所属一体知照。此令。等因。奉此。除分行外，合行抄发该法原条文，令仰知照，并转饬所属一体知照。此令

计抄发矿业法一份

院长　谭延闿

中华民国十九年五月二十九日

矿业法

第一章　总则

第一条　中华民国领域内之矿，均为国有，非依本法取得矿业权，不得探采。

第二条　本法所称之矿，为左列各种：

金矿

银矿

铜矿

铁矿

锡矿

铅矿
锑矿
镍矿
钴矿
锌矿
铝矿
汞矿
铋矿
钼矿
铂矿
铱矿
铬矿
铀矿
铣矿
钨矿
镁矿
钒矿
钾矿
硫磺矿
磷矿
砒矿
水晶
石棉
云母
石膏
岩盐
明矾
金刚石

天然碱

重晶石

硝酸盐

硼砂

笔铅

绿松石

弗石

火粘土

滑石

磁土

大理石

苦土石

煤炭类

石油类

煤气类

琢磨沙类

颜料石类

其他经国民政府指定者。

第三条　探矿、采矿及其附属事业为矿业。

第四条　探矿权、采矿权，均为矿业权。

第五条　第二条所列各矿，除第九条所定国营及第十条所定国家保留区外，中华民国人得依本法取得矿业权。但所在地之县、市政府有优先权。

前项中华民国人经营矿业，如系公司组织，以股份有限公司为限，得许外国人入股，但须受下列各款之限制。

一、公司股份总额过半数，应为中华民国人所有。

二、公司董事过半数以上，应为中华民国人民。

三、公司董事长及总经理等职，应以中华民国人民充任。

第六条　土地区域依本法取得矿业权之登记者，为矿区。

矿区之境界以直线定之，由地面境界线之直下为限。

二以上之矿区相邻接时，其邻接之界限，至少须有二十公尺之距离。

第七条　矿区之地面水平面积，煤矿以十五公顷至五百公顷为限，其他各矿以二公顷至二百五十公顷为限。砂矿在河底，不便计算面积者，沿河身计其长度，以一公里至五公里为限。

前项矿区面积之最大限度，如因特别情形，经农矿部派员，或令省主管官署派员查勘，认为必要时，得增加之。

第八条　采矿之区域，其面积不及前条所定之最小限度者，为小矿业。

第九条　铁矿、石油矿、铜矿及适合炼冶金焦之烟煤矿，应归国营，由国家自行探采。如无自行探采之必要时，得出租探采。但承租人以中华民国人为限。

煤气矿含有氬质者，政府对于煤气，得保留提取氬质之权。

铁矿、石油矿、铜矿等矿产，政府有先买权。

前项矿产输出国外之数量及期限，其契约经中央主管机关之核准，方为有效。遇必要时，仍得加以限制。

第十条　前条各矿及左列各矿，农矿部认为有保留之必要时，得划定区域作为国家保留区，禁止探采。

一、钨矿

二、锰矿

三、铝矿

四、锑矿

五、铀矿

六、铣矿

七、钾矿

八、磷矿

第十一条　凡最先发现第九条及第十条所列各矿者，应即呈报农矿部，经农矿部查明，确系该呈报人最先发现，并认为必须国家自行开采，或作为国家保留区时，应给予该呈报人觅矿实际费用五倍以上之奖励金。

第二章　矿业权

第一节　矿业权之性质与效用

第十二条　矿业权视为物权，除本法有特别规定外，准用关于不动产诸法律之规定。

第十三条　矿业权不得分割。

第十四条　矿业权除继承、让与、抵押、滞纳、处分及强制执行外，不得为权利之目的。前项矿业权之抵押，以采矿权为限。

第十五条　探矿权以二年为限。

第十六条　采矿权不得过二十年。限满后，得呈经农矿部核准展限，但展限不得过二十年。

第十七条　左列各事项应呈经农矿部核准，并应于核准后，呈请省主管官署登记。

一、矿业权之设定、变更、移转。

二、采矿权作抵押时，其抵押权之设定、变更、移转。

农矿部于前项第一款事项之核准，应填发矿业执照，或批注执照。

第十八条　左列各事项，应经省主管官署登记。

一、矿业权之消灭及处分之限制。

二、采矿权作抵押时，其抵押权之消灭及处分之限制。

第二节　矿业权之设定

第十九条　呈请设定矿业权者，应具呈请书，附矿区图，呈由省主管官署，转农矿部核准。如系呈请采矿时，并应添具矿床说明书。

前项呈请有关之事项，省主管官署或农矿部认为必要时，得派员或令该管地方官署查勘。

第二十条　前条第一项呈请书、矿区图及说明书，应各备一份，同时呈报所在地县、市政府，县、市政府于接到呈报后六个月内，向上级主管官署声请，自行开采者，视为抛弃第五条所定之优先权。

县、市政府自行开采时，应给原呈请人以相当之偿金，其矿业权如因第四十一条之规定被撤销时，原呈请人有取得该矿业权之优先权。

第二十一条　矿业呈请人所具呈请书、矿区图、矿床说明书有不完备时，省主管官署或农矿部得限期令其更正或补呈，如不依限更正或补呈，应将呈请案撤销。

第二十二条　左列各地域内不得呈请设定矿业权。

一、于炮台要塞、军港及一切军用局厂有关系，曾经圈禁之地点以内，未经该管官署准许者。

二、距商埠市场地界一公里以内，未经该管官署准许者。

三、距国有公有建筑物、国葬地、铁路、公用道路、紧要水利及不能移动之著名古迹等地界十五公丈以内，未经该管官署或所有人及占有人准许者。

第二十三条　矿业呈请人得呈请增减其矿业呈请地。

第二十四条　农矿部或省主管官署，对于探矿呈请地确认为适于采矿者，得限期令原呈请人呈请采矿，如不依限呈请，得撤销其呈请案，另许他人呈请采矿。农矿部或省主管官署认采矿呈请地仍须探矿者，准用前项之规定。

第二十五条　二以上之矿业呈请地相重复，如矿质为同种，其重复之部分，应以呈请省主管官署在先者，有取得矿业权之优先权。

前项呈请，如呈请书到达之年、月、日相同，省主管官署应限期令各该呈请人协商后，再行呈请。各该呈请人，如不依限协商呈请时，省主管官署应以抽签之法，决定优先权者。

第二十六条　探矿呈请地与采矿呈请地相重复时，如系同时呈请，且矿质为同种，其重复之部分，采矿呈请人有取得矿业权之优先权。

第二十七条　探矿呈请人对于同种之矿质，更为采矿之呈请；如呈请地与他人采矿呈请地有重复时，其探矿呈请书到达之日，即视为采矿呈请书到达之日。

第二十八条　探矿呈请地与他人矿区相重复，如矿质为同种，其重复之部分不得核准。

第二十九条　采矿呈请地与他人矿区相重复，如矿质为同种，其重复之部分不得核准。但有第三十八条之情事者，不在此限。

第三十条　探矿呈请地如有他人更为采矿之呈请，而矿质为同种，他人呈请采矿之重复部分，准用第二十四条第一项之规定。

第三十一条　矿业呈请地与他人矿业呈请地或与他人矿区相重复，如矿质为异种，省主管官署应即通知呈请在先者或矿业权者。

呈请在先者或矿业权者，自接到前项通知日起九十日内，有取得矿业权之优先权。

前项之规定，于第三十八条之情事，已经矿业权者承诺时，不适用之。

第三十二条　探矿权者，于探矿期间届满后三十日内，对于该区域内同种矿质有取得矿业权之优先权。

第三十三条　矿业呈请地之位置、形状与矿床之位置、形状不合，致损矿利时，农矿部或省主管官署得限期令呈请人更正；如不依限呈请、更正，应撤销其呈请案。

前项之情事，呈请人亦得自请更正。

第三十四条　农矿部或省主管官署以矿业呈请地为妨害公益或无经营之价值时，得不予核准

第三十五条　矿业呈请地之一部与他人矿区相重复，致错误核准时，农矿部或省主管官署得限期令原呈请人订正。

第三节　矿业权之变更与移转

第三十六条　矿业权者对于核准之矿区呈请增减、订正、合并、分割时，应具呈请书，并附新旧关系矿区图及理由书，呈请省主管官署转农矿部核准。

前项之呈请，如有查勘之必要，或图件不完备时，适用第十九条第二项及第二十一条之规定。

第三十七条　矿区之位置形状与矿床之位置形状不合，致损矿利时，农矿部或省主管官署得限期令其订正。

第三十八条　矿业权者因矿床之位置形状必须掘进邻接矿区时，应于邻接矿业权者协商，取其承诺字据，并附矿床图说，呈由省主管官署转农矿部将矿区增改。因前项情事，与邻接矿业权者协商时，邻接矿业权者如无正当理由不得拒绝。

第三十九条　矿业权者在矿区之外，因泄水、通气及运输开掘隧洞发现矿质时，或在矿区内之同一矿床发现异种矿质时，应即呈报省主管官署转农矿部核办。前项矿区外发现之矿质，省主管官署认为有开采之价值而不能单独开采者，得限期令其增区。

第四十条　矿业权转移时，其移转前矿业权者关于该矿业权之权利、义务，亦随之移转。

第四节　矿业权之消灭

第四十一条　矿业权有左列情事之一时，其矿业权应即撤销。

一、登记后无不可抗力之故障，二年内不开工，或中途停工一年以上者。

二、将矿业权移转或抵押于外国人者。

三、矿业有害公益，无法补救者。

四、无正当理由，不纳矿税两期以上者。

五、无正当理由，不依第三十五条及第三十七条之规定，订正矿区者。

第四十二条　矿业权之处分受限制时，不得废业。

第四十三条　采矿权被撤销或自行废业后，原矿业权者得尽一年内自行处分其他矿业财产。但因特别情形，并于矿利无妨害时，得呈请农矿部核准展限一年。

第五节　矿业权之抵押

第四十四条　采矿权者以采矿权为抵押时，应具呈请书并附抵押契约，呈经省主管官署转农矿部核准。

第四十五条　抵押权设定后，采矿权者如欲将矿区分割、合并、减少或增加时，须经抵押权者之承诺。

第四十六条　采矿权满期之消灭，不受抵押权之拘束。

第四十七条　省主管官署关于设定抵押权之采矿权为撤销或废业之登记时，应即通知抵押权者。

抵押权者受前项之通知后六十日内，得请求拍卖其矿业权。但因第四十一条第三款之情事而撤销者，不得请求拍卖。

采矿权于前项规定期间内，及至拍卖程序完结之日止，于拍卖目的之范围内，仍视为存续。

前项矿业权拍定人所承受之采矿权，视为自原采矿权消灭登记之日起承受。

第三章　国营矿业

第四十八条　国营矿业由农矿部管理之。

第四十九条　凡国营之矿，应由农矿部划定矿区，设定国营矿业权，呈请行政院备案，并令交该矿区所在地主管官署登记。

第五十条　国营之矿国家自行探采时，得用公司组织，准许私人入股；但外国人入股时，仍适用第五条第二项之规定。

第五十一条　国营矿业权出租时，其承租条件由农矿部与承租人以契约定之。

前项租约应载明承租期限及每年租金，并应斟酌该矿实地情形，定明每年最低产额及每年最低投资额。

第五十二条　国营矿业权在未经核准私人承租前，于同等条件之下，该管地方政府有承租之优先权，如呈请者同系私人，以呈请农矿部在先者，有承租之优先权。

第五十三条　承租人不得将所租国营矿业权转租、抵押、典质或让与。

第五十四条　国营矿业权之租期，以二十年为限，期满如非国家收回自营者，承租人有继续租赁之优先权。

承租人依左列之规定，按年缴纳租金。

一、净盈余在实收资本百分之十以下者，免租。

二、净盈余超过实收资本百分之十者，而在百分之三十五以内，应就其超过部分缴纳百分之五十之租金。

三、净盈余超过实收资本百分之三十五者，就其未超过百分之三十五之部分，依前款规定缴纳租金外，并应就其已超过百分之三十五部分，缴纳百分之七十五之租金。

第五十五条　租期届满，国家收回自办时，对于原承租人矿业上适用之财产或设备，应公平估价收买之；如租期届满，国家无收回之必要时，应准原承租人继续立约承租。

第五十六条　承租人有左列各款情事之一时，其租约应即撤销。

一、违背第五十三条之规定者。

二、逾期不缴租金者。

三、承租后三年内尚未从事矿厂设备，并无正当理由者。

四、承租后二年内尚未开工或中途停工至一年以上，并无正当理由者。

第五十七条　因前条各款情事撤销租约时，原承租人所有矿业上附属财产及一切设备，除属于保安范围或由国家收买者外，应于半年内迁去之。但因特别情形，呈经农矿部许可者，不在此限。

第五十八条　第十四条、第十五条、第十六条、第四十一条及第四十三条之规定，于国营矿业不适用之。

第四章　小矿业

第五十九条　小矿业权于合于左列各款情事之一时，得设定之。

一、交通不便地方，经该省主管官署呈明农矿部核准为小矿业区域者。

二、矿量甚微，无大规模经营之价值者。

三、矿业未发达之区域，其矿产物为该地方所需要者。

前项第一款之小矿业区域，经该省主管官署呈请或农矿部认为必要时，得撤销之。

第六十条　小矿业权以采矿为限。

第六十一条　小矿业不得加入外国资本。

第六十二条　小矿业权以十年为限，期满后如与矿利无妨害时，得呈准展限五年。但遇第五十九条第一项第一款或第二款所规定之情事消灭时，不得展限。

小矿业之存在，不得妨碍矿业权之呈请。但呈请矿区如与小矿区重复时，应听由小矿业权者，在核准期内继续开采，但期满后不得再展。

第六十三条　呈请设立小矿业权者，应具呈请书并附矿区图，呈请省主管官署核准登记，发给小矿业执照，但须同时呈报农矿部备案。前项之小矿业执照，由农矿部预先颁发省主管官署。

第六十四条　农矿部对于前条之核准，认为违背第五十九条之规定时，得撤销之。

第六十五条　小矿业权者，于限期内或限期届满后六个月内，依第三十六条之规定，呈请合并各小矿区时，有取得矿业权之优先权。

第六十六条　第九条、第十五条、第十六条、第九十五条、第九十八条、第九十九条及第一百零一条之规定，于小矿业不适用之。

第五章　用地

第六十七条　矿业实在使用地面为用地。

第六十八条　觅矿人、矿业呈请人或矿业权者，于必要时，得于他人地面为测量或查勘等事，但须经所在地地方官署许可。得前项之许可，实行测量或查勘时，应先通知土地占有人。

第六十九条　因测量查勘等事，必须除去障碍物者，应商得土地所有人或土地占有人承诺。

不能得前项承诺时，应呈请所在地地方官署许可，除去障碍物，并通知土地所有人或土地占有人。

第七十条　矿业权者为防御矿业上紧急之危险，得入他人之地面或使用之，但应即行呈报所在地地方官署，并通知土地所有人或土地占有人。

第七十一条　因前三条之情事，土地所有人或土地占有人如受损失，觅矿人、矿业呈请人或矿业权者，应给予相当之偿金。

第七十二条　矿业权者，因矿业需要使用他人土地，在二十四时以内，并不妨害地面及其附属物时，得于事先一日将使用目的通知土地所有人或土地占有人。土地所有人或土地占有人非有正当理由，不得拒绝。

第七十三条　矿业权因左列各款之一，有必要时，得使用他人土地。

一、开凿井隧。

二、堆积矿产物、土石爆发药、薪炭、矿渣、灰烬或一切矿用材料。

三、建筑矿业厂库或其需要房屋。

四、设置大小铁路、运路、运河、水管、汽管、沟、渠、地井索道或电线等。

五、设施其他矿业上必要之各种工事或工作物。

第七十四条　依前条之规定，使用他人土地应经省主管官署许可，并应将施工计划绘具图说，呈由省主管官署审定。

省主管官署为前项之许可后，应即公告并通知土地所有人及关系人。

经前项之公告或通知后，矿业权者为取得关于该土地之权利，应与土地所有人及关系人商定之。

第一项之规定，如土地为公有时，省主管官署于许可前，应征求该土地主管人之同意。

第二十二条所列各地域及地方重要公共事业所需之地域，经省主管官署查明，认为不应为矿业使用地者，不得许可。

第七十五条　矿业权者于其矿区以内之土地，除因矿业必须使用者外，如无正当理由，不得禁阻邻接矿业权者矿业必须之使用。

第七十六条　矿业权移转时，使用地面之权利义务均应随时移转，若丧失矿业权，亦同时丧失其使用地面之权利。

第七十七条　因使用他人之土地矿业权者，应给予土地所有人及关系人以相当之偿金。

第七十八条　土地须使用三年以上，或因使用而变其性质时，矿业权者得与土地所有人协商，或由土地所有人请求给予一次之相当偿金。但矿业废止或使用完竣时，仍应将土地交还原土地所有人。

第七十九条　因矿业工作，致用地或矿区以外土地之价值低减，或有他项之损失时，矿业权者应给予土地所有人及关系人，以相当之偿金。但其土地如失以前之效用时，准用前条之规定。

第八十条　于使用之土地，须增筑或修改其道路、沟渠、墙栅及其他工作物等，除已依第七十八条之规定，给予一次偿金者外，矿业权者应给予土地所有人及关系人以相当之偿金。

第八十一条　数矿业权者共同损害地面及附属物时，应连带负损害赔偿责任；不能证明孰为损害者，亦同。

第八十二条　经第七十四条第二项公告或通知后，土地所有人或关系人，欲变更其土地之形质或新筑、改筑、大修缮或增设其他工事时，应经省主管官署许可；未经许可者，不得请求损害赔偿。

前项工事如与矿业之性质绝对不相容，或无损于建筑者，而大有损于矿利时，矿业权者得呈请省主管官署查明，禁止施工。

第八十三条　土地所有人提出损害赔偿之要求，或明知其地面已受损害后，故意兴工建筑，其建筑物如有损害，不得要求赔偿。土地所有人于地面有非常显著之危险，而怠于注意，兴工建筑者，亦适用前项之规定。

第八十四条　经第七十四条第二项公告或通知后，其矿业如有废止或变更，矿业权者对于土地所有人或关系人，因此所受之损失，应给以相当之偿金。

第八十五条　土地所有人及关系人对于偿金，得要求矿业权者提出相当之担保。

第八十六条　矿业权者如不交偿金或不具担保土地所有人及关系人，得拒绝其使用。

第八十七条　土地之权利，在使用期间应归矿业权者，其他已设定之权利，亦须停止。但不妨害使用者，不在此限。

第八十八条　土地之使用完竣，矿业权者应回复其土地之原状，交还原土地所有人。如因不能回复原状，致有损失时，除依

第七十八条之规定，给予一次偿金者外，应给予土地所有人以相当之偿金。

第八十九条　关于用地之规定，于水之使用准用之。

第九十条　本章关于矿业权者之规定，于国营矿业权之承租人准用之。

第六章　矿税

第九十一条　矿税分下列二种，由矿业权者分别缴纳。

一、矿区税。

二、矿产税。

国营矿业权出租时，前项矿税由承租人缴纳之。

第九十二条　矿区税为地面租税以外之税，其税率如左：

一、探矿区每公亩按年纳国币一分，砂矿在河底者，每河道长十公尺，按年纳国币一分。

二、采矿区每公亩或河道每长十公尺，自开办起五年内，按年纳国币二分；自第六年起，按年纳国币五分。

采矿权者，因矿工罢工或其他不可抗力，致不能工作继续在二个月以上时，得请求免纳不能工作期间之矿区税。

第九十三条　矿产税按照矿产物价格纳百分之二。

前项之矿产物价格，以出产地附近市场之平均市价为标准，由农矿部按照省主管官署报告，核定之。

第九十四条　矿区税每年分二期，于一月七日缴纳。矿产税依照实际产额，约计市价，按月缴纳。前项按月缴纳之矿产税额，于核定平均市价后，逐年清结，年终缴纳之。

第七章　矿业监督

第九十五条　农矿部或省主管官署认为必要时，得令采矿权者，随时将施工计划及工程报告书呈候审核。

前项呈报之施工计划及工程报告书，农矿部或省主管官署认为必须变更时，得令矿业权者变更之。

第九十六条　农矿部或省主管官署，对于矿业工程认为有危险或害公益时，应令矿业权者设法预防或暂行停止工作。

第九十七条　矿业权消灭后一年内，农矿部或省主管官署认为必要时，得令原矿业权者，为预防危险之设备。

第九十八条　采矿权者应备置坑内实测图及矿业簿于矿业事务所，并缮具副本送呈省主管官署。

第九十九条　矿业权者每年一月，应将全年之矿业情形造具明细表册，呈报农矿部及省主管官署。

第一百条　探矿时，所得矿质须经省主管官署准许，方得出售。

第一百〇一条　矿业权者所用主要技术人员，应就依技师登记法登记，合格者选任之；前项技术人员有不合格或不称职时，农矿部或省主管官署得令其改任。

第一百〇二条　农矿部为监察各矿矿业起见，得于矿业繁盛区域或重要矿场设置矿业监察员。

矿业监察员规程，由农矿部以部令定之。

第一百〇三条　矿业权者遇有事故，有查勘邻接矿区之必要时，得呈请农矿部或省主管官署，派员会同各该矿业权者实地查勘。

前项规定，于其他利害关系人适用之。

第一百〇四条　农矿部或省主管官署以职权，或因矿业呈请人，或矿业权者之呈请，派员赴矿业呈请地或矿区查勘时，其费用应归该呈请人或矿业权者负担。

第一百〇五条　凡专门以上学校矿科学生，愿在矿场实习者，经农矿部或省主管官署令知后，各该矿业权者不得无故拒绝。实习规则，由农矿部定之。

第一百〇六条　省主管官署每年应将该管区域内矿区面积、矿质产额、矿税收入分别查明，编成详细统计，于四月以前汇呈农矿部。

第一百〇七条　本章关于矿业权者之规定，于国营矿业权之承租人适用之。

第八章　罚则

第一百〇八条　有左列情形之一者，处三年以下之有期徒刑或三千元以下之罚金。

一、以诈欺取得矿业权或违法私自采矿者。

二、有第四十一条第二款情形者。

第一百〇九条　有左列情形之一者，处二千元以下之罚金，其契约无效。

一、私将矿业权租赁典质者。

二、不经核准，将矿业权让与或抵押者。

第一百一十条　逾出矿区以外采矿者，处一千元以下之罚金。

第一百十一条　有前条及第一百〇八条第一款情形者，收没其所采之矿产物。如已出售或自用时，应追交其相当代价。

第一百十二条　违背第二十二条之规定或不从第九十六条及第九十七条之命令者，处五百元以下之罚金。

第一百十三条　违背第九十五条第二项、第一百条及一百〇一条之规定者，处一百元以下之罚金。

第一百十四条　违背第六十九条之规定者，处一百元以下之罚金。

第一百十五条　拒绝或妨碍该管官吏检查关于矿业之簿记或物件者，处五十元以下之罚金。

第一百十六条　凡逃税或企图逃税者，处应纳税额三倍以上之罚金。

第一百十七条　矿业权者于其代理人、雇用人或其他之从业者，关于业务违犯本法时，不得以非出己意，免本法之处罚。

第一百十八条　本章关于矿业权者之规定，于国营矿业权之承租人适用之。

第九章　附则

第一百十九条　在本法施行前已取得矿业权者，视为已依本法取得矿业权，但其原定期限较本法所定期限为短者，依其期限。

第一百二十条　本法施行细则，由农矿部定之。

第一百二十一条　本法施行日期，以命令定之。

(2) 行政院转发《矿业法》施行日期致工商部训令（1930年11月11日）

行政院训令　字第03964号

令工商部

为令行事。案奉国民政府第五九六号训令内开：查矿业法业经制定，明令公布在案，兹定自本年十二月一日为矿业法施行日期，除分行外，合行令仰知照，并转饬所属一体知照。此令。等因。奉此。除分令外，合行令仰知照，并转饬所属一体知照。此令

副院长代理院长职务宋子文

中华民国十九年十一月十一日

〔国民政府实业部档案〕

5. 国民政府公布《商标法》及施行日期致文官处训令

（1930年5—11月）

(1) 国民政府公布商标法训令（5月6日）

国民政府训令　字第二五九号

令文官处

为令知事。查商标法现经制定，明令公布，应即分别饬知。除分令外，合行抄发原条文，令仰知照，并转饬所属一体知照。此令

计抄发商标法一份

主　　席　蒋中正

行政院院长　谭延闿
立法院院长　胡汉民
司法院院长　王宠惠
考试院院长　戴传贤
监察院院长　赵戴文

中华民国十九年五月六日

商　标　法

第一条　凡因表彰自己所生产、制造、加工、拣选、批售或经纪之商品，欲专用商标者，应依本法呈请注册。

商标所用之文字、图形、记号或其联合式，须特别显著，并指定所施颜色。

第二条　左列各款均不得作为商标呈请注册。

一、相同或近似于中华民国国旗、国徽、国玺、军旗、官印、勋章或中国国民党党旗、党徽者。

二、相同于总理遗像及姓名、别号者。

三、相同或近似于红十字章或外国之国旗、军旗者。

四、有妨害风俗秩序或可欺罔公众之虞者。

五、相同或近似于同一商品习惯上所通用之标章者。

六、相同或近似于世所共知他人之标章，使用于同一商品者。

七、相同或近似于政府所给奖章及博览会、劝业会等所给奖牌褒状者。但以自己所受奖者作为商标之一部份时，不在此限。

八、有他人之肖像、姓名、商号或法人及其他团体之名称者。但已得其承诺时，不在此限。

九、相同或近似于他人注册商标失效后未满一年者。但其注册失效前已有一年以上不使用时，不在此限。

第三条　二人以上于同一商品以相同或近似之商标各别呈请注册时，应准实际最先使用者注册，其呈请前均未使用或孰先使用无从确实证明时，得准最先呈请者注册；其在同日呈请者，非经各呈请人协议妥洽让归一人专用时，概不注册。

第四条　以善意继续使用十年以上之商标，依本法呈请注册时，不受第二条第六款及第三条规定之限制。但商标局认为必要时，得令其将形式或所施之颜色，加以修改或限制。

第五条　同一商人于同一商品使用类似之商标，以作联合商标为限，得呈请注册。

第六条　外国人民依关于商标互相保护之条约，欲专用其商标时，应依本法呈请注册。

第七条　因商标注册之呈请所生之权利，得与其营业一并移转于他人。

承受前项之权利者，非呈经更换原呈请人之名义，不得以之对抗第三人。

第八条　凡在中华民国境内无住所或营业所者，非委托在中华民国境内有住所或营业所者为代理人，不得为商标注册之呈请及其他程序，并不得主张商标专用权或关于商标之权利。

前项代理人，除有特别委托之权限外，于本法及其他法令所定关于商标之一切程序及诉讼事务，均代表本人。

第九条　前条代理人之选任、更换或其代理权之变更、消灭，非呈经商标局核准注册，不得以之对抗第三人。

第十条　商标局于商标有关系之代理人认为不适当者，得令更换之，并得将其关于商标所代理之行为作为无效。

第十一条　商标局于居住外国及边远或交通不便之地者，得以职权或据呈请，延展其对于商标局所应为程序之法定期间。

第十二条　凡为有关商标之呈请及其他程序者延误法定或指定之期间时，其呈请及一切程序得作为无效。但认为确有事故窒碍时，不在此限。

第十三条　凡声明事由呈请关于商标之证明、图样之摹绘及书件之查阅或抄录者，商标局除认为须守秘密者以外，不得拒绝。

第十四条　商标自注册之日起，由注册人取得商标专用权，商标专用权以呈请注册所指定之商标为限。

第十五条　凡以普通使用之方法，而表示自己之姓名、商号或其商品之名称、产地、品质、形状、功用等事者，不为商标专用权之效力所拘束。

但自商标注册后，以恶意而使用同一之姓名、商号时，不在此限。

第十六条　商标专用期间，自注册之日起，以二十年为限。

前项之专用期间，得依本法之规定呈请续展，但每次仍以二十年为限。

第十七条　商标专用权得与其营业一并移转于他人，并得随使用该商标之商品分析移转。但联合商标之商标权不得分析移转。

第十八条　商标专用权之移转，非经商标局核准注册，不得以之对抗第三人。其以商标专用权抵押时，亦同。

第十九条　商标专用权，除由注册人随时呈请撤销外，凡在注册后有左列情事之一者，商标局得以其职权或据利害关系人之呈请，撤销之。

一、于其注册商标自行变换或加附记，以图影射而使用之者。

二、注册后并无正当事由，迄未使用，已满一年或停止使用已满二年者。

三、商标权移转后已满一年，未经呈请注册者。但因继承之移转，不在此限。

前项第二款之规定于联合商标仍使用其一者，不适用之。

商标局为第一项所定撤销之处分，应于六十日以前，通知商标专用权者或其代理人。

因受第一项所定撤销之处分有不服者，得于六十日以内依法提起诉愿。

第二十条　商标专用期间内废止其营业时，商标专用权因之消灭。

第二十一条　商标专用或其专用期间续展之注册，违背第一至第五条之规定者，经商标局评定，作为无效。

第二十二条　商标局应备置商标簿册，注录商标专用权或关于商标之权利及法令所定之一切事项。

凡经核准注册之商标，分别注录于商标簿册，并发给注册证。

第二十三条　商标局应刊行商标公报，登载注册商标及关于商标之必要事项。

第二十四条　注册事项遇有呈请变更或涂销时，经商标局核准后，应登载商标公报公告之。

第二十五条　商标专用或其专用期间续展之注册，应由呈请人于呈请时照缴规定之注册费。但经商标局核驳时，应发还之。

第二十六条　呈请注册者，应就各商品之类别，指定其所使用商标之商品。

前项商品之分类方法于施行细则定之。

第二十七条　商标局于呈请专用之商标，经审查员审查后，认为合法者，除以审定书通知呈请人外，应先登载于商标公报，俟满六个月，别无利害关系人之异议或经辨明其异议时，始行注册。

呈请专用期间续展之商标经审查合法者，应换发注册证并登商标公报，公告之。

第二十八条　商标呈请人对于核驳有不服者，自审定书送达之日起三十日以内，得具不服理由书呈请再审查。

对于再审查之审定有不服时，得于六十日以内依法提起诉愿。

第二十九条　商标异议准用前条之规定。

经过异议之注册商标于前条诉愿决定后，对手人不得就同一事实及同一证据，请求评定。

第三十条　下列事项得由利害关系人请求评定。

一、依第二十一条规定其注册应无效者。

二、应认定商标专用权之范围者。

违背第一条或第二条第一至第七款规定其注册应无效者，审查员得请求评定。

注册之商标违背第二条第八款、第九款第三条至第五条规定者，自登载商标公报之日起已满三年时，概不得请求评定。

第三十一条　请求评定时，应呈请求书于商标局，凡关评定事项各当事人所呈之书状，商标局应抄示对手人，令依限具书互相答辩，并得发诘问书，令之陈述。

第三十二条　评定依评定委员三人之合议，以其过半数决之。

评定委员由商标局长就各该事件，指定之。

评定委员于该事件有利害关系或向曾参与者，应行回避。

第三十三条　评定得就书状评决之。但认为必要时，应指定日时，传集当事人，口头辩论。

关于评定之各当事人，延误法定或指定之期间时，评定不因之中止。

第三十四条　关于评定事件，有利害关系者得于评定终结以前呈请参加，其准驳应询问当事人，并由评定委员合议决定之。

参加人为关于评定之行为与其所辅助当事人之行为相抵触者，无效。

第三十五条　对于评定之评决有不服时，评定书送达之日起三十日以内，得请求再评定，其一切程序适用关于评定之规定。

第三十六条　对于再评定之评决有不服时，得于六十日以内，依法提起诉愿。

第三十七条　关于商标事件经评定之，评决确定后无论何人不得就同一事实及同一证据，请求为同一之评定。

第三十八条　凡非营利事业之商品有欲专用标章者，须依本法呈请注册。

前项之标章，准用关于商标之规定。

第三十九条　商标注册费及其他关系商标事件应缴之公费，于施行细则定之。

第四十条　本法施行细则，由工商部定之。

（2）国民政府公布商标法施行日期训令（1930年11月25日）

国民政府训令　字第六二九号

令文官处

为令知事。查商标法业经制定明令公布在案，兹定自民国二十年一月一日起为商标法施行日期，除公布并分行外，合行令仰知照，并转饬所属一体知照。此令

主　　席　蒋中正
行政院院长　蒋中正
立法院院长　胡汉民
司法院院长　王宠惠
考试院院长　戴传贤

中华民国十九年十一月二十五日

〔国民政府档案〕

6. 实业部等关于制定公布奖励工业技术暂行条例及提要说明等呈令

（1931年4—6月）

（1）财政部等会呈稿（4月10日）

呈为呈复审查工业技术奖励条例草案情形，仰祈鉴核示遵事。窃前奉钧院训令节开：据前工商部呈拟具工业技术奖励条例草案，经第四次国务会议决议，交实业、财政、外交、交通、铁道五部

审查，由实业部孔部长召集分令遵照。等因，并抄发原呈草案暨提要说明各一份，奉此。职部等当即各派专员于二月十日上午十时、二月十八日上午十时、二月二十一日上午九时及二月二十四日上午九时在实业部开会，四次会同审查，经将条例名称及内中要点逐项研究，详加讨论，佥以我国工业技术幼稚，亟应制定奖励发明条例，以资诱掖，俾国内工业学者对于工业上之物品及方法精研探讨，多有所发明。爰就所拟草案议决要点四项，覙陈于次：(一)本条例系为特许法未制定公布前之一种临时救济办法，应将原名工业技术奖励条例改定为奖励工业技术暂行条例。(二)根据祥熙在前工商部任内时，建议于第三届三中全会请规定工商界对于国际事项之关系采用保护政策，以求实现平等互惠，经大会通过之议决案，仍采用保护政策，奖励发明，以本国人为限。(三)因中美、中奥条约有互相保护发明权及商标图样之协定，为减少外交上纠纷及整齐划一国内工业品之制作，以免与世界工业简单化相背驰起见，故决议将原草案第一条第二目新案制删去。(四)专有权仍改用专利权三字，以沿旧例，且将专利年限改定为十年或五年二种，并准其延展一次。以上四点均经通过，并将各条之文，依照大体办法加以惜正，理合缮具全文并附提要说明，呈请钧院核转立法院审议，呈由国民政府公布施行。又查前清光绪二十九年中美通商行船条约及民国十四年中奥通商条约，已将发明意匠及实用新案三项订在互相保护之列。最近中捷条约虽将发明权一项抽出，而意匠与实用新案仍包括在内。现在外交上关于国际间请求保护其专利权之抗议，均以中国尚未公布特许法，未设立特许局，未办到外国人专利注册程序及未加入万国工业所有权保护同盟，相应付；若本条例此际经过立法院审议，国民政府明令公布，恐国际间即以中国特许法已公布，抑或以奖励只限中国人，有违条约，特藉口将来办理交涉，未免多费周折。且查国民政府工业行政计划年表公布特许法，列在第六年度，前工商部以在特许法未公布前，奖励国内工业技术系属要政，未可中断，故拟订本条例以资救济，倘能不经过正式立法手续，饬由实业部暂以部令发表施行，一面呈报钧院转呈国民政府备案，俟将来特许法公布，即行废止。在此过渡期间，用兹权宜办法，既可减少外交上之纠纷，而于本条例发表时期，亦较迅捷，且实业部办理奖励国内工业技术发明案件复可不致久延。惟此系变更条例公布程序，有无与法律相抵触之处，职部等未敢擅制决议，是否可行，并请鉴核示遵。再此呈系由实业部主稿，合并陈明。谨呈

行政院

附呈：奖励工业技术暂行条例草案及提要说明各二份。

中华民国　年　月　日

奖励工业技术暂行条例草案〔略〕

奖励工业技术暂行条例草案提要说明

甲、本草案主旨及定名：

(一)二十世纪为应用科学时代，凡科学技术为工业基本，倘国家工业行政上对于技术之发明与改良无奖励之法，实不足鼓励。现在中国特许法尚未制定，而十七年六月所公布之奖励工业品暂行条例，又奉国府命令废止，但奖励国内工业技术系属要政，未可中断。又查实业部关于个人工业技术上之发明来部，请奖之案甚多，无法依据核办，应亟拟订本草案，以资救济。

(二)本草案为奖励发明而设，用意本与各国发明专利之特许法相同，惟各国专利特许法通例大都采用世界性，不问发明者之国籍，且缔结万国工业所有权同盟，互相保护其发明品之专利权。吾国今日工商业尚在幼稚状况之下，若仿而行之，欧美各国之新发明，在吾国必尽享有专利权，而吾国工业界之仿造事业反在在受专利特许法之禁制，不能自由。其阻遏国内工业之进步，为患匪细，此意前工商部孔部长建议第三届三中全会请规定工商界对

于国际事项之关系采用保护政策，以求实现平等互惠一案，文内曾连带说明，并经大会通过，分令院部遵照。盖准以现在国情，我国家对于国内工业技术，本必须颁订特许法，予发明者以专利之权，且积极保障，以示提倡。但径采用世界性的特许法，其弊必如前述，自绝仿造之机会。若公布非世界性之特许法，则又困于前情。清光绪二十九年(即一九〇三年)与美国续议中美通商行船条约内互相保护创制权之协定，恐其发生异议，故改称奖励工业技术暂行条例，专以奖进国内工业界之技术为主，而实际仍以专利方法奖励发明，且限以本国国籍人民，方得援用，期毋违反于保护政策。又查此种办法，前北部久已行之，民元十二月，前北部曾公布暂行工艺品奖章，十二年修改为暂行工艺品奖励章程，十七年三月间又改为专卖特许条例，自国民政府成立，前工商部于十七年六月公布奖励工业品暂行条例，迄上年四月间始行废止。此其经过之崖略也。

乙、本草案与特种工业奖励法不同之点：

(一)本草案第一条"凡中华民国人民研究工业技术"之规定，系为奖励个人技术进步、发明工业物品而设，受奖者之资格属于技术家个人方面。而特种工业奖励法第一条"凡中华民国人民所办工业"之规定，系奖励国内企业家兴办工厂而设，受奖者之资格属于工业界之企业家，即工厂方面至该法丙项专制权奖励资格中，并列有发明一项资格者，则以发明家既得专利权后，如将其发明事项从而设厂制造著有成绩时，应得与输入外国新发明者享受减免税厘运费之同等待遇，且发明者因此将专利权分为若干区域之专制权，设厂使用，亦甚便利。此指发明家已得专利权后而言之也。以上系两种法例受奖资格不同之点。

(二)本草案内专利权之给予，系包有专制、专销、专用等种种性质，且以全国为范围，并不受先行设厂之限制。特种工业奖励法内之专制权，其一定区域之限制，既较全国为狭隘，且专制权亦仅为专利权之一部分。以上系两种法例奖励方法不同之点。

丙、第四条医用药品不得呈请专利之限制：

(一)医用药品系供诊治民众疾病之用，故不应予以专利权，以期溥利人群。但现在国内所用西药多属舶品，而中药部份又制作草率，不合科学，虽本草案有医用药品，不得呈请专利权之限制，惟为提倡自制西药以杜漏卮，及应用科学方法改善中药品质起见，自应另订奖励办法，以资奖励。查前工商部曾咨商卫生部会同办理，现实业部仍赓续进行。

(二)医用器具系供医术上之应用，故仍可请求专利权，特标出医用药品四字，以示区别。

丁、呈请权之继承：

发明人未及呈请奖励或呈请奖励中死亡时，其呈请权自应得为依法继承，以全研究者之苦心，而供社会上发明公开后之应用，故特于第十二条规定之。

戊、第二十一条各项取销专利权之意义：

(一)本草案第一条规定以中华民国人民研究工业技术首先发明者为限制，则非中国人之发明，即不得予以奖励。又第三条(一)(三)款规定非自己研究所得已经证实或有同样发明，呈准在先者，不得予以奖励，因此等情形有事前难于精确周知者，有事后发生变化者，故发见应予取消之处分。

(二)奖励发明家既有专利权年限以报酬之，则专利权年限满后，即应将其方法供社会公用，以谋大多数之福利，如原说明书内而有第(二)第(三)两项情事，则事实上他人不能应用，仍为发明者所垄断，是徒享权利而无义务，非立法之本意，故应受取消处分。欧美各国现亦多采此法。

(三)第(四)项物品或方法与奖励案说明书或图样或模型不符时，在事实上既发生两歧之弊，在法律上专利权即根本不能成立，故应取消。

（四）第（五）（六）两项用意，盖奖励工业发明，原冀其实施，以供社会之应用，而谋人类之福利，并为劳动界增一新职业，倘已得专利权者，不能在一定期间实施或中止其实施时，则奖励用意不能贯彻，故应加以裁制，督促其实施。

（五）以诈伪方法取得专利权者，在外国原处徒刑或罚金之处分，本草案取宽大主义，故定在取消之列。

己、第二十三条追加专利权改为独立专利权：

原专利权因故而被取消，其追加专利权无连带取消关系时，当然准其存在，使得享受残余期间之权利。惟原专利权既不存在，则附带追加之专利权，自应改为独立专利权，以明界限。各国现多用此法。

庚、侵害专利权者之制裁：

各国特许法对于侵害专利权者，皆定有刑法上之制裁，本草案亦于第二十七条至第二十九条规定之，并按照伪造、仿造及贩卖三种情节轻重，参酌刑法妨害工商罪章各条，分别拟订，庶专利权之保护得以贯彻。

（2）行政院致实业部训令（6月6日）

行政院训令　字第二六五七号

令实业部

为令行事。案查前据该部长等会同呈复审查前工商部拟呈之工业技术奖励条例草案情形，并附呈奖励工业技术暂行条例及提要说明，请鉴核示遵等情，经提出本院第二十一次国务会议决议：照审查意见通过，特许法缓订，奖励工业技术暂行条例由部公布呈国府备案。等因。当经饬知并转呈在案。现奉国民政府第一四一八号指令内开：呈暨条例并提要说明均悉，准予备案，附件存。等因。奉此。除分令外，合行令仰该部知照。此令。

院长　蒋中正

中华民国二十年六月六日

(3) 实业部令(6月10日)①

实业部令　字　第　号

兹制定奖励工业技术暂行条例，公布之。此令。

部长孔

中华民国二十年六月　日

奖励工业技术暂行条例②

第一条　凡中华民国人民研究工业技术，对于工业上之物品或方法首先发明者，得依本条例呈请奖励。

第二条　本条例之奖励为给以专利权十年或五年。前项专利权，以全国为区域。

第三条　有左列情形之一者，不予奖励。

(一)非自己研究所得已经证实者。

(二)未呈请前已为世人公知公用者。

(三)有同样之发明核准奖励在先者。

(四)妨害风俗秩序或卫生者。

第四条　左列各款不得以物品呈请奖励。

(一)饮食品。

(二)医用药品。

第五条　凡发明关系军事秘密者，不予专利权。但政府须给以相当之报酬。

第六条　因发明受奖励者，在其专利权期内，对于原物品或方法再有新发明时，得呈请追加奖励。但其期限至原奖励案年限届满时为止。

---

① 此为实业部拟稿日期。

② 此条例于1932年9月30日由国民政府公布施行。

第七条　凡利用他人物品或方法，在其专利权期内，再有发明时，得呈请奖励。但新发明人对于物品或方法之利用，应给原发明人相当之补助金或协议合制。原发明人无正当理由，不得拒绝。

第八条　前两条之呈请事件，原发明人与他人同时呈请并为同一之发明时，应就原发明人奖励之。

第九条　凡二人以上同一之发明，各别呈请时，应就最先呈请者奖励之。如同时呈请，则依呈请者之协议定之。协议不成时，均不给予奖励。

第十条　凡依本条例呈请奖励，而其发明之一部分与其他呈请案相同者，其相同之部分，应就最先呈请者奖励之。

第十一条　以公司名义或两人以上联名呈请时，应载明发明者之姓名，并附呈确定呈请权之文件。

第十二条　奖励呈请权得依法继承之。

第十三条　以他人之委托或雇主之费用发明者，其专利权应为双方所共有。

第十四条　专利权为共有时，非得各共有者之同意，不得行使其专利权。但订有契约者，从其契约。

第十五条　因发明受专利权之奖励者，其呈请人不设厂自制时，得依契约，交由经营工业者行使其全部或一部。

第十六条　本条例之奖励向实业部呈请之，经审查确定后发给证书。其专利权之时效，自发给证书之日起算。

第十七条　呈请案经核驳时，有不服者，得于决定书送达后三十日内，呈请再审查。

第十八条　呈请案经审查认为应予奖励时，即公告之。自公告之日起六个月，利害关系人得提起异议呈请审查。但须对于本条例第三条第一、第三两款第七条至第十三条各规定之一，提出证据。

第十九条　呈请案公告期满，无人提起异议或再审查决定后，即为审查确定。

第二十条　在专利权期内，实业部得随时检查其物品或其制造事项。

第二十一条　专利权有左列情事之一者，应取消之，并追缴其证书。

一、违背本条例第一条、第二条之规定者。

二、故意不将实施上必要之事项记载于原说明书者。

三、故意将实施上不可能或实施困难之事项记载于原说明书者。

四、物品或方法与呈请时之说明书或图样或模型不符者。

五、得奖励后满一年未实行制造，并未呈经实业部核准者。

六、专利权期内无故休业一年以上，并未呈经实业部核准者。

七、以诈伪方法蒙请核准者。

第二十二条　专利权年限届满或依前条之规定被取消时，实业部应公告之。

第二十三条　专利权取消时，遇有追加奖励未被取消者，改为独立之专利权，另给证书。但至原奖励案年限届满时为止。

第二十四条　专利权期满时，得呈准实业部延展之，并加给证书，但以一次为限，并不得逾原奖励案之年限。

第二十五条　专利权得为移转或继承之，呈由实业部核换证书。

第二十六条　已受奖励者，非在物品上或包装上注明专利权种类、证书、号数，不能对抗第三人。

第二十七条　伪造发明品，损害他人之专利权者，处三年以下之有期徒刑，得并科五千元以下五百元以上之罚金。

第二十八条　仿造发明品或窃用其方法损害他人之专利权

者，处二年以下之有期徒刑，得并科三千元以下三百元以上之罚金。

第二十九条　明知为伪造或仿造之物品而贩卖或意图贩卖，而陈列于交易场所者，处六个月以下之徒刑，拘役或一千元以下之罚金。

第三十条　前三条之处罚，须被害人告诉，乃论。

第三十一条　依本条例第二十七条至第二十九条处罚之物品，没收之。

第三十二条　专利权证书费及其关于奖励案应交之各公费，于施行细则定之。

第三十三条　本条例之施行细则，由实业部定之。

第三十四条　特许法制定施行后，本条例即行废止。

第三十五条　本条例施行前，得有专利权者，在原定专利期内，适用本条例有关各条之规定。

第三十六条　本条例自公布之日施行。

〔国民政府实业部档案〕

附录：实业部依照奖励工业技术暂行条例核准奖励各案（1933—1936年）

实业部依照奖励工业技术暂行条例核准奖励各案，自民国二十二年二月起至民国二十五年七月止。

呈请人	住址	品名	专利部分	专利年限	起迄年月日	专利号数	备考
汉藜公司钟灵	上海望平街一六一号	钟灵印字机	全部	五	民国二十二年二月十六日起民国二十七年二月十五日止	延字第一号	该项印字机于民国十七年已经核准专利五年，兹依照条例二十五条规定，呈请延展专利，予以核准。
郑植南	上海博物院路二十号郑天锡律师转	完全透明肥皂	关于以各种油脂松香及酒精或甘油制造完全透明肥皂之成分配合暨时间温度之调制方法	五	民国二十二年八月二日起民国二十七年八月一日止	专字第一号	
穆湘玥朱锡昌	上海爱多亚路八十号五楼豫丰纱厂办事处	穆朱式大牵伸隙缝罗拉	穆朱式大牵伸隙缝罗拉边之直径较大于螺旋线之直径置于下中罗拉之上中间成一十六分之一至五百分之一英时之隙缝构造部分	五	民国二十二年十二月二十日起民国二十七年十二月十九日止	专字第二号	
许厚钰	上海吕班路万宜坊五十五号	许氏叠砾砂节	全部	十	民国二十三年一月二十日起民国三十三年一月十九日止	专字第三号	

谢强生	本京万国储蓄会庄学本转	强生家具	照原呈A.B.C三种式样所制成之强生家具全部	五	民国二十三年二月七日起 民国二十八年二月六日止	专字第四号	该项专利权因欠缴证书费自请取消
曾晚归	上海泾湾叶园前第四号	麦蒂茶	配合成份部分	五	民国二十三年二月二十七日起 民国二十八年二月二十六日止	专字第五号	同前
中华书局	上海棋盘街	两用腊纸	全部	十	民国二十三年三月二十二日起 民国三十三年三月二十一日止	专字第六号	
中华书局	上海棋盘街	腊纸改正药水	药料配合成份部分	五	民国二十三年三月二十二日起 民国二十八年三月二十一日止	专字第七号	
俞斌棋	上海周家嘴路六二二号	旅行凳	全部	五	民国二十三年五月二十四日起 民国二十八年五月二十三日止	专字第八号	
陈筱航	上海南京路四七四号二楼筱航照相化学工业厂	中国照相印相纸	药料配合成份及制造方法部分	十	民国二十三年六月一日起 民国三十三年五月三十一日止	专字第九号	

汤仲明	陇海路机务处黑滙段	仲明代油炉	炉内(一)手摇盛炭圆盘(二)炉底储水夹层(三)螺旋开关炉盖(四)在风箱口之蒸气管(五)滤气箱之冷却管各构造部分	五	民国二十三年六月七日起民国二十八年六月六日止	专字第十号
涂衛周	上海杨树浦临青路一百四十号良新油炉厂	铁质搪瓷火油风炉	全　　部	五	民国二十三年六月十九日起民国二十八年六月十八日止	专字第十一号
徐蓉芳	上海吕班路蒲相坊九号	自来保暖壶	壶心兀部之玻璃管部分	五	民国二十三年六月十九日起民国二十八年六月十八日止	专字第十二号
吕时新	上海华德路月华坊六十三号中薪工厂	经济油炉	胫部大小两圆圈部分	五	民国二十三年六月二十五日起民国二十八年六月二十四日止	专字第十三号
徐炳璋	上海六码头街一三五号	橡皮头鞋带	橡皮头制造方法	五	民国二十三年六月二十九日起民国二十八年六月二十八日止	专字第十四号
殷鲁深	上海西爱咸斯路慎成里五十九号大中华自来水笔厂	博士式自来水笔真空吸水器	该项自来水笔之吸水装置	五	二十三年七月二十三日起二十八年七月二十二日止	专字第十五号

丁育三	开封中山市场前街七十九号民生针织工艺传习所	自动针织机	全部	五	二十三年七月二十五日起二十八年七月二十四日止	专字第十六号	该项专利因欠缴证书费取消
葛益绶	上海市大南门白漾一弄八十号	安全双层里胎	全部	五	二十三年七月二十五日起二十八年七月二十四日止	专字第十七号	
俞斌棋	上海周家嘴路六二二号	中文打字机之印字标针及横行间隔器	该两种机构装置	五	二十三年九月七日起二十八年九月六日止	专字第十八号	
林炎夫	上海闸北天宝路恒益西里十六号	玻璃皂	该项玻璃皂之配合方法	五	二十三年十月十三日起二十八年十月十二日止	专字第十九号	
李子实	本京大隐壁文化燃料厂	文化燃料	该项文化燃料之配合成份部分	五	二十三年十月十五日起二十八年十月十四日止	专字第二十号	
方耀廷	上海北京路三七八号二楼二〇五号黄培铄会计师代转	经济引火机	全部	五	二十三年十二月三日起二十八年十二月二日止	专字第二十一号	

汪静宜	上海麦底安路十六号耀华薄荷制造厂	薤香精	全　　部	五	二十三年十二月十七日起二十八年十二月十六日止	专字第二十二号	
邱伯安	上海十六铺关桥久和里一号	多丝电灯泡之灯泡铜头玻璃质上铜片开关	该灯泡铜头玻璃质上铜片开关之装置部分	五	二十三年十二月十七日起二十八年十二月十六日止	专字第二十三号	
顾蕃畲	本京城北严家桥二十二号转	卫生阅书架	全　　部	五	二十三年十二月三十一日起二十八年十二月三十日止	专字第二十四号	
张百容 张序哲	镇江西门大街张裕昌寅记彩蛋厂	氢氧化钠制造彩蛋方法及蜡襄方法	全　　部	五	二十四年三月十六日起二十九年三月十五日止	专字第二十五号	
吴梯青	杭州东平巷二十三号	电化氧气机	全　　部	五	二十四年三月二十二日起二十九年三月二十一日止	专字第二十六号	
凌君平	嘉定私立普通学校	弹簧珠大算盘	该算盘之弹簧珠部分	五	二十四年三月二十八日起二十九年三月二十七日止	专字第二十七号	

保安门镜厂	上海四川路二十三号七楼七一〇号奚玉书会计师代理	保安门镜	全部	五	二十四年四月十六日起二十九年四月十五日止	专字第二十八号
许炳熙	上海天津路福绥路七十五号大中染料厂	红色硫化元	以2:6二硝基炝醇祸中间物加硫制成红色硫化元之方法	五	二十四年四月十九日起二十九年四月十八日止	专字第二十九号
沈祖馨	上海南阳桥仁昌里二号	不倒秤钮	全部	五	二十四年五月二日起二十九年五月一日止	专字第三十号
刘和	杭州浙江大学	有机肥料之活化作用方法	全部	十	二十四年五月二十二日起二十九年五月二十一日止	专字第三十一号
刘和	同前	用氢氧化钾百分之十二之溶液处理蒸骨所磨成之粉末以制肥料之方法	全部	五	二十四年五月二十二日起二十九年五月二十一日止	专字第三十二号

奚竹平	上海淡水路口爱多亚路兴业里六号	文化炉壳	保险门闸及水柜三部分	五	自二十四年六月十日起至二十九年六月九日止	专字第二十三号	
袁翼云	上海百老汇路百老汇公司	永动日历	全　部	十	自二十四年六月二十七日起至三十四年六月二十六日止	专字第三十四号	
徐秀棠	武进新西门外华达电机厂	制造边撑棍机器	全　部	十	自二十四年七月四日起至三十四年七月三日止	专字第三十五号	
徐立民	上海山西路二五五弄十六号	绢丝绒	全　部	五	自二十四年七月二十七日起至二十九年七月二十六日止	专字第三十六号	
戴鹤卿	上海爱多亚路中汇大楼三〇六号蒋信昭会计师转	墨水匙	全　部	五	自二十四年七月二十七日起至二十九年七月二十六日止	专字第三十七号	
厉书麒	上海静安寺路九六弄十二号	人力车计程定价表	全　部	五	自二十四年八月十三日起至二十九年八月十二日止	专字第三十八号	
金剑清	本京正洪街正洪里二十九号	金氏新式算盘	该算盘中之辅盘及游标两部分	五	自二十四年九月十四日起至二十九年九月十三日止	专字第三十九号	

周荆庭	上海华德路宏源里华孚金笔厂	华孚式自来水笔之吸墨钮装置	全部	五	自二十四年九月二十六日起至二十九年九月二十五日止	专字第四十号	
谭庆蓬	上海福煦路福煦坊六号联安机器厂	柴油化油器上控制塞针	该控制塞针之制御杆部分	五	自二十四年十月三日起至二十九年十月二日止	专字第四十一号	
刘卫石	本京大辉复巷二十一号	环转三动电风扇	该风扇之环转运动机械构造部分	五	自二十四年十月八日起至二十九年十月七日止	专字第四十二号	
中华煤气车制造公司	上海华德路三〇九号	汽车用煤气发生器之除灰器	全部	五	自二十四年十月十一日起至二十九年十月十日止	专字第四十三号	
金星建	上海格罗希路一八〇弄五号	真空式自来水笔之吸水针装置	全部	五	自二十四年十月十五日起至二十九年十月十四日止	专字第四十四号	该项专利权经让与金星斌承受，换发让与证书。
高行健	本京国立编译馆	纸算尺	该尺之数字排列及其运算方法	五	自二十四年十月三十一日起至二十九年十月三十日止	专字第四十五号	

高曙青	本京四条巷良友里十五号	大璇打字机	全部	十	自二十四年十一月七日起至三十四年十一月六日止	专字第四十六号	
林泽人	上海南京路五十四号	玻璃镀铜法中用福麻林为还原补助剂及海得新硫酸为媒触剂	全部	五	自二十四年十二月十二日起至二十九年十二月十一日止	专字第四十七号	
钟灵	上海山东路二一八号	压力油灯第二种构造方法	全部	五	自二十四年十二月十二日起至二十九年十二月十一日止	专字第四十八号	
钟灵	同前	压力油灯第四种构造方法	全部	五	自二十四年十二月十二日起至二十九年十二月十一日止	专字第四十九号	
斐岛香烟厂	上海保定路四二四至四二六号华斐烟草公司	雪茄式纸烟	全部	五	自二十四年十二月二十一日起至二十九年十二月二十日止	专字第五十号	

梁高龄	上海宁波路九号	广告香皂	应用彩印广告粘贴于香皂上部分	五	自二十四年十二月二十一日起至二十九年十二月二十日止	专字第五十一号	
吕全世	上海共和新路光大里三十九号	光明安全煤油灯头	该灯头之大小蕊管螺丝节部分	五	自二十四年十二月二十七日起至二十九年十二月二十六日止	专字第五十二号	
陈葆生 韩组康	上海南市衷马路四百十一号勤业文具公司	化学显色原纸	全　部	五	二十五年一月六日起 三十年一月五日止	专字第五十三号	
斐　岛 香烟厂	上海保定路四二四至四二六号	精制薄荷味香烟所用之方法	全　部	五	二十五年三月三日起 三十年三月二日止	专字第五十四号	
斐　岛 香烟厂	上海保定路四二四至四二六号	精制茴香味香烟所用之方法	全　部	五	二十五年三月三日起 三十年三月二日止	专字第五十五号	
钱公伟	上海北京路二百八十号盐业银行三楼十二号	经济电灯	全　部	五	二十五年三月四日起 三十年三月三日止	专字第五十六号	
何适普	上海敏体尼荫路五八弄二九号	电流限制表	全　部	五	二十五年三月二十日起 三十年三月十九日止	专字第五十七号	

宋　锷	青岛无棣一路十七号	航海测量两用单标测距图	全　部	五	二十五年四月六日起三十年四月五日止	专字第五十八号
商　务印书馆	上海河南路	赛铜字模	全　部	五	二十五年四月六日起三十年四月五日止	专字第五十九号
王振利王振山	新加坡如切律门牌五十五号	化油机	全　部	五	二十五年四月二十一日起三十年四月二十日止	专字第六十号
李振民	杭州宝观巷王亲巷六号	可换码字码锁	该锁之可换码字盘及关锁不须对码装置部分	五	二十五年五月二十二日起三十年五月二十日止	专字第六十一号
郑君卓何少立罗自强	广州中华中路云台里二七号	重　油汽化气	全　部	五	二十五年五月十六日起三十年五月	专字第六十二号
包益民	上海培开尔路文兴坊三五号	益民式自由灯泡	该项灯泡之铜头内弹簧部分	五	二十五年五月二十六日起三十年五月二十五日止	专字第六十三号

林子忱	上海巨籁达路秀德坊四号	通艺煤球火炉	该项火炉之复式炉壁部分	五	二十五年五月二十六日起三十年五月二十五日止	专字第六十四号	
陆仲文 叶　良	上海茄勒路新福里一号刘相律师事务所转交	三　用电灯泡	该项灯泡铜头上之外圈部分	五	二十五年五月二十九日起三十年五月二十八日止	专字第六十五号	
王秉初	吴江县小东门外书院弄一号	划格尺	该尺之比例尺构造与装置部分	五	二十五年六月十二日起三十年六月十一日止	专字第六十六号	
方汉城	苏州许墅关中元造纸试验所	蚕种纸	该纸所用药品之配合成份	五	二十五年六月十五日起三十年六月十四日止	专字第六十七号	
陈定宇	上海南京路大陆商场六二〇号大公法律事务所	三　益手电筒	该手电筒之光线聚集或扩大之装置及变更电池个数装置二部分	五	二十五年七月八日起三十年七月七日止	专字第六十八号	
正大厂	镇江大埂街一二三号	劈　制芡实机	全　部	五	二十五年七月二十八日起三十年七月二十七日止	专字第六十九号	

〔国民政府实业部档案〕

7. 国民政府关于修正《工厂法》及《工厂法施行条例》应即通饬施行致文官处训令

（1932年12月—1935年4月）

（1）国民政府训令（1932年12月30日）

国民政府训令　京字第七四号

令文官处

为令知事。查工厂法及工厂法施行条例前经制定公布在案。兹将该法及施行条例加以修正，应即通饬施行，除分令外，合行抄发原条文，令仰知照，并转饬所属一体知照。此令

计抄发修正工厂法及修正工厂法施行条例各一份。

国民政府主席　林　森

立法院院长　邵元冲

中华民国二十一年十二月三十日

修正工厂法

第一章　总则

第一条　凡用发动机器之工厂，平时雇佣工人在三十人以上者，适用本法。

第二条　本法所称主管官署，除有特别规定者外，在市为市政府，在县为县政府。

第三条　工厂应备工人名册，登记关于工人之左列事项，并呈报主管官署备案。

一、姓名、性别、年龄、籍贯、住址。

二、入厂年月。

三、工作类别、时间及报酬。

四、工人体格。

五、在厂所受赏罚。

六、伤病种类及原因。

第四条　工厂每六个月应将左列事项呈报主管官署一次。

一、前条工人名册有变更者，其变更部份。

二、工人伤病及其治疗经过。

三、灾变事项及其救济。

四、退职工人及其退职之理由。

第二章　童工女工

第五条　凡未满十四岁之男女，工厂不得雇佣为工厂工人；十二岁以上未满十四岁之男女，在本法公布前已于工厂工作者，本法施行时，得由主管官署核准，宽其年限。

第六条　男女工人在十四岁以上未满十六岁者为童工，童工只准从事轻便工作。

第七条　童工及女工不得从事左列各种工作。

一、处理有爆发性、引火性或有毒质之物品。

二、有尘埃、粉末或有毒气体散布场所之工作。

三、运转中机器或动力传导装置、危险部份之扫除、上油、检查、修理及上卸皮带绳索等事。

四、高压电线之衔接。

五、已溶矿物或矿滓之处理。

六、锅炉之烧火。

七、其他有害风纪或有危险性之工作。

第三章　工作时间

第八条　成年工人每日实在工作时间，以八小时为原则。如因地方情形或工作性质有必须延长工作时间者，得定至十小时。

第九条　凡工厂采用昼夜轮班制者，所有工人班次至少每星期更换一次。

第十条　除第八条之规定外，因天灾事变季节之关系，于取得工会同意后，仍得延长工作时间。但每日总工作时间不得超过十二小时，其延长之总时间，每月不得超过四十六小时。

第十一条　童工每日之工作时间，不得超过八小时。

第十二条　童工不得在午后八时至翌晨六时之时间内工作。

第十三条　女工不得在午后十时至翌晨六时之时间内工作。

第四章　休息及休假

第十四条　凡工人继续工作五小时，至少应有半小时之休息。

第十五条　凡工人每七日中应有一日之休息，作为例假。

第十六条　凡国民政府法令所规定应放假之纪念日，均应给假休息。

第十七条　凡工人在厂继续工作满一定期间者，应有特别休假。其休假期如左：

一、在厂工作一年以上未满三年者，每年七日。

二、在厂工作三年以上未满五年者，每年十日。

三、在厂工作五年以上未满十年者，每年十四日。

四、在厂工作十年以上者，其特别休假期每年加给一日，其总数不得超过三十日。

第十八条　凡依照第十五条至第十七条所定之休息日及休假期内，工资照给。如工人不愿特别休假者，应加给该假期内之工资。

第十九条　关于军用公用之工作主管官署，认为必要时，得停止工人之休假。

第五章　工资

第二十条　工人最低工资率之规定，应以各厂所在地之工人生活状况为标准。

第二十一条　工厂对工人应以当地十足通用货币为工资之给付。

第二十二条　工资之给付应有定期，至少每月发给二次，论件计算工资者，亦同。

第二十三条　依第十条、第十九条之规定延长工作时间时，其工资应照平日每小时工资额加给三分一至三分二。

第二十四条　男女作同等之工作而其效力相同者，应给同等之工资。

第二十五条　工厂对于工人，不得预扣工资为违约金或赔偿之用。

第六章　工作契约之终止

第二十六条　凡有定期之工作契约，期满时，必须双方同意，方得续约。

第二十七条　凡无定期之工作契约，如工厂欲终止契约者，应于事前预告工人。其预告之期间，依左列之规定。但契约另订有较长之预告期间者，从其契约。

一、在厂继续工作三个月以上未满一年者，于十日前预告之。

二、在厂继续工作一年以上未满三年者，于二十日前预告之。

三、在厂继续工作三年以上者，于三十日前预告之。

第二十八条　工人于接到前条预告后，为另谋工作，得于工作时请假外出，但每星期不得过二日之工作时间。其请假期内工资照给。

第二十九条　工厂依第二十七条之规定，预告终止契约者，除给工人以应得工资外，并须给以该条所定预告期间工资之半数；其不依第二十七条之规定而即时终止契约者，须照给工人以该条所定预告期间之工资。

第三十条　有左列各款情事之一者，纵于工作契约期满前工厂得终止契约，但应依第二十七条之规定，预告工人。

一、工厂为全部或一部之歇业时。

二、工厂因不可抗力停工在一个月以上时。

三、工人对于其所承受之工作，不能胜任时。

第三十一条　有下列各款情事之一时，纵于工作契约期满前，工厂得不经预告终止契约。

一、工人违反工厂规则，而情节重大时。

二、工人无故继续旷工至三日以上或一个月之内无故旷工至六日以上时。

第三十二条　凡无定期之工作契约，工人欲终止契约，应于一星期前预告工厂。

第三十三条　有左列情事之一者，纵于契约期满前，工人得不经预告，终止契约。

一、工厂违反工作契约或劳动法令之重要规定时。

二、工厂无故不按时发给工资时。

三、工厂虐待工人时。

第三十四条　对于第三十条第三款、第三十一条第一款及第三十三条各款有争执时，得由工厂会议决定之。

第三十五条　工作关系终止时，工人得请求工厂给与工作证明书，工厂不得拒绝。但工人不依第三十二条之规定而即时终止契约或有第三十一条所列各款情事之一者，不在此限。

前项证明书，应记载左列事项。

一、工人之姓名、性别、年龄、籍贯及住址。

二、工作种类。

三、在厂工作时期及成绩。

第七章　工人福利

第三十六条　工厂对于童工及学徒，应使受补习教育，并负担其费用之全部，其补习教育之时间，每星期至少须有十小时，对于其他失学工人，亦当酌量补助其教育。

前项补习教育之时间，须在工作时间以外。

第三十七条　女工分娩前后，应停止工作共八星期。其入厂工作六个月以上者，假期内工资照给；不足六个月者，减半发给。

第三十八条　工厂在可能范围内，应协助工人举办工人储蓄及合作社等事宜。

第三十九条　工厂应于可能范围内建筑工人住宅，并提倡工人正当娱乐。

第四十条　工厂每营业年度终结算，如有盈余，除提股息、公积金外，对于全年工作并无过失之工人，应给以奖金或分配盈余。

第八章　工厂安全与卫生设备

第四十一条　工厂应为左列之安全设备。

一、工人身体上之安全设备。

二、工厂建筑上之安全设备。

三、机器装置之安全设备。

四、工厂预防火灾、水患等之安全设备。

第四十二条　工厂应为左列之卫生设备。

一、空气流通之设备。

二、饮料清洁之设备。

三、盥洗所及厕所之设备。

四、光线之设备。

五、防卫毒质之设备。

第四十三条　工厂对于工人，应为预防灾变之训练。

第四十四条　主管官署如查得工厂之安全或卫生设备有不完善时，得令其改善，于必要时，并得停止其一部之使用。

第九章　工人津贴及抚恤

第四十五条　在劳动保险法施行前，工人因执行职务而致伤病或死亡者，工厂应给其医药补助费及抚恤费。其补助及抚恤之标准如下。但工厂资本在五万圆以下者，得呈请主管官署核减其给与数目。

一、对于因伤病暂时不能工作之工人，除担任其医药费外，每日给以平均工资三分二之津贴。如经过六个月尚未痊愈，其每日津贴得减至平均工资二分之一，但以一年为限。

二、对于因伤病成为残废之工人永久失其全部或一部之工作能力者，给以残废津贴。其津贴以残废部分之轻重为标准，但至多不得超过三年平均工资，至少不得低于一年之平均工资。

三、对于死亡之工人，除给与五十元之丧葬费外，应给与其遗族抚恤费三百元及二年之平均工资。

前项平均工资之计算，以该工人在工厂最后三个月之平均工资为标准。

丧葬费、抚恤费应一次给与。但伤病津贴、残废津贴得按期给与。

第四十六条　受领前条之抚恤费者，为工人之妻或夫，无妻无夫者，依下列顺序。但工人有遗嘱时，依遗嘱。

第一、子女。

第二、父母。

第三、孙。

第四、同胞兄弟姊妹。

第四十七条　工人遇有婚丧大故，急需用款时，得向工厂请求预支一个月以内之工资或发还储金之全部或一部。

第四十八条　工厂遇灾变时，工人如有死亡或重大伤害者，应将经过情形及善后办法，于五日内呈报主管官署。

第十章　工厂会议

第四十九条　工厂会议由工厂代表及全厂工人选举之同数代表组织之。

前项工厂代表，应选派熟习工厂或劳工情形者充之。工人代表选举时，应呈请主管官署派员监督。

第五十条　工厂会议之职务如下：

一、研究工作效率之增进。

二、改善工厂与工人之关系，并调解其纠纷。

三、协助团体协约，劳动契约及工厂规则之实行。

四、协商延长工作时间之办法。

五、改进厂中安全与卫生之设备。

六、建议工厂或工场之改良。

七、筹划工人福利事项。

第五十一条　前条所列各款事项关于一工场者，先由该工场工人代表与工厂协商处理之。如不能解决或涉及两工场以上之事项时，由工厂会议决定之。工厂会议不能解决时，依劳资争议处理法办理。

第五十二条　工人年满十六岁者，有选举工人代表之权。

第五十三条　有中华民国国籍之工人，年满二十岁，在厂继续工作六个月以上者，有被选举为工人代表之权。

第五十四条　工厂会议之工人代表及工厂代表，各以三人至九人为限。

第五十五条　工厂会议之主席，由双方代表各推定一人轮流担任之。

工厂会议每月开会一次，于必要时，得召集临时会议。

工厂会议须有代表过半数之出席，其决议须有出席代表三分之二以上之同意。

第十一章　学徒

第五十六条　工厂收用学徒，须与学徒或其法定代理人订立契约，共备三份，分存双方当事人，并送主管官署备案。其契约应载明左列各款事项。

一、学徒姓名、性别、年龄、籍贯及住址。

二、学习职业之种类。

三、契约缔结之日期及其存续期间。

四、双方之义务。

前项契约，不得限制学徒于学习期满后之营业自由。

第五十七条　未满十三岁之男女不得为学徒。但于本法施行前已入工厂为学徒者，不在此限。

第五十八条　学徒之习艺时间，准用本法第三章之规定。

第五十九条　学徒除见习外，不得从事本法第七条所列各种工作。

第六十条　学徒对于工厂之职业传授人，有服从忠实勤勉之义务。

第六十一条　学徒于习艺期间之膳宿、医药费，均由工厂负担之，并应酌给相当之津贴。

前项津贴由主管官署酌量各该地方情形及工厂经济状况，拟定标准，呈请实业部核定之。

第六十二条　学徒于习艺期间内，除有不得已事故外，不得中途离厂。如未得工厂同意而离厂者，学徒或其法定代理人应偿还学徒在厂时之膳宿医药费。

第六十三条　工厂所招学徒人数，不得超过普通工人三分之一。

第六十四条　工厂所收学徒人数过多，对于学徒之传授无充分之机会时，主管官署得令其减少学徒之一部，并限定其以后招收学徒之最高额。

第六十五条　工厂对于学徒在其学习期内须使职业传授人尽力传授学徒契约所定职业上之技术。

第六十六条　除第三十一条所列各款外,有左列情事之一者,工厂得终止契约。

一、学徒反抗正当之教导者。

二、学徒有偷窃行为屡戒不悛者。

第六十七条　除第三十三条所列各款外，有左列情事之一者，学徒或其法定代理人得终止契约。

一、工厂不能履行其契约上之义务时。

二、工厂对于学徒危害其健康或堕落其品行时。

第十二章　罚则

第六十八条　工厂违背本法第七条、第十一条至第十三条之规定者，处一百元以上五百元以下之罚金。

第六十九条　工厂违背本法第五条、第八条至第十条、第三十七条及第六十三条之规定者，处五十元以上三百元以下之罚金。

第七十条　工厂违背本法第四十五条之规定者，处五十元以上二百元以下之罚金。

第七十一条　工厂违背本法第三条、第四条、第十四条至第十九条及第三十六条之规定者，处一百元以下之罚金。

第七十二条　凡工厂工头对于职务上，如因不忠实行为或懈怠，致发生事变或使事变范围扩大时，处一年以下有期徒刑、拘役或五百元以下之罚金。

第七十三条　工人以暴力妨害厂务进行或毁损工厂之货物器具者，依法惩处。

第七十四条　工人以强暴胁迫使他人罢工者，依法惩处。

第十三章　附则

第七十五条　工厂规则之订定或变更，须呈准主管官署并揭示之。

第七十六条　本法施行条例另定之。

第七十七条　本法自公布日施行。

修正工厂法施行条例

第一条　工厂法第一条所称之工人，系指直接从事生产或补助其生产工作之工人而言。其雇佣员役与生产工作无关者，不在此限。

第二条　主管官署执行工厂法及本条例规定之事项，应受最高主管机关之指导、监督。

第三条　工厂应置备簿册，随时详载工厂法第三、第四两条规定事项，除按期缮呈主管官署外，应保存之。

工人名册及其他簿册表格之程式，由最高主管机关定之。

第四条　户籍法未颁行前，工厂雇佣工人于年龄发生疑义时，由工人之法定代理人负责证明。

第五条　十二岁以上未满十四岁之男女，在工厂法公布前已在厂工作者，应于工厂法施行后两个月内，将该工人姓名、性别、年龄、籍贯、入厂日期、工作种类及工作性质，呈请主管官署核展期限。

第六条　工厂依工厂法第八条、第十条之规定，延长工作时间时，应详叙理由，呈报主管官署。

第七条　工厂应将每日开工、停工、用膳及休息时间，连同全年休假日期，公布之。

第八条　工厂采用昼夜轮班制者，应将各班工人姓名、性别、年龄及其工作日期与时间备簿登记之。

第九条　工厂法第十六条所称之纪念日如左：

一、一月一日　中华民国成立纪念

二、三月十二日　总理逝世纪念

三、三月二十九日　革命先列纪念

四、五月一日　劳动节

五、五月五日　革命政府成立纪念

六、七月九日　国民革命军誓师纪念

七、十月十日　国庆纪念

八、十一月十二日　总理诞辰纪念

九、其他由国民政府临时指定之日。

第十条　工厂法第十七条之工作年数，其在工厂法施行前者，应合并计算之。

第十一条　工厂应将每月发给工资次数及日期，预定公布之。

第十二条　工厂为全部或一部之歇业或停工在一月以上时，应事先呈报主管官署。

第十三条　工厂举办工人及学徒之补习教育时，应将办法及设备呈报主管官署，并应每六个月将办理情形呈报一次。

第十四条　女工依工厂法第三十七条之规定停工者，因厂方之请求，应取具医生诊断书。

第十五条　工厂法第四十条所称营业年度，由工厂自行规定，呈报主管官署备案。

第十六条　工厂法第四十条规定之奖金或分配盈余，由工厂择用其一，于章程中规定之。

工厂法施行前已成立之工厂，应于工厂法施行后两个月内，将前项办法规定，呈报主管官署。

第十七条　工厂平时雇用工人在三百人以上者，应于厂内设置药室，储备救急药品，并聘医生每日到厂，担任工人医药及卫生事宜。

第十八条　童工、女工及年满五十岁之工人，其工作之分配，应于健康检查后定之。

第十九条　有碍卫生及有危险性之制造场所，工厂应严禁儿童入内。

第二十条　工厂雇佣女工者，应设哺乳室，于可能范围内，并应设置托儿所，雇佣看护保母，妥为照料。

第二十一条　工厂之建筑，应由注册工程师，依工厂法第四十一条、第四十二条规定计划之。

第二十二条　工厂一切机器及锅炉，在使用前或使用一定期间后，应由专家举行安全检查。如发现危险，应即停止使用，并从事修理或更换机件。

第二十三条　工厂建筑物及其附属场所，应设相当数目之太平门或太平梯。

第二十四条　工场门户应向外开，工作时间不得下锁。

第二十五条　工场内应严禁吸烟及携带引火物品。

第二十六条　工场有左列各款情事之一者，其场屋及附属场所之建筑地点，应由主管官署核定之。

一、凡制造品及其原料有危险性者。

二、凡物品制造时，所散布之气体或泄出之液体危害公众卫生者。

第二十七条　工厂对于工业上所发出有毒之气体、液体及产余物质，应视其性质与数量，分别为滤过、沉淀、澄清及分解之设施，不得任意散布或抛入江、河、池、井之内。

第二十八条　工厂遇有工人在工作时间伤、病者，应延医生或送医院诊治；死亡者，应即呈报主管官署，并通知其亲属。

第二十九条　工厂法第四十五条所规定之津贴、丧葬、抚恤等费，工厂应依左列规定，给予之。

一、伤、病及残废津贴，至少每半月一次。

二、丧葬费于工人死亡之翌日，一次给予其家属。

三、抚恤费于工人死亡后一月内给予工厂法第四十六条规定之受领人。

第三十条　工人应置备簿册，载明发给医药津贴、丧葬、抚恤各费，日期、数目及受领人。

第三十一条　工厂对于工人丧葬费或抚恤费之法定受领人有疑义时，应由受领人觅保证明。

第三十二条　工厂会议之工人代表，由厂内工人过半数以上之出席选举之。工厂之各部分距离较远或人数过多者，得按各部分工人人数之多寡，分配代表人数，分区选举之。

第一届工人代表之选举，应由厂方于工厂法施行后二个月内，拟具选举办法，呈准主管官署后举行之。

厂中已组织工会者，前项选举办法，应由工会签注意见。

第二届以后工人代表之选举，由工厂会议办理之。

第三十三条　选举工人代表时，应选候补代表五人至九人，遇有工人代表不能出席时，即由候补代表补充之。

第三十四条　工人代表之选举办法，应于选举前三日，于工厂显明处所公告之，并应于举行前，向工人至少作一次之口头解释。

第三十五条　工厂会议工人代表之任期为一年；连选者，得连任。

第三十六条　工厂应将工厂会议之双方代表名单，呈报主管官署备案。其改派改选时，亦同。

第三十七条　工厂应备置工厂会议纪录簿，并于开会时，派员纪录左列事项。

一、开会日期及地点。

二、出席代表、主席及纪录员之姓名。

三、讨论及决议事项。

四、其他报告及建议事项。

每次会议终了时，应由主席将纪录当场宣读，并署名，盖章。

第三十八条　本施行条例与工厂法同日施行。

〔国民政府档案〕

（2）国民政府关于修正《工厂法施行条例》第九条条文训令（1935年4月10日）

国民政府训令　第三〇五号

令文官处

为令知事。查工厂法施行条例，前经修正明令公布。兹将该条例第九条条文，再加修正，应即通饬施行。除分令外，合行抄发修正条文，令仰知照，并转饬所属一体知照。此令

计抄发修正工厂法施行条例第九条条文一份

国民政府主席　林　森

立法院院长　孙　科

中华民国二十四年四月十日

修正工厂法施行条例第九条条文

二十四年四月十日公布

第九条　工厂法第十六条所称之纪念日如下：

一、一月一日　中华民国成立纪念日。

二、三月二十九日　革命先烈纪念日。

三、五月一日　劳动节。

四、八月二十七日　孔子诞辰。

五、十月十日　国庆纪念日。

六、十一月十二日　总理诞辰纪念日。

七、其他由国民政府临时指定之日。

〔国民政府档案〕

8.国民政府关于公布工业奖励法训令

（1934年4月20日）

国民政府训令　字第二二〇号

令行政院

为令知事：查工业奖励法现经制定，明令公布，应即通饬施行。除分令外，合行抄发该法条文，令仰知照，并转饬所属一体知照。此令。

计抄发工业奖励法一份

国民政府主席　林　森

立法院院长　孙　科

中华民国二十三年四月二十日

工业奖励法

第一条　凡中华民国人民所办工业，合于左列各款情形之一者，得依本法奖励之。

一、应用机器或改良手工制造货物，在国内外市场有国际竞争者。

二、采用外国最新方法，首先在本国一定区域内制造者。

三、应用在本国享有专利权之发明，在国内制造者。

第二条　奖励方法如左：

一、减低或免除出口税。

二、减低或免除原料税。

三、减低国营交通事业之运输费。

四、给予奖励金。

五、准在一定区域内享有五年以下之专制权。

第三条　除第一条第一款及第三款工业，不适用前条第五款之规定外，前条奖励方法之择用及年限，由实业部定之。

第四条　呈请奖励者应具呈请书，载明左列事项，呈请实业部核办。

一、公司、厂、店之种类及名称。

二、经理、董事或店主及重要职员之履历。

三、总店、总厂、分店、分厂所在地。

四、资本种类及其数额，财产价值或估价之标准。

五、公司、厂、店创立之经过。

六、制品之种类、商标、出产及销场情形。

七、关于公司、厂、店之重要纪录、图样、及凭证。

第五条　实业部接受呈请书，应交奖励工业审查委员会审查之。

前项审查委员会，以实业部及有关系之主管机关所派委员组织之。

审查委员会组织规程及审查标准，由实业部拟订，呈请行政院核定之。

第六条　凡呈请奖励经审查委员会审查合格，实业部核准后，给予执照，并呈报行政院备案。

第七条　凡受奖励者，应每年造具业务及财务报告书一次，呈送实业部考核。

第八条　受第二条第一款至第四款之奖励者，有以非本厂出品冒充影射情事，查有实据时，应将奖励撤销。

第九条　受第二条第五款之奖励者，有左列情形之一时，应取消其专制权。

一、以诈伪方法蒙请核准，查有实据者。

二、经核准二年后，尚未开办者。

三、无故休业一年以上者。

第十条　受第二条第五款之奖励者，经证明确有供不应求之情形时，得限期令其增加产额。逾期不能增加者，得缩小其专制区域。

第十一条　凡参有外资之工业，不得受本法之奖励。

第十二条　本法自公布日施行。

特种工业奖励法废止之。

〔国民政府行政院档案〕

附录：实业部核准工业奖励案一览表
（1935—1936年）

核准工业奖励案一览表

呈请人	出品	奖励方法	核准日期
冀鲁制针厂	钢针	减铁路运费一等二年	二十四年二月
老天利工艺厂	泡花碱、烧碱	免转口税三年	同前
合记化学工业制造股份有限公司	硫化钠、元明粉、干曹达	硫化钠免转口税三年 其余二项免一年	同前
百好炼乳厂	炼乳	免转口税二年	同前
华国化学玻璃制造公司	化学玻璃	铁路运费按四等核收二年	二十四年四月
五洲大药房	甘油	航轮减三等 铁路减一等 各二年	同前
天利淡气制品公司	淡气制品	在上海市专制五年	二十四年五月
丰华制针厂	钢针	航轮减三等二年，铁路减一等一年，免转口税二年	同前
贯华冻粉厂	冻粉	航轮酌减 铁路减一等二年	
耀华制蛋厂	鲜蛋干	航轮酌减 铁路照三等	
新生命股份有限公司	人造丝 玻璃纸	上海市专制五年	二十四年五月
立德油厂	椰子油	国产椰子油免转口税五年	同前
国兴实业厂	洋干漆	上海市专制五年	同前
章华毛绒纺织公司	毛呢哔叽毛线等品	国产羊毛驼毛及毛呢哔叽毛线免转口税三年航轮运费减五成两年羊毛驼毛铁路运费照四等收三年	同前
益中福记机器瓷电公司	电机瓷砖电料	电机电料免转口税五年，航轮运费减三成五年，瓷砖铁路运费按五等电机电料按三等核收各五年	二十四年六月

华安颜料化学厂	硫化氢染料	航轮减三成，铁路按四等各三年，免转口税三年	同　前
天原电化厂	盐酸、烧碱漂白粉	航轮、铁路续减五成、一等各一年	同　前
中孚染料厂	硫化硫酸钠硫化氢染料	航轮运费减三成、铁路按四等各三年，免转口税三年	同　前
冠华卷烟纸厂	卷烟纸	在江苏、安徽、江西、湖北四省及南京市专制五年	二十四年八月
民丰制纸公司	同　前	在浙江、福建、山东、河北四省及上海、青岛、天津三市专制五年	同　前
青岛利生铁工厂	各种机械	出品免转口税三年铁路运费减一等航轮运费减三成各以三年为限	二十四年十月一日
青岛中国瓦斯公司	工医瓦斯	出品免转口税三年，铁路运费减一等以二年为限	同　前
广州安乐园公司	饼干糖果	出品行销两广省境准免转口税三年	同　前
天津兴华泡花碱厂	泡花碱	出品免征转口税三年	同　前
中国维一毛绒纺织厂	骆驼绒	出品免征转口税三年	同　前
中华教育用具制造厂	日月星期时辰钟	免转口税三年	同　前
大中华橡胶厂兴业公司	汽车轮胎	准在上海市区内享有专制权五年	二十四年十月十五日
国兴实业制造厂	洋干漆	续准在广州市内享有专制权五年	同　前
渤海化学工业公司	无水芒硝盐酸	准以用洛格列夫式制造无水芒硝及盐酸在河北省境内享有专制权五年	二十四年十月十五日
同　前	无水芒硝盐酸	在河北省境内享有专制权五年	二十四年十一月一日
大中华橡胶厂兴业股份有限公司	汽车轮胎	在上海市享有专制权五年，出品免征转口税三年，铁路运费减一等三年	同　前

中国新乐器制造公司	口　琴	出品铁路运费减一等，航轮运费减三成各三年	二十四年十二月十二日
大昌明金属制品厂	自由灯	同　前	同　前
仁立实业有限公司	呢、呢绒、毛线、毛毯、地毯	呢及呢绒免转口税三年，毛线毛毯、地毯、呢绒铁路运费减一等，航轮运费减三成各三年	同　前
久兴颜料化学公司	硫化元青染料	铁路运费按四等核收，航轮运费减三成各三年	同　前
上海毛绒纺织厂	毛线	出品免转口税三年，铁路运费减一等，航轮运费减三成各三年	同　前
绍敦电机制造厂	电力率增进器	在上海市享有专制权五年	二十五年一月二十五日
大华电料厂	麻线墙头紧	在上海享有专制权五年	同　前
合作五金制造股份有限公司	特制锁头	在江苏省境内享有专制权五年	二十五年一月二十五日
金山糖业饼干食品厂	糖果饼干	出品行销两广省境内免转口税三年	二十五年一月二十九日
立德油厂	椰子油	免征转口税三年	同　前
东亚毛呢纺织公司	毛线	铁路运费减一等以二年为限	二十五年二月十五日
天利淡气制造公司	硝酸	同　前	二十五年二月二十七日
东亚毛呢纺织公司	毛线驼绒	免征转口税三年	二十五年三月八日
章华毛绒纺织公司	驼绒	同　前	同　前
天利淡气制品公司	液体氨、氨水、硝酸	同　前	同　前
冀鲁针厂	钢针	免征转口税二年	同　前

肇新化学厂有限公司	炭酸钙、硫化钠、炭酸镁、硫酸钠、草酸、盐酸、黄糊精	减低航轮运费三成二年	
中国制油厂	润滑油	免征转口税二年，铁路运费减一等，航轮减三成各二年	铁运二十五年四月十七日税项二十五年八月一日
天源电化厂有限公司	盐酸、烧碱漂白粉	铁路运费减一等，航轮运费减五成各续一年	铁运二十五年四月十七日
双合盛啤酒汽水制造厂	啤　酒	铁路运费照普通三等核收、航轮运费减三成各二年	铁运二十五年四月十七日
华生电器厂	电风扇中铅制鼠笼式旋转子	在上海市享有专制权三年	二十五年六月二十日
东亚颜料工业厂	立德粉	同　前	同　前
建华工业股份有限公司	油　毡	在上海、青岛、天津三市享有专制权三年，出品免转口税并减铁路运费一等，航轮运费三成各三年	专制权于二十五年六月二日核准，铁运二十五年七月二十七日
肇新化学厂	炭酸钙、炭酸镁、硫化钠、硫酸钠、草酸、盐酸、黄糊精	免转口税二年	二十五年八月一日
建业机器制造厂	模范及标准铸字机自动浇铅版机、三色印刷机	免征转口税，减收铁路运费一等，航轮运费三成各三年	铁运二十五年七月二十七日免税二十五年八月一日

中国铁纱厂	铁丝纱	铁路运费照普通四等核收，为期两年	二十五年七月二十七日
民生农业公司	手工纺毛机	铁路运费减一等，航轮运费减三成各二年	铁运二十五年七月二十七日
大中染料厂	硫化染料	续免转口税两年	二十五年八月一日
江南制纸公司	机制芦苇纸张	续免转口税五年	同　前
山东丰华制针厂	缝纫钢针	续减铁路运费二年	二十五年七月二十七日
中国工业炼气股份有限公司	电　石	在江苏省及上海、南京市享有专制权三年，出品免转口税并减铁路运输一等航轮三成各三年	专制权于二十五年七月二十五日核准
大同电化工业股份有限公司	电　石	在浙江、安徽、江西三省享有专制权三年	同　前
裕中实业社	衣　粉	铁路运费列三等	二十五年九月一日
新中国家庭教育影机公司	影　机	铁路运费列三等、航运减三成各二年	二十五年九月一日
东亚毛呢纺织公司	毛　衣	免转口税三年	二十五年七月二十九日
福建造纸股份有限公司	老竹机器制纸	在旧福州府所属十县续享专制权三年，并续免转口税三年	二十五年七月二十九日
建华工业股份有限公司	油　毡	原准青岛、天津两市专制区改为江苏、浙江两省及南京市	二十五年七月
开成造酸厂有限公司	硫　酸	国产硫铁矿免征转口税三年，硫酸出品减航轮运费五成三年，铁路运费由铁道部酌定	同　上
中国汽车制造有限公司	柴油汽车	在湖南、湖北、江苏三省及上海南京两市专制五年，汽车及汽车零件运销外洋免出口税，汽车零件运销国内免转口税三年，汽车散装减铁路运费一等，整装照八折，航轮运费减三成均以三年为限	同　上

江南化学工业有限公司	醋　酸	在上海市专制三年	同　上
仲明机器制造公司	木炭代油炉	免征转口税三年，铁路运费减一等，航运按实收减三成各三年	同　上
大来铁工厂	票据刻字机板金筒子	在浙江有专制三年	同　上

〔国民政府实业部档案〕

二、利用外资与限制设厂

1. 国民政府颁布华侨回国兴办实业奖励法训令

（1929年2月27日）

国民政府训令　字第一六五号

令工商部

为令饬事。查华侨回国兴办实业奖励法现经制定，明令公布，应即通饬施行。除分令外，合亟抄发原条文，令仰知照，并转饬所属一体知照。此令。

计发华侨回国兴办实业奖励法一份

主　　　席　蒋中正
行政院院长　谭延闿
立法院院长　胡汉民
司法院院长　王宠惠
考试院院长　戴传贤
监察院院长　蔡元培

中华民国十八年二月二十七日

华侨回国兴办实业奖励法

第一条　凡华侨回国兴办实业，得依本法奖励之。

第二条　本法所称为实业之范围如左：

一、关于建筑事业。

二、关于交通事业。

三、关于制造事业。

四、关于农矿事业。

五、关于其他依法允许人民经营之事业。

第三条　华侨兴办第二条所列各种实业欲受本法之奖励者，须呈请侨务委员会转请主管机关核准，方得办理。

第四条　华侨兴办实业，为其安全之必要，得请当地官署特别保护之。

第五条　华侨兴办实业，得请侨务委员会咨请交通机关于其需要材料及出产物品，予以运输上之便。

第六条　华侨兴办实业，得请侨务委员会派遣专员或行知地方官署予以指导保护。

第七条　华侨兴办实业确有成绩者，得由侨务委员会呈请国民政府给予奖章或褒状。

第八条　外国人假托华侨名义或华侨与外国人合股在国内投资者，均不得享受本法之奖励。

第九条　本法自公布日施行。

〔国民政府工商部档案〕

2．中华全国道路建设协会为侨胞回国调查交通谋办实业请妥为保护等情致工商部函文

（1929年9月4日）

敬启者：我国久被列强侵略与经济压迫，国困民穷已达极点，非整理交通振兴工商百业，藉挽利权外，殊无补救之方。本会迭据华侨会员先后来函，以归国后，历受当地土劣觊觎，富有肆行，欺诈勒索，绑票时有所闻。因之俯首下心，寄身异域，不敢遽动归

恐，更不敢挟资归来兴办企业，致使地大物博之中华各业凋零，文化落后，识者忧之。本会洞见症结，为保证侨胞会员行动之安全与引导侨胞回国兴办实业之发展，昨特提出执行董事会议决：凡遇已入本会之回国侨胞，持有会员证章与本会护照者，均须切实保护，使旅行各地得所保障，藉免种种误会。经众一致赞成通过，呈报行政院察照备案，一面敬恳钧部“通令所属”；凡有前项会员回国调查路市交通，谋办工商实业者，“拟请会长以大部名义”咨商内政、军政各部长，转饬所属一致妥为保护。并令各省建设厅、市政府特别招待，引导参观，以免阻滞而利遄行。实业前途关系国计民生，至重且大。会长利国福民引为己任，务祈俯允照办，切实提倡，民行幸甚，侨胞幸甚。专此奉申，诸希鉴察。并候赐教。

此上

工商部部长兼本会副会长孔

会　长　王正廷
副会长　孔祥熙
　　　　蒋尊簋
总干事　吴　山

中华民国十八年九月四日　发

〔国民政府工商部档案〕

3. 行政院为利用外资案致工商部长训令

(1929年3月26日)

行政院训令　密字第不列号

令工商部长孔祥熙

为令行事。案奉中央政治会议函开：径密覆者，查孙委员科、孔委员祥熙、易委员培基、王委员伯群等，请准于不损及主权范围以内利用外资，以便建设一案。并据农矿部提案，略同前情。又据工商部拟定兴办基本工商业及筹款方法，由中央执行委员会函送到会，业经本会议并案函送贵院，审议在案。旋准函复，经贵院第十七次会议决议如下：（甲）在不损失主权范围内，除普通借款外，政府亦可采用与洋商合资经营各种建设事业，并以公司名义经营之，但须有相当之限制，其限制原则另定之。（乙）政府投资之公司或华商经营之公司，得许洋商投资或合资共同经营之，但须有左列限制办法。一、华股须占全部股份百分之五十一以上；一、华董事须占多数；一、董事长及总经理等职应由华人充任之；一、商人合资应受中国公司法及其他法律之限制。上述办法复经提出本会议第一百七十九次会议讨论并经决议通过，交立法院、行政院。除函立法院外，相应录案函复，即希查照。等因。奉此。除分令外，合行令仰该部知照。此令。

院长　谭延闿

中华民国十八年三月二十六日

〔国民政府工商部档案〕

4．行政院抄发关于政府利用外资提案及投资方式给工商部密令

（1930年4月10日）

行政院密令　字第一四一八号

令工商部

为密饬事。案奉中央政治会议函开：径启者。准孙委员科、王委员伯群、孔委员祥熙、易部长培基提议：据招待德国实业视察团委员张歆海等呈称，此次德国实业视察团来华，意在实察经济情形，贡献计划，以供我政府之采用，将来或进一步而有投资之表示，势必询及吾国对于利用外资之标准，故吾政府对于利用外资方式似应有明确之规定，俾各主管机关对外接洽有所遵循。爰于三月十三日开谈话会时，由庄委员智焕、杨委员公兆提出议案，就政治会议第一七九次会议决议，确定利用外资方式，实施实业

计划案加以补充，当决定方式三种，等情。查原呈系为接洽发言标准，以期一致起见，经会同审查，尚无不合。谨检同原拟投资方式三种提请公决。等由。当经提出本会议第二二二次会议讨论并经决议通过，送行政院，相应录案，并检附原提案及投资方式函达，即希查照办理。等因。奉此。除分令外，合行抄发原提案及投资方式，令仰该部，即便遵照办理。此令。

附抄发原提案及投资方式油印件各一件

院长　谭延闿

中华民国十九年四月十日

抄原提案

提案

招待德国实业视察团委员会呈请，就中央政治会议议决，确定利用外资方式，实施实业计划，加以补充案。

理由

据招待德国实业视察团委员张歆海等呈称，查此次德国实业视察团来华，意在实察经济情形贡献计划，以供我政府之采用。来华团员俱系德国工业界领袖而热心中德合作之士，将来或进一步而有投资之表示，势必询及吾国对于利用外资之方针。故我政府对于利用外资方式，似应有明确之规定，俾各主管机关对外接洽有所遵循。爰于本月十三日在铁道部图书室开谈话会时，由庄委员智焕、杨委员公兆提出议案，就中央政治会议第一七九次会议议决确定利用外资方式实施实业计划案加以补充。经细加研究，分别酌改，当决定方式三种奉呈钧察。如蒙采纳，敬请提送中央政治会议决定施行，等情。分呈前来。查原呈系为接洽发言标准，以期一致起见，经会同审查，尚无不合。谨检同原拟投资方式三种，提付会议，敬候公决。

孙　科
王伯群
孔祥熙
易培基

投资方式共分三种

(一)合资方式。政府与外商合资，采用公司式组织兴办政府建设事业，须受下列限制：

一、华股须占全部股分百分之五十一以上。

二、华董须占多数。

三、董事长及总经理等职应由华人充任之。

四、外商与政府合资应受中国公司法及其他法律之限制，于前项各款之规定，得依照下列各款的酌量办理之：

1。华股得容纳本国人民商股。

2。外资得以材料、机械等物，按照平允时价折充之。

3。董事会决议之表决，以大多数决定之。

(二)特许方式。政府特许外人在华经营建设事业，其条件如下：

一、中国政府有监督之权。

二、外人在华经营事业，应受中国公司法及其他法律之限制。

三、经营年限应依照事业性质预先规定。

四、年限届满，一切设备均应无代价让与政府。

五、在经营期中一切设备得公平估价，由政府收回。

六、经营者应按纯利之多寡，依累进方法缴纳报效金。

(三)借贷方式。政府向外商借贷兴办事业，须依下列规定：

一、事业主管人员由政府任命之。

二、借款人有监督款项之权。

三、借款人得介绍工程顾问。

四、所借外资得以材料、机械等物，按照平允市价折充之。

〔国民政府工商部档案〕

5．实业部关于讨论限止外人在华设厂一案致外交部等咨函

（1931年5—9月）

（1）实业部为请派员参加讨论有关外人在华设厂事宜会议致外交财政部密咨（5月21日）

实业部密咨　工字第一二五六号

为密咨事。查吾国前此因受不平等条约之束缚，关税不能自主，致外货得以自由输入，肆其侵略，而国内幼稚之工业，其资本技能及组织等本远不如人。以无关税保护之故，致不能与外货竞争，而陷于不振，国家经济因而衰落，人民生计日以困穷，欲谋救济，自非采用保护政策不可。今关税主权业已收回，方欣上项政策得以实施，国内工业可望发展。乃外人为避免关税保护计，因袭不平等条约所遗留在华设厂之权，更乘金贵银贱之便，挟其雄厚之资本、熟练之技术，就我廉价之原料与低值之劳工，亟谋在华增设工厂。其吸精吮血侵略压迫，更甚于昔日。如不设法制止，则关税保护之藩篱等于虚设，而我之工业，不惟将永陷不振，且恐摧残靡遗，国计民生所关至大。本部前准中央执委会政治会议函送四中全会交下华商纱厂联合会所呈限制外人在华设厂意见书，请查照核办，复查前全国工商会议会员简英甫、朱彬元、徐佩璜、吴蕴初及炽昌火柴厂等所提限制外人在华设厂各案，经合并讨论，以现值废除不平等条约、改订平等互惠条约之际，依照平等互惠原则，虽未能绝对禁止外人在华设厂，然亦未尝不可设法限制。查十七年十一月以后，所订中比、中义、中丹、中葡、中西各友好通商条约中，其附件虽声明：于居住营商及土地权等允许各缔约国人民，在中国享受与国人同等之待遇，然均有“但

仍得以法律及章程限制之"之但书，留有伸缩余地，故由政府制定法律或章程，以限制外人在华设厂，于友好条约并不发生何项抵触。又查前三中全会祥熙以委员名义所提：请决定对于中国工商业之国际关系采用保护政策，以贯彻总理遗教，实现平等互惠案。其中历举吾国工商业在未能与各国平等齐一之时，不足以言互惠，宜采用保护政策，以助长国内工商业之进展，达到平等互惠之目的，经大会决议："通过，交国民政府作为商约税制、工商行政之方针"，经奉行政院分令本部暨贵部及财政、外交部遵办在案。是限制外人在华设厂以保护国内工业之进展，亦系遵奉决议案应行举办之事。经由本部详加审虑，以此事关系国际，宜避免文字上之表示，注重事实上之施行，爰草订限制外人在华设厂办法三项，以便按照施行。惟此事与贵部暨财政、外交部关系至为密切，应先行会商妥贴，方免贻误。兹订于本月二十八日星期四下午三时，在本部会商。除分咨财政、外交部外，相应检同办法草案一份，全国工商会议提案五份及华商纱厂联合会意见书一份，咨请贵部查照，指派代表届期莅临本部，会商办法。并希见覆为荷。此咨

外交部

财政部

附办法草案一份，提案五份、意见书一份

中华民国　年　月　日

限制外人在华设厂办法草案

一、实行工厂登记

由实业部草拟工厂登记规则，呈请行政院核准转呈国府备案公布施行。无论中外厂家，须一律登记，其新设立者，非登记不准其设立；已设立者，限期补行登记；逾期不登记者，设法限制其营业。其限制方法或勒令停业，或不予以法律上之保护，或于

通过上，予以种种之不便。而登记手续，则务取简单，不收费，不苛求，使之乐于从事，以入我范围，渐次取得外人设厂登记权，一以察知外厂在华经营情形，一以施行初步限制，俟行之有效，再为第二步进一层之限制。如工程大小、年限、久暂、厂数限制等。此项施行手续，由实业部会同外交部办理。

二、规定禁止外人经营之工业种类

由实业部会同外交、财政两部会商关系最重之工业，如国防工业中枪炮、火药及化学战具等。公用工业，如电气、电车、电灯、自来水等。重要基本工业中，如钢铁、棉纱、酸碱等，绝对禁止外人经营。其中设厂者，备价收回。其施行手续由三部会呈国府，以法令颁布施行。

三、限令外厂照缴应纳各税

由实业部会同外交部、财政部会同商榷，务使外厂照缴应纳各税，如出厂税、营业税等。其不缴纳者，或停止其经营，或制止其货物之通过。如华厂有与外厂相同之经营，而能力不及者，将华厂应纳之税返还一部或全部作为奖励金或补助金，使之减轻负担，而便与外厂竞争。其施行方法，由征税机关执行之。

限制外国工厂案

提案者　简英甫

外人在我境内设厂，皆以条件为护符，所纳税率轻重与吾国人相等，实吾国工厂之大患。外国政府保护商业甚力，除条约所承认之税外，其他厘捐、派借等项，分毫不肯负担。遇有地方不靖，彼仍能设法营运，其优势已非我所能与争，加以资本之雄、经验之富、管理制造之得法，均非幼稚薄弱之国厂所能及。虽工人原料均出我国，外厂每以此为藉口，实则托辣斯之手段，至为可惧。彼以小部份之利益与我，而攫其大部份以去，吾国脂膏为彼吸尽矣。他日照吾党党纲实行关税自主，外货税率不能如今日之便宜，外人为自利计，必挟其极巨之资本、极精之机器，竞来设厂于吾国。当此之时，外厂之多必倍于今日，吾厂之被压迫亦必倍于今日，吾厂无立足地矣。今虽不能消灭外厂，似宜仿各国限制华侨之法，先将外厂限制，以遏他日横流之祸，更予国厂以特别之补助、实利之奖励，使中外之税率虽同而实际上则我占优势，庶我厂可藉以保存也。查奖励补助之法，各国盛行，例非他国人所能沾润。外人虽有条约，断无强我奖励彼厂之理，亦无禁我补助国厂之理。保存国厂之策，莫善于此，是否有当？敬候公决。

工商会议提案　第一组第五号

取缔外人在华企业以抵制经济侵略案

提案者　朱彬元

比年以来，入超日增，国人每指为外人经济侵略之明证。窃谓入超不足为虑，盖根据国际贸易原理，富强之国家、贫弱之国家，均可有入超，况我国的入超，经过许多经济学者之研究，并非极端的不利，入超并非经济侵略之真谛，所可虑者，外人在华自动投资，经营各种事业耳。其上焉者，设立工厂，修筑铁路，把持进出口商务及银行保险等业。如上海、青岛、天津、汉口等处洋商纱厂、轮船公司、洋商进出口行、洋商银行、保险公司林立，及东三省之中东南满等外人经营之铁道是也。下焉者，则设立种种投机事业，以剥削吾民脂膏，如有奖储蓄及赛马、跑狗等营业是也。此种特殊情形实为世界经济自主国所绝无，而为产业落后国家所仅有。如现在之朝鲜、印度、南非洲、中美诸小国及以前之土耳其，亦同有此种现象。我国之有此，实因不平等条约所致，马关条约许外人在华设厂，尤为厉阶。目前受经济侵略最厉害最明显的莫过于东三省，举凡铁道、矿山、工厂、金融等事业，莫不被日、俄两国人所把持，其他各省受祸之烈，虽尚不及此，若不急起挽救，其将为东三省之续，亦不辩自明。（根据远东时报

The Eastern Times)所调查，日人在华投资(政府借款不计外)之商业部分，计有日金一，八〇九，一五四，〇〇〇圆，内分普通贸易一六二，八六〇，〇〇〇圆，制造业一四四，九四一，〇〇〇圆，银行信托业二五六，三三二，〇〇〇圆，铁路运输栈房六五〇，一五二，〇〇〇圆，土木工程建筑业三一，七〇八，〇〇〇圆，农业矿业森林二〇六，六九五，〇〇〇圆，纺织三五〇，六四五，〇〇〇圆，电气煤气四七，二一一，〇〇〇圆，海产一，八一〇，〇〇〇圆，其他五六，八〇〇，〇〇〇圆。

查外人直接在华经营工商业，其利有三：(一)可利用廉价工人；(二)可利用廉价原料；(三)可利用就近最大销场。有此三者，故其利润远出母国企业之上。长此以往，循至我国重要实业，将尽落外人手中。彼以其雄厚资本，役使我国人工，彼则坐享厚利，我则终日劳苦，遂致经济主权无形断送，国境沦外资殖产地。有如一家人家自己经济上无经营能力，一切让其邻某代为经理，并供其役使，其不为邻所剥削者几何。

或谓外人在华投资可助长国内工商业，有利人民生计，或亦匪浅，此固不能否认，但须知此种利益，乃仰外国资本家鼻息，度牛马生活所得，我国虽得余沥，而大利已为外人所剥夺，经济压迫莫此之甚。夫英之于印度、日之于朝鲜、美之于菲列宾，投资不少，各种建设多由以成功。初不闻印、朝、菲人之歌功颂德，而只闻其日谋独立。盖以经济压迫为祸之烈，有十百倍于政治暴力也。

或又谓总理之实业计划，主张利用外资发展实业，则外人在华投资，何可厚非，殊不知利用外资，与外人自动在华企业，有天渊之别。利用外资由我主动，主权在我，借入者仅其资本，而如何运用分配权操之我。如美国初年之借入外资，建筑铁路，兴办实业，条件优良，毫无流弊，即其明证。由外人自动企业，则其资本之运用及盈利之分配主权，均属诸彼，我反诸被支配之雇拥地位，故只有害而无利。我国人近来运动，收回教育权、租界行政权，均有相当成绩，吾意外人企业遍布，实即我国丧失经济自主权，欲不从速努力收回，则外人势力日形膨胀，我国实业计划不论如何完美，均无从实施矣。

办法

(一)废止外人在华设立工厂权利。(二)凡外人在中国开设商店，均须向工商部注册，领取营业执照。(三)凡关于铁路、轮船等国内交通事业及重要矿业基本工业，以后绝对不许外人自动经营。(四)外人在华已设各种企业，其资本在十万元以上者，均应向工商部请求发给营业特许状(special charter)，此种特许状，应由部详审利害，分别酌定有效期间为五年、十年至二十年，期满时得政府允许方可继续。(五)凡外国人现在各处所经营之铁路、内河航运、自来水、电光、电力或其他公用事业，应延请中国政府及地方公众团体代表数人，加入其董事及监理会，以资监督。(六)绝对禁止外人在华举办投机事业，其已设立者，限令结束。

以上建议抵制方法，不过以个人思虑所及，略举数端，挂一漏万，在所不免，尚祈大会补充修正。但就原则论，我国今日应取缔外人在华自由企业，似无疑义。盖就国际经济平衡言，我国受外国资本主义之束缚压迫已极，欲谋经济解放，非取此方针不可。至各项办法实施之缓急先后，则有俟乎当政诸公之因时制宜焉。是否有当，敬请公决。

工商会议提案　第一组第二十七号

限止洋商在中国设厂制造案

提案者　徐佩璜

查我国素以原料丰富、工资低廉著称于世，洋商以其货品在本国制造尚嫌成本过巨，运费太高，颇多来华设厂制造者，既巧避入口关税复得减轻成本，自由推销，诚为国产发展前途一大障碍，即总理所谓“外人依赖不平等条约关系，享有营业上之特权”是也。此层就表面上观，似乎洋商多设工厂，我国工人即多一种工作场所，似为良好现象。然进一步言，洋商利用我国天然原料与低廉工资，运用其雄厚资本与营业上种种便利，由渐进而深入，足以控制我国自制货品之死命。近因我国关税自主，于洋货输入大有不利。故思来华设厂者，日益增多，每年金钱之流出海外者，更不可胜数，闻奇异电料及瑞典火柴，即有此意。苟成事实，则接踵而起者，当不在少数。为国产前途设想，亟宜设法限止，否则数年后，本国工厂将无立足地。洋货及半洋货充斥市场，必较今日为更甚，危害国本至深且巨。所有拟请限止洋商在内地设厂制造一案，是否有当？敬候公决。

工商会议提案　第一组第七五号

拟请政府禁止洋商在中国境内设厂制造火柴案

建议者　炽昌火柴厂

为提议事。查我国火柴业产销数额目前虽无精确统计，但就情形观察，已有供过于求之势。此其主要原因，固为外货大批进口，有以致之也。是以同业奔走呼号，要求政府设法限制其进口，以图自救。但进口火柴如果限制后，外人势必在中国境内设厂制造，以之行销我国，既省运用，又便输运，证之东三省瑞典商用华人迟适夫名义，设厂开工之事实，可知此着之必行。是则变本加厉，其患且甚于进口。是以拟呈请政府切实禁止洋商在中国境内设厂制造火柴，以杜觊觎，而维营业。是否有当？尚祈公决。

工商会议提案　第一组第六〇号

限制外人在国内设厂案

提案者　吴蕴初

理由

自关税自主以还，外人为企图避免重税起见，每着手于在华设厂之计划。年来银价日落，外货之输入，大受打击，前计划之进行益亟，而国货之前途，乃日迫于危境矣。夫以国内工业之幼稚，本非外货之敌，徒因就地制造、就地销行，可得种种之便利，成本因之而低减，售价因之而廉平，方能与舶来品竞一日之短长，而支持于不坠。今外人在华设厂之计划成功，则一切之便利，皆与我共之。天堑可渡，藩篱尽撤，以彼经济势力之雄、设厂经验之富，作有计划、有组织之侵略，苟不急谋救济之方，国货工厂宁有瞧类。

办法

分治本、治标两种。治本者，以绝对限制外商为原则，因有条约关系，故须经详密之研究后，方能定适宜之办法。治标者，以华洋平等为原则，方法较为简而易行。兹分述如次：

治本　由工商部会同外交、财政两部，在不抵触国际条约范围以内，厘订根本办法。对于外人已设立之工厂，加以限止；未设者，不得再设。

治标　(一)厉行注册。凡外人设立工厂，须先呈准工商部注册，方许设立；已设者，亦须于短期内补请注册，以资稽考，而便取缔。否则，不予保护或勒令停业。

(二)征出厂税　对外人设立及国人设立之工厂，一律办理，以免有所藉口而生阻碍。但国人所营之工厂，经工商部认可者，得以奖励国货之方式，将已征之税，随时全数发还。

工商会议提案　第一组第87号

(2) 实业部为请派代表参加第三次会议讨论有关限制外人在华设厂一案致内政等部密咨(1931年9月5月)

实业部密咨　工字第二〇九二号

为咨行事。查会商限制外人在华设厂一案，业于九月一日在本部会齐各部代表举行第二次会议，经决议数项，并定于九月八日续开第三次会议，讨论工厂登记规则。兹检同第二次会议记录一份及修正通过之限制外人在华设厂办法一份，咨请查照，并请饬令原派代表于本月八日上午九时莅临本部，续开第三次会议为荷。此致

内政部

外交部

财政部

附会议录一份办法一份

中华民国二十年九月　日

限制外人在华设厂第二次会议记录

时期　二十年九月一日上午十时至十二时

地点　实业部会议厅

出席机关　内政、外交、财政、实业四部

出席人数　尹光勋　曹树藩　王祖廉　金问泗　张轶欧　程振钧　陈匪石

主席　程振钧

开会如仪：

一、报告事项

主席宣读本会第一次会议记录

主席报告本案上次会议尚有种种未决定之处，兹又据上海市政府咨来前情，特召集会议继续讨论。

二、讨论事项

甲、主席提议根据上次会议结果，拟就修正限制外厂办法草案应付讨论案。

议决：第一项实行工厂登记条文通过，工厂登记规则俟下次

开会讨论。第二项规定禁止外人经营工业之种类，条文通过。第三项切实推行外厂应纳各税条文修正通过。

乙、讨论中华国货维持会所呈办法案。

议决　该会所呈一、二、三、四四项，已由各主管部分别办理，五、六二项现均无庸置议。

丙、讨论上海市政府咨请制止外商在国境内设厂制造，冒充国货案。

议决：由实业部咨上海市政府径予制止。

丁，讨论下次开会日期案

议决：定于九月八日在实业部召集第三次会议。

三、主席宣告散会。

修正限制外厂办法草案

一、实行工厂登记

由实业部草拟工厂登记规则，呈请行政院核准，转呈国府备案，公布施行。无论中外厂家须一律登记，而登记手续则务取简单，不收费，不苛求，使之乐于从事，以入我范围，渐次取得外人设厂登记权，一以察知外厂在华经营情形，一以施行初步限制，俟行之有效，再为第二步之限制。

二、规定禁止外人经营工业之种类

除国防工业，外人当然不能经营，公用工业遵照国府颁布之民营公用事业监督条例第十一条所规定："民营公用事业不得加入外股或抵借外债"，亦不许外人经营外，其国内重要基本工业由实业部随时审酌指定，另案呈请核办。

三、切实推行外厂应纳各税

外厂缴纳各税，如出厂税、营业税等，应切实推行，其不缴纳者之惩处方法，与华厂一律办理。

（3）实业部为洋商在本市区域内设厂事复行政院秘书处函（1931年9月22日）

实业部公函　工字第二二五一号

径复者。案准贵处九月五日函开：奉兼院长蒋发下上海市政府为洋商在本市区域内设厂，应否加以限制，请核示一案。奉谕交实业部核明，径复，等因。相应抄同原呈，函达查照，等因。附抄送原呈一件。查外人得在我国划定之商埠区域内设厂，依照条约，原有此等规定，惟以我国工业幼稚，又值此金贵银贱、关税甫增之秋，外人在华设厂，实属危害我国工业。其在商埠区域以外设立工厂者，固应绝对制止，即在商埠区域以内及租界内设立者，亦应施以限制。本部前准中央政治会议函送四中全会交下华商纱厂联合会呈请限制外厂意见书及综合前全国工商会议关于限制外厂各提案，迭经召集内政、外交、财政三部代表开会讨论，结果决定三项办法：（一）实行工厂登记。（二）规定禁止外人经营之工业种类。（三）切实推行外厂应纳各税。除第二项以国防工业及公用工业，不许外人经营，其重要基本工业由本部随时审酌指定，另案呈请核办，及第三项，如出厂营业各税，切实推行。其不缴纳者，与华厂一律办理外，现正核议第一项中之工厂登记规则条文及其施行方法，一俟议定，即行会同呈院核转国民政府核准，公布施行。准函前因。除遵谕将限制外厂一案本部办理情形，径行密咨上海市政府查照，候将办法呈准公布后，再行咨请办理外，相应将核办该案情形函复贵处查照。转陈为荷。此致

行政院秘书处

中华民国　年　月　日

〔国民政府实业部档案〕

6．文官处抄送关于国民会议制止外人在华设立工厂等两案决议致行政院函

（1931年6月24日）

径启者：案准国民会议秘书处民字第一五九号函开，查国民会议决议各案，除已专案送请贵处查照转陈外，尚有应送国民政府办理或参考者三百七十起，兹分别开列一览表连同各提案汇案函送，即希查照转陈。等由。准此。经即转陈，奉主席核定分别批交各主管机关办理或参考，计其间有交贵院令外交部核办者两起，相应摘抄原表及各提案原文函达查照，转行为荷！此致

行政院

计附摘抄原表一纸　又抄送原提案二件

中华民国二十年六月二十四日

代理文官长　叶楚伧

抄　表

案　由	提案人	决议办法	附　记	国民政府决定办法
制止外人在华设立工厂案	项定荣等	交国民政府核办	提案第三二号，提案审查委员会报告第二号重行提出之第(一)案	交行政院令外交部核办
值此实行废除不平等条约之时外人在华所占矿权及所营公用事业亟应分别收回，以重实际而维国本案	何玉芳等	交国民政府酌办	提案第一五〇号，提案审查委员会报告第四号(六)之(八)	同　上

制止外人在华设立工厂案（提32）

自我国关税新税则实行，并改用金为征收单位以后，各国资本主义者对华之经济侵略方式遂有一种新的转变，此种新的转变，

即以全副力量扩展在华已设立之工厂或从新创设各种工厂，以制我实业之根本死命。原来各国对华经济侵略之基础方式，系以廉价购买吾国之原料品运至国外，经过机器之制造，再运归中国，以高价卖诸吾国人民，同时更凭藉片面关税协定之掩护，仅一次缴纳少数税额，即通过海关畅行无阻。在重税苛征高压下之国产货物，举不足当其一击，因之国内市场完全为洋货所宰制，以致每年入超达十万万元之巨，此实为吾国国民经济之致命伤，而国民生计之困窘，要皆坐因于此。然此种形势，在最近已稍有变动。海关关税之进口货税率近来迭加修正，且改以金为征收单位，故外货进口所负担之税额较前已见增重。复以裁厘之后，国货之畅行较前大为活泼，过去洋货在吾国市场所占之绝对优势，将有渐次打破之望。各国资本主义者早鉴及于此，乃处心积虑，积极发展在华已设立之工厂，增添资本，扩张出品，并以大规模之计划，增设各种工厂，或将工场移植中国。盖由货物输出转变而为资本输出，由货物侵略转变而为金融侵略，本为资本主义之新阶段，而挟其金贵银贱之气焰，以胁迫我国，尤具绝大之威力。盖因：

（1）中国人工低廉，工场一切开支均较外国为节省。

（2）中国工厂工作时间较长，深夜工作素所不禁，可以采用二十二小时以至二十四小时之两交代制，以增加出产，而在外国则有限制。

（3）依恃其政治势力及租界为护符，抗纳一切租税，且可确保其投资之安全。

（4）重以金贵银贱之结果，益有利于金本位资本之输入，银本位货物之输出。

（5）在中国境内就地购买原料，就地制造货物，既可节省运费及成本，且更便于觇购买者之需要，而求适应益有利于对华货之市场竞争。

（6）在中国境内设厂造货，可不受中国关税壁垒之阻碍。

有此六因，各国资本主义者弃其向所抱之胜杯Dump政策，而群输其资本至我国内地一尤其是租界一设立工厂，一年以来实有可惊之发展。如日本于最近一年间，在吾国新设工厂五百余所，长江流域一带共三百七十五所，资本计七千万圆。在上海一埠，据大阪市产业部之调查，则于去年五月至本年一月间增加之企业如次：

厂名	资本
泰山橡皮工厂	资本十五万元(日金)
金属精炼厂	十五万元
安川电机厂	十万元
大阪机械制作所工场	五万元
美芳工厂	四万元
冠丽制帽厂	三万元
东华织厂	一万五千元
仁和珐琅厂	一万元
上海纸业工厂	五千元
河野罐头厂	二千元
日华手染厂	三千元
金水热水瓶厂	三千元
加藤电线厂	五千元
中万工厂	五千元
泰昌机器厂	三千元

此外拟计划设立者，则有安住蚊烟香工场、日本木管会社工场、前田洋行肥皂工场、清水帽子材料制造工场等数十家。英国于最近一年间在香港增设二十四厂，在上海增设十八厂，并计划添设金属、橡皮、纺织等工业工厂多处。至于旧设各工厂之大事扩充，更无论矣。流祸所及，使外货宰制我国市场之程度愈益深刻化，吾国固有工业将被其一网打尽，新萌芽之国货事业亦将一蹶不振。关税新税则实行本保护贸易之先河，然因外人在华投资设厂

之故，外货固然毫不受其影响，金贵银贱本为吾国产业发展之良机，顾因外人在华投资设厂之故，反为外货侵略造机会，为丛驱雀，为渊捕鱼，在此种情形之下，我国实业宁复有一丝一毫发展之余地。吾国国民生计已握于各国资本主义者手掌之中，生杀予夺，悉逞其意。故英商开滦煤矿运输问题不解决，而上海华厂咸告煤荒。日人在上海棉织厂增加绽子数十万枚，而厚生、三新两纱厂停闭，他若英美烟公司之垄断中国香烟市场，瑞典火柴之压迫华厂火柴，外纸之影响于报纸加价，均其显著之事实，长此以往，势非夷沦我国为殖民地不止。查外人在华设厂起源本不甚古，其条约之根据实滥觞于一八九五年四月十七日之中日马关条约，距今不过二十余年，中日马关条约第六款第四项有云：

“日本臣民得在中国通商口岸城邑，任便从事各项工艺制造，又得将各项机器任便装运进口，只交所定进口税。”

“日本臣民在中国制造一切货物，其于内地运送税、内地税、钞课杂派以及在中国内地沾及寄存栈房之益，即照日本臣民运入中国之货物一体办理，自应享优例豁除亦莫不相同。”

此种片面之不平等条约，自应在一律废除之列，故外人在华投资设厂已丧失其法律上之根据。管见所及，以为此种外人任便在华设厂之恶例一日不得废除，中国实业即一日不得振兴，一切经济建设、国民生计，亦将徒成空谈。且内地外人设厂，对于法权问题、工人生活、人民安全，均有严重之影响(五卅惨案即由日人虐杀上海内外纱厂工人顾正洪而引起)。国民政府应于最短期间实行下列各项，以破除我国产业发展之最大障碍。

(一) 严行制止外人在我国通商口岸或内地设立各种工厂。

(二) 对于各国在我国通商口岸或内地已经设立之工厂，由国民政府备价赎回，自行经营。

(三) 前项赎款，政府得发行公债筹集之。

(四) 限制外人对华资本之输入。

上列各端，是否有当？敬候

公决

提案人　项定荣　朱惠清

连署人　王竹齐　陈联芬等五十八人

提议值此实行废除不平等条约之时外人在华所占矿权及所营公用事业亟应分别收回以重实际而维国本案（提150）

理由

查不平等条约辱国病民，忍痛已久，现既断然废除，举国称快。至外人在华所营各种矿业及公用事业，均因不平等条约所影响，致将发展国本之大业，每被外人侵据。如开滦煤矿初不过中央合办之商业公司，乃太阿倒持，以商行为之公司竟至弁髦中国法令，擅取矿权，不纳矿税，私收河捐、码头捐、卫生费、代理费及私设电报、电话、无线电台，改建大电力厂，行使电力机关车等，种种违法，不一而足，习惯养成，积重难返。其矿区所及几视为非中国领土。他如抚顺、大冶各矿越权之事，尤为变本加厉。对外人在华经营公用事业者，如天津电车、电灯、自来水等，亦由不平等条约相因而来，对于地方主管机关，每多轻视，不受约束，久为国人所痛心。当此实行废除不平等条约之时，若不乘势将外人侵据之矿权及公用事业，设法收回，则不平等条约表面上虽经废除，在主权实质上仍未彻底。查我国矿业法规定矿权属于国有，又公用事业对于国人私营者，尚有限期收回之规定，则外人沿袭不平等条约所营之矿业及公用事业，自不能任其存在，致失我国法律效力。且此种实业与国本有关，筹资收回更可生利，应拨庚款一部份，以为收回。此种事业资金用途既属适宜，收效尤为迅速，庚款纵别有用途，然权衡重轻，自当急所先务，款既有著，即可迅赴事机。

办法

分别性质，以定收回程序。外人在华所营矿业及公用事业，或合资或独资，或有合同关系或有年限规定，性质各自不同。如开滦联合合同十七条，有十年后滦矿有权将开矿赎回之规定，又如开滦矿所订秦皇岛租约第六条有于三十年租期以内，得随时收回之规定。宜就应行收回各业，详查其性质，分别种类，以为进行步骤。

（二）分配庚款以期收回迅速。应行收回各业，既按其性质着手进行，则用款数额亟须筹及，俾得早日实现。查运用庚款收回外人在华经营有利各业，用途至为正当，宜就各业分别轻重缓急，按需款数目将庚款妥为分配，循序办去，务达目的。资金既有准备，进行自可无阻。

总理对于用外资开发中国实业，有谓权操在我则存，权操在人则亡，上述外人在华所营矿业及公用事业，务属权操在彼，甚或侵及我国主权。当此废除不平等条约之际，为彻底澄清计，自不得不急起收回，务使主权实质完全无缺，是否有当？敬候
公决

提议人　何玉芳等五十五人

〔国民政府行政院档案〕

7. 实业部关于管理外资及中外合资公司办法致行政院呈

（1935年4月20日）

案查我国现行公司法对于完全外资及中外合资之各种公司，并无限制规定。除完全外资公司不计外，所谓中外合资者，类多外籍资本家利用无知国人出名认股，而实权仍多操于外人之手。公司所营业务，既无限制明文，而通商口岸以外各地，亦任意设立支店。益以领事裁判权为护符，以致管理深感困难。若不严加限制，实不足以维实业而保主权。兹为应付此种情形，特拟具管理

外资及中外合资公司办法九条，并经咨商外交部略有删改。是否可行，理合缮具办法二份，送呈中央政治会议决定，实为公便。谨呈

行政院

附呈管理外资及中外合资公司办法二份

实业部部长　陈公博

中华民国二十四年四月二十日

管理外资及中外合资公司办法

一、外资及中外合资公司，凡在中华民国领土内营业者，须依照公司法及其他各关系法令，分别呈请核准及登记。

二、外资及中外合资公司，除法律别有规定外，以设立于通商口岸为限。

三、外资及中外合资公司，在本公司所在地以外之通商口岸设立支店时，须依法呈请登记。

四、外资公司不得在通商口岸以外各地设立支店或购置不动产。

五、中外合资公司，不得在通商口岸以外各地购置不动产，除中央特许外，并不得在通商口岸以外各地设立支店。

六、外资及中外合资公司，除法律别有规定或中央特许外，以经营普通工商业为限。

七、中外合资公司，除法律别有规定外，以股份有限公司为限，以下列之规定组织之。

一、中国股份须占全部股份百分之五十一以上。

二、中国籍董事须占多数。

三、董事长及总经理等职，应由中国人充任之。

四、须遵守中国一切法令。

八、中外合资公司不得发无记名股票。

九、中外合资公司之股东名簿须注明国籍。

〔国民政府行政院档案〕

三、实业提案与实业行政工作报告

1. 工商部在国民党三届三中全会报告筹办基本工商业经过及有关建议案

（1930年3月）①

（1）报告筹办基本工商业之经过并请议决促其实现案稿

报告筹办基本工商业之经过，并请议决促其实现案。为建议事：窃维工商事业，关系国家经济与民族生存，至为重要。祥〇本总理实业计划，内审国情，外察大势，前于五中全会，建议兴办基本工商业，均择其最需要而迫切者，提出九项：一、为办国营钢铁事业，谋国防及交通上原料之供给，且为社会工业树立基础。二、为举办国营水电事业，以减轻动力之代价，并增进工业发展之机会。三、设立国营机器制造厂，以谋自制各种工业需要之机器。四、设立国营精盐厂，注意制造方法，改良人民食盐之卫生。五、设立国营酸碱工厂，以谋化学工业基本原料之自给。六、设立国营细纱工厂，以应我民族生存最大之需要。七、设立国营纸浆工厂，改良纸业，以塞漏卮而维文化。八、设立国营酒精工厂，以谋医药及化学工业之进步，并补助燃料用途。九、设立国际汇兑银行，谋国际贸易之发展，并收回外汇兑权以救国际汇兑率增高之弊。凡此诸端，咸以振兴工商事业发展国民经济为目的。至所需经费，拟发行公债二万万元，仍以取之于民者，用

① 本件日期为中国国民党三届三中全会开会日期。

之于民为原则。所拟详细计划，前提案已详言之，无待再赘。嗣经五中全会发文，国府审核，经国府第九十六次会议，决议交本部及财政部军事委员会审查，各审查委员以该项建议事属切要，均应举办，其筹款方法，亦属可行。除钢铁、酸碱、细纱、机器等关系尤重，应提前办理外，其余分别缓急，以次兴办。等情具报，并经本部酌量订入训政纲要，及训政时期工作分配年表，先后呈送国府及行政院鉴核各在案。惟上述各项计划，需发行公债二万万元之多。而自去春以来，政府决心编遣国内军队，召集大会，筹议实施，所需经费动达巨万，于是编遣公债遂以成立。其后国内反动分子，又复因此窃发，分别征剿、抚辑，为费更多。此项巨额之兴业公债，断非可同时举办。祥〇深知公私匮竭，经济困难，不得不审度情势，略事变更。查原案钢铁、机器两厂，需费较大，收效较迟，万不获已，且改入第二筹备时期，少纾民力。爰于本年一月，复提出行政会议，请先举办第一批兴业公债五千万元，本年先发行债券一千五百万元，试办棉织、毛织、制碱、制酸及制糖五厂，并草拟公债条例，附请公决。但为体恤时艰起见，其担保品拟指定在新税则施行后入口关税增收项下拨出，一则不牵动政府经常预算，二则查入口关税之收入。棉织物、糖类、海产、人造丝等项，均为大宗加重税率，似近乎保护政策。开办工厂，更属于生产事业，揆其用意，皆为发展本国工商业，似觉本末相符，仍合于原案，取之于民者，用之于民之原则。故请指定以此数项增加关税之收入作为担保，仍以将来成立之五厂财产作为第二担保品。至其决心举办此五种工业亦自有理由。查棉织业为向来输入大宗，占第一位，十七年海关进口洋货数值一万七千三百余万两。其次为糖类，共值九千八百余万两。是则国人衣服中之棉织及食品中之糖，为外货所侵略者，为数最巨，实应急行设厂制造，以资救济。又毛织品吾人需用日广，而国内所设毛织厂寥寥无几。查海关贸易册十六年入口毛织品，为一千七百八十余万两，十七年跃为三千六百六十余万两，已骤增一倍有奇，此后之增加，当可推见，此又刻不容缓亟待设厂制造者。至若酸碱为化学工业上制造所必需，我国酸碱几无，全恃舶来，非速提倡设厂自制，不足以图挽救。以上五项，均切民生之需要，且为工业之基本，亟宜先行举办。其经济来源，即依照前述方法，发行兴业公债，并规定分十年摊还本息，冀使社会经济周转，易于活泼。至五厂详细计划，已经草定，应俟本案大体决定后再行提出审议。随奉行政院会议议决，准将发行兴业公债，筹办基本工业原案交祥〇与财政部宋部长研究办理，在案。窃祥〇忝长工商、行政，职责所在，每以经济落后工业凋敝为念，兹值钧会开会之期，应修述职之典提出报告，请求审议，况现值金贵银贱之剧变，为近世所仅见。入超较巨，即磅亏较大，为害于国内金融，贻累于社会经济。根本救助之道，唯在提倡国货，扶植国内生产事业，五厂若成，减少一分外货侵略之事实，即助长一分国民经济之力量。用敢不揣固陋，依据前案建议钧会，即恳议决于最短期间内，断然兴办，庶几民生有昭苏之望，工业有发展之期。此则〇〇罥罥之思，所深为致望者。是否有当？敬祈公决。

提案人　孔〇〇

（2）请决定对于中国工商业之国际关系采用保护政策以贯彻总理遗教实现平等互惠案

为建议事：窃维工商事业，关系国家兴废，民族存亡，其政策之设施，至为重大。吾国昔处闭关时代，与国外工商界之竞争甚鲜，故秉政者对于国内工商业之措施，在能通商惠工，使之自然发达，即已尽其职责。近世交通进步，各国与我接触日繁，工商竞争，已成为国际关系，处处发生应需求之事实，同归于优胜劣败之公例。是故设工商行政者，须熟察国际工商情势，审度国内工商状况，以国家力量，运用政治策略，从事于扶植保护，助成国内工商业之进展，方足以尽政府之能事。今世界强国，除英吉利以工业先进国之故，曾采用自由贸易政策，其余胥本此道以行者也。祥〇忝掌工业，于中国工商政策，自应有所建议。窃谓本党本总理世界大同之遗教，对于人类一视同仁，以求达于平等互惠之境，其意义之高远，精神之超越，以造福于世界人类者，实为最大，亟应遵奉实施。然平等者，齐一之谓；互惠者，双方受惠之词，在未能齐一，而且片面受惠之时，则宜设法施行种种政策，务求达于真实平等互惠之地。默察吾国工商状况，在现时与各国相较，尚未达平等之境，更难臻互惠之实，如不设法扶植保护，漫以平等互惠相夸，任其自然，将见愈益低下，永无实现平等互惠之可能。其不平等之理由，可得而举者有五：一则，吾国工商界之智识落后也。吾国工业，本极幼稚，各项制造，尚未依科学原理，以事研求，而各国则已悉本科学方法制造，故吾国大部分，尚在手工业时代，较之各国机械工业，相去甚远。各国因利用机械，其工业品质地精良，式样均一，而且出品迅速，成本低廉，皆非吾国所得与竞。若夫国际商业，更因本调查研究，设为操纵迎巨之计划，吾国人更远不及外商之精密。此知识上之不平等也。二则，吾国工商界之资本落后也。吾国以产业落后之国家，经济衰弱，其从事工商者，类皆小本经营，力量微弱，而各国则因机械工业之故，早达资本集中时期，规模宏大，其合资之大工厂公司，万非吾国小资本之家庭工业及商店所能颉颃，一遇彼方廉价竞卖，尽归失败。此资本上之不能平等者也。三则，吾国之经济制度落后也。各国以资本及产业发达之故，其经济上之组织，亦极完密。金融之运用于工商业者，有公私各银行，用低利贷与，以资周转，又有国际汇兑机关，以调节国际间金融关系，救济货币价格剧烈之变化，且免受国际汇兑之损失。而吾国经济制度则何如？所赖以流通于工商业者，除各通商口岸间有小规模之银行外，均仰给于资金微小利率高大之钱店，子金大于所获，于工商事业金融之运用，实极艰难。而又无国际汇兑机关，无以运用国际金融，并汇兑利益，亦拱手让于外人，况币制并未统一，尚未脱用生银习惯，无实在币制之可言，以与各国整齐统一之金本位制相较，尤属悬绝。此种经济制度之不能平等者也。四则，吾国内交通事业落后也。工商事业，必赖交通之便利迅速，方足以言竞争。各国交通事业，均已发达，大率使用动力。如铁道、汽车、轮船及飞机之设备，均非常进步，而吾国尚未脱用天然力，以事交通之时期，牲畜、人力及帆船之输运，所在皆是。两者相较，利钝显然。此交通事业上之不平等也。五则，吾国初入训政时期，屡有事变，尚在力谋善后也。各国国内秩序安定，已有完善统计，政府社会，得以研究改进。而吾国承军阀、“共匪”破坏之后，训政伊始，反动分子时时窃发，胥待扫平，军事未终，建设匪易，政治系统，尚未全入轨道，施政计划，实现较难。且在各国有保护关税，以保障其工商，而吾国关税主权，新经收回，苛杂厘捐，甫能定期裁撤。新造国家，凡百草创，较先进之国，岂能等量齐观。此于时会上之未能平等者也。有此五者，又何足以言平等。至于互惠之说则何如？祥〇细审其情，则以为互惠之实际，宜先有可以交换之条件，条件之结果，能认为平等，则彼此受惠维均，而有互惠之实。如国际间工商业差异之程度遂巨，则利害之计算，断难相发，交换条件更费研究。祥〇之意，此类交换条件，视各国国家自身与他国一切事项之需求关系何如，且需有相当价值。盖各国国情不同，其工商业之能力与需要亦有差别。第一必研究我国工商业，所能供应各国之需要者，为何种类？达何程度？第二又必研究我国之需要，当求之于各国者，为何种类？达何程度？研究既明，则宜就其结果，以先察同类事物之交换条件能否成立。如关税中，某某种货物税之特约互惠是如其不能，当然就不同类之事物，权衡全局，审其价值，而相交换，得有把握，互惠条件，乃可成立。但既经交换之后，更宜日益改进，不可墨守成法。盖以现今科学之发展，国际间之情势与需要，时有变迁，如墨守旧规，则此时认为有交换价值者，不数年或失去其需要性。且国家凡能独立者，必先求自己给足，完成经济独立，如其为地产或国情所限，不能自给，一面求之于国外，仍当一面自求进步解决此项困难，于相当时期内，达到自给自足之目的，而以余力，应付国外之需求。此为工商政策之始基，亦即保护策略之归宿。祥〇所深慨者，即以吾国工商业现状，比较各国差殊太远，国际间互惠之条件，成立实难。譬如关税，各国曾行互惠制者也。然关税实为保护工商利器，欲行互惠，自当审察国际求供情势及本国工商出产之状况，以便自由伸缩。例如吾国出口之大宗，如豆类、棉花、花生等货品，几尽属原料，为国外工商业所利用。税愈轻，其利愈厚，减免之惠，皆在外人。且入口大宗，如棉织品、糖类、煤油、五金制品、染料、纸张等皆为工商业品，而人生必要品，又居其泰半。若议及减免入口税，似可减轻国民生活费之负担，然外货以税轻而价廉，侵略愈甚，又不啻为外商轻负担，增销路。此于关税互惠之规定，是否国人实受其惠，所亟宜加意研究者也。近如日本之棉织品销售于吾国者，年达一万万元上下，顷彼以关税互惠相要，而吾国实无可与比拟之大宗工业品能成立交换条件者，即其一例。又各种不平等条约，所定国际工商业关系在同类事物中最易察知者，如外人在吾国有设立工厂权，现已成厂不少。援互惠之义，势必以外人待我者，还以待之，凡不限制吾国在外侨民设厂之国家，将来亦许在吾国任何地设厂，而事实上以资本及技术落后之故，国人万无前往各国设厂之可能，徒使外人以其雄厚之资本、熟练之技术，更益以吾国贱价之原料与低廉之工资，挟之以与国内幼稚之工业家相竞，吾国之工商，将受其宰制矣。此其受病，实因程度悬隔，即令平等互惠，其病益深，非取保护政策，自行奖掖工商业促其进步不可。又如外人在吾国内港行轮权，亦丧失国权之一，自当收回，而其起因，实由吾国技术与资本之缺乏，国内航业，未能自行发展，苟非促进技术，厚集资金，徒言收回内港行轮权，无发达交通策，亦不足使国人受其实惠也。又如发明特许权，凡在工业所有权同盟之国家，相互尊重，或缔特约，亦互惠之义。然吾国工业，知识幼稚，若采此办法，将见吾国工业，非尽向国外买得专利权，无从设施。昔中美约内，曾有此条，至今颇感困难，益见我国工商业须特别保护。凡程度本不平等者，亦不能互惠也。此外尚有种种已失利权，因不平等条约之故，至今未能收回，使外人片面享此利益者，如铁路建设权、矿山采掘权、森林采伐权、领海渔业权以及租界银行发行钞票权、设立邮电权等，均足以保障外人事业之发展，吾国人瞠乎其后。然欲事收回，必努力于工商业之进步，使之与外人平等，比肩不平等，否则，既何克实现真实互惠也。祥〇思虑再四，以为此时非由政府运用政治策略，遵奉总理民生主义，实行保护国内工商业，无以实现真正之平等互惠。应请大会决定：对于中国工商业之国际关系，采用保护政策，发交政府，以为工商行政方针，使各方一致进行。废除不平等束缚，庶可贯彻总理遗教，而达平等互惠之目的。是否有当？敬候公决。

〔国民政府工商部档案〕

2．行政院关于筹划贯彻“建设方针”实施方案与工商部来往令呈

（1930年5月）

（1）行政院给工商部训令（5月8日）

行政院训令　字第一七九七号

令工商部

为令饬事：案奉国民政府第二五五号训令内开：为令遵事，

案准中央政治会议咨开，为咨行事，准中央执行委员会函送第三届执行委员会第三次全体会议通过中央常务委员提议建设之方针一案，请拟定实施方案等因。经交经济组、教育组审查，兹据经济、教育两组提出审查报告称：查原案业经三中全会决议，修正通过，可分交各主管部会，根据是项方针，就主管范围切实拟具具体方案，再送审查。等由。经本会议第二二五次会议决议：照审查意见通过，除函复中央执行委员会外，相应录案，并检附原案咨达，请烦查照，转饬各主管部会遵照办理具复为荷。等由。准此。经即提出本府第七十四次国务会议决议照办在案，除函复外，合行抄发附件，令仰该院分别转饬各主管部会遵照办理，具报为要，此令。等因。计抄发原附建设方针案一件。奉此，自应遵办。除分令暨呈复外，合行抄发原案，令仰该部即便按照主管范围遵办具报，以凭核转。此令。

计抄发原建设方针案一件〔略〕。

中华民国十九年五月八日

院长　谭延闿

(2) 工商部复行政院呈(5月28日)

为呈复事：案奉钧院第一七九七号训令开：为令饬事：案奉国民政府第二五五号训令内开：为令遵事：案准中央政治会议咨开：为咨行事，准中央执行委员会函送第三届执行委员会第三次全体会议通过中央常务委员提议建设之方针一案，请拟定实施方案等，云云，至合行抄发原案令仰该部即便按照主管范围遵办具报，以凭核转，此令。等因。附抄发原建设方针案一件。奉此。查原案属本部主管范围，应行遵照筹划办理者计四项，即第九项至第十二项，惟所指各节或曾经拟定具体方案呈候实施，或经列入训政时期工作分配年表尚待进行，要皆本部所已经规划事项。谨将办理经过各情形分别缕陈如下：一、第九项前段中国之普通工业宜减轻原料之价格一项，本部前呈准颁布特种工业奖励法，其第二条第三项对于减免原料税已规定有切实办法，自后吾国各种新式工业办理著有成绩者，均得依据此项奖励法呈请奖励，以减轻原料之价格。且查原法第一条乙项受奖励者之资格为制品能大宗行销国外者，丙项资格为自已发明或输入外国新发明首先制造者，丁项资格为应用机械或改良手工制造洋货代用品者，是普通工业受惠已多。其余关于减免苛捐杂税事项，本年三月曾拟具方案呈请核定，同月奉令交财政部审查具复，一俟财部核复，即当会商切实办理，亦减轻原料价格之一法。二、第九项后段保护税则事项，固与财政盈绌有关，尤为工商业消长所系，前财政部组织固定税则委员会，本部曾派员与会，表示意见，并于去年提出进出口税则意见书于中央政治会议，本年第三次中央执委会开会祥复提出请决定对于工商业之国际关系，采用保护政策案，经大会决议通过，交政府作为商约税制、工商行政之方针，惟此案非尽属于本部主管范围，自当会商促进。三、第十项前段总理实业计划内，应创办之各种工业，除在本部训政时期，工作年表业已分别详细规划外，如兴办基本工商业曾于十七年八月间拟具方案，建议于第二届五中全会核议施行，并同时拟定筹款方法，以期次第兴办。嗣经会议交国府审核，决定先提前筹办钢铁、酸碱、细纱、机器四厂。最近在本年一月间，复提议政府发行兴业公债一千五百万元，兴办棉织、毛织、制碱、制酸、制糖五厂，本届三中全会又复提议此案，请速实现，复经通过。一俟会商财政部将此项公债发行有着，即可实施。四、第十项后段借用外资及专门人才，为发展工商事业，最近本部与铁道、农矿、交通各部会商，已拟有利用外资具体方式案，提出中政会议决议，嗣后当随时本此进行。五、第十一项筹划大规模之制铁炼钢工厂，前建议创办基本工业案，已具详细计划。余造船厂、电机制造厂二事，关系他部会主管范围，应另行筹划协商办理。六、第十二项党员应竭力扶助提倡工业、农业之发展，并协助政府禁止一切破坏工业、农业之非法行为一节，党员责任对于工业之发展应竭力扶植，加以指导，如有一切破坏工业行为，尤应加以严厉之纠正，并随时检举而裁制之，以期促工业之发展。惟事关党务，应请各级党部主持，本部自当本上项方针努力办理。奉令前因，所有本部遵照建设方针筹划办理各项工商政务及事业经过情形，理合备文呈请鉴核转呈，实为公便。谨呈

行政院

中华民国十九年五月　日

〔国民政府经济部档案〕

3. 工商部拟具救济目前已濒危殆各种实业的办法

（1930年9月）

查国内实业，如本案所列举之丝、茶、火柴、肥皂、卷烟及丝棉织物各业，因种种影响，多濒危殆，亟待救济。惟各业之致病原因，甚为复杂，其大要约分国家、社会及各业自身三方面。其属于国家方面者有四：内乱频仍，民不安业，一也；关税未完全自主，保护政策无以实施，二也；内地捐税繁重，成本增高，三也；交通不便，运输惟艰，四也。其属于社会方面者有三：同业竞争，漫无限制，一也；信任国货，致难推行，二也；劳资未能合作，致从业者观望，三也。其属于各业自身者，亦有三：技术未精，出品低劣，一也；资本不足，无力发展，二也；无对外营业健全之组织，致受外商操纵，三也。凡此种种，均为国内实业不振之主因，而又互有关联迭为因果，故在今日以言救济非各方面同时并进不可。其应由国家方面办理者，如第一项肃清反动，则军事上正努力进行；第二项采用保护政策，以维国内工商；第三项减免内地苛杂税捐，以苏民困；第四项浚江修道，以利运输等事，则均经本部先后建议，并拟具方案，呈奉发交主管各部会协

商办理，并经国府颁布明令，于本年十月十日裁撤一切通过厘税。中政会议又决议提拨庚款与兴办铁道、水利、电气等事业，并商拨举办基本工业，而关税自主，亦以由政府竭力进行。惟最近又经外、财两部成立此类协定，恐只能分期实现。总上四项，只缘目下军事未终，及国力未裕，一切政策未能急进。此国家方面致力于实业之大概情形也。至于社会及各业自身所应办理之救济事业，如联合同业，厚集资本，组织对外营业机关互相维系，则社会方面之第一项与各业自身方面之第二、三项自然解决。又致力于改进技术，使制品精良，并提倡国货运动，以挽国人重外轻内之心理及抵制外货之侵略，则社会方面之第二项与各业自身方面之第一项，可资救济。此外则努力于劳资合作，庶减少社会方面第三项之现象，使业务得以稳定，趋于发展之途。此皆急应举办之务。而本部亦经列举办法，分别先后，呈请通饬遵办，并由部令行各地方政府主管官署，函达各处党部领导进行。本案奉令饬拟救济具体方案，呈候核定后，先交上海市政府试行。窃谓救济实业根本办法，不外上列各端，而其中关于国家方面各节，系属中央职权，非上海市政府一隅所能办理，且亦非该市政府之能力所能及。其得由该市政府所能办理者，厥惟社会及各业自身两方面，各端兹就各业情形，在该市政府能力所及之处，拟具办法数则，呈候核定，令饬试行。

一、丝业茶业　丝、茶为吾国输出重要之品，近因受日、印等〔国〕之竞争，国外贸易致日形衰退。其原因属于制品者，在丝，则为等级紊乱不合标准，在茶，则以裁制方法未事精求，致品质有降低倾向。其属于营业者，则均以无对外贸易健全之机关，无充分之资本，遂受外商之操纵。救济之法，宜由该市政府就近召集该市丝、茶各业大多数厂商及其所组织之同业公会开会讨论，设法领导，使联合集资，组织一对外营业机关，于国外销售丝茶之重要市场设立通信处，以通消息，并致力国产丝茶之宣传，以为直接对外营业之准备，并由该机关依照国家商品检验局所所定检验丝茶标准，审度情形，倡导各丝厂茶厂，依照标准制造及刷印育蚕植茶之浅近改良方法，分发饲蚕种茶各地农民，以改良品种。如此办理，则丝茶品质日渐增高，而对外营业自趋发展矣。

二、火柴及肥皂业　火柴肥皂，其物虽微，其用则广，如合全国计之，其消费之值实甚巨大。国人业此者，因备受外商侵略，跌价竞卖，更以国内制品未臻精良，而原料又大多仰给于国外，复受外商之把持操纵，金贵银贱之风潮发生以后，困难更多，遂致国内各该业濒于危殆。此其致病之由全在外货侵略，及技术未精，与原料受外商之挟制，不克解决，救济之法，除国家方面本部业呈请办理火柴专卖，以遏止外商之侵略，已奉令交财部外，其宜令该市政府执行办理者，则为指导该业举办原料之调查研究及改良制造方法之征求，并使之组织公会，讨论合作对外之方案。本部刻亦在研究火柴原料及制造，加以试验，并分步函请中央研究院及各大学理工学院、各学术团体，共同研讨，以为该业之助。

三、卷烟业　卷烟一业，当十四至十五年之时，曾呈发皇之象，而自此以后则转趋失败。究其原因，实以卷烟统税办法未臻至善，兼以税则等级限制售价之故，致成本虽因原料涨价以增重，而售价不能增高。而外商以关税条约之故，纳税较轻，遂得以肆其侵略。救济之法，除应由国家改订税则并宽放等级，以纾其困难，俾与外商得以平衡竞争外，并应由该市政府召集该业厂商联合协作，以抵抗外商之侵略。

四、丝织业　吾国丝织品之不振，有对外与对内二点。其对外，则以受输出国重税之抵制，其税率有达值百抽百者，致货物无由运销；其对内，则因毛织品及人造丝织品之盛行，致销路日以减削，危殆实甚。救济之法，除应由国家对重征丝织品进口税各国提出抗议，减轻税率以恢复对外贸易及减轻国内捐税，并重征毛织品及人造丝织品之进口税，以资保护外，在该市府宜设法督促该业，切实研究改良，加织棉毛交织品，以减轻成本及适合时尚短装之需要。

五、棉织业　棉织品为国人服用最重要之件，只缘国内厂家技术未精，出品较逊，且又受捐税繁重之担负，反不若外货纳税之轻，致棉织物市场几全为外商所夺。而该业遂因之日以衰退。救济之法：除国家方面积极实施保护政策，增加进口税率，减轻内地捐税，使该业得以苏息外，在该市政府应努力设法促使该业着手于制品改良或按期举行棉织品竞赛，或指定品色悬奖竞制，以期出品日增优良，抵制外货之输入。综合上列各业救济办法以观，除减免通过税，增加进口税，向重征丝织品进口税各国抗议，减低税率，及举办火柴专卖、宽放卷烟税制等级各项，应由国家办理外，其交由该市政府办理者，归纳之，为设法领导各该业同业协作，其任务分为四项：(一)避免同业之竞争；(二)合力为对外营业之发展及抵抗外货之侵略；(三)为改进技术之研究，使出品品质增高；(四)厚集基金为金融之周转。此外，关于劳资冲突及金融枯窘各点，其救济之法，在劳资冲突问题，应由该市政府协同该市党部召集各业工会及同业公会讨论合作之法，并设法对于劳资各方晓以合作之利及不合作之害，如遇有争议发生，悉依劳资争议处理法处理，务使劳资趋向协调，致力于生产事业之发展。至于金融枯窘问题，在该市政府，除设法领导各该业联合筹集基金以谋发展外，并宜就市有收入，指定担保基金，发行市公债，组织市工商银行，以为各业金融周转之助。此仅就市政府方面金融救济而言。其由国家方面，以金融周转救济各业者，在本部已筹划大规模国际汇兑银行及现已成立之国货银行，均所以为各该业金融之救助也。

编者注：此件经中央执行委员会第二五三次政治会议议决，通过。

〔国民政府档案〕

4. 国民政府等关于办理国民党四届三中全会伍朝枢等发展工业提案有关文件

（1932年12月—1933年4月）

（1）国民政府训令（1932年12月24日）

国民政府训令　京字第四九号

令行政院

为令饬事。案奉中央执行委员会别字第一零八零号公函内开：本会第四届第三次全体会议讨论伍朝枢等九委员提发展工业案，当经决议："原案甲、关于生产运销之整理，乙、召集工业生产会议两项，原则通过，交行政院转饬主管机关核办。丙、制定工业团体组织法一项，交中央常会。"在案。除关于丙项由本会办理外，相应检同原提案函达，即希查照，转行办理。等因。合亟抄发原提案，令仰该院转饬核办。此令。

计抄发原提案一件

国民政府主席　林　森

行政院院长　宋子文代

发展工业提案（伍朝枢等九委员提）（提十八）

（说明）

（甲）　吾国工业不振，经济落后日甚一日，工业原料大都自外面输入。全国每年产麦约六千余万担，产棉约六百四十余万担，而民国二十年输入洋麦二千二百余万担，输入美棉四百六十余万担，以后尚有增加之趋势。其他工业原料举其大者，如磷块之于火柴，盐酸、曹达之于漂染，颜料之于印染，羊毛、细纱之于织物，烟叶之于卷烟，每年输入约值海关银三万四千余万两，不独金钱流出为吾国一大漏卮，且于农人、工人生计前途所关甚巨。至于采购时所受外汇涨之影响，洋商居间之把持，间接损失更难屈计。此关于原料产量应设法增进者一也。凡生产发达之国家，对于货物之产、运、销三者，分之，则每项均有其各自之具体组织；合之，则连络一贯，成为一个总组织，实力既雄，消耗自少，运输便利，屯积无虞。反观我国，则无论何项生产品，以无专门运输机关为之营运，即使存货山积，亦无由达到市场，益以苛税杂捐重重剥削，车船运费，名目繁多，于是产销两地物价悬殊，供求双方均受损害。例如西北产煤丰富，价本低廉，而运至平津，售值已逾倍徙，可为明证。此关于运输制度应加以改良者二也。我国国货于海外市场能有地位者，数量本不多，近以各国关税增加，销路更滞，国际贸易已成奄奄一息状态。至国内市场，近数年来亦渐呈衰落之象，虽天灾、兵事，不无关系，而货物自产地至销场，须经许多周折，实为销路疲滞之主因。此关于行销方法应亟图补救者三也。

（乙）以上所述，仅就产、运、销三项而言，此外尚有其他重要问题，如保护关税政策之如何实现？反对倾销税法之如何订立？劳资斗争之如何消弭？外人在华工厂应如何限制？科学管理方法应如何提倡？现行税则应如何修正？头绪纷繁，互有关系。若专就主观推测，拟定方案，往往窒碍难行，谓宜由政府劝导工业界，于政府指导之下，自动召集工业生产会议，将上述各重要问题逐项研究，而归纳于整个的方案中，分别缓急，次第实施，庶可适合国情，推行无阻，使将近破产之农、工业有复兴之望。

（丙）自十九年政府将修正人民团体组织法公布以后，关于人民团体之分类，属于职业方面者，有农会、工会、商会、工商同业公会四种。其中商会组织采用两级制，系由工商同业分别组织同业公会，然后加入商会为会员。而同业公会又须当地有五家以上之联合发起，方能呈请设立。查吾国在同一区域内，每一业而能有工厂五家以上，得组织同业公会者，除上海外，寥寥无几。因之数年以来单独不能组织同业公会之工厂，始终无团体保障。而不按地域联合组织成立之团体，则以法律无明文规定，自身无所依据。又以商会组织限于一地，不能容纳，故最后结果，多数工业领袖无组织、无联络、无团体，中国工业之不振，良有以也。谓宜将人民团体组织法加以修正，以济其穷，并另订工业团体组织法，俾有所依据。

（办法）

（甲）关于产运销之整理

（一）奖励生产

先就棉、麦、羊毛、烟叶四项积极整理，计吾国棉地约有三千五百余万亩，麦地约有四万八千五百余万亩之多。而蜀、鲁两省之烟叶，口北之羊毛，产量均甚丰富，应由政府一方加以指导，改良种植方法；一方减轻各项税捐，予以特殊便利，其他工业上必需原料，国内已设厂制造者，政府应设法助其推广。

（二）改良运输

由政府指导工业界，组织大规模之转运公司，并为详订公司营业与管理规则，同时通令各地海关、路局，组织商货转运处，对于货品出入，均随到随提，随运随发。

（三）开拓市场

对外，商工业重要国家派遣商务随员，令其与各地领事调查各国商场需要工业状况，随时报告；对内，应由政府于各省相当冲要地点设商务专员，专任调查各地原料之出产及货物销路之畅滞，并将其改良方法建议于政府及工业界。

（乙）召集全国工业生产会议

在政府指导之下，由工业界召集工业生产会议，解决一切关于工业上的困难问题，并妥拟方案，呈请政府核定、施行。

（丙）制定工业团体组织法

由政府于人民团体组织法第一节第一项职业团体内，加入全国工业联合会、地方工业协会等字样，并另定工业团体组织法。

管见如此，当否？谨提请公决。

伍朝枢　陈公博　梁寒操　孙　科　马超俊　陈　策　陈庆云
张惠长　宋子文

（2）财政部呈（1933年2月20日）

呈为呈复事。案奉第八六号钧令，以奉国民政府令，转中央执行委员会函，并附第四届第三次全体会议伍朝枢等九委员所提发展工业案原文饬遵照核办。等因。查原提案所载办法，除关于改良运输、开拓市场及召集全国工业生产会议等事，应由铁道、交通、实业各部主核办理外，其属于本部主管范围者为：（甲）项奖励生产，分目内关于棉、麦、羊毛、烟叶四项税捐之减轻事项。兹遵将现时征税情形，谨为钧院陈之。查目前海关对于土货仅征转口税一种，并系专对轮运往来通商口岸者征收，除原提案所列之麦，前已由部规定免征转口税项，完全无税外，其棉花、羊毛，烟叶现征之转口税为：棉花每担关平银五钱二分五厘，羊毛每担关平银二钱七分，烟叶每担关平银二钱二分五厘。因转口税依据之税则，尚系咸丰年间订定，按之棉花、羊毛、烟叶现时之价格，尚不及值百抽二，所有以前由海关征收之土货，复进口税、子口税以及常关税，厘金、货捐等业，经一律裁撤，故即使上项土产报运经过海关照征转口税，其所负税额实已至为轻微。惟烟叶为制烟原料，属于奢侈品类，即与棉、麦、羊毛未可相提并论，各国亦多从重征税。我国所产烟叶计有薰烟、土烟两种。按照现行烟税制度，薰烟所征之统税，系在产地一次征收，行销内地不再重征，开办以来，商民称便。土烟则系照烟酒公卖条例征收，多就产销两地分征，现正筹议改革，另订适宜税率，并照统税办法，专就产地征收，以利推销。且进口烟叶原按三级征收，近已分为两级征收，其较次进口烟叶所负之税额已因此提高，而对于国产烟叶，亦正由税务署筹拟散播良好种子，改良种植，委托与烟叶有关系之各团体加以指导，使烟农有利可图,国产烟叶日臻发达,与提案奖励生产之意，实属异途同归。奉令前因,理合具文呈复,仰祈钧院鉴核。谨呈

行政院

财政部长　宋子文

中华民国二十二年二月二十日

(3) 铁道部呈(1933年4月26日)

呈为呈复事：奉钧院第八六号训令内开：为令遵事，案奉国民政府京字第四九号训令内开：案奉中央执行委员会别字第一零八零号公函内开：本会第四届第三次全体会议讨论伍朝枢等九委员提发展工业案，当经决议：原案甲关于生产运销之整理，乙召集工业生产会议两项，原则通过,交行政院转饬主管机关核办。丙制定工业团体组织法一项交中央常会。在案，除关于丙项由本会办理外，相应检同原提案函达，即希查照，转行办理，等因。合亟抄发原提案，令仰该院转饬核办。此令。等因。奉此。查此案事属该部暨实业、交通、财政三部主管范围，自应转饬遵办。除分令外，合行抄发原提案，令仰遵照核办，具报，此令。等因。计抄发原提案一份。奉此，兹照原提案内所开：(一)奖励生产,(二)改良运输，(三)开拓市场，三项办法，就本部所辖范围，将本部重要工作另单详细胪列，随文呈请鉴核。谨呈

行政院院长汪

附呈抄件一份　　　　铁道部部长　顾孟余

中华民国二十二年四月二十六日

兹照原提案内(一)奖励生产，(二)改良运输，(三)开拓市场

三项办法，就本部主管范围，将本部重要工作列举于下：

一、关于奖励生产者

(一)改低货等

查棉花、烟叶均为四等货，羊毛列为三等(山羊毛四等)。麦一项业由四等改列五等，其他如磷块、染料均为四等，曹达列为三等(盐酸因含有危险性质故列二等)，此种运价，业已按照运输成本及各该货之负担能力，减至最低程度，其用意在减低各该货之成本，而奖励其生产也。

(二)厘订特价

查各路大宗货运，除减等外，并订有特价。举其要者：如(一)津浦路之生棉特价(减收百分之四)、羊毛特价。(二)平绥之棉花特价(每公吨每公里收二分)、棉纱疋头特价(四、〇八八分)、洋灰特价(一、一二五分)。(三)胶济之棉花特价(照普通四等八折)、花生特价(照普通四等七折)。(四)道清之食盐、煤油、火柴、煤斤各种特价。(五)正太之煤油、煤焦、石料各种特价。(六)湘鄂之米谷、棉花、面粉、棉纱各种特价。(七)广韶之煤油特价(整车每公吨每公里收六分一厘九毫)、米谷特价(二分四厘)、烟叶特价(六分一厘九毫)。比比皆是，不胜枚举。至同一货物在各路上有异样之运价，事关各路建筑成本与沿线经济状况之不同，未便强行一律也。

(三)订定专价

凡因奖励某项货品而核减运费，公开享有者，谓之特价，已如上述。其因奖励某公司或某栈之货物，而核减运费并订有合同期限者，谓之专价。举其要者，例如：(一)平汉之第三十三款，粮食、面粉、花生整车专价，第三十七款棉花专价，第三十八款煤油专价，第五十二款芦盐专价。(二)京沪之棉纱专价(照普通三等减去百分之四十五)。(三)津浦之公利栈运盐专价。(四)平绥之启新洋灰专价等是也。

（四）提倡国产

查提倡国产货品，其直接手段为施行关税保护政策，其间接手段为运价自主。吾国关税自主既未完全收回，而运价自主又受九国条约之束缚，爰不得已；于货物分等表内以进口或厂制者列为优等，以土产或本国制者列为普通，当时中外名称上之区别虽已废除，外交方面仍不免啧有烦言，第本部不避烦难，始终贯彻。除分等表内已明订优普外，尚有特别规定者；例如：（一）国产火柴减等收费，自廿二年一月起仍予展期一年。（二）山东丰华制针厂出品仍由三等减为四等，以两年为限。（三）永利制碱公司所用粗石原料，照普通六等货七五折核收运费。（四）永安纺织公司出品，按四等收费。（五）依照中央颁布特种工业奖励法，将铁矿沙改列六等。（六）抚顺口烦倾销日烈，已饬平绥将晋北出口煤斤每吨改按三元七角收费，自本年二月一日起实行，以一年为限。

（五）减免加价

查本部于十九年冬，以金价暴涨，银价惨落，各路经济状况渐陷危境，同时前部长孙奉前国府主席蒋面谕，以首都建设费需款甚巨，饬将各路运费增加百分之十，拨充建设费之用。经第九十八次部务会议通过。计京沪、沪杭甬、道清、胶济四路客货运价均加百分之二十，南浔客货运价均加百分之十五，湘鄂客货运价均加百分之十，平汉、津浦、平绥、陇海四路货运均加百分之十五，广韶路客货加百分之十五。货运不加。北宁、正太、广九三路客货运均不加。（北宁因与南满竞争，正太客货票价均较他路为高，且有特殊情形，广九因水运竞争甚烈）实行以来，商人因感负担之重，实有重行数量与核定之必要。本部为便利货运起见，曾准路局所请，将大宗货运暂行豁免加价。举其要者：例如津浦之煤斤、江西瓷器、中国粗纸及由浦口至蚌埠之食盐。又陇、津两路联运食盐，其由大浦经由徐州站至蚌埠间，暂免加价。

（六）救济国煤

查煤斤运价，依照定章原列六等，已与泥沙土石同价。各路所订特价既在六等运价之下，亦已亏及，成本原无再减之理。惟近来外煤倾销，希图摧残矿业，扰乱市场，际此国难方殷，本部为救济国煤，决定不计牺牲，共同奋斗，胶济煤运出口者，前已令准给予回扣二成，内销者，回扣一成。晋北出口煤斤给予特价，每吨按三元七角收费。近又饬平汉，将出口煤斤准按新三十二款现行运价八折计算。本部为调剂民食及发展农村经济起见，(一)已准胶济将土产豌豆，整车运价减按五等收费，作为特价。(二)核准南浔，将赣省米谷出口运价核减半数，以半年为限。(三)电饬平绥，将雁北大同各县粮运减费。(四)电准平绥，将粮运特价续展三个月。

(八)改编货等

货物等级原列六等，但以各项大宗货运因订有特价关系，已与原列等级不符，且煤斤一项名列六等，实则因特价关系已在六等之下。现正着手改编货等，拟自六等扩为十 等，一俟编审完竣即将通饬各路实行。

(九)调查各路沿线粮食产销状况

查去年秋季，各地大都丰收，粮价惨落，伤农甚烈。本部为调剂各路沿线粮运，藉免谷贱伤农起见，曾于去年十二月间编制各站粮食运出入状况调查表两种，颁发各路，转饬有关粮运各站，填报该项调查表，业据各该站填呈到部，查南浔、湘鄂、平绥三路均有剩余粮食可以运出。平汉、津浦二路亦有剩余米产可以北运。陇海路郑州以西缺乏粮食。正太路以榆次站附近产粮最多，其大宗小米及高粱多沿线东运。广韶路韶州米产过剩，而广州缺米。以上八路，业经分别妥订粮运特价，或令路核议具复，其余胶济、北宁、京沪、沪杭甬、广九、道清等路之表，经审查结果，暂无调剂必要，各表留部存查。

(十)举办货品展览

按商业者贸迁有无，居于供求两者之间，其对于所经营之商品，固非彻底明了其出产、销售、运输及其他一切状况，不足以操奇计，盈而求百什之利也。至若近代工业，亦非对上举事项茫然不知所可从事，惟吾国一切，落后于人，工业方面固无可言，而商人墨守成规，眼光短浅，实难望其将财力、时间而为根本之谋也。近年陕甘诸省连年荒歉，湘、皖、苏等地，则数次丰收，然其结果竟使舶来米麦巨额输入，而丰收地带反而谷贱伤农，以致农村经济濒于绝境。我国以农立国之国家，乃有如此现象，尸其咎者，固非一端，然使各地物产情形明确显示于吾人之前，以谋补救者，实为当前之急务也。即以本部立场而言，整顿运输使商人得有充分之便利，以免受意外之亏累，固属重要，而调查全国各铁路沿线出产物品以及其运输销售各情形，并将实物汇聚，使商人得有成竹在胸，敢于投资，直接增加铁路货运数量，间接亦足以调剂供求、奖励生产，前后两者，实治标治本两相依相辅之要务也。本会使命即如上述，但因时间、经济之关系，尚有未能如预拟计划尽量执行。现第一次会开幕已定四月十日，在上海举行，依次遍及全国各大商埠作巡回之展览，同时再事征求，详为调查，并完备其他事项，务求得有相当成效，以贡献于本部及各路及社会各界也。现将办理情形，略举于下：

（甲）展览实物　现已搜各种物品约计七千余，按其种类分别陈列，并附标签，详注品名、出产地、出产数、单价、运费、运输方法等项。

（乙）编制统计图表　1．各路运输量统计图。2．全国铁路沿线出产品数量比较图。3．运销图共约百数十幅。

（丙）刊印出产品一览　根据各路、各机关以及出品人之报告，编制之。

（丁）颁发奖章奖凭　现聘请沪上各界闻人学者组织审查委员会，将展览之品详付审查，择其优良者，给予奖章或奖凭。

（戊）编印实录 本次会毕，将各项调查统计以及最优或特种物品摄制缩影，或用文字说明，编印实录，分发并出售，以备各界参考。

（十一）编印各路沿线物产调查表

查铁路与实业关系密切，凡铁路可以助实业发展者，即所以自助。吾国实业之不发达，原因固多，而各地物产情形无从明悉，以为实业家之阻碍者，亦一主因。本部深知其然，故有各路沿线物产调查表之编印，所有各路沿线物产产量、产地销场等均经切实调查，详细登载，现已编就付印，当广为散布，以资宣传，不特为运销国货之南针，亦发展实业之一助也。

结论 总核以上各节，本部对于棉、麦、羊毛、烟叶四项概予减等，复在产销及行经区域订有特价，在本部立场上言，可谓无微不至。惟减价与减税似应同时并行，方能奖励生产，助其推广。现在各省苛捐杂税，名目繁多，商民不堪担负，纵使一再减低运价，而苛捐杂税依旧收征，则农将停耕、商将停贩，工将停制，断无推广产量之可能也。此案应与财政部熟商办法，转咨各省政府，豁免苛捐杂税，其捐税属于中央者，亦应由财政部酌核办理。至种植之改良，则应由实业部筹议指导方法。

二、关于改良运输者

该提案关于改良运输一节，拟由政府指导工业界组织大规模之转运公司，并为详订营业与管理规则，同时通令各地海关路局组织商货转运外，对于货品出入均随到、随提、随运、随发等语。查以前各路运货多由各转运公司垄断包揽，弊端百出。本部为解除商民痛苦，发展铁路货运起见，经令各路一律实行负责运输，并妥办负责联运，无论整车零运、程途远近，一经交付铁路，即可负责运至交付地点，无劳货商自行处理。与提案所云通令路局组织商货转运外，用意正属相同。若各地税捐机关能随时予铁路以便利，或寓征于运，或革除陋规，商货成本既轻，铁路运输自繁。

至由政府指导工业界组织大规模之转运公司，若能妥订规章，善为管理，诚足以辅助业务之进行，货商铁路均受其利。又查各路自实行负责运输后，所有托运、承运、装运及交货等均有一定手续，绝不容有阻误留难情事发生。该提案所云对于货品随到随提，自属铁路应负之责任，亦且久已行之，惟对于随运随发一节，须视乎各路运输能力如何，所有机车车辆如能与货运供应相应，自可随到随运。缘各路自民十四以还，因受军事影响，机车车辆已损失不堪。迨九一八事变以后，截留关外者更巨。前据平绥路呈报：该路流入北宁路未及运回者，计机车五十七辆，客货车一千五百余辆。其余各路亦有相当损失。因之机车车辆益感缺乏，供不应求，运输阻滞，商货积囤，行旅怨嗟。本部于此困难时期，既不能将截留车机即日收回，又不能筹备巨款另行购置。惟有就各路原有运输能力实行改良、整顿，以期车辆运用能率日渐提高，暂为应付。近来各路机车车辆虽已大受损失，而客货收入所以能继续增加者，似未当非改良运输之力。兹将办法略陈如下：

（一）限期修理各路坏车

近年战事频仍，各路机车车辆多有损坏，未遑修理，运输能力因而大减。本部前为明了各路机车车辆实况起见，业经电饬各路将所有机车车辆种类、号数、年龄及其损坏之情况，详细查明，赶速修理，限期竣工，并将修妥车机号数随时呈报，以凭考核。

（二）收回各军扣车

民十四后，各路悉成军区所有，机车车辆多由沿线驻军任意扣用，路局莫敢谁何，路收大受损失。近年大局已定，自应亟行整理，以图恢复旧观。本部前经会商军政部，订定铁路军运条例，呈准公布施行，俾各军报运，有所遵循，不至如前漫无限制。近更咨商军政部，订定取缔军队扣用车辆办法，严令各军将所扣车辆限期扫数交还，并由各路将接洽情形连同各军扣用及交还车辆数目清单，随时呈报，俾得再行咨请军委会及军政部转饬该军遵照，如数交还。又凡遇各军报运给养物品，亦由本部查明，该军有无扣车情事，咨请军政部令饬交还，再行饬路备运。近查各军如第十五路、二十路及第三路等交还扣车，已数不少，其余各军亦陆续将车交还于各路，运输不无少补。

（三）取缔军运

查各路运送整车军粮，例收乙种运照，半价记帐，各军以无须缴纳现款，即便藉词给养，无论驻防附近有无粮食出产，均不肯就近购办，而远从他处辗转驳运，冀便私图，致各路备车载运，穷于应付，收入因亦大受影响。本部迭经咨请军政部，规定各部队每月应运军食限度，令饬各军遵照，以后如有请运必须呈由军部核转。本部饬运不能任意径饬路局备运所运物品，仍以就近购办为原则。至小麦一项，自奉准加入军运范围后，流弊兹多，亦经咨商军政部会呈取消，以免影响商运。

（四）改良货物装卸

查货物装卸之缓急，与车辆之运用关系甚大，以前各路因设备未周或环境不良，多有未能于夜间装卸，致车辆停置，车伤不能速行运用，路收暗受损失。前经令饬各路迅即筹备，夜间装卸以期便于实行。至货车装卸时间，亦经严令以六小时为限，逾期无论军运、商运及各路自用材料，均一律照章收费。

（五）增加运输效能

近查各路均感觉车辆缺乏，其最大原因系由于调度失宜，运用不当，故车辆运用能率不能增加。本部迭经查明，近年各路货车在站停留时间列表比较，令饬各路详为研究，设法缩减。并就各路货物平均里程统计及现有车辆吨数，规定每日应有货物延吨里之标准，俾各路按日依据此项标准，查核全日货物延吨里数，详为比较，研究改善，务求运输效能逐件增加。

（六）筹开定期货车

查各路对于货物列车开行时刻向少规定，则机务方面事前既未能准备一切，车务方面，对于装卸调度难免亦有稽延，势必至低减车辆运用能率。本部业经令饬各路力为整顿，斟酌货运情形，规定行车时刻，开驶混合列车、沿途货物列车及直达货物列车三种，以应运输之需求，谋货运之发展。

(七)添置机车车辆

近查各路已日渐发展，而机车车辆反较少于前，自非速筹添置，不足以应付运输。本部前因广韶、株韶、津浦各路机车车辆异常缺乏，经先后利用英比庚款，勉为购置数十辆，近更由北宁铁路收回货车二百辆，体察各路货运需要情形，酌为分配应用。并令各路先将沿线附近农、工、商、矿各业之生产状况详细调查，预计最近二、三年内各该路之可能最大运输限量，酌定需要机车车辆数目，除现有者外，尚缺乏若干，限期详细呈报，俾便统筹兼顾，规定现应添购之数目。

(八)装运调车电话

查调车电话为运用车辆最良之机关，主持苟得其人，则列车之运行、车辆之调度及货物装卸之迟速、职工服务之勤惰，均可妥为支配。近查各路车辆运用之统计成绩极为低微，计每百辆车最多不过得二十辆半之用，更有仅得四辆半之用者，均由未能利用前项调车电话，故支配调度异常迟缓。前京沪、北宁两路有见及此业，经购置备用，以期增进运输效能。广韶、新宁各路因经济关系，虽未能另行添置，然已利用旧机集中管理，支配车辆已较前进步。近津浦路徐浦、徐济、津济三段行将装设完成，平汉路亦已呈准购置，若将来各路经济稍裕，一律添置此项电话，善为管理，以期一车得一车之用。则现时车辆虽少，亦可勉为应付也。

(九)负责运输

查三中全会伍委员等所提发展工业案内，乙、丙两项不属本部职权范围，甲项关于生产运销之整理，有奖励生产、改良运输及开拓市场等办法，则直接间接悉与本部有关，尤与本部实行负责运输之旨若合符节，缘生产、运输、销售三者有彼此连带关系，而生产、销售之增减，又均随运输之畅滞为转移。设运输便利、运价低廉，则生产之成本可以减低，成本低则售价廉，售价廉则销路广，销路广则生产增，供求两方均拜其赐，否则销路生产循环减削，供求两方交受其困。故运输之改良，乃奖励生产、开拓市场之主动力，倘运输不能改良，使供给需要得以调剂平衡，则虽有充分之生产、广大之市场，亦不过一面供给过剩废弃余产，一面需要不足购用舶来，仍无补于吾国工业之发展。本部有鉴于此，特毅然决然排万难，而举办负责货运，以谋运输之改善。改善运输固不仅限于负责，而负责确为最要之关键，盖运输负责，则商人运货无偷窃损失之虑，可获预计之利，其鼓励贩运之力必甚大。此其一。凡负责货物商人，可向铁路直接托运，免除转运公司之从中敲索，则成本减轻，获利较易，其营业发达必为自然结果。此其二。前因铁路不负责任，所有货物均托由转运公司代运，而转运公司因整车运价较零担运价为低之故，类皆积零为整，从中渔利，致运输时期无形延长。今既由铁路负责，商人可直接托运，随到随走，时间上大为经济，其能增加货物产销周转之速度，又无疑问。以上三者，均与增加生产、开拓市场有密切关系。本部既经举办负责货运，嗣后当更努力以赴，务期全国各路均能推行，尽善以达补助工业发展之鹄的。谨将此后行政计划条举于后。

（甲）推行全国各路　吾国铁路之急应负责运输自无问题，惟铁路积习甚深，各路情形迥异。同时施行困难滋多，经体酌情形分期实施，现津浦、京沪、沪杭甬、胶济、北宁、平汉、陇海、南浔，道清各路均已先后举办，湘鄂、正太在积极筹备中。平绥、广九、广韶等路虽以情形困难，未能如期举办，然仍当设法促其筹备，务期于最短期内全国各路之本路及联运货物均负责运输也。

（乙）力谋货商便利　吾国货商向来鲜与铁路直接交涉，货物运输概托由转运公司办理，以致流弊百出，货商担负所加甚多，应即与货商以手续上、运输上种种便利。举凡以前转运公司所为代庖者，皆由铁路设法承办之，货商既免损失危险，又无运输困难，复获费用上、时间上之经济，自将乐于直接托运，而转运公司将无从敲索矣。

(丙)注重宣传工作　吾国一般货商既缺乏运输知识，而依赖转商又成惯性，欲其改弦更张，直接托运势非叱咤可办，必须由各路选派干练员司，分赴有关各市埠、集场、农村，为文字的或口头的宣传，使明了负责运输之意义，及直接托运之利益，其结果必将直接怯除转运公司之剥削，间接增加货物之产销。

(丁)审订负责运价　查负责运货，已规定照普通运价加收一成。加价后影响如何，实有审核之必要，缘各货所加之运价成数虽同，而各货所受之经济影响则异，将不免因价值贵贱之别，运程远近之分，致各货间彼此经济关系变迁，而有担负过重，或待遇失平者，应即加以调查与补救。又所加运价一成，是否适当？将来有无增减之必要？、亦应加以研究。再各路完全实行负责运输后，普通货物之运价似不应再有普通与负责之区别，盖负责费原为运输成本之一，而整个运输成本乃规定运价之重要要素也。至贵重或价值不易估定，或六等以下之货物，则可酌量分别规定普通及负责两种运价。

(戊)训练各路员工　负责运输推行之顺利，固有赖运输之改善、运价之适宜。然苟铁路员工对于负责运输各项规则不甚了解，或对于托运货物之收发保管疏忽迟误，均足以阻负责运输之发展。故各路员工均拟加以训练，使之办事科学化，对人营业化，则铁路营业之发展，货物产销之增加，所裨滋多。

(己)严订稽核办法　以上各项均属积极的改善运输之谋，而于消极的剔除积习，防杜新弊，亦不能不加注意，拟即规定会计上之稽核，车务上之查验及本部之明密派员稽查，有此三层防范办法，则积习新弊庶可免除，运输改善得无阻碍矣。

(十)推行负责货物联运

查货物联运之功效，可以缩短运输时间，减少运输费用，其结果不惟可以促进百业发展，铁路营业随以增加，而于国计民生所裨尤多。本部有鉴于此，故对于联运，督促进行，不遗余力。去岁京沪、沪杭甬、津浦三路举办负责运输之后，即实行负责货物联运，数月以来，成效昭著，现其他各路既已先后举办负责货运，自应亟将此项负责货运联运推行于各路，以谋运输之敏捷，而收全国铁路通力合作之效。惟因车辆过轨问题，情形复杂，不得不审慎筹划，以臻妥善，而利进行。现在拟具各路负责货物联运办法方案，一俟拟订就绪，即可推行于各路，且已令饬津浦、胶济、北宁三路先行协商，从事筹备。陇海、平汉两路，对于盐斤、烟叶、药材、布匹、茶叶、石棉等货物，并已订定负责联运暂行办法，提前实行。又以往年由平汉、平绥两路输出蒙茶甚多，现中俄复交，此项茶运当可恢复旧观，亦已令饬该两路先从负责联运蒙茶入手，逐渐推行及于其他货运。盖该两路机车车辆极感缺乏，不得不分别缓急，次第推行也。

(十一)筹办水陆联运

查铁路运输必须与水路联络，乃能有充分之发展。本部于前年举行第十五次国内联运会议时，曾提出邀请招商局加入国内铁路联运一案，并函请该局总管理处派员参与会议，当经议定国有铁路与国营招商局联运大纲十二条。但因该局船只缺乏，班次无定，加以码头货栈等设备亦欠完备，以致尚未实行。最近复以胶济路出入口货运繁盛，实有由该路自办水陆联运之必要。业经令饬该路拟具计划呈候核定，该路以铁路兼营航运在吾国系属创举，关系重大，尤须慎重将事，以策万全，并已组设水陆联运筹备委员会，审慎筹划，积极进行。

(十二)筹备铁道汽车联运

查欧美各国自欧战以还，汽车运输猛突发展，骎骎有取铁路而代之之势。但铁路与汽车各有其优点，即处于竞争地位，亦应互相合作，各尽所长，以免彼此竞争，两败俱伤。若并不竞争，仅相衔接，其应设法联运更无问题。吾国铁道全国仅七千余英里，近年以来各地多提倡公路之建筑，以增加运输力量，汽车事业颇有发展。照吾国现状，所有公路皆处于铁路营业线之地位，其彼此关系俨如唇齿，微汽车铁路无以联运公路沿途之产物，微铁路产物无以输出铁路所达之市场，故亟应使之联运，以增彼此营业。况联运之后，商旅便利，所裨民生尤非浅鲜。本部职责所在，自应积极进行，其筹备方法拟先调查各路各重要车站货物与旅客之运输情形，及各重要城市之汽车价目等等，然后详细规划，审订联运规章及办法，先在平津、京沪、津浦、平汉各路试办，其步骤拟先由行李包裹办起，逐渐推广，以期铁道与汽车联运，能于最近期间得以实现于全国。

结论

以上各节，系改良各路运输之大概情形。大抵办理运输不难于增进效能，而难于事权不一。近年各路受军事影响，路自为政，车辆不肯互通，军运逾越轨范，以致来往货运尚未能充分发展，似尚须将运输种种障碍，逐渐消除，对于改良整顿方易进步。若徒组织大规模之转运公司，而不求车辆运用，增加效能，似亦无裨于事实。

三、关于开拓市场者

查社会商业之繁荣，端赖交通之便利。大凡交通冲要之地及货物产销之区，无不人烟稠密，商业发达。前此应急货运会议时，津浦路曾有咨请实业部尽先建筑各内地之商埠与接近铁路交通之汽车道之提议。现在伍委员等建议派遣商务随员，调查各国商场需要工业状况，并于各省相当冲要地点设商务专员，调查各地原料之出产及货物销路之畅滞，并将其改良方法建议于政府，事关实业部所辖范围。然本部亦可分饬驻欧办事处及各路局，随时调查，藉予补助。兹将本部已着手办理者略述于下：

（一）计划调查各路业务及经济状况　查铁路为求本身业务及国民经济之发展，必先明了沿线之运输实况。如某站在某一期间内之客货运量如何？其缓急情形如何？运输方向如何？运费负担力如何？并有无其他运输机关可以联络及应如何联络？等等情况，苟能先期明了，则核定运价、调动车辆及其他业务政策之抉择，均得有所准绳，可免闭门造车之弊。在欧美各国之铁道，对于沿线货物产销状况之调查，亦均注意。美国铁路之大者，设处以理之；即小者，亦委诸专门人才，盖不仅为调查沿线之经济状况已也，其于农工业产品之指导改革，亦尽力襄助。例如开驶专车轮流至各地公开演讲，教以改良种植方法，使出产得以增加。其有事业之待经营者，则广为宣传，招人投资，直接奖励生产，间接即发展铁路营业。日本各铁路亦均办理站况调查，藉明各站势力范围内生产与消费之实况，以作改进铁道营业之补助，成绩斐然。中东、南满二路亦均设有经济调查专局，对于各该路业务发展贡献良多。本部自成立以来，即有调查科之设立，曾经派遣人员，至拟筑路线，调查沿路各地之经济实况，编有报告书多种，足资有志发展各该沿线地方实业者之参考。现正计划调查已成各路之业务及经济状况。查已成各路中胶济路，去冬首先自行举办沿线经济调查，业经数月；陇海路亦有举行之报告，其他各路拟俟本部调查方法拟妥后，令饬各该路切实办理，以资划一。

〔国民政府行政院档案〕

5．行政院关于核办徐庭瑶等积极发展民营重工业提案致实业部等训令暨实业部等会议记录

（1936年1—2月）

（1）行政院训令（1月13日）

行政院训令　字第二〇〇号

令实业部

案奉国民政府二十五年一月六日密字第八号训令内开：为令饬事；案奉中央执行委员会二十四年十二月二十五日敬字第一〇二一号密函开：查第五次全国代表大会关于徐庭瑶同志等二十一人提议积极发展民营重工业以充实国力一案，经大会决议，交国民政府在案，相应检同原提案一件函达，即希查照。等因。奉此。除函复外，合行抄发原附提案，令仰该院查照核办。此令。等因；奉此，应由该部暨交通、铁道两部核办具复，除分行外，合行抄发原件，令仰该部遵照。此令。

计抄发原提案一件。

院　长　蒋中正

中华民国二十五年一月十三日

请积极发展民营重工业以充实国力案（提案八十号）

徐庭瑶等二十一人

理由：查重工业为现代立国骨干，一切工业发展之基础。所谓重工业者，即制造钢铁、机器、电机、燃料、船只车辆、飞机军舰、金属原料、国防用具、交通器材等工厂是也。帝国主义者悉以重工业为其侵略之工具。

重工业欲谋积极发展，端在运用民间财力，鼓励民营，政府无力自办，此欧美各国皆然。我国为从事经济建设，应速完成重工业，中央予以指导，令各省分别举办，以民营为主，或官民合办以助成之。就国防上言之，重工业尤为重要，依欧战之先例，参战各国总计所用军费，约为七百万万英镑（合国币一万万万余元1,000,000,000,000），大半消耗于武器、弹药、机械、器材等项，各国平时倾全国之财力，不能储备如许巨量之作战消耗品，且又为国家经济原则所不许，但应乎国防之需要平时不能不有所准备。准备之法，即发展民营重工业，使战时全国工业能以动员，以供给临时之需要。国家如无重工业，更不可以言国防。

办法：举办重工业，需款极巨，如赖现款举办，事实甚难。查德国重工业家，近以机器出产过剩，销路困难，而该国日用必需品之原料，有须向外购办者，但无现款，欧洲各国，对德不合作，现德工业家甚欲与我国经济提携，即供给我国各种机器器材，帮助生产，可以生产品作价，以偿机器价值，或以其他机器代偿价值，或分期付价均可。而对于官民合办之企业，尤愿表示合作，以中国原料劳力极富之国家，外人无不乐于投资。实业当局，如认识重工业为当务之急，筹办实易。

提案人 徐庭瑶 冯剑飞 倪弼 张治中 邱开基 周遂初 黄杰 田毅安 杨锦昱 李玉堂 王超凡 徐中岳 卫立煌 李崇诗 王敬久 顾希平 王梦古 叶秀峰 黄仲翔 刘纫甫 张任民

（2）实业部矿业司签注（1月16日）

查关于钢铁事项，本部前经筹备购买炼厂机炉办法亦曾向德商接洽，现尚待行政院解决。至关于燃料一项，本部近曾特许顾少川等探采甘青新三省石油，业经呈准行政院在案。至陕川石油亦曾由本部地质调查所会同资源委员会及省当局接洽，先后着手探采或决定打钻地点，依次进行。此外萍乡、高坑之适合炼冶金焦烟煤，亦经划定国营矿区，以备开采，为钢铁厂燃料之用。再金属品原料，本部对于钨锑锰铝亦曾分别设法保留或限制生产。原提案所请利用德国机器帮助生产，分期付价以发展重工业一节，对于本部各项矿业计划尚属一致，似可与各关系机关会商后，按照原提案办法进行，相应签请酌办为荷。此致

工业司

矿业司　启

元、十六

（3）铁道、交通、实业三部会议记录（2月14日）

铁道、交通、实业三部奉令核办发展民营重工业以充实国力案会议纪录

地点　实业部

时间　二十五年二月十四日上午九时

出席者　铁道部代表　王国华　陈　滔

交通部代表　陈　序

实业部代表　吴承洛　欧阳仑　刘海萍

主席　吴承洛

纪录　刘常治

开会如仪

甲、报告事项

主席报告，本案为奉令核办之件，请各代表发表意见，议定具体办法，会同呈复。

乙、讨论事项

经各代表发表意见后，佥以"原提案所列举之各项重工业，如钢铁事业尤为各项中之主干。惟以需款至巨，恐非民力所及。又飞机、军舰、国防用具等项，亦非民营所宜。其他机器、电机、船只、车辆、金属原料、交通器材等项，则国营民营，或国与民合营均可。原提案所云：中央应予以指导，令各省分别举办，以民营为主或官民合办以助成之各节，均属扼要。但政府欲运用民间财力，使踊跃投资于此项事业，必须先规定保障办法，使其乐从，继之规定筹资方案，俾有成款可集，然后分别缓急需要，拟定具体实施计划，依照原提案所举办法，向德国及其他各国政府接洽利用国外机器器材，以图重工业之发展"等语；当由主席归纳

为以下三点，提付表决。

一、关于规定主办重工业保障方案。经决议：

子、保息。

丑、政府补助及奖励。

寅、强制国营公营事业及各机关购用出品。

二、关于规定举办重工业筹资方案。经决议：

子、发行公债。

丑、规定银行按照储蓄存款投资成数。

寅、令各省市政府将主办重工业经费编列预算。

三、关于规定利用国外机器器材方案，经决议：

由政府指派专员或由人民组织团体，在政府指导之下，与德国或他国政府及工业家，接洽借给各种机器器材，以本国生产品或公债，抵偿价值。

〔国民政府实业部档案〕

6．行政院在国民党第五次全国代表大会上的实业行政工作报告【摘要】

（1935年11月）

第五次全国代表大会实业行政工作报告

〔以上略〕。

三、筹谋发展工业登记技术人才

(甲)筹备国营工业

子、筹设中央机器制造厂　实业部筹设该厂，在四全大会前已着手进行，曾经拟定设厂详细计划，函送管理中英庚款董事会通过，并呈送本院备案。规定资本为三百一十万元，由中英庚款余额拨付二百四十余万元，不敷之数，由实业部陆续就庚款现金余额项下商借。经于民国二十年十月成立该厂筹备处，负责筹备。厂址原定三汉河，后因购地发生困难，乃另购草鞋峡土地二百三十余亩，供该厂之用。嗣以江宁要塞司令部在香山加建炮台，与老虎山旧炮台成犄角之势，山前建筑厂屋，恐资敌军利用，函嘱筹备处另觅厂址。又以该处所需机器及原料，由沪转京，与所制出品，由京运沪销售，往返运费，亦属不赀，当即决定设厂于上海真如北新泾地方。该处土质坚，水位甚高，交通亦便，建筑厂屋，当称适宜，已于二十三年十月间，将该处地面形势测绘，付价购定，并即招标建筑厂屋，业于二十四年一月一日行奠基礼。至该厂将来出品种类，业按吾国需要，大致规定，约为工作机、源动机及其他各种机件。为欲明了国内所需机器实况起见，曾派该厂筹备处副主任司徒锡往各大商埠工厂，切实调查，以期将来出品得以供求适合。又该厂所需机器及建筑材料，经派该厂筹备处主任卢维溥赴英会同庚款购料委员会购办，并顺便赴意、法、德各国工厂考察，藉资借镜。现该员已在英将第一批机料订购定妥，业于二十四年四月间回处服务。上项机料，由英陆续起运来华者，已有多件，厂屋决先行建筑机器、铸钢及铸铁三厂，选定泰来洋行承建。又拟建无缝管子厂屋一所，其屋架钢铁材料，已请驻英购料委员会选购运华。各厂屋现正在赶筑中，各机器亦着手安装，一俟建筑工程告竣，即可开工制造出品。

丑、筹设硫酸錏厂　创办硫酸錏厂，前在筹办基本工厂案中，早经提议，惟以国库支绌，未获早观厥成。四全大会前，曾由实业部与英国帝国化学工业公司及德国蔼奇染料公司共同磋商，筹设一大规模之硫酸錏厂，拟具设厂计划，与该公司等代表数度协商，大致就绪。民国二十一年六月，实业部与英德公司代表签订氮气工业草合同，并经实业部派员会同英德专家赴湘、鄂、皖，实地调查，以便决定厂址。嗣复派员前往湖南水口山、河南博爱县及察哈尔各地，测勘硫矿储量。惟至民国二十二年六月，该项草合同期满，英德公司始终未能将设厂计划之详细节目明白开出，似无合作诚意。期满后，本拟不再续订，旋接卜内门公司来函，表示愿诚恳合作，当又与进行谈判。延至民国二十二年十月，该公司派员来华接洽，谈判终难接近。嗣因商人范锐等愿承办此项工业，其设厂计划，每年产量以五万吨为准，资本总额定为一千万元，又由实业部提请本院通过，限于一年半内完成。后该商等鉴于淡〔氮〕气工业规模宏大，目下公开募集巨资，颇为不易，爰决定将该商等创办十余年之永利制碱公司改组，扩充原有资本至一千万元。设厂地址，现已购定江苏六合县卸甲甸地方，面积一千二百七十余亩，先行兴工建筑码头，并派遣总工程师赴美商讨设计购机事宜。现设计绘图工作，陆续竣事，各项机件亦已向欧美各专厂定制，已将第一批大气柜计六百余件，运达该厂，所有厂房正在建筑。至码头、趸船、起重机等，均已完工，惟以该厂对于原定计划，稍加扩大，故预计须二十五年年底，方能全部完成，开始制造。曾据该商呈由实业部转呈本院核准，展期至二十五年年底完成。

寅、筹设酒精工厂　酒精为国防及工业上重要用品，创设酒精工厂，四全大会前，曾由实业部令中央工业试验所采集各种制造酒精原料，并研究制造方法，所得成品，堪与舶来品相衡，只以经费所限，不克为巨量之生产。会有侨商黄江泉具呈，愿与政府合资创办，官股部分可由商方借拨，当将合作办法转送中央政治会议修正通过，正式合同于民国二十二年十月二十一日经双方签订，规定资本总额为国币一百万元，官股占十分之一。嗣商方为收最大功效起见，又增加资本总额至一百五十万元，厂址经购定上海浦东白连泾地方，占地一百二十五亩。现该厂业于二十三年十二月十六日完成，开始制造酒精，并呈报实业部呈经本院备案。二十四年三月三十一日，复在沪举行开幕典礼。该厂制造酒精原料，系尽量采用国内薯芋，或间采用外国糖蜜，每日产量为一八二零零公升，足供国内需要，其品质业由实业部中央工业试验所化验，颇为精良，可供军事及工业上之应用。

卯、筹设新闻纸厂　筹设造纸工厂，民国二十一年秋方开始进行，先从调查原料来源入手，由实业部令行出产造纸原料省分主管官厅，将省内森林区域、木材产量调查具报，并派员前往浙江温州一带，实地调查。嗣据呈报：温处一带，盛产杉木，每日产量三十五吨之纸厂，原料不致匮乏；并可引用青田小溪之水力，以资发电。经将木料及水样发交中央工业试验所化验，化验结果，均属优良。当经实业部令饬浙江建设厅，将青田小溪之水位、流速、流量纪载呈部。关于经费方面，原与沪上书报业接洽官商合办，嗣因沪变发生，暂行停顿。实业部以新闻纸料国内需求甚殷，不便久延，拟将借拨实业部创办基本工业之英庚款，作为纸厂基金。民国二十三年四月，又与商方接洽磋商，参加商股，并由实业部分别聘派筹备委员十二人，组织官商合办温溪新闻纸厂筹备委员会，策划进行。现纸厂计划，已由该会会同国内外制纸及水利专家详细拟定。惟动力问题，原拟采用水力发电，因据水利专家审查意见，以小溪流量纪录仅有三年，尚不足资为准则，决先用蒸气发电，俟流量得有确实纪录，再行改用水力。又以此项事业，系属官商合资并办，议定组织公司，定名“中国造纸股份有限公司”，将即照公司法呈请登记。至该公司资本总额，决定为四百五十万元，官股占三百九十万元，由中英庚款余额内借用三十四万镑拨充之，商股占六十万元，已认定半数，其余再募集足额。一俟实业部与庚款董事会将借用庚款契约签订，官股拨付，即可兴工。

（乙）扶助民营工业

子、借拨英庚款担保商民订购纱锭布机　国府前为扶助纺织发展起见，经借拨英庚款余额，属于水利工程项下之购料款项，由政府担保商民，向英商分批订购纱锭六十万枚，布机五千台，并经实业部将厂商认购该项机器办法及分期还本付息表等厘定，通令各地主管官厅，转饬纱厂联合会及各纱厂知照，且限期依照认购手续，呈请核办。旋厂商方面认原定认购办法过严，纷纷呈请变通担保手续，复经实业部为顾全事实起见，又与庚款董事会商洽，将担保手续，酌予修改，呈请本院转送中央政治会议议决：本案交水利机关直接办理；其修改条款，由水利机关会同管理中英庚款董事会商订。现本院已令实业部，关于本案设施技术仍受该部指导。

丑、举办工业调查　一、调查全国工业常年状况。关于全国工业逐年盛衰情况，实业部制定常年工业调查表式二类，一为工厂工业常年调查表，一为手工业常年调查表，发交各省市主管厅局，限于每年三月底详细填报一次，以备查考。二、调查停闭工厂。国内民营各工厂，久已停工尚未恢复者，为数甚多，其因故暂停或势将停闭者，亦所在多有。前经实业部制定停闭工厂调查表，分发各地主管官厅，转饬各业团体，将停闭工厂数目及其歇业原因、经过状况，详细调查呈复，以便酌量情形，代筹救济办法。三、访问各国工业。关于访问各国工业事宜，实业部历年分别函请驻外各使馆，就近访问调查，并请代购各种工业现行管理法规，以资参考。

(丙)奖励救济民营工业

子、奖励工业技术　世界各国对于工业技术之发明，恒予以特许专利权，以奖励之，且于国际上缔结工业所有权同盟互相保护，故工业易于发展。吾国参照各国成例，自前清以来，即订有奖励工业技术章程，几经修改，至民国二十一年九月间，将现行奖励工业技术暂行条例公布，并由实业部订颁施行细则。近年来国内工业界以发明之物品或制造方法呈请核准专利者，甚形踊跃，民国二十二年至现在，共有三百余起，其已核准专利案件，不下七十余起，经发给证书，实行专利者，计有四十余起之多。至专利法，早经实业部训政时期工作分配年表，规定于民国二十三年度颁布，惟以原定派员分赴英、美、日、德诸国考查特许法实施情形，及特许局组织之举，因经费关系延未办到，而且鉴于我国工业状况，与世界各国迥异，则此项具有世界性之发明专利法律，必须事先审慎周详，方能施行尽善，业由实业部遴派部内人员切实研究，拟具方案，以备采择施行。

丑、奖励工业　近代各国政府对于本国之新兴工业及当时急切需要之工业，靡不予以种种便利，以鼓励人民之投资。吾国自民国十八年七月公布特种工业奖励法以来，各地厂商依法呈请者，已逾一百余起，惟以标准规定颇严，经核准奖励者，不过三十余起。民国二十三年四月经立法院将该法酌加修正，取消特种二字，扩大受奖工业之范围，并增加奖励金一项，同时为预防冒充影射等情弊起见，并明定处罚条文，当由实业部依法咨请有关系部会，派员组织奖励工业审查委员会，开始审查工作。截至现在，经审查核准予以专制权者四起，减免税款者二十六起，减运输费者十五起，共计四十五起。

寅、奖励小工业及手工艺　吾国固有之工业品，以小工业及手工艺制造者居多，其中擅长特别技能或应用新式法所制成之精良货物，常为世人所称道。民国二十年由实业部订颁小工业及手工艺奖励规则后，各省市之小工业及手工艺呈经核准奖励者，不下数十起，年来请奖者，更日见增加。

卯、救济工业　近年国内民营工业日见衰落，曾经实业部竭力设法救济。(一)救济丝业。除发行丝业公债推销存丝陈丝，救济江浙蚕丝业外，因上海丝厂，大半停闭，所存之十余家，亦岌岌可危，该部特会同财政部商订方法五项：(甲)由上海市政府发行丝业公债。(乙)减免蚕茧转口税。(丙)增高人造丝进口税。(丁)减免蚕茧及丝织品运费。(戊)请全国经济委员会速组丝业统制委员会。(二)救济全国棉纱织业。五中全会议决，由政府救济全国纱厂恐慌推广土布销路一案，经实业、财政两部、全国经济委员会开会协商，决定进行办法四项，将送由本院核定施行。(三)救济各地麦粉业。近来麦粉业衰落，各地粉厂纷纷呈请救济，经实业、财政两部派员会同分赴各地调查该业实况，据报告后，复行派员会议决定救济办法。（甲）变通出口麦粉原料退税办法。（乙）恢复东三省销粉市场。（丙）减轻麦粉运费及使麦粉运输迅速。（丁）取缔湖北小麦泥灰杂质及汉口工人陋规。（戊）规定检验小麦标准。（己）对于新设麦粉厂应加注意。（庚）实行统制麦粉及变通各区奖金数目等共八项。已由两部分别核准施行。（四）提倡采用国产水泥。近来本国水泥之制造，日见增加，足供国内需要。实业部据水泥工业联合会之请求，转请通饬凡有建设工程尽量采用国产水泥，经本院照准，通令饬遵。

（丁）办理工厂登记

实业部前为明了全国各地工业情形，以便指导奖励而图发展起见，特举办工厂登记，制定工厂登记规则并附登记甲乙表，于民国二十年十二月底通行各省市政府转饬各县市，当地有工人三十人以上之工厂，限令登记。嗣以各厂家填报不详，并多错误，复加发填表说明，催饬填报。惟原有工厂登记规则无强迫登记之规定，虽迭经催饬登记，而各地厂家多存观望，办理登记者，仍属寥寥。二十四年五月间，复由实业部呈准修正，凡经核准登记之工厂，一律发给凭单，其逾期不登记者，得依行政执行法第五条处罚，并订有厂务报告书一种，规定每年发交已登记各工厂，将厂务情形报告一次，藉以察知全国工业情况，而利工业行政。自民国二十一年八月至今，已经核准登记者，计有五百六十六厂。

一、各省市工厂登记数目表

上海	江苏	浙江	山东	河北	湖南	湖北
九三	八〇	九八	一〇七	二七	三二	一五
河南	山西	云南	广东	甘肃	贵州	福建
三六	三〇	二二	五	四	二	五

江西	察哈尔	陕西	广西	总计
五	三	一	一	五六六

(戊)登记技术人才

技术人才之登记，自经实业部于十八年拟订技师登记法及二十年拟订技副登记条例，施行迄今，核准登记之技术人员为数颇多。二十四年实业部以技副登记条例第一条第二款之规定在事实上已不适用，经呈请修改为“曾经普通考试建设人员考试及格者”得有登记技副资格，于二十四年五月三十日公布施行。兹将四全大会前后各项技术人员登记人数，分别列表比较于后：

一、登记技术人员比较表

技师或技副	四全大会以前登记人数	四全大会以后登记总数	增加人数
农业技师	六人	一一人	五人
工业技师	一六〇人	七二一人	五六一人
矿业技师	四五人	一四二人	九七人
农业技副	无	三人	三人
工业技副	无	一八三人	一八三人
矿业技副	无	无	无

(己)划一度量衡

我国自采用万国公制，公布度量衡法及施行细则，设立全国度量衡局、度量衡检定人员养成所、度量衡器具制造所，各省市分设度量衡检定所及分所以来，迄今已逾六载。在推行之初，即经制定全国度量衡划一程序，将全国各区域依其经济及交通发展之差异，分为三期，完成划一。推行以来，计已完成划一者，有江苏、浙江、山东等省，上海、南京、青岛、北平等市，威海卫一区；即将划一者，有河南、河北等省，其余均在积极进行中。惟频年以来，各省市受天灾匪祸影响，于度政推行，不免稍为迟滞，但以事属要政，实业部正在继续努力进行，以期全国划一早日完成。又在度量衡法规方面业已公布者，计有三十种。在训练人员方面，各省市保送之高初级检定人员毕业者计五百人，各省市自行训练之三等检定员，约一千六百人。在制造方面，除全国各县市所须之标准器早经制竣外，现仍赓续制造标本器及普通用器，并为各种精密器具之设计，以为制造之准备。兹将度量衡检定所训练之高初级检定员、各省市训练之三等检定员、各省市成立之度量衡检定所及颁发度量衡器具，分别列表如下：

一、度量衡检定人员训练比较表(略)

二、各省市训练三等检定员人数比较表(略)

三、各省市度量衡检定所成立比较表(略)

四、度量衡器具颁发比较表(略)

庚、拟订工业标准

工业标准与实业行政关系甚切，实业部前为便于推行起见，拟于工业标准委员会外，就全国度量局改组为全国标准局，以专责成于草拟标准法案及推行标准事务之外，兼办度量衡事务。嗣以全国标准局组织条例草案经立法院决议，暂行缓议，故成立之期，尚有待于将来。实业部以工业标准系工业要政之一，自宜积极进行，在全国标准局未组织成立以前，其工作暂由全国度量衡局兼办。现该局除继续翻译各国标准外，同时参照各国标准及国内情况，对于目前急需之标准，已拟成草案者，有标准数一种，纸张标准二十余种，备供国人参考，其余各种标准，亦在继续拟订中。兹将该局收到各国标准刊物及已译成中文者，分别表列于次。〔表略〕

(辛)办理工业统制

年来国内工业，因受银价回涨，外货倾销及农村衰落等影响，均呈不景气现象，欲谋挽此颓势，非实施工业统制政策不为功。迩来各厂商具呈实业部请求统制或限制生产者，已有多起，足征各种工业希求施行统制之迫切。盖现代工业之竞争，类皆以国为单位，形成为国际间之竞争，故国内工业自宜由国家通盘筹划，俾得逐渐发展，竞争于国际市场。又近世战争，国内产业之发达与否，恒居胜负之重要地位，而产业动员，又非平时有充分准备与训练不能收效。就充实国防及发展工业言，均有施行统制之必要，惟兹事体大，且属创举，自宜审度国情，通盘筹划，以期制定妥善方案，便于实施，业由实业部分向各省市政府咨询意见，并在慎重研究中。

……

六、考查地质发展矿务

甲、地质矿产之调查及其研究

调查地质矿产为发展矿业之初步工作，盖须先明地层之构造、矿床之状况、储量之多寡，始得据以计划进行。且吾国幅员广阔，各地地层构造既多显异，而矿产之分布亦自不同，尤应分区计划，次第调查，庶全国地质矿产得以逐渐明了。又古生物土壤岩石矿物及一切燃料之调查分析鉴定研究等，亦为调查地质矿产之重要工作，自应一并举行。兹将近年实业部办理上项事件情形分述如次。

子、增设调查分析　吾国地质调查机关创设于北平，其后湖南、两广、江西相继设立，以吾国疆域之大，自不妨广设分所，以便分段调查。迨至民国二十年，又有贵州、河南、陕西三省相继筹备，分别拟定组织章程等项，呈经实业部核定，于二十一年先后正式成立从事工作。所有各分所统由实业部监督指导，并以实业部北平地质调查所为调查总机关，明订各分所工作标准，以收通力合作之效。自二十一年以还，各分所对于本省地质矿产多有调查或发见，分别编具报告，并于人民方面以技术上之指导与辅助。关于矿业之进展自不无相当之效果，今后对于其他未经设所之省，认有设置必要者，仍拟督促筹设，以收普遍调查之利。

丑、实地调查　(一)调查地质矿产。关于川、康、陕、云、贵五省地质矿产前经实业部派员调查，已于二十年终完竣，先后编有秦岭及四川地质志、四川石油概论、西康地质矿产及川广铁路沿线附近地质矿产等书。关于其他各省应行调查及应再赓续复勘者，自二十年以后实业部并经分区计划，继续进行。如山东、广东两省之中生代、新生代地质，山西、察哈尔暨冀、晋、豫三省接壤各地，及四川、湖北、扬子江下游各省之新生代地质，浙、赣各属之煤田地质，以及甘肃、宁夏接壤各地，暨闽南沿漳龙路线附近矿产地质，均由该部次第派员查勘，分别编有报告测制地质图。就中关于扬子江下游之地文及庐山发现之冰川层，经加以精密之研究；关于鲁省沿海岸发见海生蚌壳，层叠数十尺至百余尺以上者三处，此为中国沿海第一次所得海岸新高之征象；关于绥远、昆都仑上游之丰富煤田为最新发现；关于浙江长兴煤田经测勘估计其现存煤量，并于该矿田亩墩煤井下发见之油苗探查来源；关于闽南于华安附近发见储量千万吨以上之赤铁，为华南所少见者，将来颇可资南方钢铁厂之需。其他如绥远之宝石、石墨、煤炭等矿，苏、鲁、皖、赣、湘、鄂、粤、桂各省之煤铁矿，察哈尔、安徽、浙江、湖南、河南等省之硫磺矿，湖南之锡、砒、铅锌等矿，湖北、湖南、江西之锰矿，四川、湖北、河南之铜矿，以及河北之金矿、云南之锡矿，四川、陕西之石油矿，江西之钨矿，亦均经该部分别派员调查，编有报告。湖南之硫磺矿并经实地探钻，储量尚优，可供制造硫酸錏之用，皖、赣之煤铁尚足供中央钢铁厂之需。至安徽雷家沟煤矿亦经加以钻探，惟化验结果煤质不合于炼冶金焦之用。另查得江西萍乡、高坑煤矿，质量均优，已测定矿区设立国营矿权。湖南铁矿经实测结果，概算茶陵铁矿储量约有三百万吨，宁乡约有千余万吨，颇资利用。川、陕两省之石油，并经分别测勘钻探，而于陕省发现储量丰富之油页岩，尤为重要。迭经派员赴绥德、肤施等产地赓续测勘，编有二次调查报告。此外关于云南、甘肃、青海三省地质矿，复经派员为二次之查勘，现仍在进行中。又关于贵州之石油，江西之铁矿，最近并经派员分途调查，亦正在工作中。今后对于云南、贵州、甘肃、青海等省未经调查完竣，及其他各地之石油金属等矿尚待查明者，仍应分别继续进行或择要查勘。(二)调查土壤。关于土壤一项，实业部曾于直辖地质调查所设有土壤研究专室，历年以来，除实地调查采制标本外，并为室内之研究。其二十年后迄今已调查之区域，计有南京、北平、杭州、陕西、渭河、河北定县、广州高雷、江浙交界、太湖流域以及鲁、豫、察、绥、皖、赣、湘、桂等省，均经分别测制土壤图编有报告。至关于室内之研究，如江苏沿海区土壤之含盐量，句容南京土壤之含磷量，江苏东部盐渍三角洲区及句容、定县暨山西、广东、安徽等处土壤之酸度，暨太湖及宁波各区域土壤之三要素含量，绥远、民生渠区域土壤之盐类成份，均经先后测定。又江西南昌稻田土壤，开封盐土、五原、张北等处碱土，以及甘肃、陕西、湖南各省之土壤，亦经分别分析研究，总计调查研究之结果，已编就图书者，有中国土壤图、中国土壤酸性图及中国土壤名词试草与土壤专刊等，今后除赓续派员分区调查研究外，并拟陆续增加设备，以求精进。(三)古生物之采集。关于古生物一项，吾国自周口店人猿头骨发见后，各国学者颇为注意。二十年后实业部除继续周口店发掘工作外，并先后采集江西、浙江、新疆、云南、山西等省寒武纪三叶虫及腹足类等化石，湘、赣两省之古生代化石，甘肃西部古生代动物化石暨中生代植物化石，陕西中生代植物化石，山东古生代恐龙化石。又对于滇、黔、川、湘各省所得之头足类、腹足类、腕足类、珊瑚瓣腮类等化石及石炭岩之动物群等，复经分别研究加以鉴定，所有研究结果皆经刊载于编辑之古生志，并与各国交换研究。

寅、实地研究 (一)关于燃料之研究。实业部于直辖地质调查所设有燃料研究专室，自民国二十年以还先后分析煤质不下九百余种，川、陕、甘等省石油之分析亦达数十种，编有中国煤质分析表及国内石油研究各书，而于油页岩之研究，尤为注意。对于陕西、广东、察哈尔所产之油页岩均经分别分析，测定其含油气体，并鉴定原油成分，他若合煤炼焦、低温干馏等，并经分别举行试验，结果证明淮南煤与中兴煤有混合炼焦可能，至低温干馏则以乐平煤为最佳，计每吨可产油四十加仑，较有利用制油希望。此外如由制造煤气所产重油内轻油之提取，及由植物油内产生汽油代用品之试验，亦均得有相当之结果。最近各方对于燃料研究极为注意，全国经济委员会曾拨款为该所在首都特建专室，为液体燃料之研究，此项厂屋二十四年夏秋季已次第告成，内部设备亦将就绪，不日开始工作。又资源委员会对于低温蒸馏问题，亦与该所合作研究，今后该部自应赓续尽量与各方合作，以求精进而期实用。(二)关于矿物岩石之研究，实业部于直辖地质调查所并设有专室，历年以来除继续分析各地所产铅、锌、硫、锡、锑、钨、铜、砒、明矾等矿及研究各种岩石之成因产生外，并继续为明矾提铅之试验，暨发见四川盐水中含有碘溴钾等元质，曾由实业部编具专书，令知四川盐业团体从事研究提炼。(三)关于地震之研究，实业部直辖地质调查所于北平鹫峰曾设有地震研究专室。民国二十年以来除陆续增加研究设备及继续逐日记录外，曾于民国二十一年四月间及同年十二月间，先后测出苏、皖、赣邻界发生微震，及甘肃、青海交界之祁山地方有较烈之地震。又民国二十二年八月二十五日测得四川岷江上游发生强烈地震，证之实际情况均属符合。至于各项设备亦日渐完善，所测震波图多为各国地震专家借用参考。最近该室收录震波计有二百五十余次，皆经详定其时间及震源所在地，并编有地震专报。

卯、国际学术之讨论及国外实地考察 (一)国际学会之参加。我国对于历届国际矿冶地质土壤等学会向经由主管部派员出席参加，以期与各国学者交互讨论，藉收切磋划一之效。二十四年计有英国举行之第三届土壤科学国际会议及地质测量局百周纪念会、法国举行之国际矿产学、炼金学及应用地质学会第七次会议，由各该国公使照请我国派员参加，均经实业部分别筹备派员前往出席。又苏联大使请我国派员参加一九三七年在莫斯科举行之第十七次国际地质学大会，亦经该部筹备决定届时派员前往。此外关于西班牙原订一九三四年举行之国际土壤科学协会第五次委员会现改期于一九三七年举行，并由该国公使照请我国参加，该部亦在筹备。(二)国外之研究考察。实业部地质调查所对于矿冶地质上之各项研究，除与各国学者交换刊物标本相互研究外，并派员分赴欧美各国为实际之考察；如关于地震，经派员赴美研究；关于油田地质，经派员赴瑞士研究；关于燃料等项经派员赴欧洲各国研究，现均仍在国外继续工作。

乙、开发矿产

矿产为工业原料之泉源，开发国内矿产实为实业行政急要之图，对于国营民营两方自应分途并进，以求发展。实业部历年来关于国营矿产之调查、矿区之划定以及开采之计划，均在继续进行，复以石油、钢铁两项关系国防尤较重要，并经分别筹备开采制炼。至关于民营方面者，自矿业法颁行后，新兴之矿年有增加，而旧有之矿，亦逐渐换领新照，其官私各矿未经设权者，均经督促依法划区领照，其中途停工废业者并经督促设法恢复。此外对于民营各煤矿复督饬其增加防险设备，俾策安全。为启发人民对于矿冶之观感，并筹办地质矿冶展览会，以资提倡。兹将该部办理经过情形分述于次。

子、增加国营矿区及保留区　依照矿业法第九条之规定：凡铁矿、石油矿、铜矿及适合炼冶金焦之烟煤矿应归国营。又依同法第十条之规定上列四矿以及钨、锰、铝、锑、铀、铣、钾、磷等矿，实业部认为有保留之必要时，得划定区域作为国家保留区，诚以各该矿产与国防军备均有密切关系。实业部年来对于此事极端注意，故在民国二十年十一月以前划定之国营矿区共为十四处，其中计有铁矿十区，钨矿三区，烟煤矿一区。自民国二十年十一月至二十四年九月底止，增划及改订之国营矿区共为二十一处，其中计有石油矿三区，石油夹煤气矿二区，铜矿二区，铁矿二区，烟煤矿六区，又将原设定国营矿权之钨矿三区变更为六区，故较前期已逐渐推广。至铜矿一项，现又在四川省详细调查，以期觅得良好矿区，划归国营。又对于云南米烈铜矿，已一再催厅派员测勘绘具国营矿区图呈核。关于此后政策拟在各省及边疆之地，多觅铁矿、铜矿与石油矿，分别保留或划作国营区，择其最佳者，由国家经营，以充实国防原料。至于国家保留之矿区，在民国二十年十一月以后始经划定山东铝矿一区。又对于湖南全省钨、锑两矿，并经令饬湘省建设厅，凡该省境内未经呈领之该两种矿区，从二十四年六月一日起至二十六年五月三十一日止，一律保留，禁止设权开采。此外对于湘、赣、鄂各省锰矿，亦拟择要予以保留。又钾、磷两矿以后当择其佳良者分别保留，故日后重要工作，仍应注重一面调查，一面筹款，积极开发。

丑、筹办陕川甘新石油　石油一项关系国防及工业交通，所需至为切要，开发国内石油矿以谋自给，实目前当务之急。实业部历年以来，对于各省油田迭经派员分别查勘筹划探采。其在陕省者经划定延长县张家园、雷家滩及延川县永平镇等处国营矿三区，二十三年并经由该部地质调查所与国防设计委员会分别派遣专家运机入陕，就勘定钻探地点实施钻井工作，于延长之第一〇一号钻眼已达油层，每日可出油三千余斤。又于延川永平镇第二〇一号钻眼亦继续达到油层，每日可产油五六千斤，更较前井丰富，迄今当在进行探采工作，此后仍应继续钻探，以期发现大宗油量。至关于川省者，实业部经于二十三年间与四川善后督办商定合作进行，由部委派专员筹办，事前并由省方资聘德国专家，用新式电采方法就该省重要地段逐处考察。对于较有希望各区，经即分别加以测勘，先后划定富顺自流井及荣县贡井一带及达县大兴场、顾家河、文重场、三淮镇一带石油夹煤气国营矿二区，复派员前往测探施钻地点，嗣以匪乱关系暂行中止，今后川省匪患肃清，地方敉平，应连同甘、新、青各省，统由实业部商同有关系各机关，切实筹划，积极分别查勘或探采，务期发见多量石油，以弥补国家历年来石油消耗之巨额。

寅、筹办国营钢铁厂及炼焦之烟煤矿　钢铁事业为国家根本大计，在民国二十年十一月以前即经实业部提议筹设国营中央钢铁厂，惟彼时仅从事研究尚未实际进行。民国二十一年春始派员察勘厂址，并调查煤铁石灰等矿，夏间测绘六合卸甲店厂址详图，秋间着手全厂设备之计划，民国二十二年春测绘当涂马鞍山厂址详图，钻探宿县雷家沟煤矿，夏间拟定全厂设计图样，并派员察勘萍乡高坑煤矿，划定国营区，秋间编成国营中央钢铁厂筹备总报告。关于厂址选择、原料来源、制造成本、营业预算、设厂经费等，均详载于该总报告内。民国二十三年春间，复经实业、军政、财政三部会议决定：(一)规模采取二百五十吨钢铁厂计划。(二)厂址择定安徽当涂马鞍山一带，以能安全及经济为原则。(三)厂价俟派员赴美审定后，再议实行办法，并经该部等呈经本院备案。民国二十三年五月遂由实业部派矿业司司长黄金涛赴欧美考查钢铁厂经济情形及新式建设，并审定设厂价目，该专员迭与德国厂家及美国顾问工程司从经济方面将全厂设计详加订正，以期完善。并比较各国市场价格，将设厂经费磋商核减，现在德厂所报之价，已较前次预算数目大为减少，经即编成审定钢铁厂价格及商订钢铁厂设计报告书，由实业部呈经本院审核，嗣以本院成立钢铁公司筹备委员会，由院令发钢铁公司组织大纲，交军政、财政、实业三部审查，经三部会同审查结果，认为大致尚属妥洽，实业部并经将一切建厂设计与图样送交筹备委员会审查，部中拟俟钢铁公司筹委会将办法决定后，再行继续办理。至于华北之龙烟钢铁厂现由政府暂为保管，亦经由实业部与铁道部筹议完成该厂办法，因经费问题，现尚在筹划中。惟总期该厂能于最短期间将一切建筑分别完成，开工制造。又广东筹设之钢铁厂，亦经实业部将所送计划详加审查，分列意见呈复本院转饬遵照。

卯、增设民营采矿及探矿权　近三年来各省商民依法呈请设定矿业权，经核准给照者或将原领旧照依法呈换新照者，甚属踊跃。兹将民国二十年十月以后至二十四年九月底止，实业部增设采矿权、小矿权及探矿权数目列表如下：

一、现有民营矿区区数面积表

甲、民国二十四年九月底止总数

类　　别	区　　数	面积（单位为公亩）
采　　矿	一六七五	一五，八六二，六七一·九四一四，四五二公尺
探　　矿	三四	三三五，二一七·二〇
小　　矿	四六四	二四七，七一〇·〇九四，九一〇公尺

乙、比较民国二十年十月底止增加之数

类　　别	区　　数	面积（单位为公亩）
采　　矿	七二六	五，六三六，三〇〇·五四一一，一一九公尺
探　　矿	一四	二六〇，七七〇·二二
小　　矿	三八七	二〇〇，四九五·一三四，九一〇公尺

辰、整理未经设权各矿　往昔各省土著私自开采矿产相沿成习，地方官吏只知征收捐税，未能督促一律呈请设定矿业权。如云南铜锡岩盐矿、广西锡矿、山西铁矿、浙江安徽明矾矿、湖北石膏矿以及各省煤矿、粘土矿等，皆有此类情形。此外各省官营

矿业中，如湖南水口山铅矿、湖北炭山湾煤矿、安徽水东煤矿、江苏白土寨煤矿、云南东川铜矿、个旧锡矿、河北临城煤矿暨其他各省官矿，均未经划区设权，自民国二十二年起经实业部一再通饬依法办理，已先后据各省土窑矿商呈请设定矿权。又水东官矿已核准安徽建设厅设权，白土寨煤矿已核准江苏建设厅设权，平阳明矾矿已核准浙江建设厅设权，湖北大冶官煤矿已由湖北建设厅呈请设权，云南个旧锡矿已由公司依法设权。至关于云南岩盐矿，亦经实业部拟定办法，以该省盐运使深虑或因商民领采岩盐矿，于盐政管理上转致纠纷时，自不妨由实业、财政两部规定，凡滇省岩盐矿暂时不准商人呈请设权，惟业经该省盐务机关开辟之井硐，仍应以该机关名义划区领照，以重矿法。又实业部以各省土著商民往往不先将矿业权设定，即行私自采售，且复将大宗私采矿产物由铁路运往外埠，曾经于二十四年咨请铁道部令饬各路局对于该项私采矿产物一概拒绝代运。自此项办法施行后，甫经数月已获得第一步之成效，嗣后仍当力事督促，使全国各矿悉行归纳于法律范围，而资整顿。

巳、恢复停工各矿　国内矿业自军事发生，益以匪势蔓延，已办之矿多数停顿，未办之矿均未开工。自矿业法施行后，经实业部督促各矿恢复矿务，各矿商亦渐以时局安定，先后复业。北方如中兴、正丰、井陉、临城等各大煤矿均已渐复旧观，即长江流域如江西之鄱乐、安徽之水东、浙江之长兴等矿，亦皆就原有规模次第恢复工作。他如官商合办之烈山矿、齐堂煤矿及萍乡煤矿等，亦经实业部积极筹划，督促进行，以期生产增加，俾得与民营各煤矿共同发展。

午、督饬各矿注重防险设备　我国矿业日渐发展，矿商为减轻成本计，往往对于矿井内危险预防设备不周，而工程管理又漫不经意，以致灾变突出，临时挽救困难。如二十四年五月间山东鲁大公司淄川煤矿发生水灾，死亡工人至五百三十余名之多，不易回复原状，即其一例；在矿场安全规则等未颁行以前，自应先定救济办法，经实业部规定预防水患必须设备，通饬各省市主管厅局督饬所属各大矿，一体遵照实施并随时严密督察，俾察安全。

未、筹办全国矿冶地质联合展览会　国府为增进人民矿冶知识，及启发人民对于矿冶业之观感，藉资提倡而利开发起见，经饬教育、实业两部，筹办全国矿冶地质联合展览会，于民国二十二年十二月着手筹备，征集国内外各项有关产品，于民国二十三年七月八日筹备完竣，假天津北洋工学院公开展览，七月二十八日闭幕。各方人士赴会参观，极为踊跃。此项展览本属创举，经此次之提倡，颇能引起一般人民对于矿冶业之观感，今后仍拟易地继续举行，藉收普遍提倡之效。

丙、整理矿业

我国矿业近年以来因受市面上不景气之影响，日趋衰落，若不亟谋整理，势将一蹶不振，故关于国煤之发展及钨锑铁砂之贸易，均经实业部采取有效之办法，分别予以救济或限制。又各省主管矿业官署对于境内金矿，每有未经呈准核定矿权，即径行设局开办。及关于土石之采取，亦复多漫不注意，均经实业部加以整顿，分别饬令，依法进行，并按期呈报查核。此外该部为增加行政效率起见，复通饬各省市主管厅局，清理矿业积案，以利矿业之进展。兹将该部办理情形分述如次：

(子)救济国内煤矿业　自九一八国难发生以来，我国煤矿业因金融枯涩、运输不便及其他种种关系，日趋衰落，外煤因之乘间侵入，到处倾销，迭经饬由各关系部妥筹办法，力谋救济，并由实业部召集各关系机关及煤商、矿商暨银行界代表等举行国煤救济会议，组织国煤救济委员会专司其事。对于煤炭运输，由铁道部加增车辆，减轻运费；对于中央或地方所征各矿杂捐，由财政部及当地政府分别蠲免；对于工潮之起伏或土匪之滋扰，由当地军政长官设法消弭，切实保护；对于外煤之倾销、煤价之低落，随时由海关加征进口税，对于各煤矿之本身应兴应革事宜，均经实业部详加指导，俾得减轻成本、增加生产。又因各煤矿经济力量薄弱，复由实业部另筹办法，于各煤矿之金融，加以调剂，并设立矿业金融调剂委员会，以谋根本救济。

（丑）整理外资有关各矿　与外资有关之各矿，为河北之开滦、河南之福公司、湖北之汉冶萍等或应设法收回或须次第整理，除汉冶萍所借外资过巨，一时无法办理外，开滦煤矿经实业部迭次督促滦州公司，已依法画定矿区，并已将开平、滦州两公司联合办理合同修改，自改定合同后，该矿一律遵照我国法令办理，国家每年亦可征收矿税，而开平、滦州两公司在总局所享之权利向来不平等者，亦均平等，虽收回开平全产尚待继续进行，而此次挽回权利已属不少。福公司前与中原公司联合营业后，因五卅惨案发生工潮，遂至停止，亦经实业部即与河南省政府商洽，仍定中原公司与福公司联合营业，双方业经订立合同恢复工作，此后该矿事业当可日益发展。

（寅）整理钨锑矿业　吾国钨矿之产量，实居世界产钨各国之上，江西、广东、湖南、福建、河北等省皆有产地，而以江西、赣南为最著。各省中除湖南多由人民依法设权外，赣南各县虽经实业部划有国营矿六区，然大部分仍由人民窃采。至广东省各钨矿亦多未设定矿业权，各省所产钨砂多由商人窃采，竞售与外人，价值日趋低落，实业部曾于民国二十二年十月间加以整理，砂价遂因之骤增，然每吨亦仅至国币千元上下，近复经该部令行各省主管官厅禁止人民私采，所有已经画定之国营矿区，并拟设法与赣、湘、粤各省通力合作，自行采炼，储为国防之用。至锑矿一项，以湘省产量为最富，其产销状况，与钨矿相等，二十三年间湘省政府为免除外人操纵计，曾有锑矿联合贸易处之设立，惟尚囿于一隅之地，于国际贸易前途无甚影响，该部亦正在与湘省统筹整理办法，以挽利权，将来事业发达，并可设立炼锑厂自行冶炼。

(卯)统制铁砂贸易　我国现在尚未设立大规模之国营钢铁厂，致沿江各省所产铁砂几全为外人所吸收，损失矿利既属不赀，关系国防尤为重要，经实业部通饬各矿，将所产铁砂限制输出，并拟此后对于各省铁矿承租事项，严格取缔，俾我国铁矿得以尽量储存，留备国防之需。

(辰)整理鲁晋金矿　金矿与币制有关，国家对此应有统制计划，近来山东省政府有拟设采金局，开采沂水、招远、平度等县金矿之说。又山西省代县羊蹄沟一带发现金矿，其面积甚广，业由该省建设厅设立金矿管理所，并拟定该所暂行办法十九项，均经实业部于二十四年分别训令各该厅，将所拟定之具体开发计划及其范围详细呈核，并饬依法呈请设权开采，以期统一矿政而纳入法律范围。

(巳)督促各省厅局清理矿业积案　商人呈请设定矿业权时，往往矿图多有不合，或其他手续未能完备，虽经主管官署令饬更正或补呈，而任意延不进行者甚多，致使矿业呈请案有搁置于各省市主管官署内，历数年之久未能解决者。实业部特令饬各省市厅局，无论新旧呈请各案，如有上项情事者，应一律查明，依照矿业法规限期，催促进行。如仍不遵限办理，即将原呈请案依法公告撤销，以清积压而增行政效率。经此次通饬后，各省厅市局对于矿业积案，均已积极分别清理。

(午)考核各省市核准采取土石各案　土石采取规则自公布施行以来已历数载，而各省市对于民间采取土石，往往漫不加意，实业部为整顿起见，特于二十四年咨行各省市转饬所属主管机关，于每年一月至七月将历来商民依照此项规则呈经核准各案及暂行停止或撤销各案，按期开列全数清单报部，以便统计而资考核。

丁、增订矿业法附属法规

矿业监察员规程、土石采取规则、矿业登记规则等附属法规，业由实业部于民国二十年分别拟订，呈准施行。兹将实业部民国二十年后陆续增订各规程及改订事项分述于后：

（子）拟订矿业警察规程　各矿因巡缉奸宄，维护业务，须设立矿警，以资保卫。惟向多任矿商各自办理，不独官厅无所稽考，且恐发生流弊，经实业部会同内政部拟就矿业警察规程，于民国二十一年十月二十日公布施行。

（丑）改订征收矿区税办法　各省矿商每期应缴矿区税，向由实业部委托各省主管官署征收转解，惟辗转需时，而各省又每有挪用或截留情事，遂由该部于民国二十一年十月拟定征收矿区税办法十二条呈经本院会议议决通过，并规定委托银行征收矿区税程序十四条，均于是年十二月公布。从民国二十二年一月起，将矿区税委托中央银行经理征收，直接解部，并先就苏、皖、浙、赣、鄂、湘、晋、豫、冀、鲁、察、闽十二省试办。民国二十三年一月起，又将四川一省矿区税改委中央银行代为征收。此项办法实施以来，矿税收入较前畅旺，而各大矿业公司中，区税额数较巨者，皆由该部饬令直接解部，以免纾缓，各公司多已遵照办理，故整理矿区税收入，较从前已有起色。

（寅）公布承租国营矿区办法　关于国营矿区，如国家无自行开采之必要时，可由人民承租开采。其承租办法在矿业法中仅规定大纲。至于详细节目，如保证金额数、呈请手续、契约标准等，仍须根据矿业法意旨，另行制定，以期划一，经实业部于民国二十二年一月拟定承租国营矿区暂行办法八条，又承租契约标准十七条呈经本院核准，当于是年公布施行。

（卯）拟订矿业金融调剂委员会章程　国内煤矿业多因经济衰落、营业不振，实业部曾有发行煤业公债之提议，嗣因未能实现，另筹救济办法，于各煤矿之金融加以调剂，组织矿业金融调剂委员会专司其事，并由该部拟订矿业金融调剂委员会章程，于民国二十四年九月二十一日公布施行。

〔国民政府实业部档案〕

（二）工矿业统计

一、工业统计

1．1927—1936年工业统计资料

（1）十年来之中国机械工业

年别	厂数		资本		工人数	
	增加数	指数	增加数	指数	增加数	指数
1927	19	100	194,160	100	643	100
1928	53	279	778,180	400	2,250	350
1929	101	532	1,626,450	837	4,202	654
1930	149	785	4,304,500	1908	5,739	894
1931	191	1006	4,809,700	2168	7,105	1106
1932	145	1293	5,875,146	2717	8,973	1390
1933	195	1556	6,701,446	3148	10,725	1650
1934	228	1730	7,433,546	3525	11,701	1808
1935	275	1976	8,028,746	3832	13,213	2043
1936	377	2513	8,681,496	4168	17,065	2642

（2）十年来之中国纺织工业

年份	厂数		资本数		工人数	
	总额	指数	总额	指数	总额	指数
1927	293	100	89,743,472	100	135,552	100
1928	376	128	101,052,472	112.5	151,485	111.7
1929	435	148.5	107,572,102	119.8	165,795	122.2
1930	502	171.3	121,941,222	136.0	181,134	133.6
1931	606	206.8	133,813,512	149.1	205,128	151.3
1932	675	230.3	139,856,452	155.8	214,573	158.3
1933	772	263.4	145,614,002	162.2	228,979	169.0
1934	886	302.3	156,195,302	174.0	241,710	178.4
1935	1058	361.3	19[illegible],309,207	199.8	283,243	209.0
1936	1160	396.0	202,218,142	225.3	293,706	216.8

(3) 十年来之中国化学工业

年份	厂数		资本		工人数	
	总数	指数	总数	指数	总数	指数
1927	131	100	22,073,168	100	20,989	100
1928	147	112.2	24,885,941	112.7	25,072	119.4
1929	169	129	26,493,741	120	28,027	133.5
1930	203	155	28,531,939	129.2	32,424	154.5
1931	258	197	32,679,239	148	36,362	173.3
1932	277	211.4	34,184,039	157.6	41,508	197.8
1933	317	242	37,327,439	169	44,552	212.3
1934	362	276.3	40,995,439	185.7	49,009	233.5
1935	398	303.8	42,791,439	193.9	51,638	246.0
1936	434	331.3	43,912,439	199	54,512	260.0

(4)十年来之中国农产工业

年份	厂数		资本		工人数	
	总额	指数	总额	指数	总额	指数
1927	193	100	43,866,100	100	20,339	100
1928	218	113	44,875,700	102.3	23,479	115.4
1929	264	136.7	48,721,300	113.6	26,333	129.0
1930	316	163.8	49,386,500	115.2	27,112	133.3
1931	363	190	51,064,500	117.0	29,030	142.8
1932	412	213.5	51,647,500	117.8	29,899	147.0
1933	513	266	54,824,800	125.0	33,549	165.0
1934	607	314.5	55,763,000	127.1	35,498	174.6
1935	714	370	56,763,500	130.0	37,632	185.0
1936	855	448	58,126,200	132.5	40,226	197.8

（5）中国近十年来之发电容量

年份	本国资本经营		外国资本经营		合计指数	
	指数	百分数%	指数	百分数%	指数	百分数
1928	48	48	52	52	100	100
1929	50	49	52	51	102	100
1930	52	50	52	50	104	100
1931	56	49	58	51	114	100
1932	58	49	60	51	118	100
1933	62	50	61	50	123	100
1934	66	50	67	50	133	100
1935	77	53	67	47	144	100
1936	79	54	67	46	146	100
1937	109	62	67	38	176	100

* 上表以1928年发电容量为100。

（6）十年来中国电气事业发电度数

年份	中	外	共
1928	33	67	100
1929	40	75	115
1930	45	81	126
1931	52	94	146
1932	49	89	138
1933	59	101	160
1934	68	107	175
1935	76	103	179
1936	88	108	196
1937	81	93	174

* 以1928年发电度数为100。

* 以上统计资料系选自经济部编：1927—1938年工业统计资料。

〔国民政府经济部档案〕

2. 交通部移交建设委员会的各省民办电灯电力各公司清册

（1929年9月）

名　　　称	启罗华德	资　本	备　注
江苏江宁上新河镇新明电灯公司	33kw	6万元	已经交通部立案
东台城区东明电气公司	90kw	7万元	同　上
东台安丰市益丰电气公司	20kw	1.5万元	同　上
溱潼镇溱华电气厂	15kw	1万元	
仪征大新电气电灯公司	50kw	6万元	同　上
江都振扬电气公司	602kw	3.2万元	同　上
仙女庙光华电气厂	30	3万元	
邵伯镇张万电灯厂			
大桥镇大明电灯厂			
江苏泰县振泰电灯公司	100kw	12.5万元	已经交通部立案
海安市电气公司	45kw	2.5万元	同　上
曲塘镇成明电灯碾米公司	20kw	2.5万元	同　上
姜堰镇姜华电灯公司			
江浦浦镇明星电灯厂	18kw	1.8万元	已经交通部立案
金坛福明电灯厂	100	3万两	同　上
溧阳振亨电灯公司	160	8.5万元	同　上
南渡镇启新电灯公司			
兴化北门外兴兴电气公司			
淮安新华电灯公司	62	10万元	
江苏东海新东电灯公司			
海门茅家镇海明电气公司	15	6万元	已经交通部立案
如皋耀如电气公司	25	10万元	同　上
白蒲镇振蒲电气公司			
马塘镇马塘电气公司			
南通通明电气公司	300	12万两	已经交通部立案

高邮高邮电灯公司			
宝应宝明电灯公司	50	5万元	已经交通部立案
高淳新华承记电灯厂	12	6000元	
靖江骥明电灯公司			
淮阴清江浦利淮电灯公司			
溧水綦记开明电灯厂			
灌云三新市杨家集电灯公司			
丹阳肇明电灯公司	75kw	4万元	已经交通部立案
吕城镇承明电灯公司			
镇江大照电气公司	2800	7000万元	已经交通部立案
泰兴东阳电灯公司	40	3万元	
口岸镇墟明电灯厂			
黄桥镇耀黄电灯公司	45	4万元	
南汇国浦市大明电灯公司	60kw	3万元	已经交通部立案
南沙电灯公司	15	1.5万元	
新场镇思华电气公司			
大团镇和记电灯公司			
川沙大川电灯公司	20	2万元	已经交通部立案
曹镇川北电灯公司			
六合耀堂电灯公司			
江阴华明电灯公司	165	4500元	已经交通部立案
青阳镇青阳电灯公司			
江苏常熟常熟电灯公司	304kw	12万元	已经交通部立案
支塘镇思明机器轧花碾米电灯公司			
真城水西协丰机器砻坊电灯处			
昆山泰记电气公司	75kw	4.5万元	已经交通部立案
吴县苏州电灯厂	8150kw	240万元	同　上
陈墓镇耀舒电气公司			
唯亭镇明星电灯碾米公司			
光福镇明星公司			

无锡南延市烨烨电气公司	100	5万元	
青城市电灯公司			
吴江盛泽镇复新电灯公司			
同里镇兴业电灯厂	56	4万元	
平望镇公兴电灯厂			
北圻镇大浦碾米电灯厂			
北埨镇星明碾米电灯厂			
横煸镇摧明公司			
武进武进电灯厂	1500	40万元	
宜兴耀宜电气公司			
张渚镇张渚电灯厂			
江苏宜兴和格镇和格耀宜第二分厂			
徐舍镇徐舍耀宜第三分厂			
杨巷镇扬巷耀宜第四分厂			
蜀山振兴电灯厂			
崇明崇明电气公司	80	6万元	
南保镇棠明电气公司	50	2万元	
久隆镇久明电气公司			
上海华商电气公司	16万kw	300万元	已经交通部立案
闸北水电公司	12800kw	400万元	同　上
浦东电气公司	840kw	50万元	同　上
吴松宝明电气公司	343	15万元	同　上
真如真如电气公司	37	3万元	
引翔乡翔华电气公司			
闵行镇振市电灯厂			
宝山罗店镇金红记电灯公司			
大场乡大耀余记电气公司			
太仓沙漠镇沙漠电灯公司	30	1.5万元	已经交通部立案
浏河镇浏河友华电气公司	30	2万元	同　上
太仓电气公司	82	4万元	

松江松江电气公司		12万元	已经交通部立案
江苏松江枫泾镇电气公司		1.5万元	
松江泗泾恒利电气厂			
亭材镇丰盛电气碾米厂			
莘庄镇利生电灯碾米厂			
叶榭镇茂兴昶电灯厂			
青浦珠家角镇珠浦电灯公司	90	8 万元	
章练塘镇章明电灯公司			
嘉定华兴承记电灯厂	40	3 万元	
南翔镇南翔电灯公司			
金山朱泾市朱泾电灯公司			
张堰镇振兴电灯厂			
廊下镇信孚电厂			
松隐镇松隐电灯公司			
长巷镇应华电灯公司			
奉贤南桥镇立亨电灯公司			
庄行镇合兴电灯厂			
青邨巷镇程恒昌电灯厂			
金坛桥镇振大碾米电灯厂			
浙江吴兴吴兴电气公司	1100	24万元	已经交通部立案
双林镇双林电灯公司	36	4 万元	同　上
菱湖镇明湖电灯公司	41kw	4 万元	同　上
南浔镇浔震电灯公司	200	10万元	同　上
埭溪镇埭溪电灯厂	9	6000元	
和孚镇穗孚碾米电灯公司			
诸暨枫桥镇枫桥电气公司	20	1.2万元	已经交通部立案
诸暨电气公司			
桐庐同仁预正电气公司	28	2 万元	已经交通部立案
萧山光明电气公司	85	3 万元	同　上
临浦镇乾元电气公司	56	2.4万元	同　上
开家堰明德电灯厂			

永嘉普华兴记电气公司	412	13万元	已经交通部立案
打罗桥镇大光明电气公司			
慈溪慈明鸣记电灯公司	25	3万元	已经交通部立案
金华金华电灯公司	64	2.5万元	同　上
海盐沈荡镇沈荡电灯公司	17	1万元	同　上
海盐电灯公司			
平湖明华电气公司		3.869万元	同　上
新仓镇明星电灯厂			
嵊县开明电灯厂	34	2万元	
嘉兴永明电灯公司	245	20万元	同　上
嘉兴生店镇耀明电气公司	20	1.5万元	同　上
新皇镇明星电气公司	20	9600元	
新胜镇振新电气公司	35	3万元	
奉化奉化永明电气公司	15	1.5万元	已经交通部立案
瑞安南堤电气公司	50	5万元	同　上
定海舟山电气公司	90	5万元	同　上
沈家门镇沈家门电气公司	28	2.5万元	
余杭普照电气公司	164	8万元	已经交通部立案
永康永康电气公司	18	8000元	同　上
象山石浦镇明星电气公司	30		同　上
南门下路局耀华电气公司			
宁波城厢永耀电力公司	1600	65万元	已经交通部立案
杭县杭州大有利电气公司	6980	200万元	
临平镇临平兴记电气公司			
乔司镇乔司电气公司			
留下桥镇留下电气公司			
塘楼镇新民电气公司			
余姚余耀电灯公司	99	2.5万元	
周巷光耀电灯公司			
马渚镇端和电灯公司			
浙江崇德永明电气公司	40	3.5万元	

石门湾电灯公司			
洲泉镇溥利电气公司			
海宁海宁电气公司	50	3万元	
长安镇长安电气无限公司	40	2.5万元	
硖石镇硖石电气公司	40	3万元	
袁花镇袁花电气公司			
斜桥镇昌大电灯厂			
长兴长明电气公司			
泗安普明电灯公司	40	2.5万元	
德清新市镇才记电灯公司			
东门内德清电气公司			
洛舍镇达大碾米电灯公司			
新登西门外新兴电灯公司			
孝丰兴业电气厂			
镇海东门外明明电气公司			
柴桥镇昭明兴记电灯碾米厂			
义乌义乌电灯公司			
佛堂镇佛堂电气公司			
平阳鳌江光华电灯碾米公司			
浙江浦江大光明电气公司			
兰溪兰溪浴明电气公司			
游埠镇保安电灯公司			
绍兴漓渚镇振兴电灯碾米厂			
华光电气公司		10万元	
临海耀明电灯公司			
海葭镇恒利秦记电气两合公司	115	10万元	
遂安普明电灯厂			
嘉善昌耀电气公司	58	2.5万元	
西塘镇普益电灯公司	30	1万两	
丽水普明电灯公司			
龙游龙游电灯公司	15	7000元	

淳安明乐电灯厂	35	4700元	
巷口镇博利安电灯厂	35	2000元	
威坪镇威坪电灯厂	5	2000元	
茶园镇光华电灯公司			
建海建海电气公司			
衢县衢县城厢电气公司	72	7万元	
常山常山电气公司			
武康上柏镇上柏电气公司	16	7000元	
浙江富阳西门外萍利电气厂	15	1.9万元	
桐乡濮院镇公明电气厂	20	2万元	
居镇东市溥明电灯厂			
乌镇乌镇电灯公司			
江山永耀电气公司		9400元	
新昌金星电灯公司			
寿昌程竞兴电灯碾米厂			
温岭泽国镇三万碾米电灯厂			
松阳华阳电灯公司			
上虞东附城正大电灯公司			
小越镇穗耀碾米电灯厂			
安吉递铺镇复旦电灯厂			
梅溪镇梅晓光明电灯厂			
青田城内继日电气公司			
玉环坎门坎门电灯公司			
武义武义电灯公司			
天台天耀电力公司			
乐清乐成电灯厂			
虹桥镇光溪电灯公司			
龙泉普耀电灯公司			
安徽怀远蚌埠耀淮电气公司	310	30万元	已经交通部立案
光远电灯公司			
芜湖明远电气公司	1170	50万元	已经交通部立案

铜陵大通镇振通电气公司	108	10万元	同　上
宣城永宁镇永宁电气公司	50	2万元	同　上
宣城电气公司	40	3万元	
湾沚镇沚津电气公司			
合肥庐州耀远电灯公司			
贵池贵州华盛电灯公司	20	1.5万元	
怀宁安庆安庆电灯厂			
舒城舒耀电灯公司			
三河镇远大电灯公司			
桃溪镇升平电灯公司			
婺源星江电灯公司	80	1万元	已经交通部立案
太平耀平电灯公司			
休宁长溪镇永明电气公司	30	2.4万元	
深渡镇新明电灯公司			
广德广明电气公司	36	3万元	
郎溪明星电气公司	26	2.6万元	已经交通部立案
江西铅山河口市河口电气公司	56	5万元	
江西新建吴城镇新明电灯公司	40	3万元	
临川光裕电灯公司	65	4万元	
乐平乐耀电灯公司	60	4万元	
九江九江映庐电灯公司	348	10万元	已经交通部立案
吉安吉州电灯公司	120	10万元	同　上
浮梁景德镇景耀电气公司	125	16.5万元	同　上
湖北武昌竟成电气公司	1700	20万元	
合资电气公司			
汉阳汉阳电灯公司	160	10.8万元	已经交通部立案
蔡甸光明电灯公司			
广济武穴光明电灯公司			
荆门沙洋协昌电灯公司			
鄂城鄂城电灯公司			
江陵荆沙光明电灯公司	100	4万元	

沔阳新堤普新电灯公司	87	7万元	已经交通部立案
夏口汉口既济水电公司	10,500	250万元	同　上
福建闽侯福州福州电气公司			
马江电灯公司			
晋江泉州泉州电灯公司			
莆田莆田电灯公司	165	10万元	
福建建欧建欧电气公司	90	10万元	
上杭福耀电灯公司			
思明厦门厦门电气公司			
建阳建阳电气公司			
龙溪漳州龙溪电灯公司			
福清福清电灯公司			
仙游仙游电气公司	80	10万元	
湖南长沙利济水电公司			
岳阳东海电灯公司			
河北北平华商电灯公司			
高阳县高阳电灯公司	75	4万元	
邢台顺德顺德电灯公司	120	15万元	
清苑保定保定电灯公司	187	20万元	
河南郑县明远电灯公司			
开封普临电灯公司			
焦作光明电灯公司			
山西太原太原新记电灯公司			
大同大同电灯公司			
太谷太谷电灯公司	25	3万元	
平流金井电灯公司	38	5万元	
山西榆次魏榆电气厂	60	4万元	
山东泰安泰安电灯厂			
济宁济宁电灯公司			
邹县邹县电灯公司			
滕县滕县电灯公司			

威河不夜电灯公司			
广西邕宁南宁南宁电灯公司			
苍梧梧州梧州电气公司			
桂林桂林电灯公司			
百色百色日光电灯公司			
平乐平乐电力公司			
郁林振华电灯公司			
广东潮安潮州昌明电灯公司			
广州特别市广州市电力公司			
高要肇庆瑞光电灯公司			
香禺高塘村墟天丰电灯公司			
东莞商办莞城电灯公司			
顺德容桂市公益电灯公司			
琼山海口启明电灯公司			
中山第二区大涌南文大光电灯公司			
绥远包头包头电气公司	100	800元	

〔国民政府工商部档案〕

3．交通部编制电报机器制造厂所调查表等致工商部咨

（1929年9月3日）

交通部咨　字第六三〇号

为咨复事。前准贵部第一零四三号咨开：以本部前咨请列各表，系备编制全国工厂调查表之用，所有上列各项电气事业凡系工厂性质者，无论直辖及有案可稽之民办事业，均希列表见复。等因。准此。当经本部令饬部辖电报机器等四厂查填具复去后，兹据各该厂所先后列表呈复到部，相应将业经本部立案给照之各民办电话公司及部辖之电报机器等四厂，分别列表函请查照。至各省民办电灯电力各公司之立案给照各项文卷，业经移交建设委员会，关于前项表式，应请径向该会查询，并希查照为荷。此咨

工商部

附送表二张

交通部长 王伯群

中华民国十八年九月三日

交通部直辖电报机器制造厂所调查表

种 类	性质	资本	设 备	马力	成立年月	所在地
交通部电池制造厂	部办	10万元	制造干电池湿电池	压力机四座	民国二年	上海浦东周家渡
交通部电报机器制造厂	部办	18万元	制造装配杠修理检验试验	五四马力	前清光绪三十年	上海文极司脱路
交通部电报机器第二制造厂	部办	4万元	制造无线电机	十四马力	民国十八年	上海孟纳拉路
交通部印刷所	部办	1.48万元	铅字排印	十四匹马力	民国元年	上海麦根路

业经立案给照之各民办电话公司表

商号名称	种类	性质	资本	设 备	马力	立案年月
江苏武进电话公司	电话	股份有限	4万元	磁石单式六百号	湿电池	民国十七年十二月
江苏无锡电话公司	又	又	25万元	共电式壹千号		民国十七年十二月
浙江吴兴电话公司	又	又	3万元	磁石单式五百号		民国十八年二月
绥远归绥电话公司	又	又	5万元	磁石式交换机四台		民国十八年二月
江苏高邮电话公司	又	又	2万元	磁石式壹百五十号		民国十八年二月
江苏盛泽电话公司	又	又	1.5万元	磁石单式壹百号	干电池	民国十八年二月
浙江四明电话公司	又	又	30万元	磁石式一千三百号		民国十八年二月

察哈尔张家口电话公司	又	又	10万元	磁石式八百号		民国十八年三月
湖南常敏电话公司	电话	又	4万元	磁石式叁百号		民国十八年三月
河北沧县电话公司	电话	股份有限	6500元	磁石单式壹百号		民国十八年四月
江苏溧阳电话公司	又	股份两合	1万元	磁石单式壹百号		民国十八年四月
绥远丰镇电话公司	又	股份有限	2万元	磁石式壹百号		民国十八年五月
江苏太仓电话公司	又	股份两合	4万元	磁石单式四百号		又
江苏昆山电话公司	又	又	2万元	磁石式贰百号		民国十八年六月
浙江南浔电话公司	又	股份有限	2.5万元	磁石式壹百五十号		民国十八年七月
江苏泰县电话公司	又	又	2万元	磁石式贰百号		又
绥远包头电话公司	又	又	3万元	磁石式二百号		民国十八年八月

〔国民政府工商部档案〕

4. 建设委员会无线电机制造厂调查表

（1929年）

名称	建设委员会上海无线电机制造厂	上海大华科学仪器公司	中华三极锐电公司	鸿康电料行
性质	国营事业	有限公司（制造无线电机及贩卖科学仪器）	有限公司（经营各项电气事业及制造各种无线电机）	有限公司
资本	九万四千七百八十二元一角三分（此数系将军委会移交之资产所估定）	六万元	四万元	

设　备	车床四部钻床二部铣床一部刨床一部电池室试验室装配室			
马　力	十四马力	五匹马力	五匹马力	
所在地址	暂设上海徐家汇交通大学内	上海博物院路二十号	事务所　上海霞飞路一三七七至一三七九号 制造厂　上海文林路六十至六六号	
成立年月	民国十六年四月	民国十六年五月	民国十六年九月	
备　注				该公司无线电机制造部于十八年五月停办

〔国民政府工商部档案〕

5. 工商部工厂概况统计表①

（1930年）

地名	类别			
	资　本	工人总数	原动力	每年出品总值
上海	222,411,452	211,265	60,007.5 39,036K.W.	100,415,273
苏州	1,500,543 250,000日金	6,420	2,654.83 46,000,K.W.	3,872,400
无锡	12,177,436	40,635	78,745H.P. 6,944K.W.	74,365,278

① 本表选自国民政府工商部全国工人生活及工业生产调查统计总报告。又表内沈阳工人总数原印作"231,526"人，校订为"4,537"人。辽阳工人总数原印作"605,404"人，校订为"2,018"人。

无锡			1,415K.V.A. 12K.M.	
武进	4,452,000	6,120	2,494 1,875K.V.A.	9,372,280
武进			453,000,K.W.	
镇江	2,693,111	1,847	963	2,253,460
江都	323,000	100	1,296	266,200
南通	4,961,700	10,499	4,955	17,890,300
宜兴	85,900	135	120	74,330
南京	2,247,100	2,035	956	5,620,000
嘉兴	931,555	3,978	1,201	1,537,430
宁波	1,868,200	4,124	2,282 2,060K.W.	7,493,818
杭州	7,943,250	15,131	2,868.5 28,223K.W.	15,174,620
芜湖	1,813,200	1,896	3,922	1,194,570
九江	1,724,800	2,868	1,186	2,765,840
安庆	427,000	306	808	459,330
南昌	1,373,000	592	1,136	43,000
蚌埠	943,000	1,584	1,020	2,760,000
汉口	10,961,200 2,500,000日金	24,860	18,326 7,095K.W.	35,873,713
汉口	80,100金磅			
汉阳	613,200	3,354	17,098 210K.W.	1,789,214
武昌	12,246,665	18,215	8,983 1,075K.W.	8,401,000
武昌			314am	
大冶	2,763,118	4,625	2,583	5,964,000
青岛	26,095,500 60,415,000日元	19,861	10,616 12,850K.W.	6,528,320 27,434,456日元
大连	42,430,000 244,237,000日元	60,687	1,810	34,815,195日元

营口	15,127,778 15,900,000日元	249	972	28,433,333 4,140,256日元
旅顺	7,827,000日元			1,141,728日元
沈阳	9,430,000 107,350,000日元	231,526	918 1,000K.W.	3,463,333 3,833,749日元
沈阳	4,200,000奉票			
辽阳	5,250,000日元	605,404	1,780	6,154,114日元
抚顺	7,706,000日元		329	11,930,075日元
盖平	525,000			
安东	2,756,944 59,940,000日元	421	772	1,130,000 5,071,518日元
吉林	1,565,000 2,850,000日元	120	160	400,000 1,140,000日元
长春	14,275,000日元	135	1,292	4,402,190日元
吉林滨江	2,099,000 511,000日元	1,969	1,154	6,062,000 52,000日元
吉林宁安县	150,000	40	20	
吉林阿城县	182,000哈元	80	74	1,490,000
黑龙江龙江县	530,000		80	600,000
黑龙江安达县安达站	1,700,000 815,000哈元	745	1,185	9,916,250
黑龙江龙江县昂昂溪	850,000	53	438	1,442,600

黑龙江松甫镇	170,000	170	95	1,400,000
黑龙江龙江富拉尔基	100,000哈元	70	75	
黑龙江肇东县	350,000		71	
哈尔滨	14,275,000 24,470,000日元	5,996	5,823	444,920 1,900,000日元
哈尔滨	21,000,000卢布			
汕头	237,000	307	2,299	287,700
顺德	582,300	9,645	1,365	13,222,400
佛山	317,000	433	189,005	4,887,600
潮安	90,000	358	460	172,400
马尾		849	744 175K.W.	
厦门	2,667,750	553	401.5 2,500,K.W.	1,567,000
福州	1,964,500	997	628.2	2,063,000
广州	6,547,950	8,540	5,446	1,822,603
梧州	309,000	249	206	459,000

〔国民政府工商部档案〕

6. 工商部工厂成立年份统计表①

（1930年）

地名	年别																					总计
	民国纪元前	民国元年	二年	三年	四年	五年	六年	七年	八年	九年	十年	十一年	十二年	十三年	十四年	十五年	十六年	十七年	十八年	十九年	未详	
上海	48	15	7	18	11	10	14	19	26	24	39	40	41	40	54	65	68	91	108	62	37	837
苏州	2		4	1		1	1		1	1	1	2	1			2	4	2	3	1		27
无锡	8	3	5	1	5	2	3	3	9	4	3	3	5	2	3	17	11	28	33	4	1	153
武进	3	1	3	1	1	2		1	1	1	2		2	1	2	1	2	5	4	6		39
镇江	2									2				2	1		1		1	2		11
江都			1																	1		2
南通	5	1				1	1			2	1		1		1			1	1			15
宜兴								1			1					1		1				4
南京	1			1						1	2	2	3		2		2	7	1	3	3	28
嘉兴											1					4	1	1	1	1		9
宁波	3	1		3	2				1				1	2		1	3	1	4	1		23
杭州	4	5	1	3		1	1	2		2	1	4	3		1	7	1	7	5	2		50

① 本表选自国民政府工商部全国工人生活及工业生产调查统计总报告。

芜湖	3						1	1	1	1								1					8
九江						1				1	1			1									4
安庆	1						1			1						1							4
南昌	1	1								1							1	2	2				8
蚌埠			1							1						1		1		1			5
汉口	15	4	1	1	3	2	2	2	3	5	7	1		4	4	2	1	5	6	3			76
汉阳	8						1								1			1	3	1			15
武昌	2	1	1				1		1	1	1							1					9
大冶	2					1						1			1		1	1			1		8
青岛		2					2	1	4	3	2	2	2	1	2		2	12	6	4			44
大连	39		4	5	4	4	8	10	29	15	3	11	3	6	5		2	3			1		152
营口	3				1			1	1	4	2	2		3		1	2	2	2		2		26
旅顺	1						1	2		1			1			1	1				1		9
沈阳	1	1		1	1			4	6	3	2		5	2		2					4		32
辽阳	2							1	1				1										5
抚顺			1	2					1	6	1	1	1	1		1					31		46
盖平																					22		22
安东	1	1			1		3	3	6	5	3	1	3	4	1	1	5	1					39
吉林			1	1	1		2	1		2			1								4		13
长春			1	2	1	1	1		2	3	1		2		1			1			9		25

吉林滨江	1					1			1	1	2	3		1	1		3	1				15
吉林宁安县																		1				1
吉林阿城县														1	1							2
黑龙江龙江县												2									4	6
黑龙江安达县安达站										1			1			3	1	1		1		8
黑龙江龙江县昂昂溪																	1		1			2
黑龙江松甫镇																1		1				2
黑龙江龙江富拉尔基																1						1
黑龙江肇东县										1												1

哈尔滨	5			1	5	1	3	1	3	7	4	3	3	1	3	2	4	3	2	2	4	57
汕头	1											1						2	1	1		6
顺德	3	2				1	2	2	1	1	1	1	1	2		1	3	3	4	3		31
佛山			1									1			1					1		4
潮安									1				1									2
马尾	1																					1
厦门	1		1					1		1			1	2					1			8
福州	2	1					1		1		1	1		2			1	1	2			13
广州	3	3		1	1	1	2		3	3	5	3		1	2	7	3	7	14	3	1	63
梧州											1	2				1						4
总计	171	41	33	41	37	30	56	56	103	105	88	87	83	81	87	124	124	195	205	103	125	1975

〔国民政府工商部档案〕

7. 工商部分类工厂比较表①

（1930年）

地名	类							别						总计	备注
	纺织	饮食	交通	化学	建筑	器具	衣服	教育	机械	公用	美术	杂品	其他		
上海	363	88	8	95	16	6	7	88	113	6	1	42	4	837	
苏州	17	1		2	1		1	2	1	1		1		27	
无锡	102	26		5	1			4	15					153	
武进	17	15							5	2				39	
镇江	1	3		3				1		2		1		11	
江都				1						1				2	
南通	4	5		1					3	2				15	
宜兴	2			1						1				4	
南京	3	4		1	2	2		13	3					28	
嘉兴	7			2										9	
宁波	11	2		3					3	2		2		23	
杭州	32	1		8	1			1	5	1	1			50	
芜湖	3	1							3	1				8	
九江	1		2							1				4	
安庆	2	1								1				4	
南昌	2							4	1	1				8	
蚌埠		2		2						1				5	
汉口	17	23		9	2		2	4	10	4		5		76	
汉阳	1	4							9	1				15	
武昌	5			2				1		1				9	
大冶				7	1									8	

① 本表选自国民政府工商部全国工人生活及工业生产调查统计总报告。

青岛	12	6		11		1			12			2		44
大连	3	84	6	23	10	3	2	9	10	2				152
营口		2		21	1			1		1				26
旅顺	2	3	1		1				1	1				9
沈阳	6	12		5	5				2	2				32
辽阳	1	1	1					1		1				5
抚顺	1	18		5	8	2		2	5	2		3		46
盖平	22													22
安东	18	2		10	5			1	1	2				39
吉林	1	5		4	3									13
长春	2		12	4	5					2				25
吉林滨江	4	4		3	2		1		1					15
吉林宁安县				1										1
吉林阿城县				2										2
黑龙江龙江县		3		2						1				6
黑龙江安达县安达站				8										8
黑龙江龙江县昂昂溪				2										2
黑龙江松甫镇		2												2
黑龙江龙江富拉尔基				1										1
黑龙江肇东县					1									1
哈尔滨		53		1	1		1			1				57
汕头	2	3								1				6
顺德	21	10												31

佛山		3								1				4
潮安				1						1				2
马尾			1											1
厦门		2	1		1				2	2				8
福州	1	3		2	5					2				13
广州	9	13	1	13	2		1		20	2		2		63
梧州					3					1				4
总计	695	405	33	261	77	14	15	132	225	54	2	58	4	1975

〔国民政府工商部档案〕

8. 资源委员会编:机器电器制造工业开工年份统计资料

(1931—1937年)

(1) 机器、电器制造工业开工年份统计表

单位:厂数

年份		总计	二十年以前	二十年	廿一年	廿二年	廿三年	廿四年	廿五年	廿六年
合计	共计	112	49	3	4	8	9	11	10	18
	公营	10	4	1	1	1	1	—	—	2
	民营	102	45	2	3	7	8	11	10	16
四川	共计	32	15	2	—	1	3	1	2	8
	公营	2	—	—	—	—	1	—	—	1
	民营	30	15	2	—	1	2	1	2	7
贵州	共计	—	—	—	—	—	—	—	—	—
	公营	—	—	—	—	—	—	—	—	—
	民营	—	—	—	—	—	—	—	—	—
云南	共计	1	—	—	—	1	—	—	—	—
	公营	—	—	—	—	—	—	—	—	—
	民营	1	—	—	—	1	—	—	—	—

广西	共计	11	2	—	1	1	1	4	—	2
	公营	—	—	—	—	—	—	—	—	—
	民营	11	2	—	1	1	1	4	—	2
广东	共计	—	—	—	—	—	—	—	—	—
	公营	—	—	—	—	—	—	—	—	—
	民营	—	—	—	—	—	—	—	—	—
福建	共计	2	2	—	—	—	—	—	—	—
	公营	—	—	—	—	—	—	—	—	—
	民营	2	2	—	—		—	—	—	—
湖南	共计	51	27	1	3	5	3	3	6	3
	公营	8	4	1	1	1	—	—	—	1
	民营	43	23	—	2	4	3	3	6	2
江西	共计	—	—	—	—	—	—	—	—	—
	公营	—	—	—	—	—	—	—	—	—
	民营	—	—	—	—	—	—	—	—	—
浙江	共计	4	3	—	—	—		—	—	—
	公营	—	—	—	—	—	—	—	—	—
	民营	4	3	—	—	—	1	—	—	—
陕西	共计	11	—	—	—	—	1	3	2	5
	公营	—	—	—	—	—	—	—	—	—
	民营	11	—	—	—	—	1	3	2	5
甘肃	共计	—	—	—	—	—	—	—	—	—
	公营	—	—	—	—	—	—	—	—	—
	民营	—	—	—	—	—	—	—	—	—
湖北	共计	—	—	—	—	—	—	—	—	—
	公营	—	—	—	—	—	—	—	—	—
	民营	—	—	—	—	—	—	—	—	—

河南	共计	—	—	—	—	—	—	—	—	—
	公营	—	—	—	—	—	—	—	—	—
	民营	—	—	—	—	—	—	—	—	—

（2）机器制造工业开工年份统计表

单位：厂数

	年份	总计	二十年以前	二十年	二十一年	二十二年	二十三年	二十四年	二十五年	二十六年
合计	共计	99	49	2	4	6	6	10	10	12
	公营	7	4	1	1	1	—	—	—	—
	民营	92	45	1	3	5	6	10	10	12
四川	共计	25	15	1	—	1	1	1	2	4
	公营	—	—	—	—	—	—	—	—	—
	民营	25	15	1	—	1	1	1	2	4
贵州	共计	—	—	—	—	—	—	—	—	—
	公营	—	—	—	—	—	—	—	—	—
	民营	—	—	—	—	—	—	—	—	—
云南	共计	1	—	—	—	1	—	—	—	—
	公营	—	—	—	—	—	—	—	—	—
	民营	1	—	—	—	1	—	—	—	—
广西	共计	8	2	—	1	—	1	3	—	1
	公营	—	—	—	—	—	—	—	—	—
	民营	8	2	—	1	—	1	3	—	1
广东	共计	—	—	—	—	—	—	—	—	—
	公营	—	—	—	—	—	—	—	—	—
	民营	—	—	—	—	—	—	—	—	—

福建	共计	2	2	—	—	—	—	—	—	—
	公营	—	—	—	—	—	—	—	—	—
	民营	2	2	—	—	—	—	—	—	—
湖南	共计	48	27	1	3	4	2	3	6	2
	公营	7	4	1	1	1	—	—	—	—
	民营	41	23	—	2	3	2	3	6	2
江西	共计	—	—	—	—	—	—	—	—	—
	公营	—	—	—	—	—	—	—	—	—
	民营	—	—	—	—	—	—	—	—	—
浙江	共计	4	3	—	—	—	1	—	—	—
	公营	—	—	—	—	—	—	—	—	—
	民营	4	3	—	—	—	1	—	—	—
陕西	共计	11	—	—	—	—	1	3	2	5
	公营	—	—	—	—	—	—	—	—	—
	民营	11	—	—	—	—	1	3	2	5
甘肃	共计	—	—	—	—	—	—	—	—	—
	公营	—	—	—	—	—	—	—	—	—
	民营	—	—	—	—	—	—	—	—	—
湖北	共计	—	—	—	—	—	—	—	—	—
	公营	—	—	—	—	—	—	—	—	—
	民营	—	—	—	—	—	—	—	—	—
河南	共计	—	—	—	—	—	—	—	—	—
	公营	—	—	—	—	—	—	—	—	—
	民营	—	—	—	—	—	—	—	—	—

（3）电器制造工业开工年份统计表

单位：厂数

年份		总计	二十年以前	二十年	二十一年	二十二年	二十三年	二十四年	二十五年	二十六年
合计	共计	13	—	1	—	2	3	1	—	6
	公营	3	—	—	—	—	1	—	—	2
	民营	10	—	1	—	2	2	1	—	4
四川	共计	7	—	1	—	—	2	—	—	4
	公营	2	—	—	—	—	1	—	—	1
	民营	5	—	1	—	—	1	—	—	3
贵州	共计	—	—	—	—	—	—	—	—	—
	公营	—	—	—	—	—	—	—	—	—
	民营	—	—	—	—	—	—	—	—	—
云南	共计	—	—	—	—	—	—	—	—	—
	公营	—	—	—	—	—	—	—	—	—
	民营	—	—	—	—	—	—	—	—	—
广西	共计	3	—	—	—	1	—	1	—	1
	公营	—	—	—	—	—	—	—	—	—
	民营	3	—	—	—	1	—	1	—	1
广东	共计	—	—	—	—	—	—	—	—	—
	公营	—	—	—	—	—	—	—	—	—
	民营	—	—	—	—	—	—	—	—	—
福建	共计	1	—	—	—	—	—	—	—	1
	公营	1	—	—	—	—	—	—	—	1
	民营	—	—	—	—	—	—	—	—	—
湖南	共计	2	—	—	—	1	1	—	—	—
	公营	—	—	—	—	—	—	—	—	—
	民营	2	—	—	—	1	1	—	—	—

江西	共计	—	—	—	—	—	—	—	—	—
	公营	—	—	—	—	—	—	—	—	—
	民营	—	—	—	—	—	—	—	—	—
浙江	共计	—	—	—	—	—	—	—	—	—
	公营	—	—	—	—	—	—	—	—	—
	民营	—	—	—	—	—	—	—	—	—
陕西	共计	—	—	—	—	—	—	—	—	—
	公营	—	—	—	—	—	—	—	—	—
	民营	—	—	—	—	—	—	—	—	—
甘肃	共计	—	—	—	—	—	—	—	—	—
	公营	—	—	—	—	—	—	—	—	—
	民营	—	—	—	—	—	—	—	—	—

〔国民政府资源委员会档案〕

9. 1932—1937年本国资本经营电气事业统计表

本国资本经营电气事业

年份	标准 交流50周波	非标准 交流60周波	其他及直流
1932	69.5	26.7	3.8
1933	70.2	26.0	3.8
1934	70.4	26.6	3.0
1935	74.7	23.0	2.3
1936	77.8	20.0	2.2
1937	81.7	16.5	1.8

全国电气事业

1932	81.5	15.1	3.4
1933	81.7	15.1	3.2
1934	82.3	15.0	2.7
1935	83.9	13.8	2.3
1936	85.6	12.0	2.4
1937	87.3	10.8	1.9

〔国民政府经济部档案〕

10．国防设计委员会编：全国各业资本统计表

（1933年）

类别	资本
棉织	一四九，五六七，八三九
面粉	二六，一五六，九六〇
水电	二五，〇六四，五〇〇
卷烟	二〇，四五二，六六七
水泥	一九，五一七，七八二
印刷	一七，八二〇，三五〇
丝织	一五，一三一，九〇〇
磁器	一四，〇九二，五〇〇
火柴	一三，五四四，四六〇
化学工业	八，五四三，三一六
铁工	六，二四五，七三四
针织	六，二四〇，〇二一
碾米	四，〇三八，六七八
电机	三，八八一，〇六七
精盐	三，八二〇，〇〇〇
烛皂	三，一七五，六五〇
榨油	三，〇〇四，四一六
毛织	三，五五五，〇五六

染炼	二，八二〇，三七六
砖瓦	二，三二七，九九〇
造纸	二，一四三，九〇〇
打包	二，〇五〇，〇〇〇
罐头	一，六六七，二〇〇
制革	一，三三四，九五〇
制蛋	一，三二三，九四四
轧花	九七六，〇〇〇
玻璃	八三七，五五六
草呢帽	七七〇，二二〇
制罐	七三二，〇〇〇
军服	五七一，一八〇
造船	四八三，八〇〇
煤球	四三九，八〇〇
木材	四三二，九六七
轧石	三六一，〇〇〇
热水瓶	三六一，〇〇〇
织席	三二九，〇〇〇
制糖	二七六，〇〇〇
石灰	二二六，〇〇〇
造钟	二一五，〇〇〇
酿酒	二〇〇，〇〇〇
钮扣	一九一，五〇〇
制冰	一〇〇，〇〇〇
丹粉	八〇，〇〇〇
石粉	七二，〇〇〇
阳伞	六一，五〇〇
钢精器皿	六〇，〇〇〇
制茶	四一，三三三
提灯	二〇，〇〇〇
教育用品	一六，五〇〇

自行车	一二，〇〇〇
药　棉	一〇，〇〇〇
电　镀	二，八〇〇
胶　鞋	二，〇〇〇

〔国民政府资源委员会档案〕

11. 国防设计委员会编：全国各业产品总额统计表

（1933年）

业　别	产　品　总　额
棉　织	四〇七，七三九，五三九
面　粉	一六八，一七七，一四八
卷　烟	一〇六，七六三，八五二
丝　织	八二，二八八，七七一
碾　米	四三，三四〇，四三六
榨　油	三七，三〇二，四六六
针　织	二七，〇一九，七八六
印　刷	二五，七三二，九五八
化学工业	二三，二〇六，九四二
火　柴	二一，九二五，四〇七
染　炼	一七，四〇〇，三四三
轧　花	一六，七四六，八八二
水　泥	一六，三七二，五二八
制　蛋	一四，九〇〇，二六五
铁　工	一四，六二四，八八六
烛　皂	一〇，五九五，四八三
毛　织	九，八九八，九七六
制　革	四，七七三，〇三三
造　船	六，六四一，四二八
磁　器	六，一九〇，六二三

制　　糖	六，一八八，八二〇
精　　盐	五，四七〇，五七〇
水　　电	五，四四四，三四一
砖　　瓦	四，一六六，八七八
罐　　头	三，九七一，〇八〇
电　　机	二，七〇二，六四四
煤　　球	三，三六四，二〇〇
玻　　璃	三，三三五，〇四四
木　　材	三，二七五，一四七
织　　席	二，七〇〇，三〇〇
草　呢　帽	二，六四二，六九九
造　　纸	二，三七一，五〇二
军　　服	一，七六四，〇八〇
热　水　瓶	一，五三五，三六〇
造　　钟	一，〇六八，〇四一
打　　包	一，〇三六，六〇〇
酿　　酒	七七〇，〇〇〇
钢精器皿	六三六，七六八
自　行　车	六〇四，〇〇〇
制　　罐	五九四，六五〇
石　　灰	五六六，六七五
阳　　伞	五三一，〇〇〇
制　　茶	四三二，七五九
轧　　石	三八六，三六〇
石　　粉	三四五，五〇〇
钮　　扣	一六三，八八〇
丹　　粉	一三四，三六〇
药　　棉	六〇，三〇〇
制　　冰	六〇，〇〇〇

提　灯	四八，〇〇〇
胶　鞋	一六，八〇〇
电　镀	三，〇〇〇

〔国民政府资源委员会档案〕

12. 国防设计委员会编：全国各地各业资本产品总值工人数概况统计表

(1933年)

业别	地别	资　本	原料	产品价值	工人数
棉织	南京	99,000		650,000	1,230
	上海	0,456,898 纺48,367,474		30,621,426 116,610,743	54,352 54,353
	青岛	264,000 纺2,700,000		260,000 5,066,158	171 1,976
	北平	118,000		2,140,000	3,990
	江苏 无锡	10,660,000 纺372,000		33,760,691 4,220,429	14,626 2,405
	吴县	2,058,000		8,759,245	4,320
	武进	纺2,030,000 织446,000		7,074,546 5,794,178	3,249 3,920
	南通	5,594,405		17,447,462	10,163
	南汇	10,000		122,330	179
	松江	25,000		107,000	313
	洞山	550		40,000	20
	江都	6,000		37,500	90
	常熟	纺1,000,000 织96,000		532,000 504,000	1,100 1,279
	句容	7,000		5,000	39
	崇明	纺1,560,000 9,000		5,200,000	1,875 165
	东海	21,000		120,000	336

棉织	江阴	纺织 1,658,000		2,822,000	1,070
				4,620,000	6,770
	海门	3,076,928		59,360	50
	太仓	900,000		3,805,500	2,000
	启东	1,980,979		4,345,166	2,382
	杭州	纺2,000,000		2,400,000	1,883
		织79,000		1,235,000	1,333
	鄞县	纺		4,980,000	1,518
		织 1,569,000		1,753,300	1,206
	永嘉	80,800		640,500	1,233
	嘉兴	104,000		353,100	569
	绍兴	21,300		171,000	466
	吴兴	4,000		21,000	57
	嘉善	30,000		45,300	152
	海宁	23,000		142,000	233
	萧山	600,000		2,295,000	1,256
	芜湖	1,092,000		2,000,000	1,289
				680,000	1,640
	蚌埠	30,000		180,000	400
	安庆	30,000		300,000	360
	大通	4,000		14,000	52
	南昌	145,000		370,000	860
	九江	1,800,000		4,675,897	1,305
	汉口	50,000		420,000	1,800
	武昌	10,328,818		124,623,502	17,567
				44,400	100
	江陵	800,000		4,341,163	1,400
	长沙	3,600,000		5,646,196	2,965
	重庆	860,000		2,850,000	5,100
	成都	650,000		3,400,000	15,000
	泸县	58,000		250,000	1,548
	四川江北	80,000		312,426	180

棉织	天津	15,377,900		26,020,572	10,535
				2,883,000	2,350
	获鹿	3,000,000		5,447,392	2,825
	清苑				30
	唐山	2,187,400		4,270,574	2,096
	高阳	31,000		238,100	245
	正定	400		25,840	40
	济南	12,500		316,000	330
		纺2,753,699		7,800,000	3,056
	烟台	19,000		353,875	564
	潍县	14,000		76,000	68
	益都	14,247		154,154	54
	黄县	15,100		35,000	70
	威海卫	10,000		32,500	36
	泰安	3,000		10,000	20
	德县	13,000		7,000	40
	山西 阳曲	829,900		1,514,502	1,187
	榆次	纺4,000,000		4,570,285	2,031
		织52,860		157,560	156
	新绛	2,752,100		2,775,192	2,357
	祁县	300,000		676,631	821
	河南 新乡	11,400		32,700	35
	开封	20,800		254,400	297
	郑县	4,201,681		9,829,800	4,587
	安阳	204,000		3,303,155	1,515
	信阳	21,000		94,500	114
	陕县	2,200		10,800	31
	汲县	2,018,000		5,140,120	1,782
					102
	武陟	100,000		950,230	391

业别	地别	资本	原料	产品价值	工人数
棉织	陕西长安	500		15,000	22
	汉口	线圈6,000		38,000	29
总计		149,216,539		405,410,009	225,810

业别	地别	资　本	原料	产品价值	工人数
棉织	松江	毯31,000 毛巾3,000		76,500 31,500	168 48
	汉阳	毛巾16,000		135,000	300
	重庆	毛巾 毯30,000		178,000	200
	成都	毯20,000 毛巾45,000		55,000 250,000	240 1,700
	泸县	毛巾15,800		140,800	260
	天津	毛巾92,300		750,900	826
	邢台	毯6,000 毛巾5,000		23,400 33,000	34 37
	济南	带7,500 巾4,600		139,000 30,500	188 51
	新乡	巾11,000		15,230	25
	长安	巾4,600		30,500	68
	万全	毯500		2,000	15
	吴县	边带68,000		439,000	254
总计		360,300 149,576,839		2,329,530 407,739,539	4,414 250,224

业别	地别	资　本	原料	产品价值	工人数
针织（袜）	上海	4,391,141		13,770,366	6,649
	青岛	22,200		147,600	108
	北平	172,900		1,547,000	3,820

针织（袜）	无锡	216,000		1,119,000	1,600
	吴县	12,000		78,000	114
	武进	27,800		30,570	538
	南汇	171,000		806,000	10,080
	松江	62,000		462,000	5,044
	江都	32,000		160,000	560
	淮安	10,000		12,280	500
	杭州	104,000		570,000	530
	鄞县	20,200		390,850	366
	永嘉	170,000		1,218,000	1,620
	绍兴	51,000		333,000	721
	嘉善	12,000		72,000	232
	海宁	72,500		466,875	1,476
	瑞安	7,200		108,00	120
	奉化	10,000		245,000	522
	芜湖	24,000		155,000	280
	大通	4,000		10,000	15
	南昌	8,100		57,000	225
	汉口	45,000		360,000	800
	武昌	20,000		350,000	1,100
	汉阳	7,000		123,255	500
	重庆	69,000		324,000	720
	成都	190,000		740,000	1,500
	泸县	32,000		336,000	600
	天津	210,000		2,463,880	2,920
	获鹿	3,880		29,100	88
	邢台	5,600		34,300	49
	济南	1,900		49,700	61
	烟台	6,000		300,000	25
	太原	4,000		20,750	21

	新乡	600		9,000	30
	信阳	15,000		33,760	270
	长安	1,500		22,500	30
总计		6,240,021		27,019,786	44,134

业别	地别	资本	原料价值	产品价值	工人数
毛纺织	上海	1,978,675		7,751,013	2,391
		毛毯5,000		7,200	40
	北平	694,781		929,123	752
	汉口	56,000		115,450	32
	天津	810,000		1,062,860	472
	归绥	15,000		22,280	90
	包头	×		10,150	51
	丰镇	600		900	8
总计		3,555,056		9,898,976	3,836

业别	地别	资本	原料价值	产品价值	工人数
轧花	上海	10,000		2,792,142	199
	南汇	435,000		1,159,920	1,210
	崇明	10,000		×	30
	川沙	31,000		980,600	232
	奉贤	55,000		2,434,300	434
	鄞县	8,000		203,200	118
	绍兴	142,000		1,968,000	431
	余姚	220,000		6,560,640	1,575
	萧山	30,000		508,800	112
	安庆	15,000		140,000	100
	咸阳	20,000		×	60
总计		976,000		16,746,882	4,501

业别	地别	资　本	原料价值	产品价值	工人数
染炼	上海	1,252,778		9,460,179	2,169
	无锡	7,800		61,200	64
	吴县	10,000		×	40
	铜山	700		5,000	22
	丹阳	14,000		54,184	52
	杭县	60,000		185,000	390
	鄞县	12,400		61,000	81
	嘉兴	10,000		20,000	18
	绍兴	30,000		804,000	58
	吴兴	35,200		120,800	140
	安庆	5,000		15,000	28
	汉口	295,000		1,514,580	386
	长沙	30,000		180,000	26
	重庆	100,000		244,000	76
	天津	640,000		3,700,000	2,000
	高阳	170,000		498,400	817
	山东潍县	145,500		477,000	91
总计		2,820,378		17,400,343	6,458

业别	地别	资　本	原料	产品价值	工人数
织绸	南京	170,000		1,500,000	2,600
缫丝	上海	599,155		8,149,708	31,535
织绸		3,857,855		26,863,421	9,515
丝	无锡	884,450		16,074,618	31,836
织	吴县	196,000		1,618,000	1,312
织	镇江	125,000		2,000,000	3,000

织	南通	50,000		72,500	45
织	丹阳	45,000		235,000	810
丝	吴江	50,000		210,000	620
织		81,960		1,075,200	426
丝	杭州	958,380		958,380	3,084
织		4,450,000		4,450,000	2,340
织	鄞县	70,000		221,460	240
丝	嘉兴	400,000		1,608,000	2,900
织	绍兴	294,000		1,400,000	3,256
织	吴兴	300,000		3,920,000	5,240
丝	海宁	30,000		569,400	1,270
丝	萧山	170,000		1,374,024	1,372
丝	海盐	200,000		162,500	600
丝	德清	100,000		550,000	1,708
丝	重庆	900,000		1,050,000	2,340
丝	成都	184,000		990,000	2,620
丝	嘉定	321,000		200,380	1,710
织		91,000		83,280	171
丝	万县	90,000		140,000	520
丝	邢台	10,700		53,100	83
织	河北高阳	5,500		×	75
织	福山烟台	9,000		300,000	295
丝	益都	47,000		1,125,000	869
丝	长山	16,000		88,000	120
织		205,000		4,230,000	5,240
丝	临朐	201,600		904,800	5,056
织	河南开封	20,000		45,000	70
织	安阳	10,000		17,000	70
总计		15,131,900		82,288,771	122,945
纺工	吴江	3,900		12,600	39

业别	地别	资本	原料	产品价值	工人数
面粉	南京	1,420,000		8,829,920	300
	上海	6,089,860		74,172,140	2,516
	青岛	525,000		2,748,000	100
	北平	1,500,000		225,820	28
	无锡	1,029,720		10,613,249	648
	镇江	500,000		1,300,000	130
	武进	200,000		1,489,704	94
	南通	625,000		2,758,480	200
	铜山	200,000		1,040,500	140
	江都	200,000		1,600,000	120
	淮阴	100,000		1,020,000	41
	泰县	224,000		2,441,500	42
	芜湖	220,000		1,000,000	80
	蚌埠	1,000,000		4,400,000	160
	南昌	4,500		19,000	16
	汉口	1,650,000		2,650,200	278
	沙市	80,000		226,128	87
	长沙	160,000		136,960	46
	汉阳	200,000		2,055,000	59
	重庆	390,000		665,400	84
	天津	2,500,000		16,411,874	662
	获鹿	12,000		211,720	44
	邢台	10,000		115,200	38
	清苑	560,000		2,112,000	243
	唐山	33,000		26,000	12
	邯郸	150,000		678,401	54
	正定	9,000		85,320	14
	宁晋	4,000		100,850	40
	济南	2,558,700		19,053,377	650

面粉	烟台	297,000		590,853	66
	济宁	100,000		1,200,000	35
	泰安	53,000		79,078	417
	高密	800		24,000	9
	太原	1,624,920		1,835,056	155
	榆次	70,000		206,470	8
	平遥	100,000		90,600	50
	大同	128,400		290,580	46
	临汾	76,000		214,955	32
	新乡	500,000		2,723,680	191
	开封	271,400		1,545,125	158
	安阳	20,000		497,500	28
	张家口	12,660		78,588	30
	归绥	400,000		263,320	31
	包头	350,000		324,600	86
总计		26,158,960		168,177,148	8,268

业别	地别	资　　本	原料价值	产品价值	工人数
碾米	南京	150,000		6,250,000	750
	上海	52,778		1,317,720	180
	无锡	58,500		169,000	130
	吴县	60,000		×	75
	镇江	375,000		3,250,000	200
	武进	57,000		138,480	88
	南通	210,000		158,000	180
	南汇	291,000		2,594,400	554
	松江	14,000		750,000	98
	江都	17,500		25,200	56
	常熟	102,000		183,600	340

碾米	句容	8,000		4,536	6
	昆山	218,000		×	520
	淮阴	9,000		43,200	20
	江阴	34,000		100,000	135
	川沙	12,000		12,000	29
	江浦	18,000		477,400	17
	杭州	262,000		4,840,000	804
	鄞县	100,000		×	400
	永嘉	23,100		88,000	74
	嘉兴	30,000		×	100
	绍兴	67,000		217,400	321
	吴兴	106,000		366,000	524
	嘉善	15,000		36,000	50
	海宁	40,000		94,500	245
	瑞安	23,300		43,400	156
	奉化	35,500		1,920,000	150
	余姚	36,000		119,000	393
	海盐	16,000		32,400	144
	德清	40,000		455,000	109
	临海	42,000		70,000	104
	芜湖	320,000		340,000	2,000
	安庆	6,000		9,000	20
	大通	10,000		1,600	24
	南昌	140,000		6,450,000	420
	汉口	730,000		7,392,000	1,200
	武昌	80,000		1,530,000	156
	汉阳	55,000		326,000	80
	沙市	34,000		73,000	102
	宜昌	15,000		300,000	30
	长沙	100,000		3,700,000	600

碾米	岳阳	3,000		280,000	10
	重庆	16,000		180,000	42
	万县	7,000		3,600	40
总计		4,038,678		43,340,436	11,678

业别	地别	资本	原料价值	产品价值	工人数
印刷	南京	620,000		1,875,000	2,750
	上海	9,250,000		12,282,154	5,854
	青岛	92,000		167,000	350
	北平	4,373,000		2,686,000	5,338
	无锡	33,000		91,000	184
	吴县	49,000		×	288
	镇江	64,000		125,000	330
	武进	30,800		80,000	115
	南通	24,000		28,000	38
	松江	5,500		×	52
	铜山	14,000		6,000	52
	江都	13,500		30,000	75
	常熟	16,000		×	132
	东海	12,500		43,000	95
	淮安	3,500		12,000	30
	太仓	50,000		10,000	46
	杭州	192,000		710,000	810
	鄞县	51,500		146,000	267
	永嘉	25,000		159,000	156
	嘉兴	9,000		20,000	41
	吴兴	10,600		20,000	66
	嘉善	3,000		×	21
	芜湖	44,000		77,000	216

印刷	蚌埠	20,000		35,000	135
	安庆	49,000		78,000	280
	大通	3,700		6,200	22
	南昌	103,000		445,130	540
	汉口	245,000		1,000,000	1,700
	武昌	26,500		149,990	311
	长沙	172,500		1,105,000	749
	重庆	490,000		436,000	1,120
	成都	551,000		730,000	1,480
	泸县	6,000		8,000	14
	万县	7,000		13,293	40
	天津	526,500		1,558,000	1,699
	获鹿	31,000		×	69
	邢台	3,000		×	27
	济南	40,000		207,900	350
	山西阳曲	75,800		90,000	233
	山西平遥	1,250		14,900	35
	新乡	9,800		40,000	110
	开封	98,000		189,000	453
	郑县	350,000		15,000	22
	信阳	11,000		35,000	39
	长安	13,700		9,400	253
总计		17,820,350		25,732,958	26,996

业别	地别	资　　本	原料价值	产品价值	工人数
铁工业	南京	翻砂 24,000		80,000	160
		铁工 51,000		267,500	539
	上海	翻砂 191,000		608,530	655
		熔炼 200,000		35,000	35
		机器 2,014,489		5,133,256	4,382
		铁工 64,000		392,200	229

铁工业	青岛	翻砂	22,500		85,000	148
		铁工	127,550		559,000	873
	北平	翻砂	8,000		100,000	120
		冶炼	1,500		50,000	45
		铁工	91,000		710,000	1,545
	无锡	翻砂 铁工	106,600		1,069,500	791
	吴县	翻砂 铁工	22,000		×	82
	镇江	翻砂	6,000		25,000	18
		机器	25,000		38,000	118
	武进	机器	90,800		370,000	364
	南通	翻砂 铁工	209,000		56,600	130
	丹阳	翻砂	3,000		×	35
		机器	1,000			
	常熟	机器	2,000		×	16
	杭州	翻砂	8,980		52,800	80
		铁工	224,000		582,940	497
	鄞县	翻砂	9,500		52,000	57
		机器	28,000		167,500	248
	永嘉	翻砂	7,000		19,000	14
		机器	4,800		24,000	30
	吴兴	翻砂 铁工	16,400		60,000	110
	瑞安	翻砂 铁工	8,000		23,000	34
	芜湖	同上	30,000		100,000	156
	蚌埠	翻砂	10,000		60,000	51
		修理 机器	2,500		20,000	100
	安庆	翻砂 铁工	9,100		13,100	51
	南昌	同上	27,000		36,000	213
	九江	机器	4,800		12,000	36

铁工业	汉口	翻砂 铁工	160,000		960,000	1,100
	武昌	同上	2,000		600	2
	江陵 沙市	同上	6,000		12,000	30
	大冶	冶炼 翻砂 铁工	× 880,000		× 147,000	274
	宜昌	机器	16,000		32,000	48
	湖南 长沙	翻砂 机器	4,500 226,000		21,000 206,000	39 892
	四川 重庆	翻砂 铁工	124,000		180,000	414
	成都	翻砂 铁工	110,600		95,200	928
	万县	同上	31,000		28,954	44
	河北 天津	翻砂 机器	20,000 68,000		264,000 640,000	580 1,441
	获鹿 石家庄	翻砂 铁工	9,300		48,500	100
	清苑	机器	20,000		19,500	30
	高阳	机器	1,500		×	10
	济南	翻砂 机器	9,050 44,800		100,000 293,470	153 644
	烟台	翻砂 铁工	13,500		119,000	233
	潍县	同上	101,700		289,593	428
	黄县	机器	1,500		18,200	11
	威海卫	同上	2,000		20,000	40
	博山	同上	13,000		60,000	94
	高密	机器	2,900		8,000	34
	山西 阳曲	翻砂 修理 机器	1,350 210		1,173 ×	36 58
	平遥	翻砂	175		400	14

铁工业	新绛	翻砂铁工	2,000		40,000	83
	河南新乡	同上	10,000		30,000	86
	开封	同上	112,500		34,030	128
	郑县	同上	22,000		37,000	65
	洛阳	同上	1,030		5,000	44
	长安	机器	40,000		92,000	168
	张家口	机厂	600		3,600	21
	南京	炼焦	4,000		36,000	16
	石家庄	煤焦	×		200,380	241
总计			6,245,734		14,624,886	19,658

业别	地别	资本	原料价值	产品价值	工人数
制罐	上海	628,000		264,800	1,378
	镇江	2,000		6,000	8
	杭州	3,000		25,000	11
	安庆	3,000		×	8
	天津	42,000		298,850	210
总计		732,000		594,650	1,615
提灯	济南	20,000		48,000	45
钢精器皿	上海	60,000		636,768	169
电气机械	上海	3,881,076		3,702,644	3,474
电镀	南昌	2,800		3,000	24
自行车	天津	12,000		604,000	422

业别	地别	资　　本	原料价值	产品价值	工 人 数
铁路机厂	青岛	2,291,300		×	1,470
	杭州	×		×	399
	九江	50,000		149,400	211
	汉口	×		×	618
	武昌	×		×	480
	长沙	×		100,886	84
	岳阳	×		×	51
	四川江北	10,000		8,200	33
	天津	×		×	466
	唐山	×		×	2,272
	南口	1,000,000		×	826
	济南	×		×	1,102
	张家口	×		×	405

业别	地别	资　　本	原料价值	产品价值	工 人 数
造船	上海	347,000		6,358,012	2,465
	青岛	×		×	82
	武昌	16,800		69,546	49
	重庆	120,000		213,870	218
总计		483,800		6,641,428	6,814
钮扣	吴县	15,000		×	130
	镇江	5,000		30,000	50
	松江	5,000		28,500	102
	嘉兴	1,000		3,850	16
	定海	9,600		77,540	44
	芜湖	3,600		24,000	72

	九江	4,300		×	36
	天津	148,000		×	107
总计		191,500		163,880	557
草呢帽	铜山	520		×	9
	上海	238,000		911,199	464
	杭州	13,700		72,000	87
	汉口	32,000		264,000	300
	成都	30,000		40,000	24
	天津	456,000		1,355,500	1,624
总计		770,220		2,642,699	2,408

业别	地别	资　　本	原料价值	产品价值	工 人 数
烛皂	南京	40,000		189,000	90
	上海	155,000		473,173	177
	北平	31,000		269,000	87
	无锡	6,000		157,440	36
	吴县	33,000		148,500	88
	镇江	9,000		40,000	15
	武进	10,000		69,120	7
	南通	57,000		×	72
	铜山	4,500		65,000	28
	江都	3,000		42,000	12
	淮安	2,100		270,000	8
	杭州	39,000		272,000	86
	鄞县	31,000		370,000	113
	永嘉	27,000		200,000	35
	嘉兴	6,000		12,000	15
	绍兴	16,000		180,800	31

烛皂	芜湖	57,500		460,000	116
	蚌埠	7,500		60,000	15
	安庆	20,000		120,000	20
	大通	2,000		18,000	3
	南昌	20,000		300,000	62
	汉口	95,000		1,000,000	150
	重庆	175,000		371,400	252
	成都	46,000		132,000	124
	泸县	3,700		26,400	29
	嘉定	碱50,000		112,000	130
	天津	31,600		979,000	343
	石家庄 获鹿	3,100		5,800	11
	邢台	8,500		28,600	59
	清苑	13,000		×	20
	唐山	5,300		5,300	36
	宁河	碱2,000,000		3,539,810	573
	济南	28,500		290,000	85
	太原	8,450		12,210	25
	运城	10,000		16,350	6
	新乡	400		1,300	4
	开封	112,500		91,200	128
	郑州	8,500		96,000	19
	信阳	6,000		54,000	34
	確山	8,000		64,000	16
	长安	7,500		54,000	33
总计		3,175,650		10,595,483	3,193

业别	地别	资　　本	原料价值	产品价值	工　人　数
制革	青岛	30,000		264,600	46
	北平	34,000		185,000	476
	杭州	50,000		730,000	277
	蚌埠	9,000		70,000	65
	汉口	50,000		200,000	200
	武昌	258,000		540,573	315
	长沙	71,000		170,000	51
	重庆	154,000		250,000	137
	成都	185,000		310,000	160
	天津	318,800		1,328,750	447
	获鹿	2,100		5,250	15
	邢台	4,500		13,200	61
	清苑	20,000		×	24
	济南	51,000		280,000	38
	潍县	5,000		40,000	12
	太原	10,550		200,375	48
	开封	7,000		54,720	21
	郑州	15,000		32,520	70
	长安	60,000		98,045	204
总计		1,334,950		4,773,033	2,667

业别	地别	资　　本	原料价值	产品价值	工　人　数
造纸	北平	8,800		140,000	91
	吴县（版纸）	500,000		800,000	306
	无锡	31,000		81,432	37
	南汇	30,000		×	60
	嘉兴	500,000		689,700	390

	嘉定	60,000		27,000	27
	天津	153,000		245,000	192
	济南	356,100		207,900	51
	太原	500,000		124,310	89
	新乡	5,000		56,160	26
总计		2,143,900		2,371,502	1,269

业别	地别	资　本	原料	产品价值	工人数
化学工业	上海	油漆 油墨 颜料 820,000		4,473,000	490
		化妆品5,113,916		7,353,064	1,597
		药品 1,570,000		6,511,080	839
	青岛	颜料 20,000		475,000	60
		橡胶 20,000		4,950	65
	无锡	酸镁 酸钙 80,000		698,000	287
	吴兴	碳酸钙 16,400		21,000	110
	瑞安	淀粉 10,000		30,000	31
	汉口	油漆 20,000		115,450	110
		黄丹 15,000		360,000	8
	重庆	油墨 30,000		30,600	13
		药品 50,000		×	26
	天津	油漆 230,000		350,000	87
		制胶 15,000		1,328,750	447
	宁河	酸镁 酸钙 300,000		379,908	300
	济南	颜料 120,000		600,000	48
	潍县	颜料 100,000		450,000	45
	新乡	亚水 8,000		16,000	12
	长安	酸 5,000		10,140	7
总计		8,543,316		23,206,942	4,573

业别	地别	资　　本	原料	产品价值	工人数
水电业	南京	自来水6,000,000		300,000	25
	上海	水厂　1,610,000		1,490,813	102
	青岛	自来水4,500,000		430,000	156
	北平	水厂　5,000,000		399,424	152
	镇江	自来水　200,000		150,000	30
	杭州	自来水6,500,000		336,000	54
	汉口	自来水2,500,000		1,729,887	322
	重庆	自来水2,590,000 电池　44,500		129,737 175,000	100 127
	成都	自来水　50,000		5,000	30
	泸县	电池　8,000		38,880	16
	天津	电器　62,000		562,000	395
总计		25,064,500		5,444,341	1,499

业别	地别	资　　本	原料	产品价值	工人数
卷烟	上海	19,042,667		102,744,354	17,055
	青岛	700,000		1,960,000	350
	海门	20,000		59,360	50
	鄞县	60,000		292,000	129
	芜湖	20,000		75,000	55
	蚌埠	60,000		150,000	90
	天津	20,000		324,000	100
	济南	30,000		423,000	95
	潍县	×		500,000	340
	山西阳曲	500,000		232,138	298
	许昌	×		×	192
总计		20,452,667		106,763,852	18,754

业别	地别	资　本	原料	产品价值	工人数
席	鄞县	15,000		45,500	270
	永嘉	296,000		2,540,000	5,810
	天津	18,000		114,800	220
总计		329,000		2,700,300	6,300
军服	汉口	450,000		1,192,000	15,000
	武昌	50,000		70,000	260
	太原	59,880		422,080	1,995
	新乡	3,000		30,000	40
	长安	8,300		50,000	220
总计		571,180		1,764,080	17,515
阳伞	上海	61,500		531,000	262
胶鞋	烟台	2,000		16,800	42

业别	地别	资　本	原料	产品价值	工人数
榨油	上海	1,173,056		12,209,879	2,026
	青岛	169,000		737,762	190
	无锡	198,000		3,757,724	378
	武进	233,600		7,480,785	642
	南通	400,000		4,000,000	800
	南汇	80,000		445,160	360
	丹阳	35,100		112,500	59
	昆山	30,300		160,000	40
	东海	150,000		1,200,000	600
	鄞县	80,000		412,986	122
	汉阳	320,000		6,301,100	551
	获鹿	70,000		138,230	24
	烟台	20,000		119,600	40

	黄县	12,000		30,000	8
	新乡	30,000		196,690	26
总计		3,004,416		37,302,466	6,866

业别	地别	资　　本	原料	产品价值	工人数
罐头	上海	食品 1,321,600		1,307,680	944
	鄞县	59,000		1,366,000	1,857
	永嘉	60,000		90,000	31
	奉化	36,000		260,000	1,395
	余姚	4,000		329,860	806
	定海	9,600		77,540	44
	重庆	39,000		135,000	321
	天津	18,000		90,000	61
	济南	70,000		180,000	107
	烟台	50,000		135,000	179
总计		1,667,200		3,971,080	5,745

业别	地别	资　　本	原料	产品价值	工人数
精盐	上海	240,000		630,000	100
	青岛	180,000		1,044,570	120
	宁河	2,100,000		×	303
	丰润	300,000		196,000	105
	烟台	1,000,000		3,600,000	256
总计		3,820,000		5,470,570	884
制蛋	南京	400,000		2,360,196	300
	上海	粉蛋 500,000		2,888,016	350
	青岛	2,000,000		6,515,080	625

	淮阴	55,944		×	176
	清苑	85,000		330,000	130
	邯郸	30,000		144,560	89
	济南	蛋粉 5,000		×	28
	大同	18,000		200,775	120
	新乡	70,000		465,857	231
	开封	10,000		209,250	93
	安阳	30,000		228,080	74
	许昌	×		×	165
	确山	30,000		395,062	132
	郾城	90,000		737,784	644
	绥远丰镇	×		425,605	203
总计		1,323,944		14,900,265	12,360
制茶	上海	41,333		432,759	466
酿酒	北平	200,000		770,000	224
制糖	上海	256,000		6,188,820	150
	九江	20,000		×	12
造钟	上海	50,000		188,000	160
	天津	50,000		229,622	88
	烟台	115,000		650,419	841
总计		215,000		1,068,041	1,089
煤球	南京	23,000		200,000	49
	上海	390,000		2,742,200	386
	鄞县	20,000		300,000	50
	芜湖	6,000		120,000	18
	蚌埠	800		2,000	5
总计		439,800		3,364,200	508

打包	汉口	1,000,000		291,600	36
	济南	300,000		180,000	80
	郑	350,000		264,000	22
	陕	400,000		301,000	56
总计		2,050,000		1,036,600	194

业别	地别	资本	原料	产品价值	工人数
制冰	南京	60,000		60,000	30
	南昌	40,000		×	17
木材制造业	上海	319,167		1,736,890	385
	永嘉	83,800		1,320,000	154
	汉口	20,000		48,000	20
	威海卫	10,000		170,257	31
总计		432,967		3,275,147	590
热水瓶	上海	361,000		1,535,360	662
药棉	杭州	10,000		60,300	142
线团	汉口	6,000		38,000	29
丹粉	重庆	80,000		134,360	48
教育用品	河北清苑	16,500		×	141
玻璃业	南京	5,000		40,000	70
	上海	372,500		1,643,454	1,578
	北平	1,500		67,000	74
	吴县	7,000		30,000	114
	铜山	7,000		15,000	18
	鄞县	3,000		60,000	56
	蚌埠	6,000		40,000	55
	安庆	3,000		24,000	37

业别	地别	资本	原料	产品价值	工人数
玻璃业	南昌	20,356		×	32
	汉口	35,000		90,000	350
	长沙	175,000		360,000	417
	重庆	89,000		154,000	560
	泸县	40,000		80,000	120
	嘉定	3,000		12,000	12
	天津	50,200		585,650	685
	唐山	5,000		60,000	25
	济南	2,000		20,000	33
	山西阳曲	8,000		24,000	32
	河南郑县	4,000		12,000	43
	归绥	1,000		17,940	14
总计		837,556		3,335,044	4,325
火柴	上海	4,357,060		5,774,324	2,894
	青岛	529,000		3,060,975	2,255
	北平	300,000		740,000	539
	吴县	850,000		924,000	854
	镇江	300,000		1,200,000	630
	南汇	×		852,000	614
	杭县	520,000		1,907,400	486
	鄞县	60,000		570,000	486
	永嘉	100,000		210,000	152
	丽水	250,000		473,850	703
	富阳	40,000		174,400	266
	诸暨	50,000		172,200	263
	九江	3,000,000		957,431	2,603
	汉口	60,000		149,760	576
	长沙	100,000		342,691	340

	重庆	79,000		557,000	1,040
	成都	100,000		80,000	800
	泸县	30,000		76,000	234
	嘉定	30,000		92,800	604
	天津	1,550,000		1,327,710	539
	济南	720,060		1,150,000	1,033
	烟台	50,000		251,800	236
	潍县	3,000		20,000	60
	济宁	300,000		480,000	580
	益都	107,400		200,000	320
	新绛	130,000		150,066	205
	长安	20,000		31,000	500
总计		13,545,460		21,925,407	20,878

业别	地别	资　　本	原料	产品价值	工人数
砖瓦业	南京	420,000		600,000	900
	上海	430,000		1,509,499	777
	青岛	29,700		403,800	312
	无锡	105,000		246,000	8,816
	吴县	180,000		50,000	268
	南汇	300,000		86,000	575
	昆山	150,000		160,000	820
	鄞县	16,000		126,000	65
	嘉普	54,000		54,000	300
	南昌	80,000		30,000	100
	汉阳	363,790		344,340	1,443
	嘉定	15,000		7,200	29
	天津	12,000		40,000	50
	济南	172,500		510,039	1,091
总计		2,327,990		4,166,878	15,546

水泥业	上海	1,638,600		2,283,758	220
	句容	2,797,202		2,500,000	480
	大冶	2,000,000		958,770	225
	唐山	13,081,980		10,650,000	3,100
总计		19,517,782		16,392,528	4,025

业别	地别	资　本	原料	产品价值	工人数
石灰业	上海	226,000		566,675	182
	松江	57,000		237,960	320
轧石业	杭州	64,000		140,000	116
	青浦	40,000		×	136
	汉口	炼灰 轧石 200,000		80,400	32
总计		361,000		386,360	604
磁业	上海	搪磁13,120,000		4,467,800	2,349
		坩埚350,000		295,000	388
	天津	搪磁 30,500		396,347	179
		瓷器 80,000		252,084	75
	唐山	瓷器 400,000		615,491	625
	滦县	瓷器 40,000		80,000	68
	博山	磁器 72,000		74,900	112
总计		14,092,500		6,190,622	3,796
石粉业	无锡	50,000		296,000	40
	吴县	22,000		49,500	88
总计		72,000		345,500	128

〔国民政府资源委员会档案〕

13. 刘大钧：中国工业资本组织资本额及平均存在时期调查表①

(1934年)

(1) 木材制造业

分类号码	业别	省市	厂数	资本组织					资本额(元)	平均存在时期	
				政府经营	独资	合伙	有限公司	其他		年	月
1-1	锯木	山东	1			1			10,000	1	2
		福建	1		1				300,000	17	
		广西	3			3			161,000	11	8
		上海	4		2	1	1		345,944	15	9
		全国合计	9		3	5	1		816,944	12	11
1-2	木制品										
1-2-1	木箱	上海	1		1				30,000	6	
		全国合计	1		1				30,000	6	
1-2-2	纱管筒	上海	5		2		2	1*	236,531	8	9
		全国合计	5		2		2	1	236,531	8	9
1-2-3	梭子	上海	1					1*	20,000		3
		全国合计	1					1	20,000		3
1-2-4	牙签	广州	1			1			7,700	5	
		全国合计	1			1			7,700	5	
1-3	竹制品	上海	1			1			4,000	7	
		全国合计	1			1			4,000	7	
第一大类全国总数或总平均			18		6	7	3	2	1,115,175	9	11

附注：平均存在时期系根据开办年月计算，截至二十二年底止，藉以表示各地各业发展之早迟及厂屋设备之新旧。又上项平均存在时期均根据各厂数字计算，故全国平均数与各省市平均之平均不必相同。

×不详。△内有一厂或数厂统计不完全。*无限公司。

① 本表选自刘大钧编《中国工业调查报告》。

(2) 家具制造业

分类号码	业别	省市	厂数	资本组织					资本额(元)	平均存在时期	
				政府经营	独资	合伙	有限公司	其他		年	月
2-1	铁制家具	河北	1		1				3,000	47	
		福建	1			1			10,000	13	
		上海	6			4	2		368,500	8	10
		全国合计	8		1	5	2		381,500	14	2
2-2	地毯	河北	1				1		18,000	8	
		北平	1				1		*	×	×
		上海	1		1				10,000	36	
		全国合计	3		1		2		28,000	22	×
2-3	地毯及其他	北平	1			1			10,000	17	
		全国合计	1			1			10,000	17	
第二大类全国总数或总平均			12		2	6	4		419,500	15	10

* 见毛纺织类。

(3) 冶炼业

分类号码	业别	省市	厂数	资本组织					资本额(元)	平均存在时期	
				政府经营	独资	合伙	有限公司	其他		年	月
3-1	翻砂										
3-1-1	机器及零件	江苏	2		1	1			5,200	5	6
		浙江	1			1			5,000	22	
		河北	1			1			4,000	14	
		山东	2			2			3,750	12	6

分类号码	业别	省市	厂数	政府经营	独资	合伙	有限公司	其他	资本额(元)	年	月
		青岛	1			1			1,800	15	
		上海	17		7	10			113,000	9	8
		全国合计	24		8	16			132,750	10	6
3-1-2	铁锅铁管	青岛	1			1			10,000	6	2
		上海	4		2	1	1		48,000	10	
		全国合计	5		2	2	1		58,000	9	1
3-2	熔炼										
3-2-1	炼钢铁	湖北	1				1		1,500,000	13	8
		山西	1					1	700,000	16	
		上海	1	1					200,000	2	7
		全国合计	3	1			1	1	2,400,000	10	9
3-2-2	炼铅	湖南	1	1					100,000	17	
		全国合计	1	1					100,000	17	
第三大类 全国总数或总平均			33	2	10	18	2	1	2,690,750	10	6

(4) 机械及金属制品业

分类号码	业别	省市	厂数	资本组织					资本额(元)	平均存在时期	
				政府经营	独资	合伙	有限公司	其他		年	月
4-1	机器制造兼修理										
4-1-1	印刷机	河北	1			1			14,000	13	2
		山东	1		1				4,000	5	11
		北平	1		1				2,000	32	
		上海	6		4	1	1		88,000	13	10
		全国合计	9		6	2	1		103,000	14	11
4-1-2	针织机	河北	3		3				4,500	13	

		北平	1		1				1,000	3	
		上海	6		3	3			62,000	15	5
		全国合计	10		7	3			67,500	13	6
4-1-3	纺织机	江苏	1			1			2,500	9	8
		浙江	2			2			25,000	5	3
		河北	5		4	1			28,000	21	2
		上海	13		8	2	3		387,000	14	5
		全国合计	21		12	6	3		442,500	14	11
4-1-4	动力机	江苏	1			1			30,000	13	6
		浙江	3		1	1	1		18,000	18	7
		河北	3				3		13,400	7	6
		山东	1		1				1,500	29	
		上海	13		5	4	4		397,000	14	3
		广州	1			1			7,700	12	
		全国合计	22		7	7	8		467,600	14	6
4-1-5	各种机器	江苏	4		2	2			24,250	4	9
		安徽	1			1			4,304	22	
		湖北	1		1				20,000	24	
		湖南	3	1	1	1			108,000	12	9
		河北	3		1	2			28,500	15	
		山东	4			3	1		23,500	9	4
		山西	2	2					4,307,915	10	10
		陕西	1	1					18,000	42	
		上海	22		9	9	4		1,050,807	12	
		全国合计	41	4	14	18	5		5,585,276	12	7
4-1-6	机器零件										
4-1-6-1	地轴宕柱	上海	1		1				9,500	30	
		全国合计	1		1				9,500	30	
4-1-6-2	袜针	河北	3		1	2			7,000	7	2
		北平	1		1				3,000	3	

		上海	7		2	5			19,600	2	8
		全国合计	11		4	7			29,600	4	
4-1-6-3	罗底	河北	1		1				8,000	6	
		全国合计	1		1				8,000	6	
4-1-6-4	汽门龙头	河北	1		1				1,000	11	
		北平	1			1			500	5	
		上海	2		1	1			55,000	6	10
		全国合计	4		2	2			56,500	7	5
4-1-7	修理机器及零件	浙江	1			1			5,000	32	
		湖北	3		1	2			45,500	6	8
		广东	1			1			38,500	6	
		南京	1			1			3,600	5	
		青岛	2		2				3,800	13	2
		上海	14		4	6		4	114,100	14	
		广州	3			3			14,245	14	9
		全国合计	25		7	14		4	224,745	13	
4-2	金属品制造										
4-2-1	锅炉水箱	上海	1		1				25,000	14	2
		全国合计	1		1				25,000	14	2
4-2-2	制罐										
4-2-2-1	制罐	上海	5		1	3		1	72,000	11	3
		广州	1			1			1,540		9
		全国合计	6		1	4		1	73,540	9	6
4-2-2-2	印刷制罐	河北	2		1	1			42,000	2	10
		上海	4		1	2	1		140,000	8	7
		全国合计	6		2	3	1		182,000	6	8
4-2-2-3	制罐及其他	上海	4		1	2	1		470,000	6	
		全国合计	4		1	2	1		470,000	6	
4-2-2-4	印刷制罐及其他	广州	1			1			11,550	6	
		全国合计	1			1			11,550	6	
4-2-3	钢精片及器皿	上海	4		1	3			100,000	5	11

		广州	1			1			100,100		8
		全国合计	5		1	4			200,100	4	10
4-2-4	制钉										
4-2-4-1	钉	河北	1		1				10,000	1	7
		上海	5		2	2		1	250,902	5	9
		广州	1				1		*		
		全国合计	7		3	2	1	1	260,902	4	11
4-2-4-2	钉绑等	上海	2				2		320,000	6	6
		全国合计	2				2		320,000	6	6
4-2-5	制针	青岛	2			2			45,000	3	5
		全国合计	2			2			45,000	3	5
4-2-5a	洋伞骨	广州	3			3			9,086	3	4
		全国合计	3			3			9,086	3	4
4-2-6	制灯	湖南	1		1				9,000		9
		河北	3		3				26,000	12	8
		山东	1				1		20,000	2	5
		上海	3		3				25,000	15	
		全国合计	8		7		1		80,000	10	5
4-2-7	铜皮	上海	4		1	1	1	1	330,000	2	3
		广州	2			2			74,690	14	6
		全国合计	6		1	3	1	1	404,690	6	4
4-2-8	铁条	上海	1			1			41,958	1	4
		全国合计	1			1			41,958	1	4
4-2-9	其他金属制品	河北	1					1	10,000	6	
		上海	5			3	1	1	98,000	1	11
		全国合计	6			3	1	2	108,000	2	7
4-3	电气机械及用品										
4-3-1	电气机械及用具	河北	2		1		1		30,000	7	5
		上海	3			2	1		114,790	9	8
		全国合计	5		1	2	2		144,790	8	9

* 资本归上海总厂

4-3-2	电气机械及电池	上海	1	1					500,000	7	
		全国合计	1	1					500,000	7	
4-3-3	电气用具	上海	5		1	1	3		1,880,000	12	3
		广州	1			1			23,100	2	
		全国合计	6		1	2	3		1,903,100	10	6
4-3-4	电料	上海	4		2	1	1		92,000	3	9
		全国合计	4		2	1	1		92,000	3	9
4-3-5	电料及其他	上海	2		1	1			13,000	6	
		全国合计	2		1	1			13,000	6	
4-3-6	电灯泡	上海	13		2	5	4	2	677,530	2	5
		全国合计	13		2	5	4	2	677,530	2	5
4-3-7	年红灯	上海	2					2	70,000	3	6
		全国合计	2					2*	70,000	3	6
4-3-8	电池	四川	1			1			33,500	3	
		上海	3		1	1	1		120,000	4	4
		广州	4		2	2			31,570	4	6
		全国合计	8		3	4	1		185,070	4	3
4-3-9	电池兼电筒	上海	1			1			×	5	
		广州	1		1				1,540	6	
		全国合计	2		1	1			1,540	5	6
4-3-10	电筒	上海	8		2	5	1		177,244	4	2
		广州	3		1	2			6,160	4	
		全国合计	11		3	7	1		183,404	4	1
4-3-11	电焊	上海	1				1		30,000	15	3
		全国合计	1				1		30,000	15	3
4-4	翻砂铁工										
4-4-1	纺织业机	浙江	2		1		1		105,000	19	11
		上海	3		1	2			70,000	20	5
		全国合计	5		2	2	1		175,000	20	2
4-4-2	动力机	江苏	3	1	1	1			125,000	11	1
		江西	2	1	1				18,440	18	6

		湖北	2		1	1			42,000	32	6
		河北	1		1				1,000	4	
		青岛	2		2				15,000	9	4
		广州	1			1			30,800	57	
		全国合计	11	2	6	3			232,240	19	7
4-4-3	各种机器	江苏	2			2			28,000	9	
		浙江	2			1	1		20,000	11	
		四川	1		1				31,000	3	6
		河北	4		2	2			16,500	17	6
		河南	5	1	2	1	1		144,500	8	2
		北平	2		1	1			56,000	19	
		青岛	2		1	1			22,000	16	
		上海	3		1	1	1		110,000	8	2
		广州	1			1			43,120	22	
		全国合计	22	1	8	10	3		471,120	12	2
4-4-4	修理及零件	浙江	1			1			4,000	12	
		安徽	1			1			6,000	15	
		湖北	3	1	1		1		1,591,867	26	
		四川	1			1			30,000	10	
		山东	1			1			2,000	11	
		福建	1				1		1,000,000*	26	
		南京	1		1				2,000	14	
		全国合计	9	1	2	4	2		2,635,867	18	5.
4-4-5	金属制品	上海	1			1			4,000	5	
		全国合计	1			1			4,000	5	
第四大类	全国总数或总平均		306	10	110	133	40	13	16,549,708	10	8.

* 资本与联厂合。

（5）交通用具制造业

分类号码	业别	省市	厂数	资本组织					资本额(元)	平均存在时期	
				政府经营	独资	合伙	有限公司	其他		年	月
5-1	造船										
5-1-1	造船	湖北	1			1			16,800	3	3
		四川	2		1		1		120,000	8	6
		青岛	1	1					62,316	11	
		上海	1	1					1,132,198	68	
		全国合计	5	2	1	1	1		1,331,314	20	1
5-1-2	造船及其他	上海	5		3	1	1		380,000	12	7
		全国合计	5		3	1	1		380,000	12	7
5-1-3	修理轮船	四川	2		1		1		18,000	15	
		上海	7		4	2		1	97,486	19	8
		全国合计	9		5	2	1	1	115,486	18	5
5-2	造车										
5-2-1	铁路机厂	江苏	1	1					1,710,857	25	
		浙江	1	1					662,633	28	
		江西	1	1					50,000	×	
		湖北	2	2					1,402,795	×	
		湖南	2	2					236,845	×	
		四川	1				1		10,000	5	
		察哈尔	1	1					179,943	6	
		河北	4	4					5,933,799	29	6
		山东	1	1					1,235,263	25	
		广东	3	3					262,331	36	6
		青岛	1	1					2,291,300	32	2
		上海	1	1					1,308,588	27	

		广州	3	3					1,380,945	28	4
		全国合计	22	21			1		16,665,304	26	6
5-2-2	造电车	北平	1				1		300,000	9	11
		全国合计	1				1		300,000	9	11
5-2-3	汽车零件	湖南	1	1					50,000	1	11
		河北	2		1		1		3,000	4	
		全国合计	3	1			1		53,000	3	4
5-2-4	修理汽车	浙江	1	1					53,857	3	6
		四川	1				1		10,000		6
		全国合计	2	1			1		63,857	2	
5-2-5	自行车	河北	2		2				1,000	13	6
		青岛	1		1				20,000	2	6
		上海	1					1	50,000	3	2
		全国合计	4		3			1	71,000	8	2
5-2-6	自行车零件	河北	3		3				4,450	5	8
		全国合计	3		3				4,450	5	8
5-2-7	煤气车	上海	1			1			20,000		5
		全国合计	1			1			20,000		5
第五大类全国总数或总平均			55	25	16	5	7	2	19,004,411	16	11

(6) 土石制造业

分类号码	业别	省市	厂数	资本组织					资本额(元)	平均存在时期	
				政府经营	独资	合伙	有限公司	其他		年	月
6-1	砖瓦										
6-1-1	砖瓦	江苏	6			1	5		690,000	10	3
		浙江	1			1			16,000		2

		江西	1		1				80,000	3	2
		湖北	2		1			1*	269,790	30	5
		山东	7			6	1		163,000	8	7
		福建	1				1		60,000	5	
		广东	2		1		1		790,000	11	8
		南京	4			1	3		325,000	2	10
		青岛	1			1			6,000	21	
		上海	2				2		1,040,000	8	4
		广州	2			2			100,100	7	
		全国合计	29		3	12	13	1	7,539,890	9	6
6-1-2	瓷砖	上海	2				2		180,000	2	4
		全国合计	2				2		180,000	2	4
6-1-3	砖瓦及其他	江苏	1				1		24,000	4	
		全国合计	1				1		24,000	4	
6-2	玻璃										
6-2-1	玻璃器皿	江苏	1			1			4,000	7	
		浙江	2		1	1			7,000	6	
		湖北	1			1			2,000	8	
		河北	7		3	4			20,300	5	10
		山西	1			1			8,000	2	10
		北平	1		1				500	2	9
		上海	21		7	5	7	2	487,891	6	4
		全国合计	34		12	13	7	2	529,691	6	1
6-2-2	玻璃车边	上海	4		2	1		1	16,667	4	9
		全国合计	4		2	1		1	16,667	4	9
6-3	水泥	江苏	1				1		2,797,203	13	
		湖北	1				1		2,000,000	27	
		河北	1				1		13,081,980	27	5
		上海	1				1		1,638,600	10	4
		广州	2	2					3,089,356	22	1
		全国合计	6	2			4		22,607,139	20	4

6-4	石灰石粉										
6-4-1	炼灰	上海	1			1			20,000	11	12
		全国合计	1			1			20,000	11	12
6-4-2	石灰	江苏	1					1*	50,000	9	
		上海	3		1	1	1		203,000	8	7
		全国合计	4		1	1	1	1	253,000	8	9
6-4-3	轧石	江苏	6		1	5			92,000	3	4
		浙江	2		1	1			62,000	9	9
		上海	1		1				3,000	71	
		全国合计	9		3	6			157,000	13	5
6-4-4	炼灰制砖	湖北	1		1				200,000	9	9
		全国合计	1		1				200,000	9	9
6-5	瓷器										
6-5-1	瓷窑	江西	1	1					23,236	1	4
		河北	2				1	1*	380,000	6	9
		山东	1	1					72,000	2	8
		全国合计	4	2			1	1	475,236	4	4
6-5-2	瓷器玻璃坩埚火砖	湖南	1				1		160,000	12	10
		河北	2		1	1			140,000	4	6
		全国合计	3		1	1	1		300,000	7	3
6-6	坩埚										
6-6-1	坩埚	上海	1					1**	100,000		11
		全国合计	1					1	100,000		11
6-6-2	坩埚火砖	上海	2				2		100,000	1	3
		全国合计	2				2		150,000	1	3
6-6-3	坩埚玻璃	上海	1				1		100,000	1	3
		全国合计	1				1		100,000	1	3
6-7	石棉	河北	2		2				11,000	12	6
		全国合计	2		2				11,000	12	6
6-8	制炼煤焦										
6-8-1	炼焦	河北	1		1				×	9	

分类号码	业别	省市	厂数	政府经营	独资	合伙	有限公司	其他	资本额(元)	年	月
		全国合计	1		1				×	9	
6-8-2	煤球	浙江	1			1			10,000	3	
		上海	6			2	3	1*	510,676	5	9
		全国合计	7			3	3	1	520,676	5	4
第六大类 全国总数或总平均			112	4	26	38	36	8	29,184,299	8	3

* 无限公司　　** 两合公司

(7) 建筑材料业

分类号码	业别	省市	厂数	资本组织					资本额(元)	平均存在时期	
				政府经营	独资	合伙	有限公司	其他		年	月
7-1	建筑材料	上海	1				1		55,550	6	7
		全国合计	1				1		55,550	6	7
7-2	铜铁钢料	河北	1			1			800	6	
		山东	2		2				7,000	7	9
		北平	1		1				3,000	21	
		上海	7		5	1	1		192,500	5	
		广州	1		1				770		8
		全国合计	12		9	2	1		204,070	6	8
7-3	钢铁钢料兼制钉	广州	1			1			38,500	3	
		全国合计	1			1			38,500	3	
第七大类 全国总数或总平均			14		9	3	2		298,120	6	4

(8) 水电业

分类号码	业别	省市	厂数	资本组织					资 本 额(元)	平均存在时期	
				政府经营	独资	合伙	有限公司	其他		年	月
8-1	水电	上海	1				1		5,640,000	10	
		全国合计	1				1		5,640,000	10	
8-2	水厂	江苏	1				1		200,000	9	2
		浙江	1	1					2,500,000	2	4
		湖北	1				1		2,500,000	28	
		四川	1				1		2,570,000	4	10
		福建	1				1		2,000,000	6	1
		广西	1	1					609,000	1	
		广东	1				1		523,600	23	3
		南京	1	1					4,000,000	5	
		北平	2				2		5,000,000	23	10
		青岛	1	1					4,500,000	32	
		上海	1				1		1,610,000	18	
		广州	1	1					961,025	29	
		全国合计	13	5			8		26,973,625	15	10
第八大类	全国总数或总平均		14	5			9		32,613,625	15	5

（9）化学工业

分类号码	业别	省市	厂数	资本组织					资 本 额(元)	平均存在时期	
				政府经营	独资	合伙	有限公司	其他		年	月
9-1	火柴										
9-1-1	火柴	江苏	4				4		3,060,000	14	1

		浙江	4				4		910,000	15	6
		江西	1				1		**	14	
		湖北	1					1*	60,000	1	2
		湖南	1				1		100,000	4	9
		四川	1				1		30,000	8	
		河北	4			1	3		1,550,000	17	1
		山东	1			1			50,000	7	8
		广西	1			1			56,000	13	
		广东	2			2			52,550	14	
		北平	1				1		200,000	29	
		青岛	1				1		200,000	6	
		上海	4			1	3		3,320,000	3	11
		广州	3			1	2		100,870	31	4
		全国合计	29			7	21	1	9,689,420	14	5
9-1-2	梗片	浙江	3			1	1	1*	120,000	7	2
		广东	2			2			12,700	1	6
		青岛	5		2	2	1		54,000	2	8
		上海	3				3		216,900·	12	4
		广州	2			1	1		25,390	2	6
		全国合计	15		2	6	6	1	428,990	5	4
9-2	皂烛										
9-2-1	皂	安徽	1				1		20,000	18	
		湖北	1				1		40,000	19	
		河北	2			1	1		205,000	22	6
		河南	1				1		15,000	4	9
		上海	4		2		1	1	145,000	10	9
		全国合计	9		2	1	5	1	425,000	14	5
9-2-2	皂烛	浙江	1			1			7,000	4	
		四川	2		1		1		100,000	15	
		全国合计	3		1	1	1		107,000	11	
9-2-3	碱烛皂	上海	1		1				10,000	28	

		全国合计	1		1				10,000	28	
9-2-4	泡花碱	河北	1			1			45,000	4	2
		全国合计	1			1			45,000	4	2
9-3	搪瓷										
9-3-1	搪瓷器皿	河北	3		2	1			30,500	3	7
		上海	13		3	1	7	2*	1,032,500	4	8
		广州	2			1		1*	92,400		5
		全国合计	18		5	3	7	3	1,155,400	3	11
9-3-2	搪瓷及其他	上海	4		1		3		280,000	14	6
		全国合计	4		1		3		280,000	14	6
9-3-3	制坯	上海	2		1		1		15,000*	10	9
		全国合计	2		1		1		15,000	10	9
9-4	油漆，墨颜料等										
9-4-1	油漆	河北	1				1		200,000	3	10
		上海	3				3		570,000	14	4
		全国合计	4				4		770,000	11	9
9-4-2	油墨	上海	2		1		1		150,000	9	
		全国合计	2		1		1		150,000	9	
9-4-2a	油漆油墨	广州	1			1			41,580	1	
		全国合计	1			1			41,580	1	
9-4-3	颜料	山东	1				1		100,000	14	
		青岛	1				1		115,000	6	
		上海	1				1		100,000		10
		全国合计	3				3		315,000	6	11
9-4-4	虫胶	广州	1			1			28,798		6
		全国合计	1			1			28,798		6
9-5	化妆品	上海	13		1	2	7	3	5,213,916	9	1
		广州	3				3		290,000△	7	
		全国合计	16		1	2	10	3	5,503,916	8	8

9-6	药品										
9-6-1	一般药品①	浙江	1				1		70,000	7	6
		上海	6			1	5		1,070,000	8	5
		全国合计	7			1	6		1,140,000	8	4
9-6-2	药及皂	上海	1				1		500,000	12	6
		全国合计	1				1		500,000	12	6
9-7	人造脂										
9-7-1	赛璐珞	上海	6		3	1	2		260,000	4	10
		全国合计	6		3	1	2		260,000	4	10
9-7-2	电玉电木等	上海	7		1	1	4	1*	229,000	1	10
		全国合计	7		1	1	4	1*	229,000	1	10
9-8	碱酸										
9-8-1	制酸	广西	1	1					350,000	7	
		上海	1				1		750,000	2	3
		全国合计	2	1			1		1,100,000	4	7
9-8-2	制碱	四川	1				1		50,000	14	
		河北	1				1		2,000,000	16	2
		全国合计	2				2		2,050,000	15	1
9-8-3	碱酸及漂粉	上海	1				1		400,000	4	7
		全国合计	1				1		400,000	4	7
9-9	炭酸钙炭酸镁										
9-9-1	炭酸钙镁	浙江	1			1			6,000	1	5
		上海	3				2	1*	650,000	3	
		全国合计	4			1	2	1	656,000	2	7
9-9-2	炭酸钙镁及其他	江苏	1				1		80,000	7	
		河北	1				1		300,000	7	8
		全国合计	2				2		380,000	7	4
9-10	煤气	上海	1				1		250,000		2
		全国合计	1				1		250,000		2

① 原文为"一药般品"。

9-11	酒精	广西	1	1					112,000	7	
		广东	1			1			77,000		11
		上海	1				1		70,000		5
		全国合计	3	1		1	1		259,000	2	10
9-12	其他化学工业	上海	3			2		1	137,778	1	9
		全国合计	3			2		1	137,778	1	9
第九大类 全国总数或总平均			148	2	19	30	85	12	26,326,882	8	9

** 本厂资本已包括总厂内。　　・无限公司 1 两合公司 1 不详 1。

△ 内一家资本□□□总公司。　　# 内一家系搪瓷器皿厂所设其资本已列入总厂数内。　　* 无限公司。

(10) 纺织工业

分类号码	业别	省市	厂数	资本组织					资本额(元)	平均存在时期	
				政府经营	独资	合伙	有限公司	其他		年	月
10-1	棉纺织										
10-1-1	制棉										
10-1-1-1	轧花	江苏	8		3	4	1		82,000	13	10
		上海	5		3	2			48,000	16	6
		全国合计	13		6	6	1		130,000	14	4
10-1-1-2	轧花及其他	江苏	3		1	2			28,000	17	4
		全国合计	3		1	2			28,000	17	4
10-1-1-3	废花	上海	8		5	1	1	1*	127,569	9	1
		全国合计	8		5	1	1	1	127.569	9	1
10-1-1-4	废花及其他	上海	1			1			5,000	3	
		全国合计	1			1			5,000	3	

10-1-1-5	弹旧花及药棉	广东	1			1			38,500	1	
		全国合计	1			1			38,500	1	
10-1-2	棉纺										
10-1-2-1	纺纱	江苏	9				9		5,500,000	18	10
		浙江	2				2		2,100,000	31	
		安徽	1				1		1,000,000	14	2
		江西	1				1		1,800,000	8	
		湖北	1				1		800,000	3	4
		河北	3		1		2		5,621,900	13	4
		山东	2				2		2,710,,000	7	10
		山西	2				2		4,600,000	6	
		河南	4				4		6,501,681	11	6
		青岛	1				1		2,700,000	14	11
		上海	12			1	8	3	15,583,562	14	3
		全国合计	38		1	1	33	3	48,917,143	14	8
10-1-2-2	纺纱兼织布	江苏	10				9	1*	23,302,307	21	9
		浙江	1				1		2,000,000	4	11
		湖北	4				4		10,321,818	19	5
		湖南	1	1					3,600,000	13	
		河北	4				4		14,787,400	14	1
		山东	1					1+	43,700	12	
		山西	2				2		2,863,500	5	1
		上海	16				11	5*	33,254,192	15	6
		全国合计	39	1			31	7	90,172,917	16	5
10-1-2-3	纺纱兼织毯	上海	1		1				279,720	11	9
		全国合计	1		1				279,720	11	9
10-1-3	棉织										
10-1-3-1	棉织	江苏	55		6	35	13	1*	1,284,600	6	10
		浙江	20		5	13	2		310,500	10	10
		江西	2				2		80,000	3	4
		湖北	1			1			15,000	21	

		四川	1		1				80,000	3	2
		河北	9		4	4		1*	94,000	9	11
		山东	3			3			16,500	2	10
		山西	2	1			1		90,000	20	10
		福建	2		1		1		180,000	5	
		广西	1			1			31,500		11
		广东	6		1	5			154,150	2	2
		北平	2		1	1			31,000	16	6
		青岛	2		1	1			60,000	3	6
		上海	74		15	31	18	10*	4,233,059	6	8
		广州	37		11	25	1		330,306	9	5
		全国合计	217	1	46	120	38	12	6,990,615	7	8
10-1-3-2	棉织兼铁工	上海	1				1		300,000	14	5
		全国合计	1				1		300,000	14	5
10-1-3-3	棉织兼藤竹木	浙江	1	1					21,370	20	10
		全国合计	1	1					21,370	20	10
	药棉纱布	浙江	3		1	2			10,000	2	2
		河北	1		1				30,000	9	
		上海	3		1	1	1		68,000	6	6
		广州	1			1			7,700	6	
		全国合计	8		3	4	1		115,700	5	7
10-1-5	药棉纱布及其他	广东	1			1			7,700	5	
		全国合计	1			1			7,700	5	
10-2	丝及丝织业										
10-2-1	缫丝										
10-2-1-1	厂丝	江苏	43		7	36			934,150	11	6
		浙江	13	1	1	11			922,000	8	6
		四川	7			1	6		1,836,000	14	11
		山东	1			1			16,000	1	
		广东	18		1	17			155,975	**21	5

		上海	49			6	1	42*	1,477,096	8	4
		广州	1	1					×		
		全国合计	132	2	9	72	7	42	5,341,221	11	3
10-2-1-2	双宫	上海	2		1			1*	37,000	8	
		全国合计	2		1			1	37,000	8	
10-2-1-3	绢丝	浙江	1		1				200,000	10	3
		上海	1				1		347,225	11	
		全国合计	2		1		1		547,225	10	8
10-2-2	丝织及附属工业										
10-2-2-1	织绸	江苏	12		3	7	1	1*	167,950	5	6
		浙江	51		18	30	3		650,500	10	7
		四川	1			1			30,000		3
		河北	6		2	4			52,000	7	7
		广东	1		1				×	1	
		上海	125		24	62	24	15*	4,329,431	4	1
		广州	1	1					269,500		
		全国合计	197	1	48	104	28	16	5,499,381	6	1
10-2-2-2	络丝	浙江	1				1		5,000	3	3
		全国合计	1				1		5,000	3	3
10-3											
10-3-1	毛纺	河北	1				1		510,000	2	8
		全国合计	1				1		510,000	2	8
10-3-2	毛织	上海	21		2	13	5	1*	921,850	3	7
		全国合计	21		2	13	5	1	921,850	3	7
10-3-3	毛纺织	湖北	1			1			55,944	2	6
		河北	1				1		300,000	2	
		北平	1	1					684,781	27	
		上海	2				2		1,100,000	3	11
		全国合计		1		1	3		2,140,725	7	10
10-3-4	毛纺兼制	山西	1		1				80,000	5	10

	服用品	全国合计	1		1				80,000	5	10
10-3-5	弹毛	上海	1		1				2,000		1
		全国合计	1		1				2,000		1
10-4	丝织兼棉织	河北	5		4	1			59,000	16	5
		河南	2		2				15,000	2	2
		全国合计	7		6	1			74,000	12	4
10-4a	棉织兼毛织	广州	1				1		96,250	1	11
		全国合计	1				1		96,250	1	11
10-5	厂丝毛棉纺织	江苏	1				1		100,000	8	8
		上海	3		1	1	1		1,430,000	1	9
		全国合计	4		1	1	2		1,530,000	3	6
10-6	染炼										
10-6-1	丝光纱	浙江	1			1			1,000	1	9
		湖北	1		1				2,000	10	4
		上海	16		4	11	1		128,000	5	7
		全国合计	18		5	12	1		131,000	5	8
10-6-2	染炼	江苏	1			1			10,000	9	
		浙江	3		1	2			32,000△	4	6
		湖北	3			1	1	1*	242,000	6	9
		湖南	1			1			30,000	3	7
		四川	2			2			115,239	4	
		河北	10		7	3			92,000	10	
		山东	2			1	1		145,500	2	7
		上海	30		3	20	4	3*	712,583	7	1
		广州	3			3			68,530	12	
		全国合计	55		11	34	6	4	1,447,852	7	5
10-6-3	染炼兼印布	上海	1				1		600,000		
		全国合计	1				1		600,000		
10-7	印花	上海	7		3	2	1	1*	47,000	9	2
		全国合计	7		3	2	1	1	47,000	9	2
10-8	制线										

10-8-1	经纬线	浙江	2		1	1			15,000	12	2
		上海	4			1	2	1	140,000	3	5
		全国合计	6		1	2	2	1	155,000	6	4
10-8-2	纱线团	广东	3			3			56,210	4	3
		上海	3		1	2			16,000	10	5
		广州	1			1			3,850		9
		全国合计	7		1	6			76,060	6	7
10-8-3	他种线	上海	3		1	2			11,000	10	4
		全国合计	3		1	2			11,000	10	4
10-9	边带										
10-9-1	制边	河北	1			1			60,000	10	
		全国合计	1			1			60,000	10	
10-9-2	制带	上海	2		1	1			60,000	14	4
		全国合计	2		1	1			60,000	14	4
10-9-3	宽紧带	江苏	1		1				15,000	18	8
		上海	3		2	1			38,000	10	
		全国合计	4		3	1			53,000	12	2
10-9-4	边带	上海	2		1	1			16,000	5	6
		全国合计	2		1	1			16,000	5	6
10-9-5	边带兼牙筷	上海	1			1			200,000	19	6
		全国合计	1			1			200,000	19	6
10-10	绒布整理										
10-10-1	拉绒	上海	2		1	1			60,000		9
		全国合计	2		1	1			60,000		9
10-10-2	拉绒兼漂染印花	江苏	2			2			9,500		10
		上海	2			2			31,000	2	6
		全国合计	4			4			40,500	1	4
10-10-3	压布	河北	1		1				6,000	13	
		全国合计	1		1				6,000	13	
第十大类	全国总数或总平均		821	7	162	397	166	89	166,828,298	8	7

′不详1无限公司2。 ⁺内无限公司2不详8。 * 无限公司。 ˙股份两合公司。 * 慈善事业。 ˙不详12无限公司3。 * 不详。 ** 内有九厂最初成立年月不详。 △ 内一厂为针织厂所设资本已列入总厂。

（11）服用品制造业

分类号码	业别	省市	厂数	资本组织					资本额（元）	平均存在时期	
				政府经营	独资	合伙	有限公司	其他		年	月
11-1	织袜										
11-1-1	织袜	江苏	8		2	6			85,500	9	5
		四川	1				1		21,000	13	
		河北	1			1			50,000	1	2
		广东	1			1			23,100		
		青岛	1				1		20,000	7	2
		上海	40		9	22	3	6**	2,021,281	8	9
		广州	1			1			61,600	11	
		全国合计	53		11	31	5	6	2,282,481	8	10
11-1-2	织袜兼衫裤及其他	浙江	1		1				6,000	18	7
		河北	3			3			67,500	14	
		上海	15		5	5	4	1*	1,471,710	9	
		广州	3			3			23,100	3	8
		全国合计	22		6	11	4	1	1,568,310	9	5
11-2	草呢帽	河北	5		2	2		1*	265,000	11	11
		上海	7		2	4	1		238,000	10	5
		全国合计	12		4	6	1	1	503,000	11	1
11-3	阳伞	上海	2			2			61,500	4	7
		全国合计	2			2			61,500	4	7
11-4	手帕	上海	7		2	2	2	1*	113,000	7	2

		全国合计	7	2	2	2	1	113,000	7	2
11-5	衫裤	浙江	1	1				20,000	8	
		河北	4	2	2			34,500	9	3
		广东	2	2				154,000	12	6
		上海	16	4	6	5	1*	1,013,167	8	1
		广州	5	3	2			23,485	11	10
		全国合计	28	12	10	5	1	1,245,152	9	2
11-6	绒毯毛巾									
11-6-1	线毯	江苏	1	1				10,000	14	
		河北	3		2	1		66,300	14	1
		上海	1		1			5,000	15	
		全国合计	5	1	3	1		81,300	14	3
11-6-2	毛巾	江苏	1	1				1,000	15	
		河北	2	1	1			9,000	13	7
		全国合计	3	2	1			10,000	14	
11-7	其他服用品									
11-7-5	钮扣	江苏	3	2	1			8,000	7	11
		河北	1		1			12,000	13	5
		上海	3	1	2			33,000	5	7
		全国合计	7	3	4			53,000	7	9
11-7-2	织席	河北	1					5,000	16	
		全国合计	1					5,000	16	
11-7-3	其他	上海	1	1	1			83,333	2	8
		全国合计	1	1	1			83,333	2	8
第十一大类全国总数或总平均			141	42	71	18	10	6,006,076	9	3

** 无限公司1不详5。 * 不详。 * 无限公司。

（12）皮革及橡胶制造业

分类号码	业别	省市	厂数	资本组织					资本额(元)	平均存在时期	
				政府经营	独资	合伙	有限公司	其他		年	月
12-1	制革										
12-1-1	制革	湖北	1	1					228,000	2	3
		湖南	1				1		30,000	8	11
		四川	1				1		154,000	13	
		河北	3			2	1		243,800	11	7
		山西	1		1				10,000	6	
		河南	1		1				48,147	1	1
		陕西	1				1		20,000	10	
		广西	1		1				56,000	6	
		上海	9		2	5	2		965,000	12	
		广州	1			1			38,500	4	
		全国合计	20	1	5	8	6		1,793,447	9	8
12-1-2	制革兼制胶	上海	1			1			15,000	12	
		全国合计	1			1			15,000	12	
12-2	橡胶制品	河北	1		1				15,000		11
		山东	1		1				2,000	5	
		青岛	1			1			20,000	1	11
		上海	44		4	16	11	13*	4,236,117	3	7
		广州	14			13	1		121,275	5	2
		全国合计	61		6	30	12	13	4,394,392	3	11
12-3	制胶	广东	1			1			77,000		8
		上海	1				1		60,000	13	
		全国合计	2			1	1		137,000	6	10
第十二大类全国总数或总平均			84	1	11	40	19	13	6,339,839	5	7

* 无限公司 7 两合公司 2 不详 4。

(13) 饮食品制造业

分类号码	业别	省市	厂数	资本组织					资本额(元)	平均存在时期	
				政府经营	独资	合伙	有限公司	其他		年	月
13-1	碾米										
13-1-1	磨谷	江苏	4		4				36,470	16	3
		全国合计	4		4				36,470	16	3
13-1-2	碾米	江苏	26		7	19			329,000	10	3
		浙江	3			3			34,200	10	2
		安徽	10		2	8			56,000	14	5
		江西	2			2			37,000	4	3
		湖北	1			1			40,000	22	
		广东	1			1			4,160	5	
		上海	4			2		2*	52,778	9	3
		广州	9			9			64,104	11	8
		全国合计	56		9	45		2	617,242	11	1
13-1-3	碾米及其他	广州	1			1			5,390	17	
		全国合计	1			1			5,390	17	
13-2	面粉机粉										
13-2-1	面粉	江苏	10		2		6	2*	2,453,720	19	7
		浙江	1				1		300,000	1	11
		安徽	3		1		2		1,050,000	16	4
		湖北	5				4	1+	1,930,000	15	5
		湖南	1				1		160,000	18	10
		四川	2				2		310,000	8	6
		察哈尔	1	1					12,660		
		绥远	1				1		50,000	3	5
		河北	7				7		3,150,000	11	3
		山东	10		2	1	6	1*	2,975,700	12	2

		山西	3		1		2		1,176,000	6	3
		河南	3				3		771,400	11	9
		南京	2				2		1,300,000	7	7
		青岛	2				2		525,000	7	10
		上海	15				8	7*	6,249,650	19	8
		全国合计	66	1	6	1	47	11	22,414,130	14	2
13-2-2	机粉	江苏	1			1			20,000	18	
		全国合计	1			1			20,000	18	
13-2-3	电厂兼制面粉	绥远	2				2		700,000	1	9
		河北	1		1				2,000	13	
		山西	1		1				128,400	11	
		全国合计	4		2		2		830,400	9	4
13-3	炼乳	浙江	2		1		1		70,000	6	4
		全国合计	2		1		1		70,000	6	4
13-4	制糖	上海	4			3		1*	256,000	3	2
		全国合计	4			3		1	256,000	3	2
13-5	制备食品										
13-5-1	罐头食品										
13-5-1-1	罐头食品	浙江	5			4	1		99,500	10	4
		河北	2		1	1			18,000	11	
		山东	2				2		70,000	19	
		广东	2			1	1		56,980	15	6
		上海	8			2	4	2*	1,493,600	10	1
		全国合计	19		1	8	8	2	1,738,080	11	10
13-5-1-2	罐头食品及其他	浙江	1		1				6,000	11	
		福建	2				2		1,400,000	15	6
		全国合计	3		1		2		1,406,000	14	
13-5-2	水产制品	浙江	1	1					9,600	17	3
		全国合计	1	1					9,600	17	3
13-5-3	豆腐制品	上海	1		1				4,000	11	
		全国合计	1		1				4,000	11	

13-5-4	糖果	河北	1		1				6,000	22	
		上海	2		2				24,000	5	6
		全国合计	3		3				30,000	11	
13-5-5	糖果饼干	广东	1				1		154,000		5
		广州	3			1	1	1*	18,865	5	
		全国合计	4			1	2	1	172,865	3	10
13-6	榨油										
13-6-1	榨油	江苏	19		8	9	2		768,580	15	4
		浙江	1				1		80,000	9	4
		湖北	3				3		320,000	28	
		广东	1			1			7,700	×	
		青岛	1			1			125,000	1	
		上海	10		1	5	4		1,271,056	18	1
		广州	30		1	29			117,763	14	4
		全国合计	65		10	45	10		2,690,099	15	10
13-6-2	油米	江苏	10		6	4			252,000	9	4
		广东	1			1			2,000	15	
		全国合计	11		6	5			254,000	9	10
13-7	制茶	上海	44		14	29	1		248,200	4	3
		全国合计	44		14	29	1		248,200	4	3
13-8	制烟										
13-8-1	烤烟叶	山东	1				1		Δ	16	
		河南	1				1		Δ	13	4
		青岛	1				1		500,000	2	10
		全国合计	3				3		500,000	10	9
13-8-2	卷烟	江苏	1			1			20,000		5
		浙江	1			1			20,000	6	
		安徽	2				2		80,000	2	11
		河北	1					1*	20,000		3
		山东	1		1				20,000	3	
		山西	1	1					500,000	1	6

		青岛	1				1		200,000	5	3
		上海	48		4	9	29	6	19,910,252	6	5
		全国合计	56	1	5	11	32	7	20,770,252	5	10
13-9	制酒										
13-9-1	酒	山东	2				2		2,200,000	26	10
		北平	1		1				200,000	20	
		全国合计	3		1		2		2,400,000	24	7
13-10	清凉饮料										
13-10-1	汽水	河北	3		1	1	1		98,000	16	7
		上海	2			1		1*	200,000	×	
		广州	3			1	2		419,600	12	8
		全国合计	8		1	3	3	1	717,600	14	8
13-10-2	冰及汽水	四川	1			1			100,000	7	
		福建	1				1		300,000	14	
		上海	1				1		300,000	15	
		全国合计	3			1	2		700,000	12	
13-11	调味品										
13-11-1	味精	上海	5		2		1	2*	870,000	7	1
		全国合计	5		2		1	2	870,000	7	1
13-11-2	酱油	福建	1				1		1,000,000	21	
		全国合计	1				1		1,000,000	21	
13-12	淀粉	浙江	1		1				10,000	9	
		上海	1				1		100,000	3	
		全国合计	2		1		1		110,000	6	
13-13	精盐	河北	1				1		2,100,000	19	
		山东	1				1		1,000,000	13	4
		青岛	1				1		800,000	8	10
		上海	1				1		240,000	5	
		全国合计	4				4		1,140,000	11	7
13-14	制蛋										
13-14-1	冰蛋	南京	1				1		400,000	1	

		青岛	2				2		4,640,446	6	9
		上海	1		1				500,000	3	
		全国合计	4		1		3		5,549,446	4	5
13-14-2	蛋粉	绥远	1			1			79,130	1	4
		河北	2			2			115,500	14	
		河南	7		3	3	1		201,786	10	1
		全国合计	10		3	6	1		396,416	10	
13-15	造冰冷藏	上海	2				2		424,000	2	10
		全国合计	2				2		424,000	2	10
第十三大类全国总数或总平均			390	3	72	160	128	27	68,380,190	10	6

* 内有无限公司6两合1。 ⁺ 无限公司。 • 不详1无限公司1。无限公司1两合公司1不详4。 × 不详。 Δ 见总公司。 ΔΔ 内有十四厂最初成立年月不详，一厂二二年以后成立。

（14）造纸印刷业

分类号码	业别	省市	厂数	资本组织					资本额（元）	平均存在时期	
				政府经营	独资	合伙	有限公司	其他		年	月
14-1	制纸										
14-1-1	制纸	江苏	3		1		2		61,000	5	
		四川	1			1			60,000	7	1
		河北	1			1			3,000	3	
		山东	1				1		359,100	14	8
		山西	1				1		500,000	2	1
		福建	1				1		790,000	5	
		广东	1				1		231,000	19	

		北平	1			1			800	13	
		上海	7		1	1	5		2,306,289	9	10
		全国合计	17		2	4	11		4,308,289	8	6
14-1-2	纸版	江苏	2		2				300,000	12	
		浙江	2				2		1,000,000	8	11
		河北	1				1		150,000	10	9
		上海	1				1		400,000	11	7
		全国合计	6		2		4		1 850,000	10	8
14-1-3	锡纸	上海	1			1			7,000	9	6
		全国合计	1			1			7,000	9	6
14-2	印刷										
14-2-1	印刷	江苏	10		3	4	3		118,566	15	8
		浙江	15	1	6	2	6		186,800	13	3
		江西	2	1	1				27,000	36	6
		湖北	3		2		1		47,500	25	2
		湖南	2				2		40,000	16	4
		四川	2			1	1		70,000	14	6
		河北	13	1	9	2	1		397,215	14	4
		山东	1			1			8,740	12	2
		山西	2		1		1		55,000	16	6
		河南	1			1			1,050	6	
		广西	3	2			1		860.000	9	8
		南京	15	1	3	7	3	1*	283,840	4	6
		北平	7	1	4		2		4,260,300	21	10
		青岛	1			1			7,500	7	7
		上海	99		19	33	30	17*	10,375,826	11	5
		广州	11		4	7			335,335	11	1
		全国合计	187	7	52	59	51	18	17,074,672	12	6
14-2-2	印刷兼熔铸	江苏	1			1			10,000	13	
		广东	1		1				11,550	24	
		上海	7		2		5		4,378,000	16	6

		广州	1		1				26,950	6	
		全国合计	10		4	1	5		4,426,500	15	8
14-3	纸制品										
14-3-1	纸盒	上海	10		3	4	3		134,000	6	11
		全国合计	10		3	4	3		134,000	6	11
14-3-2	卡纸片等	上海	3			1	2		76,400	14	10
		全国合计	3			1	2		76,400	14	10
第十四大类全国总数或总平均			234	7	63	70	76	18	27,877,461	12	1

* 无限公司。 × 不详。 △ 内一厂归香港总厂。

(15) 饰物仪器制造业

分类号码	业别	省市	厂数	资本组织					资本额(元)	平均存在时期	
				政府经营	独资	合伙	有限公司	其他		年	月
15-1	乐器	上海	2		1			1*	105,000	10	
		全国合计	2		1			1	105,000	10	
15-2	教育用品	河北	2		1	1			22,800	12	10
		上海	6		2	1	3		261,000	5	10
		全国合计	8		3	2	3		283,800	7	10
15-3	仪器	上海	5			1	2	2′	148,500	8	11
		全国合计	5			1	2	2	148,500	8	11
15-4	制钟										
15-4-1	钟	河北	1				1		50,000	1	4
		山东	5		3	1		1*	115,000	6	2
		全国合计	6		3	1	1	1	165,000	5	5
15-4-2	钟及电筒	上海	1				1		50,000	3	8
		全国合计	1				1		50,000	3	8

分类号码	业别	省市	厂数	政府经营	独资	合伙	有限公司	其他	资本额(元)	年	月
15-5	玩具	上海	4			1	3		60,000	5	2
		全国合计	4			1	3		60,000	5	2
第十五大类全国总数或总平均			26		7	5	10	4	812,300	7	1

△ 不详1，股份两合公司1。 · 两合有限公司。 * 无限公司。

(16) 其他工业

分类号码	业别	省市	厂数	资本组织					资本额(元)	平均存在时期	
				政府经营	独资	合伙	有限公司	其他		年	月
16-1	牙刷										
16-1-1	牙刷	河北	1			1			10,000	5	
		广东	1		1				6,000	3	
		上海	5		2	1	1	1*	100,000	10	5
		全国合计	7		3	2	1	1	116,000	8	7
16-1-2	牙刷兼牙粉	上海	1				1		160,000	12	8
		全国合计	1				1		160,000	12	8
16-2	制镜	上海	4			3	1		54,000	5	1
		全国合计	4			3	1		54,000	5	1
16-3	热水瓶										
16-3-1	自制瓶胆	上海	2		1		1		170,000	11	6
		全国合计	2		1		1		170,000	11	6
16-3-2	购用瓶胆	上海	7		1	4		2*	66,000	1	7
		全国合计	7		1	4		2	66,000	1	7
16-3-3	专制瓶胆	上海	3		1	2			160,000	1	
		全国合计	3		1	2			160,000	1	
16-4	打包	湖北	1				1		1,000,000	3	2
		山东	1				1		300,000		11

		河南	1				1		400,000	2	11
		全国合计	3				3		1,700,000	2	4
第十六大类全国总数或总平均			27		6	11	7	3	2,426,000	5	3
十六大类 全国总计或总平均			2435	66	561	994	612	202	406,872,634	9	8

附注：平均存在时期系根据开办年月计算，截至二十二年底止藉以表示各地各业发展之早迟及厂屋设备之新旧。

× 不详。

〔国民政府资源委员会档案〕

14. 刘大钧：中国工业动力机数量调查统计表①

（1934年）

（1）木材制造业

分类号码	业别	省市	厂数	蒸汽引擎	蒸汽透平	柴油引擎	其它	发电机	空气压缩机	锅炉
1-1	锯木	山东	1			1				
		福建	1	2						1
		广西	3	1		1	1	1(1)		1
		上海	4	1						2
		全国合计	9	4		2	1	1(1)		4
1-2	木制品									
1-2-1	木箱	上海	1							1(1)
		全国合计	1							1(1)
1-2-2	纱管筒	上海	5	2						2
		全国合计	5	2						2
1-2-3	梭子	上海	1							

① 本表选自刘大钧编：《中国工业调查报告》。

		全国合计	1							
1-2-4	牙签	广州	1							1(1)
		全国合计	1							1(1)
1-3	竹制品	上海	1							
		全国合计	1							
第一大类全国总数			18	6		2	1	1(1)		8(2)

附注：发电机栏内括弧中数字系指供电灯用之发电机部数；锅炉栏内括弧中数字系指不供蒸汽机用之锅炉坐数。二者皆已包含在总数内(即括弧外之数字)。× 不详。Δ 内有一厂或厂统计不完全。' 发生炉煤汽引擎。'' 煤气引擎。' 煤油引擎。

(2) 家具制造业

分类号码	业别	省市	厂数	蒸汽引擎	蒸汽透平	柴油引擎	其它	发电机	空气压缩机	锅炉
2-1	铁制家具	河北	1							
		福建	1							
		上海	6							
		全国合计	8							
2-2	地毯	河北	1							1(1)
		北平	1							1(1)
		上海	1							1(1)
		全国合计	3							3(3)
2-3	地毯及其它	北平	1	1		1				1
		全国合计	1	1		1				1
第二大类全国总数			12	1		1				4(3)

（3）冶炼业

分类号码	业别	省市	厂数	蒸汽引擎	蒸透	汽平	柴油引擎	其它	发电机	空气压缩机	锅炉
3-1	翻砂										
3-1-1	机器及零件	江苏	2								
		浙江	1								
		河北	1								
		山东	2								
		青岛	1								
		上海	17								
		全国合计	24								
3-1-2	铁锅	青岛	1								
	铁管	上海	4								
		全国合计	5								
3-2	熔炼										
	炼钢铁	湖北	1	5			1		2		6
		山西	1	×							×
		上海	1								
		全国合计	3	5			1		2		6
3-2-2	炼铅	湖南	1	5							2
		全国合计	1	5							2
第三大类全国总数			33	10			1		2		8

（4）机械及金属制品业

分类号码	业别	省市	厂数	蒸汽引擎	蒸透	汽平	柴油引擎	其它	发电机	空气压缩机	锅炉
4-1	机器制造兼修理										
4-1-1	印刷机	河北	1								

		山东	1			1′				
		北平	1							
		上海	6							
		全国合计	9			1′				
4-1-2	针织机	河北	3							
		北平	1							
		上海	6							
		全国合计	10							
4-1-3	纺织机	江苏	1			1				
		浙江	2							
		河北	5							
		上海	13							
		全国合计	21			1				
4-1-4	动力机	江苏	1			1				
		浙江	3			2				
		河北	3							
		山东	1							
		上海	13			5				
		广州	1			1				
		全国合计	22			9				
4-1-5	各种机器	江苏	4							
		安徽	1			1				
		湖北	1							
		湖南	3	3		4		1		2
		河北	3	1						1
		山东	4			4		2(1)		
		山西	2		3			3		7
		陕西	1	3′		2				2′
		上海	22							
		全国合计	41	7	3	11		6(1)		12
4-1-6	机器零件									

4-1-6-1	地轴宕柱	上海	1							1(1)
		全国合计	1							1(1)
4-1-6-2	袜针	河北	3							
		北平	1							
		上海	7			1				
		全国合计	11			1				
4-1-6-3	罗底	河北	1							
		全国合计	1							
4-1-6-4	汽门龙头	河北	1							
		北平	1							
		上海	2							
		全国合计	4							
4-1-7	修理机器及零件	浙江	1			1				
		湖北	3			2				
		广东	1			2				
		南京	1							
		青岛	2							
		上海	14							
		广州	3			3				
		全国合计	25			8				
4-2	金属品制造									
4-2-1	锅炉水箱	上海	1							
		全国合计	1							
4-2-2	制罐									
4-2-2-1	制罐	上海	5							
		广州	1							
		全国合计	6							
4-2-2-2	印刷制罐	上海	4							2(2)
		河北	2							
		全国合计	6							2(2)

4-2-2-3	制罐及其它	上海	4							2(2)
		全国合计	4							2(2)
4-2-2-4	印刷制罐及其它	广州	1							
4-2-3	钢精片及器皿	上海	4							1(1)
		广州	1			1				
		全国合计	5			1				1(1)
4-2-4	制钉									
4-2-4-1	钉	河北	1							
		上海	5							
		广州	1							1(1)
		全国合计	7							1(1)
4-2-4-2	钉网等	上海	2							
		全国合计	2							
4-2-5	制针	青岛	2							
		全国合计	2							
4-2-5a	洋伞骨	广州	3							
		全国合计	3							
4-2-6	制灯	湖南	1			1				
		河北	3							
		山东	1							
		上海	3							
		全国合计	8			1				
4-2-7	铜皮	上海	4							
		广州	2			2	*1	1(1)		
		全国合计	6			2	1	1(1)		
4-2-8	铁条	上海	1							
		全国合计	1							
4-2-9	其它金属制品	河北	1							
		上海	5							
		全国合计	6							

4-3	电气机械及用品									
4-3-1	电气机械及用具	河北	2							
		上海	3							
		全国合计	5							
4-3-2	电气机械及电池	上海	1							
		全国合计	1							
4-3-3	电气用具	上海	5			1		2(2)		
		广州	1							
		全国合计	6			1		2(2)		
4-3-4	电料	上海	4							
		全国合计	4							
4-3-5	电料及其它	上海	2							
		全国合计	2							
4-3-6	电灯泡	上海	13							
		全国合计	13							
4-3-7	年红灯	上海	2							
		全国合计	2							
4-3-8	电池	四川	1			1			2	
		上海	3							
		广州	4	1		1		1		2(1)
		全国合计	8	1		2		1	2	2(1)
4-3-9	电池兼电筒	上海	1							
		广州	1							
		全国合计	2							
4-3-10	电筒	上海	8							
		广州	3							
		全国合计	11							
4-3-11	电焊	上海	1							
		全国合计	1							
4-4	翻砂铁工									

4-4-1	纺织业机	浙江	2							
		上海	3							
		全国合计	5							
4-4-2	动力机	江苏	3			2				
		江西	2	·1		3				1
		湖北	2			1	·1			
		河北	1			1				
		青岛	2							
		广州	1	1			·1	1(1)		1
		全国合计	11	2		7	2	1(1)		2
4-4-3	各种机器	江苏	2			2				
		浙江	2			1				
		四川	1			1				
		河北	4	1						1
		河南	5	5		2	*2	2(2)	1	6
		北平	2	1	1		·2	2(1)		2
		青岛	2							
		上海	3							
		广州	1	1		2		2		1
		全国合计	22	8	1	8	4	6(3)	1	10
4-4-4	修理及零件	浙江	1							
		安徽	1			1				
		湖北	3	3		2		3(2)		9
		四川	1			1				
		山东	1							
		福建	1			1				
		南京	1			2				
		全国合计	9	3		7		3(2)		9
4-4-5	金属制品	上海	1							
		全国合计	1							
第四大类全国总数			306	21	4	60	7	20(10)	3	42(8)

Δ 煤气引擎。 · 发生炉煤气引擎。 * 煤油引擎。

（5）交通用具制造业

分类号码	业别	省市	厂数	蒸汽引擎	蒸汽透平	柴油引擎	其它	发电机	空气压缩机	锅炉
5-1	造船									
5-1-1	造船	湖北	1			1				
		四川	2	1		9		1(1)		
		青岛	1							1(1)
		上海	1	1*				2*(2)		5(3)*
		全国合计	5	2		10		3(3)		6(4)
5-1-2	造船及其它	上海	5	1		2				3(1)
		全国合计	5	1		2				3(1)
5-1-3	修理轮船	四川	2	1		2	*2*			1
		上海	7	2		2				3
		全国合计	9	3		4				4
5-2	造车									
5-2-1	铁路机厂	江苏	1							4(4)*
		浙江	1	1		2		2(1)	2	1
		江西	1	3					1	1
		湖北	2	5				4(2)		2
		湖南	2	3				1(1)		4
		四川	1	1						1
		察哈尔	1	3					5	5
		河北	4	13	7			14(3)	2	29
		山东	1	3				4	2	4
		广东	3	4				1(1)	1	3
		青岛	1	5				4	2	6
		上海	1		2			2		2
		广州	3	6		1	*1	4(2)		6
		全国合计	22	47	9	3	1	36(10)	15	68(4)
5-2-2	造电车	北平	1							

		全国合计	1							
5-2-3	汽车零件	湖南	1			2	1°*	1(1)		
		河北	2							
		全国合计	3			2	1	1(1)		
5-2-4	汽车修理	浙江	1							
		四川	1			2		1		
		全国合计	2			2		1		
5-2-5	自行车	河北	2							
		青岛	1							
		上海	1							
		全国合计	4							
5-2-6	自行车零件	河北	3							
		全国合计	3							
5-2-7	煤气车	上海	1				°1			
		全国合计	1				1			
第五大类全国总数			55	53	9	23	5	41(14)	15	81(9)

* 火油引擎，汽油引擎各一。 * 备而未用。 ° 发生炉煤气引擎。

* 内二只备用。

（6）土石制造业

分类号码	业别	省市	厂数	蒸汽引擎	蒸汽透平	柴油引擎	其它	发电机	空气压缩机	锅炉
6-1	砖瓦									
6-1-1	砖瓦	江苏	6	3		7		1(1)		3
		浙江	1			1				
		江西	1			1				
		湖北	2	2						2
		山东	7			6				
		福建	1			1				

		广东	2	2		1		1(1)		4
		南京	4			5				
		青岛	1							
		上海	2	2		1		1(1)		2
		广州	2			1				
		全国合计	29	9		24		3(3)		11
6-1-2	瓷砖	上海	2							1(1)
		全国合计	2							1(1)
6-1-3	砖瓦及其它	江苏	1			1				
		全国合计	1			1				
6-2	玻璃									
6-2-1	玻璃器皿	江苏	1							
		浙江	2							
		湖北	1							
		河北	7							
		山西	1							
		北平	1							
		上海	21			1				
		全国合计	34			1				
6-2-2	玻璃车边	上海	4							
		全国合计	4							
6-3	水泥	江苏	1		3			3		6
		湖北	1	4				3(1)		7
		河北	1	1	3			3		3
		上海	1		1		1*+	1		5
		广州	2	2	1	1		2(1)		7
		全国合计	6	7	8	1	1	12(2)		28
6-4	石，石灰石粉									
6-4-1	炼灰	上海	1							
		全国合计	1							

6-4-2	石粉	江苏	1							
		上海	3							
		全国合计	4							
6-4-3	轧石	江苏	6			10		1(1)		
		浙江	2			3			2	
		上海	1							
		全国合计	9			13		1(1)	2	
6-4-4	炼灰制砖	湖北	1			1				
		全国合计	1			1				
6-5	瓷器									
6-5-1	瓷窑	江西	1			1				
		河北	2		1			1		1
		山东	1	2						2
		全国合计	4	2	1	1		1		3
6-5-2	瓷器、玻璃、坩锅火砖	湖南	1				1			
		河北	2			1				
		全国合计	3			1	1			
6-6	坩锅									
6-6-1	坩锅	上海	1							
		全国合计	1							
6-6-2	坩锅火砖	上海	2							
		全国合计	2							
6-6-3	坩锅玻璃火砖	上海	1							
		全国合计	1							
6-7	石棉	河北	2							
		全国合计	2							
6-8	制炼煤焦									
6-8-1	炼焦	河北	1	4				1(1)		6
		全国合计	1	4				1(1)		6
6-8-2	煤球	浙江	1							

分类号码	业别	省市	厂数	蒸汽引擎	蒸透	汽平	柴油引擎	其它	发电机	空气压缩机	锅炉
		上海	6				4		3(3)		
		全国合计	7				4		3(3)		
第六大类全国总数			112	22		9	47	2	21(10)	2	49(1)

(7) 建筑材料业

分类号码	业别	省市	厂数	蒸汽引擎	蒸透	汽平	柴油引擎	其它	发电机	空气压缩机	锅炉
7-1	建筑材料	上海	1	1							1
		全国合计	1	1							1
7-2	铜铁钢料	河北	1								
		山东	2				2*		1(1)		
		北平	1								
		上海	7								
		广州	1								
		全国合计	12				2		1(1)		
7-3	铜铁钢料兼制钉	广州	1								
		全国合计	1								
第七大类全国总数			14	1			2		1(1)		1

* 备而未用。

(8) 水电业

分类号码	业别	省市	厂数	蒸汽引擎	蒸透	汽平	柴油引擎	其它	发电机	空气压缩机	锅炉
8-1	水电	上海	1		3				3		1
		全国合计	1		3				3		1
8-2	水厂	江苏	1				3		1		
		浙江	1								

分类号码	业别	省市	厂数	蒸汽引擎	蒸汽透平	柴油引擎	其它	发电机	空气压缩机	锅炉
		湖北	1		4			4		3
		四川	1	1		1		1		1
		福建	1							
		广西	1							
		广东	1	2						2
		北平	2	7						7
		青岛	1	1		1				1
		上海	1							
		南京	1			1	*1		1	
		广州	1			4	2	+3		1
		全国合计	13	11	4	10	3	9	1	15
第八大类全国总数			14	11	7	10	3	12	1	16

* 火油引擎。 + 用于电灯者在内。

(9) 化学工业

分类号码	业别	省市	厂数	蒸汽引擎	蒸汽透平	柴油引擎	其它	发电机	空气压缩机	锅炉
9-1	火柴									
9-1-1	火柴	江苏	4	2		6		2(2)		2
		浙江	4	1		3	1*	1		3(1)
		江西	1			3		1		
		湖北	1							
		四川	1	1		1		2(2)		1
		湖南	1			1*				
		河北	4							
		山东	1							
		广西	1			1				
		广东	2				1*			
		北平	1				1*			

		青岛	1							
		上海	4	1		1		1(1)		1
		广州	3				3*			3
		全国合计	29	5		16	6	7(5)		10(1)
9-1-2	梗片	浙江	3	3		1		1		2
		广东	2	3			1*	1(1)		1
		青岛	5							
		上海	3	3				1*		4
		广州	2				1*			
		全国合计	15	9		1	2	3(1)		7
9-2	皂烛									
9-2-1	皂	安徽	1	1						1
		湖北	1							1(1)
		河北	2	1*						1*
		河南	1			1				
		上海	4	1						4(3)
		全国合计	9	3		1				7(4)
9-2-2	皂烛	浙江	1							
		四川	2	2						2
		全国合计	3	2						2
9-2-3	碱烛皂	上海	1							1(1)
		全国合计	1							1(1)
9-2-4	泡花碱	河北	1							
		全国合计	1							
9-3	搪瓷									
9-3-1	搪瓷器皿	河北	3							
		上海	13			1				
		广州	2			2				
		全国合计	18			3				
9-3-2	搪瓷及其它	上海	4			1		1		3(3)
		全国合计	4			1		1		3(3)

9-3-3	制坯	上海	2							
		全国合计	2							
9-4	油漆墨，颜料等									
9-4-1	油漆	河北	1			2				
		上海	3							1(1)
		全国合计	4			2				1(1)
9-4-2	油墨	上海	2							
		全国合计	2							
9-4-2a	油漆油墨	广州	1							
		全国合计	1							
9-4-3	颜料	山东	1			1		1(1)		
		青岛	1							3(3)
		上海	1							1(1)
		全国合计	3			1		1(1)		4(4)
9-4-4	虫胶	广州	1							1(1)
		全国合计	1							1(1)
9-5	化妆品	上海	13							6(6)
		广州	3							
		全国合计	16							6(6)
9-6	药品									
9-6-1	一般药品	浙江	1						3	
		上海	6	1						3(2)
		全国合计	7	1					3	3(2)
9-6-2	药及皂	上海	1	1						1
		全国合计	1	1						1
9-7	人造脂									
9-7-1	赛璐珞	上海	6	1						5(4)
		全国合计	6	1						5(4)
9-7-2	电玉电木等	上海	7							
		全国合计	7							

9-8	碱酸									
9-8-1	制酸	广西	1	1				1		1
		上海	1			2				
		全国合计	2	1		2		1		1
9-8-2	制碱	四川	1	1						1
		河北	1		3			3		5
		全国合计	2	1	3			3		6
9-8-3	碱酸及漂粉	上海	1							
		全国合计	1							
9-9	碳酸钙碳酸镁									
9-9-1	碳酸钙镁	浙江	1							
		上海	3							
		全国合计	4							
	碳酸钙镁及其它	江苏	1							1(1)
		河北	1	1	1			1		1
		全国合计	2	1	1			1		2(1)
9-10	炼气	上海	1							
		全国合计	1							
9-11	酒精	广西	1	1				1(1)		1
		广东	1	2						1
		上海	1	1						2
		全国合计	3	4				1(1)		4
9-12	其它化学工业	上海	3							
		全国合计	3							
第九大类全国总数			148	29	4	27	8	18(8)	3	64(28)

* 火油引擎。 * 发生炉煤气引擎。 * 煤气引擎两部及炭气引擎一部。

(10)纺织工业

分类号码	业别	省市	厂数	蒸汽引擎	蒸透汽平	柴油引擎	其它	发电机	空气压缩机	锅炉
10-1	纺织机									
10-1-1	制棉									
10-1-1-1	轧花	江苏	8			11			1(1)	
		上海	5			6		1		
		全国合计	13			17		1	1(1)	
10-1-1-2	轧花及其它	江苏	3			14			5(4)	
		全国合计	3			14			5(4)	
10-1-1-3	废花	上海	8			1				
		全国合计	8			1				
10-1-1-4	废花及其它	上海	1							1(1)
		全国合计	1							1(1)
10-1-1-5	弹旧花及药棉	广东	1			1				
		全国合计	1			1				
10-1-2	棉纺									
10-1-2-1	纺纱	江苏	9	8	2	5		7(3)		19
		浙江	2	4				4(4)		5
		安徽	1	1		1				3
		江西	1		1			1		2
		湖北	1			3		1		
		河北	3		5			5		7
		山东	2	2	1			4(3)		6
		山西	2	2	1			1		9
		河南	4	5	4			8(3)		14
		青岛	1		1			1		2
		上海	12	4	5	1		5(5)		11(2)
		全国合计	38	26	20	10		37(18)		78(2)
10-1-2-2	纺纱兼织布	江苏	10	9	7	9		16(4)		49(3)

		浙江	1	1		1*				6
		湖北	4	3	5	1		8(2)	1	19
		湖南	1	1	4	1*		5		5
		河北	4		9			9		13
		山东	1							
		山西	2	1	1			1		3
		上海	16	3		1		2(2)		17(12)
		全国合计	39	18	26	13		41(8)	1	112(15)
10-1-2-3	纺纱兼织毯	上海	1							1(1)
		全国合计	1							1(1)
10-1-3	棉织									
10-1-3-1	棉织	江苏	55	3		26		30(30)		21(19)
		浙江	20	2		*8		*3(3)		4(1)
		江西	2			2				
		湖北	1							
		四川	1			1		1(1)		
		河北	9							
		山东	3			2		1(1)		1(1)
		山西	2	1				1(1)		1
		福建	2			2				
		广西	1							
		广东	6			6		1(1)		
		北平	2							
		青岛	2	1				1(1)		1
		上海	74	2		1		1(1)		21(17)
		广州	37	1			*1			4(2)
		全国合计	217	10		48	1	39(39)		53(40)
10-1-3-2	棉织兼铁工	上海	1							2(2)
		全国合计	1							2(2)
10-1-3-3	棉织兼藤竹木	浙江	1							
		全国合计	1							

10-1-4	药棉纱布	浙江	3							
		河北	1							1(1)
		上海	3							1(1)
		广州	1							
		全国合计	8							2(2)
10-1-5	药棉纱布及其它	广东	1	1		1		1(1)		1
		全国合计		1		1		1(1)		1
10-2	丝及丝织业									
10-2-1	缫丝									
10-2-1-1	厂丝	江苏	43	83		1		39(38)		54(2)
		浙江	13	20		3		9(9)		19(3)
		四川	7	16				6(6)		13
		山东	1	1						2
		广东	18	31						19
		上海	49	59		3		29(29)		50
		广州	1							1
		全国合计	132	210		7		83(82)		158(5)
10-2-1-2	双宫	上海	2	6				2(2)		3
		全国合计	2	6				2(2)		3
10-2-1-3	绢丝	浙江	1				2*	2		2(2)
		上海	1	1						1
		全国合计	2	1			2	2		3(2)
10-2-2	织绸及附属工业									
10-2-2-1	织绸	江苏	12			1		1(1)		
		浙江	51			1				1(1)*
		四川	1			1				
		河北	6							1(1)
		广东	1				*1	1(1)		
		上海	125		1	3		2(2)		1
		广州	1							

		全国合计	197		1	6	1	4(4)		3(2)
10-2-2-2	络丝	浙江	1							
		全国合计	1							
10-3										
10-3-1	毛纺	河北	1							
		全国合计	1							
10-3-2	毛织	上海	21							
		全国合计	21							
10-3-3	毛纺织	湖北	1							
		河北	1							
		北平	1	3	1			1(1)		4
		上海	2	1						2
		全国合计	5	4	1			1(1)		6
10-3-4	毛纺兼制服用品	山西	1	1						
		全国合计	1	1						
10-3-5	弹毛	上海	1							
		全国合计	1							
10-4	丝织兼棉织	河北	5	1						2
		河南	2	1		2				1
		全国合计	7	2		2				3
10-4a	棉织兼毛织	广州	1							1
		全国合计	1							1
10-5	废丝毛棉纺织	江苏	1							2(2)
		上海	3							3(3)
		全国合计	4							5(5)
10-6	染炼									
10-6-1	丝光纱	浙江	1					1(1)		
		湖北	1							
		上海	16							16(16)
		全国合计	18					1(1)		16(16)
10-6-2	染炼	江苏	1	1						1

		浙江	3	3						5(1)
		湖北	3	1		1				5(4)
		湖南	1			2				2(2)
		四川	2	1		1		1(1)		3(1)
		河北	10	9		1		1		2(1)
		山东	2	2		1		2(2)		2
		上海	30							36(30)
		广州	3	1		1				3(2)
		全国合计	55	18		7		5(3)		59(47)
10-6-3	染炼兼印布	上海	1							
		全国合计	1							
10-7	印花	上海	7	2						3(2)
		全国合计	7	2						3(2)
10-8	制线									
10-8-1	经纬线	浙江	2			1*	**1			4*
		上海	4							
		全国合计	6			1	1			4
10-8-2	纱线团	广东	3			5				
		上海	3							2(2)
		广州	1							
		全国合计	7			5				2(2)
10-8-3	他种线	上海	3							
		全国合计	3							
10-9	边带									
10-9-1	制边	河北	1							
		全国合计	1							
10-9-2	制带	上海	2							
		全国合计	2							
10-9-3	宽紧带	江苏	1			1				
		上海	3							
		全国合计	4			1				

分类号码	业别	省市	厂数	蒸汽引擎	蒸透	汽平	柴油引擎	其它	发电机	空气压缩机	锅炉
10-9-4	边带	上海	2								
		全国合计	2								
10-9-5	边带兼牙犊	上海	1								1(1)
		全国合计	1								1(1)
10-10	绒布整理										
10-10-1	拉绒	上海	2								1(1)
		全国合计	2								1(1)
10-10-2	拉绒兼漂染印花	江苏	2								2(2)
		上海	2								2(2)
		全国合计	4								4(4)
10-10-3	压布	河北	1	1							1
		全国合计	1	1							1
第十大类全国总数			821	300	48		134	6	222(164)	1	524(150)

* 煤汽机。 °内一部备用。 * 发生炉煤气引擎。 + 火油引擎。

(11) 服用品制造业

分类号码	业别	省市	厂数	蒸汽引擎	蒸透	汽平	柴油引擎	其它	发电机	空气压缩机	锅炉
11-1	织袜										
11-1-1	织袜	江苏	8								8(8)
		四川	1	1							1
		河北	1								
		广东	1				1				
		青岛	1								
		上海	40								11(11)
		广州	1								
		全国合计	53	1			1				20(19)

11-1-2	织袜兼衫裤及其它									
		浙江	1			2		1(1)		1(1)
		河北	3							
		上海	15							5(5)
		广州	3							
		全国合计	22			2		1(1)		6(6)
11-2	草呢帽	河北	5							
		上海	7							4(4)
		全国合计	12							4(4)
11-3	阳伞	上海	2							1(1)
		全国合计	2							1(1)
11-4	手帕	上海	7							
		全国合计	7							
11-5	衫裤	浙江	1							
		河北	4							
		广东	2			4		3		
		上海	16			1				7(7)
		广州	5							
		全国合计	28			5		3		7(7)
11-6	线毯毛巾									
11-6-1	线毯	江苏	1			1				
		河北	3							
		上海	1							
		全国合计	5			1				
11-6-2	毛巾	江苏	1			1				
		河北	2							
		全国合计	3			1				
11-7	其它服用品									
11-7-1	钮扣	江苏	3			2				
		河北	1							

分类号码	业别	省市	厂数	蒸汽引擎	蒸汽透平	柴油引擎	其它	发电机	空气压缩机	锅炉
		上海	3							
		全国合计	7			2				
11-7-2	织席	河北	1							
		全国合计	1							
11-7-3	其它	上海	1							
		全国合计	1							
第十一大类全国总数			141	1		12		4(1)		38(37)

(12) 皮革及橡胶制造业

分类号码	业别	省市	厂数	蒸汽引擎	蒸汽透平	柴油引擎	其它	发电机	空气压缩机	锅炉
12-1	制革									
12-1-1	制革	湖北	1			1	1*			
		湖南	1	1						1
		四川	1	1						1
		河南	1			1		1(1)		1(1)
		河北	3							1(1)
		山西	1							
		陕西	1	1						1
		广西	1	1						1
		上海	9			3				4(4)
		广州	1							
		全国合计	20	4		5	1	1(1)		10(6)
12-1-2	制革兼制胶	上海	1	2		1				1
		全国合计	1	2		1				1
12-2	橡胶制品	河北	1							
		山东	1			1				
		青岛	1							
		上海	44	3	2	1				65(61)

		广州	14	6		10		6(6)		14(8)
		全国合计	61	9	2	12		6(6)		79(69)
12-3	制胶	广东	1	1		1		1(1)		2
		上海	1	1		1		1(1)		1
		全国合计	2	2		2		2(2)		3
第十二大类全国总数			84	17	2	20	1	9(9)		93(75)

* 发生炉煤气引擎.

(13) 饮食品制造业

分类号码	业别	省市	厂数	蒸汽引擎	蒸汽透平	柴油引擎	其它	发电机	空气压缩机	锅炉
13-1	碾米									
13-1-1	砻谷	江苏	4							
		全国合计	4							
13-1-2	碾米	江苏	26	1		22	1*	1(1)		1
		浙江	3			5				
		安徽	10	1		13				1
		江西	2			2				
		湖北	1	1		1		1(1)		1
		广东	1				*1	1(1)		
		上海	4							
		广州	9			3	*7	9(9)		6
		全国合计	56	3		46	9	12(12)		9
13-1-3	碾米及其它	广州	1				*1	1(1)		2
		全国合计	1				1	1(1)		2
13-2	面粉机粉									
13-2-1	面粉	江苏	10	6		5		3(3)		10
		浙江	1			2		1		
		安徽	3	2		3		4(4)		2

		湖北	5	3	1	4		3(2)		3
		湖南	1	1		1		1		1
		四川	2	2				2(2)		2
		察哈尔	1	1						1
		绥远	1	1				1(1)		1
		河北	7	6	1			6(6)	1	15
		山东	10	7		3+	•3	9(7)		14
		山西	3	1		3	•1	1(1)		1
		河南	3	5				2(2)		7
		南京	2			2				
		青岛	2				•2	1(1)		
		上海	15							
		全国合计	66	35	2	23	6	34(29)	1	57
13-2-2	机粉	江苏	1			2				
		全国合计	1			2				
13-2-3	电厂兼制粉厂	绥远	2	4	1			3(1)		5
		河北	1	1				1(1)		1
		山西	1	2				2(2)		3
		全国合计	4	7	1			6(4)		9
13-3	炼乳	浙江	2	1						3(1)
		全国合计	2	1						3(1)
13-4	制糖	上海	4						7	
		全国合计	4						7	
13-5	制备食品									
13-5-1	罐头食品									
13-5-1-1	罐头食品	浙江	5	4		5		1(1)		7(2)
		河北	2							
		山东	2							
		广东	2	1		1				1
		上海	8		1					3(1)
		全国合计	19	5	1	6		1(1)		11(3)

13-5-1-2	罐头食品及其它	浙江	1			1				1(1)
		福建	2	2		1				3
		全国合计	3	2		2				4(1)
13-5-2	水产制品	浙江	1			2	2*			
		全国合计	1			2	2			
13-5-3	豆腐制品	上海	1							
		全国合计	1							
13-5-4	糖果	河北	1							
		上海	2							
		全国合计	3							
13-5-5	糖果饼干	广东	1				*1			
		广州	3							2(2)
		全国合计	4				1			2(2)
13-6	榨油									
13-6-1	榨油	江苏	19	11		10		3(3)		19(9)
		浙江	1	2		1*		1(1)		1
		湖北	3	4		1*		1(1)		3
		广东	1			1				
		青岛	1			1*	1*	1(1)	2	
		上海	10	5		2	*1	3(3)		10(5)
		广州	30	1		17	*3			
		全国合计	65	23		33	5	9(9)	2	33(14)
13-6-2	油米	江苏	10	1		8		1(1)	1	7(5)
		广东	1				*1	1(1)		
		全国合计	11	1		8	1	2(2)	1	7(5)
13-7	制茶	上海	44							
		全国合计	44							
13-8	制烟									
13-8-1	烤烟丝	山东	1	2				1(1)		4
		河南	1	2			*1	2(2)		4

		青岛	1							
		全国合计	3	4			1			8
13-8-2	卷烟	江苏	1			1		2(2)		
		浙江	1			1		1(1)		1(1)
		安徽	2	1*		1		1(1)		1
		河北	1							
		山东	1	1				1(1)		1
		山西	1							
		青岛	1							1(1)
		上海	48	4				2		9(7)
		全国合计	56	6		3		7(5)		13(9)
13-9	制酒									
13-9-1	酒	山东	2	1		2				1
		北平	1	1	3			3		4
		全国合计	3	2	3	2		3		5
13-10	清凉饮料									
13-10-1	汽水	河北	3							
		上海	2							
		广州	3							
		全国合计	8							
13-10-2	冰及汽水	四川	1	1		2				1
		福建	1			2				
		上海	1			1				
		全国合计	3	1		5				1
13-11	调味品									
13-11-1	味精	上海	5	1						11(10)
		全国合计	5	1						11(10)
13-11-2	酱油	福建	1	3						1
		全国合计	1	3						1
13-12	淀粉	浙江	1			1				
		上海	1							

分类号码	业别	省市	厂数	蒸汽引擎	蒸透	汽平	柴油引擎	其它	发电机	空气压缩机	锅炉
		全国合计	2				1				
13-13	精盐	河北	1							1	1(1)
		山东	1								
		青岛	1								
		上海	1								
		全国合计	4							1	1(1)
13-14	制蛋										
13-14-1	冰蛋	南京	1				2				
		青岛	2				5	*1	2		
		上海	1								
		全国合计	4				7	1	2		
13-14-2	蛋粉	绥远	1	1							1
		河北	2	2							2
		河南	7	8			1		1(1)		9
		全国合计	10	11			1		1(1)		12
13-15	造冰冷藏	上海	2								1(1)
		全国合计	2								1(1)
第十三大类全国总数			390	105		7	141	27	81(67)	12	190(47)

* 煤油机 ˚ 发生炉煤气引擎 ⁺ 内二部备用 ′ 第塞尔引擎 ˚ 火油引擎 ˙ 煤汽引擎 *汽油引擎 * 备而未用

(14) 造纸印刷业

分类号码	业别	省市	厂数	蒸汽引擎	蒸透	汽平	柴油引擎	其它	发电机	空气压缩机	锅炉
14-1	制纸										
14-1-1	制纸	江苏	3	1			1	*3	1(1)		3(2)
		四川	1	2							2
		河北	1	2							1
		山东	1	2					1(1)		2

		山西	1	1				1		2
		福建	1	1				+3		2
		广东	1	1			*2	1(1)		6
		北平	1	2						3
		上海	7	15	1	3		2(1)		6(2)
		全国合计	17	27	1	4	5	9(4)		27(4)
14-1-2	纸板	江苏	2	8		4		3(2)		8
		浙江	2	6		2		1		4
		河北	1	2		1*		1(1)		4
		上海	1					2(2)		2(2)
		全国合计	6	16		7		7(5)		18(2)
14-1-3	锡纸	上海	1							
		全国合计	1							
14-2	印刷									
14-2-1	印刷	江苏	10			1				
		浙江	15				1*			
		江西	2			2	1*			
		湖北	3			3		2(2)		
		湖南	2			2				
		四川	2			4		1(1)		
		河北	13							
		山东	1			1		1(1)		
		山西	2			1				
		河南	1			2		1(1)		
		广西	3			3				
		南京	15			8				
		北平	7		3			3	2	2
		青岛	1							
		上海	99							
		广州	11							
		全国合计	187		3	27	2	8(5)	2	2

分类号码	业别	省市	厂数	蒸汽引擎	蒸汽透平	柴油引擎	其它	发电机	空气压缩机	锅炉
14-2-2	印刷兼熔铸	江苏	1							
		广东	1							
		上海	7							
		广州	1							
		全国合计	10							
14-3	纸制品									
14-3-1	纸合	上海	10							
		全国合计	10							
14-3-2	卡片纸等	上海	3							
		全国合计	3							
第十四大类全国总数			234	43	4	38	7	24(14)	2	47(6)

* 第塞引擎 ° 火油引擎 × 煤气引擎 + 用于电灯在内

(15) 饰物仪器制造业

分类号码	业别	省市	厂数	蒸汽引擎	蒸汽透平	柴油引擎	其它	发电机	空气压缩机	锅炉
15-1	乐器	上海	2							
		全国合计	2							
15-2	教育用品	河北	2							
		上海	6							
		全国合计	8							
15-3	仪器	上海	5							
		全国合计	5							
15-4	制钟									
15-4-1	钟	河北	1							
		山东	5			4				
		全国合计	6			4				
15-4-2	钟及电筒	上海	1							

15-5	玩具	全国合计	1							
		上海	4							
		全国合计	4							
第十五大类全国总数			26			4				

(16) 其它工业

分类号码	业别	省市	厂数	蒸汽引擎	蒸汽透平	柴油引擎	其它	发电机	空气压缩机	锅炉
16-1	牙刷									
16-1-1	牙刷	河北	1							
		广东	1							
		上海	5							
		全国合计	7							
16-1-2	牙刷兼牙粉	上海	1							
		全国合计	1							
16-2	制镜	上海	4							
		全国合计	4							
16-3	热水瓶									
16-3-1	自制瓶胆	上海	2			1				1(1)
		全国合计	2			1				1(1)
16-3-2	购用瓶胆	上海	7							
		全国合计	7							
16-3-3	专制瓶胆	上海	3							
		全国合计	3							
16-4	打包	湖北	1							
		山东	1			1		1		
		河南	1	1		1		1(1)		2
		全国合计	3	1		2		2(1)		2
第十六大类全国总数			27	1		3		2(1)		3(1)
十六大类全国总计			2435	621	94	525	67	458(300)	39	1168(367)

〔国民政府资源委员会档案〕

15. 刘大钧：中国工业动力机能力调查统计表①

(1934年)

(1) 木材制造业

分类号码	业别	省市	厂数	蒸汽引擎（马力）	蒸汽透平（马力）	柴油引擎（马力）	其它（马力）	共计	发电机（基罗瓦特）
1-1	锯木	山东	1			15		15	
		福建	1	140				140	
		广西	3	60		25	45	130	×
		上海	4	100				100	
		全国合计	9	300		40	45	385	×
1-2	木制品								
1-2-1	木箱	上海	1						
		全国合计	1						
1-2-2	纱管筒	上海	5	105				105	
		全国合计	5	105				105	
1-2-3	梭子	上海	1						
		全国合计	1						
1-2-4	牙签	广州	1						
		全国合计	1						
1-3	竹制品	上海	1						
		全国合计	1						
第一大类全国总数			18	405		40	45	490	×

附注：发电机栏内括弧中数字系指供电灯用之基罗瓦特数。又透平发电机难合而为一，仍分填两栏，以便分别计算原始及次级动力之总数。×不详。△内有一厂或数厂统计不完全。

① 本表选自刘大钧编：《中国工业调查报告》。

(2) 家具制造业

分类号码	业别	省市	厂数	蒸汽引擎（马力）	蒸汽透平（马力）	柴油引擎（马力）	其它（马力）	共计	发电机（基罗瓦特）
2-1	铁制家具	河北	1						
		福建	1						
		上海	6						
		全国合计	8						
2-2	地毯	河北	1						
		北平	1						
		上海	1						
		全国合计	3						
2-3	地毯及其它	北平	1	25		8.5		33.5	
		全国合计	1	25		8.5		33.5	
第二大类全国总数			12	25		8.5		33.5	

（3）冶炼业

分类号码	业别	省市	厂数	燕汽引擎（马力）	燕汽透平（马力）	柴油引擎（马力）	其它（马力）	共计	发电机（基罗瓦特）
3-1	翻砂								
3-1-1	机器及零件	江苏	2						
		浙江	1						
		河北	1						
		山东	2						
		青岛	1						
		上海	17						
		全国合计	24						
3-1-2	铁锅铁管	青岛	1						
		上海	4						
		全国合计	5						
3-2	熔炼								
3-2-1	炼钢铁	湖北	1	1,100		150		1,250	300
		山西	1	×					
		上海	1						
		全国合计	3	1,100		150		1,250	300
3-2-2	炼铅	湖南	1	100				100	
		全国合计	1	100				100	
第三大类全国总数			33	1,200		150		1,350	300

(4) 机械及金属制品业

分类号码	业别	省市	厂数	蒸汽引擎（马力）	蒸汽透平（马力）	柴油引擎（马力）	其它（马力）	共计	发电机（基罗瓦特）
4-1	机器制造兼修理								
4-1-1	印刷机	河北	1						
		山东	1			4		4	
		北平	1						
		上海	6						
		全国合计	9			4		4	
4-1-2	针织机	河北	3						
		北平	1						
		上海	6						
		全国合计	10						
4-1-3	纺织机	江苏	1			12		12	
		浙江	2						
		河北	5						
		上海	13						
		全国合计	21			12		12	
4-1-4	动力机	江苏	1			18		18	
		浙江	3			16		16	

		河北	3						
		山东	1						
		广州	1			25		25	
		上海	13			100		100	
		全国合计	22			159		159	
4-1-5	各种机器	江苏	4						
		安徽	1			6		6	
		湖北	1						
		湖南	3	145		30.5		175.50	4.5
		河北	3	15				15	
		山东	4			71.5		71.50	21.5(1.5)
		山西	2		3,133.33			3,133.33	2,350
		陕西	1	66		51		117	
		上海	22						
		全国合计	41	226	3,133.33	159		3,518.33	2,376(1.5)
4-1-6	机器零件								
4-1-6-1	地轴宕柱	上海	1						
		全国合计	1						
4-1-6-2	袜针	河北	3						
		北平	1						
		上海	7			2.50		2.50	

		全国合计	11			2.50		2.50	
4-1-6-3	罗底	河北	1						
		全国合计	1						
4-1-6-4	汽门龙头	河北	1						
		北平	1						
		上海	2						
		全国合计	4						
4-1-7	修理机器及零件	浙江	1			12		12	
		湖北	3			40		40	
		广东	1			16		16	
		南京	1						
		青岛	2						
		上海	14						
		广州	3			37		37	
		全国合计	25			105		105	
4-2	金属品制造								
4-2-1	锅炉水箱	上海	1						
		全国合计	1						
4-2-2	制罐								
4-2-2-1	制罐	上海	5						

		广州	1						
		全国合计	6						
4-2-2-2	印刷制罐	河北	2						
		上海	4						
		全国合计	6						
4-2-2-3	制罐及其它	上海	4						
		全国合计	4						
4-2-2-4	印刷制罐及其它	广州	1						
		全国合计	1						
4-2-3	钢精片及器皿	广州	1			38		38	
		上海	4						
		全国合计	5			38		38	
4-2-4	制钉								
4-2-4-1	钉	河北	1						
		上海	5						
		广州	1						
		全国合计	7						
4-2-4-2	钉钢等	上海	2						
		全国合计	2						
4-2-5	制针	青岛	2						
		全国合计	2						

4-2-5a	洋伞骨	广州	3						
		全国合计	3						
4-2-6	制灯	湖南	1			10		10	
		河北	3						
		山东	1						
		上海	3						
		全国合计	8			10		10	
4-2-7	铜皮	上海	4						
		广州	2			200	80	280	5(5)
		全国合计	6			200	80	280	5(5)
4-2-8	铁条	上海	1						
		全国合计	1						
4-2-9	其它金属制品	河北	1						
		上海	5						
		全国合计	6						
4-3	电气机械及用品								
4-3-1	电气机械及用具	河北	2						
		上海	3						
		全国合计	5						
4-3-2	电气机械及电池	上海	1						

		全国合计	1						
4-3-3	电气用具	上海	5			25		25	16.6(16.6)
		广州	1						
		全国合计	6			25		25	16.6(16.6)
4-3-4	电料	上海	4						
		全国合计	4						
4-3-5	电料及其它	上海	2						
		全国合计	2						
4-3-6	电灯泡	上海	13						
		全国合计	13						
4-3-7	年红灯	上海	2						
		全国合计	2						
4-3-8	电池	四川	1			8		8	
		上海	3						
		广州	4	15		50		65	29
		全国合计	8	15		58		73	29
4-3-9	电池兼电筒	上海	1						
		广州	1						
		全国合计	2						
4-3-10	电筒	上海	8						
		广州	3						

		全国合计	11						
4-3-11	电焊	上海	1						
		全国合计	1						
4-4	翻砂铁工								
4-4-1	纺织业机	浙江	2						
		上海	3						
		全国合计	5						
4-4-2	动力机	江苏	3			56		56	
		江西	2	60		28		88	
		湖北	2			15	40	55	
		河北	1			6		6	
		青岛	2						
		广州	1	25			55	80	30(26.75)
		全国合计	11	85		105	95	285	30(26.75)
4-4-3	各种机器	江苏	2			24		24	
		浙江	2			12		12	
		四川	1			10		10	
		河北	4	10				10	
		河南	5	63		20	6	89	18.7(18.7)
		北平	2	8	8		75	91	30(×)
		青岛	2						

		上海	3						
		广州	1	25		140		165	46(8)
		全国合计	22	106	8	206	81	401	94.7
4-4-4	修理及零件	浙江	1						
		安徽	1			9		9	
		湖北	3	82		222		304	156(6)
		四川	1			25		25	
		山东	1						
		福建	1			12		12	
		南京	1			10		10	
		全国合计	9	82		278		360	156(6)
4-4-5	金属制品	上海	1						
		全国合计	1						
第四大类全国总数			306	514	3,141.33	1,361.50	256	5,272.83	2,707.30

（5）交通工具制造业

分类号码	业别	省市	厂数	蒸汽引擎（马力）	蒸汽透平（马力）	柴油引擎（马力）	其它（马力）	共计	发电机（基罗瓦特）
5-1	造船								
5-1-1	造船	湖北	1			20		20	
		四川	2	20		65		85	4.7(4.7)
		青岛	1						
		上海	1	900				900	540(540)
		全国合计	5	920		85		1,005	544.7(544.7)
5-1-2	造船及其它	上海	5	4		65		69	
		全国合计	5	4		65		69	
5-1-3	修理轮船	四川	2	8		14	29	51	
		上海	7	60		75		135	
		全国合计	9	68		89	29	186	
5-2	造车								
5-2-1	铁路机厂	江苏	1						
		浙江	1	40		136.20		176.20	102.15 (15.75)
		江西	1	63				63	
		湖北	2	585				585	304(70)
		湖南	2	58				58	16.5(16.5)

		四川	1	15				15	
		察哈尔	1	127				127	
		河北	4	2343.33	543.87			2887.20	1,600(181)
		山东	1	750				750	564
		广东	3	185				185	32(32)
		青岛	1	1,431				1,431	840
		上海	1		400			400	300
		广州	3	345		160	30*	535	281,75(135)
		全国合计	22	5942.33	943.87	296.20	30	7212.40	4,040.40
5-2-2	造电车	北平	1						
		全国合计	1						
5-2-3	汽车零件	湖南	1			22	×	22	×
		河北	2						
		全国合计	3			22	×	22	×
5-2-4	修理汽车	浙江	1						
		四川	1			30		30	1.5(1.5)
		全国合计	2			30		30	1.5(1.5)
5-2-5	自行车	河北	2						
		青岛	1						
		上海	1						
		全国合计	4						

5-2-6	自行车零件	河北	3						
		全国合计	3						
5-2-7	煤气车	上海	1				10	10	
		全国合计	1				10	10	
第五大类全国总数			55	9,634.33	943.87	587.20	69	8,534.40	4,586.60

* 发生炉煤气引擎。

（6）土石制造业

分类号码	业别	省市	厂数	蒸汽引擎（马力）	蒸汽透平（马力）	柴油引擎（马力）	其它（马力）	共　计	发电机（基罗瓦特）
6-1	砖瓦								
6-1-1	砖瓦	江苏	6	135		345		480	6(6)
		浙江	1			50		50	
		江西	1			60		60	
		湖北	2	170				170	
		山东	7			94		94	
		福建	1			42		42	
		广东	2	260		40		300	5(5)

		南京	4			267		267	
		青岛	1						
		上海	2	220		15		235	10(10)
		广州	2			35		35	
		全国合计	29	785		948		1,733	21(21)
6-1-2	瓷砖	上海	2						
		全国合计	2						
6-1-3	砖瓦及其它	江苏	1			30		30	
		全国合计	1			30		30	
6-2	玻璃								
6-2-1	玻璃器皿	江苏	1						
		浙江	2						
		湖北	1						
		河北	7						
		山西	1						
		北平	1						
		上海	21			0.5		0.5	
		全国合计	34			0.5		0.5	
6-2-2	玻璃车边	上海	4						
		全国合计	4						
6-3	水泥	江苏	1		3,870			3,870	2,902.5

		湖北	1	1,850				1,850	130(70)
		河北	1	1,300	18,600			19,900	13,950
		上海	1		1,960		100	2,060	1,440
		广州	2	415	2,000	40		2,455	150
		全国合计	6	3,565	26,430	40	100	30,135	18,572.50 (70)
6-4	石，石灰石粉								
6-4-1	炼灰	上海	1						
		全国合计	1						
6-4-2	石粉	江苏	1						
		上海	3						
		全国合计	4						
6-4-3	轧石	江苏	6			412		412	5.5(5.5)
		浙江	2			96		96	
		上海	1						
		全国合计	9			508		508	5.5(5.5)
6-4-4	炼灰制砖	湖北	1			50		50	
		全国合计	1			50		50	
6-5	瓷器								
6-5-1	瓷窑	江西	1			12		12	

		河北	2		333.33			333.33	250
		山东	1	55				55	
		全国合计	4	55	333.33	12		400.33	250
6-5-2	瓷器，玻璃坩锅，火砖	湖南	1				30	30	
		河北	2			12		12	
		全国合计	3			12	30	42	
6-6	坩锅								
6-6-1	坩锅	上海	1						
		全国合计	1						
6-6-2	坩锅火砖	上海	2						
		全国合计	2						
6-6-3	坩锅，玻璃，火砖	上海	1						
		全国合计	1						
6-7	石棉	河北	2						
		全国合计	2						
6-8	制炼煤焦								
6-8-1	炼焦	河北	1	150				150	20(20)
		全国合计	1	150				150	20(20)
6-8-2	煤球	浙江	1						

		上海	6			256		256	30(30)
		全国合计	7			256		256	30(30)
第六大类全国总数			112	4,555	26,763.33	1,856.50	130	33,304.83	18,899

（7）建筑材料业

分类号码	业别	省市	厂数	蒸汽引擎（马力）	蒸汽透平（马力）	柴油引擎（马力）	其它（马力）	共计	发电机（基罗瓦特）
7-1	建筑材料	上海	1	50				50	
		全国合计	1	50				50	
7-2	铜铁钢料	河北	1						
		山东	2			14		14	3.37(3.37)
		北平	1						
		上海	7						
		广州	1						
		全国合计	12			14		14	3.37(3.37)
7-3	铜铁钢料兼制钉	广州	1						
		全国合计	1						
第七大类全国总数			14	50		14		64	3.37(3.37)

(8) 水电业

分类号码	业别	省市	厂数	蒸汽引擎（马力）	蒸汽透平（马力）	柴油引擎（马力）	其它（马力）	共计	发电机（基罗瓦特）
8-1	水电	上海	1		26,666.67			26,666.67	20,000
		全国合计	1		26,666.67			26,666.67	20,000
8-2	水厂	江苏	1			120		120	27
		浙江	1						
		湖北	1		1,733.33			1,733.33	1,300
		四川	1	500		15		515	360
		福建	1						
		广西	1						
		广东	1	272				272	
		南京	1			600	3	603	
		北平	2	1,480				1,480	
		青岛	1	75		120		195	
		上海	1						
		广州	1			1,000	100	1,100	+464
		全国合计	13	2,327	1,733.33	1,855	103	6,018.33	2,151
第八大类全国总数			14	2,327	28,400	1,855	103	32,685	22,151

+ 用于电灯者在内。

（9）化学工业

分类号码	业别	省市	厂数	蒸汽引擎（马力）	蒸汽透平（马力）	柴油引擎（马力）	其它（马力）	共计	发电机（基罗瓦特）
9-1	火柴								
9-1-1	火柴	江苏	4	90		142		232	13(13)
		浙江	4	130		97	3	230	100
		江西	1			54.75		54.75	5.56
		湖北	1						
		湖南	1			12		12	
		四川	1	4		16		20	13.24(13.24)
		河北	4						
		山东	1						
		广西	1			15		15	
		广东	2				30	30	
		北平	1				40	40	
		青岛	1						
		上海	4	60		24		84	4(4)
		广州	3				38	38	
		全国合计	29	284		360.75	111	755.75	136.30 (80.24)
9-1-2	梗片	浙江	3	86		24		110	5

		广东	2	55			30	85	5(5)
		青岛	5						
		上海	3	134				134	60(60)
		广州	2				30	30	
		全国合计	15	275		24	60	359	70(65)
9-2	皂烛								
9-2-1	皂	安徽	1	8				8	
		湖北	1						
		河北	2	10				10	
		河南	1			12		12	
		上海	4	40				40	
		全国合计	9	58		12		70	
9-2-2	皂烛	浙江	1						
		四川	2	60				60	
		全国合计	3	60				60	
9-2-3	碱烛皂	上海	1						
		全国合计	1						
9-2-4	泡花碱	河北	1						
		全国合计	1						
9-3	搪瓷								
9-3-1	搪瓷器皿	河北	3						

		上海	13			70		70	
		广州	2			36		36	
		全国合计	18			106		106	
9-3-2	搪瓷及其它	上海	4			130		130	125
		全国合计	4			130		130	125
9-3-3	制坯	上海	2						
		全国合计	2						
9-4	油漆、墨颜料等								
9-4-1	油漆	河北	1			45		45	
		上海	3						
		全国合计	4			45		45	
9-4-2	油墨	上海	2						
		全国合计	2						
9-4-2a	油漆、油墨	广州	1						
		全国合计	1						
9-4-3	颜料	山东	1			8		8	6(6)
		青岛	1						
		上海	1						
		全国合计	3			8		8	6(6)
9-4-4	虫胶	广州	1						

		全国合计	1						
9-5	化妆品	上海	13						
		广州	3						
		全国合计	16						
9-6	药品								
9-6-1	一般药品	浙江	1						
		上海	6	30				30	
		全国合计	7	30				30	
9-6-2	药及皂	上海	1	50				50	
		全国合计	1	50				50	
9-7	人造脂								
9-7-1	赛璐珞	上海	6	300				300	
		全国合计	6	300				300	
9-7-2	电玉电木等	上海	7						
		全国合计	7						
9-8	碱酸								
9-8-1	制酸	广西	1	100				100	80
		上海	1			24		24	
		全国合计	2	100		24		124	80
9-8-2	制碱	四川	1	7				7	
		河北	1		1,833.33			1,833.33	1,375

		全国合计	2	7	1,833.33			1,840.33	1,375
9-8-3	碱酸及漂粉	上海	1						
		全国合计	1						
9-9	碳酸钙碳酸镁								
9-9-1	碳酸钙镁	浙江	1						
		上海	3						
		全国合计	4						
9-9-2	碳酸钙镁及其它	江苏	1						
		河北	1	70	174.13			244.13	130.6
		全国合计	2	70	174.13			244.13	130.6
9-10	炼气	上海	1						
		全国合计	1						
9-11	酒精	广西	1	8				8	3.5(3.5)
		广东	1	12				12	
		上海	1	7				7	
		全国合计	3	27				27	3.5(3.5)
9-12	其它化学工业	上海	3						
		全国合计	3						
第九大类全国总数			148	1,261	2,007.46	709.75	171	4,142.28	1,926.90

（10）纺织工业

分类号码	业别	省市	厂数	蒸汽引擎（马力）	蒸汽透平（马力）	柴油引擎（马力）	其它（马力）	共计	发电机（基罗瓦特）
10-1	棉纺织								
10-1-1	制棉								
10-1-1-1	轧花	江苏	8			248		248	60(60)
		上海	5			225	50	275	
		全国合计	13			473	50	523	60(60)
10-1-1-2	轧花及其它	江苏	3			338		338	64(49)
		全国合计	3			338		338	64(49)
10-1-1-3	废花	上海	8			60		60	
		全国合计	8			60		60	
10-1-1-4	废花及其它	上海	1						
		全国合计	1						
10-1-1-5	弹旧花及药	广东	1			35		35	
		全国合计	1			35		35	
10-1-2	棉纺								
10-1-2-1	纺纱	江苏	9	3,185	1,750	1,119		6,054	1972.5(100)
		浙江	2	1,480				1,480	213(213)
		安徽	1	500		104		604	

		江西	1		1,000			1,000	750
		湖北	1			890		890	75
		河北	3		6,800			6,800	15,100
		山东	2	900	2,666.67			3,566.67	2,057.6 (57.6)
		山西	2	1,100	1,728			2,828	1,296
		河南	4	1,778	4,666.67			6,444.67	4480.3(60.8)
		青岛	1		2,512			2,512	1,500
		上海	12	1,820	4,900	550		7,270	165(165)
		全国合计	38	10,763	26,023.34	2,663		39,449.34	17,609.4 (596.4)
10-1-2-2	纺纱兼织布	江苏	10	6,290	16,453.33	1,852		24,595.33	13,364.50 (125)
		浙江	1	600		120		720	
		湖北	4	3,340	6,155	420		9,915	4537.25(150)
		湖南	1	80	3,666.67	12		3,758.67	2,810
		河北	4		11,323.34			11,323.34	8,492.50
		山东	1						
		山西	2	400	1,333.33			1,733.33	1,000
		上海	16	2,200		132		2,332	64(64)
		全国合计	39	12,910	38,931.67	2,536		54,377.67	30,268.25 (339)

10-1-2-3	纺纱兼织毯	上海	1						
		全国合计	1						
10-1-3	棉织								
10-1-3-1	棉织	江苏	55	175		808		983	288.88 (288.88)
		浙江	20	37		161		198	32(32)
		江西	2			7		7	
		湖北	1						
		四川	1			12		12	6.60(6.60)
		河北	9						
		山东	3			30		30	2.40(2.40)
		山西	2	15				15	2.60(2.60)
		福建	2			37		37	
		广西	1						
		广东	6			152		152	4.2(4.2)
		北平	2						
		青岛	2	35				35	10(10)
		上海	74	125		40		165	8(8)
		广州	37	32			12	44	
		全国合计	217	419		1,247	12	1,678	354.68
10-1-3-2	棉织兼铁工	上海	1						

		全国合计	1						
10-1-3-3	棉织兼籐	浙江	1						
	竹木	全国合计	1						
10-1-4	药棉纱布	浙江	3						
		河北	1						
		上海	3						
		广州	1						
		全国合计	8						
10-1-5	药棉纱布及其它	广东	1	25		40		65	5(5)
		全国合计	1	25		40		65	5(5)
10-2	丝及丝织业								
10-2-1	缫丝								
10-2-1-1	厂丝	江苏	43	1,536.67		24		1,559.67	409.75 (389.75)
		浙江	13	340		78		418	89.55(89.55)
		四川	7	150				150	30.9(30.9)
		山东	1	30				30	
		广东	18	937				937	
		上海	49	943.50		40		983.50	312.64 (312.64)
		广州	1						

		全国合计	132	3,936.17		142		4,078.17	842.84 (822.84)
10-2-1-2	双宫	上海	2	140				140	12.75(12.75)
		全国合计	2	140				140	12.75(12.75)
10-2-1-3	绢丝	浙江	1				600	600	464.4
		上海	1	150				150	
		全国合计	2	150			600	750	464.4
10-2-2	织绸及附属工业								
10-2-2-1	织绸	江苏	12			16		16	4(4)
		浙江	51			100		100	
		四川	1			9		9	
		河北	6						
		广东	1				30	30	4.8(4.8)
		上海	125		60	230		290	360(360)
		广州	1						
		全国合计	197		60	355	30	445	368.8(368.8)
10-2-2-2	络丝	浙江	1						
		全国合计	1						
10-3									
10-3-1	毛纺	河北	1						

10-3-2	毛织	全国合计	1						
		上海	21						
		全国合计	21						
10-3-3	毛纺织	湖北	1						
		河北	1						
		北平	1	500	60			560	80(80)
		上海	2	250				250	
		全国合计	5	750	60			810	80(80)
10-3-4	毛纺兼制服用品	山西	1	30				30	
		全国合计	1	30				30	
10-3-5	弹毛	上海	1						
		全国合计	1						
10-4	丝织兼棉织	河北	5	10				10	
		河南	2	10		18		28	
		全国合计	7	20		18		38	
10-4a	棉织兼毛织	广州	1						
		全国合计	1						
10-5	废丝毛棉纺织	江苏	1						
		上海	3						
		全国合计	4						
10-6	染炼								

10-6-1	丝光纱	浙江	1						4.8(4.8)
		湖北	1						
		上海	16						
		全国合计	18						4.8(4.8)
10-6-2	染炼	江苏	1	16				16	
		浙江	3	13				13	
		湖北	3	100		30		130	10.50
		湖南	1			55		55	
		四川	2	12		50		62	4.14(4.14)
		河北	10	116		7		123	5.25(5.25)
		山东	2	140		15		155	15(15)
		上海	30						
		广州	3	35		30		65	
		全国合计	55	432		187		619	34.89(24.39)
10-6-3	染炼兼印花	上海	1						
		全国合计	1						
10-7	印花	上海	7	140				140	
		全国合计	7	140				140	
10-8	制线								
10-8-1	经纬线	浙江	2			25	35	60	
		上海	4						

		全国合计	6			25	35	,60	
10-8-2	纱线团	广东	3			151		151	
		上海	3						
		广州	1						
		全国合计	7			151		151	
10-8-3	它种线	上海	3						
		全国合计	3						
10-9	边带								
10-9-1	制边	河北	1						
		全国合计	1						
10-9-2	制带	上海	2						
		全国合计	2						
10-9-3	宽松带	江苏	1			30		30	
		上海	3						
		全国合计	4			30		30	
10-9-4	边带	上海	2						
		全国合计	2						
10-9-5	边带兼牙筷	上海	1						
		全国合计	1						
10-10	绒布整理								
	拉绒	上海	2						

		全国合计	2						
10-10-2	拉绒兼漂染印花	江苏	2						
		上海	2						
		全国合计	4						
10-10-3	压布	河北	1	8				8	
		全国合计	1	8				8	
第十大类全国总数			821	29723.17	65,075.01	8,300	727	103,825.18	50,169.81

(11) 服用品制造业

分类号码	业别	省市	厂数	蒸汽引擎（马力）	蒸汽透平（马力）	柴油引擎（马力）	其它（马力）	共计	发电机（基罗瓦特）
11-1	织袜								
11-1-1	织袜	江苏	8						
		四川	1	24				24	
		河北	1						
		广东	1			10		10	
		青岛	1						
		上海	40						
		广州	1						

		全国合计	53	24		10		34	
11-1-2	织袜兼衫裤及其它	浙江	1			58		58	10(10)
		河北	3						
		上海	15						
		广州	3						
		全国合计	22			58		58	10(10)
11-2	草呢帽	河北	5						
		上海	7						
		全国合计	12						
11-3	阳伞	上海	2						
		全国合计	2						
11-4	手帕	上海	7						
		全国合计	7						
11-5	衫裤	浙江	1						
		河北	4						
		广东	2			52		52	12.5
		上海	16			1.5		1.5	×
		广州	5						
		全国合计	28			53.5		53.5	12.5
11-6	线毯毛巾								
11-6-1	线毯	江苏	1			5		5	

		河北	3						
		上海	1						
		全国合计	5			5		5	
11-6-2	毛巾	江苏	1			8		8	
		河北	2						
		全国合计	3			8		8	
11-7	其它服用品								
11-7-1	钮扣	江苏	3			18		18	
		河北	1						
		上海	3						
		全国合计	7			18		18	
11-7-2	织席	河北	1						
		全国合计	1						
11-7-3	其它	上海	1						
		全国合计	1						
第十一大类全国总数			141	24		152.5		176.5	22.5

（12）皮革及橡胶制造业

分类号码	业别	省市	厂数	蒸汽引擎（马力）	蒸汽透平（马力）	柴油引擎（马力）	其它（马力）	共计	发电机（基罗瓦特）
12-1	制革								
12-1-1	制革	湖北	1			17	50	67	
		湖南	1	30				30	
		四川	1	28				28	
		河北	3						
		山西	1						
		河南	1			17		17	6.6(6.6)
		陕西	1	2.5				2.5	
		广西	1	15				15	
		上海	9			110		110	
		广州	1						
		全国合计	20	75.5		144	50	269.5	6.6(6.6)
12-1-2	制革兼制胶	上海	1	15		32		47	
		全国合计	1	15		32		47	
12-2	橡胶制品	河北	1						
		山东	1			75		75	
		青岛	1						

		上海	44	260	160	75		495	
		广州	14	361		645		1,006	61(61)
		全国合计	61	621	160	795		1,576	61(61)
12-3	制胶	广东	1	32		15		47	×
		上海	1	24		8		32	5
		全国合计	2	56		23		79	5
第十二大类全国总数			84	767.5	160	994	50	1,971.5	72.6(67.6)

(13) 饮食品制造业

分类号码	业别	省市	厂数	蒸汽引擎（马力）	蒸汽透平（马力）	柴油引擎（马力）	其它（马力）	共计	发电机（基罗瓦特）
13-1	碾米								
13-1-1	砻谷	江苏	4						
		全国合计	4						
13-1-2	碾米	江苏	26	60		922	20	1,002	7.5(7.5)
		浙江	3			142		142	
		安徽	10	150		396		546	
		江西	2			58		58	
		湖北	1	50		22		72	20(20)

		广东	1				60	60	1.56(1.56)
		上海	4						
		广州	9			260	439	699	75.7(75.7)
		全国合计	56	260		1,800	519	2,579	104.75 (104.75)
13-1-3	碾米及其它	广州	1				90	90	6.6(6.6)
		全国合计	1				90	90	6.6(6.4)
13-2	面粉机粉								
13-2-1	面粉	江苏	10	1,210		1,242		2,452	16.16(16.16)
		浙江	1			400		400	65
		安徽	3	900		129		1,029	53.40(53.40)
		湖北	5	800	1,200	468		2,468	965.75 (65.75)
		湖南	1	150		5		155	3.75
		四川	2	110				110	7.80(7.80)
		察哈尔	1	44				44	
		绥远	1	80				80	4.50(4.50)
		河北	7	2,225	50			2,275	98.70(98.70)
		山西	3	45		44	300	389	1.80(1.80)
		山东	10	2,069		65	950	3,084	84.25(79)
		河南	3	382				382	29(29)

		南京	2			1,190		1,190	
		青岛	2				350	350	11.25(11.25)
		上海	15						
		全国合计	66	8,015	1,250	3,543	1,600	14,408	1,341.36 (367.36)
13-2-2	机粉	江苏	1			39		39	
		全国合计	1			39		39	
13-2-3	电厂兼制面粉	绥远	2	528	533.33			1,061.33	774(726)
		河北	1	48				48	32(32)
		山西	1	148				148	120(120)
		全国合计	4	724	533.33			1,257.33	926(878)
13-3	炼乳	浙江	2	16				16	
		全国合计	2	16				16	
13-4	制糖	上海	4						
		全国合计	4						
13-5	制备食品								
13-5-1	罐头食品								
13-5-1-1	罐头食品	浙江	5	54		78		132	5(5)
		河北	2						
		山东	2						
		广东	2	16		12		28	

		上海	8		60			60	
		全国合计	19	70	60	90		220	5(5)
13-5-1-2	罐头食品及其它	浙江	1			12		12	
		福建	2	44		42		86	
		全国合计	3	44		54		98	
13-5-2	水产品	浙江	1			65	10	75	
		全国合计	1			65	10	75	
13-5-3	豆腐制品	上海	1						
		全国合计	1						
13-5-4	糖果	河北	1						
		上海	2						
		全国合计	3						
13-5-5	糖果饼干	广东	1				26	26	
		广州	3						
		全国合计	4				26	26	
13-6	榨油								
13-6-1	榨油	江苏	19	1,004		349		1,353	50(50)
		浙江	1	160		40		200	10(10)
		湖北	3	550		8		558	13.50(13.50)
		广东	1			30		30	
		青岛	1			14	120	134	75(75)

		上海	10	515		210	156	881	21.85(21.85)
		广州	30	80		478	90	648	
		全国合计	65	2,309		1,129	366	3,804	170.35
13-6-2	油米	江苏	10	24		242		266	3.75(3.75)
		广东	1				25	25	2.5(2.5)
		全国合计	11	24		242	25	291	6.25
13-7	制茶	上海	44						
		全国合计	44						
13-8	制烟								
13-8-1	烤烟叶	山东	1	120				120	7.5(7.5)
		河南	1	125			10	135	37(37)
		青岛	1						
		全国合计	3	245			10	255	44.5(44.5)
13-8-2	卷烟	江苏	1			40		40	14(14)
		浙江	1			18		18	3(3)
		安徽	2	8		15		23	2.50(2.50)
		河北	1						
		山东	1	40				40	2.25(2.25)
		山西	1						
		青岛	1						
		上海	48	70				70	18.75

		全国合计	56	118		73		191	40.50(21.75)
13-9	制酒								
13-9-1	酒	山东	2	48		135		183	
		北平	1	20	70			90	93.33
		全国合计	3	68	70	135		273	93.33
13-10	清凉饮料								
13-10-1	汽水	河北	3						
		上海	2						
		广州	3						
		全国合计	8						
13-10-2	冰及汽水	四川	1	4		65		69	
		福建	1			132		132	
		上海	1			3		3	
		全国合计	3	4		200		204	
13-11	调味品								
13-11-1	味精	上海	5	30				30	
		全国合计	5	30				30	
13-11-2	酱油	福建	1	9				9	
		全国合计	1	9				9	
13-12	淀粉	浙江	1			25		25	
		上海	1						

		全国合计	2			25		25	
13-13	精盐	河北	1						
		山东	1						
		青岛	1						
		上海	1						
		全国合计	4						
13-14	制蛋								
13-14-1	冰蛋	南京	1			250		250	
		青岛	2			749	120	869	123
		上海	1						
		全国合计	4			999	120	1,119	123
13-14-2	蛋粉	绥远	1	25				25	
		河北	2	44				44	
		河南	7	139		17		156	6(6)
		全国合计	10	208		17		225	6(6)
13-15	造冰冷藏	上海	2						
		全国合计	2						
第十三大类全国总数			390	12,144	1,913.33	8,411	2,766	25,234.33	2,867.65

(14) 造纸印刷业

分类号码	业别	省市	厂数	蒸汽引擎（马力）	蒸汽透平（马力）	柴汽引擎（马力）	其它（马力）	共计	发电机（基罗瓦特）
14-1	制纸								
14-1-1	制纸	江苏	3	48		24	24.67	96.67	5(5)
		四川	1	60				60	
		河北	1	50				50	
		山东	1	260				260	15(15)
		山西	1	175				175	75.6
		福建	1	500				500	+313
		广东	1	70			450	520	11.64(11.64)
		北平	1	45				45	
		上海	7	1,070	1,340	267		2,677	1,027(27)
		全国合计	17	2,278	1,340	291	474.67	4,383.67	1,447.24
14-1-2	纸版	江苏	2	1,100		365		1,465	132(20)
		浙江	2	950		430		1,380	37.5
		河北	1	500		5		505	110(110)
		上海	1						2(2)
		全国合计	6	2,550		800		3,350	281.5(132)
14-1-3	锡纸	上海	1						

		全国合计	1						
14-2	印刷								
14-2-1	印刷	江苏	10			5		5	
		浙江	15				7	7	
		江西	2			18	6	24	
		湖北	3			51		51	10.5(10.5)
		湖南	2			22		22	
		四川	2			25		25	30(30)
		河北	13						
		山东	1			6		6	2(2)
		山西	2			7.5		7.5	
		河南	1			26		26	2.5(2.5)
		广西	3			37		37	
		南京	15			116		116	
		北平	7		442			442	331.5
		青岛	1						
		上海	99						
		广州	11						
		全国合计	187		442	313.5	13	768.5	376.5
14-2-2	印刷兼熔铸	江苏	1						
		广东	1						

		上海	7						
		广州	1						
		全国合计	10						
14-3	纸制品								
14-3-1	纸盒	上海	10						
		全国合计	10						
14-3-2	卡纸片等	上海	3						
		全国合计	3						
第十四大类全国总数			234	4,828	1,782	1,404.50	387.67	8,502.17	2,105.24

* 用于电灯者在内。

（15）蚀物仪器制造业

分类号码	业别	省市	厂数	蒸汽引擎（马力）	蒸汽透平（马力）	柴油引擎（马力）	其它（马力）	共计	发电机（基罗瓦特）
15-1	乐器	上海	2						
		全国合计	2						
15-2	教育用品	河北	2						
		上海	6						
		全国合计	8						

分类号码	业别	省市	厂数	蒸汽引擎（马力）	蒸汽透平（马力）	柴油引擎（马力）	其它（马力）	共计	发电机（基罗瓦特）
13-3	仪器	上海	5						
		全国合计	5						
13-4	制钟								
13-4-1	钟	河北	1						
		山东	5			73		73	
		全国合计	6			73		73	
13-4-2	钟及电筒	上海	1						
		全国合计	1						
13-5	玩具	上海	4						
		全国合计	4						
第十五大类全国总数			26			73		73	

(16) 其它工业

分类号码	业别	省市	厂数	蒸汽引擎（马力）	蒸汽透平（马力）	柴油引擎（马力）	其它（马力）	共计	发电机（基罗瓦特）
16-1	牙刷								
16-1-1	牙刷	河北	1						
		广东	1						
		上海	5						

		全国合计	7						
16-1-2	牙刷兼牙粉	上海	1						
		全国合计	1						
16-2	制镜	上海	4						
		全国合计	4						
16-3	热水瓶								
15-3-1	自制瓶胆	上海	2			24		24	
		全国合计	2			24		24	
16-3-2	购用瓶胆	上海	7						
		全国合计	7						
16-3-3	专制瓶胆	上海	3						
		全国合计	3						
16-4	打包	湖北	1						
		山东	1			130		130	4.5
		河南	1	240		25		265	15(15)
		全国合计	3	240		155		395	19.5(15)
第十六大类全国总数			27	240		179		419	19.5(15)
拾六大类全国总计			2435	64,998	130,186.33	26,096.45	4,804.67	226,085.45	105,831.40 (5,990.08)

〔国民政府资源委员会档案〕

16．刘大钧：中国工业主要作业机数量制造能力调查统计表

（1934年）

（1）木材制造业

分类号码	业别	省市	厂数	锯木机		刨木机		打眼机		梭子床		切刀	
				数量	制造能力方呎	数量	制造能力方呎	数量	制造能力只	数量	制造能力只	数量	制造能力盒
1-1	锯木	山东	1	5	3,800								
		福建	1	11	44,080								
		广西	3	5	48,219								
		上海	4	27	193,870	5	81,428						
		全国合计	9	48	289,969	5	81,428						
1-2	木制品												
1-2-1	木箱	上海	1	8	800								
		全国合计	1	8	800								
1-2-2	纱管筒	上海	5	11				22	27,943				
		全国合计	5	11				22	27,943				
1-2-3	梭子	上海	1	1						20	400		
		全国合计	1	1						20	400		
1-2-4	牙签	广州	1									3	9,000
		全国合计	1									3	9,000

（2）家具制造业

分类号码	业别	省市	厂数	熔铁炉		染槽		织地毯机		纺毛机		地毯机	
				数量	制造能力 磅	数量	制造能力 斤	数量	制造能力 方尺	数量	制造能力 磅	数量	制造能力 方尺
2-1	铁制家具	河北	1	1	×								
		福建	1	1	666.67								
		上海	6	1	×								
		全国合计	8	3	666.67								
2-2	地毯	河北	1			13	3,000	36	300				
		北平	1					200	549				
		上海	1					20	150				
		全国合计	3			13	3,000	256	999				
2-3	地毯及其他	北平	1							80	240	35	440
		全国合计	1							80	240	35	440

（3）冶炼业

分类号码	业别	省市	厂数	熔铁炉		化铁炉		电炉		冷汽锤		辗砂机	
				数量	制造能力 磅	数量	制造能力 吨	数量	制造能力 吨	数量	制造能力 吨	数量	制造能力 吨
3-1	翻砂												
3-1-1	机器及零件	江苏	2	5	8,480								
		浙江	1	3	9,750								
		河北	1	1	640								
		山东	2	2	3,573								
		青岛	1	1	1,120								
		上海	17	34	72,392								
		全国合计	24	46	95,955								
3-1-2	铁锅铁管	青岛	1	1	2,400								
		上海	4	14	32,667								
		全国合计	5	15	35,067								
3-2	熔炼												
3-2-1	炼钢铁	湖北	1			1	100						
		山西	1			1	20						
		上海	1					2	6	1	0.75		
		全国合计	3			2	120	2	6	1	0.75		

3-2-2	炼铅	湖南	1									2	45
		全国合计	1									2	45

（4）机械及金属制品业

分类号码	业别	省市	厂数	压力机		打眼机		磨尖机		罗底机		拔丝机	
				数量	制造能力 支	数量	制造能力	数量	制造能力	数量	制造能力 匹	数量	制造能力 斤
4-1-6-2	袜针	河北	3	4	26,000	4		4					
		北平	1	2	8,000	2		2					
		上海	7	10	63,711	11		8					
		全国合计	11	16	97,711	17		14					
4-1-6-3	罗底	河北	1							20	10	20	800
		全国合计	1							20	10	20	800
4-1-6-4	汽门龙头	河北	1										
		北平	1										
		上海	2										
		全国合计	4										
4-1-7	修理机器及零件	浙江	1										
		湖北	3										

		广东	1										
		南京	1										
		青岛	2										
		上海	14										
		广州	3										
		全国合计	25										

机械及金属制品业(续)

分类号码	业别	省市	厂数	滚圆机		滚方机		制罐机(未分类)		卷床		印刷机	
				数量	制造能力 只	数量	制造能力 只	数量	制造能力 只	数量	制造能力 只	数量	制造能力 张
4-2	金属品制造												
4-2-1	锅炉水箱	上海	1										
		全国合计	1										
4-2-2	制罐												
4-2-2-1	制罐	上海	5	3	6,000	5	10,000	45	20,000				
		广州	1							2	3,000		
		全国合计	6	3	6,000	5	10,000	45	20,000	2	3,000		
4-2-2-2	印刷制罐	河北	2	5	10,000	14	28,000					7	41,812

		上海	4	4	8,000	4	8,000	11	×			13	77,651
		全国合计	6	9	18,000	18	36,000	11	×			20	119,463
4-2-2-3	制罐及其他	上海	4	4	8,000	1	2,000	250	100,000			29	173,217
		全国合计	4	4	8,000	1	2,000	250	100,000			29	173,217
4-2-2-4	印刷制罐及其他	广州	1	2	24,000	1	7,200					4	96,000
		全国合计	1	2	24,000	1	7,200					4	96,000

机械及金属制品业(续)

分类号码	业别	省市	厂数	轧片车		滚边车		压力机		制钉机		拉丝机	
				数量	制造能力 担	数量	制造能力 只	数量	制造能力 只	数量	制造能力 磅	数量	制造能力 磅
4-2-3	钢精片及器皿	上海	4	7	74.66	10	8,000	5	4,000				
		广州	1			1	2,000						
		全国合计	5	7	74.66	11	10,000	5	4,000				
4-2-4	制钉												
4-2-4-1	钉	河北	1							15	4,800	1	4,800
		上海	5							32	635,874	7	600,000
		广州	1							14	20,000	4	10,000
		全国合计	7							61	660,674	12	614,800
4-2-4-2	钉网等	上海	2							99	250,000	19	250,000
		全国合计	2							99	250,000	19	250,000

机械及金属制品业(续)

分类号码	业别	省市	厂数	切条机		砸鼻机		切针机		切撑机		切骨机	
				数量	制造能力 斤	数量	制造能力 斤	数量	制造能力 斤	数量	制造能力	数量	制造能力
4-2-5	装针	青岛	2							7	6,160,000	20	
		全国合计	2							7	6,160,000	20	
4-2-5a	洋伞骨	广州	3	5	3,000	8	3,200	4	4,800				
		全国合计	3	5	3,000	8	3,200	4	4,800				

机械及金属制品业(续)

分类号码	业别	省市	厂数	轧铜机		伸铁机		炉灶		磨光机		夹银机	
				数量	制造能力 担	数量	制造能力 担	数量	制造能力 担	数量	制造能力	数量	制造能力 件
4-2-6	制灯	湖南	1										
		河北	3										
		山东	1										
		上海	3										
		全国合计	8										
4-2-7	铜皮	上海	4	21	315								

		广州	2	5	62								
		全国合计	6	26	377								
4-2-8	铁条	上海	1			4	200	1	200				
		全国合计	1			4	200	1	200				
4-2-9	其他金属制品	河北	1							1		1	160
		上海	5										
		全国合计	6							1		1	160
4-3	电气机械及用品												
4-3-1	电气机械及用具	河北	2										
		上海	3										
		全国合计	5										

机械及金属制品业(续)

分类号码	业别	省市	厂数	空压机		电炉		卷边机		熔料炉		排气机	
				数量	制造能力	数量	制造能力	数量	制造能力	数量	制造能力	数量	制造能力 只
4-3-2	电气及机械电池	上海	1	1	×	1	×	1	×				
		全国合计	1	1	×	1	×	1	×				
4-3-3	电气用具	上海	5										
		广州	1										

		全国合计	6										
4-3-4	电料	上海	4										
		全国合计	4										
4-3-5	电料及其他	上海	2										
		全国合计	2										
4-3-6	电灯泡	上海	13							3	×	105	100,135
		全国合计	13							3	×	105	100,135

机械及金属制品业(续)

分类号码	业别	省市	厂数	湾管机		打气机		热力方机		渎沙箱		冷气压机	
				数量	制造能力	数量	制造能力	数量	制造能力	数量	制造能力 打	数量	制造能力 磅
4-3-7	年红灯	上海	2	15	×	4	×	30	×				
		全国合计	2	15	×	4	×	30	×				
4-3-8	电池	四川	1							1	2,880	1	1,200

机械及金属制品业(续)

分类号码	业别	省市	厂数	喷沙箱		冷气压机		滚边机		滚线车		熔铁炉	
				数量	制造能力 打	数量	制造能力 磅	数量	制造能力 打	数量	制造能力 打	数量	制造能力
4-3-8	电池	上海	3	3	2,981	5	6,000						
		广州	4	2	16,000	1	80	23	×				
		全国合计	8	6	21,861	7	7,280	24	2,400				
4-3-9（续）	电池兼电筒	上海	1							5	107		
		广州	1							20	600		
		全国合计	2							25	707		
4-3-10	电筒	上海	8							78	704		
		广州	3							44	1,700		
		全国合计	11							122	2,404		
4-3-11	电焊	上海	1										
		全国合计	1										
4-4	翻砂铁工												
4-4-1	纺织业机	浙江	2									5	7,480
		上海	3									8	6,000
		全国合计	5									13	13,480
4-4-2	动力机	江苏	3									3	7,552
		江西	2									2	8,996

机械及金属制品业(续)

分类号码	业别	省市	厂数	熔铁炉									
				数量	制造能力 磅	数量	制造能力	数量	制造能力	数量	制造能力	数量	制造能力
4-4-2	动力机	湖北	2	5	11,500								
		河北	1	1	2,276								
		青岛	2	2	6,720								
		广州	1	2	1,120								
		全国合计	11	15	38,164								
4-4-3	各种机器	江苏	2	2	8,000								
		浙江	2	5	7,680								
		四川	1	1	1,200								
		河北	4	4	9,104								
		河南	5	1	5,973								
		北平	2	6	11,880								
		青岛	2	2	8,053								
		上海	3	3	2,250								
		广州	1	2	1,680								
		全国合计	22	26	55,820								
4-4-4	修理及零件	浙江	1	3	2,250								

		安徽	1	1	1,120								
		湖北	3	3	4,260								
4-4-4	修理及零件	四川	1	2	2,133								
		山东	1	3	11,272								
		福建	1	1	266.67								
		南京	1	1	1,000								
		全国合计	9	14	22,301.67								
4-4-5	金属制品	上海	1	2	1,500								
		全国合计	1	2	1,500								

(5) 交通用具制造业

分类号码	业别	省市	厂数	熔铁炉		锯木器		汽锤		化铜炉			
				数量	制造能力 磅	数量	制造能力	数量	制造能力	数量	制造能力 磅	数量	制造能力
5-1	造船												
5-1-1	造船	湖北	1										
		四川	2	6	6,914								
		青岛	1	2	2,800	2	×	2	×				
		上海	1	5	6,094	3	×	5	×				
		全国合计	5	13	15,808	5	×	7	×				

5-1-2	造船及其他	上海	5	1	×	1	×	3	×				
		全国合计	5	1	×	1	×	3	×				
5-1-3	修理轮船	四川	2	4	4,160								
		上海	7	×	×			3	×				
		全国合计	9	4	4,160			3	×				
5-2	造车												
5-2-1	铁路机厂	江苏	1	2	8,960			2		1	400		
		浙江	1	1	2,200			2		1	600		
		江西	1					10					
		湖北	2	7	47,040			2		1	326		
		湖南	2										

交通用具制造业(续)

分类号码	业别	省市	厂数	熔铁炉		汽锤		化铜炉					
				数量	制造能力 磅	数量	制造能力 磅	数量	制造能力 磅	数量	制造能力	数量	制造能力
5-2-1	铁路机厂	四川	1										
		察哈尔	1	2	1,010	1		1	326				
		河北	4	9	46,535	13		10	2,447				
		山东	1	2	13,230	3		2	653				

		广东	3	4	5,800	5	4,600	3	3,600				
		青岛	1	2	13,230	2		2	772				
		上海	1			2							
		广州	3	6	11,200	3	2,480	3	3,360				
		全国合计	22	35	159,205	45	7,080	25	12,544				
5-2-2	造电车	北平	1					1	160				
		全国合计	1					1	160				
5-2-3	汽车零件	湖南	1										
		河北	2										
		全国合计	3										
5-2-4	修理汽车	浙江	1										
		四川	1										
		全国合计	2										

交通用具制造业(续)

分类号码	业别	省市	厂数	滚筒圆机		压力机							
				数量	制造能力	数量	制造能力 架	数量	制造能力	数量	制造能力	数量	制造能力
5-2-5	自行车	河北	2	2	×	8	38						
		青岛	1			8	16						
		上海	1	×	×	×	×						

		全国合计	4	2	×	16	54						
5-2-6	自行车零件	河北	3			7	×						
		全国合计	3			7	×						
5-2-7	煤气车	上海	1										
		全国合计	1										

（6）土石制造业

分类号码	业别	省市	厂数	制砖机		制瓦机		烧窑		制火砖机		压瓦机	
				数量	制造能力块	数量	制造能力片	数量	制造能力块或片	数量	制造能力块	数量	制造能力片
6-1	砖瓦												
6-1-1	砖瓦	江苏	6	6	890,000	10	76,000	14	砖116,000 瓦2,086,000				
		浙江	1	1	72,000			4	砖70,000				
		江西	1	1	12,000	1	3,000	1	砖70,000				
		湖北	2	4	180,000	2	17,600	4	砖674,625 瓦73,500				
		山东	7	2	64,000	7	89,000	30	砖1,662,500				
		福建	1	1	44,000			2	砖170,000				
		广东	2	7	223,200			8	砖110,200				

		南京	4	5	192,000	5	37,000	19	砖940,000				
		青岛	1	1	30,000	1	8,000	1	砖180,000				
		上海	2	3	535,714	9	200,892	6	砖1,080,000 瓦54,000				
		广州	2	3	108,000			14	砖220,000				
		全国合计	29	34	1,850,914	35	431,492	103	砖7,263,325 瓦243,500				
6-1-2	瓷砖	上海	2	24	×			2	×				
		全国合计	2	24	×			2	×				
6-1-3	砖瓦及其他	江苏	1					3	砖48,000 瓦42,000	1	7,000	2	18,000
		全国合计	1					3	砖48,000 瓦43,000	1	7,000	2	18,000

土石制造业(续)

分类号码	业别	省市	厂数	炸口机		坩锅		吹瓶机		压机		玻璃车边机	
				数量	制造能力	数量	制造能力 磅	数量	制造能力 只	数量	制造能力	数量	制造能力 寸
6-2	玻璃												
6-2-1	玻璃器皿	江苏	1	1	×	7	1,685						
		浙江	2	6	×	10	2,333			3	×		
		湖北	1	1	×	4	2,000						

		河北	7	2	×	39	8,200	3	30,000	4	×		
		山西	1			3	808	2	48,000				
		北平	1			1	220						
		上海	21	17	×	219	81,258	104	576,850	63	×		
		全国合计	34	27	×	283	96,504	109	654,850	70	×		
6-2-2	玻璃车边	上海	4									44	78,571
		全国合计	4									44	78,571

土石制造业(续)

分类号码	业别	省市	厂数	旋窑		生料磨		熟料磨		灰窑		轧石机	
				数量	制造能力 桶	数量	制造能力 吨	数量	制造能力 桶	数量	制造能力 担	数量	制造能力 吨
6-3	水泥	江苏	1	3	2,500	3	546.57	3	2,092.32				
		湖北	1	2	1,100	4	720	4	4,300.80				
		河北	1	7	5,700	8	845.07	5	5,100				
		上海	1	2	1,607.14	1	455.35	1	1,717.92				
		广州	2	1	1,792	1	360	1	1,792				
		全国合计	6	15	12,699.14	17	2,926.99	14	15,003.04				
6-4	石，石灰石粉												

6-4-1	炼灰	上海	1							4	257.14		
		全国合计	1							4	257.14		
6-4-2	石粉	江苏	1									2	240
		上海	3									3	155.36
		全国合计	4									5	395.36
6-4-3	轧石	江苏	6									15	1,130
		浙江	2									2	300
		上海	1									1	3.57
		全国合计	9									18	1,433.57

土石制造业(续)

分类号码	业别	省市	厂数	火砖窑		炼灰窑		制造机		烧窑		烤花机	
				数量	制造能力 块	数量	制造能力 担	数量	制造能力	数量	制造能力	数量	制造能力
6-4-4	炼灰制砖	湖北	1	1	20,000	4	8,736						
		全国合计	1	1	20,000	4	8,736						
6-5	瓷器												
6-5-1	瓷窑	江西	1					5	×	2	×		
		河北	2					50	×	2	×	1	×
		山东	1					15	×	2	×	1	×
		全国合计	4					70	×	6	×	2	×

土石制造业(续)

分类号码	业别	省市	厂数	磁窑		砖窑		溶料炉		磁器机		火砖机	
				数量	制造能力	数量	制造能力	数量	制造能力 磅	数量	制造能力	数量	制造能力 吨
6-5-2	瓷器玻璃	湖南	1	1	×	1	×	6	12,317	8	×		
	坩锅火砖	河北	2	12	×							10	70
		全国合计	3	13	×	1	×	6	12,317	8	×	10	70
6-6	坩锅												
6-6-1	坩锅	上海	1										
		全国合计	1										

土石制造业(续)

分类号码	业别	省市	厂数	窑		制砖机		吹瓶机		压机			
				数量	制造能力 块	数量	制造能力 块	数量	制造能力 只	数量	制造能力	数量	制造能力
6-6-2	坩锅火砖	上海	9	8	10,718	1	7,000						
		全国合计	9	8	10,718	1	7,000						
	坩锅玻璃火砖	上海	1	1	×	1	50,000	8	64,000	3	×		
		全国合计	1	1	×	1	50,000	8	64,000	3	×		

土石制造业(续)

分类号码	业别	省市	厂数	磨石棉机		弹石棉机		制石棉布机		制绳机		压纸机	
				数量	制造能力	数量	制造能力	数量	制造能力	数量	制造能力 磅	数量	制造能力
6-7	石棉	河北	2	4	×	4	×	10	×	15	1,000	3	×
		全国合计	2	4	×	4	×	10	×	15	1,000	3	×
6-8	制炼煤炭												
6-8-1	炼炭	河北	1										
		全国合计	1										

土石制造业(续)

分类号码	业别	省市	厂数	制球机		轧煤机							
				数量	制造能力 吨	数量	制造能力 吨	数量	制造能力	数量	制造能力	数量	制造能力
6-8-2	煤球	浙江	1	1	96	2	96						
		上海	6	6	408.22	1	48						
		全国合计	7	7	504.22	3	144						

（7）建筑材料业

分类号码	业别	省市	厂数	锯木机		刨木机		制钉车					
				数量	制造能力	数量	制造能力	数量	制造能力 磅	数量	制造能力	数量	制造能力
7-1	建筑材料	上海	1	1	×	2	×						
		全国合计	1	1	×	2	×						
7-2	铜铁钢料	河北	1										
		山东	2										
		北平	1										
		上海	7										
		广州	1										
		全国合计	12										
7-3	铜铁钢料兼制钉	广州	1						9,599.76				
		全国合计	1						9,599.76				

（8）水电业

分类号码	业别	省市	厂数	滤水池									
				数量	制造能力 加仑	数量	制造能力	数量	制造能力	数量	制造能力	数量	制造能力
8-1	水电	上海	1	×	×								
		全国合计	1	×	×								
8-2	水厂	江苏	1	1	1,800,000								
		浙江	1	1	1,800,000								
		湖北	1	33	12,869,934								
		四川	1	5	3,357,750								
		福建	1	2	20,075,694.6								
		广西	1	6	31,737.9								
		广东	1	4	15,080,737,27								
		南京	1										
		北平	2	10	1,,465,000								
		青岛	1	3	17,191,680								
		上海	1	×	×								
		广州	1	7	25,000,000								
		全国合计	13	72	98,672,523.77								

(9) 化学工业

分类号码	业别	省市	厂数	排梗机		理梗机		卸梗机		上药料机		旋木机	
				数量	制造能力 大箱	数量	制造能力	数量	制造能力	数量	制造能力	数量	制造能力
9-1	火柴												
9-1-1	火柴	江苏	4	89	370	19		52		5		7	
		浙江	4	77	367	5		58		2		14	
		江西	1	27	80	7		15		4			
		湖北	1	12	90	6		8					
		湖南	1	23	17.86	3		8		2			
		四川	1	5	40	1						1	
		河北	4	110	320	25		55				14	
		山东	1	10	28	2		5				2	
		广西	1	12	150	2				2		3	
		广东	2	45	135	9				7		18	
		北平	1	30	24	6		16					
		青岛	1	25	183.33	4		15				2	
		上海	4	68	204.42	7		40		6			
		广州	3	63	189	9				8		7	

		全国合计	29	596	2,198.61	105		272		36		68	
9-1-2	梗片	浙江	3									48	
		广东	2									11	

化学工业(续)

分类号码	业别	省市	厂数	旋木机		切片机		切梗机		煮皂锅		压皂机	
				数量	制造能力	数量	制造能力 千组	数量	制造能力 把	数量	制造能力 磅	数量	制造能力 箱
9-1-2	梗片	青岛	5	24		3	1,200	26	985,592				
		上海	3	17		15	8,500	27	332,820				
		广州	2	18				14	200,640				
		全国合计	15	118		37	24,800	76	1,647,461.6				
9-2	皂烛												
9-2-1	皂	安徽	1							6	37,333	3	500
		湖北	1							1	31,665	4	500
		河北	2							17	73,867	13	73,867+
		河南	1							1	2,000	1	115
		上海	4							7	252	3	216
		全国合计	9							32	144,865 252	24	1,331 73,867+

9-2-2	皂烛	浙江	1							3	22,000	1	870
		四川	2							4	40,000 300	4	606
		全国合计	3							7	62,000 300	5	1,476
9-2-3	碱皂烛	上海	1							5	1,200	1	24
		全国合计	1							5	1,200	1	24

化学工业(续)

分类号码	业别	省市	厂数	化料炉		磨粉机		搪瓷炉灶		电焊机		制火油炉机	
				数量	制造能力 磅	数量	制造能力 斤	数量	制造能力 只	数量	制造能力	数量	制造能力 只
9-2-4	泡花碱	河北	1	3	22,200								
		全国合计	1	3	22,200								
9-3	搪瓷												
9-3-1	搪瓷器皿	河北	3			6	×	6	×	5	×		
		上海	13			56	×	40	×	3	×		
		广州	2			7	×	5	2,000				
		全国合计	13			69	×	51	2,000	8	×		
9-3-2	搪瓷及其他	上海	4			20	3,571					16	200

分类号码	业别	省市	厂数	制油漆机 数量	制油漆机 制造能力 磅	炼油机 数量	炼油机 制造能力 磅	搅拌机 数量	搅拌机 制造能力 磅	磨墨机 数量	磨墨机 制造能力	混合机 数量	混合机 制造能力
9-3-3	制坯	全国合计	4			20	3,571					16	200
		上海	2										
		全国合计	2										

化学工业(续)

分类号码	业别	省市	厂数	制油漆机		炼油机		搅拌机		磨墨机		混合机	
				数量	制造能力 磅	数量	制造能力 磅	数量	制造能力 磅	数量	制造能力	数量	制造能力
9-4	油漆墨颜料胶等												
9-4-1	油漆	河北	1	12	45,120	13	63,840	3	×				
		上海	3	34	106,720	29	106,720						
		全国合计	4	46	151,840	42	170,560	3	×				
9-4-2a	油漆油墨	广州	1							2	1,600	2	×
		全国合计	1							2	1,600	2	×

化学工业(续)

分类号码	业别	省市	厂数	轧墨机		调墨机		化料机		磨机		轧车	
				数量	制造能力 磅	数量	制造能力 斤	数量	制造能力 斤	数量	制造能力 斤	数量	制造能力 担
9-4-2	油墨	上海	2	20	3,343	5	3,343						
		全国合计	2	20	3,343	5	3,343						
9-4-3	颜料	山东	1					1	3,000				
		青岛	1										
		上海	1										
		全国合计	3					1	3,000				
9-4-4	虫胶	广州	1							2	86,400	1	10
		全国合计	1							2	86,400	1	10

化学工业(续)

分类号码	业别	省市	厂数	制牙膏机		制牙粉机		制雪花膏机		混合机		蒸锅	
				数量	制造能力 磅	数量	制造能力 磅	数量	制造能力 磅	数量	制造能力 打	数量	制造能力 打
9-5	化妆品	上海	13	26	24,800	7	3,680	23	39,204	15	1,500	4	80
		广州	3	1	1,200	×	×	6	27,546.67			4	80
		全国合计	16	27	26,000	7	3,680	29	66,750.67	15	1,500	8	160

化学工业(续)

分类号码	业别	省市	厂数	制片机		制丸机		糖衣机		制药机粉类		压皂机	
				数量	制造能力 斤	数量	制造能力 磅	数量	制造能力 磅	数量	制造能力	数量	制造能力 箱
9-6	药品												
9-6-1	一般药品	浙江	1	1	240,000	1	120	1	240				
		上海	6	5	1,200,000	13	3,120			88	×		
		全国合计	7	6	1,440,000	14	3,240	1	240	88	×		
9-6-2	药及皂	上海	1									16	1,200
		全国合计	1									16	1,200

化学工业(续)

分类号码	业别	省市	厂数	压车		滚筒		抛车		压机		抛光机	
				数量	制造能力	数量	制造能力 板	数量	制造能力 打	数量	制造能力	数量	制造能力
9-7	人造脂												
9-7-1	赛璐珞	上海	6	21	×	4	8	48	691				
		全国合计	6	21	×	4	8	48	691				
9-7-2	电玉电木等	上海	7							40	×	15	×
		全国合计	7							40	×	15	×

9-8	碱酸												
9-8-1	制酸	广西	1										
		上海	1										
		全国合计	2										

化学工业(续)

分类号码	业别	省市	厂数	蒸发锅		反射炉		溶碱箱		制纯碱机		制烧碱机	
				数量	制造能力 担	数量	制造能力 担	数量	制造能力 担	数量	制造能力 吨	数量	制造能力 吨
9-8-2	制碱	四川	1	4	160	2	178	8	8				
		河北	1							2	100	1	15
		全国合计	2	4	160	2	178	8	8	2	100	1	15

化学工业(续)

分类号码	业别	省市	厂数	电解槽		漂粉滚机		盐酸燃化炉		溶化机		压汽机	
				数量	制造能力 担	数量	制造能力 箱	数量	制造能力 箱	数量	制造能力	数量	制造能力 磅
9-8-3	碱酸及漂粉	上海	1	42	89.28	24	35.71	1	71.43				
		全国合计	1	42	89.28	24	35.71	1	71.43				
9-9	炭酸钙酸炭镁												
9-9-1	炭酸钙镁	浙江	1							2	×	2	8,000
		上海	3										
		全国合计	4							2	×	2	8,000

化学工业(续)

分类号码	业别	省市	厂数	溶化机		磨粉机		压汽机		石灰窑		轧石机	
				数量	制造能力	数量	制造能力 磅	数量	制造能力 磅	数量	制造能力 担	数量	制造能力 吨
9-9-2	炭酸钙镁其及他	江苏	1	3	×	2	216,000	3	12,000	8	8,456.06	1	200
		河北	1	1	×	2	216,000						
		全国合计	2	4	×	4	432,000	3	12,000	8	8,456.06	1	200

化学工业(续)

分类号码	业别	省市	厂数	养气机		炭轻气机		糖化机		蒸馏机		蒸煮器	
				数量	制造能力 公升	数量	制造能力 公升	数量	制造能力 加仑	数量	制造能力 加仑	数量	制造能力 加仑
9-10	炼气	上海	1	1	5,947	1	617						
		全国合计	1	1	5,947	1	617						
9-11	酒精	广西	1					3	4,190.84	2	2,095.42	×	×
		广东	1					×	×	×	×	2	750
		上海	1					2	600	1	600	1	600
		全国合计	3					5	4,790.84	3	2,695.42	3	1,350
9-12	其他化学工业	上海	3										
		全国合计	3										

(10) 纺织工业

分类号码	业别	省市	厂数	轧花机		碾米机		砻谷机		轧棉子机		木榨机	
				数量	制造能力 担	数量	制造能力 石	数量	制造能力 石	数量	制造能力 担	数量	制造能力 担
10-1	棉纺织												
10-1-1	制棉												
10-1-1-1	轧花	江苏	8	256	2,393.78								

		上海	5	304	1,040								
		全国合计	13	560	3,433.78								
10-1-1-2	轧花及其他	江苏	3	264	2,267.76	6	714	5	1,104	2	40	8	66.42
		全国合计	3	264	2,267.76	6	714	5	1,104	2	40	8	66.42

纺织工业(续)

分类号码	业别	省市	厂数	弹花机		回丝机		染机		松棉机		纱锭	
				数量	制造能力 斤	数量	制造能力 斤	数量	制造能力 匹	数量	制造能力 斤	数量	制造能力
10-1-1-3	废花	上海	8	58	42,426	3	1,428						
		全国合计	8	58	42,426	3	1,428						
10-1-1-4	废花及其他	上海	1	5	20			3	1,200				
		全国合计	1	5	20			3	1,200				
10-1-1-5	弹旧花及药棉	广东	1							5	2,000		
		全国合计	1							5	2,000		
10-1-2	棉纺												
10-1-2-1	纺纱	江苏	9									146,184	168,640
		浙江	2									37,760	45,040
		安徽	1									18,400	18,773
		江西	1									20,480	22,000

		湖北	1									20,000	23,940
		河北	3									82,128	87,859
		山东	2									42,816	51,379
		山西	2									50,144	62,680
		河南	4									108,608	108,192
		青岛	1									43,564	52,277

纺织工业（续）

分类号码	业别	省市	厂数	纱锭		线锭		织布机		废花锭		织毯机	
				数量	制造能力 磅	数量	制造能力 磅	数量	制造能力 磅	数量	制造能力 磅	数量	制造能力 条
10-1-2-1	纺纱	上海	12	450,370	448,519	55,344	41,508						
		全国合计	38	1020,454	1,089,308	69,366	65,520						
10-1-2-2	纺纱兼织布	江苏	10	404,868	403,438	20,340	15,609	5,501	397,925				
		浙江	1	20,360	18,000			767	24,674				
		湖北	4	197,144	220,351	3,760	3,008	2,610	182,416				
		湖南	1	50,000	43,000			248	29,760				
		河北	4	163,616	185,887	6,056	10,829	2,060	195,670				
		山东	1	1,600	91,200			60	7,200				
		山西	2	22,080	27,600	824	1,260	512	55,590				

		上海	16	611,540	611,540	39,540	29,655	7,429	579,462	5040	5,040		
		全国合计	39	1471,208	1,511,736	70,520	60,361	19,187	1,472,697	5040	5,040		
10-1-2-3	纺纱兼织毯	上海	1	5,120	17							4	250
		全国合计	1	5,120	17							4	250
10-1-3	棉织												
10-1-3-1	棉织	江苏	55					4,469	350,526				
		浙江	20					1,966	93,089				
		江西	2					82	2,800				

纺织工业(续)

分类号码	业别	省市	厂数	织布机		染机		漂白机		纺布机		弹花机	
				数量	制造能力 码	数量	制造能力 匹	数量	制造能力 磅	数量	制造能力 斤	数量	制造能力
10-1-3-1	棉织	湖北	1	48	1,920								
		四川	1	54	3,396								
		河北	9	194	16,898								
		山东	3	102	6,360								
		山西	2	137	9,749	4	280						
		福建	2	205	13,880								
		广西	1	60	4,800								

		广东	6	236	14,319.8								
		北平	2	95	1,832								
		青岛	2	132	5,780								
		上海	74	4,711	325,947	196	23,634.25	7	7,000				
		广州	37	1,665	112,016	7	2,760						
		全国合计	217	14,156	963,312.8	241	28,688.25	11	7,900				
10-1-3-2	棉织兼铁工	上海	1	52	2,336								
		全国合计	1	52	2,336								
10-1-3-3	棉织兼藤竹木	浙江	1	62	162								
		全国合计	1	62	162								
10-1-4	药棉纱布	浙江	3							52	711	5	75

纺织工业(续)

分类号码	业别	省市	厂数	纱布机		弹花机		绷带机		织纱布机		上鞋机	
				数量	制造能力 磅	数量	制造能力 斤	数量	制造能力 轴	数量	制造能力	数量	制造能力 只
10-1-4	药棉纱布	河北	1	30	180	4	394	1	525				
		上海	3	100	667	7	460						
		广州	1			1	1,920						
		全国合计	8	182	1,558	17	2,849	1	525				

10-1-5	药棉纱布及其他	广东	1			6	2,040			14	147	12	5,760
		全国合计	1			6	2,040			14	147	12	5,760
10-2	丝及丝织业												
10-2-1	缫丝												
10-2-1-1	厂丝	江苏	43										
		浙江	13										
		四川	7										
		山东	1										
		广东	18										
		上海	49										
		广州	1										
		全国合计	132										
10-2-1-2	双宫	上海	2										
		全国合计	2										

分类号码	业别	省市	厂数	制棉机		精纺机		拈合机		电织机		手织机	
				数量	制造能力	数量部	制造能力斤	数量	制造能力	数量	制造能力码	数量	制造能力码
10-2-1-3	绢丝	浙江	1	46		6,120	800	30					
		上海	1			11	600	5					
		全国合计	2	46		6,120	1,400	35					
10-2-2	织机及络丝工具					11							
10-2-2-1	织机	江苏	12							320	11,521	220	1,660
		浙江	51							1,171	35,554	843	7,865
		四川	1							8	425		
		河北	6							12	880	174	5,595
		广东	1							41	574.4	17	119.3
		上海	125							4,096	167,294		
		广州	1							60	2,000		
		全国合计	197							5,708	218,268.4	1254	15,239.3
10-2-2-2	络丝	浙江	1										
		全国合计	1										
10-3													
10-3-1	毛纺	河北	1			2	5,000						
		全国合计	1			2	5,000						

纺织工业(续)

分类号码	业别	省市	厂数	织绒机		精纺机		合股机		横织机		织毯机	
				数量	制造能力 码	数量	制造能力 磅	数量	制造能力 磅	数量	制造能力 斤	数量	制造能力 条
10-3-2	毛织	上海	21	170	16,012								
		全国合计	21	170	16,012								
10-3-3	毛纺织	湖北	1	4	320	2	1,209						
		河北	1	16	480	3	2,400	1	600				
		北平	1	58	2,540	12	4,800						
		上海	2	74	3,069	5	2,470						
		全国合计	5	152	6,509	22	10,870	1	600				
10-3-4	毛纺兼制服用品	山西	1			2	200	2	400	17	506	8	32
		全国合计	1			2	200	2	400	17	506	8	32
10-3-5	弹毛	上海	1										
		全国合计	1										

纺织工业(续)

分类号码	业别	省市	厂数	织机		合股机		染机		细纺机		织布机	
				数量	制造能力码	数量	制造能力磅	数量	制造能力磅	数量	制造能力磅	数量	制造能力码
10-4a	棉织兼毛织	广州	1	72	4,800	2	1,200	1	500				
		全国合计	1	72	4,800	2	1,200	1	500				
10-4	丝织兼棉织	河北	5	333	14,966								
		河南	2	42	1,612								
		全国合计	7	375	16,578								
10-5	废丝毛棉纺织	江苏	1							5,740	6,090	52	3,060
		上海	3							7,403	5,823	210	10,456
		全国合计	4							13,143	11,913	262	13,516
10-6	染炼												
10-6-1	丝光纱	浙江	1										
		湖北	1										
		上海	16										
		全国合计	18										

纺织工业(续)

分类号码	业别	省市	厂数	染机		漂白机		整理机		轧光机		染色机	
				数量	制造能力匹	数量	制造能力匹	数量	制造能力匹	数量	制造能力匹	数量	制造能力匹
10-6-2	染炼	江苏	1							1	1,680		
		浙江	3	22	1,901			3	1,340	1	867		
		湖北	3			3	5,600			3	2,815		
		湖南	1	8	650			1	447				
		四川	2	13	2,000			1	447	1	8,000		
		河北	10	20	1,580			4	4,800	29	25,277		
		山东	2	26	1,080	1	600			2	1,467		
		上海	30	267	16,086			45	15,898	7	6,225		
		广州	3	30	2,880			2	960				
		全国合计	55	386	26,177	4	6,200	56	23,892	44	39,131		
10-6-3	染炼兼印布	上海	1			8	×	14	5,600			14	3,000
		全国合计	1			8	×	14	5,600			14	3,000

纺织工业(续)

分类号码	业别	省市	厂数	脱水机		烘干机		整理机		牵经机		拈丝机	
				数量	制造能力	数量	制造能力 匹	数量	制造能力	数量	制造能力 两	数量	制造能力 两
10-7	印花	上海	7	6	×	1	107	2	×				
		全国合计	7	6	×	1	107	2	×				
10-8	制线												
10-8-1	经纬线	浙江	2							6	2,600	18	10,892
		上海	4							16	5,164	8	4,842
		全国合计	6							22	7,764	26	15,734

纺织工业(续)

分类号码	业别	省市	厂数	腊光车		线团车		刷光车		并线车		织边机	
				数量	制造能力 小包	数量	制造能力 罗	数量	制造能力 小包	数量	制造能力	数量	制造能力 码
10-8-2	纱线团	广东	3	30	360	55	458.34						
		上海	3	16	120	94	240						
		广州	1	11	26.4	35	112.5						
		全国合计	7	57	506.4	184	810.84						

10-8-3	他种线	上海	3					36	197	1			
		全国合计	3					36	197	1			
10-9	边带												
10-9-1	制边	河北	1									200	36,000
		全国合计	1									200	36,000
10-9-2	制带	上海	2										
		全国合计	2										

纺织工业(续)

分类号码	业别	省市	厂数	织带机		原料机		锭织机		梭织机			
				数量	制造能力 码	数量	制造能力 码	数量	制造能力 码	数量	制造能力	数量	制造能力
10-9-3	宽紧带	江苏	1	42	18,720								
		上海	3			60	14,527	410	39,528	2	×		
		全国合计	4	42	18,720	60	14,527	410	39,528	2	×		

纺织工业(续)

分类号码	业别	省市	厂数	花边机		刮绒机		染机		轧光机			
				数量	制造能力 码	数量	制造能力 匹	数量	制造能力 匹	数量	制造能力 匹	数量	制造能力
10-9-4	边带	上海	2	117	28,080								
		全国合计	2	117	28,080								
10-9-5	边带兼牙筷	上海	1	350	84,000								
		全国合计	1	350	84,000								
10-10	绒布整理												
10-10-1	拉绒	上海	2			9	1,200						
		全国合计	2			9	1,200						
10-10-2	拉绒兼漂染印花	江苏	2			2	340						
		上海	2			3	360	2	250	2	960		
		全国合计	4			5	700	2	250	2	960		
10-10-3	压布	河北	1							4	1,920		
		全国合计	1							4	1,920		

(ii) 服用品制造业

分类号码	业别	省市	厂数	手摇袜机		电力袜机		横机		缝纫机		平机圆机	
				数量	制造能力 打	数量	制造能力 打	数量	制造能力 打	数量	制造能力 打	数量	制造能力 码
11-1	织袜												
11-1-1	织袜	江苏	8	3,360	8,727	86	1,032						
		四川	1	72	180	18	256						
		河北	1			12	144						
		广东	1			20	120						
		青岛	1			20	300						
		上海	40	2,150	3,904	1,204	12,674						
		广州	1	100	200	7	84						
		全国合计	53	5,682	13,011	1,367	14,610						
11-1-1	织袜兼衫裤及其他	浙江	1	209	836	6	60	46	126	63	210	25	2,500
		河北	3	62	226	31	214	36	40	6	31		
		上海	15	1,495	2,959	118	974	95	285	4	21	23	1,334.68
		广州	3			100	1,080			62	×	28	2,016
		全国合计	22	1,766	4,021	255	2,328	177	451	135	262	76	2,016 3,834.68

服用品制造业(续)

分类号码	业别	省市	厂数	制坯机		水压机		草帽机		缝纫机		制骨机	
				数量	制造能力 打	数量	制造能力 打	数量	制造能力 打	数量	制造能力 打	数量	制造能力 打
11-2	草呢帽	河北	5	8	487	43	523	12	×	45	×		
		上海	7	20	577	29	476	43	×	49	×		
		全国合计	12	28	1,064	72	999	55	×	94	×		
11-3	阳伞	上海	2									20	690
		全国合计	2									20	690
11-4	手帕	上海	7							130	4,686		
		全国合计	7							130	4,686		

服用品制造业(续)

分类号码	业别	省市	厂数	横机		缝纫机		平机圆机		线毯机		毛毯机	
				数量	制造能力 打	数量	制造能力 打	数量	制造能力 码	数量	制造能力 条	数量	制造能力 码
11-5	衫裤	浙江	1			42	168	24	2,360				
		河北	4	30	112	32	231	18	792				
		广东	2			16	×	11	663				
		上海	16	48	164	498	2,776	248	29,407				

		广州	5	54	×	43	×	41	2,652				
		全国合计	28	132	276	631	3,175	342	3,315 32,559				
11-6	线毯毛巾												
11-6-1	线毯	江苏	1							70	600		
		河北	3							135	1,558		
		上海	1									2	20
		全国合计	5							205	2,158	2	20
11-6-2	毛巾	江苏	1										
		河北	2										
		全国合计	3										

服用品制造业(续)

分类号码	业别	省市	厂数	制坯机		磨光机		打眼机		卷边机		钮扣机	
				数量	制造能力 粒	数量	制造能力 粒	数量	制造能力 粒	数量	制造能力 粒	数量	制造能力 粒
11-7	其他服用品												
11-7-1	钮扣	江苏	3	90	330,000	18	280,000	28	328,000	18	248,000		
		河北	1	6	36,000	8	160,000	10	160,000				
		上海	3	1	1,428	18	27,348	24	30,434			10	3,086

11-7-2	织席	全国合计	7	97	367,428	44	467,348	62	518,434	18	248,000	10	3,086
		河北	1										
		全国合计	1										

服用品制造业(续)

分类号码	业别	省市	厂数	手套机		围巾机		织布机					
				数量	制造能力 打	数量	制造能力 打	数量	制造能力 磅	数量	制造能力	数量	制造能力
11-7-3	其他	上海	1	40	38	8	4	3	77				
		全国合计	1	40	38	8	4	3	77				

(12) 皮革及橡胶制造业

分类号码	业别	省市	厂数	泡皮池		滚筒		打光机		压皮机		熬胶锅	
				数量	制造能力 张	数量	制造能力 张	数量	制造能力 张	数量	制造能力 张	数量	制造能力 担
12-1	制革												
12-1-1	制革	湖北	1			4	2,000	2	100	1	50		
		湖南	1	2	240	2	82	1	78	1	133		
		四川	1	11	60	4	2,000	2	120	1	400		

		河北	3	8	960	21	1,680	4	314	5	652		
		山西	1	1	120	2	112	1	78	1	133		
		河南	1	4	660	6	360	1	120	1	45		
		陕西	1	1	120	1	80	1	48	1	48		
		广西	1	19	1,520	1	400	1	400	1	300		
		上海	9	12	960	71	1,297	23	1,297	1	133		
		广州	1	3	240	4	1,600	1	400				
		全国合计	20	61	4,880	116	9,611	37	2,955	13	1,894		
12-1-2	制革兼制胶	上海	1	15	1,200	3	840	1	840	1	133	3	90
		全国合计	1	15	1,200	3	840	1	840	1	133	3	90

皮革及橡胶制造业（续）

分类号码	业别	省市	厂数	滚筒		压型机		缝纫机		未分类（滚筒及轧底机）			
				数量	制造能力 磅	数量	制造能力 只	数量	制造能力	数量	制造能力	数量	制造能力
12-2	橡胶制品	河北	1	1	700	1							
		山东	1	1	80	1							
		青岛	1	3	500	3		8					
		上海	44	123	81,240	77		88		98			
		广州	14	47	52,400	28	164,800						
		全国合计	61	175	134,920	110	164,800	96		98			

皮革及橡胶制造业(续)

分类号码	业别	省市	厂数	熬胶机		澄胶机		干燥机		滤胶机			
				数量	制造能力 担	数量	制造能力	数量	制造能力	数量	制造能力	数量	制造能力
12-3	制胶	广东	1	2	8	1		1		1			
		上海	1	8	28.57	1							
		全国合计	2	10	36.57	2		1		1			

(13) 饮食品制造业

分类号码	业别	省市	厂数	砻谷机		碾米机		磨粉机		筛粉机			
				数量 部	制造能力 石	数量	制造能力 石	数量	制造能力 袋	数量	制造能力 袋	数量	制造能力
13-1	碾米												
13-1-1	砻谷	江苏	4	26	3,152								
		全国合计	4	26	3,152								
13-1-2	碾米	江苏	26	122	10,970	147	28,224						
		浙江	3			16	3,168						
		安徽	10	1	240	67	8,826						
		江西	2	2	250	5	1,000						
		湖北	1	2	600	9	540						

		广东	1	2	714.29	2	250						
		上海	4			36	4,146						
		广州	9	20	6,773.17	38	4,714.4						
		全国合计	56	149	19,547.46	320	46,468.4						
13-1-3	碾米及其他	广州	1	2	714.3	4	485.71	2	100				
		全国合计	1	2	714.3	4	485.71	2	100				
13-2	面粉机粉												
13-2-1	面粉	江苏	10					180	45,456	118	49,300		
		浙江	1					14	4,000	55	4,000		

饮食品制造业(续)

分类号码	业别	省市	厂数	磨粉机		筛粉机		钢磨		粉筛		碾米机	
				数量	制造能力 袋	数量	制造能力 袋	数量	制造能力 担	数量	制造能力	数量	制造能力 石
13-2-1	面粉	安徽	3	42	11,900	29	12,500						
		湖北	5	66	17,100	61	17,100						
		湖南	1	4	950	12	950						
		四川	2	7	963	5	963						
		察哈尔	1	3	200	3	200						
		绥远	1	3	400	3	400						

		河北	7	127	35,933	79	31,933						
		山东	10	135	34,680	64	34,680						
		山西	3	17	4,587	14	4,587						
		河南	3	35	8,500	26	8,500						
		南京	2	32	10,300	32	10,300						
		青岛	2	18	5,200	17	5,200						
		上海	15	446	122,583	446	155,508						
		全国合计	66	1,129	302,752	964	336,121						
13-2-2	机粉	江苏	1					8	60	2	×	3	504
		全国合计	1					8	60	2	×	3	504
13-2-3	电厂兼制面粉	绥远	2	9	1,400	4	1,400						
		河北	1	2	50	1	50						

饮食品制造业(续)

分类号码	业别	省市	厂数	磨粉机		筛粉机		奶油分离机		结晶机		蒸乳机	
				数量	制造能力袋	数量	制造能力袋	数量	制造能力磅	数量	制造能力磅	数量	制造能力磅
13-2-3	电厂兼制面粉	山西	1	5	800	4	800						
		全国合计	4	16	2,250	9	2,250						
13-3	炼乳	浙江	2					4	96,000	2	27,600	2	7,200
		全国合计	2					4	96,000	2	27,600	2	7,200

分类号码	业别	省市	厂数	煮糖锅		制糖车							
				数量	制造能力 担	数量	制造能力 担	数量	制造能力	数量	制造能力	数量	制造能力
13-4	制糖	上海	4	16	2,746	21	2,746						
		全国合计	4	16	2,746	21	2,746						

饮食品制造业(续)

分类号码	业别	省市	厂数	蒸锅		滚圆机		烤饼干机		滚方机		糖果机	
				数量	制造能力 罐	数量	制造能力 罐	数量	制造能力 磅	数量	制造能力 罐	数量	制造能力 罐
13-5	制备食品												
13-5-1	罐头食品												
13-5-1-1	罐头食品	浙江	5	10	37,400	9	44,000						
		河北	2	2	8,600	5	7,800	2	1,000	1	4,800		
		山东	2	3	20,000	2	20,000	1	500				
		广东	2	6	×								
		上海	8	3	7,500	4	7,500	4	33,043	2	7,500	25	×
		全国合计	19	24	73,500	20	79,300	7	34,543	3	12,300	25	×

13-5-1-2	罐头食品及其他	浙江	1	2	12,000	2	13,400							
		福建	2	6	28,000 2,250	1	22,400							
		全国合计	3	8	40,000 2,250	3	35,800							

饮食品制造业(续)

分类号码	业别	省市	厂数	碱精压缩机		制冰机		钻坯机		磨光机		出边机	
				数量	制造能力 吨	数量	制造能力 吨	数量	制造能力 打	数量	制造能力 打	数量	制造能力 打
13-5-2	水产制品	浙江	1	1	18	1	8	20	80,000	10	80,000	10	80,000
		全国合计	1	1	18	1	8	20	80,000	10	80,000	10	80,000

分类号码	业别	省市	厂数	石磨		制糖机		轧糖机		淘糖机			
				数量	制造能力 枚	数量	制造能力 斤	数量	制造能力 磅	数量	制造能力 磅	数量	制造能力
13-5-3	豆腐制品	上海	1	3	36,000								
		全国合计	1	3	36,000								
13-5-4	糖果	河北	1			11	5,000						
		上海	2					5	960	1	960		
		全国合计	3			11	5,000	5	960	1	960		

分类号码	业别	省市	厂数	制饼干机		烤饼干炉		制糖机		淘糖机		制冰淇淋机	
				数量	制造能力 磅	数量	制造能力 磅	数量	制造能力 磅	数量	制造能力 磅	数量	制造能力 加仑
13-5-5	糖果饼干	广东	1	1	6,000	1	6,000	6	8,100	3	2,100		
		广州	3	3	54,000	4	54,000	4	5,400			2	2,400
		全国合计	4	4	60,000	5	60,000	10	13,500	3	2,100	2	2,400

饮食品制造业(续)

分类号码	业别	省市	厂数	轧豆机		蒸灶		榨油机		轧棉子机		轧花生机	
				数量	制造能力 担	数量	制造能力 担	数量	制造能力 担	数量	制造能力 担	数量	制造能力 担
13-6	榨油												
13-6-1	榨油	江苏	19	37	23,673	82	14,893	1105	14,604	2	1,850		
		浙江	1			1	1,200	5	455	1	1,200		
		湖北	3	10	11,268	21	5,448	429	6,582	2	3,000		
		广东	1			15	×	30	216油 324饼				
		青岛	1					5	180			2	160
		上海	10			34	7,042	545	14,256	5	6,050		

		广州	30			473	×	993	6,195.2油 9,296.8饼	5			
		全国合计	65	47	34,941	626	28,583	3112	42,488.2油 9,620.8饼	10	12,100	2	160

饮食品制造业(续)

分类号码	业别	省市	厂数	轧豆车		蒸灶		榨油车		碾米机		砻谷机	
				数量	制造能力 担	数量	制造能力 担	数量	制造能力 担	数量	制造能力 石	数量	制造能力 石
13-6-2	油米	江苏	10	17	8,878	27	4,228	371	4,496	23	4,608	25	2,112
		广东	1			2	×	5	12	2	242.86	2	960
		全国合计	11	17	8,878	29	4,228	376	4,508	25	4,850.86	27	3,072
13-7	制茶	上海	44										
		全国合计	44										

饮食品制造业(续)

分类号码	业别	省市	厂数	烤烟机		切烟机		卷烟机					
				数量	制造能力 磅	数量	制造能力	数量	制造能力 磅	数量	制造能力 磅	数量	制造能力 支
13-8	制烟												
13-8-1	烤烟叶	山东	1	2	133,333								
		河南	1	2	160,000								
		青岛	1	1	140,000								
		全国合计	3	5	433,333								
13-8-2	卷烟	江苏	1			1	1,489	1	504,000				
		浙江	1			3	44,667	4	216,000				
		安徽	2			5	6,200	5	1,464,000				
		河北	1			1	1,480	2	300,000				
		山东	1			1	2,000	1	900,000				
		山西	1			8	11,911	6	3,456,000				
		青岛	1			4	5,600	5	2,500,000				
		上海	48			184	288,724	373	178,150,337				
		全国合计	56			207	362,080	397	187,490,387				

饮食品制造业(续)

分类号码	业别	省市	厂数	酿酒锅		蒸馏锅		冷却器		制汽水机		滤水机	
				数量	制造能力 箱	数量	制造能力 公升	数量	制造能力 箱	数量	制造能力 打	数量	制造能力
13-9	制酒												
13-9-1	酒	山东	2	1	12,000	3	900	2	2,880				
		北平	1	2	7,200			1	1,440				
		全国合计	3	3	12,000 7,200	3	900	3	4,320				
13-10	清凉饮料												
13-10-1	汽水	河北	3							8	8,740	4	
		上海	2							12	28,800		
		广州	3							7	23,472	9	
		全国合计	8							27	61,012	13	

饮食品制造业(续)

分类号码	业别	省市	厂数	制冰机		制汽水机		碾粉机		蒸馏机		抽气机	
				数量	制造能力 磅	数量	制造能力 打	数量	制造能力	数量	制造能力	数量	制造能力
13-10-2	冰及汽水	四川	1	4	18,200	1	300						
		福建	1	1	44,800	1	1,500						
		上海	1	2	2,285	4	4,286						
		全国合计	3	7	65,285	6	6,086						
13-11	调味品												
13-11-1	味精	上海	5					9	4,500	8	×	31	×
		全国合计	5					9	4,500	8	×	31	×
13-11-2	酱油	福建	1										
		全国合计	1										

分类号码	业别	省市	厂数	压榨机		磨粉机		洗面筋车		制淀粉机		制糊精机	
				数量	制造能力 斤	数量	制造能力 磅	数量	制造能力	数量	制造能力	数量	制造能力
13-12	淀粉	浙江	1	1	80,000	2	8,000						
		上海	1					5	×	20	×	2	×
		全国合计	2	1	80,000	2	8,000	5	×	20	×	2	×

饮食品制造业(续)

分类号码	业别	省市	厂数	碎盐机		洗盐机		搅拌机		脱水机		煮锅	
				数量	制造能力 吨	数量	制造能力 吨	数量	制造能力 吨	数量	制造能力 吨	数量	制造能力
13-13	精盐	河北	1	6	118.12					4	16.67		
		山东	1	1	23.81			2	59.52	5	11.90		
		青岛	1	8	160	4	238.10			6	25		
		上海	1									12	×
		全国合计	4	15	301.93	4	238.10	2	59.52	15	53.57	12	×

饮食品制造业(续)

分类号码	业别	省市	厂数	冷气机		蛋帮浦		打黄帮浦		飞黄机		打黄车	
				数量	制造能力 吨	数量	制造能力	数量	制造能力 千枚	数量	制造能力 千枚	数量	制造能力 千枚
13-14	制蛋												
13-14-1	冰蛋	南京	1	2	30								
		青岛	2	7	75	6	×						
		上海	1	1	14.28								
		全国合计	4	10	119.28	6	×						

13-14-2	蛋粉	绥远	1					2	790				
		河北	2					2	790	10	340		
		河南	7					2	510	106	2,538	9	583
		全国合计	10					6	2,090	116	2,878	9	583
13-15	造冰冷藏	上海	2										
		全国合计	2										

（14）造纸印刷业

分类号码	业别	省市	厂数	造纸机		蒸料锅		打浆机		造纸版纸		蒸料机	
				数量	制造能力 令	数量	制造能力 磅	数量	制造能力 磅	数量	制造能力 吨	数量	制造能力
14-1	制纸												
14-1-1	制纸	江苏	3	1	100	6	31,493	9	23,840				
		四川	1	1	60	2	3,360	2	960				
		河北	1	2	50	2	5,000	3	5,000				
		山东	1	1	360	3	30,000	6	16,000				
		山西	1	1	95	1	9,000	4	5,478				
		福建	1	1	17,920	2	17,920	3	17,920				
		广东	1	1	8,000	1	8,960	9	533.33				
		北平	1	2	40	1	3,667	4	2,800				

		上海	7	11	183,487	5	48,487	39	147,487				
		全国合计	11	21	705 209,407	23	157,887	79	220,018.33				
14-1-2	纸版	江苏	2					11		3	45	8	
		浙江	2					11		2	49	7	
		河北	1							1	20	3	
		上海	1							1	18		
		全国合计	6					22		7	132	18	
14-1-3	锡纸	上海	1										
		全国合计	1										

造纸印刷业(续)

分类号码	业别	省市	厂数	石印机		铅印机		胶版机		橡皮机		凹版机	
				数量	制造能力 张	数量	制造能力 张	数量	制造能力 张	数量	制造能力 张	数量	制造能力 张
14-2	印刷												
14-2-1	印刷	江苏	10	10	398,640	61	1,143,680						
		浙江	15	24	545,280	82	2,240,880						
		江西	2	11	64,200	7	208,800	1	57,600				
		湖北	3	10	148,800	18	350,200	2	96,000				

	湖南	2	3	57,600	7	134,400						
	四川	2	9	42,000	7	45,100			2	67,600		
	河北	13	25	452,590	61	3,274,800	2	40,000				
	山东	1	4	15,000	5	60,000						
	山西	2	6	62,640	17	356,800						
	河南	1	7	30,720	4	86,400						
	广西	3	8	112,800	21	397,600	2	69,400				
	南京	15	10	168,000	102	2,348,400	1	24,000				
	北平	7	23	384,000	68	1,857,600						
	青岛	1			12	176,000						
	上海	99	94	1,576,017	719	21,923,681	5	196,800	61	1876,699	12	144,000
	广州	11	7	256,320	53	2,013,600			4	163.200		
	全国合计	187	260	4,314,607	1244	36,517,941	13	483,800	67	2107,499	12	144,000

造纸印刷业(续)

分类号码	业别	省市	厂数	石印机		铅印机		铸字机		制盒机		切纸机	
				数量	制造能力 张	数量	制造能力 张	数量	制造能力 磅	数量	制造能力 只	数量	制造能力
14-2-2	印刷兼熔铸	江苏	1	1	16,800	8	151,200	3	60				
		广东	1			7	150,000	3	×				
		上海	7	8	118,400	78	1,639,016	85	1,800 24,320				
		广州	1			8	307,200	5	×				
		全国合计	10	9	135,200	102	2,247,416	96	1,800 24,320				
14-3	纸制品												
14-3-1	纸盒	上海	10							10	3,398,911		
		全国合计	10							10	3,398,911		
14-3-2	卡纸片等	上海	3			13	156,000					8	×
		全国合计	3			13	156,000					8	×

（15）饰物仪器制造业

分类号码	业别	省市	厂数	轧片机									
				数量	制造能力 张	数量	制造能力	数量	制造能力	数量	制造能力	数量	制造能力
15-1	乐器	上海	2	12	5,765								
		全国合计	2	12	5,765								

分类号码	业别	省市	厂数	缝纫机		轧光机		泡皮机		滚筒		制球机	
				数量	制造能力 双鞋	数量	制造能力 张	数量	制造能力 张	数量	制造能力 张	数量	制造能力 打
15-2	教育用品	河北	2	12	690	3	280	5	132	6	140		
		上海	6									4	40
		全国合计	8	12	690	3	280	5	132	6	140	4	40

饰物仪器制造业(续)

分类号码	业别	省市	厂数	压力机		直条机		打钉机					
				数量	制造能力	数量	制造能力 台	数量	制造能力	数量	制造能力	数量	制造能力
15-3	仪器	上海	5										
		全国合计	5										
15-4	制钟												
15-4-1	钟	河北	1	8	160								
		山东	5	81	792	4		4					
		全国合计	6	89	952	4		4					
15-4-2	钟及电筒	上海	1										
		全国合计	1										
15-5	玩具	上海	4										
		全国合计	4										

（16）其他工业

分类号码	业别	省市	厂数	打眼机		抽槽机		切毛机		植毛机		车边机	
				数量	制造能力 支	数量	制造能力 支	数量	制造能力 支	数量	制造能力 罗	数量	制造能力 打
16-1	牙刷												
16-1-1	牙刷	河北	1	4	6,000	1	6,000	1	6,000				
		广东	1	3	12,000	3	18,000			8	1,389		
		上海	5	13	22,054	6	10,879	9	22,054	10	86		
		全国合计	7	20	40,054	10	34,879	10	28,054	18	1,475		
16-1-2	牙刷兼牙粉	上海	1	5	10,286			3	71	5	71		
		全国合计	1	5	10,286			3	71	5	71		
16-2	制镜	上海	4									23	2,572
		全国合计	4									23	2,572

其他工业(续)

分类号码	业别	省市	厂数	熔料炉		滚方车		滚圆车		真空机		封口机	
				数量	制造能力 磅	数量	制造能力 只	数量	制造能力 只	数量	制造能力 只	数量	制造能力 只
16-3	热水瓶												
16-3-1	自制瓶胆	上海	2	1	4,500	2	1,068	3	1,068	16	7,680	5	7,680
		全国合计	2	1	4,500	2	1,068	3	1,068	16	7,680	5	7,680
16-3-2	购用瓶胆	上海	7					3	2,040				
		全国合计	7					3	2,040				
16-3-3	专制瓶胆	上海	3	3	5,500					26	10,400	4	4,800
		全国合计	3	3	5,500					26	10,400	4	4,800
16-4	打包	湖北	1										
		山东	1										
		河南	1										
		全国合计	3										

〔国民政府资源委员会档案〕

17．刘大钧：中国工业主要产品调查统计表①

（1934年）

（1）木材制造业

分类号码	业别	省市	厂数	木板		板箱		纱管		纡管		梭子	
				数量方呎	价值（元）	数量只	价值（元）	数量只	价值（元）	数量	价值（元）	数量只	价值（元）
1-1	锯木	山东	1	1184400	170257.50								
		福建	1	6887500	375000.00								
		广西	3	8185000	262062.50								
		上海	4	17926430	1777200.00								
		全国合计		34183300	2584520.00								
1-2	木制品												
1-2-1	木箱	上海	1			216000	360000						
		全国合计	1			216000	360000						
1-2-2	纱管筒	上海	5					8530937	580990.61		30,000		
		全国合计	5					8530937	580990.61		30,000		
1-2-3	梭子	上海	1									50,000	75,000
		全国合计	1									50,000	75,000

① 本表选自刘大钧：《中国工业调查报告》。

木材制造业(续)

分类号码	业别	省市	厂数	牙签		竹烟嘴							
				数量 盒	价值(元)	数量 只	价值(元)	数量	价值(元)	数量	价值(元)	数量	价值(元)
1-2-4	牙签	广州	1	1,080,000	116,424.00								
		全国合计	1	1,080,000	116,424.00								
1-3	竹制品	上海	1			24,000,000	19,200.00						
		全国合计	1			24,000,000	19,200.00						

附注：本表中数量价值皆代表全年，其价值之单位为国币一元。

(2) 家具制造业

分类号码	业别	省市	厂数	铁制家具		地毯		染线费		其它毛织品			
				数量	价值(元)	数量 方尺	价值(元)	数量	价值(元)	数量	价值(元)	数量	价值(元)
2-1	铁制家具	河北	1		24,966								
		福建	1		77,976								
		上海	6		916,350								
		全国合计	8		1019292								
2-2	地毯	河北	1			35,000	70,000		56,000				
		北平	1			135,947	236,250						

		上海	1			60,000	90,000						
		全国合计	3			230,947	396,250		56,000				
2-3	地毯及其它	北平	1			77,000	119,350				204,750		
		全国合计	1			77,000	119,350				204,750		

(3) 冶金业

分类号码	业别	省市	厂数	生铁坯		铁锅铁管							
				数量 磅	价值(元)	数量 磅	价值(元)	数量	价值(元)	数量	价值(元)	数量	价值(元)
3-1	翻砂												
3-1-1	机器及另件	江苏	2	928,929.81	61,204.42								
		浙江	1	368,622.39	25,801.92								
		河北	1	231,200.00	11,271.00								
		山东	2	563,593.35	34,521.05								
		青岛	1	250,467.63	13,149.50								
		上海	17	7905,985.76	509,990.00								
		全国合计	24	10248798.94	655,937.89								
3-1-2	铁锅铁管	青岛	1			385,332.37	20,230						
		上海	4			4604,595.00	304880						
		全国合计	5			4989,927.37	325110						

冶炼业(续)

分类号码	业别	省市	厂数	生铁		熟铁		机器		各种钢铁		纯铝	
				数量吨	价值(元)	数量吨	价值(元)	数量	价值(元)	数量吨	价值(元)	数量担	价值(元)
3-2	熔炼												
3-2-1	炼钢铁	湖北	1	24,900	1743,000								
		山西	1	7,000	560,000	600	70,640		100,000				
		上海	1							50	35,000		
		全国合计	3	31,900	2303,000	600	70,640		100,000	50	35,000		
3-2-2	炼铝	湖南	1									43,858	642,853
		全国合计	1									43,858	642,853

(4) 机械及金属制品业

分类号码	业别	省市	厂数	印刷机及其它		针织机及其它		纺织机及其它		动力机及其它			
				数量	价值(元)	数量	价值(元)	数量	价值(元)	数量	价值(元)	数量	价值(元)
4-1	机器制造兼修理												
4-1-1	印刷机	河北	1		18,040.59								
		山东	1		25,545.24								

		北平	1		151,508.91								
		上海	6		229,320.00								
		全国合计	9		424,417.74								
4-1-2	针织机	河北	3				48,834.18						
		北平	1				17,517.39						
		上海	6				133,448.00						
		全国合计	10				199,799.57						
4-1-3	纺织机	江苏	1						16,350.00				
		浙江	2						229,717.50				
		河北	5						321,692.79				
		上海	13						1,110,440.00				
		全国合计	21						1,678,200.29				
4-1-4	动力机	江苏	1								87354.78		

机械及金属制品工业(续)

分类号码	业别	省市	厂数	动力机及其它		各种机器		地轴宕柱		袜　　针			
				数量	价值(元)	数量	价值(元)	数量	价值(元)	数量	价值(元)	数量	价值(元)
4-1-4(续)	动力机	浙江	3		86,883.90								
		河北	3		53,932.11								
		山东	1		18,956.19								

		上海	13		1426474.00								
		广州	1		14,572.40								
		全国合计	22		1688173.38								
4-1-5	各种机器	江苏	4				128,958.99						
		安徽	1				7,223.43						
		湖北	1				29,430.00						
		湖南	3				195,958.02						
		河北	3				41,309.91						
		山东	4				317,154.03						
		山西	2				6764904.06						
		陕西	1				22,772.28						
		上海	22				1874927.48						
		全国合计	41				9382638.20						
4-1-6	机器零件												
4-1-6-1	地轴宕柱	上海	1						72000.00				
		全国合计	1						72000.00				

机械及金属制品工业(续)

分类号码	业别	省市	厂数	袜针		罗底		细铜丝		汽门龙头零件等		修理费及零件	
				数量支	价值(元)	数量	价值(元)	数量	价值(元)	数量	价值(元)	数量	价值(元)
4-1-6-2	袜针	河北	3	4092,000	46,035.00								
		北平	3	608,927	11,324.61								
		上海	7	11507107	97,294.00								
		全国合计	13	16208097	154,653.61								
4-1-6-3	罗底	河北	1			1690	22,815	118300	82,810				
		全国合计	1			1690	22,815	118300	82,810				
4-1-6-4	汽门龙头	河北	1								17,400.00		
		北平	1								7,882.20		
		上海	2								610,000.00		
		全国合计	4								635,282.20		
4-1-7	修理机器及零件	浙江	1										46,429.50
		湖北	3										207,366.25
		广东	1										33,701.25
		南京	1										34,820.50
		青岛	2										49,387.00

		上海	14										635091.00
		广州	3										128538.83
		全国合计	25										1135334.33

机械及金属制品业(续)

分类号码	业别	省市	厂数	承造费		罐筒等		各种罐筒					
				数量	价值(元)	数量	价值(元)	数量	价值(元)	数量	价值(元)	数量	价值(元)
4-2	金属品制造												
4-2-1	锅炉水箱	上海	1		60,000								
		全国合计	1		60,000								
4-2-2	制罐												
4-2-2-1	制罐	上海	5				464,800.00						
		广州	1				481,219.20						
		全国合计	6				946,019.20						
4-2-2-2	印刷制罐	河北	2						388,720				
		上海	4						680,000				
		全国合计	6						1068,720				

机械及金属制品业(续)

分类号码	业别	省市	厂数	各种罐筒		热水瓶壳		未分类		铁罐		印刷品	
				数量	价值(元)	数量 打	价值(元)	数量	价值(元)	数量	价值(元)	数量	价值(元)
4-2-2-3	制罐及其它	上海	4		1,800.00	24,000	115,200		1,480,000				
		全国合计	4		1,800.00	24,000	115,200		1,480,000				
4-2-2-4	印刷制罐及其它	广州	1								35,200		26,400
		全国合计	1								35,200		26,400

机械及金属制品业(续)

分类号码	业别	省市	厂数	钢精片及器皿		钉		有刺铅丝		铁丝网		缝纫针	
				数量	价值(元)	数量 磅	价值(元)	数量(圈)	价值(元)	数量 圈	价值(元)	数量 箱	价值(元)
4-2-3	钢精片及器皿	上海	2		816,768								
	钢精器皿	广州	1		336,000								
		全国合计	3		1152,768								
4-2-4	制钉												
4-2-4-1	钉	河北	1			524,800	55,104						
		上海	5			14248500	1047,600						

		广州	1			3360,000	292,320						
		全国合计	7			18133300	1395,024						
4-2-4-2	钉网等	上海	2			25800000	2205,000	24,000	124800	2400	12,000		
		全国合计	2			25800000	2205,000	24,000	124800	2400	12,000		
4-2-5	制针	青岛	2									1,622.40	224640
		全国合计	2									1,622.40	224640

机械及金属制品业(续)

分类号码	业别	省市	厂数	洋伞骨		灯		灯头		铜皮		铁条	
				数量打	价值(元)	数量打	价值(元)	数量打	价值(元)	数量磅	价值(元)	数量担	价值(元)
4-2-5a	洋伞骨	广州	3	84,000	148764								
		全国合计	3	84,000	148764								
4-2-6	制灯	湖南	1			3360.00	30,240.00						
		河北	3			37968.00	320,544.00	33600.0	16,800.00				
		山东	1			3272.64	27,817.44	49089.6	24,544.80				
		上海	3			12708.33	145,000.00	146000.0	59,200.00				
		全国合计	8			57308.97	523,601.44	228689.6	100,544.80				
4-2-7	铜皮	上海	4							28,720	1659130.08		

		广州	2							7,200	363,930.00		
		全国合计	6							35,920	2023060.08		
4-2-8	铁条	上海	1									36,000	227988
		全国合计	1									36,000	227988

机械及金属制品业(续)

分类号码	业别	省市	厂数	银器		各种理发夹发夹剪		夹针		烟刀		锁	
				数量件	价值(元)	数量打	价值(元)	数量匣	价值(元)	数量枚	价值(元)	数量打	价值(元)
4-2-9	其它金属制品	河北	1	25,600	60924.80								
		上海	5			1,725.03	27,840	96,000	5760	9600000	12,480	6720	257,880
		全国合计	6	25,600	60924.80	1,725.03	27,840	96,000	5760	9600000	12,480	6720	257,880
分类号码	业别	省市	厂数	电话机		发电机及无线机械		未分类					
				数量架	价值(元)	数量部	价值(元)	数量	价值(元)	数量	价值(元)	数量	价值(元)
4-3	电气机械及用品												
4-3-1	电气机械及用具	河北	2	3,427.2	148,000								
		上海	3			360	240,000		257,400				
		全国合计	5	3,427.2	148,000	360	240,000		257,400				

机械及金属制品业(续)

分类号码	业别	省市	厂数	电池		收发电报机		收音机					
				数量 打	价值(元)	数量 架	价值(元)	数量 架	价值(元)	数量	价值(元)	数量	价值(元)
4-3-2	电器机械及电池	上海	1	120,000	120,000	30	20,000	300	30,000				
		全国合计		120,000	120,000	30	20,000	300	30,000				

分类号码	业别	省市	厂数	电灯		电风扇		未分类		电料			
				数量 只	价值(元)	数量 只	价值(元)	数量	价值(元)	数量	价值(元)	数量	价值(元)
4-3-3	电气用具	上海	5	6292	86,450	4992	249,600.00		2338,500				
		广州	1			2600	59,482.50						
		全国合计	6	6292	86,450	7592	309,082.50		2338,500				
4-3-4	电料	上海	4								251,950		
		全国合计	4								251,950		

机械及金属制品业(续)

分类号码	业别	省市	厂数	电筒		电筒壳		其它		电灯泡		年红电光招牌	
				数量 打	价值(元)	数量 打	价值(元)	数量	价值(元)	数量 只	价值(元)	数量	价值(元)
4-3-5	电料及其它	上海	2	360	2,160.00	1200	2,700.00		138,000				
		全国合计	2	360	2,160.00	1200	2,700.00		138,600				
4-3-6	电灯泡	上海	13							24060000	3898,640		
		全国合计	13							24060000	3898,640		
4-3-7	年红灯	上海	2										270,000
		全国合计	2										270,000

机械及金属制品业(续)

分类号码	业别	省市	厂数	炭精		电池		电筒		电焊费			
				数量 磅	价值(元)	数量 打	价值(元)	数量 打	价值(元)	数量	价值(元)	数量	价值(元)
4-3-8	电池	四川	1	70,200	17,550	162,000.C	129600.00						
		上海	3			496,000.0	445600.00						
		广州	4			883,427.2	661801.60						
		全国合计	8	70,200	17,550	1541,427.2	1237001.60						

4-3-9	电池兼电筒	上海	1					12,000.00	78,000.00				
		广州	1					25,600.00	167,552.00				
		全国合计	2					37,600.00	245,552.00				
4-3-10	电筒	上海	8					187,600.00	1,391,024.28				
		广州	3					24,057.39	162,836.19				
		全国合计	11					211,657.39	1,553,860.47				
4-3-11	电焊	上海	1								60,000		
		全国合计	1								60,000		

机械及金属制品业(续)

分类号码	业别	省市	厂数	纺织机等		翻砂铁		动力机等		各种机器			
				数量	价值(元)	数量磅	价值(元)	数量	价值(元)	数量	价值(元)	数量	价值(元)
4-4	翻砂铁工												
4-4-1	纺织业机	浙江	2		178,452.03								
		上海	3		323,350.00	215040	17203.20						
		全国合计	5		501,802.03	215040	17203.20						
4-4-2	动力机	江苏	3						834,709.18				
		江西	2						13,134.08				
		湖北	2						100,955.00				

		河北	1						16550.00				
		青岛	2						90723.79				
		广州	1						250000.00				
		全国合计	11						1306072.05				
4-4-3	各种机器	江苏	2								206,838.59		
		浙江	2								97,171.67		
		四川	1								20,247.27		
		河北	4								140,751.13		
		河南	5								93,163.26		

机械及金属制品业(续)

分类号码	业别	省市	厂数	各种机器		修理费及零件		金属制品					
				数量	价值(元)	数量	价值(元)	数量	价值(元)	数量	价值(元)	数量	价值(元)
4-4-3	各种机器	北平	2		147,437.33								
		青岛	2		68,536.86								
		上海	3		430,700.00								
		广州	1		269,500.00								
		全国合计	22		1474376.11								
4-4-4	修理及零件	浙江	1				14,659.99						

		安徽	1				31,031.25						
		湖北	3				117,121.04						
		四川	1				33,100.00						
		山东	1				25,076.56						
		福建	1				35,000.00						
		南京	1				9,456.67						
		全国合计	9				265,445.51						
4-4-5	金属制品	上海	1						27000.00				
		全国合计	1						27000.00				

(5) 交通用具制造业

分类号码	业别	省市	厂数	船		未分类		船只车辆锅炉等		修理费		修理及制造车辆	
				数量	价值(元)	数量	价值(元)	数量	价值(元)	数量	价值(元)	数量	价值(元)
5-1	造船												
5-1-1	造船	湖北	1		180,000.45								
		四川	2		435,166.20								
		青岛	1				129,103.53						
		上海	1				4232012.84						
		全国合计	5		615,166.65		4361116.37						

5-1-2	造船及其它	上海	5						2440000				
		全国合计	5						2444000				
5-1-3	修理轮船	四川	2								50,822.40		
		上海	7								698,000.00		
		全国合计	9								748,822.40		
5-2	造车												
5-2-1	铁路机厂	江苏	1										1249687.00
		浙江	1										500504.65
		江西	1										29053.85
		湖北	2										615889.94

交通用具制造业(续)

分类号码	业别	省市	厂数	修理及制造车辆		修造车辆		汽车零件		修理值			
				数量	价值(元)	数量	价值(元)	数量	价值(元)	数量	价值(元)	数量	价值(元)
5-2-1 (续)	铁路机厂	湖南	2		160,770.02								
		四川	1		10,597.63								
		察哈尔	1		283,199.94								
		河北	4		4,734,711.65								
		山东	1		397,677.60								

		广东	3		171,037.01								
		青岛	1		722,706.04								
		上海	1		1,089,396.74								
		广州	3		900,360.59								
		全国合计	22		10865,592.66								
5-2-2	造电车	北平	1				65178.05						
		全国合计	1				65178.05						
5-2-3	汽车零件	湖南	1						138,201.24				
		河北	2						61,112.28				
		全国合计	3						199,313.52				
5-2-4	修理汽车	浙江	1								213,444.14		

交通用具制造业(续)

分类号码	业别	省市	厂数	修理值		自行车		自行车零件		煤气车			
				数量	价值(元)	数量 架	价值(元)	数量	价值(元)	数量 辆	价值(元)	数量	价值(元)
5-2-4 (续)	修理汽车	四川	1		39,631.76								
		全国合计	1		253,075.90								
5-2-5	自行车	河北	2			6,175	152496.5						
		青岛	1			2,600	75,400.0						

		上海	1			14,969	748443.2						
		全国合计	4			23,744	976339.7						
5-2-6	自行车零件	河北	3						58533.30				
		全国合计	3						58533.30				
5-2-7	煤气车	上海	1							240	144,000		
		全国合计	1							240	144,000		

（6）土石制造业

分类号码	业别	省市	厂数	砖		瓦		火砖		玛赛克瓷砖		其它瓷砖	
				数量块	价值(元)	数量片	价值(元)	数量块	价值(元)	数量方丈	价值(元)	数量块	价值(元)
6-1	砖瓦												
6-1-1	砖瓦	江苏	6	55886695.00	412,265.74	4665347	198,410.96						
		浙江	1	9270000.00	129,780.00								
		江西	1	2472000.00	24,720.00	618,000	24,720.00						
		湖北	2	18319168.00	130,882.10	1677458	67,093.32						
		山东	7	27604000.00	259,766.00	7560200	233,521.60						
		福建	1	6967400.00	118,445.80								
		广东	2	31805728.12	336,968.80								
		南京	4	23484000.00	304,262.00	1648000	108,150.00						

		青岛	1	2163000.00	30,282.00	412,000	16,480.00						
		上海	2	13600000.00	113,400.00	5300,000	440,000.00	10万	8000				
		广州	2	15608787.52	294,271.02								
		全国合计	29	207180778.64	2155493.46	21881005	1088380.88	10万	8000				
6-1-2	瓷砖	上海	2							8400	428,499.96	4 万	4550
		全国合计	2							8400	428,499.96	4 万	4550

土石制造业(续)

分类号码	业别	省市	厂数	红瓦		红砖		火砖		玻璃制品		加工费	
				数量片	价值(元)	数量块	价值(元)	数量块	价值(元)	数量	价值(元)	数量	价值(元)
6-1-3	砖瓦及其它	江苏	1	1012,500	60,750	7714,286.1	46286.10	1445,453.1	86786.10				
		全国合计	1	1012,500	60,750	7714,286.1	46286.10	1445,453.1	86786.10				
6-2	玻璃												
6-2-1	玻璃器皿	江苏	1								58,468.00		
		浙江	2								98,742.50		
		湖北	1								104,094.81		
		河北	7								306,493.61		
		山西	1								24,880.00		

分类号码	业别	省市	厂数								
		北平	1							37320.00	
		上海	21							2032956.00	
		全国合计	34							2662954.92	
6-2-2	玻璃车边	上海	4								93333.33
		全国合计	4								93333.33

土石制造业(续)

分类号码	业别	省市	厂数	水泥		石灰		纸筋					
				数量 桶	价值(元)	数量 担	价值(元)	数量 方	价值(元)	数量	价值(元)	数量	价值(元)
6-3	水泥	江苏	1	696742.56	4,180,458.69								
		湖北	1	183150.00	1,419,412.50								
		河北	1	1332000.00	9,990,000.00								
		上海	1	440880.00	2,283,758.00								
		广州	2	382891.74	2,948,266.68								
		全国合计	6	3035644.30	20821,896.27								
6-4	石，石灰石粉												
6-4-1	炼灰	上海	1			36,000	54,000	600	22,500				
		全国合计	1			36,000	54,000	600	22,500				

分类号码	业别	省市	厂数	白石粉		滑石粉		各种石粉		石子			
				数量 担	价值(元)	数量 担	价值(元)	数量 吨	价值(元)	数量 吨	价值(元)	数量	价值(元)
6-4-2	石粉	江苏	1	340000	170,000	68,000	122,400						
		上海	3					25857.35	459,375	1190	20000.00		
		全国合计	4	340000	170,000	68,000	122,400	25857.35	459,375	1190	20000.00		

土石制造业(续)

分类号码	业别	省市	厂数	石子		青白石粉		石灰		火砖		瓷器	
				数量 担	价值(元)	数量 块	价值(元)	数量 件	价值(元)	数量	价值(元)	数量	价值(元)
6-4-3	轧石	江苏	6	96,559.00	194,730.29	20,516.0	9,939.11						
		浙江	2	24,530.00	46,384.00	10,035.0	7,359.00						
		上海	1	357.84	7,200.00	214.2	3,600.00						
		全国合计	9	121,446.84	248,314.29	30,765.2	20898.11						
6-4-4	炼灰制砖	湖北	1					6万	6万	285714	34,286		
		全国合计	1					6万	6万	285714	34,286		
6-5	瓷器												

6-5-1	瓷器	江西	1									354,000	18,870
		河北	2									4981,800	830292
		山东	1									1006,500	51,600
		全国合计	4									6342,300	900762

土石制造业(续)

分类号码	业别	省市	厂数	玻璃制品		瓷制品		坩锅火砖等		坩锅		火砖	
				数量	价值(元)	数量	价值(元)	数量 吨	价值(元)	数量 只	价值(元)	数量 块	价值(元)
6-5-2	瓷器玻璃	湖南	1		1546,875		56,474.00						
	坩锅火砖	河北	2				111,798.50	7133.5	75696.50				
		全国合计	3		1546,875		168,272.50	7133.5	75696.50				
6-6	坩锅												
6-6-1	坩锅	上海	1								40,000		
		全国合计	1								40,000		
6-6-3	坩锅火砖	上海	2							5000	155,000	920000	159,000
		全国合计	2							5000	155,000	920000	159,000

土石制造业(续)

分类号码	业别	省市	厂数	坩锅火砖		玻璃		石棉绳		焦煤		煤球	
				数量	价值(元)	数量	价值(元)	数量磅	价值(元)	数量吨	价值(元)	数量担	价值(元)
6-6-3	坩锅玻璃火砖	上海	1		100,000		300,000						
		全国合计	1		100,000		300,000						
6-7	石棉	河北	2					261600	313920				
		全国合计	2					261600	313920				
6-8	制炼煤焦												
6-8-1	炼焦	河北	1							33,280	432640		
		全国合计	1							33,280	432640		
6-8-2	煤球	浙江	1									228,480	312,908.80
		上海	6									1770,720	2742200.00
		全国合计	7									1999,200	3055108.80

(7) 建筑材料业

分类号码	业别	省市	厂数	各种建筑材料		铜铁钢料		洋　　钉					
				数量	价值(元)	数量	价值(元)	数量 磅	价值(元)	数量	价值(元)	数量	价值(元)
7-1	建筑材料	上海	1		305,555.55								
		全国合计	1		305,555.55								
7-2	铜铁钢料	河北	1		11,935.00								
		山东	2		47,917.32								
		北平	1		24,333.70								
		上海	7		1539,300.00*								
		广州	1		30,444.48								
		全国合计	12		1653,390.56								
7-3	铜铁钢料兼制钉	广州	1				61,875	5715	52800.00				
		全国合计	1				61,875	5715	52800.00				

附注：*内有数厂统计不完全。

（8）水电业

分类号码	业别	省市	厂数	电		自来水							
				数量 度	价值(元)	数量 加仑	价值(元)	数量	价值(元)	数量	价值(元)	数量	价值(元)
8-1	水电	上海	1	46515175	2136488	3436880164							
		全国合计	1	46515175	2136488	3436880164							
8-2	水厂	江苏	1			*219600000							
		浙江	1			*201300000							
		湖北	1			*5490000000							
		四川	1			*280197522							
		福建	1			264000000							
		广西	1			90396323							
		广东	1			274999890							
		南京	1			705789572							
		北平	2			*402600000							
		青岛	1			*1966298400							
		上海	1			1758177209							
		广州	1			7926240300							
		全国合计	13			19579599216							

附注：此系根据调查时每日产量算出数相符。

（9）化学工业

分类号码	业别	省市	厂数	火柴		盒片		火柴盒					
				数量 箱	价值(元)	数量 千组	价值(元)	数量 套	价值(元)	数量	价值(元)	数量	价值(元)
9-1	火柴												
9-1-1	火柴	江苏	4	39,652.50	3334821.90								
		浙江	4	38,616.87	3048888.30	186600	83,970						
		江西	1	12,440.00	1194240.00								
		湖北	1	6,220.00	597120.00								
		湖南	1	2,777.23	199926.35								
		四川	1	6,220.00	410520.00								
		河北	4	44,473.00	1369644.00								
		山东	1	4,354.00	182868.00								
		广西	1	2,265.00	167428.80								
		广东	2	11,174.00	988168.16								
		北平	1	15,988.51	583591.50								
		青岛	1	26,435.00	1004530.00								
		上海	4	52,200.00	3433500.00								
		广州	3	13,439.00	1185159.74			16670400	6417.5				
		全国合计	29	276255.11	17700406.95	186600	83,970	16670400	6417.5				

化学工业(续)

分类号码	业别	省市	厂数	火柴盒片		火柴梗	
				数量 千组	价值(元)	数量 千把	价值(元)
9-1-2	梗片	浙江	3	1,112,500	444,344.05		
		广东	2			13,973,939.1	298,015.74
		青岛	5	53,000	14,840.00	98,845.0	903,915.00
		上海	3	140,000	56,000.00	37,135.8	796,824.00
		广州	2	13,068	50,311.80	14,897,520.0	377,338.50
		全国合计	15	1,318,568	565,495.85	29,007,439.9	2,376,093.24

分类号码	业别	省市	厂数	皂		皂精		洋烛	
				数量 箱	价值(元)	数量 磅	价值(元)	数量 磅	价值(元)
9-2	皂烛								
9-2-1	皂	安徽	1	39,360.00	236,160.00				
		湖北	1	40,016.00	279,128.00				
		河北	2	11020,800.00 59,040.00	403,692.58				
		河南	1	10,228.74	76,141.92				
		上海	4	39,562.08	539,953.00	7,000	1,920.00		
		全国合计	9	188,206.82 11020,800.00	1,535,075.48	7,000	1,920.00		
9-2-2	皂烛	浙江	1	12,536.10	60,914.70			1,927.8	8,100.00
		四川	2	32,205.60	408,388.10			2,119.5	12,822.30
		全国合计	3	44,741.70	469,324.80			4,047.3	20,922.30

化学工业(续)

分类号码	业别	省市	厂数	肥皂		洋烛		块碱		泡花碱		搪瓷器皿	
				数量 箱	价值(元)	数量 箱	价值(元)	数量 方	价值(元)	数量 担	价值(元)	数量	价值(元)
9-2-3	碱烛皂	上海	1	3500	17500.00	3000	9,000.00	1200	4,800.00				
		全国合计	1	3500	17500.00	3000	9,000.00	1200	4,800.00				
9-2-4	泡花碱	河北	1							18,537	98,864		
		全国合计	1							18,537	98,864		
9-3	搪瓷												
9-3-1	搪瓷器血	河北	3										326,346.95
		上海	13										3,746,800.00
		广州	2										803,919.60
		全国合计	18										4,877,066.55

化学工业(续)

分类号码	业别	省市	厂数	未分类		各种坯子		油		漆		油漆	
				数量	价值(元)	数量	价值(元)	数量 磅	价值(元)	数量 磅	价值(元)	数量	价值(元)
9-3-2	搪瓷及其它	上海	4		730,000								
		全国合计	4		730,000								
9-3-3	制坯	上海	2				36000.00						

9-4	油漆墨颜料等	全国合计	2				36000.00						
9-4-1	油漆	河北	1					2659600	497600	915000	506300		
		上海	3		2635000								
		全国合计	4		2635000			2659600	497600	915000	506300		
9-4-2	油墨	上海	2									860000	1190000
		全国合计	2									860000	1190000

化学工业(续)

分类号码	业别	省市	厂数	油漆		油墨		硫化氢		虫胶			
				数量 磅	价值(元)	数量 磅	价值(元)	数量 斤	价值(元)	数量 斤	价值(元)	数量	价值(元)
9-4-2a	油漆油墨	广州	1	91570.06	35,255	80,125	150314.5						
		全国合计	1	91570.06	35,255	80,125	150314.5						
9-4-3	颜料	山东	1					999960	479999				
		青岛	1					1560000	702000				
		上海	1					1200000	648000				
		全国合计	3					3759960	1829999				
9-4-4	虫胶	广州	1							42,896	49544.88		
		全国合计	1							42,896	49544.88		

化学工业(续)

分类号码	业别	省市	厂数	化妆品		其它		未分类		各种药品		各种皂	
				数量	价值(元)	数量	价值(元)	数量	价值(元)	数量	价值(元)	数量	价值(元)
9-5	化妆品	上海	13		170,854.17		8,620.00		7353064				
		广州	3		489,918.00								
		全国合计	16		660,772.17		8,620.00		7353064				
9-6	药品												
9-6-1	一般药品	浙江	1								72,000		
		上海	6								1996,202		
		全国合计	7								2068,202		
9-6-2	药及皂	上海	1								1000,000	523000	3888000
		全国合计	1								1000,000	523000	3888000

化学工业(续)

分类号码	业别	省市	厂数	赛璐珞出品		电玉电木等出品		硫酸		硝酸			
				数量	价值(元)	数量	价值(元)	数量吨	价值(元)	数量吨	价值(元)	数量	价值(元)
9-7	人造脂												
9-7-1	赛璐珞	上海	6		785,927.52								
		全国合计	6		785,927.52								

9-7-2	电玉电木等	上海	7				677,885.98						
		全国合计	7				677,885.98						
9-8	碱酸												
9-8-1	制酸	广西	1					1470	226380.0	2373	99960.00		
		上海	1					3750	415749.6				
		全国合计	2					5220	642129.6	2373	99960.00		

化学工业（续）

分类号码	业别	省市	厂数	纯碱		烧碱		洁碱		漂白粉		盐碱	
				数量 吨	价值（元）	数量 吨	价值（元）	数量 吨	价值（元）	数量 箱	价值（元）	数量 箱	价值（元）
9-8-2	制碱	四川	1	604.2	145,962								
		河北	1	31,800.0	3739,680	3,180	801360	5088	9,180.66				
		全国合计	2	32,404.2	3885,642	3,180	801360	5088	9,180.66				
9-8-3	碱酸及漂粉	上海	1			30,000	399000			12,000	51,600	24,000	148800
		全国合计	1			30,000	399000			12,000	51,600	24,000	148800

分类号码	业别	省市	厂数	碳酸钙		碳酸钙及碳酸镁							
				数量 磅	价值（元）	数量 磅	价值（元）	数量	价值（元）	数量	价值（元）	数量	价值（元）
9-9	碳酸钙												
	碳酸镁												
9-9-1	碳酸钙	浙江	1	570,000	14250								
	镁	上海	1	19832064	614304	4000000	150000						
		全国合计	2	20402064	628554	4000000	150000						

化学工业（续）

分类号码	业别	省市	厂数	碳酸钙		碳酸镁		石灰		氯化镁		其它	
				数量 担	价值（元）	数量 担	价值（元）	数量 担	价值（元）	数量 磅	价值（元）	数量	价值（元）
9-9-2	碳酸镁及其它	江苏	1	14,250	71,250	11,400	228000	142500	99,750				329,175
		河北	1	7,182	34,200	4,275	102600			4987500	199500		602,775
		全国合计	2	21,432	105,450	15,675	330600	142500	99,750	4987500	199500		931,950

分类号码	业别	省市	厂数	氧气		碳轻气		酒精					
				数量 立方米	价值 (元)	数量 公斤	价值(元)	数量 加仑	价值(元)	数量	价值(元)	数量	价值(元)
9-10	炼气	上海	1	120000	120000	8400	33600.00						
		全国合计	1	120000	120000	8400	33600.00						
9-11	酒精	广西	1					86684.0	182,000				
		广东	1					177975.2	476,995				
		上海	1					72000.0	108,000				
		全国合计	3					336659.2	766,905				

化学工业(续)

分类号码	业别	省市	厂数	磷长石等矿石粉		黄丹		其它工业品		加工费			
				数量 吨	价值(元)	数量	价值(元)	数量	价值(元)	数量	价值(元)	数量	价值(元)
9-12	其它化学工业	上海	3	666	19,806.00		100,000		250,000		7,200.00		
		全国合计	3	666	19,806.00		100,000		250,000		7,200.00		

（10）纺织工业

分类号码	业别	省市	厂数	棉花 数量 担	棉花 价值(元)	棉籽 数量 担	棉籽 价值(元)
10-1	棉纺织						
10-1-1	制棉						
10-1-1-1	轧花	江苏	8	31,983.84	1,208,356.80	56,075.04	74,471.04
		上海	5	138,300.00	5,612,375.00	249,700.00	421,467.50
		全国合计	13	170,283.84	6,820,731.80	305,775.04	495,938.54
10-1-1-2	轧花及其它	江苏	3	66,039.30	2,407,949.10	110,775.60	144,008.28
		全国合计	3	66,039.30	2,407,949.10	110,775.60	144,008.28

分类号码	业别	省市	厂数	代碾费 数量	代碾费 价值(元)	棉子油 数量 担	棉子油 价值(元)	棉子饼 数量 担	棉子饼 价值(元)
10-1	棉纺织								
10-1-1	制棉								
10-1-1-1	轧花	江苏	8						
		上海	5						
		全国合计	13						
10-1-1-2	轧花及其它	江苏	3		1,723.18	591.75	3,550.50	7,860.81	9,434.86
		全国合计	3		1,723.18	591.75	3,550.50	7,860.81	9,434.86

分类号码	业别	省市	厂数	净花		漂染费		机棉		药棉			
				数量 担	价值(元)	数量	价值(元)	数量 担	价值(元)	数量 磅	价值(元)	数量	价值(元)
10-1-1-3	废花	上海	8	102400	1419933.33								
		全国合计	8	102400	1419933.33								
10-1-1-4	废花及其它	上海	1	480	22080.00		25000.00						
		全国合计	1	480	22080.00		25000.00						
10-1-1-5	弹旧花及药棉	广东	1					1435.2	23208.38	47,840	22102.08		
		全国合计	1					1435.2	23208.38	47,840	22102.08		

纺织工业(续)

分类号码	业别	省市	厂数	棉纱		棉布		线		纱线		其它	
				数量 件	价值(元)	数量(件)	价值(元)	数量	价值(元)	数量	价值(元)	数量	价值(元)
10-1-2	棉纺												
10-1-2-1	纺纱	江苏	9	118753.00	22556276.02								
		浙江	2	40826.00	7311132.00								
		安徽	1	13112.00	2035936.00								
		江西	1	14900.00	2965100.00								
		湖北	1	16986.00	3263100.00								

		河北	3	53738.34	10161469.22	7649.66	1887332.34						
		山东	2	34866.00	6920930.80								
		山西	2	35760.00	8038550.00								
		河南	4	71520.00	16173231.82								
		青岛	1	8272.40	1737220.80	12587.52	3993012.26						
		上海	12	249288.00	41283840.00								
		全国合计	38	658021.82	122146786.66	20237.18	5880344.60						
10-1-2-2	纺纱兼织布	江苏	10	217092.72	41669256.72	2619240.00	22703304.00						
		浙江	1	6240.00	1248000.00	40560.00	848640.00						1996800
		湖北	4	113552.40	23198834.88	1123200.00	11516544.00						
		湖南	1	37440.00	7332000.00	107640.00	871269.00						
		河北	4	104208.00	19964480.64	1400880.00	8967348.00						

纺织工业(续)

分类号码	业别	省市	厂数	棉纱		棉布		线		纱线		其它	
				数量 件	价值(元)	数量 匹	价值(元)	数量 包	价值(元)	数量 件	价值(元)	数量	价值(元)
10-1-2-2	纺纱兼织布	山东	1	708.24	159515.04	28080	125377.20						
		山西	2	8424.00	1596348.00	358800	2737488.09	936	219024				
		上海	16			4447769	39369921.00			236652.57	38801772.9		
		全国合计	39	487665.36	95159435.28	10126169	87139882.20	936	219024	236652.57	38801772.9		1996800

纺织工业(续)

分类号码	业别	省市	厂数	棉纱		毯		布		其它		整理费	
				数量 件	价值(元)	数量 条	价值(元)	数量 匹	价值(元)	数量	价值(元)	数量	价值(元)
10-1-2-3	纺纱兼织毯	上海	1	5400	756000	84,000	151200						
		全国合计	1	5400	756000	84,000	151200						
10-1-3	棉织												
10-1-3-1	棉织	江苏	55					2139181.22	15744424.48				63,840
		浙江	20					353749.60	3237417.60		217065.12		
		江西	2					11248.00	128592.00		104576.00		
		湖北	1					9424.00	57456.00				
		四川	1					16935.84	271563.20		45028.48		
		河北	9					44080.00	667584.00		166896.00		
		山东	3					33440.00	194864.00				9,120
		山西	2					19586.72	127822.88		45566.56		
		福建	2					16472.16	148267.30				
		广西	1					14880.00	124992.00				
		广东	6					53014.46	480662.69		19593.98		
		北平	2					14896.00	128348.80				
		青岛	2					13680.00	120340.00		41040.00		

纺织工业(续)

分类号码	业别	省市	厂数	布		其它		整理费		机器		藤竹木器	
				数量 匹	价值(元)	数量	价值(元)	数量	价价(元)	数量 匹	价值(元)	数量	价值(元)
10-1-3-1	棉织	上海	74	2,755,814.21	28211964.45		2256413.18		744,169				
		广州	37	225,878.40	2320268.16								
		全国合计	217	5,722,280.51	51965067.58		2896179.32		817,129				
10-1-3-2	棉织兼铁工	上海	1	1,000	3600.00		401272.80				395400		
		全国合计	1	1,000	3600.00		401272.80				395400		
10-1-3-3	棉织兼藤竹木	浙江	1	8,700	23664.00							8700	5974
		全国合计	1	8,700	23664.00							8700	5974

分类号码	业别	省市	厂数	纱布		药棉		绷带		拖鞋		卫生巾	
				数量 匹	价值(元)	数量 件	价值(元)	数量 磅	价值(元)	数量 磅	价值(元)	数量 卷	价值(元)
10-1-4	药棉纱布	浙江	3	112260.58	74306.2	7825	6260						
		河北	1	37560.00	41316.0	109550	65730	109550	38342.50				
		上海	3	102000.00	87000.0	96000	57750	120000	24000.00				
		广州	1	600000.00	14025.0	180000	103950	85710	11385.00				
		全国合计	8	851820.58	216647.2	393375	233690	315260	73727.50				
10-1-5	药棉纱布及其它	广东	1	11200.00	5397.0	105000	50610			280000	43120	35,000	15,750
		全国合计	1	11200.00	5397.0	105000	50610			280000	43120	35,000	15,750

(11)服用品制造业

分类号码	业别	省市	厂数	纱线袜		丝袜		毛袜		未分类			
				数量 打	价值(元)	数量 打	价值(元)	数量 打	价值(元)	数量	价值(元)	数量	价值(元)
11-1	织袜												
11-1-1	织袜	江苏	8	1260685.17	2372709.98								
		四川	1	36010.00	93072.00	1108.00	13296.00						
		河北	1	27700.00	99720.00								
		广东	1	7659.00	11796.00								
		青岛	1	27700.00	76175.00								
		上海	40	3350539.49	8593083.38	200943.59	2017177.47	85128.2	471829.13		205128.2		
		广州	1	31500.00	130977.00	300.00	4273.50						
		全国合计	53	4741793.66	11377533.36	202351.59	2034746.97	85128.2	471829.13		205128.2		

服用品制造业(续)

分类号码	业别	省市	厂数	线袜		毛袜		丝袜	
				数量 打	价值(元)	数量 打	价值(元)	数量 打	价值(元)
11-1-2	织袜兼衫裤及其它	浙江	1			1,162.17	6,923.07		
		河北	3	3,996.0	7,992.00	28,305.00	218,947.50		
		上海	15	222,400.0	521,500.00	4,100.00	39,200.00	54,800	740,000
		广州	3	79,800.2	244,900.00				
		全国合计	22	306,196.2	774,392.00	33,567.17	265,070.57	54,800	740,000

分类号码	业别	省市	厂数	卫生衫裤		汗衫裤背心		未分类	
				数量 打	价值(元)	数量 打	价值(元)	数量	价值(元)
11-1-2	织袜兼衫裤及其它	浙江	1	21,545.1	239,939.82	40,119.84	405,217.71		
		河北	3	11,322.0	328,744.26				105,657.57
		上海	15	22,900.0	448,000.00	16,800.00	262,800.00		1,486,162.50
		广州	3			45,148.4	479,563.80		
		全国合计	22	55,857.1	116,684.08	157,835.34	2,164,265.59		1,591,820.07

分类号码	业别	省市	厂数	呢帽		草帽		帽坯		未分类					
				数量 打	价值(元)	数量 打	价值(元)	数量 打	价值(元)	数量	价值(元)	数量	价值(元)	数量	价值(元)
11-2	草呢帽	河北	5	73039.80	1789409.54	7,673.5	176660.36								
		上海	7	21000.00	671000.00	7,950.0	150600.00	33,600	336000		600000				
		全国合计	12	94039.80	2460409.54	15,623.5	327260.36	33,600	336000		600000				

服用品制造业(续)

分类号码	业别	省市	厂数	伞骨		伞柄		阳伞					
				数量 打	价值(元)	数量 打	价值(元)	数量 打	价值(元)	数量	价值(元)	数量	价值(元)
11-3	阳伞	上海	2	144000	177,000	84,000	344,400	480	9,600.00				
		全国合计	2	144000	177,000	84,000	344,400	480	9,600.00				

分类号码	业别	省市	厂数	绸布手帕		毛巾帕		汗衫					
				数量 打	价值(元)	数量 打	价值(元)	数量 打	价值(元)	数量 打	价值(元)	数量	价值(元)
11-4	手帕	上海	7	1094627	1541400	36,000	9,000	2000	9,000.00				
		全国合计	7	1094627	1541400	36,000	9,000	2000	9,000.00				

服用品制造业(续)

分类号码	业别	省市	厂数	汗衫裤背心		毛衣卫生衫裤		其它		未分类			
				数量 打	价值(元)	数量 打	价值(元)	数量	价值(元)	数量	价值(元)	数量	价值(元)
11-5	衫裤	浙江	1	13,400.00	87100.00	33500	335,000						
		河北	4	10,385.00	144720.00	335	16,750				89193.75		
		广东	2	65,560.50	403852.68								
		上海	16	131,062.82	1364400.00	152980	1926,696		680200		2309727.77		
		广州	5	37,922.25	643937.80	1980	79,002						
		全国合计	28	258,330.57	2644010.48	188795	2357,448		680200		2398921.52		

分类号码	业别	省市	厂数	线毯		毛毯							
				数量 打	价值(元)	数量 条	价值(元)	数量	价值(元)	数量	价值(元)	数量	价值(元)
11-6	线毯毛巾												
11-6-1	线毯	江苏	1	3491.46	82781.18								
		河北	3	17930.00	614999.00								
		上海	1			880	7,200.00						
		全国合计	5	21421.46	697780.18	880	7,200.00						

服用品制造业(续)

分类号码	业别	省市	厂数	毛巾		钮扣		凉席					
				数量 罐	价值 元	数量 罐	价值 元	数量 磅	价值 元	数量 罐	价值 元	数量 罐	价值 元
11-6-2	毛巾	江苏	1	18160.28	29055.69								
		河北	2	45765.00	61782.75								
		全国合计	3	63925.23	90838.44								
11-7	其它服用品												
11-7-1	钮扣	江苏	3			15085.70	67700.5						
		河北	1			45080.00	40572.0						
		上海	3			28066.68	150000.0						
		全国合计	7			88232.38	258272.5						
11-7-2	织席	河北	1					63,000	18,900				
		全国合计	1					63,000	18,900				

分类号码	业别	省市	厂数	手套		围巾		套鞋布					
				数量 打	价值（元）	数量 打	价值(元)	数量 磅	价值(元)	数量	价值(元)	数量	价值(元)
11-7-3	其它	上海	1	12,900	126000	1296	27000.00	25,920	25200.00				
		全国合计	1	12,900	126000	1296	27000.00	25,920	25200.00				

（12）皮革及橡胶制造业

分类号码	业别	省市	厂数	硬皮		软皮		未分类		牛胶			
				数量 磅	价值(元)	数量 张	价值(元)	数量	价值(元)	数量 担	价值(元)	数量	价值(元)
12-1	制革												
12-1-1	制革	湖北	1						305,573.29				
		湖南	1	162,916.49	130,333.83								
		四川	1						409,991.50				
		河北	3	334,950.00	298,663.75				443,700.29				
		山西	1	223,300.00	184,222.50	9,570	19140.0						
		河南	1	95,700.00	99,049.50	3,190	6380.0						
		陕西	1	22,330.00	16,243.48	6,380	9570.0						
		广西	1	45,619.60	25,740.00	9,285	75114.0						
		上海	9	60,000.00	27,000.00	11,490	27060.0		1735557.00				
		广州	1	35,659.00	20,592.00	2,972	20753.2						
		全国合计	20	980,475.09	801,845.06	42,887	158017.2		2894822.18				
12-1-2	制革兼制胶	上海	1	146,400.00	71,580.00	19,476	47280.0			700	22,400		
		全国合计	1	146,400.00	71,580.00	19,476	47280.0			700	22,400		

皮革及橡胶制造业(续)

分类号码	业别	省市	厂数	橡皮鞋		其它		未分类		胶		砂纸	
				数量 双	价值(元)	数量	价值(元)	数量	价值(元)	数量 公担	价值(元)	数量 令	价值(元)
12-2	橡胶制品	河北	1	45000	24,750.00								
		山东	1	14400	14,400.00								
		青岛	1	90000	51,210.00								
		上海	44	43244525	28751977.98		1653692.68		60,000				
		广州	14	5024670	3299001.51								
		全国合计	61	48418595	32141339.49		1653692.68		60,000				
12-3	制胶	广东	1							1344	72,576		
		上海	1							3000	174,000	900	4,842.00
		全国合计	2							4344	246,576	900	4,842.00

（13）饮食品制造业

分类号码	业别	省市	厂数	开砻费		糙米		白米		代碾费		炒米粉	
				数量	价值(元)	数量 石	价值(元)	数量 石	价值(元)	数量	价值(元)	数量 担	价值(元)
13-1	碾米												
13-1-1	砻谷	江苏	4		60467.50								
		全国合计	4		60467.50								
13-1-2	碾米	江苏	26			94,242	533,112.26	138,444	930.099.04		470,428.82		
		浙江	3								66,164.00		
		安徽	10								173,611.00		
		江西	2			51,430	332,674.2						
		湖北	1					44,480	355,840.00				
		广东	1					37,400	324,632.00				
		上海	4					179,600	1317720.00				
		广州	9					779,816	6828985.24				
		全国合计	56			145672	865,786.52	1179,740	9757276.28		710,203.82		
13-1-3	碾米及其它	广州	2					72,858	628,320			15,000	103950
		全国合计	2					72,858	628,320			15,000	103950

饮食品制造业(续)

分类号码	业别	省市	厂数	面粉		麸皮					
				数量 袋	价值(元)	数量 袋	价值(元)	数量	价值(元)	数量	价值(元)
13-2	面粉机粉										
13-2-1	面粉	江苏	10	8178000.0	17228120.48	1097360.0	2219660.00				
		浙江	1	464000.0	979040.00	58000.0	139200.00				
		安徽	3	2320000.0	5114440.00	237800.0	404840.00				
		湖北	5	2459200.0	5957064.00	230840.0	462608.00				
		湖南	1	220400.0	522232.00	32480.0	27608.00				
		四川	2	181656.0	587632.80	18165.6	46400.00				
		察哈尔	1	46400.0	72087.04	5104.0	6526.16				
		绥远	1	92800.0	225736.00	9280.0	4640.00				
		河北	7	7644400.0	16938320.00	794600.0	1562810.00				
		山东	10	5656160.0	15832608.00	541024.0	932222.40				
		山西	3	669934.8	1606449.20	61480.0	76792.00				
		河南	3	1948800.0	4896360.00	185600.0	319000.00				
		南京	2	2366400.0	5748960.00	232000.0	538240.00				
		青岛	2	1183200.0	2658864.00	139200.0	292320.00				
		上海	15	31792648.0	65984112.00	3600621.0	8188023.00				
		全国合计	66	65223998.8	144399025.52	7243554.6	15220893.56				

饮食品制造业(续)

分类号码	业别	省市	厂数	米粉		代碾费		面粉		麸皮		电	
				数量 袋	价值(元)	数量	价值(元)	数量 袋	价值(元)	数量 袋	价值(元)	数量	价值(元)
13-2-2	机粉	江苏	1	43,200	129600		4200						
		全国合计	1	43,200	129600		4200						
13-2-3	电厂兼制面粉	绥远	2					322,080	759,450	43,920	28,548		512,187.72
		河北	1					18,300	40,809	1,464	2,928		5,228.48
		山西	1					292,800	747,738	36,600	31,110		47,058.62
		全国合计	4					633,180	1547,997	81,984	62,586		564,470.82

分类号码	业别	省市	厂数	炼乳		鲜乳		可可牛奶					
				数量 箱	价值(元)	数量 磅	价值(元)	数量 箱	价值(元)	数量	价值(元)	数量	价值(元)
13-3	炼乳	浙江	2	13,880	242,900	173500	38170.00	1735	52050.00				
		全国合计	2	13 880	242,900	173500	38170.00	1735	52050.00				

饮食品制造业(续)

分类号码	业别	省市	厂数	冰糖		红糖		未分类		各种罐头		饼干	
				数量担	价值(元)	数量担	价值(元)	数量	价值(元)	数量 罐	价值(元)	数量磅	价值(元)
13-4	制糖	上海	4	58,608	1100000	14,432	126720		4843850				
		全国合计	4	58,608	1100000	14,432	126720		4843850				
13-5	制备食品												
13-5-1	罐头食品												
13-5-1-1	罐头食品	浙江	5							2885566.20	820642.30		
		河北	2							883200.00	128800.00		
		山东	2							1448448.00	251810.00		
		广东	2							1344000.00	149187.50		
		上海	8						3840000	1042354.27	240000.00	168000	54,000
		全国合计	19						3840000	7603568.47	1590440.70	168000	54,000

分类号码	业别	省市	厂数	各种罐头		雪花膏		酱油		未分类			
				数量 罐	价值(元)	数量 瓶	价值(元)	数量 斤	价值(元)	数量	价值(元)	数量	价值(元)
13-5-1-2	罐头食品及其它	浙江	1	160000.2	44749.8	61,200	10875.6						
		福建	2	1553530	458301.5			230155.6	51785.30		258929.4		
		全国合计	3	1713530.2	503051.3	61,200	10875.6	230155.6	51785.30		258929.4		

饮食品制造业(续)

分类号码	业别	省市	厂数	冰冻鱼类及鱼		冰		钮扣		豆腐干			
				数量 担	价值(元)	数量 吨	价值(元)	数量	价值(元)	数量	价值(元)	数量	价值(元)
13-5-2	水产制品	浙江	1	2700	59,751.00	801	12801.00	2400	12000.00				
		全国合计	1	2700	59,751.00	801	12801.00	2400	12000.00				
13-5-3	豆腐制品	上海	1								76000.00		
		全国合计	1								76000.00		

分类号码	业别	省市	厂数	冰糖及糖果		各种糖果		糖果		饼干		冰淇淋	
				数量 斤	价值(元)	数量	价值(元)	数量 磅	价值(元)	数量 磅	价值(元)	数量 加仑	价值(元)
13-5-4	糖果	河北	1	160000	56000.00								
		上海	2				337.680						
		全国合计	3	160000	56000.00		337.680						
13-5-5	糖果饼干	广东	1					204000	111526.8	510000	176715		
		广州	3					476000	198390.0	3570000	745484	34,000	125664
		全国合计	4					680000	309916.8	4080000	922196	34.000	125664

饮食品制造业(续)

分类号码	业别	省市	厂数	豆油		豆饼		棉油	
				数量 担	价值(元)	数量 担	价值(元)	数量 担	价值(元)
13-6	榨油								
13-6-1	榨油	江苏	19	111.228	1.704,274.00	1205607	3,096.574.00	47,710	606,476.00
		浙江	1					29,900	598,000.00
		湖北	3	146,120	2,557,100.00	2496000	3,744,000.00		
		广东	1						
		青岛	1						
		上海	10	114,700	1,880,555.55	1115000	3,835,833.33	188,100	2,817,060.56
		广州	30						
		全国合计	65	372,048	6,141,929.55	4816607	10676,407.33	265,710	4,021,536.56

分类号码	业别	省市	厂数	棉饼		花生油及椰子油		花生饼及椰子饼	
				数量 担	价值(元)	数量 担	价值(元)		
13-6	榨油								
13-6-1	榨油	江苏	19	249,080	498,160.00				
		浙江	1	111,800	223,600.00				
		湖北	3						
		广东	1			9088.2	127,234.80	13,632.3	54,529.20
		青岛	1			7800.0	140,400.00	11,700.0	38,610.00
		上海	10	974,500	2,658,091.55	126983.5	2,100,855.55	134,216.5	493,693.33
		广州	30			616314.6	8,592,707.97	921,947.4	3,656,940.21
		全国合计	65	1335,380	3,379,851.55	759986.3	10970,198.32	1,081,496.2	4,243,772.74

饮食品制造业(续)

分类号码	业别	省市	厂数	豆油		豆饼		棉籽油		棉籽饼		白米	
				数量 担	价值(元)	数量 担	价值(元)	数量 担	价值(元)	数量 担	价值(元)	数量 石	价值(元)
13-6-2	油米	江苏	10	58,838	885855	595037.6	1539102.80	5110	63,875	46,720	56,064	65,428.44	499,863.12
		广东	1									34,929.00	293,400.00
		全国合计	11	58,838	885855	595037.6	1539102.80	5110	63,875	46,720	56,064	100,357.44	793,263.12
				代碾费		花生油		花生饼					
				数量	价值(元)	数量 担	价值(元)	数量 担	价值(元)				
		江苏			8,038.76								
		广东				1,800	24,948	2700	10,800				
		全国合计			8,038.76	1,800	24,948	2700	10,800				

饮食品制造业(续)

分类号码	业别	省市	厂数	茶叶		烤烟叶		加工费		卷烟		加工费	
				数量 斤	价值(元)	数量磅	价值(元)	数量	价值(元)	数量(箱)	价值(元)	数量	价值(元)
18-7	制茶	上海	44	2435000	1353466.16								
		全国合计	44	2435000	1353466.16								
18-8	制烟												
18-8-1	烤烟叶	山东	1						116400				
		河南	1						66348				
		青岛	1			582万	1513200						
		全国合计	3			582万	1513200		182748				
18-8-2	卷烟	江苏	1							424.00	59360.00		
		浙江	1							1272.00	182850.00		
		安徽	2							1929.20	303584.00		
		河北	1							1272.00	228960.00		
		山东	1							424.00	54060.00		
		山西	1							5300.00	1356800.00		
		青岛	1							4240.00	593600.00		
		上海	48							568851.91	116765730.72		322723.4
		全国合计	56							578713.11	119544944.72		322723.4

饮食品制造业(续)

分类号码	业别	省市	厂数	酒		汽水		冰					
				数量 打	价值(元)	数量 打	价值(元)	数量 磅	价值(元)	数量	价值(元)	数量	价值(元)
13-9	制酒												
13-9-1	酒	山东	2	99,058.11	403,835.19								
		北平	1	281,220.00	773,355.00								
		全国合计	3	380,278.11	1177190.19								
10-10	清凉饮料												
10-10-1	汽水	河北	3			643,470	594,065.00						
		上海	2			377,778	340,000.00						
		广州	3			410,195	420,266.81						
		全国合计	8			1431,443	1354331.81						
10-10-2	冰及汽水	四川	1			60,000	90,000.00	4000000	120000.0				
		福建	1			159,600	191,520.00	10725120	53625.0				
		上海	1			400,000	400,000.00	3136000	14000.0				
		全国合计	3			619,600	681,520.00	17861120	187625.6				

饮食品制造业(续)

分类号码	业别	省市	厂数	调味品		酱油		淀粉		糊精		面筋	
				数量	价值(元)	数量 斤	价值(元)	数量 磅	价值(元)	数量 担	价值(元)	数量	价值(元)
13-11	调味品												
13-11-1	味精	上海	5		4037720								
		全国合计	5		4037720								
13-11-2	酱油	福建	1			454540.8	99999.20						
		全国合计	1			454540.8	99999.20						
13-12	淀粉	浙江	1					720000	45900				
		上海	1					2400000	180000	6000	84,000	14,400	129600
		全国合计	2					3120000	225900	6000	84,000	14,400	129600

饮食品制造业(续)

分类号码	业别	省市	厂数	精盐		冰蛋		箱蛋					
				数量 担	价值(元)	数量 磅	价值(元)	数量 箱	价值(元)	数量	价值(元)	数量	价值(元)
13-13	精盐	河北	1	558,000	7078788								
		山东	1	372,000	4464000								
		青岛	1	208,320	2499840								
		上海	1	59,000	630000								

		全国合计	4	1188320	14672628								
13-14	制蛋												
13-14-1	冰蛋	南京	1			4811520	1408250						
		青岛	2			10705632	4247670	48,330	821610				
		上海	1			10752000	2888016						
		全国合计	4			26269152	8543936	48,330	821610				

饮食品制造业(续)

分类号码	业别	省市	厂数	飞黄		干白		干黄		粉黄		黄	
				数量 斤	价值(元)	数量 斤	价值(元)	数量 斤	价值(元)	数量 斤	价值(元)	数量 斤	价值(元)
13-14-2	粉蛋	绥远	1			61788.2	103700.0	82383.7	28804.08				
		河北	2	206550.0	47506.5	202640.0	716522.8	170000.0	59440.50				
		河南	7	978824.3	233700.7	521179.2	1171082.4	366202.1	50673.60	518.5	673.20	276481.2	28230.20
		全国合计	10	1185374.3	281207.2	785607.4	1991305.2	618585.8	138918.9	518.5	673.20	276481.2	28230.20

分类号码	业别	省市	厂数	冰									
				数量 担	价值(元)	数量	价值(元)	数量	价值(元)	数量	价值(元)	数量	价值(元)
13-15	造冰冷藏	上海	2	154,560	81800.00								
		全国合计	2	154,560	81800.00								

（14）造纸印刷业

分类号码	业别	省市	厂数	纸		芦纸		纸板		包扎纸		锡纸	
				数量 令	价值(元)	数量 吨	价值(元)	数量 吨	价值(元)	数量 令	价值(元)	数量 磅	价值(元)
14-1	制纸												
14-1-1	制纸	江苏	3	16876.80	105984.00	1512	332640						
		四川	1	6480.00	51840.00								
		河北	1	14400.00	100800.00								
		山东	1	44924.00	242611.20								
		山西	1	27457.92	151701.12								
		福建	1	112372.33	722400.00								
		广东	1	1806000.00*	156444.75								
		北平	1	36288.00	336240.00								
		上海	7	729802.57	4929999.78								
		全国合计	17	988605.62 1806000.00	6798020.85	1512	332640						
14-1-2	纸板	江苏	2					11,400	893475.0				
		浙江	2					12,825	1050937.5				
		河北	1					4,560	364800.0				
		上海	1					6,000	480000.0	86,400	233280		

14-1-3	锡纸	全国合计	6					34,785	2789212.5	86,400	233280		
		上海	1									95,780	24,000
		全国合计	1									95,780	24,000

附注：*单位磅。

造纸印刷业(续)

分类号码	业别	省市	厂数	印刷品		代印费		未分类					
				数量	价值(元)	数量	价值(元)	数量	价值(元)	数量	价值(元)	数量	价值(元)
14-2	印刷												
14-2-1	印刷	江苏	10		313066.00		11,082.50						
		浙江	15		618306.00								
		江西	2		169344.50		7,198.75						
		湖北	3		84639.75								
		湖南	2		166767.25								
		四川	2		96473.00								
		河北	13		1910103.00								
		山东	1		31921.50								
		山西	2				78,919.75						
		河南	1		79491.75								

		省市	厂数									
		广西	3		254788.75							
		南京	15		698280.00		14,410.25					
		北平	7		2869714.25							
		青岛	1		38788.75							
		上海	99		16232545.75		709,700.00		1,343,524.07			
		广州	11		872534.93							
		全国合计	187		24436715.18		824,311.25		1,343,524.07			

造纸印刷业(续)

分类号码	业别	省市	厂数	印刷品		铅字		铜模		代印费		未分类	
				数量	价值(元)	数量 磅	价值(元)	数量 付	价值(元)	数量	价值(元)	数量	价值(元)
14-2-2	印刷兼熔铸	江苏	1		43117.85	10,050.0	6030.00						
		广东	1		38850.00	*							
		上海	7		126000.00	56,000.0	42000.00	6	3900		160,471		8,750,556.40
		广州	1		18425.00	19,939.2	9212.50						
		全国合计	10		224392.85	85,989.2	57242.50	6	3900		160,471		8,750,556.40

分类号码	业别	省市	厂数	纸盒		加工费		各种卡片					
				数量	价值(元)	数量	价值(元)	数量	价值(元)	数量	价值(元)	数量	价值(元)
14-3	纸制品												
14-3-1	纸合	上海	10		469,243.12		254,200						
		全国合计	10		469,243.12		254,200						
14-3-2	卡片纸等	上海	3						217,000				
		全国合计	3						217,000				

（15）饰物仪器制造业

分类号码	业别	省市	厂数	唱片		留声机器零件							
				数量 张	价值(元)	数量	价值(元)	数量	价值(元)	数量	价值(元)	数量	价值(元)
15-1	乐器	上海	2	100,000	133,300		25000.00						
		全国合计	2	100,000	133,300		25000.00						

分类号码	业别	省市	厂数	皮球及球拍		球鞋		自来水笔		华文打字机		未分类	
				数量	价值	数量双	价值(元)	数量支	价值(元)	数量架	价值(元)	数量	价值(元)
15-2	教育用品	河北	2		314,900	16,750	41875.00						39,195
		上海	6		150,900			24,000	120,000	180	43200.00		808,682
		全国合计	8		464,900	16,750	41875.00	24,000	120,000	180	43200.00		847,877

饰物仪器制造业(续)

分类号码	业别	省市	厂数	各种仪器文具等		钟		电筒		玩具			
				数量	价值(元)	数量台	价值(元)	数量支	价值(元)	数量	价值(元)		
15-3	仪器	上海	5		229,000.00								
		全国合计	5		229,000.00								
15-4	制钟												
15-4-1	钟	河北	1			24480	229,622.40						
		山东	5			121176	665,216.46						
		全国合计	6			145656	894,838.86						
15-4-2	钟及电筒	上海	1			36000	288,000.00	24,000	19,200				
		全国合计	1			36000	882,000.00	24,000	19,200				
15-5	玩具	上海	4								192,111.11		
		全国合计	4								192,111.11		

（16）其他工业

分类号码	业别	省市	厂数	牙刷		牙粉		镜子		热水瓶		热水瓶胆	
				数量 支	价值(元)	数量 瓶*	价值(元)	数量 打	价值(元)	数量 只	价值(元)	数量 只	价值(元)
16-1	牙刷												
16-1-1	牙刷	河北	1	857500	121418.57								
		广东	1	1200000	164010.00								
		上海	5	6380000	1083379.57								
		全国合计	7	8437500	1368808.14								
16-1-2	牙刷兼牙粉	上海	1	1728000	300000.00	144000	36,000						
		全国合计	1	1728000	300000.00	144000	36,000						

附注：*每瓶重四两许。

16-2	制链	上海	4					113464	291200				
		全国合计	4					113464	291200				
16-3	热水瓶												
16-3-1	自制瓶胆	上海	2							776,480	776480		
		全国合计	2							776,480	776480		
16-3-2	购用瓶胆	上海	7							1240320	897480		
		全国合计	7							1240320	897480		
16-3-3	专制瓶胆	上海	3									1392000	278400
		全国合计	3									1392000	278400

其他工业(续)

分类号码	业别	省市	厂数	代客打包费									
				数量	价值(元)	数量	价值(元)	数量	价值(元)	数量	价值(元)	数量	价值(元)
16-4	打包	湖北	1		38,800.00								
		山东	1		179,998.56								
		河南	1		302,400.00								
		全国合计	3		521,278.56								

〔国民政府资源委员会档案〕

18. 华商纱厂联合会中国纱厂一览表

（1934年）

厂名 ● 在停工中 ▲ 筹创未开 * 有外资关系	厂址	开工年月 ▲为租办或收买或改组之年月	资本 规元两 银元元 日金圆	职员	
				董事长	经协理
恒丰纺织新局	上海杨树浦华盛路一至六号	光绪一六	108万两		聂潞生
振华利记纺织股份有限公司	上海杨树浦关路四号	光绪三三·秋 ▲民一六·一	30万两		薛润生 薛春生
申新第一、第八纺织厂	上海白利南路二百号	民五 民一九·一〇	420万两		荣宗敬
申新第二纺织厂	上海宜昌路二号	光绪三三· ▲民七·一	250万两		荣宗敬
申新第五纺织厂（德大）	上海华德路一三一六号	民三· ▲一四·四	130万两		荣宗敬
申新第六纺织厂（厚生）	上海杨树浦关路	民七·五 ▲二十·一一	100万两		荣宗敬
申新第七纺织厂（东方）	上海杨树浦路四六八号	光绪二二· 民十八·一			荣宗敬
申新第九纺织厂（三新）	上海澳门路一四〇号	民二·一二 ▲民二〇·四			荣宗敬
溥益纺织公司第一厂	上海西苏州路三十七号	民七·一			黄首民
溥益纺织公司第二厂	上海劳勃生路八号	民一三·一〇			黄首民
纬通合记纺织股份有限公司	上海杨树浦关路十二号	民一〇· ▲二〇·一一	120万元	郭　顺	萓骅卿
统益纺织有限公司	上海莫干山路十号	民九·一二	210万元	吴继宏	萓仲生
恒大新记纱厂	上海浦东杨思桥镇	民一〇· ▲一·九九		荣宗敬	陈子声 汪孚礼
永安纺织有限公司第一厂	上海杨树浦关路十号	民一二·九		郭　乐	郭　顺 郭棣活
永安纺织有限公司第二厂（大中华）	吴淞蕴藻浜	国一〇· ▲民一三·	1200万元	郭　乐	郭　顺 郭棣活

职员		锭子 ▲拟添●停		布机 ▲拟添 ●停	工人	用花 (单位担)	出纱线 (单位包)	出布 (单位匹)
厂长	总工程师	纱锭	线锭					
	王锡予 黄季冕 李庄寿	55,152		640	3,822	162,231	46,186	499,789
	秦德芳	13,584			720	34,000	9,600	
王云程 荣尔仁	骆仪甫 吕兴桀 唐孟雄	122,876		1,100	6,289	327,759	85,858	840,246
朱仙舫 荣溥仁	张方佐	56,744	7,140		2,294	78,512	27,148	
荣伟仁	曾祥熙	54,280	12,720		2,131	96,552	31,797	
荣鄂生 李迪先	曾祥熙	75,104	2,300	920	3,153	142,454	41,335	290,925
朱仙舫 荣伟仁 李冀曜	赵砥士	59,484	6,720	440	3,220	91,370	30,172	290,315
吴昆生 陈品三	吴士槐 王士璋	80,556	15,060	515	4,770	104,010	28,268	267,470
朱晦林	龚涤凡 许瓯伯	25,600	2,460		997	54,530	16,341	
朱晦林	骁　衢 朱遐荪 刘瑞云 贾我生	24,920		504	2,077	56,685	15,639	241,281
黄景泛	郭名章	33,024			1,440	69,860	19,711	
袁敦梓	塞　太	66,492	13,280		2,612	127,509	35,515	
	郑家朴	20,160			850	36,620	10,380	
郭益文	雷炳林	38,160		1071 自动 228	2,500	97,794	28,765	903,549
彭　顺	骆乾伯	49,904			2,200	109,960	33,433	

永安纺织有限公司第三厂(鸿裕)	上海麦根路四九一号	民五·九 ▲一七·三		郭　乐	郭　顺 郭棣活
永安纺织有限公司第四厂	吴淞蕰藻浜	民一九		郭　乐	郭　顺 郭棣活
大丰庆记纺织股份有限公司	上海潘家湾一六七号	民一二·六	210万元	秦润卿	徐懋棠 徐懋昌
振泰纺织股份有限公司	上海曹家渡西苏州河北	民一〇·一〇	200万元	余葆三	王启宇 周辛伯
鸿章纺织染厂	上海麦根路三八一号	民一〇·四	210万元	郭亮甫	郑耀南 郭企育
同昌协记纱厂●	上海南市机厂街	光绪三四·九 ▲二〇·一〇	10万两		
鼎鑫纱厂(永豫)	上海小沙渡光复路二九号	民一〇·三 ▲二三·三	170万两	孙仲立	陈朵如 潘久芬 李浩生
崇信纺织有限公司(英册)*	上海谈家渡一号	民一〇·一二	150万两	庚兴公司	
隆茂纺织有限公司(东华第一)●	上海新德路临青路口	▲ 民一八·一一			
宝兴纺织公司	宝山县顾家宅	民一八·一〇	70万两	余葆三	陈畊莘 周辛伯
协丰益记纺织股份有限公司	上海槟榔路二二三号	民一九·一一	20万元	俞佐庭	金润庠 陈校章
民生纺织股份有限公司	上海华伦路	民一〇·八	70万元	史量才	徐采丞 王少鲁
经纬明记纺织厂(专纺废花)	上海岳州路公平路角	民一一·三 ▲二〇·四	20万两		徐克明
上海纺织印染股份有限公司	上海华德路一三八二号	民二二·一二	200万元	郁宸义	章荣初 张慎之
勤丰纺织厂	上海杜神父路一六二～一七〇号	民一九·七	25万元		
以上上海市三十一厂			1038万两 2885万元		
大生第一纺织公司	南通唐家闸	光绪二五·四	560万元	张孝若	李升伯
大生第一纺织公司副厂	南通南门外江家桥	民一三·一〇		张孝若	李升伯 张文潜
大生第二纺织公司	启东久隆镇南	光绪三三·三	150万两	张孝若	沈燕谋

郭　琼	李锡钊	63,184		240	2,800	151,813	44,429	144,615
彭　顺	骆乾伯	71,992	17,288		2,500	84,005	31,428	
杨尊三	魏桀德	29,952		224	1,900	99,300	25,200	146,200
蒋柯亭	黄云骙	25,500	5,040	440	1,495	65,600	21,486	202,402
童有翼	谌悟庄 吴襄芸 缪庆臣	24,536	6,400	440	1,465	52,986	17,068	201,526
		11,500						
孙仲立	徐肖涛	28,000			1,318			
美　太 何致广	美　太	34,000			2,300	108,000	30,000	
		12,672						
陈秉钦	陈大猷	12,240		200	900	33,000	9,500	88,000
陈章鸿	徐俊裕	4,736	1,632		394	13,000	4,107	
陶小韩	金洪振 姚声远	9,000	400	128	800	32,000	8,100	3,000
徐禹功	孙幼青 周长和	5,120			798	22,000	4,805	
	祝兴刚 周　吕	15,200 ▲20,000	2,000 ▲3000	800 ▲200	1,315			
		2,640 ▲1,600	160		184	6,000	1,600	
		1126,204 ▲21,600	92,528 ▲3000	7,854 ▲200	55,926	2,257550	657,871	4038,318
	黄炳奎 吕谟承 毛翼丰 黄俊民	92,520	2,000	505	8,522	203,046	57,939	334,390
	张文潜 黄友关	19,508		▲240	1,401	54,000	18,118	
管建模 章衡青	章衡青 朱孟达	30,800		200 ▲40	3,400	91,016	25,535	90,700

大生第三纺织公司	海门三厂市	民一〇·九	420万元	张孝若	沈燕谋
大通纺织股份有限公司	崇明县南堡镇	民一一·三	90万元	朱吟江	姚锡舟 杜少如
富安纺织股份有限公司	崇明南堡镇	民二二·七	50万元	王淆穆	杜少如 胡沁塘
业勤纱厂 (复兴公司租办)	无锡东门外兴隆桥	光绪二二· ▲民一八·一	21万元	徐毓臣	杨伯庚 张趾卿 杨镜水
振新纺织股份有限公司	无锡西门外太保墩	光绪三三·二	125万元	戴鹿芩	蒋哲卿 荣序声
广勤纺织股份有限公司	无锡广勤路长源桥	民六·一	150万元		杨翰西
庆丰纺织股份有限公司	无锡周三浜	民一〇·六	250万元	唐滋镇	唐滋镇 蔡文鑫
豫康纺织股份有限公司	无锡梨花庄	民一〇·一〇	120万元		周继美 华干臣
申新第三纺织厂	无锡西门外	民一〇。	500万元		荣德生 唐熊源 荣尔仁 荣伊仁
丽新纺织漂染整理公司	无锡惠商桥丽新路	民二〇。	100万元	邹颂丹	唐骧廷 程敬棠
苏纶纺织厂	苏州盘门外裕棠桥	光绪二二· ▲ 民一七·一〇	200万元		严裕棠 严馨垂 李淇华
利泰纺织公司第一厂	太仓沙溪镇	光绪三一 ▲民一八·八	100万元	顾馨一	朱静安 于禹九
利泰纺织公司第二厂	常熟支塘	光绪三一。 ▲民二一·九		顾馨一	朱静安
民丰纱厂股份有限公司	常州南小门外	民一〇。 ▲民二〇·二	70万元	张一鹏	严庆祥 严惠臣
大成纺织染股份有限公司第一、第二厂	常州大南门外德安街、东门外白家桥	民一〇· ▲民一九·三 民二一·二	140万元	吴镜渊 刘尧性	刘国钧 刘靖基
利用纺织有限公司	江阴北门外闸西堡	光绪三四·九	1008千元	薛淦水	祝丹卿 王冀云
福大纺织公司●	常州东门外	民一八·一二	15万元		
通成棉毛纺织股份有限公司●	常州咸墅堰	民一四·四 ▲民二三			
以上江苏二十二厂			150万两 3,017.8万元		

沈燕谋	袁仲齐	32,860	800	594	3,000	110,000	27,906	190,496
	鲁经海	16,400			1,183	43,276	12,571	
倪葆生	黄君吉	10,800 ▲800			700	11,379		
杨莲士 杨敬威	康显荣	13,832			1,100	41,000	7,000	
朱应奎 荣广明	朱应奎 杨荫盩	32,024		250	1,922	78,284	19,341	86,516
邹忠曜 江岁山		23,040	1,440	72	1,963	62,000	17,800	27,400
唐炳源	范登泉 骆仰止	62,200	4,120	720	3,551	128,570	37,317	373,333
	吴吟泉	17,600			1,258	52,186	14,754	
	江孚礼	65,808		1,476	3,126	173,824	49,664	759,000
唐君远	沈哲民 张炳春 张佩苍	16,400	6400	900	1,900	22,800	6,650	325,000
严欣淇	张子梁	42,568	3,320	420	2,000	84,237	28,335	252,000
朱秉彝	朱秉彝	25,000			1,444	70,200	14,937	
洪禹钦	洪熙甫	12,500			948	33,754	9,509	
潘耕孙	金连生	14,264 ▲8,000			1,116	37,814	11,293	
	陆绍云	20,500	4,800	640 ▲210	2,348	57,421	16,400	512,600
	潘晓庭 姚庆云	15,400			1,250	43,400	12,267	
		3,200 ▲2,800						
		5,720	20	51				
		572,944 ▲11,600	22,900	5,828 ▲490	42,132	1398,207	387,356	2851,441

天津华新纺织股份有限公司	天津河北小于庄	民七·一一	2,421900元	杨味云 周实之	周叔韬 张剑潭 王正卿
唐山华新纺织股份有限公司	河北省唐山镇	民一一·七	2187400元	王筱汀 李勉之	周叔韬 劳笃文
裕元纺织股份有限公司	天津海河岸小刘庄	民七·四	560万元	王景杭	卢宠之
恒元纺织股份有限公司	天津河北西窑洼闸口	民九·五	400万元	鲍廷九	刘筱齐
北洋纱厂新记	天津海河岸挂甲寺村	民一〇·九 ▲一九·一一	370万元 20万元		章瑞廷 章绍廷
裕大纺织股份有限公司	天津老盐坨地	民一一·二	300万元	王克敏	侯　蕃
宝成第三纺织股份有限公司	天津盐坨地	民一一·一	300万元	刘柏森	刘伯森 刘仲融 屠振初
宝记纱厂	宝坻县新集镇		15万元		
大兴纺织股份有限公司	河北省石家庄	民一一·八	210万元	苏汰余	徐松滋
以上河北省九厂			210万两 24259300元		
湖北纺织局纱局布局(民生兴记实业公司租办)	武昌文昌门外 武昌文昌门外	光绪二九· 光绪二九· ▲民二二.一二	▲40万元	陈化平	汪镜清 张书三
汉口第一纺织股份有限公司	武昌武胜门外曾家巷	民九·一	600万元	周星堂	宋立峰 李贡廷
裕华纺织厂	武昌武胜门外中新河	民一一·四	300万元	苏汰余	
震寰纺织股份有限公司	武昌武胜门外上新河	民一一·五	122万两	刘文钦	刘季五
申新第四纺织厂	汉口桥口宗关	民一一·三	100万元	荣宗敬	李国伟 华栋臣
沙市纺织股份有限公司	沙市宝塔河	民二〇·七	100万元	杜少如	李玉山 杨冠常
以上湖北省七厂			122万两 1140万元		

桂季恒		27,072			1,420	74,536	21,192	
	袁敬庄	26,800	●2000	250	2,015	58,781	16,861	143,700
	代谷贤三	71,360	976	1,000	3,942	157,683	44,190	582,734
刘申之	刘申之 董权甫 燕介人	35,400	780 ●2540	180 ●130	2,560	81,703	23,123	111,855
	孙丹盟	26,752	2,128		1,320	108,291	16,904	
植松真经	佐藤明	35,712	1,500		1,509	79,525	22,610	
刘仲融	汪孟言	27,028	2,520		1,265	45,814	13,019	
		13,480						
石凤翔	王心初	29.834		368 ▲132	2,990	90,386	20,846	166,906
		393,478	12,444	1,928 ▲132	17,021	696,719	178,745	1005,195
鲁履安	荣续旗	●50,000 55,312 ●5,280		200 ●455	2,055	9,577	2,304	13,920
	毛麟章 司作舟	77,500 ●10,500		700 ●500	5,398	191,894	53,719	275,993
萧厚生	许伯声 王子江 朱育芳	42,216	●1000	468 ●36	2,450	168,770	41,107	272,131
仵舜五	汪永旻 吴惠畴 张渊如	26,336 ▲4,000		250 ▲200	2,724	88,881	22,766	163,476
	萧松立	15,000 ▲25,000		410	1,266			
	王一鸣	20,000			1,400	52,688	15,916	
		282,144 ▲29,000	3,240	3,019 ▲200	14,027	511,810	135,812	731,520

豫新纺纱股份有限公司（广益）	河南安阳县车站	宣统元· ▲民一八·三	150万元 ▲20万元	郭鉴堂	
豫丰和记纱厂*	河南郑县城外豆腐寨	民九·五	300万两	穆藕初	严庆详 郑仁奎
钜兴纺纱有限公司	河南武陟县木栾店	民八·八 ▲二二·三	10万元	李汉珍	杜秀升 董世廷
卫辉华新纺织股份有限公司	河南汲县北关	民一一·三	207万元		董亨衢
三友实业社有限公司杭州通益公纺织染厂	浙江杭州拱宸桥	光绪二二· 民一七·一二	200万元	乐振葆	陈万运 计健南
和丰纺织股份有限公司	浙江鄞县江东冰厂跟	光绪三一·一	90万元	戴瑞卿	凌伯麟
通惠公纺织局	浙江萧山东门外	光绪二五·	60万元	俞丹屏	俞丹屏 朱迈基
鲁丰纺织股份有限公司	山东济南城北林家桥	民八·一〇	186万元	潘声航	祝庆杰
成通纺织股份有限公司	济南北商埠新河畔	民二二·四	150万元	苗杏春	苗海南 张景韩
仁丰纺织股份有限公司	济南商埠北	民二三·五	150万元	穆伯仁 崔景三	冯子庚
青岛华新纺织股份有限公司	山东青岛市外沧口	民九·二	270万元	周志俊	吴伯生
裕中纺织股份有限公司	安徽芜湖陶沟	民八·一〇 ▲二〇·一二	100万元	李伯行	李季芝 陈公孟
久兴纺织股份有限公司	江西九江官牌夹	民一五·三	180万两	陶家瑶	张肇迺 丁孝丞
湖南第一纺织厂	湖南长沙银盆岭	民一〇·三	170万元		
辽宁纺织厂	辽宁潘杨商埠二七纬路	民一二·七	450万元		
营口纺纱厂	营口青堆子	民二一·一一	100万元		
晋华纺纱股份有限公司	山西榆次县北关	民一二·六	400万元	徐一清	徐一清 王世毅
大益成纺纱股份有限公司第一厂、第二厂	山西新绛县三林镇	民一六·六 ▲二一·八	214万元	赵作肃	薛士选 鲁连城 李　通
雍裕纺纱股份有限公司	山西新绛县南关	民二〇·六	60万元	王　骧	史邦庆
晋生织染工厂	太原晋生路九号	民一九·五	72万元	徐一清	郭增瑞
益晋织染公司	山西祁县北关	民一八·九	30万元		
阜民纺织公司	新疆迪化				

孔赞华	宋榆如	23,000			1,498	40,286	13,544	
严庆详	罗玉成	56,448		●200	4,294	145,525	41,314	
王景义	石先民	6,980			388	14,011	4,160	
	陈培齐	22,400	1,200		1,723	83,340	24,380	
钱席珍		20,360		765	1,790	21,547	11,782	102,900
	丁作霖	23,200			1,500	48,040	13,935	
	雷锡璋 黄铸九	14,560			1,161	44,958	12,836	
叶秀樟	韩松亭	28,016			1,900	72,167	20,528	
	苗海南	15,000			817	26,916	7,620	
马伯声	卢统之	12,600			500			
史镜清	史镜清	44,332	8,960		1,923	68,700	19,000	
	吴瑜丞	18,400			430			
	吴毓初	20,480			1,296	51,887	14,413	
章克恭	龙　乾 成希文 傅道伸	50,000		130	3,269	93,077	24,083	35,005
		30,816	888	250				
		10,368		250 ▲100				
	张性成	39,344	752		2,276	81,018	22,543	
李作霖	冯　春	10,080 6,000	130	250 ▲240	474 989	28,122 19,426	7,937 6,260	131,229
	董廷桢	8,400			580	25,496	7,170	
		600		252	740	19,872	5,520	144,379
		▲10,000		200				
		1,200						

	以上其它各省二十三厂			480万两 3089万元		
	全国华商共计九十二厂					
怡和纺织公司	怡和	上海杨树浦路46号	光绪二一。	8251748元	怡和洋行	
	公益	上海劳勃生路150号	光绪三三。			
	杨树浦	上海杨树浦	民三			
	以上英商三厂					
上海纺织株式会社	第一厂	上海杨树浦路1161号	纱厂光二一。 布民三。	1200万元	滨户男川	黑田庆太郎
	第二厂	上海杨树浦路1970号	纱厂光二一。 布宣二。			
	第三厂		纱厂民八。 布民一二。			
	第四厂	上海关路15号	民一六			
	第五厂	上海关路19号	纱厂民一九。 布民二〇。			
日华纺织株式会社	第一厂	上海浦东陆家嘴	光绪二三。七	1100万元	田中辉雄	越智喜三郎
	第二厂		民七。			
	第三厂	上海劳勃生路98号	民一〇。			支配人伊兴田英二
	第四厂		民一二。九			
	第五厂（宝成）	上海劳勃生路76～80号	民一〇。			
	第六厂　第一		▲民一四。二			总工程师北志岛彦三
	第七厂　第二					
	第八厂（华丰）	吴松蕴藻浜	民一〇。六 ▲民一三.一一			
内外棉株式会社	第一厂	上海劳勃生路62号	民一一・七	大坂本社		
	第二厂		民一二・六			
	第三厂	上海西苏州路19号	宣二・七			
	第四厂		民二・四			
	第五厂	上海西苏州路15号	民三・一一			
	第六厂	上海西苏州路14号	民八・四			

		467,984 ▲10,000	11,930	2,297 ▲340	27,118	884,388	257,025	413,513
		2742,754 ▲72,200	143042 ▲3000	20,926 ▲1,362	156,224	5748,674	1616,809	9039,987
		184,908	2,720	2,891	13,000	286,663	80,223	1840,482
		184,908	2,720	2,891	13,000	286,663	80,223	1840,482
		22,432		670				843,720
		30,376		582				215,304
	前田良夫	64,608	16,400	1,052	7,878	384,763	10,944	770,400
		42,328	▲8200				31,212	
		42,208		858			4,356	373,020
伴重昌		40,000						
		12,256		502				
神山峻治		55,556			5,800	164,000	68,000	333,000
曾根良亮		41,472	34,160					
		30,720						
		46,272						
高杉悌一郎		31,936	13,440					
村山增雄		32,000	24,000	1,008				
		32,000		1,000				
松野季文		23,040						
		40,000	23,200					
藤山道彦		54,400	31.200		11,824	347,068	46,726	3,162384
加计蔗		20,800						

内外棉株式会社	第七厂		布厂民七.一〇 纱厂民一一·	3300万圆	佐佐木国藏	胜田俊治
	第八厂	上海戈登路1286号	民一二·一〇			
	第九厂	上海麦根路60号	纱厂民七.一〇 布厂民一一·			
东华纺绩株式会社		上海华德路1687号	民九·四	240万圆	横匡孝立亮 石田秀二	大塚武夫
同兴纺织株式会社	第一厂	上海戈登路1433号	民一一·一	1500万圆	饭尾一二	立川团三
	第二厂	上海杨树浦2086号	民一三·五			
公大纱厂	第一厂	上海平凉路2767号	民九·八	1000万两		仓知四郎
	第二厂（老公茂）	上海杨树浦路540号	光绪二三· ▲民一四·五			
大康纱厂（大日本分设）		上海杨树浦腾越路2号	民一〇·七	本社5200万圆		野本茂
丰田纺织厂		上海极司非尔路200号	民一〇·一〇	1000万两	丰田利三 西川秋	石黑昌明
裕丰纺绩株式会社（东洋纺分设）		上海杨树浦路2866号	民一一·一	500万圆	菱田逸次	
以上日商在上海三十厂				11,840万圆 2000万两 1200万元		

		34,400	20,480	890				
西条二郎		40,000	20,000					
小野敬二		25,480		895				
權宗三郎		41,536			1,477	40,128	18,460	
三岛祯三郎	岛羽智加造	56,000	28,160		2,850	114,500	12,025	762,640
河渊富助		32,424 ▲9,676		1,126 ▲286				
福长永太郎		49,552	11.800	1,248	2,491	108,000	3,000	800,000
河村浩逸		42,792	11.000	1,051	2,150	93,000	3,600	800,000
吉村卓尔	田中三郎	98,112	24.800	▲722	2,460	185,521	64,863	
须藤三郎		102,508	6.400	1,388	4,150	265,000	44,800	1143,000
谷三敬之		112,400	16.192	1,008	3,860	209,099	38,134	486,500
		1297,608 ▲9,676	281312 ▲8200	13,278 ▲1,008	44,940	2011,079	346,120	9689,968

内外棉纱厂青岛支店	青岛四方庄	民五·七	3300万圆		
富士纱厂 （富士瓦斯纺分设）	青岛沧口	民一〇·一〇	400万圆	古门 富太	
公大纱厂第五厂	青岛沧口	民一二·四	1000万圆		长泽薰
隆兴纱厂（日清纺分设）	青岛四方	民一一·四	本社 2700万圆		内田节二
实来纱厂（长崎纺分设）	青岛沧口	民一二·四	538万圆	肥塚源 次郎	汉城猷一
大康纱厂（大日本分设）	青岛口方	民一〇·一〇	本社 5200万圆	菊池 恭三	
泰安纺绩株式会社	汉口桥口宗关	民一三·九	500万圆	南乡 三郎	近藤宗治
满州纺绩株式会社	辽宁辽阳	民一三·五	250万圆		
内外棉株式会社金州支店第一厂，第二厂	辽宁金州	民一四·四	3300万圆		
满州福纺纱厂	大连周水子	民一二·四	300万圆		
以上日商在各埠十一厂			16,488 万圆 1000万两		
全国日商共计四十一厂					
全国外商共计四十四厂					
中外合计一百三十六厂					

永江金之助		90,400	4800		3,896	200,000	75,244	
中村倍男		31,360		480	1,650	95,356	57,032	
长泽薰		98,672	5280	2,294	4,691	199,495	15,185	1687,000
内田节三	永井作三	42,660	1200		1,552	112,000	27,871	
增田彦厂	白井武	32,768			1,474	80,000	23,000	
荒井米一		69,520		2,160	4,474	200,100	25,000	1208,000
木下武夫	奥川彻也	24,816		●300	860	22,400	6,350	
		31,360	1080	505				
		63,200						
		21,120	1020					
		505,876	13380	5,739	18,597	909,351	229,682	2895,000
		1803,484 ▲9,676	294692 ▲8200	19,017 ▲1,008	63,537	2920,430	575,802	12584968
		1988,392 ▲9,676	207412 ▲8200	21,900 ▲1,008	76,537	3207,093	656,025	14425450
		4731,148 ▲81,876	440454 11200 ▲	42,834 ▲2,370	232,761	8955,767	2272,834	23465437

〔国民政府实业部档案〕

19. 棉业统制委员会编：全国棉纺织厂统计资料汇编（摘编）

（1937年6月）

(1) 全国华商棉纺厂各区精纺机纱锭历年增加锭数一览表

区别		各区总锭数		年份								
		锭数	%	1888	1889	1891	1892	1893	1894	1895	1896	1897
全国历年总锭数				5928	12936	33016	48272	56112	99324	213548	269604	310488
全国总锭数		2782963	100	5928	7008	20080	15256	7840	43212	114224	56056	40884
华东区	合计	1764784	63.41	5928	7008		4896	7840	43212	64160	56056	40884
	上海	1129756	40.60		7008		4896	3040	43212	23660	17472	21840
	其它地区	635028	22.82	5928				4800		40500	38584	19044
华中区		397784	14.29			20080	10360			50064		
华北区		620368	22.29									

年						份						
1898	1899	1901	1902	1903	1904	1905	1906	1907	1908	1909	1910	1913
326828		334628	335272	343140	366140	370508	434892	442536	481376	483560	485744	515788
16340		7800	644	7868	23000	4368	64384	7644	38840	2184	2184	30044
6188		7800	644	7868	23000	4368	64384	4764	16496	2184	2184	30044
							31500	4764	1456			10524
6188		7800	644	7868	23000	4368	32884		15040	2184	2184	19520
10152												
								2880	22344			

年									份			
1914	1915	1916	1917	1918	1919	1920	1921	1922	1923	1924	1925	1926
578388	655536	737212	788248	798600	993920	1206216	1713992	1962020	2064060	2068764	2095484	2107620
62600	77148	81676	51036	10352	195320	212296	507776	248028	102040	4704	26720	12136
22600	77148	29260	13020	8192	75468	128136	335644	150208	37224	4704	20672	1536
2800	73720	13900	13020	8192	73932	95672	160396	134608	33264	4704	19904	768
19800	3428	15360			1536	32464	175248	15600	3960		768	768
40000			10000		44080			83912	64816			5600
		52416	28016	2160	75772	84160	172132	13908			6048	5000

年份												
1927	1928	1929	1930	1931	1932	1933	1934					
2115780	2146448	2311672	2458996	2477460	2629248	2753416	2782936					
8160	30668	165224	147324	18464	151788	124168	29520					
4160	26268	118360	79948	4928	127112	78768	21520					
4160	12332	96008	63548	4928	106544	20464	17520					
	13936	22352	16400		20568	58304	4000					
	3200	5120	30400			20000						
4000	1200	41744	36976	13536	24676	25400	8000					

(2) 全国华商棉纺厂纺纱机器一览表

厂号＼机别	和								花	清		花	回		花
	折包机	开棉机	卧式除尘机	立正开棉机	给棉机	卧式开棉机	加花	凝棉器	排气风扇	除尘箱	头道清花机	二道清花机	三道清花机	垃圾机	皮棍花机	细纱头机
	台	台	台	台	台	台	台	台	台	台	台	台	台	台	台	台
全国总数	176	66	24	319	243	201	38	66	24	132	281	257	457	96	125	59
华东区总数	133	55	4	219	173	140	33	40	13	80	172	193	292	45	78	37
华东区上海总数	89	42	4	141	106	94	18	28	9	55	103	129	183	25	47	29
1	2				4					4	5	6	8	1	2	
2	8	1		8						5	12	17	17		4	
3	4	4		11	7	7					7	11	10	1	3	1
4	5	5		10	9	7		1		5	5	10	10	1	1	1
5	2			4	10	6		2	2	4	4	7	7	1	1	1
6	7	6	2	10	4	8		2		4	5	8	3	2	1	1
7	6	6		12	7	9		2		4	8	4	11		2	2
8	5	8		11	8	9					5		18	3	8	3
9	4	6		8	4	6	5	4		4	8	8	8		2	
10	10			8	16	9		4		8	3	8	22	1	3	
11	1		1	2							2	2	3	1	1	1
12	3	1	1	5	6	5	4	1	1	3	7	7	8	1	1	2
13	4	1				4					4	7	8	1	1	1
14	2			6	3	2	7	1	1		2	4	4	1	2	3
15	1	1		2	3	1		1	1		3	3	4	1	1	1
16	1			2	2	1					2	3	3	1	2	1
17	1			2	1					1	2	2	3			
18	3	1		5	2	3		1	1	2	2	4	4	1	1	1
19	2			6	2	2				2	2	4	4	1	1	1
20	5			6	4	4					4	4	5			
21	2	3		3	1	1	1	1		1	1		3	1	1	
22	2			5	2	5		2	1	2	2	4	4	1	1	1
23				1							1		1		3	1

梳棉机	棉条机	头道细纺机	二道细纺机	三道细纺机	并线机	线机	纱机	摇纱机	打小包机	打大包机	附注
台	眼	锭	锭	锭	头	锭	头	台	台	台	
9022	21632	90194	205674	479818	18484	145016	4136	13398	586	85	精纺机详另表
5707	14046	57238	132734	302508	16360	122700	3656	8242	358	50	
3561	8293	34088	85712	184592	11800	95396	3656	5326	209	29	
154	360	1600	3248	8640				137	7	2	
375	879	3824	9594	25912	2136	17488	492	686	24	3	
246	630	2400	5636	14880				423	6	2	
221	578	2260	5980	10240				353	8	1	
158	384	1522	3450	7704	800	7980	192	317	11	1	
165	369	1536	4480	6728	1200	12752	576	220	11	1	
225	660	1732	6552	2328		2304		336	8	1	
207	438	1920	4092	11360	1120	8400		229	9	1	
168	396	1520	3596	9280			768	308	12	1	
270	516	2790	8220	12792	2400	15060	1392	360	12	1	
64	108	532	1276	1976	1144	13520	36	92	5	1	
156	288	1516	3120	9504				280	9	1	
116	186	1352	3132	7360			200	215	9	1	
98	252	960	2108	5544	1580	6400		184	6	1	
72	182		1502	4000				120	5	1	
88	210	800	2080	5024	500	5040		77	5	1	
53	114	516	1278	2620				80	5	1	
91	180	960	2016	4960				157	10	1	
89	222	960	2016	5120				24			
102	315	1200	2772	5760				218	10	1	
46	120	400	1080	3040	300	2400		70	4	1	
108	270	1154	2952	5720				78	14	1	
40	48	160	324	816	120	240		66	5	1	

25	1			1	1						1	1	1			
26	4			6	4	4		3		3	3		7		1	2
27	4			7	4	1	1	3	2	3	3	5	5		1	1
33					2								2	5	3	4
华东区其它各地总数	44	13		78	67	46	5	12	4	25	69	64	109	20	31	8
34		7		17	11		4			5	12	13	17		4	
35	1	1		2							3	3	4	2		1
36	1			7	4					2	4	5	6		2	1
37	12			8	11	9					12	11	9	1	2	1
38	1			5	4	4		1		3	3		6	1	2	
39	2			3	8	3		6	3	2	2		4	2	1	
40	7										5	5	8	3	3	
41	4			5	3	5		2		3	3		5		2	1
42	1			2	2	4				2	1	3	3	1	1	1
43	3			4	8	5	1				3		6			
44	1										2	2	3	1	3	
45				5	6						2	2	4	1	1	
46	1										1	1	3			
47	1	1		3	2	2		1		2	2		4	1	1	
48	1	2		1		2				2	2	3	3	1	1	1
49	1			2	2	1					1	3	3		1	
50	1	1		2		1					1	1	3	1	2	
51	1			1	1	1				1	1	2	2	1	1	1
52	2			1	2	2		2	1		3	3	3	2	2	
53		1		3	3	3					3	5	6	2	1	
54				2	2	2				1	2	2	3		1	1
57	3			5	3	2				2	1		4			
华中区总数	15	2	11	51	23	31	8	4		26	39	3	71	24	13	10
58	1	2		5		2		1		2	2		3	1	1	1
59	1			2	5	1	1	1		1	4		5	1	1	1
60	5			5		5				5	5		10	1	2	1
61	3			16	8	8	2			8	8		18	8	4	5
62	2		6	10	5	5	1	2		5	5		9	3	1	1
63(A)			2	2			1				5		6	4	1	
63(B)				5		5					5		10	3	1	

20	54	234	504	1404	280	1352		33	2	1
90	294	1120	2414	5940	220	2460		143	6	1
96	294	1120	2272	5940				120	6	1
43										
.2146	5753	23150	47022	117916	4560	27304		2916	149	21
228	828	3096	6656	17280		2000		344	24	2
68	216	804	1596	4256				144	7	1
117	357	1280	2592	6840				216	12	1
232	464	2528	6028	12644	288	288		199	12	1
137	336	1282	2584	6888				200		
95	216	720	1704	5040	1112	4064		78	4	
142	360	1734	2412	6372	720	3320		160	10	2
102	324	1350	2040	5632	160	3072		214	7	1
76	177	724	2076	2192	420	4800		54	4	1
116	294	1186	2480	6652					9	1
72	234	896	1620	4120				149	6	1
94	264	960	1890	6080				186	7	1
47	168	626	1122	2808				79	3	1
66	175	720	1364	3520				96	4	1
70	189	720	1512	3840				110	6	1
62	195	720	1214	2832				140	10	1
48	144	624	1264	3124				116	4	1
40	126	480	1008	1056				75	4	
84	254	800	1768	4480				40	2	1
88	240	980	1716	5712	560	3360		226	8	2
60	108	600	1138	3020				93	6	1
48	84	320	1138	3528	1300	6400				
1400	3319	12272	28944	70736		1000		1893	86	9
60	168	640	1452	4016				146	6	1
80	136	800	1792	4480				152	9	1
165	420	1530	3966	9280				315	15	1
304	903	3280	7920	18720				560	20	2
164	462	1760	4092	9600		1000		246	13	1
127	315	1200	2728	7360				134	8	1
136	432	1222	3024	8000						

64	2			2	2	2	2			2	2	3	4		1	1
65	1		3	4	3	3	1			3	3		6	3	1	
66																
华北区总数	28	9	9	49	47	30	7	22	11	26	70	61	94	27	34	12
67	2	2		4	10			2	2	2	10	10	10	3	4	1
68	1		1	2				2			1	2	6	1	2	
69		1									3	4	4	1	2	
70				1	1						1		1			
71	3		2	4	9	5	3	3	3		9	14	14	3	3	3
72	2	1	3	1	1	1	1				3	6	4		2	
73	1	1	1	2	5		1	1		1	5	6		1	2	
74	2		1	4		3		3	2	3	4		7	4	2	2
75	1		1	1			1	1		1	4		8	1	1	1
76	2			5	4	6	1	1		5	4		7	2	2	2
77	2			4	5	5				5	6	6	6	3	2	
78				1	1	1					1	1	2	1	2	
79				1	2	2			1	1	1	1	1	1	1	
80	1	2		1		1					1	2		1	1	1
81	3								1	1	1	2	1	1	2	
82	3			9	5	4		3	2	3	7	4	6	3	2	2
83	1	1									3	3	6	1	2	
84	1			4		1				3	1		2		2	
86	2			2				2			5		7			
87	1	1		3	4	1		4		1			2			

80	210	800	1860	4800				150	8	1
104	273	1040	2108	4480				190	7	1
180										
1915	4267	20684	43996	106574	2124	21316	480	3263	142	26
190	320	2400	5040	12848				480	20	4
84	180	792	1824	4896	120	1200		220	8	1
73	216	900	1768	5160				143	5	1
25	63	240	544	1394				41	2	1
260	512	2776	5860	15728	360	976		332	14	2
136	260	1296	2392	7240	150	3080		173	8	2
84	144	960	1920	6160	254	2560		200	7	2
116	190	1040	2142	5848				217	10	1
110	216	1280	2640	5920						
99	294	946	1980	6536	120	2000		167	14	1
138	399	1710	3528	8000				250	11	1
32	105	640	1320	3200	80	1040		92	3	1
20	63									
21	189	240	504	1080						
28	42	320	756	1440				60	2	1
146	300	1320	3020	7224	1040	8960		220	10	2
101	270	920	2130	5580				255	8	1
64	126	720	1680					125	6	1
136	252	1680	3360	8320		1500		206	10	3
52	126	504	1584				480	82	4	1

(3) 民国二十二至二十五年全国华洋商棉纺厂纱线生产量统计表(单位公担)

支别	年别及商别							
	二十五年				二十四年			
	华洋合计	华商	日商	英商	华洋合计	华商	日商	英商
全年总计	3902122.960	2596335.940	1222530.802	83256.218	3909263.589	2636335.378	1233605.105	39323.106
0.67支								
1支	9547.515	9547.515			7369.996	7369.996		
2支	537.242	537.242			419.126	419.126		
2/3支								
3支	147.627	147.627						
$3\frac{1}{2}$支					121.552	121.552		
4支	7758.767	7758.767			7315.664	7315.664		
4/2支	85.253	85.253			217.657	217.657		
5支	2511.228	2502.655	8.573		2860.119	2860.119		
5/2支	1385.243	1385.243			155.167	155.167		
5/3支	296.244	296.244			205.751	205.751		
$5\frac{1}{2}$支	0.943	0.943			37.739	37.739		
6支	32913.742	26375.955	383.853	6153.934	18987.905	13681.471	977.855	4328.549
6/2支	569.628	550.578	19.050		508.668	508.668		
$6\frac{1}{4}$支	612.771	612.771						

支别	年别及商别							
	二十三年				二十二年			
	华洋合计	华商	日商	英商	华洋合计	华商	日商	英商
全年总计	4178124.830	2842209.303	1276642.671	59272.856	4009341.545	2790518.467	1152906.798	65916.280
0.67支					1798.371	1798.371		
1支	2520.714	2520.714			700.821	698.934	1.887	
2支	333.224	333.224			849.589	849.589		
2/3支					45.905	45.905		
3支	340.862	340.862			24.817	24.817		
$3\frac{1}{2}$支	1.030	1.030			1.887	1.887		
4支	11072.221	11072.221			7910.976	7910.976		
4/2支								
5支	3305.110	3305.110			1003.398	1003.398		
5/2支	41.512	41.512						
5/3支					60.946	60.946		
$5\frac{1}{2}$支	381.520	381.520			115.106	115.106		
6支	30509.413	23350.638	807.121	6351.604	26538.858	21694.992	224.500	4619.316
6/2支	758.239	758.239			371.499	371.499		
$6\frac{1}{4}$支								

$6\frac{1}{2}$支	5790.424	5790.424			1970.782	1970.782		
7支	1270.702	1270.702			1160.580	1160.580		
7/2支								
$7\frac{1}{2}$支	112.401	112.401			628.684	628.684		
8支	39731.746	33151.180	6580.566		29264.406	24769.808	4494.598	
8/2支	0.454	0.454						
9支	1080.566	1080.566			294.424	294.424		
10支	505296.839	495202.102	10085.900	8.891	550104.256	545741.366	4362.890	
10/2支	3.629	3.629			50.665	37.930	17.735	
10/3支								
10.4/2支	142.605	142.605						
11支	8957.122	8957.122			214.867	214.867		
11/2支	333.207			333.207				
11/3支	285.018			285.018				
12支	120852.689	117022.268	3830.421		126333.121	120172.121	6160.213	
13支	15832.322	15832.322			16866.262	16866.262		
14支	107391.171	107391.171			135991.178	134335.459	1655.719	
14/2支	20.284		20.284					
14/4支					97.977	97.977		
14.25支	99.271	99.271						
$14\frac{1}{2}$支	0.454		0.454		2.269		2.269	

$6\frac{1}{2}$支	3511.049	3511.049			350.996	350.996		
7支	4565.441	4080.477	484.934		4368.007	4368.007		
7/2支					7.645	7.645		
$7\frac{1}{2}$支								
8支	37081.075	30836.881	6244.194		27595.216	22207.899	5387.317	
8/2支								
9支	811.572	811.572			485.319	485.319		
10支	533845.306	522890.540	11035.766		514714.266	500062.479	14651.787	
10/2支					116.001	116.001		
10/3支					5.752	5.752		
10.4/2支								
11支	309.367	299.841	9.526		1877.015	539.149	1337.866	
11/2支								
11/3支								
12支	166245.658	158054.111	8191.547		156382.728	151064.009	5318.719	
13支	22497.637	22497.637			8916.318	8916.318		
14支	161297.881	159037.266	2260.615		145358.460	133339.197	12019.263	
14/2支								
14/4支					146.967	146.967		
14.25支								
$14\frac{1}{2}$支					20.865		20.865	

15支	52263.333	52253 766		9.576	38993.966	38993.966		
$15\frac{1}{2}$支	88.799	88.799						
16支	698963.318	503716.440	195246.878		811407.554	529039.455	282368.099	
17支	125647.401	123357.447	2289.954		172069.349	171969.105	100.244	
18支	33474.684	33141.088	333.586		19196.405	19196.405		
19支	296.640	296.640			428.756	428.756		
20支	881859.431	508622.303	319852.133	53384.995	879578.492	504604.923	352710.735	22262.834
20/2支	602.165	602.165			6458.906	968.196	5490.710	
20/3支	9507.566	9507.566			11487.713	11487.713		
20/4支	244.581	0.227	244.354		20.412	20.412		
20/5支	67.133	67.133						
20/6支	382.294	382.294						
20/8支	5.443	5 443						
$20\frac{1}{2}$支					681.728		681.728	
21支	210864.740	150174.479	60690.261		191301.274	162716.891	28548.483	
22支	91525.922	78513.495	13012.427		63270.257	47834.968	15435.289	
22/2支	48.116	48.116						
$22\frac{1}{2}$支	21785.502		21785.502		708.779		708.779	
23支	72650.805	48168.771	22244.273	2337.761	46045.792	23091.914	20632.296	2321.582
23/2支	0.907	0.907						
23/3支								

15支	41356.017	41356.017			38704.483	29480.425	9224.058	
$15\frac{1}{2}$支								
16支	1054222.109	746847.848	307374.261		1053725.747	747139.632	305759.293	826.822
17支	138316.588	138316.588			28881.309	28881.309		
18支	2770.282	2770.282			3379.511	3283.426	96.085	
19支	157.559	48.874	108.685		406.207	406.207		
20支	958579.629	549729.909	359435.018	49414.702	1057274.329	701913.579	296452.702	58908.030
20/2支	2140.267	881.704	1258.563		1226.178	1226.178		
20/3支	7929.077	7929.077			15858.414	15858.414		
20/4支					3.629	3.629		
20/5支								
20/6支								
20/8支								
$20\frac{1}{2}$支	2472.443		2472.443					
21支	113043.375	85663.934	27379.441		94538.934	66206.959	28331.975	
22支	49325.864	36306.932	13018.932		44638.592	39286.299	5352.293	
22/2支	15.095	15.095						
$22\frac{1}{2}$支	20.008		20.008		505.552	493.317	12.235	
23支	41583.234	23167.866	18415.368		43752.984	23253.201	20499.783	
23/2支								
23/3支	74.299	74.299			137.168	137.168		

23.7支	14.809	12.904	1.905					
24支	283.180	283.180			67.654	67.654		
25支	199.763	199.763			2834.005	2834.005		
25/4支	28.122		28.122					
26支	7054.137	7054.137			2359.406	2265.666	93.740	
27支	454.947	454.947			265.805	265.805		
28支	69.615	69.615			240.392	240.392		
29支	183.435	183.435						
30支	7655.601	1241.884	6180.484	233.233	8974.389	942.102	7994.088	38.199
31支	405.569	405.569						
32支	314926.024	106710.451	194226.614	13988.959	294446.711	126040.345	163757.992	4648.374
32/2支	18411.896	1180.901	17230.995		14775.535	57.153	14718.382	
32/3支	5438.290	2735.766	2705.524		4245.185	1099.169	3140.016	
32/4支	13.592		13.592					
32/6支	492.560	49.170	443.390		224.977		224.977	
32/12支	41.731	41.731						
33支	22496.903	22494.998	1.905		10665.635	10665.635		
34支	2269.897	2260.523	9.374		3229.583	3229.583		
35支	205.984	205.984						
36支	534.254	43.201	491.053		1425.940	2.703	1423.237	
36/4支	17.342		17.342					
37支	472.337	472.337						
38支					24.018	24.018		

23.7支								
24支	374.589	374.589			786.799	786.799		
25支	1857.276	1857.276			2279.987	2279.987		
25/4支								
26支	1682.754	1682.754			1461.606	1461.606		
27支								
28支	90.029	90.029			907.812	907.812		
29支	1179.130	1179.130			2853.510	2853.510		
30支	10112.177	1167.994	8944.183		11575.102	2182.754	9392.348	
31支								
32支	266344.721	123811.757	140474.277	2058.687	259268.509	143487.420	114389.216	1391.873
32/2支	17999.070	2529.742	15469.328		14104.433	1158.873	12945.560	
32/3支	6038.331	1468.066	4570.265		5770.408	3156.378	2614.030	
32/4支					41.247	41.247		
32/6支					31.404		31.404	
32/12支								
33支	140.612	140.612			289.530	289.530		
34支	3557.439	3557.439			1497.647	1497.647		
35支	54.772	54.772						
36支	1354.028	404.798	949.230		830.723	411.437	419.286	
36/4支								
37支								
38支	143.131	143.131			8.983	8.983		

40支	41240.586	11800.805	26533.465	2906.316	52295.284	7881.611	44413.673	
40/2支					2093.143		2093.194	
40/3支	542.595	542.595			338.484	338.484		
40/4支	61.009	61.009			0.454	0.454		
40/5支	27.184		27.184					
40/12支	38.556	38.556						
42支	174308.186	38054.791	133263.253	2990.142	150591.880	36825.909	110904.187	2861.784
42/2支	132120.672	19483.617	112637.055		119099.650	19529.720	99569.930	
42/3支	3397.616	1842.938	1554.678		4289.451	1593.827	2695.642	
43支					0.489	0.489		
43/2支								
44支	128.238	3.810	124.428		707.465	707.465		
44/3支	525.813	525.813			617.259	617.259		
46支	1.766	1.766			0.101	0.101		
46/4支	11.249		11.249					
50支	51.737	51.737			41.803	41.803		
50/2支								
50/3支								
52支	919.591		919.591		247.474		247.474	
54支					150.322	150.322		
54/2支	15.060	15.060						
56支								
56/2支					9.253	9.253		

40支	74990.320	10761.139	64229.181		104037.435	8740.430	95297.005	
40/2支	837.736		837.736					
40/3支								
40/4支	18.144	18.144						
40/5支								
40/12支								
42支	188760.241	58075.894	129429.051	1255.296	159887.417	57572.194	102315.223	
42/2支	114535.786	17477.443	97058.343		90729.423	12603.748	78125.675	
42/3支	5313.814	1432.650	3881.164		4799.931	745.703	4054.228	
43支								
43/2支					3.281		3.281	
44支	237.757	237.757			380.865	380.865		
44/3支					220.976	220.976		
46支								
46/4支								
50支	125.040	125.040						
50/2支					55.158	55.158		
50/3支	54.432	54.432						
52支	247.658		247.658		69.364	69.364		
54支								
54/2支								
56支	133.111		133.111					
56/2支	56.246	56.246			203.424		203.424	

60支	33945.512	3145.556	30799.956		23200.991	2559.547	20641.444	
60/2支	15671.941	2014.700	13657.241		14705.776	961.952	13743.824	
60/3支	290.758	290.758			59.993		59.993	
60/4支	8.618	8.618						
60/6支	20.412	20.412						
62支					140.962		140.962	
62/2支	115.540		115.540					
64支								
64/2支					142.485		142.485	
80支	3811.623	211.286	3600.337		5075.067	129.479	5575.588	
80/2支	4176.600	745.400	3431.200		3430.170	474.638	2955.532	
80/3支	191.230		191.230		13.124		13.124	
80/4支	9.072	9.072						
82/2支					3.629	3.629		
90支	48.138	48.138			22.822	22.822		
95支					14.734	14.734		
100支	43.764		43.764		5.032	5.032		
100/2支	11.718		11.718					
粗杂纱	39.252	39.252			42.011	42.011		
细杂纱					2.544	2.544		
回纱	44832.995	26475.66	17633.134	724.195	44684.193	27151.342	14671.067	2861.784
附注	二十三支以内支数不明者列入粗杂纱栏内 二十四支以上支数不明者列入细杂纱栏内							

60支	29133.336	4549.161	24584.175		8386.818	2740.200	5646.618	
60/2支	9691.438	1315.296	8376.142		11060.347	3869.329	7191.018	
60/3支	98.427		98.427		9.374	9.374		
60/4支								
60/6支								
62支	2.812		2.812					
62/2支					203.651	202.714	0.937	
64支								
64/2支	397.399	29.938	367.461					
80支	2608.185	22.155	2580.030		4412.161	0.469	4411.692	
80/2支	766.391	110.679	655.712		569.359	115.075	454.284	
80/3支	35.621		35.621		17.343		17.343	
80/4支								
82/2支					4.760	4.760		
90支								
95支								
100支	1.774	1.774						
100/2支								
粗杂纱	0.771	0.771						
细杂纱								
回纱	47688.649	32326.740	15169.342	192.567	39781.984	28908.197	10703.548	170.239
附　注								

省市别	调查厂数	资本(元)	工人人数	每人每日平均工资(元)	原动设备					染整		
										漂染		
					引擎	电力	电力手工兼用	引擎手工兼用	手工	有	无	他厂代染
合计	415	8051270	37187	0.397	10	22	133	15	235	217	76	122
上海市*	164	4231250	11839	0.520		13	85		66	46	26	92
江苏省	111	2530410	16472	0.302	4	4	30	15	58	73	26	12
浙江省	25	385200	3517	0.394	2	1	8		14	21	1	3
安徽省	35	62550	1183	0.362					35	33		2
江西省	5	35600	211	0.400					5	4		1
山东省	40	261150	1701	0.239	3	4	5		28	32	6	2
河北省**	32	4751100	1738	0.340	1		4		27	6	16	10
山西省	3	70000	526	0.300			1		2	2	1	

附注　每人每日平均工资系加权平均数，以厂数为权数。

染织厂概况一览表

机器设备				织机								
整理				总台数			电力机			人力机		
手工	机器	手工机器兼用	无	总台数	织布机	其他织机	总台数	织布机	其他织机	总台数	织布机	其他织机
317	56	33	9	23908	23094	814	11657	11208	449	12251	11886	365
131	23	10		6735	6322	413	4701	4387	314	2034	1935	99
65	23	23		9764	9699	65	4747	4682	65	5017	5017	
21	4			2188	2103	85	1274	1274		914	829	85
35				828	754	74				828	754	74
5				159	136	23				159	136	23
35	4		1	831	797	34	475	475		356	322	34
23	1		8	3282	3162	120	404	334	70	2878	2828	50
2	1			121	121		56	56		65	65	

(5) 上 海 等 七 省 市 针

省市别	调查厂数	资本(元)	工人人数	每人每日平均工资(元)Ⅰ	针织			
					针织机总数	织袜机		
						总台数	电力	人力
合 计	187	3669400	14650	0.50	13066	12584	1338	11246
上海市Ⅱ	90	3290100	8814	0.58	5430	5119	1195	3924
江苏省Ⅲ	55	109800	2533	0.37	5188	5188	58	5130
浙江省Ⅳ	20	135800	2433	0.36	1852	1804	8	1796
安徽省Ⅴ	8	20300	208	0.32	234	234		234
河北省Ⅵ	6	101000	452	0.38	146	129	77	52
江西省Ⅶ	5	3400	101	0.31	107	107		107
山东省Ⅷ	3	9000	109	0.40	109	3		3
附 注	Ⅰ 平均工资为加权算术平均数，以厂数为权数。 Ⅱ 生产栏内尚有手帕3600打、纱带5000打并未列入，系非针织品。 Ⅲ 该省调查为无锡、南汇二县。 Ⅳ 该省调查为鄞县、绍兴、硖石、平湖、嘉兴等六县。							

织厂概况一览表

机台数					全年消用纱线件数	全年产量			
织衫机			手套机	围巾机		袜（打）	衫（打）	手套（打）	围巾（打）
总台数	电力	人力							
412	399	13	64	6	35957	5482136	602175	46960	30
262	250	12	45	4	30169	3864138	535400	44400	
					2255	760000			
44	44		2	2	2245	469178	62475	60	30
					237	43920			
			17		574	288700		2500	
					132	55000	200		
106	105	1			345	1200	4100		

V 该省调查为安庆、歙县、和悦州、芜湖、蚌埠等五县。

VI 该省调查仅属于天津市。

VII 该省调查仅属于南昌。

VIII 该省调查为青岛、济南二处。

省市别	调查厂数	资本(元)	工人人数	每人每日平均工资(元)	开办年份		原动设备			机器设备			
					民十五年以前	民十五年以后	用引擎	用电力	引擎电力兼用	烧毛机		涤漂机	
										有	无	有	无
合计	31	5734000	3887	0.49	7	24	1	26	4	26	5	29	2
上海市	19	3834000	2676	0.59	3	16		19		17	2	19	
江苏无锡	2	400000	210	0.50	1	1		2		2		2	
江苏武进	3	340000	221	0.45	1	2		2	1	1	2	1	2
浙江杭州	1	300000	320	0.50		1		1		1		1	
浙江宁波	1	150000	50	0.45		1			1	1		1	
湖北汉口	3	460000	250	0.48	2	1		2	1	3		3	
山东潍县	2	250000	150	0.45		2	1		1	1	1	2	
附注	凡每厂每日出布在五百匹以上者均列入本表												

机器漂染整理厂概况一览表

机器设备										全年生产量（匹）	制品种类	运销区域
丝光布机		染布机				印花机		整理机				
有	无	往复	连续	往复连续	无	有	无	有	无			
16	15	18	1	11	1	12	19	29	2	7028460		全国各省及南洋
11	8	11		8		7	12	19		5019963	直贡、哔机绉呢、府绸、帆布、细布粗布、斜纹等	广东、广西及长江一带
2		1		1		1	1	2		450000	直贡、哔叽、斜纹细布、府绸、	
1	2	1	1		1	3		1	2	319000	直贡哔叽、府绸、斜纹细布、帆布、格子呢。	上海、广东、天津、长江一带
	1			1						237957	毛巾、被单、自由布、工口呢、哔叽、细布等	上海、南洋、天津、汉口、长沙、
1				1		1		1		180000	直贡、哔叽、斜纹府绸、绉呢、细布	上海、青岛、粤、桂
1	2	3					3	3		506540	斜纹、直贡、府绸哔叽。	湘赣、豫、甘、蒙
	2	2					2	2		315000	细布、斜纹哔叽、标布、法兰呢	云南、四川、华北、各省

(7) 上海等八省市小规模机

省市别	调查厂数	资本(元)	工人人数	每人每日平均工资(元)	开办年份		原动设备				机器设备				
					民十五年以前	民十五年以后	引擎	电力	引擎电力兼用	未详	烧毛机		练漂机		
											有	无	精练机	漂白机	无
合计	74	1745700	2279	0.43	9	65	22	46	2	4	11	63	24	23	27
上海市	13	363500	438	0.51	1	12		13			4	9	3	2	8
江苏省	3	120000	140	0.50	1	2	1	2			2	1	3		
浙江省	5	113000	265	0.45	1	4		5				5			5
湖南省	1	50000	60	0.50		1	1				1		1		
湖北省	5	102000	32	0.35		5		4		1	1	4	1	2	2
山东省	13	276700	444	0.32	2	11	6	5	2		1	12	3	5	5
河北省	29	673000	814	0.39	4	25	12	14		3	1	28	10	13	6
山西省	5	47500	86	0.36		5	2	3			1	4	3	1	1

器源染整理厂概况一览表

机器设备									全年生产量（匹）	制品种类	运销区域
染色机			丝光布机		出幅机		轧光机				
染机	锭缸	无	有	无	有	无	有	无			
52	4	18	4	70	26	48	59	15	4236461		
13			1	12	8	5	8	5	1068500	粗布、细布、斜纹、府绸、哔叽、洋纱	本市长江流域、河北、两广、闽、云南、
3			1	2	2	1	2	1	132000	直贡、哔叽、府绸、斜纹、军用毯、提花毯	广东、福建
2	2	1		5		5	5		201900	粗布、细布、斜纹、帆布、府绸、条格呢	浙江省东区
1			1		1		1		95000	粗布、细布、斜纹、	本省及江西、贵州、
5				5	1	4	1	4	148500	粗布、细布、斜纹、	本省及南昌
7		6	1	12	3	10	13		1523850	斜纹、土布、府绸、哔叽、华达呢、细布	本省华北及安徽、
16	2	11		29	10	19	28	1	1020711	斜纹、细布、人造丝布、土布、灯芯绒、帆布、条格呢、	华北、华中及西南各省
5				5	1	4	1	4	46000	军用毯、细布、斜纹毛斯布	本省及陕西、绥远

(8) 上海等八省市丝光

省市别	调查厂数	资本(元)	工人人数	平均每人每日工资(元)	开办年份		原动设备			机器设备	
					民十五年前	民十五年后	引擎	电力	人力	练漂锅	
										有	无
合计	81	587470	1917	0.39	23	58	1	52	28	48	33
上海市	32	202220	1097	0.48	7	25		30	2	21	11
江苏省	4	103000	84	0.41	1	3	1		3	4	
湖南省	4	13500	77	0.39	1	3		1	3	2	2
湖北省	13	38500	169	0.40	5	8		6	7	3	10
山东省	13	120250	160	0.34	1	12		2	11	8	5
河北省	13	59600	315	0.40	8	5		11	2	8	5
山西省	1	50000	11	0.30		1		1		1	
浙江省	1	400	4	0.40		1		1		1	

纱线漂染厂概况一览表

机器设备								全年生产量（单位件）	制品种类	运销区域
丝光机		染锅		脱水机		烘房				
有	无	有	无	有	无	有	无			
45	36	76	5	17	64	7	74	138346		
21	11	39	3	14	18	4	28	28661	人造丝、纱、线、袜、布	本埠、各省、新加坡
2	2	3	1	1	3		4	3130	纱线	本地及外埠
4		4			4		4	1703	纱线	本省
9	4	12	1		13	2	11	4621	纱线	本地及各省
2	11	13			13	1	12	3886	纱线毯	本地及各省
5	8	13		2	11		13	94775	纱线	本地及华北各省
1					1		1	1400	纱线	本省及绥远陕西
1		1			1		1	170	纱线	本地

(9) 上海等三省市机器印染厂概况一览表

省市别		调查厂数	资本(元)	工人人数	每人每日平均工资(元)	动力	机械设备				印花机台数	制品种类	运销区域
							炼漂设备		染色设备				
							全	不全	全	不全			
合计		12	2870000	1266	0.51		9	3	9	3	18		
上海市		7	2090000	945	0.65	马达	6	1	6	1	13	直贡、哔叽、府绸、斜纹、细布、花标、花绒、麻绒	国内各省及南洋
江苏	武进	3	330000	121	0.46	马达	1			2	3	直贡、哔叽、府绸、斜纹、花标、细布	广东、天津、上海长江流域
江苏	无锡	1	300000	150	0.50	马达	1		1		1	直贡、哔叽、府绸、斜纹、花标、细布	广东、广西及长江流域
浙江	宁波	1	150000	50	0.45	马达引擎	1		1		1	直贡、哔叽、府绸、光斜绸、呢、细布	广东、云南、青岛上海

(10) 上海等四省市型纸印花厂概况一览表

省市别	厂数	资本	工人	每人每日平均工资	制品种类	附注
合计	25	42400	115	0.37		
上海市	15	35700			被单、台布、窗帘、沙发套、线毯、书锦布、	▲内有四厂无调查
湖南省	7	▲1700	▲19	▲0.36	被单、台布、窗帘	
河北省	2	5000	96	0.40	被单、台布、线毯	
浙江省	1					

〔国民党政府全国经济委员会档案〕

二　矿业统计

1. 1927—1929年各主要煤矿产量统计表(以交通路线分)

路线	矿　　名	煤质	1927年	1928年	1929年
①北宁	开　　滦	烟煤	3,683,000	4,958,000	4,620,000
	柳　　江	无烟煤	165,548	132,466	195,658
	长　　城	无烟煤	120,000	150,000	150,000
②平绥	中　　英	无烟煤	80,000	6,300	25,500
	杨家坨	无烟煤	29,396	47,039	20,000
	门头沟其他	无烟煤	200,000	200,000	250,000
	板桥一带	无烟煤	60,000	60,000	80,000
	晋　　北	烟煤	—	—	20,794
	保　　晋	烟煤	42,890	47,458	79,721
	同　　宝	烟煤	—	16,000	85,000
	大怀左小矿	烟煤	387,000	373,000	331,200
	绥远大青山	烟煤		60,000	51,200
	绥远大青山	无烟煤		23,000	18,000
	鸡鸣山官矿	烟煤	15,000	16,000	5,000
	宝　　兴	无烟煤	25,000	30,000	32,000
	天　　兴	烟煤	22,000	30,000	27,636
	宣化怀来蔚县等处	无烟煤	38,000	48,000	45,000
③津浦	中　　兴	烟煤	259,765	—	139,458
	华　　丰	烟煤	44,614	44,363	46,734
	华　　宝	烟煤	12,725	9,653	17,387
	华　　东	烟煤	37,527	59 477	67,024
	烈　　山	无烟煤	77,863	37,021	117,907
	大　　通	烟煤	65,000	65,000	60,000
	淮　　南	烟煤	—	—	—

④平汉	房山各矿	无烟煤	300,000	220,000	420,000
	临　　城	烟煤	62,737	—	—
	怡　　立	烟煤	69,155	120,732	136,731
	中　　和	烟煤	35,198	72,395	70,000
	六河沟	烟煤	165,480	382,302	347,365
	安阳其他	烟煤	不详	不详	70,000
	武　　安	无烟煤	130,000	50,000	139,000
	禹　　县	烟煤	50,000	50,000	10,800
	汤　　阴	烟煤	不详	不详	不详
⑤胶济	鲁大(洪山)	烟煤	567,358	531,619	467,315
	华　　坞	烟煤	65,700	56,600	42,200
	悦　　昇	烟煤	3,237	22,530	117,500
	博　　东	烟煤	48,555	73,704	83,084
	华　　东	烟煤	29,285	24,300	22,341
	淄博其他	烟煤	825,374	1,421,626	1,192,410
	旭　　华	烟煤	—	3,300	9,039
	章邱其他	烟煤	68,005	53,281	60,365
	坊子各小矿	烟煤	88,575	96,015	46,127
⑥道清	中　　福	无烟煤	93,928	313,128	194,431
	民有及民治	无烟煤	—	—	—
⑦陇海	民　　生	烟煤	33,000	60,500	26,800
	豫　　庆	烟煤			21,000
	新　　安	烟煤	10,500	21,600	18,000
	巩县各矿	无烟煤	不详	不详	32,000
⑧正太	井　　陉	烟煤	341,588	268,135	500,605
	正　　丰	烟煤	87,448	155,390	265,706
	保　　晋 (平定及晋城)	无烟煤	平定76,727 晋城28,624	113,208 1,551	181,695 806
	保晋(寿阳)	烟煤	15,526	13,136	11,051
	建　　昌	无烟煤	36,000	34,000	58,000

	平　　记	无烟煤	5,000	6,594	12,586
	富　　昌	无烟煤	8,000	10,000	10,000
	中　　孚	无烟煤	18,197	8,676	14,014
	广　　懋	无烟煤	12,000	12,000	—
	银山(阳曲)	烟煤	不详	不详	不详
	民生(阳曲)	烟煤	—	8,462	15,108
	石碴磴(阳曲)	无烟煤	—	—	—
	桃园(太原)	无烟煤	—	—	—
	同和(太原)	烟煤	—	不详	不详
	玉成(太原)	烟煤	—	—	—
	华兴(孝义)	烟煤	—	—	不详
⑨湘鄂	萍　　乡	烟煤	183,349	163,821	232,910
	石 门 口	烟煤	—	—	—
	安源土窑	烟煤	—	—	100,000
	萍乡湘东一带土窑	无烟煤	—	—	50,000
⑩长江	长　　兴	烟煤	—	—	20,620
	水　　东	烟煤	13,399	12,506	15,607
	协记(馒头山)	无烟煤	—	—	—
	馒头山及殷家汇官矿	无烟煤	18,500	15,670	—
	鄱　　乐	烟煤	66,840	72,552	79,428
	富　　华	无烟煤	—	—	—
	富　　源	无烟煤	86,338	97,982	100,000
	利　　华	无烟煤	—	5,000	6,000
	秭归一带	烟煤	20,000	20,000	20,000
	各路分年共计数		10,413,276	10,621,903	11,705,863

〔国民政府资源委员会档案〕

2. 实业部编制国内各地华洋经营重要煤矿单致铁道部咨稿

（1931年5月）

实业部咨　矿字第九七二号

为咨复事。准贵部业字第二六二零号咨开，据北宁铁路管理局呈请转咨，将国内各地华洋所经营之煤矿分别列单开示，俾资依据咨请查照办理见复。等由，准此。兹将国内各地华洋所经营重要煤矿分别开单咨复查照。此咨

铁道部　　　　　　　　　　　　　　实业部长孔〇〇

中华民国二十年五月　日

附国内各地华洋经营重要煤矿单一份

国内各地华资开采之煤矿

矿　　名	地点及位置	煤质	备　考
正丰煤矿公司	河北井陉县凤山村	烟煤	
怡立煤矿公司	河北磁县西佐村	烟煤	
中和煤矿公司	河北磁县峰峰村	烟煤	
柳江煤矿公司	河北临榆县之柳江	无烟煤	
长城煤矿公司	河北临榆县小峪沟望宝窑等处	无烟煤	
临城矿务局	河北临城	烟煤	
齐堂煤矿公司	河北宛平县齐堂灵桂川北及灵桂川南	无烟煤	
平定保晋公司	山西平定县简子沟燕子沟等处	无烟煤	
晋城保晋分公司	山西晋城五里铺河东村、小张村	无烟煤	
寿阳保晋分公司	山西寿阳县荣家沟　陈家河	烟煤	
建昌煤矿公司	山西平定县蔡洼沟	无烟煤	
大同保晋分公司	山西大同县煤田	烟煤	
同宝煤矿公司	山西大同县胡家湾等处	烟煤	

宝恒煤矿公司	山西大同县口泉镇西十五里之白土窑	烟煤	
中原煤矿公司	河南修武县西四十里之盘龙河李河寺河	无烟煤	
六河沟煤矿	河南安阳县观台村台寨都党等处	烟煤	
大成煤矿公司	河南武安县城东二十里	无烟煤	
济泉煤矿公司	河南禹县	烟煤	
中兴煤矿公司	山东峄县枣庄	烟煤	
华宝煤矿	山东泰安县沈村及禹村之间	烟煤颇适炼焦	
华丰煤矿公司	山东宁阳县磁窑村	烟煤可炼焦	
博山县其他各矿	山东博山县西河松林后池马到地岳家庄二亩坑花雨沟等处	烟煤	悦升、大成、同兴、吉成、华东、中兴、同丰、永和、同成、鼎新、振华、清源、永昌等公司
烈山煤矿	安徽宿县烈山	无烟煤烟煤	
水东官矿	安徽宣城县大汪村西北	烟煤	
民生煤矿公司	安徽贵池县		
华东煤矿公司	江苏铜山县贾家汪	低级烟煤	原名贾汪煤矿
白土寨煤矿	江苏萧县白土寨青龙山	烟煤石膏	
宁兴煤矿	江苏省江宁县汤泉乡祠山	烟煤	
华茂煤矿	江苏江宁县北固乡二台洞猴子山	烟煤	
长兴煤矿	浙江长兴县合溪白岘二镇之间	低级烟煤	
鄱乐煤矿	江西鄱阳县洪门口、乐平县鸣山两处	烟煤不宜炼焦	
萍乡煤矿	江西萍乡县安源及紫家冲等地	烟煤	

富源煤矿公司	湖北大冶县石灰窑附近	无烟煤 柴煤	
中国矿务有限公司	广东乳源县狗牙洞	烟煤	
鹤岗煤矿	黑龙江汤原县鹤立河畔	烟煤	
裕东煤矿公司	吉林火石岭	褐性烟煤	
奶子山煤矿	吉林额穆县大蛟河奶子山	低级烟煤	
西安煤矿公司	辽宁省辽宁县	褐性烟煤	
八道濠官矿	辽宁省黑山县八道沟	次等烟煤及褐炭	
振兴公司	辽宁省复县五湖嘴	无烟煤	
北票煤矿公司	热河朝阳县	烟煤	
恒升煤矿公司	察哈尔张北县第五区土木路	烟煤	

国内各地华洋所经营之煤矿

矿　　名	地点及位置	煤质	备　考
开滦矿务局	河北唐山林西马家沟、赵各庄、唐家庄	烟煤	中英
井陉矿务局	河北井陉县岗头村	烟煤	中德
宛平县门头沟煤矿	河北平门支路门头沟车站西南八里	无烟煤	中英
杨家坨煤矿公司	河北宛平县杨家坨村北	无烟煤	中日
福公司	河南修武县焦作李封村、王封村	无烟煤	英资
鲁大公司	山东淄川县黉山潍县坊子及十里庄南旺大昆仑华坞岭等	烟煤半烟煤及无烟煤	中日
博东煤矿公司	山东博山县黑山	烟煤 宜炼焦	中日

华坞岭煤矿公司（即南定炭矿株式会社）	山东淄川县华坞岭	烟煤	中日
旭华公司	山东章邱县天尊院	烟煤	中日
扎赉额尔煤矿	黑龙江中东路满州里站东四十里	褐炭	中俄
穆稜煤矿	吉林穆稜密山二县煤田	烟煤	中俄
裕吉煤矿公司	吉林大石岭	烟煤	中俄
老头沟煤矿公司	吉林延吉县天图路老头沟站北一里	烟煤褐煤	中日
抚顺煤矿	辽宁省抚顺县煤台千金寨、杨柏堡老虎台、万屋古城子新屯、龙凤东岗等处	烟煤	中日
石门寨煤矿	辽宁抚顺县石门寨		中日
得古吉子煤矿	辽宁抚顺县得古吉子		中日
本溪湖煤铁矿	辽宁省本溪县本溪湖	烟煤	中日
泰信公司	辽宁省西安县半截河	褐性烟煤	中日
健元公司	辽宁省西安县半截河西岭		中日
建兆公司	辽宁省西安县孟河亮		中日
裕昌煤矿公司	辽宁省昌图县附近		中日
大新大兴煤矿公司	热河阜新县	低级烟煤	中日

〔国民政府实业部档案〕

3. 实业部全国各矿矿区亩数统计图表

（1933年）

一、全国各省金属矿及非金属矿矿区分类表（即民营领采领探大小矿区之总数）民国二十二年底止

	煤	大粘土	磁土	滑石	石棉	重晶石	石膏	磺	岩盐	云母石	水晶	笔铅	弗石	大理石	砒	金	银	铜	铁	锡	铅	锑	锰	钨	锌	钼	铝	总计
江苏	21		4									7							2		1							
浙江	12		3	1				3					35						6		6	3	3		1	1		
安徽	79							1											15									
江西	82		2													2			5	1		1	1					
湖南	102	2					1	25	1			3			11	5			3	26	15	166	13	8	2			
湖北	39																	2	5									
河南	62																		1									
河北	140		2		7	2				1	3			1		41	4		6		3			3				
福建				1								1		1							2					2		
山东	160	3	7	1	2	15				2			1			1					2							
山西	203	1					7	9													1							
陕西	2											2							1									

甘肃	7																	8									
广东	5															1		1			3	3		1			
广西																			6		2	1					
云南	21							2							4	2	2	3	10	6	7			3			
四川	116									1		1				6	1	1			2						
贵州																				1							
宁夏	2																										
北平	1																			1							
青岛													1														
绥远	14										2									2							
察哈尔	49							1										1									
热河	35				1											9	2										
合计	1152	6	18	3	10	17	8	41	1	4	5	14	37	2	15	66	8	5	57	43	40	184	21	11	7	3		1778

二、各省矿区数目表　民国二十二年底止

省别	设定国营矿区	民营领采矿业区	民营领采小矿业区	民营领采矿区
安徽	六	六九	二六	
江西	四	七三	一八	三
江苏	二	二三	一〇	二
热河	一	三二	一五	
湖北	一	三八	九	
四川	一	八四	四四	
河北	五	一六七	四一	三
浙江		五二	二二	
湖南		三五一	一九	一三
河南		四五	一六	三
山东		一七三	二〇	一
山西		一四〇	七九	二
甘肃		一五		
福建		六	一	
广东		一四		
广西		九		
云南		五六	四	
察哈尔		二二	二九	
绥远		一一	六	一
宁夏		二		
陕西			五	
北平			二	
青岛			一	
贵州			一	
合计	二〇	一三八二	三八六	二八

三、近年全国民营领采矿区面积比较表（小矿业在内）

金属矿面积比较	公　亩
民国十九年	七四一，五七七．五五
民国二十年	七四九，五五五．一三
民国廿一年	八一三，七九一．〇四
民国廿二年	一，五〇三，三六七．二二
非金属矿面积比较	公　亩
民国十九年	九，〇二五，五六八．三五
民国二十年	九，〇七四，一九三．六八
民国廿一年	九，八七五，四六五．九七
民国廿二年	一二，二〇一，四五五．八九
金属与非金属面积比较	公　亩
民国十九年	九，七六七，一四五．九〇
民国二十年	九，八三三，七四八．八一
民国廿一年	一〇，六八九，二六一．〇一
民国廿二年	一三，七〇四，八二三．一一

四、各省设定国营矿区亩数面积比较表（民国二十二年底止）

省　别	矿区数	面　积（公亩）
安　徽	六	五五，七三七．三〇
江　西	四	一五六，五〇三．八二
江　苏	二	二四，八〇四．八〇
热　河	一	九九，七四二．〇〇
湖　北	一	一〇，一四〇．〇〇
四　川	一	九一六．六七
河　北	五	三，一八三，五四四．二一
合　计	二〇	三，五三一，三八八．八〇

五、各省民营矿业领采矿区面积比较图

民国二十二年底止小矿区除外

省别	面积	省别	面积
		四川	497,932.99
江苏	176,503.22	福建	6,232.29
浙江	263,733.50	广东	37,297.95
安徽	629,115.38	广西	20,433.92 又3333公尺
江西	780,102.48	云南	156,791.13
湖北	201,477.35	察哈尔	189,941.54
湖南	1,027,011.90	绥远	231,525.29
河南	1,116,128.66	热河	830,062.45
河北	3,562,866.8[illegible]	宁夏	6,281.32
山东	2,493,621.72	合计	13,852,343.73公亩 又3333公尺
山西	1,610,887.62		
甘肃	14,404.98		

六、各省民营小矿业领采矿区面积比较图

民国二十二年底止

省别	面积	省别	面积
		安徽	24,215.42
江苏	5,218.64	湖南	14,001.00
浙江	3,619.56	湖北	5,408.78
福建	198.42	山东	15,056.55
江西	13,796.99	山西	35,556.33
河南	17,996.02	热河	5,363.16
河北	14,666.92 又2930公尺	绥远	1,236.59
陕西	1,058.21	云南	3,383.00
北平	1,321.00	贵州	143.00
青岛	179.40	四川	22,846.96
察哈尔	6,322.49	合计	191,584.44公亩 又2930公尺

七、各省民营矿业领采矿区面积比较图

民国二十二年底止

省　　别	矿区数	面　　积
江　　西	三	一二，四四二．八三
河　　北	三	三四，六六五．五〇
绥　　远	一	四，九四八．九九
湖　　南	一三	六二，九四五．一二
江　　苏	二	一三，一八七．七四
河　　南	三	四九，〇五一．六八
山　　西	二	一七，六三二．四七
山　　东	一	一，七二九．七〇
合　　计		一九六，六〇四．〇二

八、全国领采非金属矿区面积比较图(小矿业在内)

民国二十二年底止

矿　　别	面　　积	矿　　别	面　　积
煤	11,864,414.76	岩　　盐	17,014.0[illegible]
火粘土	14,409.72	云母石	2,191.29
磁　　土	25,661.45	水　　晶	15,283.8[illegible]
滑　　石	43,269.22	笔　　铅	22,923.53
石　　棉	55,563.99	弗　　石	14,530.63
重晶石	52,004.71	大理石	972.03
石　　膏	22,055.92	矾	16,811.40
磺	34,349.37	总　　计	12,201,465.89

九、全国领采金属矿区面积比较图(小矿业在内)

民国二十二年底止

矿别	面积	矿别	面积
金	460,360.42	锑	191,033.80
银	23,224.17	锰	61,950.13
铜	10,584.70	锌	32,872.47
铁	439,198.85	铝	5,243.74
锡	113,847.99	钨	32,128.98
铅	132,865.97	总计	1,503,311.22

十、各省领采煤矿面积比较图(小矿业在内)　民国二十二年底止

省名	面积	四川	264,091.19
山东	2,394,258.48	云南	61,903.06
山西	1,606,636.06	广东	19,878.55
河南	1,118,696.17	热河	815,559.92
河北	3,113,447.38	察哈尔	129,836.98
江苏	123,881.09	湖北	156,471.32
浙江	222,482.51	绥远	232,250.08
江西	738,467.62	甘肃	9,094.11
安徽	602,680.81	宁夏	6,281.32
湖南	258,002.22	陕西	604.94

十一、各省领采铁矿面积比较图(小矿业在内)　民国二十二年底止

省别	面积	湖北	39,205.35
河南	896.41	云南	6,456.93
河北	86,218.75	广东	5,654.93
江苏	53,138.23	察哈尔	141,649.92
浙江	8,973.59	甘肃	5,310.87
江西	35,376.78	陕西	108.00
安徽	50,283.99	合计	439,198.85
湖南	5,925.10		

〔国民政府实业部档案〕

4. 全国各省煤矿产额表

（1934年）

全国各省煤矿产额表（二十三年度）

省别	公司名称或县名地名	产额（公吨）			
山东	中兴公司	1,311,708.18		庆懋公司	28,229.00
	鲁大公司	583,123.00		建昌公司	46,929.51
	博东公司	100,000.00		其　　他	5,159,410.57
	华丰合记公司	141,866.00	共计		6,032,731.00
	博山华东公司	60,000.00	河北	开滦煤矿	4,225,022.00
	悦升公司	363,145.00		井陉矿务局	753,000.00
	华宝煤矿	17,039.00		门头沟煤矿	438,300.00
	裕民煤矿	190,000.00		临城矿务局	169,664.20
	振业煤矿	11,557.00		柳江公司	156,237.28
	永和煤矿	20,841.00		怡立公司	140,048.00
	利和煤矿	65,864.00		其　　他	2,117,692.62
	新裕煤矿	5,580.00	共计		8,000,000.10
	同兴煤矿	37,687.00	河南	中福雨公司联合办事处	900,000.00
	大成煤矿	68,776.00			
	东方煤矿	54,400.00		六河沟煤矿	137,619.00
	利兴煤矿	25,000.00		六河沟台寨煤矿	392,359.20
	其　　他	230,632.00		其　　他	490,021.75
合计		3,287,227.49	共计		1,919,999.95
山西	保晋矿务局	302,070.92	安徽	馒头山协记煤矿	56,000.00
	大同保晋分公司	120,000.00			
	胡家湾煤矿	37,850.00		淮南煤矿局	219,797.18
	宝恒公司	36,000.00		列山煤矿	60,000.00
	恒义公司	47,600.00		公记煤矿公司	2,000.00
	永定庄煤峪口	254,641.00		裕记煤矿公司	5,000.00

	其　他	103,136.00	浙江	长兴煤矿	197,707.50
共计		445,933.18		其　他	50,000.00
湖北	富源公司	125,000.00	共计		247,707.50
	富华公司	85,000.00	江苏	华东煤矿	246,675.08
	四维公司	24,050.00		龙潭煤矿	1,300.00
	裕鄂公司	35,000.00		其　他	50,000.00
	其　他	47,000.00	共计		297,975.08
共计		316,050.00	察哈尔	宝兴煤矿公司	62,181.98
陕西	西北民生矿厂	10,200.00		成平煤矿公司	3,930.00
	陈家沟煤矿	5,059.00		正阳煤矿	7,337.45
	新村沟煤矿	3,491.00		永成煤矿公司	735.05
	灰堆坡煤矿	2,115.00		宝成煤矿公司	548.40
	厚生煤矿	28,500.00		北大煤矿公司	40.00
	庙底沟煤矿	1,704.00		其　他	55,000.00
	熊阳炭厂	176.00	共计		129,772.88
	崖　窑	1,000.00	湖南	醴陵石门口	55,632.00
	衣食林各煤矿	4,500.00		永　兴	300,000.00
	榆　林	2,700.00		耒　阳	200,000.00
	韩　城	81,000.00		祁阳永州	120,000.00
	安　定	2,000.00		衡　州	30,000.00
	其　他	95,000.00		邵　阳	50,000.00
合计		327,415.00		湘　乡	50,000.00

	常德石门	35,000.00		犍为	124,000.00
	辰溪麻阳	8,000.00		富顺	58,000.00
	其他	155,000.00		璧山	25,000.00
共计		1,003,632.00		威远	57,600.00
云南	明良煤矿公司	6,000.00		隆昌	8,000.00
	广通以皮琅	3,000.00		其他	385,000.00
	兴源煤厂	5,000.00	共计		796,108.57
	华兴煤厂	4,000.00	广西	宜良	5,000.00
	嵩明复成煤矿	2,489.00		其他	20,000.00
	宜良复成煤矿	1,066.76	共计		25,000.00
	晋宁煤矿	1,071.42	贵州	贵阳	1,190.48
	义和煤矿	1,600.00		遵义	119.04
	三义煤矿公司	900.00		仁怀	2,738.09
	毅力煤矿公司	31.00		黔西	1,785.71
	合成煤庄	22.00		龙里	2,380.96
	其他	65,000.00		镇宁	904.71
共计		90,180.28		威宁	595.24
四川	灌县全县	55,851.00		安南	880.96
	江北天府公司	51,934.57		印江	238.80
	巴县	21,130.00		盘县	238.08
	唐文虎炭厂	2,393.00		其他	4,372.37
	雅安荥经	7,200.00	共计		15,444.44

以上总计		22,845,177.37

注：总计内因广东、宁夏、绥远、江西四省近年无统计，兹将二十年度产量列后

广　东		220,900.00
宁　夏		5,068.00
绥　远		91,200.00
江　西		463,144.00
共　计		779,312.00

〔国民政府实业部档案〕

5. 兵工署资源司编制我国

（1934年8月　日）

金属别	地点	矿厂别	公司或所有者名	主要设备或采炼方法
铁与钢（包含铸钢厂，不含铸铁厂）	湖北大冶县西北	大冶铁矿	汉冶萍公司	露天采取，自矿至江边袁家湖56里，有自筑铁路。
	湖北大冶象鼻山	象鼻山铁矿	湖北官矿局	采取露天阶级式，有铁路直达江边码头。
	安徽繁昌县桃冲	繁昌铁矿	裕繁公司	采法为露天掘，自矿至荻港筑有铁路15里
	安徽繁昌县西兆乡	昌华铁矿	昌华公司	采法为露天掘，自矿至荻港筑有铁路15里（即系由裕繁公司之铁路代运）
	安徽当涂大凹山一带	宝兴铁矿	宝兴公司	自矿至马鞍山江边，筑有35里轻便铁路。
	安徽当涂南山一带	福利民铁矿	福利民公司	自南山至黄天坳自筑铁路，与宝兴共一铁路达江边。
	江苏铜山县微山湖	利国驿铁矿	利华铁矿公司	采矿工程，除开浅槽数道外，迄少进行。
	山东临淄长山新城交界处	金岭镇铁矿	鲁大公司	有汽机厂压气厂机器厂公事房工人宿舍等。
	河南修武沁阳	修武沁阳铁矿	宏豫公司	露天采矿。
	察哈尔宣化龙关	龙烟铁矿	龙烟公司	由宣化至水磨有正轨支线17里由水磨有轻便铁路至矿场。
	辽宁本溪县庙儿沟	庙儿沟铁矿	本溪湖煤铁公司	自山顶至山坡，筑运输斜面，矿场至南坟间，设轻便铁路，并在商坟设选矿厂，本溪湖设压砖厂。
	辽宁辽阳县南鞍山站	鞍山铁矿	振兴公司	有南满铁路横贯东西，大孤山及樱桃园有支路，与总线相连
	湖北汉阳	汉阳铁厂	汉冶萍公司	有250吨炼铁炉2座
	湖北大冶袁家湖	大冶铁厂（炼铁部）	汉冶萍公司	有450吨炼铁炉2座
	湖北汉口谌家矶	扬子铁厂	六河沟煤矿公司	有100吨炼铁炉1座（每日实炼80吨）
	河南新乡	新乡铁厂	宏豫公司	有25吨炼铁炉一座
	山西平定阳泉车站	阳泉铁厂	保晋公司	有20吨炼铁炉1座，与正太路连有高线路。

现有主要金属工业一览表

现状或产量	备注
年产铁砂约肆拾万吨，售给日本。	储矿尚约有17,000,000吨。
年产约拾万吨，供给扬子铁厂。	现存矿量约8,500,000吨。
年产矿约拾数万吨，输销日本。	现存矿量约1,200,000吨。
年产矿约贰万吨，输销日本。	由裕繁公司承购转售。
年产约拾叁肆万吨，大部售与日本。	储量尚约有3,500,000吨。
年产矿约五六万吨，输销日本。	储量尚约有2,900,000吨。
现拟开采，供给和兴钢铁厂。	羊山与铁山二处储量约3,000,000吨。
现停(中日合办)。	矿量约13,700,000吨。
原开采供给新乡炼炉，现停。	储量约1,000,000吨。
原定开采供给石景山炼炉，现停。	矿量共约91,645,000吨。
原为中日合办，年产约拾万吨，现已全入日人之手。	矿量合计约74,000,000吨。
年产贫富矿共七八十万吨，原为中日合办，现已全为日人操纵。	贫富矿总计约413,000,000吨。
现停。	原用大冶铁矿，萍乡煤焦。
现停。	原用大冶铁矿，萍乡煤焦。
年产生铁约壹万余吨。	用象鼻山矿石，六河沟煤焦。
现停。	采用修武县凤凰岭铁矿。
年产生铁约五千余吨。	矿石由附近收买，焦炭为井陉产。

	北平西方石景山	龙烟铁厂	龙烟公司	有250吨炼铁炉1座，由平绥路有支线直贯厂内。
	上海浦东	和兴钢铁厂（炼铁部）	和兴公司	有10吨及25吨炼铁炉各1座。
	辽宁本溪湖站	本溪湖铁厂	本溪湖煤铁公司	有150吨炼铁炉2座，20吨炉2座。
	辽宁辽阳县鞍山站	鞍山铁厂	南满铁道会社	有250吨炼铁炉2座，500吨炉一座。
	湖北汉阳	汉阳铁厂（炼钢部）	汉冶萍公司	有30吨碱性马丁炉7座，每日可炼钢600吨。
	上海高昌庙	上海炼钢厂	军政部兵工署	有15吨酸性马丁炉1座，3吨碱性马丁炉1座，1.5吨几笋式电炉1座，1.2吨转炉1座。
	上海极司菲而路	钢铁研究厂	中央研究院	有400公斤电炉1座，酸性及碱性换用，附带设备俱全，
	上海浦东	和兴钢铁厂（炼钢部）	和兴公司	有10吨碱性马丁炉2座，轧钢设备俱全。
	山东青岛	四方机厂第三工厂	胶济铁路	有日本金子式1吨转炉1座，附设3吨熔铁炉1座。
	山西太原北门外	育才钢厂	工业实验所（兵工厂）	原有炼钢炉1座，每日可炼钢15吨，近又添电炉1座。
	河北唐山	启新厂	启新洋灰公司	有铸钢电炉1座。
	辽宁沈阳	铸造厂	沈阳兵工厂	有1.5吨勒烈佛式电炉1座。
	辽宁辽阳鞍山站	昭和制钢所	昭和制钢会社	其设备以每年炼钢40万吨为标准。
锰	湖南湘潭上五都	上五都锰矿	原属裕牲公司，向归省有。	自矿区近侧之平塘至牛婆塘，筑有轻便铁道5里。
	湖南耒阳南乡西乡	耒阳锰矿	汉冶萍公司	用露天法开采。
	湖南常宁北乡	常宁锰矿	汉冶萍公司	用露天法开采。
	湖南岳阳青冈驿	岳阳锰矿	富华公司	于芭蕉山从事露天开采。
	广西桂平	桂平锰矿	宝兴，三益，美利，开源公司	
	广西武宜三里圩	武宜锰矿	三益，益武诸公司收买	设备简陋，惟三益公司备轻便铁轨及斗形车
	广东钦县黄屋屯	钦县锰矿	裕钦，利民，三益，永发等公司	顺露头下掘，有时矿体过大，则施爆炸及尖辟。
	广东防城八角湾	防城锰矿	裕钦公司及土人	多被土人私采，窿穴满布，乱挖无方。

未炼	矿石由烟筒山来，煤焦原拟取给于井陉或六河沟。
现停	近拟采用利国驿铁矿复工。
年产生铁约七八万吨，原为中日合办，现已全入日人之手。	用庙儿沟铁矿，本溪湖煤焦
年产生铁二十七八万吨，大部销日本。	用鞍山铁矿，抚顺及本溪煤焦。
现停。	加以修理，尚可使用。
现用3吨马丁炉，铸造各种军用品。	最近将来，拟添置3吨电炉1座。
现在以铸钢工作为多。	一切设施皆以研究为目的。
现停。	近拟复工。
不时铸造各种机件。	每炉鼓铸时间约为15—20分钟。
时炼时停。	近添购轧钢设备。
时作时辍。	
九一八事变后即为日人占用。	所炼枪管钢品质时好时坏。
现则尚在进行建造中。	所炼钢料，预定以半量输给日本，半量销售东北数省。
民国十九年曾产砂37,113吨，现因销路不畅，已停止采砂。	原大部输销日本。
现停。	矿床为带状及块状。
现停。	矿床为带状及块状。
民国三年停用，后即未续办。	矿床多球状及钟乳状。
近每年共产矿砂壹万贰叁千吨，最多时产49,000吨。	官桥圩凤凰岭矿区颇大。
	矿床为块状及结核状。储量尚有6,000,000吨。
民国十九年产矿砂壹万陆千吨，二十年产捌千吨。	矿床为袋状。
	矿床为囊状。

	广东罗定新榕乡	罗定锰矿	同济公司利民公司	用露天采掘法，于矿囊中留有倾斜甚缓之小平台，以备选矿及曳水之用。
	江西乐平众埠街附近	乐平锰矿	由杨忠嗣领采	
	辽宁兴城黑松林	兴城锰矿	由王正黻报领开采	
	辽宁凤城小黄旗	凤城锰矿	由王正黻报领开采	
钨(附产铋与钼)	江西大庾安远龙南等县	江西钨矿	合群钨矿公司经营转卖	公司略有洗选等设备。
	广东翁源东北乡	翁源钨矿	义昌，天利，合成，粤兴等公司	矿权者领有矿区，但招包工开采，无甚设备。
	广东河源蓝口墟一带	河源钨矿	合成公司，宏达公司	追苗采挖，窿内支柱，秩序整齐，布置称可。
	广东中山第四区白石仑	白石仑钨铋矿	厚德公司	矿工随处开掘，有如蜂巢，公司则专营购入售出。
	广东乐昌铁钉头	铁钉头钨铋矿	鑫源，金利，吴义元三公司	采矿全靠无智识之包工，毫无工程设备。
	广东东莞桥头墟	桥头墟钨矿	昌记公司承领	先就露头掘下，然后追苗挖采
	湖南资兴瑶冈仙	瑶冈仙钨矿	同丰，湘南，泽民，宜兴四公司	矿工扶梯于壁立之岩上，凿一入口，向下取砂。
	湖南临武癞子岭	癞子岭钨矿	振商公司	采法系露天开采，略有简单洗砂设备、
	湖南彬县金船塘	金船塘钨矿	大福公司	矿脉觅人承包开采。
	湖南汝城白云仙等处	汝城钨矿	汝昌，协昌，源大、大丰等公司及官矿局	采造情形与瑶冈仙同。
	湖南茶陵清凉山	茶陵钨矿	和记公司	采包工制，工价视工程之难易而定。
	湖南桂东青峒	桂东钨矿	正江等公司	
	湖南鄢县莺嘴岩	鄢县钨矿	富湘公司	
	广西横县高田圩等处	横县铋钨钼矿	怡和多宝等公司	土法开采，规模简陋。
铜	云南会泽西乡	东川铜矿	东川矿业公司	炼铜之法，先由汤丹炉户炼成八五成分之粗铜，售与公司，再由公司用反射炉炼成九八成分之铜出售。
	四川彭县白水河	彭县铜矿	商股福源公司租办	白水河炼厂有圆形水套式熔矿炉，反射炉，“孙炉”各一。

年产锰砂约200吨。	矿床为囊状。
民国十六年产砂16,000吨，十九年尚产3,800吨，销日本，现停。	矿状为层状。
年产五六百吨销鞍山及本溪湖铁厂。	矿床为层状。
	矿床为含锰石英脉。
年产约四五千吨，什九出口。	江西各县总储量约估为七十万吨。
年产约二千余吨。	矿床为含钨铋石英脉。
十八年产砂5200吨，十九年产60吨。	石英矿脉宽数寸至数尺不等。
年产砂20—40吨。	矿床为花岗岩之含钨铋石英脉。
年产砂七八十吨。	矿床为石英脉，阔九寸一5尺。
十九年产矿砂11吨。	石英矿脉长约千余尺，宽只四五寸。
年共产砂壹百余吨。	钨矿生于石英脉中。
年产砂近壹百吨。	钨矿生于石英脉中。
每月产额约一二吨。	钨矿生于伟晶花岗岩中。
十八年产砂140吨，十九年64吨。	含钨石英脉以数十计。
月产矿砂十余吨。	钨矿产于石英脉中。
十八年产砂85吨，十九年116吨。	
十九年产砂 8 吨。	
十五六年时仅产数千斤，近不详。	矿脉生于花冈岩中。
二十年产铜248吨。	现采者为汤丹、茂麓、落雪三厂。
近每年产铜约25吨。	矿床为含铜黄铁矿成层矿床。

	贵州大定大兔场	大兴铜矿	贵州建设厅	矿洞共十余个，设冶炉两座，燃料为木炭。
	湖北大冶阳新两县	大新铜矿	湖北官矿局	炼厂在富池口，有圆炉方炉各一座，真吹炼铍炉12座，反射炉大小共6座，动力厂屋等俱全。
	上海大西路382号	开元电化厂	开元电化厂股份有限公司	有电气分铜及熔铸设备。
锌及铅	湖南常宁水口山	水口山铅锌矿	湖南建设厅	共有矿井3座，一直二斜，起重机，抽水机，蒸汽炉，机械厂，电灯厂，木工，锻工，翻砂等厂及洗砂台俱全。
	湖南郴县金船塘	金船塘铅锌矿	保湘公司	矿区在大吉岭，有平巷三有嗗矿机一座。
	湖南宝庆隆回银坑	隆回银坑铅锌矿	宝庆长兴等公司	采砂纯用土法，平窿斜窿，直井均有，石质甚坚,不用支柱，直井深度达二百尺，共有十余窿口。
	湖南长沙南门外	湖南炼铅厂	湖南建设厅	装砂机，烘砂锅，鼓风炉，柔铅炉，分银锅，蒸馏炉，提银炉俱全。
	湖南长沙三汊矶	湖南炼锌厂	湖南建设厅	建厂屋二十余栋,费四万余元，机械设备费四万余元，炉座建筑费壹万贰千余元。
	四川会理天宝山	天宝山铅锌矿	会昌公司	炼厂设距矿三十里之白菓湾，燃料用木炭。
	云南会泽	矿山厂麒麟厂	东川矿业公司	有蒸馏炉十座，每座能蒸锌矿五百斤，收锌五十斤，另有土法铅炉。
	广西桂林葛家塘	葛家塘锌矿	瑞丰公司	开一3公尺深之探井，即得纯净矿砂数十吨。
	广西贵县北乡	三岔金银铜铅矿	宝丰公司	作小规模之开采，坑深不过四丈余，所出之矿,用土炉制炼。
锑	湖南新化锡矿山	锡矿山锑矿	采矿公司共六十余家，炼厂亦有二十余家	矿区零割，毫无联络，多系包工采砂而已,炼锑分二步,第一步用人字炉,第二步用反射炉。
	湖南益阳板溪	板溪锑矿	维益久通公司	自矿山至望三洲有二十里轻便铁路，主要洞道凡三,即入山，入砂，东西三道是，就山设炉，置有机械。
	湖南宜章长城岭	长城岭锑矿	裕国公司	仅有挖砂工人数十名，采包工制，积一二月始炼。

二十年三月至六月产矿18.929斤	有铜山口、杨家河、卡娜河三区。
停工已十余年。	接触矿床之规模颇大。
每月可产20公吨。	上海交货每公吨650元。
二十年产铅砂5.267吨，锌砂9.992吨	此矿开采已达三十余年，余存矿量仅十数万吨。
每月平均约能产铅砂125吨，锌砂50吨，砷砂320吨，磺砂140吨。	余矿已不足5万吨。
虽在开采，产量不多。	地距长沙约六百里。
二十年产纯铅2.696吨，纯银133.495两。	净铅每石平均成本14.805元。
现在设备每月可炼毛砂三百吨，产锌七百石。	二十三年七月二十六日开幕。
现利用两种锌矿炼锌，铅矿炼铅银，铜矿未利用。	矿脉生于石炭岩中。
二十年产锌164吨，产铅二百余吨。	在中国金属矿中，以开采最早著称。
因矿权上之争执，暂停。	露头显明，矿脉宽整。
规模既小，出量不多。	矿脉有二，一宽半公尺余，一宽1公尺。
每月约产纯锑柒百余吨，白养贰百吨。	矿量已共采去约壹百万吨，尚储存贰百数十万吨。
每月产锑砂柒百吨，炼纯锑锑养各七十余吨，生锑二十吨。	该矿现余储量尚约八十数万吨。
交通阻塞，产量至微，年约20吨。	纯锑储量估计有七十二万吨。

	湖南安化柑子园等处	安化锑矿	天然锑矿等公司	安化共有矿厂十三家，炼厂七家。
	湖南东安牛头寨	东安锑矿	一新锑矿等公司	东安共有矿厂五家，炼厂二家。
	湖南新宁南庙龙口	新宁锑矿		新宁共有矿厂三家，炼厂三家。
	湖南邵阳龙山等处	邵阳锑矿		邵阳有矿厂十五家，炼厂四家。
	湖南沅陵	沅陵锑矿		沅陵有矿厂五家，炼厂一家。
	湖南溆浦	溆浦锑矿		溆浦有矿厂三家，炼厂一家。
	广西河池芙蓉厂	芙蓉厂锑矿	庆安公司	出矿坑二十余处，最深者达五百尺，炼厂设梧州。
锡（附产砷）	云南个旧	个旧锡矿	开采公司甚伙，而以个旧锡务公司为主	设有锅炉，电机，碎矿机，洗矿厂等，日可处理矿砂三百吨，公司有新式熔炉六座，炉容矿石十吨。
	广西富川贺县钟山	富贺钟三县锡矿	省办官矿整理处	设模范厂于水岩坝，如望高，新村坪，栗头则由商人开采，由官厂收砂。
	广西河池南丹	大厂锡矿	南丹河池官矿官	含锡石之矿脉，在坑中用火药爆炸取出，经锤击，研磨，淘洗，上火诸手续，乃入土炉以木炭炼。
	广东电白长经河	长经河锡矿	黄某某组织之公司	有修机厂，储物厂，磁石分砂机，手钻探机，抽水机等皆备。
	湖南江华上五堡	上五堡锡矿	江华官矿局	开采纯用土法，有明窿暗窿，庄头三种，洗砂分槽洗、筛洗两种，提炼用土炉，以木炭为燃料。
	湖南桂阳大顺窿	大顺窿锡砷矿	鸿泰公司	有选矿，煅灰，淘洗，炼锡，熏矾等简单设备。
	湖南常宁炭山窝	炭山窝锡砷矿	顺成公司	现有采砂场四处，选砂厂一处，有淘洗设备，炼锡用通天炉，一昼夜可炼纯锡十三担。
	湖南临武香花岭	香花岭锡砷矿	官矿局委办	采选炼各项方法，与常宁炭山窝大半相同。
	江西大庾南康等县	赣南锡铋钼矿	大都自由采掘运售	木头坝，罗屋，橡树山，赤土圩等处设有锡炉厂。
	浙江绍兴宁波杭州	锡箔业	三县经营者凡数千家	设备只有锅、焙笼，浇锡锭片板，铁锤及太湖石。

十九年共产纯锑1.207吨，锑养45吨，	
日产纯锑约6吨。	
十九年产纯锑1.640吨，锑养5吨。	
十九年产纯锑26吨，锑养506吨。	
十九年产纯锑98吨。	产地为花岩山水田溪。
十九年仅产纯锑15吨。	产地为管叶塘曾家溪。
年产砂二三百吨。	矿生于石英脉中，厚者三四尺。
二十年全厂产锡6.697吨。	燃料用乌格之煤，由公司自办，月产二三百吨。
二十年省府派人整理开工，产锡壹千余担。	矿床条冲积层，冲洗二次，即可入炉。
年产锡约1.000担。	含锡石之矿脉，乃一种接触变质矿床。
采矿工人约有一百四十余人，每日作工10小时，只得锡米数担。	矿床原为冲积层，有大团锡砂混合，面积狭小。
每年产锡约50吨。	矿床属冲积矿床。
每年约产锡百余担，矾石千余担。	锡砷铜等矿乃产于花冈岩与石灰岩接触附近之石灰岩内。
每年约产吨锡400担，矾石4.000担，	锡砷铜等矿乃产于花冈岩与石灰岩接触附近之石灰岩内。
每月约可产纯锡二三百担，矾石约三千担。	锡砷矿脉生于花岗岩毗连之灰白色石灰岩内。
十九年产锡砂500吨，锡225吨。	锡石产地以大庾之洪水寨、漂塘、生龙口为著。
每年所出约值二千九百万元。	工人赖以生活者，达二十余万人。

汞	贵州铜仁省溪	省溪铜仁两县水银矿	贵州省政府矿务局	万山厂曾筑有机炉三座，以无成绩而停，现仍用土法采炼。
	贵州八寨大发洞	八寨水银矿	矿商募居民开采	土法采炼。
	湖南凤凰猴子坪	猴子坪汞矿	湖南建设厅管理	开采纯用土法，略有淘选设备及炼汞土炉。
	湖南晃县酒店塘	酒店塘朱砂矿	居民开采	土法采炼。
金	黑龙江室卫奇干区	吉拉林河厂奇干金厂	广信公司（官银号）	零星开采。
	黑龙江漠河区	漠河官矿	官银号设厂征税	
	黑龙江呼玛区	呼玛金厂	省有	
	黑龙江瑷珲区	法别拉河金矿	有逢源等金厂六七家	
	黑龙江萝北区	太平金厂	省府设厂	
	黑龙江汤原区	葛金河梧桐河金	均由商人领采	
	黑龙江嫩江区	泥鳅河金矿	兴安金矿	
	吉林延吉和龙	延和金矿	延和股份有限公司	
	辽宁清源	狗奶甸子金矿	巨隆公司	矿坑栉比，工人约三百名，设碾十八台。
	四川松潘对河寺沟	漳腊金厂	地方当局委员管理	由工人自组团体开采，每24人为一棚，夏季有工人七八十棚冬季多达贰伯余棚。
	西康瞻化麦科河	麦科金矿	金夫自采售于商人	约计金夫八十余名。
	湖南沅陵洞冲沟	洞冲沟金矿	源兴合资公司	采矿洞沿岩层层面追脉横进已逾三百公尺。
	湖南平江黄金洞	黄金洞金矿	建设厅设局试办	有汽油发动机二，抽水机一，发电机一，舂砂机四，威氏洗砂机六，注砂器一，啮矿机二，混汞板六。
	广东罗定黄胆岭	黄胆岭金矿	丽丰公司	小规模采挖冲洗，于木槽之底收金。

近每年约产水银十余吨。	辰砂生于石灰岩中，蕴藏尚富。
近年产水银约半吨。	运销湖南四川。
年产水银约五六吨。	矿砂生于石灰岩中，含矿之层厚约六尺。
每五日一场，产砂约值三四千元，乃至二三万元。	朱砂含于石灰岩中，矿脉不深，水运尚便。
二十年共产金1,600两。	
近产产微。	开采最早。（光绪十五年）
二十年产金约500两。	
二十年产金约17,500两。	
二十年产金350两。	
二十年共产金3,200两。	
二十年产金15,000两。	
十八九年间一年共采金2,095两。	产地为鹑鸽砬子，蜂密沟及夹皮沟三地。
每月碎石20万斤，约可得金15两。	每采金100两，矿局收其20。
每年平均约产金壹万两左右。	为泯江之上源，溪水不竭，淘洗甚便。
每工每月可采金二三两。	冬季严寒，每年工作只四五个月。
全山工人约300名，平均每日约可产金三四两。	金矿生于灰绿色千枚岩中之石英脉内，展布颇广。
以匪患，每月仅能收砂金十余两，开支在千元以上，暂停办。	自然金含于灰色木灰岩中之石英脉内。
每工每日洗获金只数厘至一分。	自然金产于石英脉内。

〔国民政府资源委员会档案〕

6. 实业部核准湘粤两省钨矿矿业权一览表①

（1935年）

湘粤两省钨矿矿业权一览表

（一）湖南钨矿矿业权

（截至二十四年三月止经部核准者）

矿业权者	矿区所在地	矿区面积（公亩）	核准年月
新记富华公司 曹志权	资兴县瑶岗仙谷头垅	3,685.00	二十三年五月十七日
福兴公司 黄破云	资兴县敦仁乡瑶岗仙	393.00	二十三年十二月二十九日
阜益公司 黄光华	钨夹砒锡 资兴二区敦仁乡瑶岗仙罗汉晒肚石壁飞水岱等处	5,466.00	二十四年三月十二日
慎昌公司 向慎之	桂阳县杨河溪许家山	3,141.00	二十三年八月三十日
继成钨矿公司 胡炳镗	汝城县延寿团蕉叶垅	1,966.00	二十一年八月十一日
大丰公司 彭　旭	汝城县大围山小围山	4,721.00	二十三年三月二十七日
汝昌公司 粟墨奁	汝城县马迹岭狮形蛇形	3,042.28	十九年十二月一日
福湘公司 吴　湘	酃县石岩窝牛角垅	1,054.00	十九年十二月三日
恒安公司 吴彤辉	临武县銮乡香花岭茉预岭	414.00	十九年十二月一日
宜成公司 李子余	临武县东山岭背平冲	1,364.00	十九年十二月一日
振东公司 欧阳鑫	临武县镇北团尖峰岭	4,306.00	二十三年九月六日
元丰公司 李子善	临武县平田乡大石坑	9,842.00	十九年十二月一日

① 本表选自资源委员会档案"赣南钨矿调查报告"。

振兴公司 谭泽楠	茶陵县半节山铜锣坪	5,382.00	十九年 十二月一日
同益公司 龙秉刚	茶陵县太湖人形岭	1,495.00	二十四年 二月十六日
正江公司 吴致用	桂东县正江塘正江脑	15,421.00	十九年 十二月一日
利生公司 钟瀛洲	桂东县庙北乡晒水洞	4,737.00	十九年 十二月一日
民生公司 张铭西	桂东县尚德乡沙坑垅	17,812.00	二十三年 九月十五日
周　璧	郴县秀才乡观音坐	3,120.00	二十三年 六月七日
益群公司 黄体龚	郴县永丰乡凤凰山	3,178.00	二十三年 十二月二十七日
宜兴公司 李子余	资兴县瑶岗仙人形狮形	2,697.00	十九年 十二月一日

（二）广东钨矿矿业权

（民国二十三年八月八日广东建设厅发表）

矿业权者	矿区所在地	矿区面积（公亩）	核准年月
义昌公司 陈　浩	翁源县茶潭浦蒲竹坝	16,551.94	十年十二月
合成公司 王宠佑	翁源县茶潭浦桂竹甲甚头斜	407.72	十二年十一月
厚德公司 李　洪	中山县白石仑地方	3,203.33	十六年六月
三江公司 谭开诚	始兴县　蓝屋角 大坑里　大旺山	737.28	十六年九月
天宝公司 黄敏树	从化县　十八区 相公洞　黄龙山	3,643.15	十九年六月
合利公司 林绍宗	从化县第二十区黄园高背石山	294.91	十九年十二月
鑫源公司 刘佑尧	乐昌县阳寨铁钉头	5,759.68	十八年九月

三兴公司 许回凡	河源县黄田墟久社约莲花山	1,037.81	十八年十二月
联兴公司 叶瑞坚	五华县龙村区河洞乡吊神山	3,782.05	十九年四月
利民公司 黄裕和	思平县第五区婆髻山平湖顶云岫坑	4,699.15	十九年五月
鸿癸号 程宝琳	曲江县雷瑶山宝龙坳等处	2,760.04	十九年八月
祥兴堂 谢始生	乐昌县上西乡龙肿笔架山梓杵窝	1,050.92	十九年八月
启源矿务公司 李扬安	翁源县杨屋角大水库	744.16	十九年八月
顺发公司 张　岳	东莞县竹溪水口长山	343.07	十九年九月
合成公司 王宠佑	翁源县茶谭浦桂竹甲甚头斜山	2,538.66	十九年十二月
卫民公司 曾卫民	始兴县石人峰	3,539.39	二十年 二月二十一日
兴源公司 莫瑞庭	从化县良口区石地山	1,924.06	二十三年 一月四日
南和矿业公司 郑　杰	始兴县屠罗坝鱼子湖刷狗坑	1,009.23	二十年 七月八日
南华公司 陈　洋	从化县第十八区黄竹望村邻近大离山	1,095.73	二十年 九月四日
余锦福	梅县琯坑地方	4,501.73	二十年十一月 二十五日
裕元公司 吴义元	乐昌县九峰乡阳寨铁钉头	3,573.58	十八年九月
祥兴公司 龚孟嘉	乐昌县上西乡铁钉头龙胫	674.98	十九年四月
天成公司 沈知全	翁源县茶潭浦热水村大桂坑	2,086.86	十八年二月
兴业公司 区秩兴	乐昌县风门坳中杨寨	1,918.64	二十年 一月二十四日
和顺公司 彭奉扬	从化县大石洞	706.97	二十一年 六月三十日

陈剑虹	登荣区大松水尾	1,693.76	二十二年一月十四日
王记公司 曾佩环	揭阳县五经富北山峰大坝山	823.59	二十二年九月二十八日
裕成公司 麦锦良	新会县第九区崖东白石尖岭知母地方	742.67	二十二年十一月四日
海通公司 侯嘉奖	复化县第五区大江田村后山	6,426.79	二十二年十二月五日
富华公司 李道轩	惠阳县第七区白沙嶂三坑山	1,104.26	二十三年三月九日
宏达公司 刘公博	河源县第十区土名长坑地方	3,478.91	二十三年四月十七日
继声公司 谢修让	潮安县第二区土名谢屠山地方	216.10	二十三年二月五日
建源公司 刘觉民	兴宁县石马区油坊寨梅县陶上堡枫山顶	3,007.02	二十三年四月二十三日
建丰公司 何伟超	梅县瑶上堡鹤子顶地方	2,522.61	二十二年十二月二十三日
兴华矿务公司 吴有胜	新兴县第三区衷垌社下村王潭角	407.99	二十三年四月十八日
合济公司 杜梦廷	紫金县第二区耀婆岩地方	384.81	二十三年五月十七日
进丰号 胡公望	曲江县第三区小坑墟过水塄山	335.25	二十年一月三十一日
兼善公司 龚　彬	惠阳县第三区多祝墟李坑屯伯公坑幡顶嶂地方	367.72	十九年九月
大霖矿务公司 林筱山	中山县第八区三灶乡大霖山	948.32	十九年五月
富源公司 蔡培生	翁源县杨屋角楠木坑地方	3,296.22	十九年七月
振兴公司 郑荣熙	思源县西坑糯米田三合庙之横山	772.12	十九年五月
中华矿业公司 盛钟淇	始兴县周所墟附近下谷坑地方	2,110.27	十九年八月
同德公司 刘树霖	惠阳县第七区陈背坑响水香丝经寨下坪砂公茛火烧赁地方	1,906.35	二十三年四月六日

福兴公司 陈振邦	从化县第十七区金鸭脑地方	839.73	十九年 七月二十四日
华业公司 黄　裔	丰顺县梅子坝工窑岗地方	3,170.31	十五年九月
道合公司 郑泽如	从化县黄牛山地方	4,994.88	二十三年 八月四日
天福公司 李福初	中山县大霖山地方	1,423.77	二十一年 三月九日
粤粤公司 陈友泉	翁源县树洞村松树林	1,589.23	十九年四月

〔国民政府资源委员会档案〕

7. 实业部核准各省锑矿区一览表①

（1935年）

实业部核准各省锑矿区一览表

民国二十四年三月十五日以前经部核定设定者均列入表内

省别	县别	产　地	矿　业　权　者	矿区面积
湖南	新化	锡矿山潭家坪	天生和公司潘祖锡	278.00
同	同	江冲洞石竹山湾	集大成公司唐季农	614.00
同	同	七里江艳山红	九通公司李志卿	297.00
同	同	锡矿山茶园里	福和裕公司杨光位	27.00
同	同	锡矿山观音岩	福和公司杨叔松	354.00
同	同	锡矿山陶塘	同富公司杨开歧	322.00
同	同	永溪村红岩河	永金公司刘明藩	4,258.00
同	同	上连村张家坪	锡瑞公司谢纯碬	341.00
同	同	锡矿山田湾里	宝大兴公司杨笃武	252.05
同	同	上连村	鎰兴公司吴代鎰	559.00

① 本表选自程义法等著“中国之锑业”调查报告。

同	同	锡矿山兔子岭	永同公司杨来藩	263.00
同	同	牛埯湾	三珍公司杨源逢	587.00
同	同	锡矿山陶塘屋背后	美德公司杨刷	160.00
同	同	锡矿山枫树山	大道公司杨光桐	51.00
同	同	锡矿山竹山堌	畴记公司杨括球	225.00
同	同	锡矿山响鼓硐	杨美记公司杨光义	111.00
同	同	锡矿山长龙界	德华盛公司杨来志	228.00
同	同	同	鸿吉公司梁笃修	150.00
同	同	同	福和长公司杨笃诚	191.00
同	同	同	美玉公司陈启明	15.00
同	同	同	宝珍善公司邹燊午	85.00
同	同	同	龙昌公司杨孟世	112.00
同	同	同	广大生公司谭笃余	16.00
同	同	同	永福公司杨来葵	479.00
同	同	同	金生泰公司曾繁履	18.06
同	同	同	怀宝公司邹家寿	48.00
同	同	同	万顺公司曾叔式	31.00
同	同	同	裕庆厚公司晏光枢	51.00
同	同	同	楚德富公司唐德宜	68.81
同	同	同	洪益公司晏矩庵	17.96
同	同	同	宝华公司刘敬修	30.00
同	同	洣矿村毛家岭	善记公司康朝拳	215.00
同	同	洣矿村兔子迷	火利公司晏孝泽	76.00
同	同	同	富记公司杨光位	38.00
同	同	同	天生利公司晏孝泽	53.00
同	同	同	怀瑜公司李庆照	105.00
同	同	同	三益公司刘绍烈	120.00
同	同	同	古庆福公司高楷廷	21.20
同	同	同	复楚公司段自立	46.28
同	同	锡矿山欧家冲	宝厚公司杨锡钦	242.00
同	同	同	升厚公司杨开岐	118.00

同	同	同	王九成公司李傳娃	29.00
同	同	同	顺禄永公司陈显樾	117.00
同	同	同	宝兴公司李庆熙	71.00
同	同	同	大有庆公司刘绍业	55.00
同	同	同	美利兴公司孙诗	358.00
同	同	锡矿山水口山	华贵公司杨光位	84.00
同	同	同	大德生公司杨笃诚	172.00
同	同	锡矿山茶园里潭家冲	畸富公司杨来葵	722.00
同	同	涞矿村七里江	开记公司杨仲松	95.00
同	同	安集乡江屋冲	广利公司李祥云	676.00
同	同	锡矿山横冲里	宝德公司杨开第	256.00
同	同	同	兴记公司刘业纯	32.00
同	同	同	楚珍公司陈汉川	57.00
同	同	同	厚利公司陈启明	140.00
同	同	同	履祥公司刘维烈	313.00
同	同	同	宝顺公司刘隆汇	101.00
同	同	同	石生瑞公司杨来藩	21.70
同	同	锡矿山邓家排	楚康公司康毓沅	494.00
同	同	锡矿山祖山冲	周信公司童鹿熙	47.00
同	同	锡矿山学堂背后	时利和公司唐万福	19.00
同	同	同	长和福公司刘业勋	76.00
同	同	锡矿山檀山湾	公孚利公司李章辅	866.00
同	同	同	资福公司杨耀春	55.00
同	同	大同镇坪丰村	光大公司萧湘柱	323.00
同	同	锡矿山响鼓硐	吉祥公司游范臣	101.00
同	同	锡矿山毛家迷	锡华公司谢锡吾	313.00
同	同	锡矿山大竹山	时富公司唐义田	356.00
同	同	同	时宝公司李承伯	172.00
同	同	锡矿山杨家恒	同福公司康棣禄	117.00
同	同	上连村聂家冲	宝德富公司萧竹雯	325.00

同	同	同	业广公司汪自村	784.00
同	同	锡矿山垅山界	安记福公司杨光位	91.00
同	同	锡矿山萧家湾	益福公司杨光植	442.60
同	同	锡矿山赵家垅	美利言公司刘业孚	117.00
同	同	同	致富公司刘权彝	149.00
同	同	锡矿山萧家湾	宝和德公司杨耀廷	1,579.00
同	同	锡矿山萧公庙	鑫富公司凌光耀	52.00
同	同	老锡矿山	益善公司刘光慎	132.00
同	同	锡矿山坝塘山	楚盛公司康裕沅	369.00
同	同	安集乡锡矿山	资深源公司罗教宣	120.79
同	同	七里江黄观洞	景农公司唐承武	407.00
同	同	锡矿山飞人岩	开源公司段震寰	1,369.00
同	同	涞矿村泰湾里	於斯盛公司杨括球	307.20
同	同	锡矿山锯木冲	同人福公司童大严	948.70
同	同	锡矿山罗家院	智华公司杨锡钦	1,069.44
同	同	七里江新江冲	全富公司杨如园	560.60
同	同	安集乡黄关硐	积善祥公司杨福山	1,239.00
同	同	锡矿山学堂坳	金声公司罗教暄	816.00
同	同	涞矿村锡矿山	宝善公司段自立	71.37
同	同	安集乡十龙岭	同裕公司杨树人	427.40
同	同	锡矿山小黄冲	原生公司曾繁履	23.73
同	同	锡矿山田井冲	集利亨公司杨源和	514.00
同	同	上连村黄土岗	源源公司杨绢光	147.08
同	同	上连村果子园	志达公司蒋真	285.04
同	同	锡矿山长仑界	福民公司杨笃武	104.45
同	同	矿山镇降子冲	物华公司李世荃	734.00
同	益阳	板溪薛家牌	久通公司梁焕廷	8,563.00
同	同	鲊埠镇静安团等处	盈丰公司徐介龕	2,710.00
同	同	鲊埠镇叶家冲	□宁公司夏光耿	600.00
同	同	鲊埠镇将军山岩渣蚝	弘业公司宋双元	1,530.00

同	同	鲊埠镇仙人岭	乐陶公司黄孟祥	677.00
同	同	王家村将军山	资湘公司吴遗荫	1,028.00
同	安化	扶王村枧冲里长冲里	致远公司杨笃武	130.00
同	同	阴山牌孟公坳张公坳	天生和公司陈祖竞	1,425.00
同	同	廖家坪金竹园	道善公司谭孝	3,312.00
同	同	田庄湾烂泥冲	田庄湾公司吴绍堂	1,204.00
同	同	常丰镇廖家坪	天禄公司萧纲裳	1,290.00
同	同	同	耀远公司杨笃武	970.75
同	同	常丰镇朽木冲	玉奉公司陈祖	463.00
同	同	四都镇枫木冲	阜新公司郭绍葆	1,069.00
同	同	五都镇朱家冲	广惠公司袁子尧	3,180.00
同	同	西区宋家坪	湖北建设厅	607.00
同	同	柏子园	同	307.00
同	同	柏子园牛角湾	通和公司张执中	1,096.00
同	东安	牛头寨毛边冲	天宝公司谭养元	473.00
同	同	同	天吉公司邹佑廷	445.44
同	同	牛头寨老屋场	一新公司黄济华	461.00
同	同	小牛头凤凰岌	鑫达公司吴声达	353.00
同	同	北应乡黄泥洞	天锡公司唐耀先	2,815.00
同	邵阳	龙山章家冲	天锡福公司谢虞臣	317.00
同	同	易易乡沙子坑	天禄公司陈镇	518.00
同	同	易易乡三都腰	佩记公司刘鋆	1,278.00
同	同	易易乡竹庵岭	大丰公司谢静	1,352.00
同	同	易易乡硫磺山	笃祜公司谭国	221.00
同	同	龙山岭枫树冰	荣记公司梁兆元	320.00
同	同	易易乡钟家岭	广益福公司梁兆元	3,270.00
同	同	同	福禄公司谭国	4,223.00
同	同	龙山岭后洞冲	承□公司刘新	2,620.00
同	同	宝和乡凤竹岭	运通公司岳时	1,530.00

同	溆浦	铭塘湾刘性山	裕顺公司刘名望	799.00
同	同	茶叶冲粟树堡	民本公司谢建园	289.00
同	宜章	上塘背牛烂洞	大新公司晏孝傅	780.00
同	新宁	西喉村秀才冲	建兴公司陈焕南	588.00
同	同	油头村杨桥街	楚华公司刘寿康	4,252.00
同	同	西喉村楞严山	福民公司刘寿康	3,755.00
同	武冈	杨青团黎子山	合业公司伍海芝	596.00
同	沅陵	界亭镇粟家溪	同兴公司梁焕均	1,315.00
同	同	界亭镇石床溪	同	576.00
同	同	花岩山田香湾	双利公司熊希龄	335.00
浙江	昌化	石朋庄东山坪	龙虎公司李纪才	680.00
同	同	林庄村百大钨毛竹湾	广兴公司楼涤	449.27
安徽	□溪	荆州镇杨家坞	金城公司郭善潮	2,039.21
共计		一四一区		98,433.13

〔国民政府资源委员会档案〕

8. 实业部核准设定各省矿业权一览表

（1935年）

凡在民国二十四年三月十五日以前经实业部核准设定之各矿业权及小矿业权，均载明于本表内。又从前经农商部、农矿部核准领照各矿，尚未遵现行矿业法呈准换照者，以及各省厅临时准采之矿，尚未领实业部执照者，概暂不列入，以示区别。

河北省

矿业权者	矿别	矿区所在地	矿区面积 公亩（下同）	核准年月	执照号数
北平瓷业公司 李介如	磁土	房山县杏黄村庄东南	1,629.00	二十年八月二十四日	实采 四五号
北平瓷业公司 李介如	磁土	房山县大弘寺村南王庙岭	1,464.00	二十年八月二十四日	实采 四六号

常　进	煤	房山县周口店十亩平	2,771.00	十九年十二月一日	实采一六三号
常久安	煤	房山县大金山院沟	380.00	十九年十二月一日	实采二一七号
陆桢祥	煤	房山县龙宝峪老牛沟	2,168.59	二十一年十二月十四日	实采三五九号
李树棠	煤	房山县大洪寺过道风	1,690.00	二十二年二月二十八日	实采四〇〇号
孙鸿猷	煤	房山县周口店银窝山	4,116.17	十九年十二月一日	实采五二三号
孙鸿猷	煤	房山县羊溪村羊溪山	2,123.06	十九年十二月一日	实采五二四号
三盛公司宋忠信	煤	房山县北磁家务村大柏家沟	1,697.92	二十四年二月四日	实采八一三号
张振芳	煤	房山县羊耳峪村泥坡峪	1,658.88	十九年十二月一日	实采六一五号
协中公司刘孟飞	煤	房山县羊耳峪村西小楼	3,501.90	十九年十二月一日	实采六一六号
万隆公司李汉臣	煤	宛平县门头沟大峪沟	2,097.00	二十一年一月二十七日	实采一五七号
梁镇英	煤	宛平县齐堂黄陵	2,231.62	十九年十二月一日	实采三一六号
德源公司张亚平	煤	宛平县清水涧	2,872.83	二十一年十二月一日	实采三五四号
刘之杰	煤	宛平县石门沟	583.68	十九年十二月一日	实采四三九号
刘怀金	煤	宛平县门头沟傅家地	3,717.12	十九年十二月一日	实采五一〇号
刘怀金	煤	宛平县门头沟圈门内	1,543.99	十九年十二月一日	实采五一五号
振兴公司杨慕民	煤	宛平县门头沟老虎洞	2,620.00	二十二年十月二十一日	实采五三三号
郝　云	煤	宛平县王平村花坡根	16,827.00	二十三年一月三十一日	实采五八五号
郝　云	煤	宛平县王平村娘娘庙	14,227.12	二十三年二月十日	实采五八八号

同成公司 张善齐	煤	宛平县门头沟圈门南坡	2,461.49	十九年 十二月一日	实采 六一〇号
门头沟公司 周奉璋	煤	宛平县门头沟	27,565.06	十九年 十二月一日	实采 六二五号
门头沟公司 周奉璋	煤	宛平县门头沟	29,308.11	十九年 十二月一日	实采 六二六号
张广龄	煤	宛平县城子村西小坡	3,115.06	二十三年 四月十八日	实采 六三三号
王玉亭	煤	宛平县灰峪村东材沟	1,767.01	十九年 十二月一日	实采 六三九号
何阳棠	煤	宛平县郝家房村	5,657.55	十九年 十二月一日	实采 六五〇号
叶柏坚	煤	宛平县金鸡台村岭子港	49,028.60	二十三年 十月十三日	实采 七四〇号
叶柏坚	煤	宛平县伏清涧大纲沟	49,324.55	二十三年十月二十四日	实采 七五一号
贾岫声	石棉	涞源县燕美洞番涧沟	8,500.00	二十一年 七月三十日	实采 二三三号
张幼琴	石棉	涞源县大梁东坡全福庙	19,611.17	二十三年 五月一日	实采 六五一号
安子卿	石棉	涞源县东北大西沟	4,080.00	二十三年五月二十二日	实采 六六三号
滦州矿务公司	煤	滦县都党村义丰社	1,094,861.00	十九年 十二月一日	实采 二三六号
徐积彝	煤	磁县都党村	16,416.21	十九年 十二月一日	实采 二三七号
李　晋	煤	磁县台寨	10,199.04	十九年 十二月一日	实采 二三八号
中和公司 李翰章	煤	磁县西乡峰峰村	24,893.11	十九年 十二月一日	实采 二九四号
怡立公司 杨以俭	煤	磁县西佐村峰峰村街儿庄	46,085.21	十九年 十二月一日	实采 六〇四号
怡立公司 杨以俭	煤	磁县西佐村	31,444.99	十九年 十二月一日	实采 六〇五号
蔡璋石	煤	磁县北大峪谷驼村	48,233.95	二十三年 四月十八日	实采 六三〇号

张维康	煤	磁县北大峪北涧沟	46,920.00	二十三年四月十八日	实采六三一号
李择一	煤	磁县北涧沟梧桐庄	48,009.00	二十三年四月十八日	实采六三二号
李逸尘	煤	磁县梧桐庄钟离村	34,082.00	二十三年十一月十四日	实采七六二号
冯公度	煤	沙河县三王村	27,983.56	十九年十二月一日	实采二九五号
长盛公司吴湘三	煤	沙河县姚坡村北	15,791.82	二十三年五月十七日	实采六五七号
榆宁公司王人文	煤	临榆县义院口板厂峪	9,719.99	十九年十二月一日	实采二九六号
榆宁公司王人文	煤	临榆县老君鼎连家山	9,266.80	十九年十二月一日	实采二九七号
柳江煤矿铁路公司	煤	临榆县柳江村	27,004.22	十九年十二月一日	实采八一一号
王毓兰	金	密云县冶山车棚洞	2,352.00	二十二年三月二十一日	实采四一二号
冀北公司王正黼	金	密云县西它骨小河峪	1,006.60	二十三年十二月十二日	实采七八六号
水崇逊	金	密云县平安庄南三块石山	544.50	二十四年二月四日	实采八一二号
冀北公司王正	金	兴隆县五拨子四拨子	21,486.97	二十二年四月十一日	实采四二九号
两益公司张玉成	水晶	兴隆县九拨子榆皮沟	14,778.31	二十二年四月二十二日	实采四三七号
遵兴公司刘汝霖	金	兴隆县马兰关官堂沟	3,592.50	二十二年五月三十一日	实采四五六号
遵兴公司刘汝霖	金	兴隆县凤凰岭万年沟	12,000.00	二十二年五月三十一日	实采四五七号
遵兴公司刘汝霖	金	兴隆县大小桃花峪沟北梁	4,657.05	二十二年五月三十一日	实采四五八号
遵兴公司刘汝霖	金	兴隆县北倒流水千松沟	5,471.12	二十二年五月三十一日	实采四五九号
遵兴公司刘汝霖	金	兴隆县栋柴峪沟大桃花峪	5,063.85	二十二年五月三十一日	实采四六〇号

遵兴公司 刘汝霖	金	兴隆县隆洞峪	12,000.00	二十二年五月三十一日	实采 四六一号
遵兴公司 刘汝霖	金	兴隆县南马兰关官堂沟	6,121.05	二十二年五月三十一日	实采 四六二号
陆润生	金	兴隆县马兰峪太阳沟	212.25	二十二年六月二十日	实采 四八二号
耿印侬	金	兴隆县卧牛寺西沟横岭子	23,904.23	二十三年二月二十三日	实采 五九三号
群利公司 张超季	金	兴隆县马兰峪磨盘山	8,128.71	二十三年七月十八日	实采 六九三号
天华公司 李霖轩	金	兴隆县马兰峪东大河	1,120.00	二十三年十月三日	实采 七三八号
丰和公司 马贯军	铝	易县东赵庄	860.06	二十二年四月二十一日	实采 四三三号
遵兴公司 刘汝霖	金	遵化县北一堡邦子峪	4,121.43	二十二年五月三十一日	实采 四六三号
遵兴公司 刘汝霖	金	遵化县冷嘴头帽火峪	5,674.83	二十二年五月三十一日	实采 四六四号
遵兴公司 刘汝霖	金	遵化县二道河内窑西沟	8,585.76	二十二年五月三十一日	实采 四六五号
遵兴公司 刘汝霖	金	遵化县四道河长条沟	3,725.07	二十二年五月三十一日	实采 四六六号
遵兴公司 刘汝霖	金	遵化县马兰峪赵家沟	9,600.00	二十二年五月三十一日	实采 四六七号
义大公司 杨　铭	金	遵化西北下营堡禅林院沟迤北附近地方	7,253.86	二十四年三月十二日	实采 八二二号
冀北公司 王正黼	金	遵化县大安口塔塔村	2,270.28	二十三年二月十二日	实采 五八九号
鑫鑫公司 朱道孔	金	遵化县朱家口庄科村	23,632.66	二十三年四月三日	实采 六一七号
陆志诚	金	遵化县袁果庄侯家沟	4,233.86	二十三年四月三日	实采 六一八号
冀北公司 王正黼	金	遵化县魏进河庄小石家口	11,194.26	二十三年六月七日	实采 六七〇号
姚绍芝	金	遵化县大安口沙岭	长二公里 10公丈	二十三年九月六日	实采 七一八号

懋昌公司 张振之	金	遵化县北一堡茅山	4,816.76	二十三年 十二月三日	实采 七七八号
协昌公司 刘碧川	金	遵化县北三堡芦家峪河	长1公里 203公尺	二十三年 十二月三日	实采 七七九号
遵兴公司 刘汝霖	金	都山县治局洒金沟	8,250.00	二十二年五 月三十一日	实采 四六八号
遵兴公司 刘汝霖	金	都山设治局牛心山庄	8,112.00	二十二年五 月三十一日	实采 四六九号
遵兴公司 刘汝霖	金	都山设治局大丈子北拉马沟	6,000.00	二十二年五 月三十一日	实采 四七〇号
遵兴公司 刘汝霖	金	都山设治局峪耳崖小沟金沟	8,350.00	二十二年五 月三十一日	实采 四七一号
遵兴公司 刘汝霖	金	蓟县黄花山银石沟	12,272.38	二十二年五 月三十一日	实采 四七二号
华鑫公司 姚　璞	金	蓟县丈烟台庄西峪沟	1,000.35	二十三年四 月二十一日	实采 六四〇号
鑫隆公司 邵兴吾	金	昌平县立石沟金马山	6,450.68	二十三年 四月十二日	实采 六一九号
鑫昌公司 耿季和	金	昌平县白马梁南天门	6,488.05	二十三年 九月六日	实采 七一九号
李嘉惠	金	迁安县第三区就湾	2,135.09	二十三年 五月十七日	实采 六五六号
谭济民	金	迁安县第三区金厂峪	2,223.26	二十三年 六月二十日	实采 六七八号
王明谷	金	迁安县第三区沙峪沟	948.19	二十三年 六月二十日	实采 六七九号
景忠公司 朱道孔	金	迁安县三屯营谷子河	14,509.80	二十四年一 月二十五日	实采 八〇五号
和兴公司 王峻岭	金	迁安县太平寨杨胡子沟	4,963.20	二十四年一 月二十六日	实采 八〇八号
西宝兴公司 郑惠民	煤	涞水县西垒子村小山坡	7,772.25	二十三年六 月二十七日	实采 六八七号
天马公司 李莲舫	金	抚宁县东郁家沟	1,072.35	二十三年九 月二十六日	实采 七三〇号
天马公司 李莲舫	金	抚宁县垛石寺沟	1,583.66	二十三年九 月二十六日	实采 七三一号

天马公司 李莲舫	金	抚宁县黄土沟	2,018.08	二十三年九月二十六日	实采七三二号
天马公司 李莲舫	金	抚宁县曹家堡子	6,428.34	二十三年九月二十六日	实采七三三号

河北省小矿业

矿业权者	矿别	矿区所在地	矿区面积公亩	核准年月	执照号数	备注
李鸣远	砂金	遵化西北卅八里鲇鱼关口外石炮子草厂村附近	196.00	廿　年十月九日	实字 2	
宋寿堂	银	遵化洪山口南庙儿沟地方	164.82	廿　年十月七日	实字 8	
张福元	金	遵化黄坡村北沙河西支流地方	长度998公尺	廿二年一月廿一日	实字22	
李怀东	水晶	遵化西茅山地方	188.21	廿二年二月廿七月	实字23	
陆志诚	金	遵化石家庄安新峪西老虎山火石沟等处	192.00	廿二年四月十五日	实字28	
卢　凤	水晶	兴隆花市村石涧沟	193.50	廿一年一月十五日	实字 5	
冀北公司 王正黼	金	兴隆东四拨子西大银丝滴南沟乡山附近	192.50	廿一年十一月十日	实字18	
耿硒伯	金	兴隆乌门沟地方	193.67	廿二年三月十一日	实字26	
王正黼	金	兴隆西四拨子东沟附近	196.02	廿二年十一月廿七日	实字41	
梅盛芳	金	兴隆第三区南草厂小店山下笔塘沟地方	177.11	廿二年十一月廿三日	实字38	
杨敬宜	煤	密云第六区盆子峪地方	761.14	廿二年八月廿四日	实字35	
汪政清	金	密云石匣镇帽儿山石门沟	119.00	廿一年一月廿一日	实字 6	

谢宝荣	大理石	密云南乡大段村村西盘龙山	32.00	廿一年三月廿五日	实字7
申毓章	煤	宛平门头沟魏家窑狗皮沟等处	36.45	廿一年十一月二日	实字9
马泽臣	煤	宛平龙泉雾村西南攒子沟攒子岭	1,269.83	廿三年三月十九日	实字46
殷春田	滑石	宛平西北贵石村西北老瓜山	191.32	廿三年十月八日	实字53
任铭诚	煤	宛平第六区南村东南南道墟一带	639.18	廿三年十月二十四日	实字54
孙万善	煤	宛平灰峪村东瓜皮峪沟小东坡	321.64	廿三年一月六日	实字44
李康年	煤	临榆枣核岭大花鞋	1,135.80	廿二年十二月一日	实字42
丁麟德	金	临榆义院口外须道岭清西大山地方	199.00	廿二年三月廿日	实字27
解清宸	煤	临榆西北欢喜岭地方	615.96	廿二年十二月廿日	实字43
张幼琴	石棉	涞源杨树庵大山背地方	199.50	廿一年十一月廿九日	实字19
祁芳亭	煤	易县东王家庄西北山坡	1,248.93	廿二年五月十二日	实字30
许文良	煤	易县北区上岳各庄村水泉萧家庄东坡	1,349.89	廿三年四月十一日	实字48
刘士章	煤	易县城西北易水岭腰子峪	1,427.12	廿四年二月十一日	实字56
李谦芳	煤	井陉西北许水泼村南于家迷户地	390.40	廿二年六月七日	实字31
刘钟甫	煤	井陉城北赵庄岭地方	599.94	廿三年五月廿二日	实字50
崔罗熊	金	昌平第九区下口村东河	长度945公尺	廿二年六月七日	实字32
韩世贤	煤	房山西长沟峪村东老窑清地方	192.45	廿二年九月七日	实字37
梁浙逵	煤	房山长沟峪村附近陈家院地方	49.15	廿三年十月八日	实字52

张鸿年	滑石	房山城西燕冀水村附近地方	169.00	廿四年二月十一日	实字57	
张鸿年	磁土	房山城西宝金山静社岭地方	190.80	廿四年二月廿七日	实字59	
张鸿年	滑石	房山城西西黄道沟地方	196.00	廿四年二月廿七日	实字60	
张兴堂	煤	唐县西密城村东北	1,000.00	廿三年四月十一日	实字47	

北平市小矿业

冯纪显	煤	北平市西郊香峪村	1,215.00	廿一年六月十四日	矿字1	
王华鼎	铅	北平西郊北辛村万花山	106.00	十八年十一月廿日	矿字2	
殷秀山	煤	宛平平庄村东西朱家坡仲家坡黄家庵清陈家洼	1,125.54	廿二年六月七日	实字33	该矿系自河北省移归北平市

山西省

矿业权者	矿别	矿区所在地	矿区面积	核准年月	执照号数
宝恒公司梁怀文	煤	大同县辛村白土沟	17,285.00	十九年十二月一日	实采八〇号
保晋公司	煤	大同县煤峪口黑龙王庙沟	30,474.00	十九年十二月一日	实采二六七号
刘　瑞	石膏	阳曲县西圪墶沟板窑凹	2,654.05	二十一年六月十三日	实采一九五号
荣　敬	煤	阳曲县小返村之石碴蹬	2,429.24	二十二年六月十四日	实采四七八号
常绩亩	煤	平定县前庄村大墒沟	15,740.00	二十一年六月二十九日	实采二〇八号
保晋公司	煤	平定县小阳泉村简子沟	23,019.00	十九年十二月一日	实采二六四号

保晋公司	煤	平定县前庄村贾地沟	33,147.00	十九年十二月一日	实采二六五号
保晋公司	煤	平定县小石嘴村燕子沟	27,134.65	十九年十二月一日	实采二六六号
保晋公司	煤	平定县桃林沟村先生沟	13,332.00	十九年十二月一日	实采二六八号
保晋公司	煤	平定县汉河沟	5,078.00	十九年十二月一日	实采二六九号
保晋公司崔廷献	煤	平定县赛鱼村小南沟	29,730.78	十九年十二月一日	实采四八四号
常丕勋	煤	平定县北头嘴村	27,691.53	二十三年四月三十日	实采六四九号
荆敦厚	煤	平定县石卜嘴村刘家垴	3,752.37	二十二年九月二十六日	实采七三七号
保晋公司常旭春	煤	寿阳县陈家河村南石坡	4,240.94	二十二年二月十一日	实采三九八号
彭士弘	石膏	太原县花塔村西北观沟	3,065.83	二十二年十二月十四日	实采五五一号
彭士弘	石膏	太原县店头村东风峪沟	2,076.66	二十三年一月十五日	实采五六六号
侯兆熊	煤	左云县西沟村元山顶武家崖	1,558.19	二十三年十一月二十一日	实采七七〇号
利华公司张孝慈	煤	晋城县垚头村南川	1,536.75	二十四年一月十二日	实采七九九号

山西省小矿业

矿业权者	矿别	矿区所在地	矿区面积公亩	核准年月	执照号数	备注
杨作楨	煤	平定西河村乱脑	253.00	廿年十一月十八日	矿字1	
杨作楨	煤	平定西河村先生沟	680.68	廿一年一月廿一日	矿字9	
刘可福	火粘土	平定东沟村南	89.48	廿一年六月十一日	矿字11	
翟勋臣	煤	平定石卜嘴村窑湇	1,016.85	廿一年十一月七日	矿字38	

董占和	煤	平定王家庄村石立羊圈脑地方	68.95	廿二年五月十六日	矿字57
王朝元	煤	平定石卜嘴村村北古石脑地方	1,456.12	廿二年七月廿六日	矿字61
赵维公	煤	平定牛王庙沟村李家坡	238.50	廿二年十二月四日	矿字81
赵登青	煤	平定阴营村庄庄沟	1,066.25	廿三年五月十六日	矿字92
李景韩	煤	太原西北乡白家庄村西北寺沟	1,179.00	廿年十一月廿四日	矿字2
荣载阳	煤	太原西南乡柳子峪窑头村碓旧沟	596.14	廿三年五月十四日	矿字91
金翔亭	煤	太原南峪淆圪塔村墩子窑	496.96	廿年十二月四日	矿字5
孔繁立	煤	太原九院沟官地村中葛嘴	667.94	廿一年十一月十日	矿字40
牛吉五	煤	太原西南乡南峪沟圪趚村石铁岭	923.94	廿三年七月廿八日	矿字99
牛吉五	煤	太原西南乡南峪沟圪趚村芦圪朵	443.70	廿三年七月廿八日	矿字100
武宝良	煤	寿阳第四区长榆河淆南寨沟	136.00	廿年十一月廿五日	矿字3
段全式	煤	寿阳长榆河村南寨沟	196.00	廿一年七月廿九日	矿字14
杨阴江	煤	寿阳长榆河村泉仔沟	164.86	廿一年九月廿一日	矿字21
李玉昆	煤	寿阳第三区北张芹村孤子沟	100.00	廿二年六月十七日	矿字60
乔永富	煤	阳曲小西铭村红崖湾	320.63	廿年十二月一日	矿字4
刘呈瑞	石膏	阳曲三级村西泉子沟东三梁	190.00	廿年十二月十八日	矿字6
高照远	硫磺	阳曲北头村东大窑嘴地方	50.89	廿二年二月廿一日	矿字42
荣兆春	石膏	阳曲王家庄山狼窊	168.90	廿二年二月廿七日	矿字45

程 浬	煤	阳曲东北乡丈子须村四亩坪	47.75	二十二年三月卅日	矿字51
李时俊	煤	阳曲东北乡水沟村李家脑东坡	620.80	廿二年三月卅日	矿字52
韩小奇	煤	阳曲第三区白道村东圪旦湾	266.49	廿二年七月廿六日	矿字62
郑 元	煤	阳曲十八嘴村西沙脑	300.15	廿二年七月廿九日	矿字65
屠锡泰	煤	阳曲西乡白须村西南二里双沟	440.90	廿二年八月八日	矿字69
髙昌金	硫磺	阳曲第三区北银角村西炉圪洞	50.45	廿二年十月廿三日	矿字79
张有琥	煤	阳曲韩庄村松树沟阳背坡	388.81	廿二年十月六日	矿字80
李金榜	煤	潞城县西沟村北三里黄沙岭石板坡	1,468.13	廿一年一月十六日	矿字 8
丁兆兰	煤	怀仁盘道村苏家岭	1,454.04	廿一年二月十日	矿字10
彭国栋	煤	怀仁楼子村孙刘家沟	1,080.74	廿一年十月八日	矿字30
张星五	煤	怀仁西北乡盘道村小东沟渠	366.17	廿三年二月廿日	矿字89
郭烈武	煤	大同峰子涧村马脊梁路河背	474.18	廿一年六月十五日	矿字12
王 琦	煤	大同施坡村青沙界	1,468.16	廿一年十月十日	矿字32
柳惠霖	煤	大同石头村东堂坡	1,065.31	廿二年三月十四日	矿字50
白璞斋	煤	灵邱银厂村小西沟小南背阳坡圪一带	82.19	廿一年八月一日	矿字13
李增香	煤	灵邱银厂村大南背等地	1,422.00	廿一年九月廿七日	矿字28
李东序	煤	灵邱龙渠村杨子沟	320.09	廿二年五月六日	矿字56
田 亮	煤	灵邱峪门村蒜峪沟门一带	488.45	廿二年九月六日	矿字74

白星乙	煤	灵邱蒜峪门村故台西岭背老君鼎一带	1,359.74	廿二年八月廿四日	矿字91
高升禄	煤	介休白岸乡中尾沟后坡则底	165.00	廿一年八月三日	矿字15
陈继祖	煤	介休汪乡洞子沟柳树甲	238.00	廿一年八月三日	矿字16
赵铁民	煤	介休白岸乡南尾沟	246.00	廿一年九月廿二日	矿字22
岳五福	煤	介休义索镇温泉沟	185.22	廿一年十一月五日	矿字37
梁钟玉	煤	介休赵家窑南三里东西湾内	270.58	廿二年三月十四日	矿字49
王嗣荣	煤	介休西乡中尾沟老北井西南	1,423.76	廿三年七月廿四日	矿字98
常福深	煤	襄恒北乡水碾村煤窑沟	205.86	廿一年八月四日	矿字17
粟育森	煤	襄恒故县村大石头沟	115.00	廿一年九月廿三日	矿字24
李廷武	煤	襄恒五阳南沟村条盘山	133.00	廿一年九月廿七日	矿字26
粟恒仁	煤	襄恒故县村大杨树坪	252.00	廿一年九月廿七日	矿字27
冯元亮	煤	襄恒下良村石板沟	167.59	廿一年十月十九日	矿字33
常乐虞	煤	襄恒大峪村道沟	141.60	廿一年十月十日	矿字31
史庚寅	煤	襄恒南樟村东北正沟	69.50	廿一年十月十九日	矿字34
李钟璧	煤	襄恒故县村椿树沟	141.36	廿二年三月二日	矿字47
刘景圣	煤	襄恒北乡北郝村村西大坪	150.65	廿二年七月卅一日	矿字66
李永山	煤	襄恒北乡北郝村南华间	58.37	廿二年十二月八日	矿字82
赵万镒	煤	襄恒北乡水碾村西北小寨沟	239.64	廿二年十二月十三日	矿字83

郝廷彤	煤	襄恒北乡磁窑村王家沟	110.39	廿二年十二月廿九日	矿字85
李三赵	煤	襄恒北乡磁窑须村凤凰山北沟上嘴圪	214.58	廿二年十二月卅日	矿字86
刘承世	煤	盂县清城镇阎王鼻	192.00	廿一年八月四日	矿字18
潘俊藻	煤	盂县清城镇北一亩沟	329.18	廿一年八月五日	矿字19
潘俊藻	煤	盂县清城镇西阳坡	242.10	廿一年八月五日	矿字20
宋士智	煤	平遥普洞村沙圪塔沟	228.62	廿一年十月廿日	矿字35
柴振镛	煤	平遥普洞村圪遺沙凹	294.13	廿二年二月廿一日	矿字41
王世英	煤	平遥普洞村甘草坡	1,298.26	廿二年二月廿四日	矿字44
韩文华	煤	平遥西南乡水盆凹村下半沟	1,280.05	廿二年三月卅一日	矿字53
靳天桂	煤	翼城杨窊村玉家山	269.74	廿一年十月廿二日	矿字36
贾履仁	煤	翼城贾家庄坡地	179.98	廿二年二月廿七日	矿字46
李若棠	煤	翼城店上村夏后须地方	283.40	廿二年三月九日	矿字48
翟广勤	煤	昔阳北渡海村东北坪	221.94	廿二年二月廿三日	矿字43
谢文元	煤	左云东南乡北陇村益窑沟	1,391.23	廿二年五月六日	矿字55
安　奎	煤	左云西沟村元宝掌沟	493.33	廿二年九月十五日	矿字76
王以唐	石膏	榆次柳沟村尖山子地方	195.49	廿二年六月十日	矿字58
董在圣	煤	广灵阳誊镇东北莜麦庄地方	986.18	廿二年七月廿八日	矿字68
白优予	煤	广灵大湾乡梁山西坡	215.65	廿二年九月七日	矿字75

韩玉吉	煤	文水西乡靛头村西北上下铁炉坡黑煤皮等处	57.00	廿二年九月九日	矿字72
翟成谦	煤	文水西南乡堂村北老虎窝等处	72.00	廿二年九月十一日	矿字73
王怀让	煤	文水西北乡王家庄洪水沟	113.10	廿二年一月十九日	矿字87
李尚积	煤	临县前塌则村湾则坪	93.46	廿二年九月十八日	矿字77
翟玉林	煤	浑源元它子蔡家坪	190.20	廿二年十月五日	矿字78
许　焕	煤	浑源后华林村尧古梁地	117.96	廿二年十二月十九日	矿字84
高福斋	煤	临汾西乡店子坡金圪窝	83.45	廿三年五月廿五日	矿字94
刘希温	煤	五台第三区脑上黄石头梁	245.66	廿三年七月十日	矿字95
郝炳龄	煤	孝义正西乡郝家寨村西北贾家沟前南沟后南沟背坡里	347.50	廿三年七月十九日	矿字96
刘照廉	煤	沁源北乡才子坪村后底沟	200.00	廿三年七月廿日	矿字97

察哈尔省

矿业权者	矿别	矿区所在地	矿区面积	核准年月	执照号数
朱　杞	煤	宣化县上花园康家沟	3,468.35	二十一年十月十七日	实采三〇一号
东升公司郭瀛海	煤	宣化县东乡猴儿山	3,639.45	二十二年一月十二日	实采三七八号
民兴公司李荫之	煤	宣化县棘针屯村陈家坟	8,498.26	二十二年三月十八日	实采四一〇号
马德刚	煤	宣化县武家沟	10,833.22	十九年十二月一日	实采六二七号
周　琳	煤	宣化县水林沟盛家山	9,598.68	十九年十二月一日	实采六二八号

周　琳	煤	宣化县下花园榆树地马鞍山	19,943.42	十九年十二月一日	实采六二九号
朱　杞	煤	宣化县忙牛沟红沙石	4,813.09	十九年十二月一日	实采八七三号
李　福	煤	宣化县鸡鸣山顺成地	1,654.80	二十三年六月二十三日	实采六八〇号
化兴公司马子腾	煤	宣化县鸡鸣山人岔沟	2,148.05	二十三年六月三十日	实采六九〇号
中兴公司耿煜庭	煤	宣化县玉带山东后窊里	1,866.60	二十三年七月十八日	实采六九四号
黄土湾公司张鸿宾	煤	宣化县东南黄土湾	5,633.78	二十三年九月一日	实采七一七号
贺尔耆	煤	宣化县鸡鸣山大东井	3,496.87	二十三年十二月六日	实采七五九号
振业公司张维城	煤	宣化县郝家寺大西沟柳家白沟	1,959.00	二十三年十一月二十七日	实采七七五号
铭文公司樊铭鉴	火粘土	宣化县武家沟台子山	2,136.22	二十四年一月十二日	实采八〇〇号
正阳公司郭仲年	煤	怀来县西北正阳山	3,215.62	二十二年六月五日	实采四七〇号
郭永福	煤	怀来县世合地红沙沟	3,397.63	十九年十二月一日	实采七六六号
郭永禄	煤	怀来县艾家沟永成地	2,929.83	十九年十二月一日	实采七六七号
郭　贵	煤	怀来县艾家沟双合地	5,536.97	十九年十二月一日	实采七六八号
韦士林	煤	怀来县白岔山毛家沟水窑沟	4,107.26	十九年十二月一日	实采七六九号
北大公司孙乐齐	煤	张北县四至平村海拉坎山东梁西梁	3,761.00	二十三年一月二十五日	实采五七五号

察哈尔省小矿业

矿业权者	矿别	矿区所在地	矿区面积公亩	核准年月	执照号数	备注
李育溪	煤	怀来八宝山大东沟	345.00	廿年十一月七日	察字2	
盛世卿	煤	怀来宣化县毗连处东沟门地方	1,317.50	廿一年七月十一日	察字16	
贺尔耆	煤	宣化鸡鸣山三亩地	18.27	廿一年六月十一日	察字13	
义和煤矿李丽九	煤	宣化下花园三合湾地方	243.34	廿二年一月廿日	察字31	
戴效韩	煤	延庆青龙桥迤西老和尚一带	758.30	廿年一月廿九日	察字4	
田丁浩	煤	蔚县第三区条子沟村西北北正壤地方	199.00	廿一年三月一日	察字5	
田丁浩	煤	蔚县第三区南庄子村南柳家壤地方	260.00	廿一年三月一日	察字6	
田　亮	煤	蔚县五岔村鹿骨道一带	639.09	廿一年八月十九日	察字20	
耿　儒	煤	蔚县白草窑村西红土湾一带	299.03	廿一年九月六日	察字22	
任连义	煤	蔚县桦树沟村村南糜子沟陆道坑一带	632.80	廿一年十月五日	察字24	
徐　礼	煤	蔚县老虎峪沟	693.69	廿一年十一月廿三日	察字25	
席廷梁	煤	蔚县陡涧子村北小南沟一带	144.23	廿二年一月十九日	察字30	
童鹏飞	煤	蔚县一区五岔村西北鹿道坡一带	602.08	廿二年二月四日	察字32	
马节之	煤	蔚县代王城区白草窑镇安岸村北四甲台地方	1,454.62	廿二年四月廿九日	察字33	
赵　顺	煤	蔚县白草窑村东北庙梁	601.95	廿一年五月卅一日	察字37	

阮桂村	煤	蔚县瓦窑村北土洞小南沟	106.42	廿三年十一月十三日	察字39
郭玉珍	煤	张北第五区镇台村炭窑贝地方	296.43	廿一年八月十六日	察字18
孙子乾	煤	张北第一区大营滩村界内西坡地方	559.26	廿一年八月廿三日	察字21
冯玉昌	煤	张北西北大水泉村西南西滩	819.49	廿二年十二月十二日	察字35
王文锦	煤	阳原辛庙庄麻黄沟地方	264.99	廿一年五月五日	察字 9
温　津	煤	阳原西南郑家窑村正北大道嗅炭沟一带距村五里	1,276.92	廿四年一月十五日	察字41

绥远省

矿业权者	矿别	矿区所在地	矿区面积公亩	核准年月	执照号数
汉南公司孔澍霖	煤	固阳县喇嘛俱广觉寺地方	47,070.00	十九年十二月一日	实采八号

绥远省小矿业

矿业权者	矿别	矿区所在地	矿区面积公亩	核准年月	执照号数
刘志天	煤	安化设治局栓马桩沟打庆格地方	161.20	廿二年五月廿九日	绥字 3
王　斌	水晶	陶林草垛山	89.32	廿二年八月廿六日	绥字 4

陕西省小矿业

矿业权者	矿别	矿区所在地	矿区面积公亩	核准年月	执照号数	备注
高凌云	铁	凤县九子沟看山地方	108.00	廿一年四月十五日	陕字1	
李明义	煤	商县上秦川熊耳山矾坡一带	455.83	廿一年九月一日	陕字2	
厚生公司郭湘汉	煤	韩城硙子山地方	149.11	廿一年十月十五日	陕字3	
西北民生煤矿段鼎城	煤	彬县百子沟红土沟一带	1,331.79	廿三年六月廿五日	陕字6	
刘仲荣	笔铅	户县释战沟支沟银洞沟内梯子沟地方	154.59	廿二年四月廿六日	陕字5	

河南省

矿业权者	矿别	矿区所在地	矿区面积	核准年月	执照号数
民生公司张钢	煤	陕县观音堂鸡冠沟	30,320.50	二十一年五月十二日	实采一七九号
张瑞彩	煤	济源礓井村	8,835.64	二十一年九月十四日	实采二五八号
中顺豫公司王俊臣	煤	济源北乡盘谷寺南	8,944.30	二十三年八月九日	实采七〇二号
张裕之	煤	济源西北石河村	18,260.25	二十三年十一月廿七日	实采七七四号
李中和	煤	安阳天禧镇	5,238.60	二十一年九月十四日	实采二七三号
大昌公司曹存仁	煤	安阳西南乡中城村	12,873.45	二十一年十一月十五日	实采三一四号
柏连坡公司孔庆成	煤	安阳西北柏连坡	12,364.49	二十二年一月廿四日	实采三九三号
大同公司赵书华	煤	安阳西乡岗西村	7,448.29	二十二年二月十一日	实采三九九号

六河沟公司 李　晋	煤	安阳六河沟	117,823.49	十九年 十二月一日	实采 四一四号
李　晋	煤	安阳乞伏村	31,214.57	二十三年 三月二日	实采 五九九号
李光启	煤	安阳西保障漳河南	14,645.63	二十三年 三月二日	实采 六〇〇号
王正廷	煤	安阳东西保障	27,628.60	二十三年 三月二日	实采 六〇一号
张新吾	煤	安阳东西清流	31,225.45	二十三年 三月二日	实采 六〇二号
刘一峰	煤	安阳西乡小寨村	5,187.75	二十三年 九月廿六日	实采 七三四号
李　清	煤	安阳傅家沟榆木岭	5,230.00	二十三年 十二月六日	实采 七八一号
于岱山	煤	荥阳雀庙镇南方	4,762.35	二十一年 九月廿八日	实采 二八五号
郭靖华	煤	林县凌集村	18,703.00	二十二年 一月十七日	实采 三九〇号
郭法亨	煤	林县城东南马店	33,307.00	二十三年 六月卅日	实采 六八九号
杨民耀	煤	宝丰西乡张坝桥	13;797.50	二十二年 四月廿六日	实采 四四三号
邱沟公司 庞禾生	煤	新安西北乡上古灯	16,491.16	二十二年 六月十日	实采 四七七号
李　晋	煤	新安上孤灯村	3,063.26	二十三年 一月廿九日	实采 五八二号
民有公司 常金锡	煤	博爱常公后新庄	2,616.77	二十二年 七月廿六日	实采 五〇二号
四权公司 贺海舟	煤	博爱后新庄西南	2,056.68	二十四年 一月廿五日	实采 八〇四号
凭心公司 靳观成	煤	博爱东北小许庄	6,881,28	十九年 十二月一日	实采 八二〇号
新记公司 郑耘卿	煤	汤阴鹤壁集凤凰岭	7,511.00	二十二年 十月四日	实采 五二七号
马恒毅	煤	汤阴鹤壁镇李家庄	5,557.75	二十二年十 一月廿九日	实采 五四八号

王梦林	煤	禹县三峰山官房街	6,609.38	十九年 十二月一日	实采 五三四号
王梦林	煤	禹县三峰山西峰文凤里	6,243.25	十九年 十二月一日	实采 五三五号
王梦林	煤	禹县三峰山中峰万北里	6,672.78	十九年 十二月一日	实采 五三六号
友成公司 方彩岑	煤	禹县神屋镇郑禹寨	16,266.05	二十三年 一月廿五日	实采 五七六号
王国禄	煤	禹县翟村东南	4,258.35	二十四年 一月廿二日	实采 八〇三号
赵志成	煤	禹县扒村寨西虎头山	3,962.75	二十四年 二月八日	实采 八一五号
杨国荣	煤	临汝南朔川村	41,862.05	二十三年 三月十三日	实采 六〇三号
王容安	煤	密县城东谷家庄	2,650.50	二十三年 四月廿一日	实采 六四一号
席国珍	煤	密县城东郭家坟纪垛村	8,948.22	二十三年 九月十八日	实采 七二七号
刘范泉	煤	巩县西南乡山川村	5,484.65	二十三年 九月廿一日	实采 七二八号
中新公司 潭相先	煤	武安东南乡周庄南	2,994.80	二十三年 十月卅日	实采 七五二号
裕武公司 李康民	煤	武安南乡薛村	9,409.20	二十三年 十二月六日	实采 七八〇号

河南省小矿业

矿业权者	矿别	矿区所在地	矿区面积公亩	核准年月	执照号数	备注
杨蔚卿	煤	密县王村乡宋家岗地方	1,482.30	廿年 九月十九日	豫字1	
谷焕章	煤	密县大杨洼	544.70	廿一年 八月廿七日	豫字9	
钱季敏	煤	密县梨树窝	1,461.60	廿一年 八月廿七日	豫字10	

孙德岑	煤	密县范家庄一带	1,378.04	廿一年十一月一日	豫字12
蔡福潮	煤	密县李石牙沟	1,470.38	廿一年十一月廿六日	豫字13
梁宝卿	煤	密县城东南六里小李家寨地方	996.44	廿二年五月八日	豫字19
李乐亭	煤	密县城南三十里阎家寨地方	771.00	廿三年一月十二日	豫字21
钱振民	煤	密县东南十五里碾沟杨家岗一带	1,497.47	廿三年五月卅一日	豫字23
李钦典	煤	巩县第二区孙寨村西岭	772.80	廿年十二月三日	豫字 3
胡世桢	煤	宜阳柏坡竹园	609.73	廿一年四月五日	豫字 6
王惠麟	煤	登封陈家楼一带	831.60	廿一年十月廿一日	豫字11
梁邦戴	煤	登封郝沟	1,004.62	廿一年十二月廿九日	豫字14
梁敏之	煤	登封东南乡第五区三元村地方	1,449.00	廿二年七月廿一日	豫字20
郭学儒	煤	辉县万桑村一带	1,420.00	廿二年二月廿五日	豫字16
武定方	煤	新安北四十里梨园沟地方	1,068.39	廿二年四月廿一日	豫字17

山东省

矿业权者	矿别	矿区所在地	矿区面积	核准年月	执照号数
吴清泉	重晶石	胶县西南乡邦城区中黔社河北庄	7,860.00	二十年七月二十五日	实采二号
福安公司 石福田	铅	胶县南乡塔山河坐崖顶山一带	5,496.60	二十年八月十四日	实采二二号
华宝公司 郭贵堂	重晶石	胶县南八里齐城区王家沟庄一带	4,360.00	二十一年五月二十七日	实采一九一号
吴喜庆	重晶石	胶县城南王台镇	12,021.00	二十一年六月十四日	实采二〇一号

郑汉声	重晶石	胶县城西南铺上集一带	12,588.50	二十一年九月十四日	实采二七二号
刘世恩	重晶石	胶县邦城区黔岭阪北	7,405.20	二十二年四月三日	实采四二三号
曹翼孙	石棉	胶县西南乡张八朱	1,393.47	二十二年八月十日	实采五〇七号
曹翼孙	石棉	胶县西辉村	5,758.70	二十三年四月二十一日	实采六三八号
曹翼孙	石棉	胶县石老婆村	6,474.05	二十三年十一月二十四日	实采七四八号
姜有瑞	煤	博山县东南耿家峪	5,893.00	十九年十二月一日	实采四七号
程宗坤	煤	博山县偏坡地羊栏庄	7,059.50	十九年十二月一日	实采一〇七号
华东公司朱炳坤	煤	博山县城北夏家庄一带	2,318.00	二十年十月二十一日	实采一一二号
博平公司蒋正绪	煤	博山县雨平村	1,688.00	二十一年一月二十五日	实采一五六号
朱炳焜	煤	博山县吴家泽庄东南	14,284.80	十九年十二月一日	实采二一六号
富源公司刘缙甫	煤	博山县西北五里双山子	4,299.36	二十一年七月十四日	实采二一九号
富源公司刘缙甫	煤	博山县吴家宅	3,859.66	二十一年七月十四日	实采二二〇号
三友公司于德普	磁土	博山县城东北六公里杏后坡	458.30	二十一年七月二十五日	实采二二二号
志兴公司张向适	煤	博山县西后庄北赵家林	1,882.60	十九年十二月一日	实采二二三号
久丰公司周舜卿	煤	博山县城东北安上庄王家硙等处	5,839.81	十九年十二月一日	实采二九八号
宏泰公司孙宝楠	煤	博山县西码庄孙家林	4,573.29	二十一年十月十一日	实采三〇〇号
刘毅伯	煤	博山县山头庄南周家楼	2,002.00	十九年十二月一日	实采三一八号
丁敬臣	煤	博山县西河庄松林后	5,966.00	十九年十二月一日	实采三一九号

丁敬臣	煤	博山县西河庄西山后	2,987.00	十九年十二月一日	实采三二〇号
丁敬臣	煤	博山县南神头	10,706.00	十九年十二月一日	实采三二一号
朱炳焜	煤	博山县城北窝疃庄附近	2,085.00	十九年十二月一日	实采三二二号
赵伯宏	煤	博山县石灰坞庄	6,593.00	十九年十二月一日	实采三二四号
赵成吉	煤	博山县城东南红碴窝	1,222.00	十九年十二月一日	实采三二五号
赵成吉	煤	博山县城东青沙岭	3,876.00	十九年十二月一日	实采三二六号
张敬俯	煤	博山县城东南福山庄西苏家林	2,974.00	十九年十二月一日	实采三二七号
张厚庵	煤	博山县东城北太平岭	3,429.00	十九年十二月一日	实采三二八号
曲伯平	煤	博山县城东冯八峪庄东北三合井	3,961.00	十九年十二月一日	实采三二九号
曲伯平	煤	博山县城东南北山根	2,007.00	十九年十二月一日	实采三三〇号
周召棠	煤	博山县城东南田家地	1,810.00	十九年十二月一日	实采三三一号
姚定欧	煤	博山县高家峪高家林	2,685.00	二十一年十一月二十二日	实采三三九号
博泰公司 昃焕文	煤	博山县城东南东石马庄	9,692.25	二十一年十二月一日	实采三五二号
张可经	煤	博山县东南董家山	1,754.00	十九年十二月一日	实采三八四号
司剑华	煤	博山县城东南中石马庄五阳山根	7,409.25	二十二年一月十七日	实采三八五号
振业公司 程宗坤	煤	博山县西峪及孙家园	3,971.50	十九年十二月一日	实采四一六号
朱炳焜	煤	博山县城西石庙山	1,633.11	二十二年三月二十八日	实采四一八号
裕成公司 曲伯平	煤	博山县城东北孙家林	3,014.37	十九年十二月一日	实采四三六号

张厚庵	煤	博山县城西李家林	239.24	二十二年四月二十六日	实采四四四号
陈翰轩	煤	博山县东黑山前根及福山坡	33,100.49	十九年十二月一日	实采四八八号
庄树庭	煤	博山县城东南小北圈及荒场地	4,974.75	十九年十二月一日	实采四八九号
刘缙甫	煤	博山县白虎山北胡城	56,483.45	十九年十二月一日	实采四九一号
姜有瑞	煤	博山县西河庄西后茬	2,631.47	十九年十二月一日	实采四九二号
庄式如	煤	博山县城南周家山	2,289.94	十九年十二月一日	实采四九三号
朱五丹	煤	博山县小黑山后庄南房家峪	2,114.83	十九年十二月一日	实采四九四号
赵成吉	煤	博山县长恍地罗山前等地	14,329.93	十九年十二月一日	实采四九五号
泰和公司张耀泰	火粘土	博山县城东北彼岸寺	3,704.00	二十二年九月五日	实采五一九号
徐同官	煤	博山县城东南謷庙地	2,021.01	十九年十二月一日	实采五三一号
巩玉山	煤	博山县吴家泽孙家地	2,019.00	十九年十二月一日	实采五三九号
张竹侪	煤	博山县城东八陡庄北五亩地	3,200.10	十九年十二月一日	实采五四七号
丁敬臣	煤	博山县西河庄马到地	22,341.69	十九年十二月一日	实采五五〇号
泰和公司张耀泰	煤	博山县城东彼岸寺	3,772.00	二十二年十二月二十九日	实采五六五号
赵经部	煤	博山县南峪口庄后花椒坡	2,186.30	二十三年四月三日	实采六一三号
义和公司张于汉	煤	博山县李家地	5,583.00	十九年十二月一日	实采六四四号
义德公司王雨村	煤	博山县后池南周家台子	3,042.50	十九年十二月一日	实采六六〇号
东方公司俞子京	煤	博山县周家村桃树园	11,370.40	二十三年六月二十三日	实采六八一号

博成公司 陈翰轩	煤	博山县栾家庄八亩地干沟	13,350.70	二十三年 七月十二日	实采 六九一号
宝业公司 杨在庆	煤	博山县安上庄赵家林	1,838.79	十九年 十二月一日	实采 七〇八号
鼎益公司 钱汝铸	煤	博山县城东北赵家林	4,476.22	二十四年 一月十二日	实采 七九八号
朱炳焜	煤	博山县城西围子沟	8,155.00	十九年 十二月一日	实采 三八三号
李善同	煤	郯城县西北乡窑南头	2,957.58	二十年 八月十五日	实采 三八号
振兴公司 李缙襄	煤	郯城县西北乡窑北头村	3,622.00	二十年 九月二日	实采 六〇号
李书昌	煤	淄川县城南三十里砖瓦窑	7,166.00	十九年 十二月一日	实采 七七号
庆来公司 郭廷镇	煤	淄川县城南袁家崖	1,712.54	二十年 十月十七日	实采 一一〇号
赵典臣	煤	淄川县龙口镇天台山	5,851.00	二十一年 一月十六日	实采 一五一号
义源公司 秦鲁峰	煤	淄川县王村南宝山前南坡庄北唐家林	8,536.00	二十一年 四月三十日	实采 一七一号
姜梦吉	煤	淄川县南定车站三泉庄	6,130.00	二十一年 六月十四日	实采 二〇〇号
鲁裕公司 杨秀峰	煤	淄川县西南袁家庄	3,382.00	二十一年六 月二十九日	实采 二〇九号
张竹亭	磁土	淄川县东南解庄西安家山一带	300.00	二十一年 七月一日	实采 二一四号
邵毓林	煤	淄川县城西南台头崖一带	16,045.99	二十一年 七月三十日	实采 二三〇号
朱显真	煤	淄川县城东十五公里渭头河庄西蛤蟆石	2,531.40	十九年 十二月一日	实采 二五七号
隆华公司 任万里	磁土	淄川县城南三十里凤凰山	3,516.61	二十一年 十一月二日	实采 三〇七号
邹避尘	煤	淄川县城西南大峪口北爬峪子	3,542.00	十九年 十二月一日	实采 三三二号

周嘉坦	煤	淄川县龙口镇西油坊后	7,871.00	十九年十二月一日	实采三三三号
姜瑞符	煤	淄川县城南东万山庄	5,848.47	十九年十二月一日	实采三四〇号
永发公司 唐雨亭	磁土	淄川县城西巩家坞北	4,621.20	二十一年十二月一日	实采三五一号
姜聿修	煤	淄川县西坡地庄	5,815.24	二十一年十二月二十一日	实采三七〇号
张子岱	煤	淄川县城东南大奎庄东青草沟	5,087.00	十九年十二月一日	实采三八二号
丁良臣	煤	淄川县城南三十五里大奎山樟子淄	14,575.78	二十二年一月十七日	实采三八六号
元成公司 丁昌燕	煤	淄川县城西梁家店子	24,356.44	二十二年四月三日	实采四二二号
永昌公司 岳冠成	煤	淄川县换衣铺西南	26,223.00	二十二年七月二十六日	实采五〇一号
迟本琇	磁土	淄川县大昆仑山白石崖	3,755.09	十九年十二月一日	实采五三〇号
华盛公司 邹德馨	煤	淄川县城南渭头河庄十亩地	4,573.63	十九年十二月一日	实采五四二号
李　晋	煤	淄川县台头崖	49,160.23	十九年十二月一日	实采五六一号
禹记公司 曹少禹	磁土	淄川县城西小口子庄	2,518.75	二十二年十二月二十三日	实采五六四号
丁良臣	煤	淄川县三里沟封村小庄	38,976.34	二十三年一月十九日	实采五七〇号
姜年臣	煤	淄川县高家磘	11,586.16	十九年十二月一日	实采五九五号
丁敬臣	煤	淄川县西坡地一带	4,409.88	十九年十二月一日	实采八〇七号
姜有瑞 李康甫	煤	章邱县阎满庄一带	6,201.00	二十年十一月十六日	实采一三三号
赵殿伟	火粘土	章邱县南山赭山南韩家林一带	4,376.00	二十一年一月二十五日	实采一五五号
义丰公司 秦鲁峰	煤	章邱县城东南青野庄北六亩地	10,758.00	二十一年二月十四日	实采一六〇号

华胜公司李华廷	煤	章邱县城南锦屏山东酒坞	1,725.00	二十一年六月十三日	实采一九七号
马　镇	煤	章邱县南五十里宋上庄庄南	3,492.73	十九年十二月一日	实采二五五号
丁栋臣	煤	章邱县城东南官庄吴家庄一带	12,860.00	十九年十二月一日	实采三三四号
姜瑞符	煤	章邱县潘家埠陇倚子	7,462.00	十九年十二月一日	实采三三五号
杨松亭	煤	章邱县翟家庄西南卧龙岗	5,645.00	二十一年十二月一日	实采三五三号
惠元公司李建功	煤	章邱县南东西窑头庄	3,889.00	二十二年三月四日	实采四〇四号
李信之	煤	章邱县南乡三十公里三元庄	2,015.43	二十二年十月二十七日	实采五三八号
旭华公司訾象坤	煤	章邱县普济镇天尊院	98,890.44	十九年十二月一日	实采五四三号
利达公司綦智民	煤	章邱县埠村西周家林	8,981.58	二十二年十二月十九日	实采五五五号
一元公司步园辉	煤	章邱县北曹范庄西殷家滩	13,376.17	二十三年一月十日	实采五六八号
贾克勤	煤	章邱县文祖镇小青山	12,672.70	二十三年三月二十一日	实采六〇六号
利丰公司张炳文	煤	章邱县东酒坞	3,313.14	二十三年四月三日	实采六一二号
公新铸	煤	章邱县埠村庄圄山大兴地	31,742.24	十九年十二月一日	实采六三六号
公新铸	煤	章邱县三元庄	3,724.31	十九年十二月一日	实采六三七号
马　钰	煤	章邱县宋家上庄葫芦行	8,407.90	二十三年五月二十一日	实采六六六号
邹宝庚	煤	章邱县月宫庄	4,716.53	十九年十二月一日	实采六六七号
丁栋臣	煤	章邱县天尊院	32,832.74	十九年十二月一日	实采六九九号
郑春圃	煤	泰安县城西南满儿庄河北庄一带	13,250.00	二十一年四月二十三日	实采一六七号

隆厚公司 魏筱山	煤	泰安县城东南小山东	15,742.00	二十一年四月三十日	实采一七〇号
侯暘明	重晶石	即墨县西乡大埠后村南	202.40	二十二年九月二十八日	实采五二五号
合兴公司 李璞珊	重晶石	即墨县城西南官庄	200.00	二十二年十一月十六日	实采五四四号
侯鸿程	重晶石	即墨县朱家埠南村西	3,927.68	二十二年十二月二十一日	实采五六三号
乔哥庄公司 李璞珊	重晶石	即墨县乔哥庄	10,434.02	二十三年一月十日	实采五六九号
玉丰公司 王紫砚	重晶石	即墨县西乡栾埠庄东	360.00	二十三年三月三十一日	实采六一一号
合兴公司 张中权	重晶石	即墨县蓝家庄	12,977.60	二十三年四月三十日	实采六四三号
石馨山	重晶石	即墨县湍湾镇綦家埠	360.00	二十三年六月二十日	实采六七五号
尚海峰	重晶石	即墨县刘家庄高哥庄	16,940.00	二十三年九月十五日	实采七二六号
胡开连	重晶石	即墨县湍湾镇西北岭	260.00	二十三年十一月六日	实采七六〇号
德丰公司 丁寿卿	重晶石	即墨县西南乡铁家庄北	1,525.20	二十三年十一月二十三日	实采七七一号
刘阜南	重晶石	即墨县正正山后村东北	15,442.49	二十四年一月八日	实采七九五号
玉成公司 王玉亭	重晶石	即墨县时干庄东南	1,390.00	二十四年二月十六日	实采八一九号
王吉升	煤	费县城东南柴埠庄	15,509.18	二十年九月十五日	实采七九号
华宝公司 郭贵堂	重晶石	高密县南乡五十里莱园庄	1,507.00	二十一年五月二十七日	实采一九二号
李学彭	重晶石	高密县城南西化山庄	8,880.00	二十二年四月二十日	实采四三二号
石馨山	重晶石	高密县东南仲家庄	320.00	二十四年一月十二日	实采七九七号
金生公司 牛鼎臣	煤	蒙阳县城西曹家庄	5,190.00	二十一年六月十三日	实采一九六号

中　兴 煤矿公司	煤	峄县枣庄等处	1,051,730.00	十九年 十二月一日	实采 二〇四号
复兴公司 崔蘧庵	煤	峄县城西北寨子村	8,040.79	二十二年 十二月一日	实采 五四九号
大生公司 殷登泗	煤	莱芜县城东八公里港里庄	6,832.42	二十一年 十月十七日	实采 二九九号
大鲁公司 丁明溪	煤	莱芜县城东十七公里颜庄镇	5,358.15	二十一年 十一月五日	实采 三〇六号
振东公司 王恒怒	煤	莱芜县初家南山	39,300.80	二十二年 九月五日	实采 五一八号
姜伯源	煤	莱芜县郭家台子庄西	8,139.80	二十四年 二月八日	实采 八一四号
张葆云	煤	莱芜县八里沟庄东	3,170.24	十九年 十二月一日	实采 四〇五号
王淑韩	煤	临沂县何家庄一带	3,370.00	十九年 十二月一日	实采 三三六号
汪浚川	煤	临沂县山南头一带	5,041.00	十九年 十二月一日	实采 三三七号
新裕公司 李文彬	煤	新泰县张家庄东都庄	22,846.70	十九年 十二月一日	实采 四一九号
俞子京	煤	新泰县大小协庄	17,139.00	二十二年 四月十一日	实采 四三一号
泰东公司 丁仲瑶	煤	新泰县大窑沟柳沟桥	14,161.36	二十二年 六月二十日	实采 四八一号
李公亮	金	招远县东北乡玲珑山	16,076.81	十九年 十二月一日	实采 四九〇号
裕民公司 邱范五	云母	招远县东北九区乡西	23,531.52	二十三年 五月四日	实采 六五三号
华丰合记公司 高鹤巢	煤	宁阳县东西磁窑村城墙东	27,386.30	十九年 十二月一日	实采 五〇〇号
华东公司 李拔可	煤	滕县南悌字二十二社庄庄	13,089.58	十九年 十二月一日	实采 五九四号
振鲁公司 张家宝	滑石	蓬莱县颜家南山	16,075.50	二十三年 四月十八日	实采 六三四号
裕民公司 董子珍	弗石	蓬莱县城南巨山沟村西	7,649.60	二十三年 十月十三日	实采 七四一号

利民公司 毕学敏	弗石	蓬莱县上寺夼村汪沟村山	9,071.82	二十四年一月二十八日	实采八一〇号
华孚公司 张尊五	滑石	楼霞县李博士夼南乱子岗	23,357.50	二十三年八月四日	实采七〇一号

山东省小矿业

矿业权者	矿别	矿区所在地	矿区面积公亩	核准年月	执照号数	备注
李璞珊	重晶石	即墨城西五公里纪家庄	172.00	廿年十月一日	鲁字2	
王麟阁	重晶石	即墨新村即宫家庄一带	146.28	廿二年六月十五日	鲁字16	
宋维岳	重晶石	即墨西南二十公里蓝家庄东北一带	84.00	廿三年二月一日	鲁字21	
王敬肃	重晶石	即墨西南十七公里蓝家庄东北	101.70	廿三年六月十五日	鲁字23	
吕友程	煤	莱芜城东南十八公里里辛庄	1,404.46	廿年十月五日	鲁字3	
开耀堂	煤	莱芜毕毛埠庄	1,466.14	廿一年十月十日	鲁字9	
许殿魁	煤	莱芜北沙王庄	1,451.50	廿一年十一月十六日	鲁字13	
郑岱林	煤	莱芜周家坡庄	1,470.76	廿二年四月七日	鲁字14	
郑丽生	煤	莱芜城东南十八公里高家岭庄	1,470.00	廿二年六月十七日	鲁字17	
熊铁庄	重晶石	高密西南乡梁尹庄	136.00	廿一年一月十三日	鲁字4	
刘仁臣	石棉	胶县城东南二十八公里阁家沟	181.90	廿一年五月三日	鲁字5	
姜梦飞	重晶石	胶县城西南卅公里侯家安子庄	192.00	廿二年十月十五日	鲁字19	
郑静生	弗石	掖县大藏家打炉石口一带	96.56	廿二年十一月一日	鲁字20	
姜淑华	煤	临沂城南十八公里窑汪崖庄	1,290.00	廿三年三月十五日	鲁字22	

青岛市

矿业权者	矿别	矿区所在地	矿区面积	核准年月	执照号数
孙　毅	弗石	青岛市石湾庄姜哥庄	13,040.00	二十一年三月二十六日	实采一六四号
鸿兴公司侯鸿程	弗石	青岛市李村狗塔埠村南	2,699.84	二十三年一月二十九日	实采五八〇号

青岛市小矿业

矿业权者	矿别	矿区所在地	矿区面积	核准年月	执照号数	备注
姜梦飞	弗石	青岛市李村西北十梅岭	179.40	廿二年二月九日	青字1	

江苏省

矿业权者	矿别	矿区所在地	矿区面积	核准年月	执照号数
瑞东公司夏殿选	煤	江宁县汤泉乡青龙山	8,357.00	二十年八月十四日	实采三二号
同　上	煤	江宁县汤泉乡橙子山	1,960.00	同　上	实采三三号
华利公司金宝之	煤	江宁县孤树山村林山	1,736.00	十九年十二月一日	实采一八三号
吴友芝	煤	江宁县夏家洼猴子山	3,981.31	同　上	实采三〇八号
金陵公司袁甘伯	煤	江宁县北固乡老山	4,828.26	二十三年四月三日	实采六一四号
姚锡舟	煤	句容县龙潭镇青龙山	1,677.31	十九年十二月一日	实采二四二号
李承铨	笔铅	句容县桥头镇东堰岗土山	1,693.04	同　上	实采三四九号

利民公司刘古香	笔铅	句容县下蜀镇红家山	382.07	二十三年二月十日	实采五八七号
朱君方	磁土	吴县蝙蝠山扇子山	339.33	十九年十二月一日	实采三〇二号
戴大乐	磁土	吴县米堆山	336.67	同　上	实采四一一号
劳振源	磁土	吴县光福区阳山	1,376.27	二十三年五月四日	实采六五二号
阳升公司胡宪章	磁土	吴县浒关乡白龙寺阳山	544.70	二十三年七月二十六日	实采六九五号
华东公司李拔可	煤	铜山县东北乡贾家汪	33,489.24	十九年十二月一日	实采三〇九号
华东公司李拔可	煤	铜山县东北乡大沟沿	13,090.99	十九年十二月一日	实采三一〇号
同　上	煤	铜山县东北乡青山泉	25,183.00	同　上	实采三六二号
同　上	煤	铜山县东北乡韩场村北	13,078.00	同　上	实采三六三号
同　上	煤	铜山县贾汪镇夏桥	8,124.74	二十三年一月二十九日	实采五七九号
江苏建设厅	煤	萧县白土寨	77,223.57	二十三年三月二十一日	实采六〇七号
益兴公司冷晓山	磁土	丹阳县高桥镇石龙口山	2,023.64	二十三年六月七日	实采六六八号

江苏省小矿业

矿业权者	矿别	矿区所在地	矿区面积公亩	核准年月	执照号数	备注
崔吉生	笔铅	句容下蜀镇西后涧山	196.00	廿一年三日廿五日	苏字 2 号	
钱　璞	笔铅	句容北乡第九区苍头镇地方同山	123.02	廿一年四月六日	苏字 3 号	
龚志藩	笔铅	句容北二乡苍头镇小窑村南一颗山	89.51	廿一年八月十六日	苏字 6 号	

龚志藩	笔铅	句容下蜀镇竹涧山	186.14	廿一年九月九日	苏字7号
苏绍申 李汉章	磁土	吴县二土都二图白泥塘	102.00	廿一年五月廿六日	苏字4号
陶俊民	煤	宜兴金泉乡馒头山洪水塘	1,453.00	廿二年七月十三日	苏字5号
赵伯馀	煤	金坛游仙乡煤岩山	1,468.31	廿二年五月十日	苏字9号
唐彬	铜	江宁道静乡新四图磨子山	190.00	廿三年一月十三日	苏字11号

浙江省

矿业权者	矿别	矿区所在地	矿区面积	核准年月	执照号数
陈白涛	锰	杭县及馀杭东扇乡	585.00	十九年十二月一日	实采八二号
骆光甫	弗石	杭县东山西山	683.33	二十二年八月十七日	实采五〇八号
张仲馨	锰	杭县转塘柯村攒西坞	668.40	二十三年十二月二十九日	实采七九二号
何绍韩	弗石	新昌县东阳上坑坞及岗裹坞	564.00	十九年十二月一日	实采一三四号
同上	弗石	新昌县十都看牛湾	352.00	同上	实采一三六号
钱沥山	弗石	新昌县六都巡塘岸	322.56	同上	实采二四七号
大阪公司 丁汝棐	弗石	新昌县箬宛山岩洞前	744.49	二十二年六月五日	实采四七五号
何绍韩	弗石	金华县蕉叶岩村大公山	483.00	十九年十二月一日	实采一三五号
丁大年	锌	富阳县铜岭横山脚	383.00	同上	实采一八〇号
龙虎公司 李纪才	锑	昌化县石朋庄东山坪	680.13	二十一年七月三十日	实采二三四号

广鑫公司 楼　涤	锑	昌化县林村庄百丈坞毛竹湾	449.27	十九年 十二月一日	实采 四〇一号
陈逸生	弗石	嵊县五十一都雪坞	425.67	同　上	实采 二四八号
鹿洞公司 陈亦安	弗石	嵊县丁家店鹿洞口	831.80	二十二年二月二十八日	实采 四〇二号
范双喜	弗石	武义县南一庄石龙岗	860.00	十九年 十二月一日	实采 二七一号
何绍韩	弗石	武义县长蛇山人形人阔坑	1,446.00	二十三年 三月二日	实采 五九七号
同　上	弗石	武义县五尾龙山	273.00	同　上	实采 五九八号
国华锰矿公司 刘彤云	锰	乐清县溪港乡埭头村五咙山	401.98	二十二年七月二十五日	实采 四二〇号
李志海	磁土	瑞安县汇同村大坦坪	261.27	二十二年 四月十一日	实采 四三〇号
杨倬甫	弗石	义乌县南乡乌面山	1,719.29	二十二年 五月一日	实采 四四八号
长兴公司 刘长荫	煤	长兴县合溪乡至德区赵家村	32,748.75	十九年 十二月一日	实采 四五〇号
同　上	煤	长兴县至德区张家涧	30,413.08	同　上	实采 四五一号
同　上	煤	长兴县合溪镇石屑岗	6,561.79	同　上	实采 四五二号
同　上	煤	长兴县至德区千井湾	33,067.87	同　上	实采 四五三号
同　上	煤	长兴县至德区南宝村	31,294.39	同　上	实采 四五四号
长兴公司 刘长荫	煤	长兴县合溪乡田亩墩	31,059.76	十九年 十二月一日	实采 四五五号
林修良	铅	镇海县昆亭乡乌岩山	366.00	二十二年 六月五日	实采 四七六号
林子芬	弗石	诸暨县陈宅村茶蓬垄	200.00	二十二年六月二十四日	实采 四八三号
陈子珍	弗石	诸暨县开化乡陈宅庄	809.16	十九年 十二月一日	实采 七四九号

鲁锦章	锌	诸暨县小东乡梅溪区三十七都高坞坑	271.37	二十四年三月十二日	实采八二三号
义成公司邱雅馨	滑石	余杭县六七庄吴岭岗	3,779.00	二十二年七月四日	实采四八五号
天昌公司李鸿庆	磁土	余杭县朱家一庄白羊岭	302.02	二十二年七月十九日	实采四九八号
戊己公司蔡国成	硫磺	天台县橙深庄求阮坑	2,480.14	二十二年十月二十七日	实采五三七号
浙江建设厅	明矾	平阳县鸡笼山水尾山	66,616.48	二十三年十一月六日	实采七五八号

浙江省小矿业

矿业权者	矿别	矿区所在地	矿区面积公亩	核准年月	执照号数	备注
林仲清	矿铁	瑞安七都仙岩地方大罗山陈性山	60.00	廿一年一月五日	浙字7号	
黄闰生	弗石	义乌东乡二都冷水孔	197.00	廿一年二月一日	浙字8号	
王钟萃	弗石	义乌南乡塔山下庄后头山	139.63	二十一年十二月十日	浙字13号	
陈乐芗	弗石	义乌东乡二都里金村白汤山连老虎洞与牛脚迹	184.18	廿二年五月一日	浙字16号	
陈栾乡	弗石	义乌东南乡外垅头	27.92	廿二年十一月八日	浙字23号	
叶雪栽	锰	诸暨北乡坝坞附近安公山	73.00	廿一年六月廿日	浙字9号	
励乃鹏	硫磺	诸暨县大西区回队乡白马坑	156.23	廿二年八月廿九日	浙字20号	
斯成善	弗石	诸暨第一区三十一都樟树下	35.13	廿二年五月卅一日	浙字17号	
盛梦莲	煤	新昌东门外青山头	1,144.00	廿一年七月廿一日	浙字10号	
陈李芳	弗石	新昌桂溪村爿山	161.00	廿一年十二月七日	浙字12号	

丁雨生	弗石	新昌西区大畈村朝北山	102.10	廿二年七月一日	浙字18号
吕尔康	煤	新昌苍岙山	1,075.85	廿三年九月廿八日	浙字26号
赵紫丞	磁土	东阳东乡上宅中央坟山	103.82	廿一年十二月廿八日	浙字14号
明磊矿业社傅雍年	弗石	金华南华乡里八亩山(土名里郑陇)	98.76	廿二年二月廿五月	浙字15号
傅雍年	弗石	金华南乡安地里土名石枕头凤凰山	195.09	廿三年十月四日	浙字27号
周　普	硫磺	遂昌第二区外源乡治岭头苦米岭岭赤岗	25.72	廿二年七月十三日	浙字19号
陈钧葆	磺	龙游南乡溪口河西土名岩山头前	39.33	廿三年五月二十四日	浙字24号
黄锡山	磁土	杭县北乡良渚镇外村塘近山	76.59	廿三年七月廿七日	浙字25号
龚长卿	弗石	杭县第二区安溪应加山	76.63	廿三年十月廿三日	浙字28号
黄锡山	磁土	杭县北乡良渚镇	153.57	廿三年十二月十八日	浙字31号

安徽省

矿业权者	矿别	矿区所在地	矿区面积	核准年月	执照号数
张子琴	煤	铜陵朱村砦蜂子岭	1,609.72	二十年八月三日	实采一〇号
潘公威	煤	望江泉塘寺鹅公包	3,693.00	二十年七月二十五日	实采四号
安徽建设厅	煤	芜湖大龙岗朱家山	8,210.00	二十年十月二十八日	实采一二四号
吴葆斋	煤	芜湖石砚镇移风铺	2,840.00	二十年四月十一日	实采四二八号

馒头山煤矿协记公司	煤	贵池东一保李宫坂	18,330.00	二十年十月二十八日	实采三一一号
蒯伯衡	硫磺	贵池紫岩山扇子排	366.00	十九年十二月一日	实采三九二号
池惠公司何锡之	煤	贵池东一保孙家山	2,586.62	二十二年七月二十九日	实采五〇三号
沙溪公司黄佳秋	煤	贵池上三保闵龙冲	2,907.00	二十三年十一月二十三日	实采七七二号
民生公司金咏榴	煤	贵池东一保馒头山内赵家冲	2,583.18	十九年十二月一日	实采六七六号
赵显文	煤	宁国许村朱家庄	6,033.90	十九年十二月一日	实采三一五号
沈浚青	煤	宁国北乡灰山程山	17,243.84	同　上	实采三四一号
宁丰公司韩昌武	煤	宁国七里桥松树山	6,159.41	二十三年四月十八日	实采六三五号
福民公司徐国安	铁	当涂四区常稔圩小姑山	565.24	十九年十二月一日	实采三四二号
利民公司徐国安	铁	当涂东乡扇面山	2,322.42	同　上	实采三四三号
同　上	铁	当涂东乡妹子山	983.04	同　上	实采三四四号
同　上	铁	当涂东西小凹山	1,615.87	同　上	实采三四五号
同　上	铁	当涂北乡戴山	737.28	同　上	实采三四六号
同　上	铁	当涂北乡南山	2,912.25	同　上	实采三四七号
同　上	铁	当涂归善乡拷栳山	3,563.52	同　上	实采三四八号
宝兴公司章兆奎	铁	当涂二区平岘冈	1,665.00	同　上	实采三七二号
同　上	铁	当涂二区东山	1,523.71	同　上	实采三七三号
同　上	铁	当涂二区黄山沼	3,520.51	同　上	实采三七四号

陈美庭	煤	繁昌阳山团山淡竹山	1,615.00	二十一年十一月二十五日	实采三五〇号
胜昌公司李毓纯	煤	繁昌蒋家冲尚姓山周山	2,134.00	二十二年六月十四日	实采四七九号
裕成公司司徒济	煤	繁昌张冲脑牛形山	1,542.95	二十三年六月七日	实采六六九号
昌华铁矿公司	铁	繁昌赵冲朱山涝山	5,017.07	十九年十二月一日	实采七七三号
裕含公司叶雨青	煤	含山东阎镇老官山	13,379.80	二十二年七月四日	实采四八六号
同上	煤	含山东阎镇江家堌	10,251.20	同上	实采四八七号
建设委员会	煤	怀远上窑镇新城口	63,963.34	十九年十二月一日	实采五一一号
同上	煤	怀远源泉口长山	20,263.94	同上	实采五一二号
同上	煤	怀远舜耕山洞山	58,175.26	同上	实采五一三号
同上	煤	怀远舜耕山地方之九龙岗	54,799.50	同上	实采五一四号
大通煤矿公司	煤	怀远舜耕山	33,024.00	同上	实采七二九号
安徽建设厅	煤	宣城顶村乌石岗大茅山	45,769.80	二十三年一月卅一日	实采五八三号
同上	煤	宣城宁国大汪村白石岭马鞍山	35,560.00	同上	实采五八四号
金城公司郭善潮	锑	绩溪荆州镇杨家坞	2,039.21	二十三年五月十八日	实采六六一号

安徽省小矿业

矿业权者	矿别	矿区所在地	矿区面积公亩	核准年月	执照号数	备注
鲍子远	煤	巢县东南乡第八区芦塘营北放牛山一带	663.55	二十年十月十二日	皖字1	
鲍逸民	煤	巢县南乡第六区高林桥大山尾苏家垅	474.00	二十三年七月十九日	皖字23	
同庆公司程士桢	煤	怀宁渌水乡十里保三甲蛇形山蔡家山潘家山等处	321.00	二十年十月二十四日	皖字2	
安宁公司陈少庭	煤	怀宁十里保火龙山等处	1,007.00	二十年十二月二十四日	皖字3	
王华斋	煤	怀宁集贤保小垣等处	494.00	二十一年三月十八日	皖字9	
张　森	煤	怀宁大风乡磨山保长隔河山凸竹庄江红庄汪山等处	388.00	二十三年四月三十日	皖字22	
李萃文	煤	繁昌北乡骆冲	999.60	二十一年一月二十七日	皖字4	
同　上	煤	繁昌北乡杨坡冲	1,211.83	二十一年一月二十七日	皖字5	
张楷南	煤	繁昌北乡一二都周洪公山蛇形马家荡	1,345.54	二十二年六月十二日	皖字19	
陈汉章	煤	繁昌西二区幢山寺象鼻山天台山等处	1,075.00	二十二年八月二十五日	皖字20	
陆子冬	煤	繁昌南乡十八都新林铺北约半公里古路冲	1,200.00	二十三年八月八日	皖字24	
周毓英	煤	芜湖南乡管平铺滕家冲龙灯山	977.00	二十一年一月二十七日	皖字6	
陆大道	煤	贵池西二保鹞子头山仁信山凤形山	544.36	二十一年二月十五日	皖字7	

杨仲卿	煤	贵池西乡下六保象山一带	274.00	二十二年三月八日	皖字16
王萃农	煤	贵池西乡西二保上区阴坑牛形山美女山等处	479.23	二十二年二月十七日	皖字15

江西省

矿业权者	矿别	矿区所在地	矿区面积	核准年月	执照号数
毛毓汉	煤	丰城县河西羊公山	1,691.00	十九年十二月一日	实采一九〇号
叶向阳	煤	丰城县梅岭乡浙象桥	1,998.03	同上	实采二七〇号
久大公司周晴湖	煤	丰城县梅岭乡老虎眉	5,200.17	二十三年十二月三日	实采七七六号
同益公司胡耀华	煤	丰城县富水乡烟包嘴	2,572.37	二十四年三月八日	实采八一六号
李华堂	磁土	临川县南溪村大窝山	470.02	十九年十二月一日	实采三六五号

江西省小矿业

矿业权者	矿别	矿区所在地	矿区面积公亩	核准年月	执照号数	备注
卢翼赞	煤	高安南乡上十三都白泉地方易家山乌龟山	607.53	二十年九月二十二日	赣字1	
公大道	煤	高安枫林乡泉溪村科山路从岭等处	851.10	二十年五月三日	赣字6	
罗　英	煤	余千二十九都桐源村殿背山粪箕山等处	913.42	二十一年二月二十五日	赣字2	

余达三	煤	丰城县四区四乡因村石子岭	1,148.54	二十一年三月九日	赣字3
李毓华	煤	丰城楮山乡四区楮山弹子石	553.00	二十一年三月十一日	赣字4
张垂宽	煤	丰城四区大合乡卧虎山地方	60.30	二十一年四月二十一日	赣字5
熊公瑞	煤	丰城长岭山曾家岭等处	478.90	二十一年六月一日	赣字8
任绍奚	煤	丰城冈背山地方	475.45	二十一年十月二十六日	赣字10
周循南	煤	丰城卿塘乡石窖冈曾家垅龟山花园里梅仙岭东南麓	780.31	二十二年七月三日	赣字13
聂振兴	煤	丰城第三区富水乡杨梅脑黄土岭	184.80	二十二年八月二十一日	赣字14
龚鸿卿	煤	丰城第七区梅岭乡七十八都一图头石鼓地方	513.12	二十三年一月六日	赣字15
鄢世藩	煤	丰城第五区马塘乡马塘村长岗墘	256.45	二十三年一月二十四日	赣字16
聂三顺	煤	丰城第三区富水乡沿溪洲	1,149.26	二十三年六月一日	赣字18
罗素一	煤	丰城第三区富水乡陈坊吴家村前茶地岭地方	96.35	二十三年七月十九日	赣字19
赵宋初	煤	进贤第一区乌冈晒银窝杉树坟眉毛岭等处	957.61	二十三年五月三日	赣字17

湖北省

矿业权者	矿别	矿区所在地	矿区面积	核准年月	执照号数
开源公司杨西谷	煤	宜都县李家湾大花岭	1,800.00	十九年十二月一日	实采二〇三号
同兴公司刘伯英	煤	宜都县文华区人洞沟	2,352.84	二十二年十一月九日	实采五四一号

刘西伯	煤	宜都县文华乡江家湾	2,466.82	十九年十二月一日	实采六七七号
慈惠公司罗立三	煤	大冶县猫机堡煤炭岭	21,142.53	二十一年七月七日	实采二一五号
中仓公司阮兆春	煤	大冶县石灰堡中窑湾	7,097.50	二十一年十二月二十一日	实采三七一号
利华煤矿公司	煤	大冶县关王堡伏虎山荷叶山	49,334.86	十九年十二月一日	实采六五五号
富华公司陶公迪	煤	大冶县关王堡黄思堡大路沟	45,250.81	同上	实采七九六号
富源公司	煤	大冶东乡石灰堡余家岩	47,040.15	十九年十二月一日	实采八二五号
福东公司范阮青	煤	阳新县狮子山羁牛墩	5,382.14	同上	实采四三四号

湖北省小矿业

矿业权者	矿别	矿区所在地	矿区面积	核准年月	执照号数
雷新三	煤	大冶西乡横三堡汪雷村柿湾山	918.31	二十二年三月二十三日	小字 3
张仲淑	煤	嘉鱼官桥附近大头山	568.45	二十二年十一月十一日	小字 4
龚体仁	煤	蒲圻东乡丰财堡仙人观獭儿山	930.31	廿二年十二月九日	小字 5
黄香波	煤	蒲圻第四区小柏乡狮形山	786.90	廿三年八月卅一日	小字 6
刘书麟	煤	宜都第六区十七保松木坪庙河	267.26	廿二年三月十三日	小字 7

湖南省

矿业权者	矿别	矿区所在地	矿区面积	核准年月	执照号数
鑫达公司 吴声达	锑	东安县北应乡小牛头凤凰岌	353.00	二十年七月二十九日	实采七号
天宝公司 谭养元	锑	东安县牛头寨毛边冲	473.00	十九年十二月一日	实采六六号
一新公司 黄济华	锑	东安县北应牛头寨老屋场	461.00	同　上	实采七四号
天吉公司 邹佑廷	锑	东安县牛头寨毛边冲	445.44	同　上	实采三八九号
天锡公司 唐耀光	锑	东安县北应乡黄泥洞	2,815.00	二十三年九月二十六日	实采七三六号
盈丰公司 徐介龕	锰	益阳县鲊埠镇静安园等处	2,710.00	十九年十二月一日	实采九号
鼎泰公司 夏光耿	锑	益阳县鲊埠镇叶家冲	600.00	同　上	实采一一号
弘业公司 宋双元	锑	益阳县鲊埠镇将军山岩渣坨	1,530.00	同　上	实采二五号
乐陶公司 黄孟祥	锑	益阳县鲊埠镇仙人岭	676.00	同　上	实采六四号
资湘公司 吴遗荫	锑	益阳县王家村将军山	1,028.00	十九年十二月一日	实采一六五号
永祥公司 大德筠	煤	益阳县文家湾神山坪	2,000.00	二十一年六月二十日	实采二〇二号
久通公司 梁焕廷	锑	益阳县板溪薛家牌	8,563.00	十九年十二月一日	实采四二七号
天生和公司 潘祖锡	锑	新化县安集乡洣矿村锡矿山谭家坪	278.00	同　上	实采一二号
鸿吉公司 梁笃修	锑	新化县锡矿山长龙界	150.00	同　上	实采一三号
兴记公司 刘业纯	锑	新化县锡矿山横冲里	32.00	同　上	实采一四号
集大成公司 唐季农	锑	新化县上连村江冲洞石竹山湾	614.00	同　上	实采一九号
九通公司 李志卿	锑	新化县洣矿村七里江艳山红	297.00	同　上	实采二七号

福和裕公司 杨光位	锑	新化县锡矿山茶园里	27.00	同　上	实采二八号
厚利公司 陈启明	锑	新化县锡矿山长龙界横冲里	140.00	同　上	实采二九号
美玉公司 陈启明	锑	新化县锡矿山长龙界	15.00	同　上	实采三〇号
升厚公司 杨开岐	锑	新化县锡矿山免子迷欧家冲	118.00	同　上	实采三七号
广大生公司 唐笃余	锑	新化县锡矿山长龙界	16.00	同　上	实采四一号
福和公司 杨叔松	锑	新化县锡矿山观音岩	354.00	同　上	实采五三号
同富公司 杨开岐	锑	新化县锡矿山陶塘	322.00	十九年 十二月一日	实采五四号
金生泰公司 曾繁履	锑	新化县锡矿山长龙界	18.06	同　上	实采五六号
永金公司 刘明藩	煤	新化县永溪村红岩河	4,258.00	同　上	实采六一号
锡瑞公司 谢纯椴	锑	新化县上连村张家坪	341.00	同　上	实采六八号
福记宝大兴 公司杨笃武	锑	新化县锡矿山田湾里	252.05	同　上	实采六九号
宝顺公司 刘隆汇	锑	新化县锡矿山横冲里	101.00	同　上	实采七一号
镒兴公司 吴代镒	锑	新化县安集乡上连村	559.00	二十年 九月八日	实采七二号
永同公司 杨来藩	锑	新化县锡矿山免子岭	263.00	十九年 十二月一日	实采七八号
三珍公司 杨源逢	锑	新化县安集乡牛[illegible]湾	587.00	同　上	实采八一号
美德公司 杨　刷	锑	新化县锡矿山陶塘屋背后	160.00	同　上	实采八三号
详记大道公司 杨光桐	锑	新化县锡矿山枫树山	51.00	同　上	实采八五号
[illegible]记公司 杨括球	锑	新化县锡矿山竹山榀	225.00	同　上	实采八八号

顺禄永公司陈显樾	锑	新化县锡矿山欧家冲	117.00	同　　上	实采八九号
杨美记公司杨光曦	锑	新化县锡矿山响鼓硐	111.00	同　　上	实采九〇号
德华盛公司杨来志	锑	新化县锡矿山长龙界	228.00	十九年十二月一日	实采九一号
福和长公司杨笃诚	锑	同　　上	191.00	同　　上	实采九二号
利记保珍善公司邹乐午	锑	同　　上	85.00	同　　上	实采九三号
善记公司康朝举	锑	新化县洣矿村毛家岭	215.00	同　　上	实采九四号
义利公司晏孝泽	锑	新化县洣矿村免子迷	76.00	同　　上	实采九五号
宝厚公司杨锡钦	锑	新化县锡矿山欧家冲	242.00	同　　上	实采九七号
龙富公司杨益世	锑	新化县锡矿山长龙界	112.00	同　　上	实采九九号
天生利公司晏孝泽	锑	新化县锡矿山免子迷	53.00	同　　上	实采一〇〇号
华贵公司杨光位	锑	新化县锡矿山水口山	84.00	同　　上	实采一〇二号
富记公司杨光位	锑	新化县锡矿山免子迷	38.00	同　　上	实采一〇三号
畸富公司杨来葵	锑	新化县锡矿山茶园里谭家冲	722.00	同　　上	实采一〇四号
开记公司杨仲松	锑	新化县洣矿村七里江	95.00	同　　上	实采一〇六号
大德生公司杨笃诚	锑	新化县锡山水口山	172.00	同　　上	实采一〇八号
天九成通记公司李傅烓	锑	新化县锡矿山欧家冲	29.00	同　　上	实采一〇九号
广利公司李详云	锑	新化县安集乡江屋冲	676.00	十九年十二月一日	实采一一四号
宝德公司杨开第	锑	新化县锡矿山横冲里	256.00	同　　上	实采一一五号

怀瑜集记公司 李庆熙	锑	新化县安集乡免子述	105.00	同　上	实采 一一六号
楚康公司 康毓沅	锑	新化县锡矿山邓家排	494.00	同　上	实采 一一八号
楚珍公司 陈汉川	锑	新化县锡矿山横冲里	57.00	同　上	实采 一二〇号
同信公司 童庶熙	锑	新化县锡矿山祖山冲	47.00	同　上	实采 一二一号
时利和公司 唐万福	锑	新化县锡矿山学堂背后	19.00	同　上	实采 一二二号
公孚利公司 李章辅	锑	新化县锡矿山檀山湾	866.00	同　上	实采 一二五号
永福公司 杨来葵	锑	新化县沫矿村长龙界	479.00	同　上	实采 一二八号
宝兴公司 李庆熙	锑	新化县锡矿山欧家冲	71.00	同　上	实采 一二九号
怀宝公司 邹家寿	锑	新化县锡矿山长龙界	48.00	同　上	实采 一三〇号
光大公司 萧湘柱	锑	新化县大同镇坪丰村	1,323.00	同　上	实采 一三二号
吉祥公司 游范臣	锑	新化县锡矿山响鼓述	101.00	同　上	实采 一三八号
锡华公司 谢锡吾	锑	新化县锡矿山毛家述	313.00	同　上	实采 一四〇号
时富公司 唐义田	锑	新化县锡矿山大竹山	256.00	二十年十二月二十九日	实采 一四三号
同福公司 唐棣禄	锑	新化县锡矿山杨家垣	117.00	十九年十二月一日	实采 一四四号
万顺公司 曾叔式	锑	新化县锡矿山长龙界	31.00	同　上	实采 一四五号
长和富公司 刘业勋	锑	新化县锡矿山学堂背后	76.00	同　上	实采 一四九号
裕庆厚公司 晏光枢	锑	新化县锡矿山长龙界	51.00	同　上	实采 一五〇号
宝德富公司 萧竹雯	锑	新化县上连村聂家冲	325.00	同　上	实采 一五三号

安记福公司 杨光位	锑	新化县锡矿山泷山界	91.00	同　上	实采 一五四号
宝和德公司 杨耀廷	锑	新化县锡矿山萧家湾	1,575.00	二十一年一月二十七日	实采 一五九号
美利言公司 刘业孚	锑	新化县锡矿山赵家垅	117.00	十九年 十二月一日	实采 一七五号
大有庆公司 刘绍业	锑	新化县锡矿山欧家冲	55.00	同　上	实采 一七六号
履祥吉公司 刘维烈	锑	新化县锡矿山横冲里	313.00	同　上	实采 一七七号
三益公司 刘绍烈	锑	新化县锡矿山免子逖	120.00	同　上	实采 一七八号
鑫富公司 凌光耀	锑	新化县锡矿山萧公庙	521.00	二十一年五月二十五日	实采 一八九号
益善公司 刘善慎	锑	新化县老锡矿山	132.00	十九年 十二月一日	实采 一九四号
业广公司 汪自村	锑	新化县江冲聂家冲	784.00	十九年 十二月一日	实采 二二八号
楚德富公司 康德宣	锑	新化县锡矿山长龙界	68.81	十九年 十二月一日	实采 二三九号
楚盛公司 康裕沅	锑	新化县锡矿山坝塘山	369.00	二十一年 九月十四日	实采 二七六号
资富公司 杨耀春	锑	新化县锡矿山檀山湾	55.00	十九年 十二月一日	实采 二八七号
洪益公司 晏矩庵	锑	新化县锡矿山长龙界	17.96	十九年 十二月一日	实采 二八八号
资深源盛记公司罗教宣	锑	新化县安集乡锡矿山	120.79	十九年 十二月一日	实采 二八九号
古庆福公司 高播廷	锑	新化县锡矿山免子逖	21.20	十九年 十二月一日	实采 二九〇号
景农公司 唐承武	锑	新化县七里江黄观洞	407.00	二十一年十二月二十一日	实采 三六八号
益富公司 杨光植	锑	新化县锡矿山萧家湾	442.60	十九年 十二月一日	实采 三七五号
致富协记公司 刘叙彝	锑	新化县锡矿山赵家龙	149.00	十九年 十二月一日	实采 三九五号

复楚公司 段自立	锑	新化县锡矿山兔子述	46.28	十九年 十二月一日	实采 四〇六号
开源公司 段震寰	锑	新化县锡矿山飞入岩	1,396.00	十九年 十二月一日	实采 四〇七号
同人福公司 童天岩	锑	新化县锡矿山锯木冲	948.70	二十二年 四月六日	实采 四二四号
石生瑞公司 杨来藩	锑	新化县洣矿村横冲里	21.70	十九年 十二月一日	实采 四二六号
于斯盛公司 杨括球	锑	新化县洣矿村泰湾里	307.20	十九年 十二月一日	实采 四三五号
智华公司 杨锡钦	锑	新化县锡矿山罗家院	1,069.44	二十二年 八月十日	实采 五〇六号
全富公司 杨如园	锑	新化县七里江新江冲	560.60	二十二年 九月十四日	实采 五二一号
积善祥公司 杨福山	锑	新化县安集乡黄关硐	1,239.00	二十二年十 一月二十四日	实采 五四五号
美利兴公司 孙诗杰	锑	新化县锡矿山欧家冲	358.00	十九年 十二月一日	实采 五四六号
金声公司 罗教煊	锑	新化县锡矿山学堂坳	816.00	十九年 十二月一日	实采 五五四号
宝善公司 段自立	锑	新化县洣矿村锡矿山	71.37	十九年 十二月一日	实采 五六〇号
宝华公司 刘敬修	锑	新化县锡矿山长龙界	30.00	十九年 十二月一日	实采 六四七号
同裕公司 杨树人	锑	新化县安集乡垅岭	427.40	二十一年二 月二十四日	实采 六七二号
厚生公司 曾繁履	锑	新化县锡矿山小黄冲	23.73	二十三年 六月二十日	实采 六七四号
集利享福记 公司杨源和	锑	新化县锡矿山田井冲	514.00	二十三年六 月二十三日	实采 六八二号
时宝公司 李承伯	锑	新化县锡矿山大竹山	172.00	二十三年 七月十二日	实采 六九二号
源源公司 杨缉光	锑	新化县上连村黄土岗	147.08	二十一年二 月二十四日	实采 七〇七号
志达公司 蒋　真	锑	新化县上连村果子园	285.04	二十一年二 月二十四日	实采 七〇七号

福记富民公司 杨笃武	锑	新化县锡矿山长仑界	104.45	十九年 十二月一日	实采 七五六号
物华公司 李世荃	锑	新化县矿山镇降子冲	734.00	二十三年十一月十七日	实采 七六五号
致远公司 杨笃武	锑	安化县扶王村枧冲里长冲里	130.00	十九年 十二月一日	实采 一五号
道善公司 谭孝檠	锑	安化县廖家坪金竹园	3,312.00	十九年 十二月一日	实采 一七号
天生和公司 陈祖尧	锑	安化县阴山牌孟公坳张公坳	1,425.00	十九年 十二月一日	实采 五五号
田庄湾公司 吴绍堂	锑	安化县田庄湾烂泥冲	1,204.00	十九年 十二月一日	实采 八四号
天禄公司 萧纲寰	锑	安化县常丰镇廖家坪	1,290.00	十九年 十二月一日	实采 一三一号
利和公司 梁毓莹	煤	安化县丰乐镇猪婆仑	2,916.00	十九年 十二月一日	实采 一四七号
玉泰公司 陈祖光	锑	安化县常丰镇朽木冲	463.00	十九年 十二月一日	实采 一七四号
民权公司 易钧鸿	煤	安化县丰乐镇高冲	1,837.00	二十一年 五月十八日	实采 一八四号
阜新公司 郭绍葆	锑	安化县四都镇枫木冲	1,069.00	十九年 十二月一日	实采 二〇五号
广惠公司 袁子尧	锑	安化县五都镇朱家冲	3,180.00	二十一年 八月十一日	实采 二四四号
振宗公司 欧阳森	铅笔	安化县石环村老虎孔	5,880.00	二十一年八月二十三日	实采 二五三号
湖北 建设厅	锑	安化县西区宋家坪	607.00	十九年十二月一日	实采 二八一号
湖北 建设厅	锑	安化县西三区柏子园	307.00	十九年 十二月一日	实采 二八二号
通和公司 章执中	锑	安化县柏子园牛角湾	1,096.00	十九年 十二月一日	实采 二八三号
应谱公司 陈祖尧	煤	安化县丰乐区臭家冲	1,800.00	二十二年七月二十九日	实采 五〇五号
人和公司 李双璧	煤	安化县丰乐区陈家山	6,015.00	二十三年一月二十五日	实采 五七八号

鸣镇公司 刘赞育	煤	安化县大虎形茶园山	3,806.00	二十三年二月十七日	实采五九一号
利济公司 李道荪	煤	安化县金刚山夜间冲	3,910.00	二十三年四月十二日	实采六二三号
金玉公司 黄楚南	煤	安化县丰乐区檀木托	5,676.00	二十三年四月二十一日	实采六四二号
五福公司 彭　御	煤	安化县常安区碧林桥	5,669.00	二十三年十月三十日	实采七五四号
耀达公司 杨笃武	锑	安化县常丰镇廖家坪	970.75	十九年十二月一日	实采七五五号
虞记公司 易虞杰	煤	安化县常丰镇苏家垴	5,460.00	二十四年一月十五日	实采八〇一号
福记公司 罗峻极	砒	攸县嘉都曾家山雪竹排	1,357.00	十九年十二月一日	实采一六号
攸常福公司 康刘瑞	砒	攸县曾家山皂角垅王竹山	2,046.00	十九年十二月一日	实采二〇号
阜南公司 刘炳林	煤	攸县波坡虎塘冲	5,044.00	十九年十二月一日	实采五二号
新记利用公司 谢青简	煤	攸县安西镇枫仙岭	2,316.00	二十一年四月二十三日	实采一六八号
泰华煤矿公司 任鹏万	煤	攸县安西镇长冲牛形山	6,592.00	二十一年四月三十日	实采一七二号
利用公司 谢青简	煤	攸县安西镇煤衣塘	5,786.00	二十一年八月十一日	实采二四九号
利益公司 萧　泽	火粘土	攸县嘉都紫荆山	292.00	二十二年一月十七日	实采三八八号
阜昌公司 文任栋	砒	攸县嘉都大高峰	1,855.00	二十二年六月五日	实采四七三号
厚生公司 谭新文	煤	攸县安西镇白毛冲	7,346.00	二十三年一月五日	实采五六七号
天锡福公司 谢虞臣	锑	邵阳县龙山章家冲	317.00	十九年十二月一日	实采一八号
天禄公司 陈　镇	锑	邵阳县易易乡沙子坑	518.00	十九年十二月一日	实采四〇号
佩记公司 刘　堃	锑	邵阳县龙山易易乡三都腰	1,278.00	十九年十二月一日	实采五一号

广利公司 史镒	煤	邵阳县郭家冲五厢塘	9,210.00	十九年十二月一日	实采七三号
广福公司 史镒	煤	邵阳县震中团牛马市	4,694.00	十九年十二月一日	实采一四六号
大丰公司 谢静	锑	邵阳县易易乡竹庵岭	1,352.00	十九年十二月一日	实采二二七号
笃祜公司 谭国黼	锑	邵阳县易易乡硫磺山	221.00	十九年十二月一日	实采二五一号
永记福成公司 董璋	煤	邵阳县永安团高家桥	2,770.00	二十一年七月十四日	实采二二一号
荣记公司 梁兆元	锑	邵阳县龙山镇枫树�述	320.00	十九年十二月一日	实采二九一号
广益福公司 梁兆元	锑	邵阳县易易乡钟家岭	3,270.00	十九年十二月一日	实采三〇二号
裕国公司 罗浩	煤	邵阳县鹤田垄赵李坪	9,196.00	二十二年四月二十六日	实采四四〇号
宝兴公司 赵拔萃	煤	邵阳县万安乡嘶马冲	1,787.00	二十二年五月三日	实采四四六号
福禄公司 谭国黼	锑	邵阳县易易乡钟家岭	4,223.00	十九年十二月一日	实采四九九号
德宝公司 陈炳离	煤	邵阳县宝劲区	1,809.00	二十二年十月十四日	实采五三二号
麓佑公司 苏秉衡	煤	邵阳县亲义团虎形山	1,828.00	二十二年十月二十八日	实采五四〇号
承润公司 刘新闳	锑	邵阳县龙山镇后洞冲	2,620.00	十九年十二月一日	实采五五九号
裕利公司 贺纪武	煤	邵阳县麻阳保烟竹庙	3,576.00	二十三年一月二十二日	实采五七四号
金城公司 李本仁	煤	邵阳县七里乡马颈垇	16,460.00	二十三年五月十八日	实采六六二号
民有公司 曾颂君	铅锌	邵阳县姚黄乡宜秋庙	1,827.00	二十三年九月六日	实采七二一号
福兴公司 岳德兴	煤	邵阳县集云乡高山庙	1,813.00	二十三年十月十三日	实采七三九号
利农公司 陈琦东	煤	邵阳县安慎乡尖角山	5,416.00	二十三年十一月十四日	实采七六三号

锦华公司 甘　熙	煤	邵阳县亲义乡铜巴塘	3,980.00	二十三年十二月二十二日	实采 七八八号
镇湘公司 刘光裕	煤	邵阳县安勤乡金仙岭	1,652.00	二十四年 一月八日	实采 七九四号
运通公司 岳　时	锑	邵阳县宝和乡凤竹岭	1,530.00	二十四年 一月十五日	实采 八〇二号
恒安公司 吴彤辉	钨	临武县盔一乡香花岭莱蕻岭	414.00	十九年 十二月一日	实采 二一号
湘记公司 李楚英	锡	临武县香花岭黑竹堌	387.00	十九年 十二月一日	实采 二六号
华新公司 夏镜清	锡	临武县牛脚坑狮子岭	332.00	十九年 十二月一日	实采 三一号
鼎益公司 刘鼎炎	锡	临武县香花铺石溪岭	725.00	十九年 十二月一日	实采 五八号
阜宁公司 吕桢楚	锡	临武县沙子岭四方井	368.00	十九年 十二月一日	实采 五九号
永兴公司 邓大蔚	锡	临武县香花岭深抗里鸡公岭	1,880.00	十九年 十二月一日	实采 六二号
大康公司 李梦熊	锡	临武县香花岭牛脚坑	399.00	十九年 十二月一日	实采 六七号
宝义公司 刘　茂	砒	临武县香花岭四方井	316.00	十九年 十二月一日	实采 七五号
天顺公司 敖慎高	锡	临武县铁沙坪崩园	492.00	十九年 十二月一日	实采 八六号
宜成公司 李子馀	钨	临武县东山岭背平冲	1,364.00	十九年 十二月一日	实采 一一一号
刘　滚	锡	临武县香花岭锡沙坪	582.04	二十一年七月二十五日	实采 二二六号
华一公司 欧阳泰	锡	临武县香花岭荷叶冲	319.00	十九年 十二月一日	实采 二七八号
大成公司 曹立人	锡	临武县镇南团铁沙坪	2,475.00	二十三年 九月一日	实采 七一五号
振东公司 欧阳鑫	钨	临武县镇北团尖峰岭	4,306.00	二十三年 九月六日	实采 七二三号
元丰公司 李子善	钨	临武县平田乡大石坑	9,842.00	十九年 十二月一日	实采 七四三号

裕湘公司 李达三	煤	永兴县周家冲杨梅树下	3,809.00	二十年八月十四日	实采二三号
福和公司 刘大权	煤	永兴县长庆乡羊牯坳	6,537.00	二十年十月五日	实采一〇一号
裕通公司 李子槪	煤	永兴县金陵乡竹窝里	2,241.00	二十年十月二十八日	实采一一七号
福元公司 刘大权	煤	永兴县长庆乡塘门口	6,116.00	二十一年九月二十三日	实采二八四号
鼎兴公司 张幻青	煤	永兴县长庆乡月形山	8,274.00	二十一年十二月十四日	实采三五八号
裕新公司 吴致用	煤	永兴县第六区刀背岐	8,928.00	二十一年十二月二十一日	实采三六七号
万利公司 李学安	煤	永兴县权蓝老墙里	1,577.00	二十三年四月十二日	实采六二〇号
开源公司 许朝芳	煤	永兴县八花岭水口庵	8,940.00	二十三年六月二十七日	实采六八六号
振湘公司 李懋勋	煤	永兴县上彦洞砂帽岭	2,999.00	二十三年十月二十四日	实采七五〇号
八大公司 欧阳铎	煤	宁乡县龙形山虎形山	1,665.00	十九年十二月一日	实采二四号
守一公司 贺耀绯	煤	宁乡县煤炭坝五斗丘	1,812.00	十九年十二月一日	实采一八一号
济生公司 周炳麟	煤	宁乡县高露乡长林冲	3,704.00	二十一年七月二十五日	实采二二四号
兼善公司 谢卧东	煤	宁乡县洋泉镇土地坡	2,985.00	二十一年八月二十三日	实采二五二号
阜康公司 蒋隆权	煤	宁乡县麟峰乡一心团	4,928.00	二十一年八月二十三日	实采二五四号
开源公司 周竺僧	煤	澧县昌家峪土地庙	4,556.00	十九年十二月一日	实采三四号
阜湘公司 杨道馨	煤	澧县西乡羊耳山孙姓山	1,690.00	十九年十二月一日	实采一三七号
裕顺公司 刘名望	锑	溆浦县铭塘湾刘姓山	799.00	十九年十二月一日	实采三六号
性甫公司 张良武	煤	溆浦县王家山大塘湾	1,702.00	十九年十二月一日	实采五〇号

学而公司 凌家权	锑	溆浦县二都泥潭冲	528.00	十九年 十二月一日	实采 一二七号
月恒公司 武文炯	煤	溆浦县打肩坡黄狗窠	2,942.98	十九年 十二月一日	实采 二九三号
民生公司 武钦谢	煤	溆浦县底庄小象鼻山人形	2,969.00	二十一年十一月十五日	实采 三一二号
谦益公司 廖鸿年	硫磺	溆浦县保安镇观音阁	368.64	十九年 十二月一日	实采 三七九号
白云公司 高际云	硫磺	溆浦县云雾山打磺湾	2,844.00	二十三年 四月十二日	实采 六二四号
谦泰公司 廖炳炎	硫磺	溆浦县严家垅龙形坑	906.00	二十三年 九月六日	实采 七二二号
溥利公司 何清洲	煤	溆浦县寨子山油麻坑	3,158.00	二十三年 十二月三日	实采 七七七号
民本公司 谢健园	锑	溆浦县茶叶冲栗树堡	289.00	二十三年十二月十二日	实采 七八三号
厚德公司 何复初	煤	溆浦县曾家冲野狗岩	2,278.00	二十三年 十月十三日	实采 七四二号
庐峰公司 胡子敬	煤	溆浦县小江市滩头塘	4,232.00	二十三年十二月二十二日	实采 七八七号
利济公司 邓常德	煤	湘乡县大芦岗大仑脑	1,738.00	十九年 十二月一日	实采 四二号
乾丰公司 廖树勋	磺	湘乡县嘉谋镇周家牌	1,070.00	十九年 十二月一日	实采 七〇号
致祥公司 谢钦之	煤	湘乡县集祥镇	2,072.00	二十年十月三十一日	实采 一一三号
嘉享公司 朱　與	硫磺	湘乡县青树镇嘉祥江	387.00	十九年 十二月一日	实采 一一九号
宝善公司 唐斯盛	煤	湘乡县永丰镇油子牌	1,677.00	十九年 十二月一日	实采 一四八号
燕堂公司 彭迪光	煤	湘乡县永丰镇太婆脑	1,690.00	二十一年一月二十七日	实采 一五八号
腾水公司 彭常惕	煤	湘乡县永丰镇李家冲	2,034.00	二十一年 四月三十日	实采 一七三号
富湘公司 王佩初	煤	湘乡县洪山殿羊角塘	1,704.00	十九年 十二月一日	实采 一八八号

鑫利公司 朱汉明	煤	湘乡县嘉谋镇马蹄山	4,478.00	二十一年五月三十一日	实采 一九三号
福记公司 聂明章	煤	湘乡县神童镇雷公井	2,304.00	二十一年 六月十四日	实采 一九八号
大隆公司 赵绍明	煤	湘乡县集祥镇大雷峰	4,138.00	二十一年 六月十四日	实采 一九九号
鸿锡公司 李双璧	煤	湘乡县神童镇乌云山	2,401.00	二十一年六月二十八日	实采 二〇六号
集成公司 萧 燊	煤	湘乡县泉塘皂角湾	1,677.00	十九年 十二月一日	实采 二六三号
福永公司 刘本祜	煤	湘乡县集祥镇娥眉湾陈家湾	4,236.00	二十一年 九月十四日	实采 二七五号
振楚公司 萧 业	硫磺	湘乡县集祥镇竹山井	3,626.00	二十一年 九月十四日	实采 二七七号
晋昌公司 宋振祥	煤	湘乡县永丰镇茶花岭	1,520.00	二十一年 十二月一日	实采 三五七号
益丰公司 廖树勋	硫磺	湘乡县煤炭塘沙山牌	344.06	十九年 十二月一日	实采 三八〇号
天宝裕公司 周鸿渐	煤	湘乡县神童镇回龙山	6,960.00	二十二年 四月三日	实采 四二一号
凤翔公司 彭膺韦	煤	湘乡县凤形山杀狗坳	1,751.00	二十二年 七月十二日	实采 四九六号
阜昌公司 王凌瀛	煤	湘乡县嘉谋镇虎形山	5,439.00	二十二年七月二十九日	实采 五〇四号
利普公司 彭寿植	煤	湘乡县永丰镇石炭冲	5,757.00	二十二年 十月四日	实采 五二八号
履实公司 刘培淮	煤	湘乡县蚌壳形白碑基	8,778.00	二十二年十二月十九日	实采 五五六号
立生公司 贺培鑫	煤	湘乡县十九都金盆形	10,466.00	二十三年 四月十二日	实采 六二一号
福兴公司 彭学成	煤	湘乡县嘉谋镇炭眼塘	3,804.00	二十三年 六月三十日	实采 六八八号
祥丰公司 龚政刍	煤	湘乡县庵堂托罗家冲	5,216.00	二十三年 八月四日	实采 七〇〇号
民生公司 秦见佛	煤	湘乡县嘉谋镇九照仑	3,496.00	二十三年 八月九日	实采 七〇四号

爱华公司 胡少潜	煤	湘乡县白毛冲九皋冲	2,092.00	二十三年八月九日	实采七〇五号
瑞丰公司 龚抱轩	煤	湘乡县杉兰门墓公塘	1,597.20	二十三年八月二十三日	实采七一〇号
三达公司 吴久良	煤	湘乡县萧家排傅家仑	3,756.00	二十三年九月二十六日	实采七三五号
福和公司 钟才益	煤	湘乡县嘉谋镇娄子托	2,215.00	二十三年十月二十四日	实采七四四号
群力公司 康特石	煤	湘乡县带子牌石竹冲	7,258.00	二十三年十月二十四日	实采七四五号
群利公司 朱达礼	煤	湘乡县马王山罗家湾	1,572.00	二十三年十一月十四日	实采七六四号
振兴公司 谭泽楠	钨	茶陵县半节山铜锣坪	5,382.00	十九年十二月一日	实采四三号
同益公司 龙秉刚	钨	茶陵县太湖人形陵	1,495.00	二十四年二月十六日	实采八一七号
合兴公司 曹镜蓉	煤	耒阳县石豪里竹鸡窠红水眼	8,875.00	二十年八月三十四日	实采四四号
宝泰公司 周道南	煤	耒阳县滴水岩鹅公脑大官小官	1,677.00	十九年十二月一日	实采四九号
三才公司 张如孙	煤	耒阳县淝江镇大山岭	2,934.00	二十一年四月十八日	实采一六六号
人和祥公司 陈　健	煤	耒阳县淝江镇风车口	1,799.00	二十一年七月二十五日	实采二二五号
振兴公司 刘业珣	煤	耒阳县石嘴市燕子岩	13,338.00	二十三年二月二十三日	实采五九二号
三和公司 梁邦桢	煤	耒阳县白沙柏家园	8,474.00	二十三年四月三十日	实采六四八号
建兴公司 陈焕南	锑	新宁县西喉村秀才冲	588.00	十九年十二月一日	实采六五号
楚华公司 刘寿康	锑	新宁县油头村杨桥冲	4,252.00	十九年十二月一日	实采九六号
福民公司 刘寿康	锑	新宁县西喉村楞严山	3,755.00	二十四年二月二十八日	实采八二一号
积荣公司 廖树勋	铅	郴县秀才乡上柴山	338.00	十九年十二月一日	实采七六号

开源公司 曾树棠	硫磺	郴县永丰乡柿竹园	368.00	十九年 十二月一日	实采 八七号
大成公司 曹凌云	硫磺	郴县永丰乡外湖里	391.00	十九年 十二月一日	实采 一〇五号
积华公司 廖炳炎	煤	郴县秀才乡栗山岭	1,726.00	十九年 十二月一日	实采 一八五号
友成公司 何松友	铅	郴县秀才乡营盘岭	4,528.00	二十一年 九月十四日	实采 二六〇号
积荣公司 廖树勋	硫磺	郴县秀才乡上柴山	337.92	十九年 十二月一日	实采 三八一号
李毓麟	硫磺	郴县秀才乡柴山里	356.35	十九年 十二月一日	实采 四〇三号
裕成公司 梁焕庭	锡	郴县永宁乡吊钟石	8,434.00	二十二年四 月二十二日	实采 四三八号
阜康公司 李毓凤	磺	郴县永丰乡金狮岭	424.00	十九年 十二月一日	实采 四四五号
宝光公司 邝进修	笔铅	郴县金湘源马落塘	7,554.00	二十二年 六月十四日	实采 四八〇号
致良公司 吴致用	笔铅	郴县满姑冲回头岭	5,632.00	二十二年十 二月十九日	实采 五五八号
仁义公司 李少阳	铅	郴县永丰乡铁屎垅	4,961.00	二十三年一 月二十九日	实采 五八一号
宝丰公司 张　炯	煤	郴县洪家冲宝法庵	2,935.00	二十三年二 月二十八日	实采 五九六号
周　璧	钨	郴县秀才乡观音坐	3,120.00	二十三年 六月七日	实采 六七一号
楚益公司 邓壬林	煤	郴县西凤乡大丘铺	7,846.00	二十三年 九月一日	实采 七一六号
协康公司 李鸿文	铅	郴县永丰乡凤冠形	5,992.00	二十三年十 月二十四日	实采 七四七号
刘照黎	煤	郴县陈家楼黑炭岭	8,788.00	二十三年 十二月六日	实采 七八二号
益群公司 黄体巽	钨	郴县永丰乡凤凰山	3,178.00	二十三年十 二月二十七日	实采 七九三号
益郴公司 吴致用	笔铅	郴县金湘源狮子口	11,220.00	二十四年 二月十六日	实采 八一八号

椿顺公司 尹铭绶	砒	常宁椿树下狮形山	253.00	二十年九月二十八日	实采九八号
鼎新公司 王诵诗	砒	常宁县上安石板塘	309.00	二十一年十二月三十日	实采二七六号
福泰公司 邓彝午	锡	常宁县白沙区麻石岭	2,226.00	二十二年五月三日	实采四四七号
复兴公司 廖詹魁	煤	常宁县反山里横冲乾冲	2,736.00	二十二年十二月十四日	实采五五三号
宝鑫公司 蔡远峰	铅	常宁县下桥头大岭庵	2,091.00	二十二年十二月十九日	实采五五七号
求是公司 罗意诚	砒	常宁县白沙镇倒石湖	5,234.00	二十三年九月十五日	实采七二四号
福湘公司 李惠民	煤	耒阳县云峰镇崩岭下	2,950.00	二十三年十一月六日	实采七五七号
正江公司 吴致用	钨	桂东县正江塘正江脑	15,421.00	十九年十二月一日	实采四八号
利生公司 钟瀛洲	钨	桂东县厢北乡晒禾洞	4,737.00	十九年十二月一日	实采二三五号
民生公司 张铭西	钨	桂东县尚德乡沙坑垅	17,812.00	二十三年九月十五日	实采七二五号
岳泰公司 眭镜秦	煤	衡山县蛇形山枫仙庙	3,060.00	十九年十二月一日	实采五七号
永安公司 董玉锵	煤	衡山县霞流冲陈家山	1,537.00	二十一年七月三十日	实采二三一号
向达夫	煤	衡山县霞流冲老屋湾	3,408.45	十九年十二月一日	实采二七九号
夏绍良	煤	衡山县霞流冲古楼坪	2,073,91	十九年十二月一日	实采二八〇号
大新公司 晏孝傅	锑	宜章县上塘背牛栏洞	780.00	十九年十二月一日	实采六三号
阜民公司 曹净贤	锡	宜章县羊牯泡苦竹岗	2,298.00	二十二年四月六日	实采四二五号
宜永公司 李荣光	煤	宜章县白沙区浆水	3,540.00	二十二年九月二十八日	实采五二六号
地光公司 吴羽仪	笔铅	宜章县白沙区大窝里	7,613.00	二十三年一月十九日	实采五七一号

阜康公司 凌　飞	锡	宜章县羊家坠狗头岭	6,012.00	二十三年五月三十一日	实采 六六五号
民生公司 李范模	锡	宜章县彭家山小水冲	1,658.00	二十三年七月二十六日	实采 六九六号
福申公司 朱振球	煤	常宁县西瓜塊古来冲	2,344.00	二十三年十月三十日	实采 七五三号
生胜公司 刘恢先	煤	常宁县尚九冲观音境	1,518.00	二十四年一月二十六日	实采 八〇九号
宜兴公司 李子余	钨	资兴县瑶岗仙人形狮形	2,697.00	十九年十二月一日	实采 一二六号
新记富华公司曹志权	钨	资兴县瑶岗仙谷头垅	3,685.00	二十三年五月十七日	实采 六五八号
福兴公司 黄破云	钨	资兴县敦仁乡瑶岗仙	393.00	二十三年十二月二十九日	实采 七九一号
阜益公司 黄光华	钨夹锡砒	资兴二区敦仁乡瑶岗仙罗汉晒旺石壁飞水岱等处	5,466.00	二十四年三月十二日	实采 八二四号
合业公司 伍海芝	锑	武冈县仁东区杨青团黎子山	596.00	二十年十二月二十九日	实采 一四二号
竹山公司 李　惠	锡	桂阳县了石村宝王背	932.00	二十一年四月二十三日	实采 一六九号
普利公司 王元培	砒	桂阳县陈溪团两头岩	451.00	十九年十二月一日	实采 二六二号
宏益公司 罗心正	砒	桂阳县由义都两岐里	4,353.00	二十三年一月二十二日	实采 五七三号
益桂公司 邓孝祥	笔铅	桂阳县起岭脚大冲里	5,850.00	二十三年一月二十五日	实采 五七七号
鸿泰公司 赵笏琅	锡	桂阳县两头岩赵公岭	875.00	十九年十二月一日	实采 六四五号
益泰公司 赵寿仁	砒	桂阳县北冲坑宝泰窿	607.00	二十一年六月十九日	实采 六四六号
华光公司 王龄春	笔铅	桂阳县刁板冲人形岭	8,864.00	二十三年五月四日	实采 六五四号
福民公司 唐雄晕	锡	桂阳县梅花井狮子腰	1,689.00	二十三年五月二十二日	实采 六六四号
慎昌公司 向慎之	钨	桂阳县杨河溪许家山	3,141.00	二十三年八月三十日	实采 七一一号

宝瑞公司 李子青	煤	祁阳县上雷埠万田埠	2,376.00	二十一年 五月二十日	实采 一八六号
宝丽公司 李　秾	煤	祁阳县鲁草冲老屋冲	4,978.00	二十三年三 月二十七日	实采 六〇九号
宝兴公司 唐清波	煤	祁阳县方家冲龙井冲	2,703.00	二十三年 八月九日	实采 七〇三号
宝华公司 李光璧	煤	祁阳县桐木坝虎形山	3,126.00	二十三年 九月六日	实采 七二〇号
大有公司 李维祺	煤	祁阳县梅泉朱家山	4,479.00	二十三年十 二月十二日	实采 七八五号
成记砒矿 公司黄金田	砒	浏阳县蕉溪岭[illegible]宝尖	1,699.00	二十一年 七月一日	实采 二一三号
恒达公司 彭文质	砒	嘉禾县博泉团斗水坪	1,324.00	二十一年 七月三十日	实采 二三二号
天成公司 钟舜珊	火粘土	湘阴县云静乡大梅山	5,709.00	二十一年 八月十一日	实采 二四三号
福华公司 蔡绍安	锰	湘潭县龙庵冲大福排	3,200.00	二十一年 八月十一日	实采 二四五号
和益公司 李绍观	煤	湘潭县荷叶塘炭坡金家冲	3,588.00	二十二年 九月十四日	实采 五二二号
裕生公司 何犹夫	石膏岩盐	湘潭县石潭麂子岭	17,014.00	二十二年十 二月十四日	实采 五五二号
宝兴公司 李敬三	铅	湘潭县龙家团龙形山	851.00	二十三年 一月十九日	实采 五七二号
尘益公司 尹志祥	石膏岩盐	湘潭县风车岭唐家坪	2,444.00	二十三年 八月三十日	实采 七一二号
永和公司 朱震祥	石膏岩盐	湘潭县五里堆樟树嘴	2,830.00	二十三年 八月三十日	实采 七一三号
谦颐公司 王昌汉	石膏岩盐	湘潭县滴水埠大山里	2,620.00	二十三年 八月三十日	实采 七一四号
均益公司 许　柄	石膏岩盐	湘潭县牛栏塘承子塘	1,959.00	二十三年十 二月十二日	实采 七八四号
继成钨矿 公司胡锅镗	钨	汝城县延寿团蕉叶垅	1,966.00	二十一年 八月十一日	实采 二四六号
大丰公司 彭　旭	钨	汝城县大围山小围山	4,721.00	二十三年三 月二十七日	实采 六〇八号

汝昌公司 粟墨禽	钨	汝城县马迹岭狮形蛇形	3,041.08	十九年 十二月一日	实采 六八三号
天益公司 邓民光	铅	临湘县忠坊区狮子岩	3,446.00	二十一年 九月十四日	实采 二六一号
福利公司 胥揆楚	铅	临湘县桃林区毛家山	3,927.00	二十三年 四月十二日	实采 六二二号
利民公司 萧伯享	砒	慈利县石门界牌峪	2,992.13	二十一年十 一月十五日	实采 三〇四号
鼎丰公司 陈显璜	硫磺	慈利县排兵山罗家湾	332.00	十九年 十二月一日	实采 三六六号
福湘公司 吴　湘	钨	酃县石岩窝牛角垅	1,054.00	十九年 十二月一日	实采 三五六号
合组公司 张耀德	煤	辰溪县五里墩曾家园	4,522.00	十九年 十二月一日	实采 三九四号
惠民公司 张盛震	煤	辰溪县野鸡岭金家坡	4,729.00	二十三年十 月二十四日	实采 七四六号
刘绍基	硫磺	石门县蒋家湾猪耳洞	379.39	十九年 十二月一日	实采 三九六号
利华公司 张人凤	金	桃源县冷家溪株木坡	623.00	二十二年三 月二十四日	实采 四一五号
大安公司 唐启禹	金	桃源县大安何家园	8,609.00	二十二年四 月二十六日	实采 四四一号
富华公司 邓宏立	金	桃源县冷家溪小白岩	1,859.78	二十二年四 月二十六日	实采 四四二号
新华公司 凌　飞	金	桃源县冷家溪白岩嘴	2,785.00	二十二年 五月十三日	实采 四四九号
大华公司 杨白隽	金	藏江县协和区金厂溪	2,976.00	二十二年 七月十二日	实采 四九七号
同兴公司 梁焕均	锑	沅陵县界亭镇粟家溪	1,315.00	十九年 十二月一日	实采 五一六号
同兴公司 梁焕均	锑	沅陵县界亭镇石床溪	567.00	十九年 十二月一日	实采 五一七号
双利公司 熊希龄	锑	沅陵县花岩山因香湾	3,315.00	十九年 十二月一日	实采 五二〇号
华光公司 汤孝耕	煤	醴陵县湖井境上下塘	5,526.00	二十三年十 二月二十六日	实采 七八九号

全记石成金公司张有冈	煤	醴陵县金星顶麻子坡	5,510.00	二十年十二月十二日	实采七九〇号
均长公司于逊民	煤	醴陵县王坊境马家坰	5,492.00	二十四年一月二十五日	实采八〇六号
永和公司黄美轩	煤	零陵县水北乡易家桥	3,220.00	二十三年一月三十一日	实采五八六号

湖南省小矿业

矿业权者	矿别	矿区所在地	矿区面积公亩	核准年月	执照号数
民利公司汤洗夷	煤	醴陵南四区大樟上境北冲窑坡未粘崖人形枫树坡龙形等处	265.00	二十年八月二十七日	湘字1号
宝信公司李基	煤	邵阳东乡万安区乌龙岩丹家牌下冲池子塘排山塘下冲	333.00	二十一年二月十日	湘字2
两余公司萧长春	煤	邵阳东二区安良保荷叶塘等处	869.00	二十一年四月二十九日	湘字4
宝安公司郑毓熔	煤	邵阳万安区天台山麂牯增炭山排等处	842.00	二十一年七月十六日	湘字8
泰兴公司王光沅	煤	邵阳第二区亲陆尾天狮岭乌鸡迷等处	1,068.00	二十一年八月十七日	湘字12
湘南公司姜玉堂	煤	邵阳三区亲北乡杨家冲老炭山岩迷里杉等处	691.00	二十二年三月七日	湘字15
广源公司李戊垣	煤	祁阳县北区甲子桥河家冲屋后山等处	528.00	二十一年四月二十日	湘字3
人和公司黄美轩	煤	祁阳中南区第四区上山角园下山民家湾等处	1,470.00	二十一年七月七日	湘字7
永利公司王永兴	煤	祁阳十九区均和乡桶子垉金支岭子山垉等处	798.00	二十一年八月二十七日	湘字14

楚丰公司 朱震初	硫磺	湘乡三十三都石洞四海仑上等处	194.00	二十一年七月二十六日	湘字10
冶生公司 胡石秋	煤	湘乡三十五都面壁山炭眼牌孑山牌等处	1,034.00	二十一年八月十七日	湘字11
陶唐公司 胡宗尧	煤	湘乡第七区二十八都三十四都范梅坨荷叶塘牌上桀胡岭虎形山	569.33	二十二年十二月五日	湘字22
宏济公司 彭宝成	煤	湘乡嘉谟镇二十五都霸迷水花园牌煤窿皂风形等处	1,184.00	二十三年一月十八日	湘字23
慧民公司 胡葆元	煤	湘乡嘉谟镇三十五都洪山殿鸡公山狮形山水田坳等处	1,400.00	二十三年五月十五日	湘字25
三得公司 张　舜	煤	永兴第三区金盘形形窝里双大石等处	1,445.00	二十一年八月十五日	湘字13
合发公司 尹兴亭	煤	常宁西乡第九区大堡隘正山岭矿塘竹公塊等处	635.00	二十二年三月二十五日	湘字16
常盛公司 吴治一	煤	常宁西乡洋泉土桥区马岭木牛熖老园歧上等处	461.00	二十二年十一月十六日	湘字20
东南公司 张超琼	煤	常宁南乡精字二团龙宫下隘长塂吴姓山西瓜塂	839.00	二十三年五月三十日	湘字26
义兴公司 廖安世	煤	常宁东乡五斗冲杉树园黄泥冲等处	1,370.00	二十三年六月七日	湘字27
大有公司 刘法楷	煤	常宁第三区栋字二团小星塘西瓜塂反背园汤家中	1,292.00	二十三年九月二十二日	湘字31
华溪公司 骆祖熊	煤	临武塘溪团欧家塘相公塘圝山団狭气巷	682.00	二十二年四月十八日	湘字17

长沪合记公司文琅笙	铅	安仁宜益都新二区宜阳乡宜阳里洴泮村大岭保横坦里	194.00	二十二年六月五日	湘字18
合发公司曹松云	煤	郴县秀才乡贤区宫字团太平塔炉渣坪塔坪	1,041.00	二十三年六月十二日	湘字28
和顺公司赵芳潭	煤	零陵北乡滴水岩八房山黄家山横冲大水沟蚌壳山马家山	457.00	二十三年八月十七日	湘字29
富国裕民公司田梅先	煤	辰溪县洞湾梅街冲矿包岩莲花洞	1,479.00	二十一年七月二十三日	湘字9
兴发公司胡立生	煤	湘潭第五区音响鼓岭虎形山坛嘴上陈姓山泉井冲贯坡狮形山	1,060.00	二十三年三月五日	湘字24

四川省

矿业权者	矿别	矿区所在地	矿区面积	核准年月	执照号数
胡中行	煤	江北县静观场戴家沟	6,359.00	二十年七月二十九月	实采第六号
陶土闿	煤	巴县北培场芭蕉湾	2,212.00	十九年十二月一日	实采一八七号
周同兴	煤	巴县长生场粽子沟	2,144.00	十九年十二月一日	实采二二九号
雷尚	煤	巴县鱼回溪仙人山	1,665.00	二十一年九月十四日	实采二五九号
钟则云	煤	巴县永兴场兴隆沟	1,677.31	十九年十二月一日	实采六九七号
义中和公司蓝义宣	煤	巴县南熏乡真武山	16,434.00	十九年十二月一日	实采六九八号
李海涛	煤	江津县九如镇长冲场	1,659.00	十九年十二月一日	实采二〇七号
仁和公司李昇池	煤	江津县九龙场菜子沟	1,702.00	十九年十二月一月	实采二八六号

张玉和	煤	永川县新泰龙安场经藏寺	1,753.00	十九年十二月一日	实采二一〇号
童子钧	煤	璧山县八场塘园木沟	7,987.00	十九年十二月一日	实采五二九号

云南省

矿业权者	矿别	矿区所在地	矿区面积	核准年月	执照号数
王嗣顺	铜	保山县水寨堡渭西河	2,753.00	二十年七月二十五日	实采三号
余正炳	硫磺	保山县三台坡	352.26	十九年十二月一日	实采三九一号
杨经田	煤	宜良县汤池乡五邑村	1,779.00	二十一年五月十八日	实采一八二号
复成公司张志培	煤	宜良县宰格村白前庄	4,239.36	十九年十二月一日	实采二一二号
高筱章	煤	宜良县七人碑邪辟坡	5,633.53	同　上	实采四〇八号
李正馥	煤	宜良县土桥老鸦塘	5,177.00	二十三年二月十七日	实采五九〇号
明良公司周文人	煤	宜良县大宰格村苦山洞	3,707.00	十九年十二月一日	实采七〇九号
李成钧	煤	嵩明县北龙乡大窝塘	2,459.00	同　上	实采二五〇号
高筱章	煤	嵩明县贾角山	3,490.37	十九年十二年一日	实采四〇六号
叶辛恭	煤	嵩明县白龙乡豹子洞	2,245.00	同　上	实采六八四号
协和公司秦康龄	煤	呈贡县城子乡水塘村	3,621.00	二十一年九月十四日	实采二七四号
李宝卿	煤	呈贡县城子乡吴家营	1,830.00	二十一年十二月三十日	实采三七七号
刘盛基	铅	会泽县忠顺区麒麟山	1,207.00	十九年十二月一日	实采二九二号

解冷禅	煤	澄江县联庆乡香油湾	2,048.00	十九年十二月一日	实采三〇五号
三益公司高现南	煤	澄江县联庆乡谭庆箐	5,413.00	二十一年十一月二十二日	实采三三八号
由长农	煤	广通县舍资之以皮琅	1,903.92	十九年十二月一日	实采三一七号
陈际唐	煤	陆良县雾云顶	1,742.00	同　上	实采三五五号
华生公司史敏齐	砒	蒙化县老磺厂	1,480.00	二十一年十二月十四日	实采三六〇号
同　上	砒	蒙化县北区老四底	1,554.43	十九年十二月一日	实采五〇九号
个旧锡务公司	煤	阿迷县乌格寨及矣那味	8,778.75	同　上	实采三六一号
天德和谢希曾	锡	个旧县黑明硐	638.98	同　上	实采三六四号
个旧锡务公司	锡	个旧县马拉格韭菜冲	28,382.00	同　上	实采六五九号
张兴中	砒	凤仪县凤尾山	965.00	同　上	实采三九七号
洪盛兄弟公司董传道	砒	凤仪县凤尾山厂头村对门	615.62	同　上	实采四一七号
开远布沼公司马泊盦	煤	开远县布沿坝煤炭沟	3,235.00	同　上	实采六八五号
马士廉	煤	弥勒县小芹田赶羊沟	3,638.00	同　上	实采七六一号

云南省小矿业

矿业权者	矿别	矿区所在地	矿区面积	核准年月	执照号数
刘梓仪	煤	嵩明北龙乡春猴街笔架山后面	390.00	二十一年四月一日	矿字1
周美成	煤	宜良宰格村之宝山白龙山	900.00	二十一年十一月一日	矿字4
杨含湘	砒	凤仪四十里龙潭坡	198.00	二十二年十二月一日	矿字6
刘香洲	硝酸盐	禄劝县缉麻硝井	95.00	二十三年三月一日	矿字9

福建省

矿业权者	矿别	矿区所在地	矿区面积 公亩	核准年月	执照号数
中兴公司 林芳宛	笔铅	安溪县青洋	562.24	二十一年十 二月二十一日	实采 三六九号
杨世志	钼	宁德县十四都坑 源里	2,883.75	二十二年 一月十七日	实采 三八七号
南平公司 陈韵珊	大理 石	南平县坑里山	940.03	二十二年三 月二十一日	实采 四一三号

〔国民政府实业部档案〕

9．实业部核准设定各省矿业权之增设及变更一览表

（1935年3—9月）

部准各省矿业权之增设及变更一览表，从二十四年三月十六日起至九月三十日止。（此表为前次编印部准设定各省矿业权一览表之第一次续编）

附注：凡自二十四年三月十六日起至同年九月三十日止，经实业部核准增设或变更之各矿业权与小矿业权，以及矿权附属事项之变更，均载明于本表内。又从前经农商部、农矿部核准领照各矿，尚未遵照现行矿业法，呈准换照者，以及各省厅临时准采之矿，向未换领实业部执照者，概暂不列入，以示区别。

河南省

矿业权者	矿别	矿区所在地	矿区面积	核准年月	执照号数
九华公司 张仙台	煤	汤阴县西乡鹤壁 镇孙圣沟村	9,533.15	十九年 十二月一日	实采 八三二号
厚生公司 王从周	煤	汤阴县东窑头村 西北一带地方	26,292.00	廿四年 八月三日	实采 九二七号
恒义公司 赵恒义	煤	博爱县东北后新 庄东南一带地方	1,688.27	廿四年 四月廿二日	实采 八四五号
薄海珊	煤	博爱县东北十五 里司窑村	2,039.20	廿四年 九月十日	实采 九四六号

李慕韩	煤	武安县城南大閫村西鼓山岭	5,832.00	廿四年五月廿一日	实采八六五号
普益公司何客星	煤	宜阳县苗沟东沟太荒沟	19,518.12	廿四年六月廿八日	实采八九〇号
张书友	煤	禹县神垕镇西大刘山一带	17,714.32	同　　上	实采八九一号
同兴公司陈保仁	煤	密县城东智勇乡陈沟一带	18,860.15	廿四年八月八日	实采九三三号
萧　洒	煤	宝丰县城西河陈村一带地方	10,150.78	廿四年八月廿一日	实采九三四号
同心公司常好仁	煤	安阳县五十里后西岗村一带	5,684.60	廿四年九月十九日	实采九五三号

矿业权及其附属事项之变更

矿业权者	矿别	矿区所在地	矿区面积	核准年月执照号数	变更之原因
王孳林	煤	禹县三峰山西峰文风里	6,243.25	十九年十二月一日实采五三五号	该矿区面积更改为6,489.01公亩经已核准

河南省小矿业

矿业权者	矿别	矿区所在地	矿区面积公亩	核准年月	执照号数	备注
梁云峰	煤	登封县城东南五十里王村寨	930.00	廿四年二月七日	豫字24	
马化龙	煤	新安县城北七十里北村一带	1,076.32	廿四年四月廿六日	豫字25	

河北省

矿业权者	矿别	矿区所在地	矿区面积	核准年月	执照号数
张子鸣	金	遵化县西茅山青龙沟	1,320.09	廿四年四月六日	实采八三九号
冀北金矿公司王正黼	金	密云县西北楼台古石峪一带	长2公里35公丈9公尺	廿年四四月十一日	实采八四〇号
祥大公司郑若明	金	密云县石匣镇西北陈家峪二道楼子山	11,638.22	廿四年七月廿七日	实采九二三号
同生公司王道本	金	密云县石匣镇小城村西南方冰坎沟阳坡根子	3,099.00	廿四年九月四日	实采九四一号
朱丙辛	金	密云县北十一公里大梁峪附近	494.19	廿四年九月十四日	实采九五〇号
蒋茹兰	金	密云县石匣镇正北漆树沟裹地方	1,333.64	同　上	实采九五一号
大丰公司李观农	煤	宛平县木城涧村峪盘砣石城鞍中岭子	3,723.51	廿四年四月廿一日	实采八四四号
王志和	煤	宛平房山两县车厂村凤凰岭长沟峪谢家塔	9,850.99	廿四年五月卅一日	实采八七六号
宋廷瑞	金	迁安县西侯各庄靛池沟欢喜岭海洼贾庄	22,227.35	廿五年四月廿五日	实采八四八号
朱道孔	金	迁安县接官厅赵庄子张老峪大水峪	长3公里512公丈3公尺	廿四年九月十九日	实采九五二号
瑞集公司张毅庭	金	昌平县黑山寨红石大洼小旧子沟	15,171.50	十九年十二月一日	实采八六四号
协记公司吴景和	金	昌平县西北二十五公里段树沟	6,433.36	廿四年五月廿四日	实采八七二号
兴华公司牛连魁	金	兴隆县草厂河地方	4,897.40	同　上	实采八六六号
周毓永	金	兴隆县马兰峪黑枣沟附近	7,434.97	廿四年六月十二日	实采八八二号
乾元公司曹均乐	金	兴隆县马兰峪四里碑绿营房一带	4,387.50	同　上	实采八八三号

乾元公司 曹均乐	金	兴隆县马兰峪北四里碑南北一带	2,254.23	同 上	实采 八八四号
兴周公司 周毓永	金	兴隆县西南草厂附近珠玉东河	长1公里5公行 3公丈4公尺	廿四年 七月十日	实采 八九七号
周毓永	金	蓟县城东北赤霞峪桃木沟附近一带	11,926.48	廿四年 六月十五日	实采 八八九号
灵源公司 李度园	金	灵寿县西北下邹村附近	3,500.00	廿四年 七月廿七日	实采 九二二号
李星元	火粘土	临榆县城北欢喜岭	1,936.47	同 上	实采 九二六号
同 上	火粘土	临榆县西北砂锅店潮水峪一带地方	12,995.06	廿四年 九月四日	实采 九三七号
渤田公司 魏镇西	煤	临榆县城西北石门寨曹家山	19,753.73	十九年 十二月一日	实采 九四七号
杨益刚	煤	沙河县城北偏南十八公里新桃树地	2,773.88	廿四年 九月四日	实采 四二号

河北省小矿业

矿业权者	矿别	矿区所在地	矿区面积公亩	核准年月	执照号数	备注
庞肇谦	煤	曲阳县城北第三区灵山镇东南下河	51.70	廿四年 三月廿日	实字61	
张占元	煤	曲阳县城北第三区燕川村南河滩南地	97.77	廿四年 四月八日	实字64	
张杜元	煤	曲阳县三区灵山镇东南	221.76	廿四年 四月十六日	实字66	
张魁元	煤	曲阳县城北第三区燕川村南二台	92.66	同 上	实字67	
王忠礼	煤	阜平县东北第二区柏峪河沟炭灰铺村西坡	135.83	廿四年 四月二日	实字62	

王仲侠	煤	房山县城北南车营村村东确长峪一带	34.79	廿四年四月八日	实字63
刘子君	煤	房山县西北西安村西西大曹沟	105.28	廿四年二月廿一日	实字58
王景开	煤	房山县上万村北马家地	574.44	廿四年七月廿三日	实字68
王道本	金	密云县石匣镇张村西北滴汤水沟黄土毛	154.37	廿四年四月十三日	实字65

山东省					
乐陶公司李仙洲	磁土	淄川县城西李家园庄小山子一带	1,145.12	廿四年三月十八日	实采八三〇号
瑞增公司张学仁	弗石	蓬莱县东南刘家沟村一带	5,082.53	廿四年三月廿日	实采八三一号
孙雨林	大理石	掖县城东南累沟村东黄山	10,076.00	廿四年四月廿二日	实采八四三号
德丰公司丁书祺	重晶石	即墨县城西乡时子庄	2,758.66	廿四年四月卅日	实采八五一号
石馨山	重晶石	即墨县城西葛埠庄	541.44	廿四年七月十三日	实采九一三号
任万里	煤	博山县城南南窑广庄	2,622.13	廿四年五月七日	实采八五四号
孔庆松	煤	博山县城东南周家村周家山一带	5,560.00	廿四年六月十二日	实采八八一号
福兴公司丁欣复	煤	新泰县东梁庄孙村一带	30,542.90	廿四年八月三日	实采九二六号
信义公司陈镜清	煤	新泰县城西二十公里泉沟庄	11,671.76	同　上	实采九二九号
任万里	火粘土	章丘县东南唐子崖田家林	223.20	廿四年五月廿九日	实采八七三号
华中公司苏子明	煤	泰安县东西韩庄一带	26,455.44	廿四年八月廿一日	实采九三五号
杨瑞亭	笔铅	莱阳县城西北四十三公里皮家园	22,716.46	廿四年九月廿五日	实采九五五号

矿业权及其附属事项之变更

矿业权者	矿别	矿区所在地	矿区面积	核准年月 执照号数	变更之原因
华东公司 李拔可	煤	滕县南悌子 二十二社庄	13,080.56	十九年 十二月一日 实采五九四号	该矿呈请将代表人李拔可名义取销即以公司名义为矿业权者经已核准

山东省小矿业

矿业权者	矿别	矿区所在地	矿区面积 公亩	核准年月	执照号数	备注
邢柱山	重晶石	即墨县城南大苑家庄	77.26	廿四年 五月一日	鲁25	
李玑卿	煤	莱芜县城东南卅五里潘家沟地方	1,314.02	廿三年四月 核准展限五年	鲁6	
孔德泉	煤	临沂县城南卅里蔆花沟一带	1,450.30	廿四年 五月十日	鲁26	

山西省

矿业权者	矿别	矿区所在地	矿区面积	核准年月	执照号数
唐棣轩	煤	怀仁县西南乡小峪村小南窑	1,792.74	廿四年 三月十八日	实采 八二九号
张树春	煤	平定县西峪掌村普台山	5,580.30	廿四年 三月卅日	实采 八三三号
南殿邦	煤	晋城县黎树沟	16,504.87	十九年 十二月一日	实采 八六九号
晋北矿务局 股份有限公司	煤	大同县西南乡永定庄后沟	5,547.22	廿四年 五月廿四日	实采 八七〇号
同　上	煤	大同县口泉镇北瓦渣沟	4,734.59	同　上	实采 八七一号
李金榜	煤	潞城县西乡第四区西沟村吴家庄	1,985.22	廿四年 九月七日	实采 九四三号

察哈尔省

矿业权者	矿别	矿区所在地	矿区面积	核准年月	执照号数
鼎新公司 冯文俊	煤	宣化县韩家坝	10,586.11	十九年十二月一日	实采八九六号

矿业权及其附属事项之变更

矿业权者	矿别	矿区所在地	矿区面积	核准年月 执照号数	变更之原因
民兴公司 李荫之	煤	宣化县棘针屯村陈家坟	8,498.26	廿二年三月十八日实采四一〇号	该矿更换周琳为代表人，于廿四年十月三日核准

察哈尔省小矿业权及其附属事项之变更

矿业权者	矿别	矿区所在地	矿区面积 公亩	核准年月 执照号数	变更之原因
戴效韩	煤	延庆县青龙桥迤西老和尚庙	758.30	廿年一月廿九日察字四号	因停工欠税于廿四年六月十二日撤销
耿　儒	煤	蔚县白草窑村西红土湾	299.03	廿一年九月六日察字廿二号	因积欠区税于廿四年六月十二日撤销
孙子乾	煤	张北县大营滩村界内西坡地方	559.26	廿一年八月廿三日察字廿一号	因迄未开工于廿四年六月廿七日撤销

绥远省小矿业

矿业权者	矿别	矿区所在地	矿区面积 公亩	核准年月	执照号数	备　　注
张子华	水晶	陶林县东谷鹄老山	182.89	廿四年三月十九日	绥字10	
孔燕生	煤	五原县布拉沟	563.61	十九年四月十九日	绥字9	该矿核准展限五年扣至廿七年四月十八日期满

江苏省

矿业权者	矿别	矿区所在地	矿区面积	核准年月	执照号数
张月庚	磁土	吴县浒墅阁西南浒阁乡白龙寺西北阳山下	544.70	廿三年七月廿六日	实采八六二号
林海公司张啸林	云母	东海县第四区安北乡六户庄西神仙柜	5,804.74	廿四年七月十日	实采九〇五号
沈　蕃	磷	东海县城东南锦屏山	13,324.98	十九年十二月一日	实采九二〇号

矿业权及其附属事项之变更

矿业权者	矿别	矿区所在地	矿区面积	核准年月执照号数	变更之原因
阳升公司胡宪章	磁土	吴县浒阁乡白龙寺阳山	544.70	廿三年七月廿六日实采六九五号	该矿权移转于张月庚经于廿四年五月十七日另发第八六二号执照，本执照注销
华东公司李拔可	煤	铜山县东北乡贾家汪	33,489.24	十九年十二月一日实采三〇九号	该矿呈请将代表人李拔可名义取消，即以公司名义为矿业权者
同上	煤	铜山县东北乡大沟沿	13,090.99	十九年十二月一日实采三一〇号	同　上
同上	煤	铜山县东北乡青山泉	25,183.00	十九年十二月一日实采三六二号	同　上
同上	煤	铜山县东北乡韩场村北	13,078.00	十九年十二月一日实采三六三号	同　上
同上	煤	铜山县贾汪镇夏桥	8,124.74	廿三年一月廿九日实采五七九号	同　上

浙江省小矿业

矿业权者	矿别	矿区所在地	矿区面积	核准年月	执照号数	备注
章行严	锑	淳安县西乡梓铜源三宝台	184.05	廿三年十月廿五日	浙字29	
顾文黼	弗石	象山县西二乡破启山	125.09	廿三年十一月三日	浙字30	

安徽省

矿业权者	矿别	矿区所在地	矿区面积	核准年月	执照号数
裕源公司王裕邦	煤	巢县南乡七十三保龙泉庵横山羊耳岗	5,852.00	廿四年四月卅日	实采八五二号
瑞中公司傅瑞铨	煤	巢县南乡八十三保净土庵主山陡子岭募化岭	3,855.00	同　上	实采八五三号
同　上	煤	巢县南乡第六区打铃堂冲陶家冲	5,162.00	廿四年九月十日	实采九四五号
义成公司郑诗屏	煤	繁昌县北乡湖洋冲杨公岭山脚荷花形山	2,422.56	十九年十二月一日	实采八六三号
姚雨耕	煤	宣城县东乡水东项村乌石岗大茅山	45,769.80	廿三年一月卅一日	实采八七七号
姚雨耕	煤	宣城宁国两县大汪汪村白石岭马鞍山	35,560.00	廿三年一月卅一日	实采八七八号
六合公记公司陈俊山	煤	贵池县东一保火烧凹一带	8,369.23	十九年十二月一日	实采九二一号

矿业权及其附属事项之变更

矿业权者	矿别	矿区所在地	矿区面积	核准年月执照号数	变更之原因
安徽建设厅	煤	宣城县东乡水东项村乌石岗大茅山	45,796.80	廿三年一月卅一日实采五八三号	该矿移转于姚雨耕，经核准换给第八七七号执照，矿权仍从廿三年一月卅日算起本执照注销
同上	煤	宣城宁国两县大汪村白石岭马鞍山	35,560.00	廿三年一月卅一日实采五八四号	原因同上，换给第八七八号执照本执照注销

安徽省小矿业

矿业权者	矿别	矿区所在地	矿区面积公亩	核准年月	执照号数	备注
大生公司黎民卫	煤	宿松县北乡松塘庄保资福寺七华山坞	710.06	廿四年三月廿三日	皖字25	

江西省

矿业权者	矿别	矿区所在地	矿区面积	核准年月	执照号数
杨忠嗣	锰	乐平县南东乡大阳山锅灶山铁山峰	13,266.00	十九年十二月一日	实采八五六号

湖南省

矿业权者	矿别	矿区所在地	矿区面积	核准年月	执照号数
冠时公司 钟冠时	钨锡	桂东县三区鸭婆冲虎形山大垅里	12,354.00	廿四年 三月十八日	实采 八二六号
宝生公司 张铭西	锡	桂东县第三区鸡公山鸽子堂鸡冠山桃树坟	23,356.00	廿四年 九月四日	实采 九四〇号
裕益公司 罗兰荪	锡砒	宜章县麻田镇司马坪黄茅龟	7,330.00	廿四年 三月十八日	实采 八二七号
两益公司 周玉成	钨	茶陵县第四区东冲金竹垅禾桶山	1,714.00	同　上	实采 八二八号
大新公司 李棣华	钨	茶陵县东北八团墨庄仙女山	10,214.00	廿四年 五月十七日	实采 八五九号
厚丰公司 谭智吾	钨	茶陵县大垅乡茶园山雨毛岭木马石	6,656.00	廿四年 六月十五日	实采 八八五号
阜民公司 谭省吾	钨	茶陵县古城乡下半节山马脑山禾桶山	4,876.00	同　上	实采 八八六号
三兴公司 周贻芋	煤	常宁县东中乡吴家冲	1,584.00	廿四年 三月卅日	实采 八三四号
裕东公司 周　燾	煤	常宁县东乡东中隘荷叶塘岭上亭子岭	1,613.00	廿四年 七月十日	实采 八九九号
公孚利公司 李次苏	煤	湘乡县嘉谋镇桐梓湾	1,757.00	廿四年 三月卅日	实采 八三六号
义和公司 郑天煜	煤	湘乡县三十四都相思庙禾头冲	7,476.00	廿四年 四月廿二月	实采 八四六号
振生公司 黄梅生	煤磺	湘乡县十九都孙家脑龙垴冲大山里	4,262.00	廿四年 五月廿四日	实采 八六八号
永宝昌公司 颜建寅	煤	湘乡县神童镇郑思山栗坨里	3,820.00	廿四年 六月廿八日	实采 八九五号
大通公司 颜吉皆	煤	湘乡县第九区三十六都大地名松江小地名长槽里	3,820.00	廿四年 八月三日	实采 九三二号

利益公司 彭宗江	煤	湘潭县十七都丙子铺樟树码头	5,846.00	廿四年 四月六日	实采 八三七号
精益公司 章嘉猷	石膏 岩盐	湘潭县三都十甲杉坡浸阳雀港王榨塘	2,695.00	廿四年 七月十三日	实采 九一二号
昭谭公司 章克恭	煤	湘潭县天衢镇颜惠塘冲峰岭土地庙	17,012.00	廿四年 七月廿四日	实采 九一八号
继志公司 张亿生	钨锡 铋	汝城县集龙团龙虎段	5,356.00	廿四年 四月六日	实采 八三八号
逢源公司 李秉心	钨	汝城县南大姑坑番岭	1,676.00	廿四年 四月十一日	实采 八四二号
继昌公司 胡锅镗	钨铋	汝城县西乡大偏山红头垅上鹅山	11,233.00	廿四年 六月十二日	实采 八七九号
南和公司 朱子山	钨	汝城县南区龙脑大窝竹塘鸡子窝	3,126.00	廿四年 六月十五日	实采 八八七号
南新公司 朱子山	钨	汝城县西区平山脑石滴头大坡头	4,960.00	廿四年 七月十三日	实采 九一〇号
正康公司 朱　祺	钨	汝城县南乡牛头山清水岗	2,606.00	廿四年 七月廿四日	实采 九一五号
永裕公司 朱育然	钨	汝城县南乡白云仙乌石坳大水垅上	11,958.00	廿四年 七月廿七日	实采 九二四号
宝源公司 朱希曾	钨	汝城县南乡高石碣上蓝房	2,511.00	廿四年 八月三日	实采 九三一号
永源公司 朱宝金	钨	汝城县南乡粗石垅燕子排马迹岭大岭背	8,874.00	廿四年 九月十四日	实采 九四九号
大丰公司 彭　旭	钨	汝县城大小园山木桥垅溪白家垅溪	13,108.00	廿三年 三月廿七日	实采 九五八号
成康公司 潘福康	锡砒	郴县永宁区安源团马颈背	1,731.00	廿四年 四月廿五日	实采 八四七号
天明公司 杨鼎胜	笔铅	郴县永宁乡肃字团上牛芒心	4,692.00	廿四年 五月十三日	实采 八五七号
乐群公司 张剑明	煤	郴县第五区壕头坟大窝岭人形窝	5,728.00	廿四年 七月廿四日	实采 九一九号

沩益公司 罗寄桥	硫磺	长沙县麓山镇至乐团萧家冲	4,660.00	廿四年 四月卅日	实采 八四九号
新记合益利公司王裕森	煤	益阳县南乡杨蒂佩公山	1,516.00	同　上	实采 八五〇号
永富公司 唐元矩	煤	永兴县龙塘洞儒林后山杨家山	11,420.00	廿四年 五月十三日	实采 八五八号
恒和公司 吴筱涵	锰	衡山县戴家坻苏家排锅子岭	3,008.00	廿四年 五月十七月	实采 八六〇号
新华公司 李荣坤	锑	邵阳县五守乡白竹坪龙丝界	5,530.00	同　上	实采 八六一号
雨金公司 刘长城	锑	邵阳县第二区仙槎镇寻光庙	848.00	廿四年 六月十二日	实采 八八〇号
济民公司 刘安民	锑	邵阳县五守乡岩口胜头岭	4,553.00	廿四年 六月十五日	实采 八八八号
鼎新公司 黄尚德	锑	邵阳县保和乡望龙庵石山岭	2,530.00	廿四年 六月廿八日	实采 八九三号
求实公司 梁兆元	锑	邵阳县龙山易易乡黎子坑	1,641.00	十九年 十二月一日	实采 九〇〇号
新宁公司 钟　巍	锑	邵阳县第七区五守乡大地名白竹坪	11,969.00	廿四年 七月廿七日	实采 九二五号
汉兴公司 刘　嗣	煤	邵阳县第十一区宝瑾乡龟山形	5,160.00	廿四年 九月廿五日	实采 九五七号
长江公司 杨培甫	金	桃源县沙坪乡永和团冷家溪	6,750.00	廿四年 五月廿四日	实采 八六七号
善和公司 黄静山	钨锡砒	临武县香花岭九牛坪老虎岩	5,496.00	廿四年 五月廿九日	实采 八七四号
南吉公司 李余江	钨锡砒	临武县香花岭塘官铺塘下冲头	5,000.00	廿四年 六月廿八日	实采 八九四号
阜湘公司 吴　浩	钨	临武县香花岭镇南团黄性癞于岭牛角湾砂子岭	7,930.00	廿四年 九月四日	实采 九三九号
富华公司 刘宗岩	锑	桂阳县第七区木鱼岭粉石坳	8,572.00	廿四年 五月卅一日	实采 八七五号
桂新公司 成开庚	锑	桂阳县北乡李家山洪字庄麻锅脑庙屋冲	10,688.00	廿四年 七月十三日	实采 九〇九号

宝丰公司 聂之轩	锑	桂阳县第七区帽子岭野猪山	47,650.00	廿四年 九月廿五日	实采 九五六号
鑫记公司 欧阳鑫	煤	来阳县南三区云峰镇高朋山大塘里	1,766.00	廿四年 七月十日	实采 八九八号
常安公司 吴工隐	金	常德县第五区洞田冲滑水沟	1,782.00	同　上	实采 九〇七号
至善公司 刘守先	钨锡	酃县第三区治安乡曾瓜坳黄毛窿天池顶	3,906.00	廿四年 七月十三日	实采 九一一号
富源公司 袁国范	锑	安化三都区七乡林家村观音岩水井湾	1,506.00	廿四年 七月廿四日	实采 九一六号
德化公司 王荫午	金	安化县第六区花岩冲界脚下桃子窝	1,384.00	同　上	实采 九一七号
集成公司 张铭西	锑	浏阳县东乡第二区德园乡八甲罗家冲杓子棚	22,907.00	廿四年 七月十日	实采 九〇八号
寿昌公司 康朝寿	锑	新化县矿山镇田井冲毛家迷湾里	153.72	廿四年 八月三日	实采 九三〇号
瑞珍公司 李汉光	煤	新化县矿山镇张龙界张龙湾蒿子坪	569.40	廿四年 八月廿一日	实采 九三六号
宝生瑞公司 张绒三	砒	武冈县高沙镇花园团宝华庙银子坑	436.00	十九年 十二月一日	实采 九四八号
泽民公司 罗诗培	钨锡 砒	资兴宜章两县南乡瑶岗仙灯厂坪	5,988.00	廿四年 三月卅日	实采 八三五号

矿业权及其附属事项之变更

矿业权者	矿别	矿区所在地	矿区面积	核准年月 执照号数	变更之原因
天宝裕公司 周鸿渐	煤	湘乡县神童镇回龙山	6,960.00	廿二年四月三日实采四二一号	该矿更换谭荣海为代表人，经已核准
阜康公司 凌飞	锡	宜章县羊家坠狗头岭	6,012.00	廿三年五月卅一日实采六六五号	该矿更换罗润生为代表人，经已核准

大丰公司 彭　旭	钨	汝城县大围山小围山	4,721.00	廿三年三月廿七日实采六〇八号	该矿因增区于廿四年九月廿五日另换第九五八号执照，本照注销
惠民公司 张盛震	煤	辰溪县野鸡岭金家坡	4,729.00	廿三年十月廿四日实采七四六号	该矿更换张立猷为代表人，经已核准

湖南省小矿业

矿业权者	矿别	矿区所在地	矿区面积公亩	核准年月	执照号数	备注
新民公司 江益桂	磁土	醴陵县北乡第五区罗坪境凤来坡中脑股	193.00	廿三年九月十四日	湘字30	
朱增昂	煤	湘乡县第七区野房山高粜山蕊塘地水塘岩塘	404.00	廿四年三月廿八日	湘字33	

湖北省

矿业权者	矿别	矿区所在地	矿区面积	核准年月	执照号数
裕利公司 熊树勋	煤	阳新县北乡善福里禹门山七约山	5,905.38	十九年十二月一日	实采八五五号
新华公司 梅灿山	煤	大冶县北东乡尚和堡龙头山蔡家山麻溜尖	5,069.90	廿四年六月廿八日	实采八九二号
春大公司 杨义利	煤	大冶县北乡土桥堡李家冲舒家山藕糖坳大山脑	3,505.00	廿四年九月四日	实采九三八号
振华公司 高芷垣	煤	大冶县东乡白坟堡周家山	3,579.58	廿四年九月十九日	实采九五四号

湖北省小矿业

矿业权者	矿别	矿区所在地	矿区面积公亩	核准年月	执照号数	备注
罗经五	煤	当阳县北乡观音寺贾家堰	1,337.15	廿四年一月卅日	小字9	
福星公司罗时英	煤	阳新县宣化里周宝山	783.52	廿三年十二月十五日	小字8	

福建省

矿业权者	矿别	矿区所在地	矿区面积	核准年月	执照号数
黄毓奇	钼	宁德县西北四十都赤田洋乡二斗坑	1,035.00	廿四年四月十一日	实采八四一号

四川省

矿业权者	矿别	矿区所在地	矿区面积	核准年月	执照号数
黄明安	煤	江北县礼里静观场丝梨湾莱子沟	1,707.00	廿四年七月十日	实采九〇六号
胡中行	煤	江北县礼里清平场东山五里坡新龙湾	8,384.00	廿四年七月廿四日	实采九一四号

云南省

矿业权者	矿别	矿区所在地	矿区面积	核准年月	执照号数
明良公司周文人	煤	宜良县坟水硐黄石岩二台坡山邱湾	3,634.00	十九年十二月一日	实采九〇一号
明良公司周文人	煤	宜良县大煤山麻栗坡石头坡二湾箐新厂	7,623.00	十九年十二月一日	实采九〇二号

明良公司 周文人	煤	宜良嵩明两县白沙节姑娘节桃树凹	3,017.00	十九年 十二月一日	实采 九〇四号
明良公司 周文人	煤	宜良嵩明两县滑石坡和尚硐桃花园坡	7,816.00	十九年 十二月一日	实采 九〇三号

矿业权及其附属事项之变更

矿业权者	矿别	矿区所在地	矿区面积	核准年月执照号数	变更之原因
复成公司 张志培	煤	宜良县宰格村白前庄	4,239.36	十九年十二月一日实采二一二号	该矿更换李明卿为代表人，经已核准

〔国民政府实业部档案〕

三、各业工人人数、工资、工时统计

1. 国防设计委员会编：全国各业工人统计表①

（1933年）

业　　别	工　　人　　数
棉　　织	二三〇，二二四
丝　　织	一二二，九四五
针　　织	四四，一三四
印　　刷	二六，九九六
火　　柴	二〇，八七八
铁　　工	一九，六五八
卷　　烟	一八，七五四
军　　服	一七，五一五
砖　　瓦	一五，五四六

① 本表选自国防设计委员会全国各业概况统计表。

碾米	一一，六七八
面粉	八，二六八
染炼	六，四五八
织席	六，三〇〇
榨油	五，八六六
罐头	五，七四五
化学工业	四，五七三
轧花	四，五〇一
玻璃	四，三二五
水泥	四，〇二五
毛织	三，八三六
磁器	三，七九六
电机	三，四七四
制蛋	三，三六〇
烛皂	三，一九三
造船	二，八一四
制革	二，六六七
草呢帽	二，四〇八
制罐	一，六一五
水电	一，四九九
造纸	一，二六九
造钟	一，〇八九
精盐	八八四
热水瓶	六六二
轧石	六〇四
木材	五九〇
钮扣	五五七
煤球	五〇八
制茶	四六六
自行车	四二二

阳伞	二六二
酿酒	二二四
打包	一九四
石灰	一八二
钢精器皿	一六九
制糖	一六二
药棉	一四二
教育用品	一四一
石粉	一二八
丹粉	四八
制冰	四七
提灯	四五
胶鞋	四二
电镀	二四

〔国民政府资源委员会档案〕

2. 刘大钧：中国工业职工人数调查统计表

（1934年）

（1）木材制造业

分类号码	业别	省市	厂数	管理员或工头			男工			女工			童工			总计			二十一年十二月份工人人数			
				男	女	共	技工	普通	共	技工	普通	共	技工	普通	共	技工	普通	共	男	女	童	共
1-1	锯木	山东	1	2		2	10	21	31							10	21	31	31			31
		福建	1	4		4	20	100	120		15	15				20	115	135	220	20		240
		广西	3	3		3	46	113	159							46	113	159	138			138
		上海	4	30		30			376						2			378	376		2	378
		全国合计	9	39		39	76	234	686		15	15			2	76	249	703	765	20	2	787
1-2	木制品																					
1-2-1	木箱	上海	1	7		7			70									70	70			70
		全国合计	1	7		7			70									70	70			70
1-2-2	纱管筒	上海	5	28		28			296			17			28			341	296	17	28	341
		全国合计	5	28		28			296			17			28			341	296	17	28	341
1-2-3	梭子	上海	1	4		4			30						5			35				
		全国合计	1	4		4			30						5			35				

分类号码	业别	省市	厂数	管理或或工头 男	女	共	男工 技工	普通	共	女工 技工	普通	共	童工 技工	普通	共	总计 技工	普通	共	二十一年十二月份工人人数 男	女	童	共
1-2-4	牙签	广州	1				20	3	23	35		35				55	3	58	24	36		60
		全国合计	1				20	3	23	35		35				55	3	58	24	36		60
1-3	竹制品	上海	1	2		2			22			15			7			44	22	15	7	44
		全国合计	1	2		2			22			15			7			44	22	15	7	44
第一大类全国总数			18	80		80	96	237	1127	35	15	82			42	131	252	1251	1177	88	37	1302

附注：上海调查本不在原订计划之内，一部分采用中国经济统计研究所之现成材料，故其项目稍略，技工及普通工人未加分别。又二十一年工人人数亦多采用二十二年数字。×不详。△内有一厂或数厂统计不完全。＊因上海工人未分技工与普通，故两项总数与共计数常不符合。又有数业男女童三项未能分填，致三项总数与共计数亦不符合。厂主、经理及工程师皆不作为管理员，故厂主或经理直接指挥工人工作者，此栏即不填写。

（2）家具制造业

分类号码	业别	省市	厂数	管理或或工头			男工			女工			童工			总计			二十一年十二月份工人人数			
				男	女	共	技工	普通	共	技工	普通	共	技工	普通	共	技工	普通	共	男	女	童	共
2-1	铁制家具	河北	1	2		2	13	4	17					13	13	13	17	30	18		10	28
		福建	1	1		1	28		28					3	3	28	3	31	28		3	31
		上海	6	69		69			403						141			544	403		141	544

		全国合计	8	72		72	41	4	448					16	157	41	20	605	449		154	603
2-2	地毯	河北	1	2		2	190		190							190		190	170			170
		北平	1	11		11	202	14	216				160		160	362	14	376	216		160	376
		上海	1	8		8			75			300			75			450	75	300	75	450
		全国合计	3	21		21	392	14	481			300	160		235	552	14	1016	461	300	235	996
2-3	地毯及其他	北平	1	6		6	191	10	201					81	81	191	91	282	201		81	282
		全国合计	1	6		6	191	10	201					81	81	191	91	282	201		81	282
第二大类全国总数			12	99		99	624	28	1130			300	160	97	473	784	125	1903	1111	300	470	1881

（3）冶炼业

分类号码	业别	省市	厂数	管理员或工头			男工			女工			童工			总计			二十一年十二月份工人人数			
				男	女	共	技工	普通	共	技工	普通	共	技工	普通	共	技工	普通	共	男	女	童	共
3-1	翻砂																					
3-1-1	机器及零件	江苏	2	2		2	29	8	37				33		33	62	8	70	33		31	64
		浙江	1	2		2	26		26					13	13	26	13	39	24		12	36
		河北	1					18	18					15	15		33	33	15		12	27
		山东	2	2		2	22	25	47					32	32	22	57	79	38		32	70

		青岛	1	1		1	7		7					25	25	7	25	32	8		23	31
		上海	17	40		40			328						219			547	295		193	488
		全国合计	24	47		47	84	51	463				33	85	337	117	136	800	413		303	716
3-1-2	铁锅铁管	青岛	1				7	18	25					11	11	7	29	36	25		10	35
		上海	4	19		19			156						49			205	156		49	205
		全国合计	5	19		19	7	18	181					11	60	7	29	241	181		59	240
3-2	熔炼																					
3-2-1	炼钢铁	湖北	1	8		8	50	120	170							50	120	170	×			×
		山西	1	36		36			700									700	×			×
		上海	1	5		5			33						2			35	38		2	40
		全国合计	3	49		49	50	120	903						2	50	120	905	38		2	40
3-2-2	炼铅	湖南	1	16		16	96	178	274							96	178	274	436			436
		全国合计	1	16		16	96	178	274							96	178	274	436			436
第三大类全国总数			33	131		131	237	367	1821				33	96	399	270	463	2220	1068		364	1432

（4）机械及金属制品业

分类号码	业别	省市	厂数	管理员或工头			男工			女工			童工			总计			二十一年十二月份工人人数			
				男	女	共	技工	普通	共	技工	普通	共	技工	普通	共	技工	普通	共	男	女	童	共
4-1	机器制造兼修理																					
4-1-1	印刷机	河北	1	3		3	25		25					41	41	25	41	66	20		40	60
		山东	1	4		4	11	15	26					28	28	11	43	54	27		28	55
		北平	1	1		1	16		16					14	14	16	14	30	17		14	31
		上海	6	36		36			124						79			203	124		79	203
		全国合计	9	44		44	52	15	191					83	162	52	98	353	188		161	349
4-1-2	针织机	河北	3	2		2	35	10	45				8	62	70	43	72	115	42		60	102
		北平	1	1		1	4		4					30	30	4	30	34	7		36	43
		上海	6	35		35			136						100			236	236		100	236
		全国合计	10	38		38	39	10	185				8	92	200	47	102	385	185		196	381
4-1-3	纺织机	江苏	1	2		2	14		14				25		25	39		39	15		25	40

（续上表）

		浙江	2	3		3	89	29	118				36	11	47	125	40	165	118		35	153
		河北	5	14		14	70		70				12	122	134	82	122	204	70		131	201
		上海	13	76		76			464						284			748	464		284	748
		全国合计	21	95		95	173	29	666				73	133	490	246	162	1156	667		475	1142
4-1-4	动力机	江苏	1	13		13	28		28				45		45	73		73	40		45	85
		浙江	3	5		5	49		49				48	40	88	97	40	137	50		88	138
		河北	3	5		5	38		38				10	44	54	48	44	92	39		53	92
		山东	1	2		2	20		20					30	30	20	30	50	20		30	50
		上海	13	86		86			412						272			684	412		272	684
		广州	1				12		12				10		10	22		22	22		10	32
		全国合计	22	111		111	147		559				113	114	499	260	114	1058	583		498	1081
4-1-5	各种机器	江苏	4	5		5	61	4	65				67		67	128	4	132	50		69	119
		安徽	1				5		5				27		27	32		32	5		27	32
		湖北	1	3		3	32		32				10		10	42		42			11	11
		湖南	3	26		26	314	29	343	8		8	137	5	142	459	34	493	318	8	137	463
		河北	3	6		6	34	30	64					33	33	34	63	97	59		33	92

		山东	4	17		17	76	43	119				13	156	169	89	199	288	141		129	270
		山西	2	181		181	1114	1330	2444					80	80	1114	1410	2524	1740		174	1914
		陕西	1	1		1	13	29	42							13	29	42	42			42
		全国合计	41	405		405	1649	1465	4416	8		8	254	274	993	1911	1739	5417	3645	8	1027	4680
4-1-6	机器零件																					
4-1-6-1	地轴宕柱	上海	1	5		5			15						20			35	15		20	35
		全国合计	1	5		5			15						20			35	15		20	35
4-1-6-2	袜针	河北	3	8		8	24		24				3	80	83	27	80	107	26		60	86
		北平	1	1		1	5		5					24	24	5	24	29	6		24	30
		上海	7	15		15			156			76			65			297	121	70	63	254
		全国合计	11	24		24	29		185			76	3	104	172	32	104	433	153	70	147	370
4-1-6-3	罗底	河北	1	1		1	35		35					5	5	35	5	40	40			40
		全国合计	1	1		1	35		35					5	5	35	5	40	40			40
4-1-6-4	汽门龙头	河北	1				10		10					20	20	10	20	30	10		18	28
		北平	1				4		4					26	26	4	26	30	4		26	30
		上海	2	11		11			36						34			70	36		34	70

		全国合计	4	11		11	14		50					46	30	14	46	130	50		78	128
4-1-7	修理机器零及件	浙江	1	2		2	30		30				37		37	67		67	30		28	58
		湖北	3	13		13	150	14	164				9		9	159	14	173	120			120
		广东	1				21	5	26				6		6	27	5	32	24		7	31
		南京	1				24		24				12		12	36		36	24		12	36
		青岛	2	2		2	22	5	27					46	46	22	51	73	41		46	87
		上海	14	48		48			412						295			707	412		295	707
		广州	3	3		3	78		78				52		52	130		130	94		48	142
		全国合计	25	68		68	325	24	761				116	46	457	441	70	1218	745		436	1181
4-2	金属品制造																					
4-2-1	锅炉水箱	上海	1	3		3			65						5			70	65		5	70
		全国合计	1	3		3			65						5			70	65		5	70
4-2-2	制罐																					
4-2-2-1	制罐	上海	5	19		19			150			33			55			238	150	33	55	238
		广州	1				4	7	11	40		40				44	7	51				
		全国合计	6	19		19	4	7	161	40		73			55	44	7	289	150	33	55	238

4-2-2-2	印刷制罐	河北	2	8		8	20	80	100					110	110	20	190	210	100		110	210
		上海	4	39		39			221			96			50			367	221	96	50	367
		全国合计	6	47		47	20	80	321			96		110	160	20	190	577	321	96	160	577
4-2-2-3	制罐及其他	上海	4	77		77			531			112			130			773	531	112	130	773
		全国合计	4	77		77			531			112			130			773	531	112	130	773
4-2-2-4	印刷制罐及其他	广州	1	3		3	19		19	8		8	21		21	48		48	25	8	23	56
		全国合计	1	3		3	19		19	8		8	21		21	48		48	25	8	23	56
4-2-3	钢精片及器皿	上海	4	33		33			194			24			25			243	194	24	25	243
		广州	1				16		16	20		20	4		4	40		40				
		全国合计	5	33		33	16		210	20		44	4		29	40		283	194	24	25	243
4-2-4	制钉																					
4-2-4-1	钉	河北	1	1		1	6	6	12					20	20	6	26	32	13		20	33
		上海	5	23		23			118						24			142	118		24	142
		广州	1	2		2	34		34							34		34				
		全国合计	7	26		26	40	6	164					20	44	40	26	208	131		44	175
4-2-4-2	钉钢等	上海	2	34		34			260						7			267	260		7	267

		全国合计	2	34		34			260						7			267	260		7	267
4-2-5	装针	青岛	2	12		12	117		117		66	66		20	20	117	86	203	123	65	20	208
		全国合计	2	12		12	117		117		66	66		20	20	117	86	203	123	65	20	208
4-2-5a	洋伞骨	广州	3				19		19	95		95				114		114	22	108		130
		全国合计	3				19		19	95		95				114		114	22	108		130
4-2-6	制灯	湖南	1	1		1	27		27				4		4	31		31				
		河北	3	19	1	20	116	60	176	20	20	40		90	90	136	170	306	131	40	94	265
		山东	1	1		1	4	21	25					20	20	4	41	45	60	30	20	110
		上海	3	10		10			73			60			15			148	73	60	15	148
		全国合计	8	31	1	32	147	81	301	20	20	100	4	110	129	171	211	530	264	130	129	52
4-2-7	铜皮	上海	4	46		46			255									255	130			130
		广州	2	2		2	55		55	18		18				73		73	65	18		83
		全国合计	6	48		48	55		310	18		18				328		73	195	18		213
4-2-8	铁条	上海	1	9		9			40						6			46	40		6	46
		全国合计	1	9		9			40						6			46	40		6	46

4-2-9	其他金属制品	河北	1				20		20					12	12	20	12	32	30			30
		上海	5	32		32			132			10			1 12			254	68	10	72	150
		全国合计	6	32		32	20		152			10		12	124	20	12	286	98	10	72	180
4-3	电气机械及用品																					
4-3-1	电气机械及用具	河北	2	12		12	137		137					65	65	137	65	202	88		40	128
		上海	3	59		59			316						80			396	316		80	396
		全国合计	5	71		71	137		453					65	145	137	65	598	404		120	524
4-3-2	电气机械及电池	上海	1	1		1			143									143	90			90
		全国合计	1	1		1			143									143	90			90
4-3-3	电气用具	上海	5	81		81			675			99			123			897	675	99	123	897
		广州	1	3		3	23	4	27	14		14	17		17	54	4	58	29	18	18	65
		全国合计	6	84		84	23	4	702	14		113	17		140	54	4	955	704	117	141	962
4-3-4	电料	上海	4	26	1	27			124			40			58			222	79	30	48	157
		全国合计	4	26	1	27			124			40			58			222	79	30	48	157

4-3-5	电料及其他	上海	2	11		11			78			44			24			146	78	44	24	146
		全国合计	2	11		11			78			44			24			146	78	44	24	146
4-3-6	电灯泡	上海	13	151	6	157			578			364			186			1128	401	236	110	747
		全国合计	13	151	6	157			578			364			186			1128	401	236	110	747
4-3-7	年红灯	上海	2	32		32			78									78	78			
		全国合计	2	32		32			78									78	78			
4-3-8	电池	四川	1	3		3	20	5	25	30		30	25		25	75	5	80	30	27	24	81
		上海	3	24		24			83			65			8			156	83	65	8	156
		广州	4	7		7	98	9	107	181		181	4		4	283	9	292	113	175	6	294
		全国合计	8	34		34	118	14	215	211		276	29		37	358	14	528	226	267	38	531
4-3-9	电池兼电筒	上海	1	6		6			30			10						40	30	10		40
		广州	1	1		1	10	2	12	90		90	3		3	103	2	105	11	90	3	104
		全国合计	2	7		7	10	2	42	90		100	3		3	103	2	145	41	100	3	144
4-3-10	电筒	上海	8	68		68			314			22			85			421	266	22	79	367
		广州	3	3		3	18	1	19	87		87	3		3	108	1	109	22	91	6	119
		全国合计	11	71		71	18	1	333	87		109	3		88	108	1	530	288	113	85	48

4-3-11	电焊	上海	1	7	7			25						9			34	25		9	34
		全国合计	1	7	7			25						9			34	25		9	34
4-4	翻砂铁工																				
4-4-1	纺织业机	浙江	2	8	8	70	9	79				54	5	59	124	14	138	79		59	138
		上海	3	20	20			73						70			143	73		70	143
		全国合计	5	28	28	70	9	152				54	5	129	124	14	281	152		129	281
4-4-2	动力机	江苏	3	19	19	215	5	220				117		117	332	5	337	242		122	364
		江西	2	9	9	45	30	75				15		15	60	30	90	68		15	83
		湖北	2	16	16	47	14	61				26	1	44	73	32	105	61		44	105
		河北	1	2	2	15		15					7	7	15	7	22	15		7	22
		青岛	2	5	5	80		80					102	102	80	102	182	66		95	161
		广州	1	2	2	54	15	69							54	15	69	69			69
		全国合计	11	53	53	456	64	520				158	127	285	614	191	805	521		283	804
4-4-3	各种机器	江苏	2	8	8	81	4	85				37		37	118	4	122	70		4	116
		浙江	2	3	3	36	2	38				32		32	68	2	70	40		33	73
		四川	1			18		18				21		21	39		39	21		23	44
		河北	4	7	7	94		94					141	141	94	141	235	76		105	181

		河南	5	13		13	113	61	174					105	105	113	166	279	243			243
		北平	2	6		6	147	40	187					4	4	147	44	191	212			212
		青岛	2	7		7	46		46					52	52	46	52	98	53		52	105
		上海	3	22		22			164						38			202	164		38	202
		广州	1				127		127		15	15	26		26	153	15	168	140	15	40	195
		全国合计	22	66		66	662	107	933		15	15	116	302	456	778	424	1404	1019	15	337	1371
4-4-4	修理及零件	浙江	1	2		2	17	2	19				15		15	32	2	34	17		15	32
		安徽	1	1		1	19		19				26		26	45		45	20		26	46
		湖北	3	13		13	82	45	127				50		50	132	45	177	139		51	190
		四川	1	3		3	56	5	61				13		13	69	5	74	×		×	*60
		山东	1	2		2	25		25					23	23	25	23	48	27		23	50
		福建	1	1		1		40	40								40	40	45			45
		南京	1				15	4	19				12		12	27	4	31	12		8	20
		全国合计	9	22		22	214	96	310				116	2	139	330	119	449	260		123	443
4-4-5	金属制品	上海	1	4		4			26						26			52	26		26	52
		全国合计	1	4		4			26						26			52	26		26	52
第四大类全国总数			306	1844	8	1852	4628	2014	14445	611	101	1767	1092	1691	5533	6331	3806	21745	13082	1604	5190	19876

* 性别不详

(5) 交通用具制造业

分类号码	业别	省市	厂数	管理员或工头			男工			女工			童工			总计			二十一年十二月份工人人数			
				男	女	共	技工	普通	共	技工	普通	共	技工	普通	共	技工	普通	共	男	女	童	共
5-1	造船																					
5-1-1	造船	湖北	1	4		4	7	30	37					12	12	7	42	49	20		12	32
		四川	2	24		24	126	68	194				19		19	145	68	213	194		24	218
		青岛	1	12		12	79	3	82							79	3	82	96			96
		上海	1	202		202			1378									1378	1378			1378
		全国合计	5	242		242	212	101	1691				19	12	31	231	113	1722	1688		36	1724
5-1-2	造船及其他	上海	5	75		75			561						153			714	561		153	714
		全国合计	5	75		75			561						153			714	561		153	714
5-1-3	修理轮船	四川	2	3		3	21	5	29				49		49	73	5	78	14		30	*68
		上海	7	33		33			365						122			487	365		122	487
		全国合计	9	36		36	24	5	394				49		171	73	5	565	379		152	555
5-2	造车																					
5-2-1	铁路机厂	江苏	1	87		87	572	311	883					30	30	572	341	913	883		30	913

		浙江	1	18		18	362	37	399							362	37	399	417			417
		江西	1	9		9	104	107	211							104	107	211	222			222
		湖北	2	23		23	811	194	1005				12		12	823	194	1017	1086		12	1098
		湖南	2	7		7	70	65	135							70	65	135	143			143
		四川	1	2		2	11	4	15				17		17	28	4	32	21		12	33
		察哈尔	1	15		15	181	205	386					19	19	181	224	405	389		19	408
		河北	4	150		150	2895	1720	4615					193	193	2895	1913	4808	5115		111	5226
		山东	1	102		102	864	187	1051				51		51	915	187	1102	1081		51	1132
		广东	3	11		11	190	38	228				10		10	200	38	238	181		8	189
		青岛	1	66		66	1302	168	1470							1302	168	1470	1579			1579
		上海	1	10		10			956						42			998	956		42	998
		广州	3	22		22	394	114	508				66		66	450	114	574	567		85	652
		全国合计	22	522		522	7756	3150	11862				156	242	440	7912	3392	12302	12640		370	13010
5-2-2	电车造	北平	1	15		15	185		185					1	1	185	1	186	202			202
		全国合计	1	15		15	185		185					1	1	185	1	186	202			202
5-2-3	汽车零件	湖南	1				54	5	59				12		12	66	5	71	48		12	60
		河北	2	3		3	36		36					44	44	36	44	80	20		30	50

		全国合计	3	3		3	90	5	95				129	44	56	102	49	151	68		42	110
5-2-4	修理汽车	浙江	1				40		40				9		9	49		49	40		9	49
		四川	1	2		2	17	18	35							17	18	35				
		全国合计	2	2		2	57	18	75				9		9	66	18	84	40		9	49
5-2-5	自行车	河北	2	8		8	20		20					60	60	20	60	80	28		57	85
		青岛	1	5		5	10	15	25					55	55	10	70	80	15		35	50
		上海	1	5		5			26									26	38			38
		全国合计	4	18		18	30	15	71					115	115	30	130	186	81		92	173
5-2-6	自行车零件	河北	3	3		3	12	4	16				8	68	76	20	72	92	16		64	80
		全国合计	3	3		3	12	4	16				8	68	76	20	72	92	16		64	80
5-2-7	煤气车	上海	1	5		5			46						4			50				
		全国合计	1	5		5			46						4			50				
第五大类全国总数			55	921		921	8366	3298	14996				253	482	1056	8619	3780	16052	15675		918	16617

（6）土石制造业

分类号码	业别	省市	厂数	管理员或工头			男工			女工			童工			总计			二十一年十二月份工人人数			
				男	女	共	技工	普通	共	技工	普通	共	技工	普通	共	技工	普通	共	男	女	童	共
6-1	砖瓦																					
6-1-1	砖瓦	江苏	6	86		86	965	817	1782		281	281		47	47	965	1145	2110	1137	53	5	1195
		浙江	1				65		65							65		65				
		江西	1				20	80	100							20	80	100	20			20
		湖北	2	14		14	577	206	783							577	206	783	400			400
		山东	7	13		13		673	673					262	262		935	935	268		62	330
		福建	1				30	20	50							30	20	50	120			120
		广东	2				88	67	155		10	10		8	8	88	85	173	134		8	142
		南京	4	11		11	396	255	651							396	255	651	355			355
		青岛	1	3		3	12	129	141							12	129	141				
		上海	2	55		55			430			130			22			582	430	130	22	582
		广州	2	1		1	84	10	94		25	2				84	35	119	80			80
		全国合计	29	183		183	2257	2257	4924		316	446		317	33	2237	2890	5709	2944	183	97	3224
6-1-2	瓷砖	上海	2	25		25			134			118			3			255	134	118	3	255

		全国合计	2	25		25			134			118			3			255	134	118	3	255
6-1-3	砖瓦及其他	江苏	1	3		3	44	80	124	20		20				64	80	144	60	20		80
		全国合计	1	3		3	44	80	124	20		20				64	80	144	60	20		80
6-2	玻璃																					
6-2-1	玻璃器皿	江苏	1	6		6	44	10	54				30		30	74	10	84	50		20	70
		浙江	2	3		3	101	17	118				20		20	121	17	138	125		20	145
		湖北	1				29		29				16		16	45		45	29		6	45
		河北	7	8		8	112	32	144					173	173	11	205	317	125		168	292
		山西	1	1		1	8	24	32							8	24	32	33			33
		北平	1	6		6	26	8	34					40	40	26	48	74	39		40	79
		上海	21	157		157			1032			3			755			1790	1032	3	755	1790
		全国合计	34	181		181	20	91	1443			3	66	213	1034	386	304	2430	1433	3	1019	2455
6-2-2	玻璃车边	上海	4	17		17			136						9			145	136		9	145
		全国合计	4	17		17			136						9			145	136		9	145
6-3	水泥	江苏	1	14		14	278	202	480							278	202	480	468			468
		湖北	1	6		6	6	158	227				10		10	79	158	237	200		25	225

		河北	1	79	79	600	2500	3100							600	2500	3100	3000			3000
		上海	1	58	58			215									215	220			220
		广州	2	15	15	306	26	56							306	263	569	555	2		567
		全国合计	6	172	172	1253	3123	4591				10		10	1263	3123	4601	4443	2	25	4470
6-4	石，石灰石粉																			
6-4-1	炼灰	上海	1	5	5			70									70	70			70
		全国合计	1	5	5			70									70	70			70
6-4-2	石粉	江苏	1	3	3	8	34	42							8	34	42	40			40
		上海	3	37	37			84			8						92	84	8		92
		全国合计	4	40	40	8	34	126			8				8	34	134	124	8		132
6-4-3	轧石	江苏	6	24	24	38	360	398			6				38	360	398	336			336
		浙江	2	4	4	5	105	110		6	6				5	111	116	60	6		66
		上海	1	5	5			20									20	20			20
		全国合计	9	33	33	43	465	528		6	6				43	471	534	416	6		422
6-4-4	炼灰制砖	湖北	1	8	8	16	16	2							6	6	32	22			22

		全国合计	1	8		8	16	6	2							16	16	32	22			22
6-5	瓷器																					
6-5-1	瓷器	江西	1	4		4	27		27				5		5	32		32	27		5	32
		河北	2	21		21	209	280	489					24	24	209	304	513	435		3	438
		山东	1	15		15	10	102	112							10	102	112	120			120
		全国合计	4	40		40	246	382	628				5	24	29	251	406	657	582		8	590
6-5-2	瓷器玻璃	湖南	1	17		17	159	63	222				13		1	172	63	235	114	26	32	172
	坩锅火砖	河北	2	17		17	14	219	233					22	22	14	241	255	263		22	285
		全国合计	3	34		34	173	282	455				13	22	5	186	304	490	77	26	54	457
6-6	坩锅																					
6-6-1	坩锅	上海	1	5		5			30									30				
		全国合计	1	5		5			30									30				
6-6-2	坩锅火砖	上海	2	10		10			48						10			58	30		5	35
		全国合计	2	10		10			48						10			58	30		5	35
6-6-3	坩锅玻璃火砖	上海	1	40		40			300									300	300			300

		全国合计	1	40		40			300									300	300			300
6-7	石棉	河北	2	5		5	34	24	58					5	5	4	29	63	37		20	60
		全国合计	2	5		5	34	24	58					5	5	34	29	63	37		20	60
6-8	制炼煤焦																					
6-8-1	炼焦	河北	1	7		7	35	206	241							35	206	241	250			250
		全国合计	1	7		7	35	206	241							35	206	241	250			250
6-8-2	煤球	浙江	1	2		2	31		31							31		31	33			33
		上海	6	84		84			386									386	386			386
		全国合计	7	86		86	31		417							31		417	419			419
第六大类全国总数			112	894		894	4440	6960	14285	20	322	601	94	581	1474	4554	7863	16360	11777	366	1243	13387

(7) 建筑材料业

分类号码	业别	省市	厂数	管理员或工头			男工			女工			童工			总计			二十一年十二月份工人人数			
				男	女	共	技工	普通	共	技工	普通	共	技工	普通	共	技工	普通	共	男	女	童	共
7-1	建筑材料	上海	1	13		13			90									90	90			90
		全国合计	1	13		13			90									90	90			90
7-2	铜铁钢料	河北	1	2		2	50		50					10	10	50	10	60	40		10	50
		山东	2	9		9	28	135	163					70	70	28	205	233	65		55	120
		北平	1	1		1	8		8					23	23	8	23	31	9		23	32
		上海	7	34		34			336						102			438	286		87	373
		广州	1				25		25				6		6	31		31				
		全国合计	12	46		46	111	135	562				6	103	211	117	238	793	400		175	575
7-3	铜铁钢料兼制钉	广州	1	2		2	40	30	70							40	30	70	80			80
		全国合计	1	2		2	40	30	70							40	30	70	80			80
第七大类全国总数			14	61		61	151	165	742				6	103	211	157	268	953	570		175	745

（8）水电业

分类号码	业别	省市	厂数	管理员或工头			男工			女工			童工			总计			二十一年十二月份工人人数			
				男	女	共	技工	普通	共	技工	普通	共	技工	普通	共	技工	普通	共	男	女	童	共
8-1	水电	上海	1	137		137			150									150	150			150
		全国合计	1	137		137			150									150	150			150
8-2	水厂	江苏	1	3		3	8	16	24					4	4	8	20	28	27		4	31
		浙江	1	4		4	4	50	54							4	50	54	58			58
		湖北	1	17		17	83	222	305							83	222	305	305			305
		四川	1	6		6	14	28	42				25		25	39	28	67	×		×	90
		福建	1	4		4	9	41	50							9	41	50	54			54
		广西	1	2		2	17	2	19							17	2	19				
		广东	1	3		3	6	85	91							6	85	91				92
		北平	2	6		6	55	85	140					5	5	55	90	145	147		5	152
		青岛	1	3		3	73	83	156							73	83	156	145			145
		上海	1	8		8			102									102	102			102
		南京	1	2		2	8	56	64				5		5	1	56	60				

分类号码	业别	省市	厂数	管理员或工头			男工			女工			童工			总计			二十一年十二月份工人人数			
				男	女	共	技工	普通	共	技工	普通	共	技工	普通	共	技工	普通	共	男	女	童	共
		广州	1	3		3	184		184							184		184	184			184
		全国合计	13	61		61	461	668	1231				30	9	39	491	677	1270	1022		9	1213
第八大类全国总数			4	18		198	461	663	1381				30	9	39	491	677	1420	1272		9	1363

（9）化学工业

分类号码	业别	省市	厂数	管理员或工头			男工			女工			童工			总计			二十一年十二月份工人人数			
				男	女	共	技工	普通	共	技工	普通	共	技工	普通	共	技工	普通	共	男	女	童	共
9-1	火柴																					
9-1-1	火柴	江苏	4	50	3	53	497	297	794	1048	437	1485	159		159	1704	734	2438	749	1493	120	2362
		浙江	4	53		53	534	153	687	1605	288	1893	78	71	149	2217	512	2729	729	1924	71	2724
		江西	1	16		16	173	20	193		2410	2410				173	2430	2603	211	470		681
		湖北	1	7	1	8		128	128		439	439		9	9		576	576	128	439	9	576
		湖南	1				32	2	34	12	192	204	6	96	102	50	290	340	90	430		520
		四川	1	4		4	22	28	50	8	70	78	42		42	72	98	170	×	×	×	1208
		河北	4	57		57	100	1498	1598		430	430		27	27	100	1955	2055	785	130	30	945
		山东	1	14		14	83	20	103	117		117	16		16	216	20	236	121	178	23	322

		广西	1	1		1	21		21	125		125	27		27	173		173	20	100	10	130
		广东	2				110		110	603		603	11		11	724		724	115	680		795
		北平	1	20		20	106	120	226		20	20		293	293	106	433	539	246	20	293	559
		青岛	1	7		7	50	330	380		90	90				50	420	470	330	70		400
		上海	4	88		88			494			1011			105			1610	494	1011	105	1610
		广州	3	8		8	121		121	802		802	48		48	971		971	126	772	50	948
		全国合计	29	25	4	329	1849	2596	4939	4320	4376	9707	387	496	988	6556	7368	15634	4144	7717	711	12692
9-1-1	梗片	浙江	3	15		15	223	199	422					271	271	223	470	693	253		184	761
		广东	2				23		23	70		70				93		93	18	36		54
		青岛	5	7		7	154	293	447		210	210		98	98	154	601	755	180	70	52	202
		上海	3	31		31			237			334			107			678	237	334	107	678
		广州	2				43	20	63	153		153				196	20	216	66	165		231
		全国合计	15	53		53	443	512	1192	223	210	767		369	476	666	1091	2435	754	605	343	2026
9-2	皂烛																					
9-2-1	皂	安徽	1				13	18	31		10	10				13	28	41	31	10		41
		湖北	1	1		1	1	29	30							1	29	30	29			29
		河北	2	2		2	46	10	56					30	30	46	40	86	51		30	81
		河南	1	1		1	5	9	14							5	9	14	20			20

		上海	4	29		29			63			75			3			141	63	75	3	141
		全国合计	9	33		33	65	66	194		10	85		30	33	65	106	312	194	85	33	312
9-2-2	皂烛	浙江	1	2		2	23	8	31	3		3	1		1	27	8	35	20	11	1	32
		四川	2	13		13	20	4	54	30	64	94		6	6	50	104	154	122	63		190
		全国合计	3	15		15	43	42	85	33	64	97	1	6	7	77	112	189	142	79	1	222
9-2-3	碱烛皂	上海	1	15		15			24			12						36	24	12		36
		全国合计	1	15		15			24			12						36	24	12		36
9-2-4	泡花碱	河北	1	3		3		35	35								35	35	35			35
		全国合计	1	3		3		35	35								35	35	35			35
9-3	搪瓷																					
9-3-1	搪瓷器皿	河北	3	10		10	62	35	97					82	82	62	117	179	65		50	115
		上海	13	211	2	213			1120			297			202			1619	1037	297	194	1528
		广州	2				65		65	18		18	2		2	85		85				
		全国合计	18	221	2	223	127	35	1282	18		315	2	82	286	147	117	1883	1102	297	244	1643
9-3-2	搪瓷及其他	上海	4	58		58			594			88			48			730	594	88	48	730
		全国合计	4	58		58			594			88			48			730	594	88	48	730

9-3-3	制坯	上海	2	5		5			70						6			76	70		6	76
		全国合计	2	5		5			70						6			76	70		6	76
9-4	油漆墨颜料等																					
9-4-1	油漆	河北	1				32	10	42							32	10	42	29			29
		上海	3	53		53			364			16			16			396	364	16	16	396
		全国合计	4	53		53	32	10	406			16			16	32	10	438	393	16	16	425
9-4-2	油墨	上海	2	15		15			60						4			64	60		4	64
		全国合计	2	15		15			60						4			64	60		4	64
9-4-3a	油漆油墨	广州	1				26		26				3		3	29		*29				
		全国合计	1				26		26				3		3	29		29				
9-4-3	颜料	山东	1	1		1		40	40								40	40	40			40
		青岛	1	2		2		50	50								50	50	57			57
		上海	1	18	1	19			34									34				
		全国合计	3	21	1	22		90	124								90	124	97			97

* 工作最忙时需要工人人数三十二人

9-4-4	虫胶	广州	1					10	10		20	20					30	30				
		全国合计	1					10	10		20	20					30	30				
9-5	化妆品	上海	13	274	25	299			632			1039			10			1681	632	1039	10	1681
		广州	3	7	1	8	22	11	33	90	62	152				112	73	185	108	360		468
		全国合计	16	281	26	307	22	11	665	90	62	1191			10	112	73	1866	740	1399	10	2149
9-6	药品																					
9-6-1	一般药品	浙江	1	5		5	46	8	54	14	12	26	11		11	71	20	91	64	24	10	98
		上海	6	159	2	161			187			195			6			388	187	195	6	388
		全国合计	7	164	2	166	46	8	241	14	12	221	11		17	71	20	47	251	219	16	486
9-6-2	药及皂	上海	1	84		84			280			166			5			451	280	166	5	451
		全国合计	1	84		84			280			166			5			451	280	166	5	451
9-7	人造脂																					
9-7-1	赛璐珞	上海	6	123		123			324			160			8			492	324	160	8	492
		全国合计	6	123		123			324			160			8			492	324	160	8	492
9-7-2	电压电木等	上海	7	52		52			305			22			54			381	260	20	45	325
		全国合计	7	52		52			305			22			54			381	260	20	45	325

9-8	碱酸																					
9-8-1	制酸	上海	1	10		10												53				
		广西	1	1		1	56	36	92				1		1	57	36	93	92		1	93
		全国合计	2	11		11	56	36	145				1		1	57	36	146	92		1	93
9-8-2	制碱	四川	1	3		3	18	80	98				6		6	24	80	104	130			130
		河北	1	37		37	145	428	573							145	428	573	1019			1019
		全国合计	2	40		40	163	508	671				6		6	169	508	677	1149			1149
9-8-3	碱酸及漂粉	上海	1	21		21			90						6			96	90		6	96
		全国合计	1	21		21			90						6			96	90		6	96
9-9	炭酸钙炭酸镁																					
9-9-1	炭酸钙镁	浙江	1	3		3	25		25	2		2				27		27	28	2		30
		上海	3	30		30			238			2						240	238	2		240
		全国合计	4	33		33	25		263	2		4				27		267	266	4		270
9-9-2	炭酸钙镁及其他	江苏	1	45		45	2	308	310							2	308	310	278			278
		河北	1	11		11	50	250	300							50	250	300	280			280

		全国合计	2	56		56	52	558	610*							52	558	610	558			558
9-10	炼气	上海	1	1		1			22									22				
		全国合计	1	1		1			22									22				
9-11	酒精	广西	1	1		1	8	28	36							8	23	36	35			35
		广东	1				26	6	32							26	6	32				
		上海	1	6		6			31									31				
		全国合计	3	7		7	34	34	99							34	34	99	35			35
9-12	其他化学工业	上海	3	20		20			117						1			11	102			102
		全国合计	3	20		20			117						1			11	102			102
第九大类全国总数			148	1710	35	1745	2983	4551	12873	4700	4754	1287	1411	983	1975	8094	10288	27719	11756	10867	1497	24564

（10）纺织工业

分类号码	业别	省市	厂数	管理员或工头			男工			女工		
				男	女	共	技工	普通	共	技工	普通	共
10-1	棉纺织											
10-1-1	制棉											
10-1-1-1	轧花	江苏	8	49		49	35	77	112	120		120
		上海	5	73		73			129			130
		全国合计	13	122		122	35	77	241	120		250
10-1-1-2	轧花及其他	江苏	3	52		52	43	50	93	92		92
		全国合计	3	52		52	43	50	93	92		92
10-1-1-3	废花	上海	8	49		49			363			112
		全国合计	8	49		49			363			112
10-1-1-4	废花及其他	上海	1	5		5			15			
		全国合计	1	5		5			15			
10-1-1-5	弹旧花及药棉	广东	1				8		8	25		25
		全国合计	1				8		8	25		25
10-1-2	棉纺											
10-1-2-1	纺纱	江苏	9	273	67	340	1263	892	2155	5347	3274	8621

分类号码	业别	省市	厂数	童工			总计			二十一年十二月份工人人数			
				技工	普通	共	技工	普通	共	男	女	童	共
10-1	棉纺织												
10-1-1	制棉												
10-1-1-1	轧花	江苏	8	120		120	275	77	352	83	103	103	289
		上海	5			42			301	136	172	82	390
		全国合计	13	120		162	275	77	653	219	275	185	679
10-1-1-2	软花及其他	江苏	3	92		92	227	50	277	123	137	127	387
		全国合计	3	92		92	227	50	277	123	137	127	387
10-1-1-3	废花	上海	8						⁺535	363	112		535
		全国合计	8						535	363	112		535
10-1-1-4	废花及其他	上海	1						*15	15			15
		全国合计	1						15	15			15
10-1-1-5	弹旧花及药棉	广东	1				33		33				
		全国合计	1				33		33				
10-1-2	棉纺												
10-1-2-1	纺纱	江苏	9	142	354	496	6752	4520	11272	1703	8480	489	10,672

附注：⁺内60人性别不详。*忙时30人。

		浙江	2	30		30	338	197	535	1202	990	2192
		安徽	1	1	1	2	141	151	292		412	412
		江西	1	2		2	227		227	984		984
		湖北	1	28	18	46	130	123	253	60	1070	1130
		河北	3	112	5	117	2624	594	3218	803	31	834
		山东	2	62	39	101	528	246	774	1305	512	1817
		山西	2	9		9	1239	689	1928	218	124	342
		河南	4	91		91	201	6737	6938		909	909
		青岛	1	100		100	1534	185	1719	161	7	168
		上海	12	384	316	700			*4705			16,918
		全国合计	38	1092	446	1538	8225	9814	22744	10,080	7329	34,327
10-1-2-2	纺纱兼织布	江苏	10	560	214	774	4422	2459	6881	16,195	3598	19,793
		浙江	1	71	4	75	105	490	595	45	1243	1,288
		湖北	4	754	2	456	4803	*91	7983	*3,148	399	8,556
		湖南	1	19		19	1821		7821	666		666
		河北	4	199	5	204	5828	3785	9613	415	1294	1709
		山东	1				240	10	270			
		山西	2	42		42	995	748	1743	51	222	273

		浙江	2		47	47	1540	1234	2774	515	2324	47	2886
		安徽	1		625	625	141	1188	1329	292	412	625	1329
		江西	1	94		94	1305		1305	320	680	100	1100
		湖北	1		13	13	190	1206	1396	300	1100		1400
		河北	3	82		82	3509	625	4314	3948	957	339	5244
		山东	2	121	108	225	1954	864	2816	650	1227	185	2062
		山西	2	100	191	291	1557	1004	2561	2130	380	330	2840
		河南	4		427	427	201	8073	8274	6067	957	695	7719
		青岛	1	69	20	89	1764	212	1976	1819	168	89	2076
		上海	12			×650			•23177	×4705	16918	×650	•23177
		全国合计	38	608	1781	3039	18913	18924	61014	22449	33603	3519	60505
10-1-2-2	纺纱兼织布	江苏	10	1968	347	2315	22585	6404	28989	6495	21740	2392	30627
		浙江	1				150	1733	1883	53	1480		2033
		湖北	4	×276	×132	728	×8227	×1472	17567	7490	8558	585	1663
		湖南	1	478		478	2965		2965	2144	666	347	3157
		河北	4				6243	5079	11322	11707	2073		13780
		山东	1		70	70	240	100	340	180			180
		山西	2	50	260	310	1096	1230	2326	1770	440	230	2440

		上海	16	481	437	918			×6226			×26335
		全国合计	39	1826	662	2488	18214	8453	35132	20520	6756	58920
10-1-2-3	纺纱兼织毯	上海	1	52	1	53			200			440
		全国合计	1	52	1	53			200			440
10-1-3	棉织											
10-1-3-1	棉织	江苏	55	561	42	603	920	294	1214	5511	85	5596
		浙江	20	109	10	119	495	86	581	1958	429	2387
		江西	2	8		8	101		101	70	50	120
		湖北	1	5			39		39		20	20
		四川	1	18	1	6	84	8	92	50		50
		河北	9	8		18	210	53	263		10	10
		山东	3	2		8	32		32		30	30
		山西	2	5		×2	×43	×25	×68			
		福建	2	1		5	23		23	200		200
		广西	1			1	19	4	23	84		84
		广东	6	1			50		50	316		316
		北平	2	1		1	48	2	50	4		4
		青岛	2	7	1	8	42	10	52	8	10	18

		上海	16			×458			+36579	×6226	×26335	×458	+36579
		全国合计	39	2772	809	4359	41506	16018	101971	36565	61292	4012	105429
10-1-2-3	纺纱兼织毯	上海	1			10			650	200	440	10	650
		全国合计	1			10			650	200	440	10	650
10-1-3	棉织												
10-1-3-1	棉织	江苏	55	1765	24	1789	8196	403	8599	1276	5922	1634	8832
		浙江	20	87		87	2540	515	3055	536	2392	13	2941
		江西	2	6	32	38	177	82	259	130	90	20	240
		湖北	1				39	20	59	20	10		30
		四川	1	38		38	172	8	180	92	50	38	180
		河北	9		175	175	210	238	448	258	10	180	448
		山东	3		112	112	32	142	174	37	30	109	176
		山西	2				×43	25	*438	322		198	520
		福建	2				223		223	20	200		220
		广西	1				103	4	107				
		广东	6				566		566	41	285		526
		北平	2		46	46	52	48	100	55	4	48	107
		青岛	2				50	20	70	30	10		40

附注：×内有一厂或数厂统计不完全。+内3,560人性别不详。'内904人性别不分。*内370人性别不详。

		上海	74	1348	9	1357			3129			5716
		广州	37	4		4	375	40	415	1456		1456
		全国合计	217	2077	63	2140	2481	52	6132	9657	634	16007
10-1-3-2	棉织兼铁工	上海	1	54		54			247			
		全国合计	1	54		54			247			
10-1-3-3	棉织兼藤竹木	浙江	1	14		14	38		38			
		全国合计	1	14		14	38		38			
10-1-4	药棉纱布	浙江	3	3		3	10	5	15	98	20	118
		河北	1	12		12	9	46	55			
		上海	3	26		26			91			36
		广州	1	2		2	10		10	13		13
		全国合计	8	43		43	29	51	171	111	20	167
10-1-5	药棉纱布及其他	广东	1				11		11	42		42
		全国合计	1				11		11	42		42
10-2	丝及丝织业											
10-2-1	缫丝											
10-2-1-1	广丝	江苏	43	1032	57	1089	429	592	1021	22074	1680	23754

		上海	74						*9236	3011	5304	238	*8693
		广州	37			251	1821	40	1871	512	2389		2901
		全国合计	217	1896	389	2536	14234	1545	25285	6340	16696	2478	25854
10-1-3-2	棉织兼铁工	上海	1			56			303	247		56	303
		全国合计	1			56			303	247		56	303
10-1-3-3	棉织兼藤竹木	浙江	1	188		188	226		226	30		200	230
		全国合计	1	188		188	226		226	30		200	230
10-1-4	药棉纱布	浙江	3				108	25	133	18	124		142
		河北	1		18	18	9	64	73	40		20	60
		上海	3			16			143	91	36	6	143
		广州	1				23		23	12	17		29
		全国合计	8		18	34	140	89	372	161	177	36	384
10-1-5	药棉纱布及其他	广东	1				53		53	20	60		80
		全国合计	1				53		53	20	60		80
10-2	丝及丝织业												
10-2-1	缫丝												
10-2-1-1	厂丝	江苏	43	7290	362	7652	29793	2634	32427	967	10161	5094	22222

* 内140人性别不详。

		浙江	13	253	46	299	139	176	315	4255	1109	5369
		四川	7	119	11	130	439	138	577	2473	84	2557
		山东	1	3		3						
		广东	18	130		130	207	56	263	9890		9890
		上海	19	1167	116	1283			953			22606
		广州	1				1		11		110	110
		全国合计	102	2704	230	2934	1225	962	3140	28692	2983	64281
10-2-1-2	双宫	上海	2	27		27			31			812
		全国合计	2	27		27			31			812
10-2-1-3	绢丝	浙江	1	34	2	36	192	61	253	525	25	550
		上海	1	120		120						
		全国合计	2	154	2	156	192	61	253	525	25	550
10-2-2	织绸及附属工业	江苏	12	82		82	557	24	581	162		162
		浙江	51	66	2	68	2219	234	2453	4069		4069
10-2-2-1	织绸	四川	1	4		4	1	6	7	12		12
		河北	6	12		12	137	58	195			
		上海	125	1388	3	1391			5141			3407

		浙江	13	1460	566	2026	5854	1851	7705	333	5110	2179	7622
		四川	7	40		40	2952	222	3174	•113	•1309	×	2622
		山东	1		120	120		120	120				
		广东	18				10097	56	10153	282	9978		10260
		上海	19			6169			29728	953	22606	6169	29728
		广州	1		18	18	11	128	139				
		全国合计	102	8790	1066	16025	48707	5011	83446	2648	55164	13442	72454
10-2-1-2	双宫	上海	2			40			883	31	812	40	883
		全国合计	2			40			883	31	812	40	883
10-2-1-3	绢丝	浙江	1				717	86	803				
		上海	1						〃900				•900
		全国合计	2				717	86	1703				900
10-2-2	织绸及附属工业	江苏	12	5		5	72	24	748	453	139		592
		浙江	5	53	12	65	6341	246	6587	2529	4717	130	7376
10-2-2-1	织绸	四川	1	13		13	26	6	32				
		河北	6		108	108	137	166	303	196		80	276
		上海	125			1928			×10548	4845	3316	1868	×10101

附注：• 内有一厂或数厂统计不完全。+ 内1200人性别不详。〃 性别不详。

× 内72人性别不详。

10-2-2-1		广东	1	4		4	39		39	75		75
		广州	1	6		6	30		30	8	131	139
		全国合计	197	1562	5	1567	2983	322	8446	4326	131	7864
10-2-2-2	络丝	浙江	1	1		1		2	2	145		145
		全国合计	1	1		1		2	2	145		145
10-3												
10-3-1	毛纺	河北	1	12		12	36	119	155	23	120	143
		全国合计	1	12		12	36	119	155	23	120	143
10-3-2	毛织	上海	21	266		266			709			687
		全国合计	21	266		266			709			687
10-3-3	毛纺织	湖北	1	5		5	2	12	14		8	8
		河北	1	16		16	60	114	174			
		北平	1	20		20	300	170	470			
		上海	2	143		143			310			400
		全国合计	5	184		184	362	296	968		8	408
10-3-4	毛纺织兼服用品	山西	1	3		3	3	65	68			
		全国合计	1	3		3	3	65	68			
		上海	1	1		1			6			26
10-3-5	弹毛	全国合计	1	1		1			6			26

10-2-2-1		广东	1				114		114				
		广州	1				38	131	169				
		全国合计	197	71	120	2119	7380	573	18501	8023	8172	2078	18345
10-2-2-2	络丝	浙江	1				145	2	147	2	140		142
		全国合计	1				145	2	147	2	140		142
10-3													
10-3-1	毛纺	河北	1				59	239	298	115	25		140
		全国合计	1				59	239	298	115	25		140
10-3-2	毛织	上海	21			153			1549	570	566	115	1251
		全国合计	21			153			1549	570	566	115	1251
10-3-3	毛纺织	湖北	1		10	10	2	30	32	32			32
		河北	1				60	114	174	174			174
		北平	1				300	170	470	518	72		590
		上海	2			30			740	310	400	30	740
		全国合计	5		10	40	362	314	1416	1034	472	30	1536
10-3-4	毛纺织兼服用品	山西	1				3	65	68	60			60
		全国合计	1				3	65	68	60			60
		上海	1						32				
10-3-5	弹毛	全国合计	1						32				

10-4	丝织兼棉织	河北	5	17		17	264	32	296		55	55
		河南	2	8	1	9	38	59	97		105	105
		全国合计	7	25	1	26	302	91	393		160	160
10-4a	棉织兼毛织	广州	1	4		4	26	10	36	74	52	126
		全国合计	1	4		4	26	10	36	74	52	126
10-5	废丝毛棉纺织	江苏	1	21		21	372	132	504	352	22	374
		上海	3	50		50			530			540
		全国合计	4	71		71	372	132	1034	352	22	914
10-6	染炼											
10-6-1	丝光纱	浙江	1	2		2	20		20			
		湖北	1				24		24			
		上海	16	80		80			679			
		全国合计	18	82		82	44		723			
10-6-2	染炼	江苏	1				16		16			
		浙江	3	10		10	52	9	61	2		2
		湖北	3	17		17	46	87	133			
		湖南	1	3		3	23		23			
		四川	2	3		3	9	26	35			
		河北	10	26		26	187	76	263			

10-4	丝织兼棉织	河北	5	8	121	129	272	208	480	262	40	125	427
		河南	2				38	164	202	120	40		160
		全国合计	7	8	121	129	310	372	682	382	80	125	587
10-4 a	棉织兼毛织	广州	1				100	62	162	40	160		200
		全国合计	1				100	62	162	40	160		200
10-5	废丝毛棉纺织	江苏	1				724	154	878	453	299		752
		上海	3			67			1137	280	140	2	422
		全国合计	4			67	724	154	2015	733	439	2	1174
10-6	染炼												
10-6-1	丝光纱	浙江	1	8		8	28		28	22		8	30
		湖北	1	5		5	29		29	22		6	28
		上海	16			2			681	591		2	593
		全国合计	18	13		15	57		738	635		16	651
10-6-2	染炼	江苏	1	16		16	32		32	16		16	32
		浙江	3	26		26	80	9	89	71	2	26	99
		湖北	3		21	21	46	108	154	163		37	200
		湖南	1	3		3	26		26	36		2	38
		四川	2	22		22	31	26	57	75			75
		河北	10	112	55	167	299	131	430	219		185	404

		山东	2	5		5	15	40	55			
		上海	30	328		328			1241			5
		广州	3	3		3	59		59	25		25
		全国合计	55	395		395	407	238	1886	27		32
10-6-3	染炼兼印布	上海	1	50		50			220			30
		全国合计	1	50		50			220			30
10-7	印花	上海	7	70		70			250			10
		全国合计	7	70		70			250			10
10-8	制线											
10-8-1	经纬线	浙江	2	5		5	1	11	12	177		177
		上海	4	48		48			46			318
		全国合计	6	53		53	1	11	58	177		495
10-8-2	纱线团	广东	3	4		4	16		16	250		250
		上海	3	31		31			63			150
		广州	1				11		11	30		30
		全国合计	7	35		35	27		90	280		430
10-8-3	他种线	上海	3	16		16			46			56
		全国合计	3	16		16			46			56
10-9	边带											

		山东	2	36		36	51	40	91	65		30	95
		上海	30			125			1371	1020		115	1135
		广州	3	12		12	96		96	58	25	13	96
		全国合计	55	227	76	428	661	314	2346	1723	27	424	2174
10-6-3	染炼兼印布	上海	1			60			310	220	30	60	310
		全国合计	1			60			310	220	30	60	310
10-7	印花	上海	7			170			430	250	10	170	430
		全国合计	7			170			430	250	10	170	430
10-8	制线												
10-8-1	经纬线	浙江	2				178	11	189	13	177		190
		上海	4			4			368	46	318	4	368
		全国合计	6			4	178	11	557	59	495	4	558
10-8-2	纱线团	广东	3				266		266	18	245		263
		上海	3			6			219	63	150	6	219
		广州	1				41		41				
		全国合计	7			6	307		526	81	395	6	482
10-8-3	他种线	上海	3						102	46	56		102
		全国合计	3						102	46	56		102
10-9	边带												

10-9-1	制边	河北	1	1		1	10		10			
		全国合计	1	1		1	10		10			
10-9-2	制带	上海	2	21		21			60			64
		全国合计	2	21		21			60			64
10-9-3	宽紧带	江苏	1	18		18	72		72	43		43
		上海	3	50		50			88			51
		全国合计	4	68		68	72		160	43		94
10-9-4	边带	上海	2	14		14			42			18
		全国合计	2	14		14			42			18
10-9-5	边带兼牙签	上海	1	70		70			380			130
		全国合计	1	70		70			380			130
10-10	绒布整理											
10-10-1	拉绒	上海	2	11		11			65			
		全国合计	2	11		11			65			
10-10-2	拉绒兼漂染印花	江苏	2	18		18	33		33	90		90
		上海	2	8		8			78			
		全国合计	4	26		26	33		111	90		90
10-10-3	压布	河北	1				30		30			
		全国合计	1				30		30			
第十大类全国总数			821	11312	1410	12722	35209	21270	84767	85401	18240	187947

10-9-1	制边	河北	1		20	20	10	20	30	10		20	30
		全国合计	1		20	20	10	20	30	10		20	30
10-9-2	制带	上海	2						124	60	64		124
		全国合计	2						124	60	64		124
10-9-3	宽紧带	江苏	1				115		115	70	40		110
		上海	3			6			145	88	51	6	145
		全国合计	4			6	115		260	158	91	6	255
10-9-4	边带	上海	2						60	42	18		60
		全国合计	2						60	42	18		60
10-9-5	边带兼牙签	上海	1						510	380	130		510
		全国合计	1						510	380	130		510
10-10	绒布整理												
10-10-1	拉绒	上海	2						65				
		全国合计	2						65				
10-10-2	拉绒兼漂染印花	江苏	2				123		123	6			6
		上海	2						78	78			78
		全国合计	4				123		201	84			84
10-10-3	压布	河北	1				30		30	30			30
		全国合计	1				30		30	30			30
第十大类全国总数			821	14785	4410	29758	135595	43921	308078	84148	180138	27191	298513

（11）服用品制造业

分类号码	业别	省市	厂数	管理员或工头			男工			女工			童工			总计			二十一年十二月份工人人数			
				男	女	共	技工	普通	共	技工	普通	共	技工	普通	共	技工	普通	共	男	女	童	共
11-1	织袜																					
11-1-1	织袜	江苏	8	76	7	83	342		342	510		510	79		79	931		931	380	677	83	1140
		四川	1	7		7	64		64	45		45	6		6	115		115	70	64	6	140
		河北	1	1		1					14	14	44	60	104	44	74	118		14	104	118
		青岛	1	1		1	20	10	30	20	20	40		4	4	40	34	74	31	40	4	75
		上海	40	656	9	665			1641			3642			185			5508*	1641×	3642×	185×	5508*
		广东	1				2		2	40		40				42		42				
		广州	1	3		3	30		30	130		130				160		160	27	134		161
		全国合计	53	744	16	760	458	10	2109	745	34	4421	129	64	378	1332	108	6948	2149	4571	382	7142
11-1-2	织袜兼衫裤及其它	浙江	1	5		5	20		20	71		71	5		5	96		96	54	90		144
		河北	3	6		6	59	14	73		42	42	20	45	65	79	101	180	53	40	75	168
		上海	15	320	3	323			498			1245			44			1787	498	1245	44	1787
		广州	3	8		8	90	5	95	539	10	549	30		30	659	15	674	52	112		164
		全国合计	22	339	3	342	169	19	68	610	52	1907	55	45	114	834	116	2737	657	1487	119	2263

11-3	阳伞	上海	2	12		12			200			15			47			262	200	15	47	262
		全国合计	2	12		12			200			15			47			262	200	15	47	262
11-4	手帕	上海	7	77		77			115			346			5			466	115	346	5	466
		全国合计	7	77		77			115			346			5			466	115	346	5	466
11-5	衫裤	浙江	1	8	4	12	35	5	40	40	58	98				75	63	138	51	105		156
		河北	4	7		7	27	40	67		28	28	7	44	51	34	112	146	64	26	47	137
		上海	16	310	2	312			684			1381			107			2172	633	1266	87	1986
		广东	2	4		4	50		50	69	15	84	3		3	122	15	137	50	91		141
		广州	5	11		11	92		92	156		156	1		1	249		249	90	152		242
		全国合计	28	340	6	346	204	45	933	265	101	1747	11	44	162	480	190	2842	888	1640	134	2662
11-6	线毯毛巾																					
11-6-1	线毯	江苏	1	11	1	12	17	2	19	50		50	5		5	72	2	74	10	50	5	65
		河北	3	8		8	130	80	210		60	60		18	18	130	158	288	216	60	15	291
		上海	1	10		10			3			3						*6	3	3		6
		全国合计	5	29	1	30	147	82	232	50	60	113	5	18	23	202	160	368	229	113	20	362

附注：* 忙时有40人。

11-6-2	毛巾	江苏	1	4		4	35		35	2		2	20		20	57		57	35	2	20	57
		河北	2	2		2	28		28				15	40	55	43	40	83	65		55	120
		全国合计	3	6		6	63		63	2		2	35	40	75	100	40	140	100	2	75	177
11-7	其它服用品																					
11-7-1	钮扣	江苏	3	3		3	110		110	19	5	24	1	3	4	130	8	138	70	10		80
		河北	1	7		7	23		23					15	15	23	15	38	30		4	34
		上海	3	20		20			99			30			6			135	90	30	6	135
		全国合计	7	30		30	133		232	19	5	54	1	18	25	153	23	311	199	40	10	249
11-7-2	织席	河北	1	3		3	22		22					6	6	22	6	28	25		6	31
		全国合计	1	3		3	22		22					6	6	22	6	28	25		6	31
11-7-3	其它	上海	1	14		14						18			24			42		18	24	42
		全国合计	1	14		14						18			24			42		18	24	42
第十一大类全国总数			141	1675	26	1701	1491	181	5184	1711	382	8889	236	428	1158	3433	991	15271	5149	8498	1034	14721

（12）皮革及橡胶制造业

分类号码	业别	省别	厂数	管理员或工头			男工			女工			童工			总计			二十一年十二月工人人数			
				男	女	共	技工	普通	共	技工	普通	共	技工	普通	共	技工	普通	共	男	女	童	共
12-1	制革																					
12-1-1	制革	湖北	1	31		31	162	102	264							162	102	264	264			264
		湖南	1	4		4	21	6	27							21	6	27*	28			28
		四川	1	11		11	109	6	115				2		22	131	6	137	×		×	130×
		河北	3	9		9		127	127								127	127	148			148
		山西	1	2		2	6	30	36							6	30	36	36			36
		河南	1	2		2	4	31	35							4	31	35	35			35
		陕西	1	3		3	18		18					22	22	18	22	40	43			43
		上海	9	58		58			393						21			414	305		19	324
		广西	1	2		2	18	52	70				10		10	28	52	80				
		广州	1				25	13	39				8		8	34	13	47	24		6	30
		全国合计	20	122		122	364	367	1124				40	22	83	404	389	1207	883		25	1038
12-1-2	制革兼制胶	上海	1	5		5			4			30			3			37				

附注：*忙时30余人。 × 性别不详

		全国合计	1	5		5			4			30			3			37				
12-2	橡胶制品	河北	1	2		2	10	8	18		4	4		10	10	10	22	32				
		山东	1	1		1	1	17	18		24	24				1	41	42	15	21		39
		青岛	1	1		1	13	12	25		40	40				13	52	65	25	30		55
		上海	44	895	34	929			4514			6638			134			11286	4394	6378	134	10906
		广州	14	31		31	481	96	577	1066	45	1111				1547	141	1688	420	1190		1610
		全国合计	61	930	34	964	505	133	5152	1066	113	7847		10	144	1571	256	13113	4854	7622	134	12610
12-3	制胶	上海	1	11		11			80			15						95	78	15		93
		广东	1				13		13	50		50				63		63				
		全国合计	2	11		11	13		93	50		65				63		158	78	15		93
第十二大类全国总数			84	1063	34	1102	882	500	6373	1116	113	7912	40	32	230	2038	645	14515	5815	7637	159	13741

（13）饮食品制造业

分类号码	业别	省市	厂数	管理员或工头			男工			女工			童工			总计			二十一年十二月份工人人数			
				男	女	共	技工	普通	共	技工	普通	共	技工	普通	共	技工	普通	共	男	女	童	共
13-1	碾米																					
13-1-1	砻谷	江苏	4	9		9	162	50	212							162	50	212	221			221
		全国合计	4	9		9	162	50	212							162	50	212	221			221
13-1-2	碾米	江苏	26	91		91	1123	183	1306				3		3	1126	183	1309	1136			1136
		浙江	3	2		2	73	12	85							73	12	85	91			91
		安徽	10	11		11	30	689	719				3		3	33	689	722	718		1	719
		江西	2				5	58	63							5	58	63	51			51
		湖北	1	6		6	34		34							34		34	55			55
		上海	4	65		65			162									162	162			162
		广东	1				33		33							33		33	34			34
		广州	9	1		1	444		444							444		444	393			393
		全国合计	56	17		176	1742	942	2846				6		6	1748	942	2852	2640		1	2641

附注：*性别不分。

13-2	面粉机粉																					
13-2-1	面粉	江苏	10	167		167	505	710	1215				3	1	4	508	711	1219	959		1	960
		浙江	1	6		6	55	40	95					2	2	55	42	97	55		2	57
		安徽	3	4		4	75	167	242							75	167	242	238			238
		湖北	5	49		49	173	254	427							173	254	427	412			412
		湖南	1	4		4	45		45				1		1	46		46	46			46
		四川	2	8		8	16	18	34				7	3	10	23	21	44	×		×	*59
		察哈尔	1	1		1	27	3	30							27	3	30				
		绥远	1	2		2		56	56								56	56	16			16
		河北	7	70		70	299	559	858							299	559	858	861			861
		山东	10	35		35	228	525	753		120	120	10	275	285	238	920	1158	821		405	1220
		山西	3	6		6	76	91	167					4	4	76	95	171	172		4	176
		河南	3	22		22	*101	*204	349							*101	*204	*349	358			358

		南京	2	18		18	50	180	230							50	180	230	230			230
		青岛	2	7		7	41	59	100							41	59	100	93			93
		上海	15	457		457			2516									2516	2516			2516
		全国合计	66	856		856	1691	2866	7117		120	120	21	285	306	1712	3271	7543	6777		412	7248
13-2-2	机粉	江苏	1	13		13	50	8	58				2		2	52	8	60	45			45
		全国合计	1	13		13	50	8	58				2		2	52	8	60	45			45
13-2-3	电厂兼制面粉	绥远	2	10		10	17	77	94							17	77	94	70			70

(14) 造纸印刷业

分类号码	业别	省市	厂数	管理员或工头			男工			女工		
				男	女	共	技工	普通	共	技工	普通	共
14-1	制纸											
14-1-1	制纸	江苏	3	13		13	61	64	125		64	64
		四川	1	2		2	17	8	25		68	68
		河北	1				13	15	28		4	4
		山东	1	4		4	24	27	51			
		山西	1	7		7	29	32	61		28	28
		北平	1	1		1	34	24	58			
		上海	7	103		103			829			506
		福建	1	21	1	22	30	102	132	1	36	37
		广东	1	14		14	50		50	99		99
		全国	17	165	1	166	258	272	1359	100	200	806
14-1-2	纸版	江苏	2	37		37	263	32	295			
		浙江	2	12	1	13	82	292	374		161	161
		河北	1	28		28	37	123	160			
		上海	1	25		25			120			25

分类号码	业别	省市	厂数	童工			总计			二十一年十二月份工人人数			
				技工	普通	共	技工	普通	共	男	女	童	共
14-1	制纸												
14-1-1	制纸	江苏	3				61	128	189	464	64		528
		四川	1		2	2	17	78	95				
		河北	1				13	19	32	30			30
		山东	1				24	27	51	56			56
		山西	1				29	60	89	70	40		110
		北平	1		10	10	34	34	68	58		10	68
		上海	7			×			×1415	*829	*506	×	×1415
		福建	1				31	138	169	163	38		201
		广东	1	14		14	163		163	62	80	10	152
		全国	17	14	12	26	372	484	2271	1732	728	20	2560
14-1-2	纸版	江苏	2	6		6	269	32	301	306		6	312
		浙江	2	12	8	20	94	461	555	400	130	18	548
		河北	1				37	123	160	215			215
		上海	1			1			146	120	25	1	146

附注：×内80人性别不详。 *内有数厂统计不完全。

		全国	6	102	1	103	382	447	949		161	186
14-1-3	锡纸	上海	1	7		7			13			20
		全国	1	7		7			13			20
14-2	印刷											
14-2-1	印刷	江苏	10	46		46	275	9	284	2		2
		浙江	15	24		24	487	11	498			
		江西	2	9		9	90		90			
		湖北	3	13		13	70	29	99			
		湖南	2	19		19	31		31			
		四川	2	11		11	27	12	39			
		河北	13	44		44	305	271	576			
		山东	1	6		6	20	24	44			
		山西	2	13		13	44	43	87			
		河南	1	12		12	48	33	81			
		南京	15	13		13	452	92	544	7	4	11
		北平	7	55		55	1450	561	2011			
		青岛	1	1		1	19		19			
		上海	99	1464	9	1473			4981			215
		广西	3	4		4	145	72	217	15	25	40

		全国	6	18	8	27	400	616	1162	1041	155	25	1221
14-1-3	锡纸	上海	1						33	13	20		33
		全国	1						33	13	20		33
14-2	印刷												
14-2-1	印刷	江苏	10	50	131	181	327	140	467	300	2	181	483
		浙江	15	179	19	198	666	30	696	538		190	734
		江西	2	43		43	133		133	80		23	103
		湖北	3	3		3	73	29	102	147	1	6	154
		湖南	2	40		40	71		71	66		45	111
		四川	2	49		49	76	12	88	100			100
		河北	13	51	233	284	356	504	860	580		243	823
		山东	1				20	24	44	50			50
		山西	2				44	43	87	100			100
		河南	1				48	33	81	110			110
		南京	15	276	30	306	735	126	861	549	11	277	873
		北平	7		134	134	1450	695	2145	2413		121	2534
		青岛	1		12	12	19	12	31	20		12	32
		上海	99			1281			+6987	4833	208	1242	+6847
		广西	3	21		21	181	97	278	132	20	33	185

		广州	11	7		7	304	30	334	48		48
		全国	187	1741	9	1750	3767	1187	9872	72	29	316
14-2-2	印刷兼熔铸	江苏	1	12		12	63	8	71			
		上海	7	86	1	87			1015			63
		广东	1	2		2	42	6	48			
		广州	1				30		30	4		4
		全国	10	100	1	101	135	14	1164	4		67
14-3	纸制品											
14-3-1	纸盒	上海	10	49		49			328			137
		全国	10	49		49			328			137
14-3-2	卡纸品等	上海	3	28		28			73			8
		全国	3	28		28			73			8
第十四大类全国总数			234	2192	12	2204	4542	1920	13758	176	390	1540

		广州	11	105		105	457	30	487	291	32	113	436
		全国	187	817	559	2657	4656	1775	13409	10309	274	2492	13639
14-2-2	印刷兼熔铸	江苏	1	15		15	78	8	86	64		12	76
		上海	7			175			1253	1015	63	175	1253
		广东	1	7		7	49	6	55	42		8	50
		广州	1	5		5	39		39	26	4	4	34
		全国	10	27		202	166	14	1433	1147	67	199	1413
14-3	纸制品												
14-3-1	纸盒	上海	10			33			498	268	139	23	430
		全国	10			33			498	268	139	23	430
14-3-2	卡纸品等	上海	3			16			97	73	8	16	97
		全国	3			16			97	73	8	16	97
第十四大类全国总数			234	876	579	2961	5594	2889	18903	14583	1691	2775	19393

附注：*内564人性别不详。

（15）饰物仪器制造业

分类号码	业别	省市	厂数	管理员或工头			男工			女工			童工			总计			二十一年十二月工人人数			
				男	女	共	技工	普通	共	技工	普通	共	技工	普通	共	技工	普通	共	男	女	童	共
15-1	乐器	上海	2	32		32			51						10			61	51		10	61
		全国	2	32		32			51						10			61	51		10	61
15-2	教育用品	河北	2	19		19	173	106	279					21	21	173	127	300	296		21	317
		上海	6	32		32			174			56			48			278	174	56	48	278
		全国	8	51		51	173	106	453			56		21	69	173	127	578	470	56	69	595
15-3	仪器	上海	5	52		52			227			19			72			318	227	19	72	318
		全国	5	52		52			227			19			72			318	227	19	72	318
15-4	制钟																					
15-4-1	钟	河北	1	8		8	13		13					75	75	13	75	88	20		70	90
		山东	5	47		47	289	552	841							289	552	841	654		40	694
		全国	6	55		55	302	552	854					75	75	302	627	929	674		110	784
15-4-2	钟及电筒	上海	1	15		15			160									160				160
		全国	1	15		15			160									160				160
15-5	玩具	上海	4	30	1	31			125			78			42			245	125	78	42	245
		全国	4	30	1	31			125			78			42			245	125	78	42	245
第十五大类全国总数			26	235	1	236	475	658	1870			153		96	268	475	754	2291	1707	153	303	2163

(16) 其它工业

分类号码	业别	省市	厂数	管理员或工头			男工			女工		
				男	女	共	技工	普通	共	技工	普通	共
16-1	牙刷											
16-1-1	牙刷	河北	1	1		1	20		20			
		广东	1				26		26	200		200
		上海	5	79	1	80			219			349
		全国	7	80	1	81	46		265	200		549
16-1-2	牙刷兼牙粉	上海	1	6		6			40			20
		全国	1	6		6			40			20
16-2	制镜	上海	4	23		23			164			
		全国	4	23		23			164			
16-3	热水瓶											
16-3-1	自制瓶胆	上海	2	50		50			142			22
		全国	2	50		50			142			22

分类号码	业别	省市	厂数	童工			总计			二十一年十二月份工人人数			
				技工	普通	共	技工	普通	共	男	女	童	共
16-1	牙刷												
16-1-1	牙刷	河北	1		20	20	20	20	40	20		20	40
		广东	1	14		14	240		240	30	60		90
		上海	5			7			575	219	349	7	575
		全国	7	14	20	41	260	20	855	269	409	27	705
16-1-2	牙刷兼牙粉	上海	1						60	40	20		60
		全国	1						60	40	20		60
16-2	制镜	上海	4			73			237	164		73	237
		全国	4			73			237	164		73	237
16-3	热水瓶												
16-3-1	自制瓶胆	上海	2			98			262	142	22	98	262
		全国	2			98			262	142	22	98	262

16-3-2	购用瓶胆	上海	7	69		69			371	—		1
		全国	7	69		69			371			1
16-3-3	专制瓶胆	上海	3	12		12			96			
		全国	3	12		12			96			
16-4	打包	湖北	1				36		36			
		山东	1	7		7		80	80			
		河南	1	1		1	9	45	54			
		全国	3	8		8	45	125	170			
第十六大类全国总数			27	248	1	249	91	125	1248	200		592
拾六大类全国总计			2435	26006	1606	27612	74363	49514	123877	95895	25888	233435

16-3-2	购用瓶胆	上海	7			22			394	258	1	8	267
		全国	7			22			394	258	1	8	267
16-3-3	专制瓶胆	上海	3			74			170	66		64	130
		全国	3			74			170	66		64	130
16-4	打包	湖北	1				36		36	36			36
		山东	1					80	80				
		河南	1				9	45	54	54			54
		全国	3				45	125	170	90			90
第十六大类全国总数			27	14	20	303	305	145	2148	1029	452	270	1751
拾六大类全国总计			2435	18154	10206	28360	188612	85603	500233	194334	229598	42771	475420

〔国民政府资源委员会档案〕

3. 工商部编：工业工人人数统计表① （1936年）

地　　名	人　　数
上　海	362,894
无　锡	70,685
南　通	12,627
苏　州	58,814
武　进	16,219
宜　兴	12,576
江　都	1,669
镇　江	9,033
南　京	17,877
杭　州	16,171
宁　波	4,477
嘉　兴	7,080
蚌　埠	7,678
芜　湖	15,835
安　庆	5,243
九　江	2,113
南　昌	6,882
汉　口	169,992
武　昌	23,974
大　冶	3,936
青　岛	26,428
广　州	239,365
梧　州	2,322
潮　安	10,538
佛　山	17,855
汕　头	6,871
顺　德	64,449
厦　门	4,767
福　州	16,032
总　计	1204,396

〔国民政府工商部档案〕

① 本表选自国民党政府工商部全国工人生活及工业生产调查统计总报告。

4. 工商部编:国内主要各城市工业工人人数工资及工时统计表①

(1930年)

地名	工业工人总数	平均每人每月工资 (元数)									平均每日工作时间(小时数)			平均每年放假日数		
		男工			女工			童工								
		最高	最低	普通	最高	最低	普通	最高	最低	普通	最多	最少	普通	最多	最少	普通
上海	262894	50.00	8.00	15.28	24.00	7.00	12.50	21.00	5.00	8.70	12	8	11	67	7	33
无锡	70685	30.00	7.77	20.00	21.00	15.00	17.10	13.50	9.00	10.50	12	7	10	60	8	24
南通	12627	35.00	6.00	23.11	13.47	5.00	13.47	9.75	4.39	8.59	12	6	8	62	20	62
苏州	58814	35.00	7.00	16.00	25.00	9.00	15.00	16.00	3.00	9.00	14	7	10	60	7	7
武进	16219	34.00	5.50	14.00	13.97	7.50	11.50	9.45	4.75	6.75	12	7	10	60	8	8
宜兴	12570	43.00	7.00	13.50	—	—	12.00	17.10	2.00	9.60	10	6	6	60	3	12
江都	1669	23.00	4.00	8.10	—	—	8.10	—	—	2.00	13	8	10	60	5	15
镇江	9033	42.30	6.00	15.00	15.00	7.20	15.00	10.50	2.00	10.50	12	7	9	60	5	14
南京	17877	30.00	6.50	10.80	—	—	—	—	—	7.50	12	6	10	14	5	10
杭州	16171	38.00	7.20	13.50	20.40	8.00	12.33	—	—	5.10	12	7	11	65	3	3
宁波	4477	24.00	7.50	24.00	18.00	8.00	9.00	—	—	6.00	10	8	8	22	7	10
嘉兴	7080	40.00	4.00	22.00	22.00	9.00	19.87	15.60	6.00	15.60	12	8	10	60	30	60
蚌埠	7678	30.00	8.00	10.80	24.00	8.90	8.90	—	—	9.00	11	8	9	60	5	15

①本表选自国民政府工商部全国工人生活及工业生产调查统计总报告。

芜湖	15835	35.60	4.00	16.00	—	—	12.60	—	—	7.20	14	8	12	50	5	6
安庆	5243	26.20	3.00	8.40	—	—	6.00	—	—	6.00	12	8	10	16	7	7
九江	2113	29.66	6.00	15.00	—	—	15.00	—	—	6.50	10	7	9	55	12	12
南昌	6882	22.88	5.50	13.00	—	—		—	—	—	14	8	14	10	5	7
汉口	169992	41.00	8.00	19.50	19.20	6.00	19.20	9.00	3.00	4.50	14	8	10	60	4	31
武昌	23974	30.25	9.00	18.00	17.00	—	12.93	9.00	—	8.46	12	9	12	52	—	46
大冶	3936	—	—	16.00	—	—	—	—	—	6.00	—	—	8	—	—	12
青岛	26428	24.00	8.00	15.00	—	—	15.00	—	—	10.00	12	8	12	62	10	62
广州	239365	30.00	7.50	10.62	—	—	7.50	—	—	6.00	14	8	9	36	5	36
梧州	2322	29.16	4.56	22.50	—	—	10.50	—	—	4.00	12	7	9	40	7	16
潮安	10583	—	—	27.50	—	—		—	—	—	12	9	12	—	—	3
佛山	17855	48.12	6.67	12.50	—	—	6.00	—	—	3.75	14	8	10	64	3	10
汕头	6871	35.00	7.66	15.54	22.00	—	8.00	13.00	2.00	6.00	12	8	8	65	3	13
顺德	54449	18.83	5.00	18.83	—	—	18.75	—	—	8.40	15	9	10	40	3	40
厦门	4767	40.00	18.00	24.00	20.00	10.80	20.00	10.00	—	8.00	15	8	8	69	7	18
福州	16032	33.00	12.00	18.00	21.00	10.00	12.00	9.00	3.00	8.00	10	6	10	62	8	15

〔国民政府工商部档案〕

5．工商部编：国内各主要城市历年工资指数与物价指数比较表①

（1930年）

地名及指数		年别					备注
		十五年	十六年	十七年	十八年	十九年	
无锡	工资指数	100	109	118	124	208	
	物价指数	100	104	98	100	106	
南通	工资指数	100	101	112	113	116	
	物价指数	100	109	97	115	128	
苏州	工资指数	100	100	117	117	133	
	物价指数	100	118	147	165	181	
武进	工资指数	100	112	117	128	128	
	物价指数	100	94	87	101	121	
宜兴	工资指数	100	125	149	150	175	
	物价指数	100	98	103	115	144	
江都	工资指数	100	100	117	133	133	
	物价指数	100	109	125	144	162	
镇江	工资指数	100	100	152	152	152	
	物价指数	100	106	123	144	175	
杭州	工资指数	100	100	125	125	141	
	物价指数	100	107	109	123	146	
宁波	工资指数	100	133	133	133	133	
	物价指数	100	110	108	120	137	
嘉兴	工资指数	100	113	122	127	139	
	物价指数	100	105	122	137	148	
芜湖	工资指数	100	100	114	114	114	
	物价指数	100	99	122	133	164	

① 本表选自国民政府工商部全国工人生活及工业生产调查统计总报告。

安庆	工资指数	100	100	120	120	140
	物价指数	100	99	122	133	164
九江	工资指数	100	113	125	125	125
	物价指数	100	88	92	104	115
南昌	工资指数	100	100	130	130	130
	物价指数	100	113	106	115	148
汉口	工资指数	100	109	109	116	118
	物价指数	100	123	143	180	210
武昌	工资指数	100	104	102	103	107
	物价指数	100	123	143	180	210
青岛	工资指数	100	100	108	108	125
	物价指数	100	110	119	131	127
广州	工资指数	100	114	129	143	157
	物价指数	100	101	97	97	100
梧州	工资指数	100	103	116	118	122
	物价指数	100	101	97	97	100
顺德	工资指数	100	103	116	118	122
	物价指数	100	101	97	97	100
福州	工资指数	100	104	105	105	109
	物价指数	100	100	100	99	105
南京	工资指数	100	100	122	144	167
	物价指数	100	119	122	136	138

〔国民政府工商部档案〕

6. 刘大钧：中国各业职工薪资调查统计表①

（1934年）

（1）木材制造业

分类号码	业别	省市	厂数	管理员或工头薪资（元）		工人最高工资(元)						工人最低工资(元)						备考
						免费供膳宿者			不供或不免费者			免费供膳宿者			不供或不免费者			
				最高	最低	技工	普通	未分类	技工	普通	未分类	技工	普通	未分类	技工	普通	未分类	
1-1	锯木	山东	1	30	20	15	15					15	5					各业大半按照习惯，对于某种工人供膳宿，某种不供或不免费，故两项工资之差额并非代表膳宿之价值。又技工工资本应较普通工人
		福建	1	40	25				22	18					20	15		
		广西	3	42	17.5	31.5				21		4.20	5.60			10.92		
		上海	4	45	8			15			51			0*			15	
		全国	9	45	8	31.5	15	15	22	21	51	4.20	5	0	20	10.92	15	
1-2	木制品																	
1-2-1	木箱	上海	1	40	15			15						8				
		全国	1	40	15			15						8				
1-2-2	纱管筒	上海	5	60	10			30			48			1			12	
		全国	5	60	10			30			48			1			12	

① 本表选自刘大钧所著《中国工业调查报告》。

1-2-3	梭子	上海	1	50	20			2			40			1			10	为高，但有时以艺徒充技工，则其工资或反低于普通工人。
		全国	1	50	20			2			40			1			10	
1-2-4	牙签	广州	1			38.5	7.70						7.70		6.93			
		全国	1			38.5	7.70						7.70		6.93			
1-3	竹制品	上海	1	7	6						18						3	
		全国	1	7	6						18						3	
第一大类全国最高或最低薪工			18	60	6	38.5	15	30	22	21	51	4.20	5	0	6.93	10.92	3	

附注：薪工皆系按月计算，以国币一元为单位，上海调查因参用现成材料，技工及普通工人未加分别。× 不详。▲ 内有一厂或数厂统计不完全。* 管理员薪资甚低者乃练习生，工人工资甚低者乃艺徒，表内未能一一注明。* 艺徒大半有零用钱，其按月给付者作为工资；其不定期给付者，无法计算，只得作为无工资。

（2）家具制造业

分类号码	业别	省市	厂数	管理员或工头薪资（元）		工人最高工资（元）						工人最低工资（元）						备考
						免费供膳宿者			不供或不免费者			免费供膳宿者			不供或不免费者			
				最高	最低	技工	普通	未分类	技工	普通	未分类	技工	普通	未分类	技工	普通	未分类	
2-1	铁制家具	河北	1	20	15	15	10					8	0					
		福建	1	35	35	30	3					10	1					
		上海	6	80	0.40			30			60			0				
		全国	8	80	0.40	30	10	30			60	8	0	0				
2-2	地毯	河北	1	25	14	10						5						
		北平	1	35	9	40	7.60					3	3					
		上海	1	26	5						26			2				
		全国	3	35	5	40	7.60				26	3	3	2				
2-3	地毯及其他	北平	1	30	16	11.10	5					4	1					
		全国	1	30	16	11.10	5					4	1					
第二大类全国最高或最低薪工			12	80	0.40	40	10	30			60	3	0	0				

(3) 冶炼业

分类号码	业别	省市	厂数	管理员或工头薪资（元）		工人最高工资(元)						工人最低工资(元)						备考
						免费供膳宿者			不供或不免费者			免费供膳宿者			不供或不免费者			
				最高	最低	技工	普通	未分类	技工	普通	未分类	技工	普通	未分类	技工	普通	未分类	
3-1	翻砂																	
3-1-1	机器及零件	江苏	2	30	25	30	13.5					0.30	7.50					
		浙江	1	55	40	30	1					6	0.40					
		河北	1							10			0.33					
		山东	2	15	10	12	10					5	0.08					
		青岛	1	15	15	8	3					6	2					
		上海	17	60	2			50			40			0.40				
		全国	24	60	2	30	13.5	50		10	40	0.30	0.08	0.40				

3-1-2	铁锅铁管	青岛	1			16	7					10	1				
		上海	4	60	10			36						0.40			
		全国	5	60	10	16	7	36				10	1	0.40			
3-2	熔炼																
3-2-1	炼钢铁	湖北	1	90	36				45	18					27	16.50	
		山西	1	×	×						50						5
		上海	1	80	50						50						15
		全国	3	90	36				45	18	50				27	16.50	5
3-2-2	炼铅	湖南	1	38.40	15				27	11.1					9	10.50	
		全国	1	38.40	15				27	11.1					9	10.50	
第三大类全国最高或最低薪工			33	90	2	30	13.5	50	45	18	50	0.30	0.08	0.40	9	10.50	5

（4）机械及金属制品业

分类号码	业别	省市	厂数	管理员或工头薪资（元）		工人最高工资(元)						工人最低工资(元)						备考
						免费供膳宿者			不供或不免费者			免费供膳宿者			不供或不免费者			
				最高	最低	技工	普通	未分类	技工	普通	未分类	技工	普通	未分类	技工	普通	未分类	
4-1	机器制造兼修理																	
4-1-1	印刷机	河北	1	35	25	25	0					6	0					
		山东	1	40	20	18	12					5	2					
		北平	1	30	30	16	3					6	1					
		上海	6	120	1.50			45			60			0				
		全国	9	20	1.50	25	12	45			60	5	0	0				
4-1-2	针织机	河北	3	30	20							6	0					
		北平	1	18	18							13	1					
		上海	6	50	0*			50			80			0				
		全国	10	50	0	15	5	50			80	6	0	0				
4-1-3	纺织机	江苏	1	*0.80	0.30	36						0.30						

		浙江	2	50	35	32.30	18					2.30	7				
		河北	5	20	8	15	3					3	0				
		上海	13	80	0			50			60			0			10
		全国	21	80	0	36	18	50			60	0.30	0	0			10
4-1-4	动力机	江苏	1	60	0.40	36						0.40					
		浙江	3	50	30	30	2					9	1				
		河北	3	30	15	18	0		27			6	0		9		
		山东	1	45	22	20	0.50					15	0.50				
		上海	13	132	9			30			70			0			20
		广州	1						46.2			1.54					
		全国	22	132	0.40	36	2	30	46.2		70	0.40	0	0	9		20
4-1-5	各种机器	江苏	4	40		30	9.90					0.50	9				
		安徽	1			21						0					
		湖北	1	10	3	30						6					
		湖南	3	120	30	30	8		60	24		1	6		0	6	
		河北	3	30	10	30	15					6	0				
		山东	4	46.5	10	16	12		46.5	18		6	0		15	7.50	
		山西	2	140	10				80	30					15	6	
		陕西	1	70	70				58	16					24	7	
		上海	22	140	7			70			60			0			10

* 练习生

		全国	41	140	3	30	15	70	80	30	60	0	0	0	0	6	10
4-1-6	机器零件																
4-1-6-1	地轴宕柱	上海	1	45	10						45			0.50			
		全国	1	45	10						45			0.50			
4-1-6-2	袜针	河北	3	25	10	20	3.30					8	0				
		北平	1	30	30	13	1					10	1				
		上海	7	40	10			40			58			0.60			3
		全国	11	40	10	20	3.30	40			58	8	0	0.60			3
4-1-6-3	罗底	河北	1	16	16	16	2					6	2				
		全国	1	16	16	16	2					6	2				
4-1-6-4	汽门龙头	河北	1														
		北平	1														
		上海	2	18	12			30			22			0.20			
		全国	4	18	12	15	0	30			22	8	0	0.20			
4-1-7	修理机器及零件	浙江	1	45	30	31.50						0.50					
		湖北	3	100	30				60	12		4			12	8	
		广东	1			38.50	12.32					2.31	4.62				
		南京	1						45						9		
		青岛	2	40	36		2		32	11			1		21	8	
		上海	14	130	10			60			43.5			0			

		广州	3	77	23.1	46.20			46.2			0.77					
4-2	金属品制造	全国	25	130	10	46.20	12.32	60	60	12	43.5	0.50	1	0	9	8	
4-2-1	锅炉水箱	上海	1	45	15						60			0			
		全国	1	45	15						60			0			
4-2-2-1	制罐	上海	5	50	10			35			20			0			
		广州	1			13.86	6						4.62		4.62		
		全国	6	50	10	13.86	6	35			20		4.62	0	4.62		
4-2-2-2	印刷制罐	河北	2	40	20	20	20					4	1				
		上海	4	60	2			80			80			0			
		全国	6	60	2	20	20	80			80	4	1	0			
4-2-2-3	制罐及其他	上海	4	45	0			55			80			0.40			7
		全国	4	45	0			55			80			0.40			7
4-2-2-4	印刷制罐及其他	广州	1	50.05	23.1	46.20						1.54					
		全国	1	50.05	23.1	46.20						1.54					
4-2-3	钢精片及器皿	上海	4	60	0			60			65			1			10
		广州	1			30.80						3.85					
		全国	5	60	0	30.80		60			65	3.85		1			10
4-2-4	制钉																
4-2-4-1	钉	河北	1	50	50	35	20					28	3				

		上海	5	90	0.40			15			70			0			
		广州	1	1.54	1.54	90						11.55					
		全国	7	90	0.40	90	20	15			70	11.55	3	0			
4-2-4-2	钉钢等	上海	2	65	4						65			3			10
		全国	2	65	4						65			3			10
4-2-5	制针	青岛	2	150	30				50	25					10	3	
		全国	2	150	30				50	25					10	3	
4-2-5a	洋伞骨	广州	3			26.18									4.62		
		全国	3			26.18									4.62		
4-2-6	制灯	湖南	1	30	30	20						1					
		河北	3	30	15	20	8		15	9		5	0		8	7	
		山东	1	40	40	25	15					15	3				
		上海	3	20	0			30			50			0			4.50
		全国	8	40	0	25	15	30	15	9	50	1	0	0	8	7	4.50
4-2-7	铜皮	上海	4	80	20						120			0.50			14
		广州	2	48	30.8	32						4.62			7.20		
		全国	6	80	20	32					120	4.62		0.50	7.20		14
4-2-8	铁条	上海	1	60	5						40						10
		全国	1	60	5						40						10
4-2-9	其他金属制品	河北	1			50	2					0	2				

		上海	5	50	2			40			70			0.60			6.90
		全国	6	50	2	50	2	40			70	0	2	0.60			6.90
4-3	电气机械及用品																
4-3-1	电气机械及用具	河北	2	60	15	30	1		36	9		15	0.80		13	6	
		上海	3	150	12						45			0			
		全国	5	150	12	30	1		36	9	45	15	0.80	0	13	6	
4-3-2	电气机械及电池	上海	1	66.6	66.6						66.6						10.5
		全国	1	66.6	66.6						66.6						10.5
4-3-3	电气用具	上海	5	200	15						50			0.40			6
		广州	1	46.2	38.5	27.72	9.24					0	9.24				
		全国	6	200	15	27.72	9.24	25			50	0	9.24	0.40			6
4-3-4	电料	上海	4	100	1			60			60			1			
		全国	4	100	1			60			60			1			
4-3-5	电料及其他	上海	2	50	1			45						0.40			
		全国	2	50	1			45						0.40			
4-3-6	电灯泡	上海	13	200	2.50			65			50			0			7
		全国	13	200	2.50			65			50			0			7
4-3-7	年红灯	上海	2	70	10			85						15			
		全国	2	70	10			85						15			
4-3-8	电池	四川	1	50	8	20	4					1	4				

		上海	3	40	8			30			20			1			7
		广州	4	23.1	18.48	23.10	9.24					1.54	2.31		6.93		
		全国	8	50	8	23.10	9.24	30			20	1	2.31	1	6.93		7
4-3-9	电池兼电筒	上海	1	60	20			40									6
		广州	1	46.2	46.2	23.10	7.70					2.31	7.70				
		全国	2	60	20	23.10	7.70	40				2.31	7.70				6
4-3-10	电筒	上海	8	80	10			80			60			0.50			10.5
		广州	3	61.6	23.10	27.72	4.62					1.54	4.62		4.62		
		全国	11	80	10	27.72	4.62	80			60	1.54	4.62	0.50	4.62		10.5
4-3-11	电焊	上海	1	70	15						90						9
		全国	1	70	15						90						9
4-4	翻砂铁工																
4-4-1	纺织业机	浙江	2	45	16	30	10		40	12		0.50	0.50			12	
		上海	3	100	1			1			40			0.40			20
		全国	5	100	1	30	10	1	40	12	40	0.50	0.50	0.40		12	20
4-4-2	动力机	江苏	3	95	1	45	12		75			0.60	9		7.50		
		江西	2	32	20	24			32	11		0			10	6	
		湖北	2	60	15	24	8		36	10		12	0.40		15	8	
		河北	1	20	20	15	0					5	0				
		青岛	2	60	40		3.50		40	12			1		12	9	

		广州	1	77	77				46.20	17.32					23.1	17.32	
		全国	11	95	1	45	12		75	17.32		0	0		7.50	6	
4-4-3	各种机器	江苏	2	50	7	45	12					0.50					
		浙江	2	39	30	18			33	16.50		0.30				15	
		四川	1			36						1					
		河北	4	50	12	30	2.50		30	9		5	0		15	9	
		河南	5	80	6	42	2.50		32	12		6	0		8	6	
		北平	2	60	30	30	19.5		30	6		3	19.5		12	6	
		青岛	2	60	30		1		45	11			1.		10	9	
		上海	3	100	18						45			0			24
		广州	1						42.73	12.70		4.62		0		10.39	
		全国	22	100	6	45	19.5		45	16.50	45	0.30	0	0	8	6	24
4-4-4	修理及零件	浙江	1	32	30	30	14					0.40	14				
		安徽	1	60	60	30						0					
		湖北	3	70	24				42	16		3.60				10.50	

		四川	1	42	30	30	6					1	4					
		山东	1	30	30	32	1					10	1					
		福建	1	35	35					30						8		
		南京	1			30	15					1	7					
		全国	9	70	24	30	15		42	30		0	1			8		
4-4-5	金属制品	上海	1	10	0*			8						0				* 练习生
		全国	1	10	0			8						0				
第四大类全国最高或最低薪工			306	200	0	90	20	85	80	30	120	0	0	0	0	3	3	

(5) 交通用具制造业

分类号码	业别	省市	厂数	管理员或工头薪资(元)		工人最高工资(元)						工人最低工资(元)						备考
						免费供膳宿者			不供或不免费者			免费供膳宿者			不供或不免费者			
				最高	最低	技工	普通	未分类	技工	普通	未分类	技工	普通	未分类	技工	普通	未分类	
5-1	造船																	
5-1-1	造船	湖北	1	50	30				45	36					30	15		
		四川	2	150	15	50			108	18		0.50			15	9		
		青岛	1	55.5	34				43.50	13.50					16	10		
		上海	1	×	20						100						9	
		全国	5	150	15	50			108	36	100	0.50			15	9	9	
5-1-2	造船及其他	上海	5	100	1			60			60			1			10	
		全国	5	100	1			60			60			1			10	
5-1-3	修理轮船	四川	2	50	40	40	5					0.50	3					
		上海	7	150	5						70			0			10.5	
		全国	9	150	5	40	5				70	0.50	3	0			10.5	
5-2	造车																	
5-2-1	铁路机厂	江苏	1	320	18				84	45					15	9		

		浙江	1	160	100				78	36					18	15	
		江西	1	58.50	40.50				40.2	22.20					22.5	10.50	
		湖北	2	78	36				79.5	46.50					7.50	11.10	
		湖南	2	60	48				46.5	24					11.1	11.10	
		四川	1	75	12				30	9		5				8	
		察哈尔	1	70	27				54	16.20					9	7.20	
		河北	4	90	27				85.5	30					9	6	
		山东	1	300	27				58.5	21					9	10.50	
		广东	3	53.90	38.50				49.2	28.80					4.62	18.48	
		青岛	1	80	36				65.2	23					14	14	
		上海	1	124	62						100						6
		广州	3	123.20	34.65				61.2	31.20					6.93	16.17	
		全国	11	150	15	50			108	36	100	0.50			4.62	9	9
5-2-2	造电车	北平	1	109.50	18.30				36.3	13.80					11.4	13.80	
		全国	1	109.50	18.30				36.3	13.80					11.4	13.80	
5-2-3	汽车零件	湖南	1						43.5	10.50					15	10.50	
		河北	2	45	20	22	0					8	0				
		全国	3	45	20	22	0		43.5	10.50		8	0		15	10.50	
5-2-4	修理汽车	浙江	1						64			8					

		四川	1	36	36	30	10					20	8				
		全国	2	36	36	30	10		64			8	8				
5-2-5	自行车	河北	2	14	10	8	1					7	0.60				
		青岛	1	20	6	12	12					6	1				
		上海	1	50	8						40						6
		全国	4	50	6	12	12				40	6	0.60				6
5-2-6	自行车零件	河北	3	15	10	13	12					2	0				
		全国	3	15	10	13	12					2	0				
5-2-7	煤气车	上海	1	50	25						60						9
		全国	1	50	25						60						9
第五大类全国最高或最低薪工			55	320	1	50	12	60	108	46.5	100	0.50	0	0	4.62	6	6

（6）土石制造业

分类号码	业别	省市	厂数	管理员或工头薪资（元）		工人最高工资(元)						工人最低工资(元)						备考
						免费供膳宿者			不供或不免费者			免费供膳宿者			不供或不免费者			
				最高	最低	技工	普通	未分类	技工	普通	未分类	技工	普通	未分类	技工	普通	未分类	
6-1	砖瓦																	
6-1-1	砖瓦	江苏	6	60	0.20	60	7		60	24		20	6		6	6		
		浙江	1			30						10						
		江西	1			25	16					25	6					
		湖北	2	50	12		7		32	10.50			7		8	9		
		山东	7	20	10		12			8			2			2		
		福建	1			15	15					12	6					
		广东	2			9.40				11.55			4.62		10.39	6.93		
		南京	4	40	40	12			21	12		6			9	6		
		青岛	1	50	30				30	12					18	8		
		上海	2	80	10			15			18			2			4.50	
		广州	2			38.5	23.1					23.1			11.55	6.93		
		全国	29	80	0.20	92.4	23.1	15	60	24	18	6	2	2	6	2	4.50	

6-1-2	瓷砖	上海	2	40	3						40						6	
		全国	2	40	3						40						6	
6-1-3	砖瓦及其他	江苏	1	40	40	12	12						8		7.50			
		全国	1	40	40	12	12						8		7.50			
6-2	玻璃																	
6-2-1	玻璃器皿	江苏	1	90	15	54	15		66	12		1				9		
		浙江	2	60	30	39						1	10					
		湖北	1			45	12					1						
		河北	7	40	25	25	5					5	0.70					
		山西	1	30	30	20	5					5	1					
		北平	1	20	7							6	0.60					
		上海	21	120	0*			60			80			1			4	*系练习生
		全国	34	120	0	54	15	60	66	12	80	1	0.60	1		9	4	
6-2-2	玻璃车边	上海	4	60	10			50						1				
		全国	4	60	10			50						1				
6-3	水泥	江苏	1	129.90	23.1				48	25.50					14.7	13.50		
		湖北	1	70	18				45	12					10.5	10.50		
		河北	1	×	12				150	15					12	9.60		
		上海	1	×	18						65						15	
		广州	2	100.10	53.9				69.30	30.03					30.8	13.86		

6-4	石，石灰石粉	全国	6	129.90	12				150	30.03	65				10.5	9.60	15	
6-4-1	炼灰	上海	1	30	7						24						20	
		全国	1	30	7						24						20	
6-4-2	石粉	江苏	1	30	19.5	20				15					12	9		
		上海	3	50	14			15			24			7			15	
		全国	4	50	14	20		15		15	24			7	12	9	15	
6-4-3	轧石	江苏	6	50	16	40			30	18		8	6		10	6		
		浙江	2	20	16	40			50	15		15			26	15		
		上海	1	15	*1			8						3				* 练习生
		全国	9	50	1	40		8	50	18		8	6	3	10	6		
6-4-4	炼灰制砖	湖北	1	20	12				45	13					14	13		
		全国	1	20	12				45	13					14	13		
6-5	瓷器																	
6-5-1	瓷器	江西	1	54	54				24						6			
		河北	2	35	8	30	10		30	20		20	5		12	8		
		山东	1	100	30				60	24					18	8		
		全国	4	100	8	30	10		60	24		20	5		6	8		
6-5-2	瓷器玻璃	湖南	1	100	22	80	7					4	5					
	坩锅火砖	河北	2	40	20	20	20		20	20		12	1.20		20	7		

		全国	3	100	20	80	20		20	20		4	1.20		20	7		
6-6	坩锅																	
6-6-1	坩锅	上海	1	40	15			40						15				
		全国	1	40	15			40						15				
6-6-2	坩锅火砖	上海	2	80	2			30						1				
		全国	2	80	2			30						1				
6-6-3	坩锅玻璃火砖	上海	1	100	8			60						2				
		全国	1	100	8			60						2				
6-7	石棉	河北	2	25	12	15	3.50					4	1					
		全国	2	25	12	15	3.50					4	1					
6-8	制炼煤焦																	
6-8-1	炼焦	河北	1	100	25.50				42	13.50					12	9		
		全国	1	100	25.50				42	13.50					15	9		
6-8-2	煤球	浙江	1	20	20	30						10						
		上海	6	120	*2			30			54			8			12	*练习生
		全国	7	120	2	30		30			54	10		8			12	
第六大类全国最高或最低薪工			112	129.90	0	92.4	23.1	60	150	30.03	80	1	0.60	1	6	2	4	

(7) 建筑材料业

分类号码	业别	省市	厂数	管理员或工头薪资（元）		工人最高工资（元）						工人最低工资（元）						备考
						免费供膳宿者			不供或不免费者			免费供膳宿者			不供或不免费者			
				最高	最低	技工	普通	未分类	技工	普通	未分类	技工	普通	未分类	技工	普通	未分类	
7-1	建筑材料	上海	1	×	10						42						15	
		全国	1	×	10						42						15	
7-2	铜铁钢料	河北	1	61	12	11	1					8	1					
		山东	2	80	16	30	25					10	0.83					
		北平	1	25	25	15	1					8	1					
		上海	7	60	0			36			60			0			9	
		广州	1						32.34			4.62						
		全国	12	80	0	30	25	36	32.34		60	4.62	0.83	0			9	
7-3	铜铁钢料兼制钉	广州	1	92.4	92.4	43				6.93		6.93				6.93		
		全国	1	92.4	92.4	43				6.93		6.93				6.93		
第七大类全国最高或最低薪工			14	92.4	0	43	25	36	32.34	6.93	60	4.62	0.83	4		6.93	9	

(8) 水电业

分类号码	业别	省市	厂数	管理员或工头薪资(元)		工人最高工资(元)						工人最低工资(元)						备考
						免费供膳宿者			不供或不免费者			免费供膳宿者			不供或不免费者			
				最高	最低	技工	普通	未分类	技工	普通	未分类	技工	普通	未分类	技工	普通	未分类	
8-1	水电	上海	1	×	20						79						16	
		全国	1	×	20						79						16	
8-2	水厂	江苏	1	50	36				34	20					18	12		
		浙江	1	80	36				50	21					30	15		
		湖北	1	140	26				124	22					15.6	15.6		
		四川	1	100	54				42	12					9	9		
		福建	1	120	60				65	30					35	20		
		广西	1	163.80	109.2				56	10.5					10.5	10.5		
		广东	1	96.25	53.90	53.9	30.8					34.65	11.55					
		北平	2	60	15				39	23					11	11		
		青岛	1	75	55				42	30					21	12		
		上海	1	100	19						60						18	
		南京	1	75	70				49.5	19.5					15	12		
		广州	1	×	62.95				77						15.4			
		全国	13	163.80	15	53.9	30.8		121	30	60	34.65	11.55		9	9	18	
第八大类全国最高或最低薪工			14	163.80	15	53.9	30.8		121	30	79	34.65	11.55		9	9	16	

(9) 化学工业

分类号码	业别	省市	厂数	管理员或工头薪资（元）		工人最高工资（元）						工人最低工资（元）						备考
						免费供膳宿者			不供或不免费者			免费供膳宿者			不供或不免费者			
				最高	最低	技工	普通	未分类	技工	普通	未分类	技工	普通	未分类	技工	普通	未分类	
9-1	火柴																	
9-1-1	火柴	江苏	4	48	3	24.24			90	31.5					6	7.50		
		浙江	4	60	12	26	10		42	24			8		3.90	6		
		江西	1	40	20				24	12					7	9		
		湖北	1	80	18					30						4		
		湖南	1						15	11					8	2.10		
		四川	1	32	8	5	7.50					1	3.50					
		河北	4	50	10.5				18	21					9	4.50		
		山东	1	20	12	18	10						5		4.50			
		广西	1	17.5	17.5	28									3.15			
		广东	2			26.95			32.34						4.62	1		
		北平	1	37.5	12				18	18					12	3		
		青岛	1	40	20				30	22					15	11		

		上海	4	150	3*			40.5			45			0**			6	* 练习生
		广州	3	23.10	15.4	30	10								4.62			
		全国合计	29	150	3	30	12	40.5	90	31.5	45	1	3.50	0	3.15	2.10	6	** 艺徒
9-1-2	梗片	浙江	3	50	18	×	12	45	10		5	3		7.50	1.50			
		青岛	5	51	9			25	21					7	4.50			
		广东	2			26.95									4.80			
		上海	3	60	10						60						4	
		广州	2			30.80				4.62					4.62	4.62		
		全国	15	60	9	30.80	12		45	24	60	5	3		4.62	1.50	4	
9-2	皂烛																	
9-2-1	皂	安徽	1			30	9					10				6		
		湖北	1	12	12				30	10					30	4		
		河北	2	40	37	18	8					4	1					
		河南	1	60	60	18	5					4	3					
		上海	4	100	0.50			20			30			0			8	
		全国	9	100	0.50	30	9	20	30	10	30	4	1	0	30	4	8	
9-2-2	皂烛	浙江	1	38	20				16	9					6	6		
		四川	2	30	15	34	4			13.5		10	1		3.60			
		全国	3	38	15	34	4		16	13.5		10	1		3.60	6		

9-2-3	碱烛皂	上海	1	60	1			20						6				
		全国	1	60	1			20						6				
9-2-4	泡花碱	河北	1	140	60					12						10		
		全国	1	140	60					12						10		
9-3	搪瓷																	
9-3-1	搪瓷器皿	河北	3	30	6	20	15					3	0					
		上海	13	160	0*			54			50			0			10	*练习生
		广州	2			26.95						2.31						
		全国	18	160	0	26.95	15	54			50	2.31	0	0			10	
9-3-2	搪瓷及其他	上海	4	100	2			60			50			1				
		全国	4	100	2			60			50			1				
9-3-3	制坯	上海	2	45	12						40			0.70			6	
		全国	2	45	12						40			0.70			6	
9-4	油漆墨颜料等																	
9-4-1	油漆	河北	1			30				20		15				15		
		上海	3	180	5						50		0				8	
		全国	4	180	5	30				20	50	15	0			15	8	
9-4-2	油墨	上海	2	160	10						25			1			9	
		全国	2	160	10						25			1			9	

9-4-2a	油漆油墨	广州	1			18.48						2.31					
		全国	1			18.48						2.31					
9-4-3	颜料	山东	1	18	18		9.50						3				
		青岛	1	30	25					20						8	
		上海	1	45	2						33						16.50
		全国	3	45	2		9.50			20	33		3			8	16.50
9-4-4	虫胶	广州	1							7.70						6.93	
		全国	1							7.70						6.93	
9-5	化妆品	上海	13	100	1			60			80						5
		广州	3	19.87	4.62	27.72	8.08								5.77	4.62	
		全国	16	100	1	27.72	8.08	60			80				5.77	4.62	5
9-6	药品																
9-6-1	一般药品	浙江	1	65	40	45	11					3	4				
		上海	6	55	1			30						6			9
		全国	7	65	1	45	11	30				3	4	6			9
9-6-2	药及皂	上海	1	×	15						45						6
		全国	1	×	15						45						6
9-7	人造脂																
9-7-1	赛璐珞	上海	6	120	0			22			40			9			7
		全国	6	120	0			22			40			9			7

9-7-2	电玉电木等	上海	7	100	1			60			60			0.40			12	
		全国	7	100	1			60			60			0.40			12	
9-8	碱酸																	
9-8-1	制酸	广西	1	25.20	25.20				35	8.40		2.10				8.40		
		上海	1	×	50						35						15	×
		全国	2	×	25.20				35	8.40	35	2.10				8.40	15	不详
9-8-2	制碱	四川	1	16	8	20	6					2	3					
		河北	1	200	40				42.90	24.20					15	10		
		全国	2	200	8	20	6		42.90	24.20		2	3		15	10		
9-8-3	碱酸及漂粉	上海	1	×	40			65						2				
		全国	1	×	40			65						2				
9-9	炭酸钙炭酸镁																	* 该厂只有外国工头一人月薪四百五十元。
9-9-1	炭酸钙镁	浙江	1	10	10				26						9			
		上海	3	80	12			20			36			10			10	
		全国	4	80	10			20	26		36			10	9		10	
9-9-2	炭酸钙镁及其他	江苏	1	20	10	30				30		30				12		
		河北	1	50	20				20	15					15	10		
		全国	2	50	10	30			20	30		30			15	10		
9-10	炼气	上海	1	450*	450*			70						60				

		全国	1	450	450			70						60			
9-11	酒精	广西	1	210	210				42	14					14	9.80	
		广东	1			89.83	9.24										
		上海	1	30	12												12
		全国	3	210	12	89.83	9.24		42	14		7.70	7.70		14	9.80	12
9-12	其他化学工业	上海	3	40	14			20			12		0	1			
		全国	3	40	14			20			12			1			
第九大类全国最高或最低薪工			148	450	0	89.83	15	70	90	31.50	80	1	0	0	3.15	1.50	4

(10) 纺织工业

分类号码	业别	省市	厂数	管理员或工头薪资(元)		工人最高工资(元)						工人最低工资(元)						备考
						免费供膳宿者			不供或不免费者			免费供膳宿者			不供或不免费者			
				最高	最低	技工	普通	未分类	技工	普通	未分类	技工	普通	未分类	技工	普通	未分类	
10-1	棉纺织																	
10-1-1	制棉																	
10-1-1-1	轧花	江苏	8	30	0.20	22	8			24			6		4.20	9		
		上海	5	24	1			36			22						5	
		全国	13	30	0.20	22	8	36		24	22		6		4.20	9	5	
10-1-1-2	轧花及其他	江苏	3	30	0.50	30			30	.9		2			6	8		
		全国	3	30	0.50	30			30	9.		2			6	8		
10-1-1-3	废花	上海	8	60	0.40			14			24			8			4.50	
		全国	8	60	0.40			14			24			8			4.50	
10-1-1-4	废花及其他	上海	1	20	8						12						12	
		全国	1	20	8						12						12	
10-1-1-5	旧弹花及织棉	广东	1			26.95						4.62						
		全国	1			26.95						4.62						

10-1-2	棉纺																
10-1-2-1	纺纱	江苏	9	220	8				57	30					3	3	
		浙江	2	80	14				48	31.98					5.10	4.50	
		安徽	1	42	30				36	15					12	6	
		江西	1	74	35				45						3		
		湖北	1	120	20				55	40					10.50	5.00	
		河北	3	64.2	16.50				45	25.80					7.50	7.50	
		山东	2	105	12				48.5	15					6	6	
		山西	2	40	23.40				69	30					7.20	4.80	
		河南	4	260	6				70	60					12	3.60	
		青岛	1	75	21				27	16.50					10.50	9	
		上海	12	280	4						70						2.24
		全国	38	280	4				70	69	70				3	3	2.24
10-1-2-2	纺纱兼织布	江苏	10	150	6				75	24					4.50	4.80	
		浙江	1	105	24				54	34					15	9	
		湖北	4	150	5				61	24					6	6	
		湖南	1	54	24				45			2					
		河北	4	120	10				69	24					10.80	7.50	
		山东	1				0.50		21				0.20		2		
		山西	2	42	10				55	30					6.60	6	

		上海	16	150	6						65						5.60	
		全国	3	150	5		0.50		75	34	65	2	0.20		2	4.80	5.60	
10-1-2-3	纺纱兼织毯	上海	1	140	6						40						8	
		全国	1	140	6						40						8	
10-1-3	棉织																	
10-1-3-1	棉织	江苏	55	60	0.50	36	18		45	27		1	2		3	7.50		
		浙江	20	60	0*	27	14		50	24		1.67	5		3	4		*指练习生
		江西	2	36	10		1		30	12		2	1		6	6		
		湖北	1			12				2.50		8				1.50		
		四川	1	30	12				30	3.50					2	3.50		
		河北	9	30	5	20	10		25.2	16		5	0.33		5	12		
		山东	3	15	5.50	6	2			6		5	0.83			2		
		山西	2	30	16	8	7		1			5	0					
		福建	2	40	18				32						8			
		广西	1	10.50	10.50	33.60	3.50						3.50		2.10			
		广东	6			34.65						3.70						
		北平	2	8	8	25	10					6	0					
		青岛	2	35	20			70	30	18					7	9	3	*指贫民厂工人
		上海	74	200	0*						60			0	2.31			
		广州	37	46.20	20.02	61.6	10.78						6.16		2.31			

		全国	217	200	0	61.60	18	70	50	27	60	1	0	0	2	1.50	3	
10-1-3-2	棉织兼铁工	上海	1	200	0*						60			2				* 指练习生
		全国	1	200	0						60			2				
10-1-3-3	棉织兼藤竹木	浙江	1	30	16	11						4						
		全国	1	30	16	11						4						
10-1-4	药棉纱布	浙江	3	16	12	12	12		18						4	3.84		
		河北	1	18	6	10	6					6	4					
		上海	3	50	1			12			30			4			4	
		广州	1	26.95	20.02	12.32						2.31						
		全国	8	50	1	12.32	12	12	18		30	2.31	4	4	4	3.84	4	
10-1-5	药棉纱布及其他	广东	1			30.80									5.77			
		全国	1			30.80									5.77			
10-2	丝及丝织业																	
10-2-1	缫丝																	
10-2-1-1	厂丝	江苏	43	100	2	30	40		40	18		2	5		4.40	3		
		浙江	13	65	0*	40	22		33.5	15		3.60	3		3.50	0.50		* 练习生
		四川	7	80	10	30	6		24	4		1	1.20		3	2		
		山东	1	20	15		15						12					
		广东	18	38.50	13.86	38.50	10.78						4.62		2.31			

		上海	49	52	4			32			18						4	
		广州	1						100	7.70					40	3.85		
		全国	132	100	0	40	40	32	100	18	18	1	1.20		2.31	0.50	4	
10-2-1-2	双宫	上海	2	36	4			16			15						4.50	
		全国	2	36	4			16			15						4.50	
10-2-1-3	绢丝	浙江	1	120	30				51.60	21.6					8.10	8.10		
		上海	1	200	20						60						9	
		全国	2	200	20				51.60	21.6	60				8.10	8.10	9	
10-2-2	织绸及附属工业																	
10-2-2-1	织绸	江苏	12	99.90	0.60		9		60	15		0*	5		8	9		*艺徒
		浙江	51	80	8	40	16		80	15		0.40	0.50		3	5		
		四川	1	80	50	50	4						2		3			
		河北	6	50	6	6	4		50	33		4	0		8	8		
		广东	1	34.65	26.95				34.65						6.93			
		上海	125	150	0*			39			140			0			3	*练习生
		广州	1	100	70				70	7.70					50	7.70		
		全国	197	150	0	50	16	39	80	33	140	0	0	0	3	5	3	
10-2-2-2	络丝	浙江	1	16	16		8		12				7		4.50			
		全国	1	16	16		8		12				7		4.50			

10-3																	
10-3-1	毛纺	河北	1	60	15				15	15					12	9	
		全国	1	60	15				15	15					12	9	
10-3-2	毛织	上海	21	100	0			60			45			0			6
		全国	21	100	0			60			45			0			6
10-3-3	毛纺织	湖北	1	40	12	30	16					30	4				
		河北	1	55	15				15	12					12	8	
		北平	1	36	30				15	10.5	60				11	8	
		上海	2	50	5												9
		全国	5	55	5	30	16		15	12	60	0	4		11	8	9
10-3-4	毛纺兼制服用品	山西	1	20	20	20	18					20	5				
		全国	1	20	20	20	18					20	5				
10-3-5	弹毛	上海	1	12	12			30									6
		全国	1	12	12			30									6
10-4	丝织兼棉织	河北	5	25	4	20	6		30	30		4	0		15		
		河南	2	25	4	20	6.60					3	0				
		全国	7	25	4	20	6.60		30	30		3	0		15		
10-4a	棉织兼毛织	广州	1	19.25	19.25	53.9	11.55								11.55	6.93	
		全国	1	19.25	19.25	53.9	11.55								11.55	6.93	
10-5	废丝毛棉	江苏	1	40	6				60	15					6	10.2	

	纺织	上海	3	150	12						60						6	
		全国	4	150	6				60	15	60				6	10.2	6	
10-6	染炼																	
10-6-1	丝光纱	浙江	1	18	18				14						7			
		湖北	1			6						1						
		上海	16	65	1*			30			30			0			13	*练习生
		全国	18	65	1	6		30	14		30	1		0	7		13	
10-6-2	染炼	江苏	1			20						0.83						
		浙江	3	30	6	45	8					6	4					
		湖北	3	50	10	20	20					4	2					
		湖南	1	60	20	35						2						
		四川	2	60	30	30	12					3	4					
		河北	10	30	7	25	20		30	15		1	0		10	10		
		山东	2	100	15	40	3					8	1					
		上海	30	120	2*			60			60			0			5	*练习生
		广州	3	38.50	15.4	23.1						1.54			4.62			
		全国	55	120	2	45	20	60	30	15	60	0.83	0	0	4.62	10	5	
10-6-3	染炼兼印布	上海	1	×	12			18						3				
		全国	1	×	12			18						3				
10-7	印花	上海	7	60	5			60			80			2			15	

		全国	7	60	5			60			80			2			15
10-8	制线																
10-8-1	经纬线	浙江	2	42	30		8		24	24			8		7.50	6.80	
		上海	4	100	2						25			1			9
		全国	6	100	2		8		24	24	25		8	1	7.50	6.80	9
10-8-2	纱线团	广东	3	50.05	9.24				15.40			3.30					
		上海	3	30	1			10			30			1			5
		广州	1			23.10									5.77		
		全国	7	50.05	1	23.10		10	15.40		30	3.30		0	3.85		5
10-8-3	他种线	上海	3	30	0.80						16						5
		全国	3	30	0.80						16						5
10-9	边带																
10-9-1	制边	河北	1	10	10	5	1					3	1				
		全国	1	10	10	5	1					3	1				
10-9-2	制带	上海	2	40	14			25						3			
		全国	2	40	14			25						3			
10-9-3	宽紧带	江苏	1	40	8				30						8		
		上海	3	30	4						46			1			
		全国	4	40	4				30		46			1	8		
10-9-4	边带	上海	2	30	8			16						3			

		全国	2	30	8			16						3				
10-9-5	边带兼牙筷	上海	1	130	12						60						10	
		全国	1	130	12						60						10	
10-10	绒布整理																	
10-10-1	拉绒	上海	2	40	1*			20			24			10			16.50	* 练习生
		全国	2	40	1			20			24			10			16.50	
10-10-2	拉绒兼漂染印花	江苏	2	25	6	40									6			
		上海	2	30	1*			30						5				* 练习生
		全国	4	30	1	40		30						5	6			
10-10-3	压布	河北	1			10						3						
		全国	1			10						3						
第十大类全国最高或最低薪工			821	280	0	61.60	40	70	100	69	140	0	0	0	2	0.50	2.24	

（11）服用品制造业

分类号码	业别	省市	厂数	管理员或工头薪资（元）		工人最高工资(元)						工人最低工资(元)						备考
						免费供膳宿者			不供或不免费者			免费供膳宿者			不供或不免费者			
				最高	最低	技工	普通	未分类	技工	普通	未分类	技工	普通	未分类	技工	普通	未分类	
11-1	织袜																	
11-1-1	织袜	江苏	8	50	6				36			1			5			
		四川	1	30	5	20						0.50						
		河北	1	20	20	0.83	9					0.83	0.83					
		广东	1			13.86									2.31			
		青岛	1	50	50				12	10					8	7		
		上海	40	120	0.50			60			80			0			3	
		广州	1	61.6	19.25				23.10			3.08						
		全国	53	120	0.50	20	9	60	36	10	80	0.50	0.83	0	2.31	7	3	
11-1-2	织袜兼裤衫及其他	浙江	1	25	15				40						2.67			
		河北	3	20	6	15				12		2	0			4.50		
		上海	15	100	0			50			60			0			5	
		广州	3	77	38.50	46.20	9.24		36.96	11.55		1.54	6.93		4.62	9.24		

		全国	22	100	0	46.20	9.24	50	40	12	60	1.54	0	0	2.67	4.50	5
11-2	草呢帽	河北	5	100	8	30	18			14		5	0		10		
		上海	7	60	1			40						0			
		全国	12	100	1	30	18	40		14		5	0	0	10		
11-3	阳伞	上海	2	40	2			60			25			1			
		全国	2	40	2			60			25			1			
11-4	手帕	上海	7	80	3			36			40			1			8
		全国	7	80	3			36			40			1			8
11-5	衫裤	浙江	1	40	10				30	20					8	6	
		河北	4	40	10	20	14			15		2	0				
		广东	2	38.5	15.4	7.70			18.48	4.62					4.16	4.62	
		上海	16	150	1			40			60			0.40			4
		广州	5	46.2	7.70	32.34						2.31			4.62		
		全国	28	150	1	32.34	14	40	30	20	60	2	0	0.40	4.16	4.62	4
11-6	线毯毛巾																
11-6-1	线毯	江苏	1	16	5		6		15				6		6		
		河北	3	20	12	15	25					6	1			5	
		上海	1	45	2						35						6
		全国	5	45	2	15	25		15		35	6	1		6	5	6
11-6-2	毛巾	江苏	1	8	8	8									6		

		河北	2	15	15		0		18				0		7		
		全国	3	15	8	8	0		18				0		6		
11-7	其他服用品																
11-7-1	钮扣	江苏	3	30	22		0.40		28.80	10		0.40	0.40		7.50	10	
		河北	1	15	8	12	2					6	2				
		上海	3	20	3			20			36			0			3
		全国	7	30	3	12	2	20	28.80	10	36	0.40	0.40	0	7.50	10	3
11-7-2	织席	河北	1	18	12	18	6					9	1				
		全国	1	18	12	18	6					9	1				
11-7-3	其他	上海	1	60	10						30						7.50
		全国	1	60	10						30						7.50
第十一大类全国最高或最低薪工			141	150	0	46.20	.25	60	40	20	80	0.40	0	0	2.31	4.50	3

(12) 皮革及橡胶制造业

分类号码	业别	省市	厂数	管理员或工头薪资(元)		工人最高工资(元)						工人最低工资(元)						备考
						免费供膳宿者			不供或不免费者			免费供膳宿者			不供或不免费者			
				最高	最低	技工	普通	未分类	技工	普通	未分类	技工	普通	未分类	技工	普通	未分类	
12-1	制革																	
12-1-1	制革	湖北	1	×	×				×	×					×	×		
		湖南	1	45	24	21	12					12	12					
		四川	1	28	20	18	6					1	4					
		河北	3	35	13		14						3					
		山西	1	30	20	25	18					10	1					
		河南	1	90	70	30	5					20	2					
		陕西	1	14	14	12	0					6	0					
		广西	1	28	28				28	14		1.40				7		
		上海	9	150	6			40			60			0			15	
		广州	1			19.25	13.09					4.62	4.62					
		全国	20	150	6	30	18	40	28	14	60	1	0	0		7	15	

12-1-2	制革兼制胶	上海	1	50	20			40			55			4			14	
		全国	1	50	20			40			55			4			14	
12-2	橡胶制品	河北	1	25	25				15	10			0		10	8		
		山东	1	25	25				20	15					0			
		青岛	1	4	24				18	18					8	4		
		上海	44	150	0*			40			60			1			4	* 练习生
		广州	14	46.20	15.4	38.50	11.55						6.93		6.93	6.16		
		全国	61	150	0	38.50	11.55	40	20	18	60		0	1	6.93	4	4	
12-3	制胶	上海	1	150	14			33						5				
		广东	1			38.50									6.93			
		全国	2	150	14	38.50		33						5	6.93			
第十二大类全国最高或最低薪工			84	150	0	38.50	18	40	28	18	60	1	0	0	6.93	4	4	

（13）饮食品制造业

分类号码	业别	省市	厂数	管理员或工头薪资（元）		工人最高工资（元）						工人最低工资（元）						备考
						免费供膳宿者			不供或不免费者			免费供膳宿者			不供或不免费者			
				最高	最低	技工	普通	未分类	技工	普通	未分类	技工	普通	未分类	技工	普通	未分类	
13-1	碾米																	
13-1-1	砻谷	江苏	4	39	16	28				18		10				3		
		全国	4	39	16	28				18		10				3		
13-1-2	碾米	江苏	6	45	1	28	6		40	12		1	4		4	8		
		浙江	3	16	12	30	8			8		4	8			6		
		安徽	10	40	25	25	10		30			0	4.50		15			
		江西	2			22	15					10	2					
		湖北	1	3	1	45						9.90						
		广东	1			28						7.24						
		上海	4	50	1			18						10			8	
		广州	9	23.1	23.1	42.35						11.55			11.55			
		全国	56	50	63.1	46	15	18	40	12		0	4	10	4	6	8	
13-1-3	碾米及其他	广州	1			6.95									13.86			

		全国	1			6.95									13.86		
13-2	面粉机粉																
13-2-1	面粉	江苏	10	14	6	34	21		38	28		1	12		8	6	
		浙江	1	60	16				40	18					10	2	
		安徽	3	46	10	40	10		60	60		2	6		8	6	
		湖北	5	130	12	45	18		90	30		9	16		20	6	
		湖南	1	55	30	30						0					
		四川	2	120	10	22	6					1	2				
		察哈尔	1	30	30				15	12					4	6	
		绥远	1	30	30		12						0				
		河北	7	108.33	10	45	14		43.33	21.67		10	5		12	7.58	
		山东	10	120	15	30	18		70	30		8	5		10	5	
		山西	3	95	35	20	7		50	9.50		3	6		20	9.50	
		河南	3	150	11	30	24		52	15		10	21		8	8	
		南京	2	100	12				90	24					16	12	
		青岛	2	60	25				60	25					15	15	
		上海	15	100	1						120						6
		全国	66	150	1	45	24		90	60	120	0	0		4	2	6
13-2-2	机粉	江苏	1	30	1	20	9					2	9				

		全国	1	30	1	20	9					2	9				
13-2-3	电厂兼制机粉	绥远	2	70	12				30	20					12	7.50	
		河北	1			20	0					3.50	0				
		山西	1	73	40				50	1					12	7.50	
		全国	4	73	12	20	0		50	20		3.50	0		12	7.50	
13-3	炼乳	浙江	2	40	20	30	20					5	4		6		
		全国	2	40	20	30	20					5	4		6		
13-4	制糖	上海	4	80	15			25			30			6.50			15
		全国	4	80	15			25			30			6.50			15
13-5	食品																
13-5-1	罐头食品																
13-5-1-1	罐头食品	浙江	5	50	8	27						4.50			4.50		
		河北	2	26	9	20	10					8	2			6	
		山东	2	53	16	20			17	15					9	6	
		广东	2	61.60	38.5	20.02	11.55					4.62	11.55		2.47		
		上海	8	100	6			60						0			6
		全国	19	100	6	27	11.55	60	17	15		4.50	2	0	2.47	6	6
13-5-1-2	罐头食品及其他	浙江	1	30	6	20						6					
		福建	2	105	18				40						10		
		全国	3	105	24	20			40			6			10		

13-5-2	水产制品	浙江	1	60	20					22					16	10		
		全国	1	60	20					22					16	10		
13-5-3	豆腐制品	上海	1	16	14			9						7.50				
		全国	1	16	14			9						7.50				
13-5-4	糖果	河北	1			10						2						
		上海	2	40	1			16			30			1				
		全国	3	40	1	10		16			30	2		1				
13-5-5	糖果饼干	广东	1	61.60	38.50	10.78						6.16						
		广州	3	100	46.20	45.20									4.62			
		全国	4	100	38.50	45.20						6.16			4.62			
13-6	榨油																	
13-6-1	榨油	江苏	19	50	0.40	30	10		40	23		2	3		5.40	12		
		浙江	1	60	16	40						12						
		湖北	3	30	8				40						12			
		广东	1			23.10						10.78						
		青岛	1	60	40				36	20					20	13		
		上海	10	130	1			100			51			0			7.50	
		广州	30	58.90	0.50				40						15			
		全国	65	130	0.40	40	10	100	40	23	51	2	3	0	5.40	12	7.50	
13-6-2	油米	江苏	10	32	0.40	26	9		20	9		5	4		9	4.50		

		广东	1			24						7.20					
		全国	11	32	0.40	26	9		20	9		5	4		9	4.50	
13-7	制茶	上海	4	34.50	4			30			37.50			12			2.81
		全国	4	34.50	4			30			37.50			12			2.81
13-8	制烟																
13-8-1	烤烟叶	山东	1	50	30				18	9					9	4.30	
		河南	1	40	15				30	6.2					12	4.19	
		青岛	1						18	9					9	4.50	
		全国	3	50	15				30	9					9	4.19	
13-8-2	卷烟	江苏	1	55	50	15	8						8		7.50		
		浙江	1	30	20	12				6		4				6	
		安徽	2	40	40	42				10.5		0			6		
		河北	1	150	30	50						20					
		山东	1	60	60	60				30		6				6	
		山西	1	65	11				20	9					15	9	
		青岛	1	60	34				30	15					15	6	
		上海	48	100	0*			70			65			1			3
		全国	56	150	0	60	8	70	30	30	65	0	8	1	6	6	3
13-9	制酒																
13-9-1	酒	山东	2	60	15		15		11	12			5		8	8	

		北平	1	30	30	15	14					10	2				
		全国	3	60	15	15	15		11	12		10	2		8	8	
13-10	清凉饮料																
13-10-1	汽水	河北	3	30	5				30						7		
		广州	3	61.60	23.10	53.90									6.93		10
		上海	2	100	0						50						
		全国	8	100	23.10	53.90			30		50				6.93		10
13-10-2	冰及汽水	四川	1	100	100				20	12		5				11	
		福建	1	55	40	30	20					13	4				
		上海	1	×	18						50						10
		全国	3	100	18	30	20		20	12	50	5	4			11	10
13-11	调味品																
13-11-1	味精	上海	5	120	16			45			40			6			6
		全国	5	120	16			45			40			6			6
13-11-2	酱油	福建	1	50	20					25						12	
		全国	1	50	20					25						12	
13-12	淀粉	浙江	1	24	16				30						4.50		
		上海	1	100	10						40						13
		全国	2	100	10				30		40				4.50		13
13-13	精盐	河北	1	100	40				40	20					10	10	

		山东	1	100	20				50	18					16	12	
		青岛	1	93	23				30	18.60					10.50	10.50	
		上海	1	100	30			20						14			
		全国	4	100	20			20	50	20				14	10	10	
13-14	制蛋																
13-14-1	水蛋	南京	1	21	18	75				15		45				10.50	
		青岛	2	108	16.5				86.1	31.20					31.20	10.50	
		上海	1	×	12						23.8						12.6
		全国	4	108	12	75			86.1	31.20	23.8	45			31.20	10.50	12.6
13-14-2	蛋粉	绥远	1	15	9	10	5								6	3	
		河北	2	30	7				5	9					5	5.10	
		河南	7	60	3.30	30	15		30	12		3	0		7	3.15	
		全国	10	60	3.30	30	15		30	12		3	0		5	3	
13-15	造冰冷藏	上海	2	80	14			64						10			
		全国	2	80	14			64						10			
第十三大类全国最高或最低薪工			390	150	0	75	24	100	90	60	120	0	0	0	2.47		2.81

（14）造纸印刷业

分类号码	业别	省市	厂数	管理员或工头薪资（元）		工人最高工资(元)						工人最低工资(元)						备考
						免费供膳宿者			不供或不免费者			免费供膳宿者			不供或不免费者			
				最高	最低	技工	普通	未分类	技工	普通	未分类	技工	普通	未分类	技工	普通	未分类	
14-1	制纸																	
14-1-1	制纸	江苏	3	30	8	30	6		39	18		6	6		21	6		
		四川	1	60	20	8	4					4				3		
		河北	1			10.50	9					6				6		
		山东	1	50	20	30	15					20	9					
		山西	1	24	18				18	12					9	6		
		北平	1	30	30	25	6					3	0					
		上海	7	160	3						70						8	
		福建	1	100	20				65	22					20	15		
		广东	1	53.9	15.4				20.79			1.23						
		全国	17	160	3	30	15		65	22	70	1.23	0		9	3	8	
14-1-2	纸版	江苏	2	90	9				39	18					9	9		
		浙江	2	88	20				50	25					4	8.25		

		河北	1	70	20				80	15					15	12		
		上海	1	120	18						60						9	
		全国	6	120	9				80	25	60				4	8.25	9	
14-1-3	锡纸	上海	1	20	6			30						5				
		全国	1	20	6			30						5				
14-2	印刷																	
14-2-1	印刷	江苏	10	50	1	40	8		24			0.40	0.16					
		浙江	15	47	16	50	18		30	16		0.30	1		9	6		
		江西	2	36	18	75						1.50						
		湖北	3	60	25	40	20					1	0.30					
		湖南	2	30	20	30			24			1.50						
		四川	2	120	15	40	6					1	3					
		河北	13	80	12	35	15		90	50		1	0		8	6		
		山东	1	40	20				30	12					10	8		
		山西	2	105	10	27	5					1	1					
		河南	1	50	10	25	8					8	6					
		广西	3	31.50	21	119	14					2.10	5.60					
		南京	15	60	20	60				48		0.50	1					
		北平	7	95	15	9	0		337*	84.45		3	0		11	4		* 此系雕刻钞票铜版之技工
		青岛	1	32	32	30	2					7	1					

		上海	99	200	0			70			180						6
		广州	11	33.9	16.94	115.50	12.32			1.17		1.54	4.62		6.93	6.17	
		全国	187	200	0	119	70	70	337	84.45	180	3.30	0		6.93	4	6
14-2-2	印刷兼熔铸	江苏	1	40	12	15	10					1	6				
		上海	7	170	10			35			100			0.50			16
		广东	1	30.8	27.7	23.10	3.08					1.54	3.08				
		广州	1			23.10						0.77					
		全国	10	170	10	23.10	10	35			100	0.77	3.08	0.50			16
14-3	纸制品																
14-3-1	纸盒	上海	10	50	5			20			42			0.40			7
		全国	10	50	5			20			42			0.40			7
14-3-2	卡片纸等	上海	3	100	6			40						1			
		全国	3	100	6			40						1			
第十四大类全国最高或最低薪工			234	200	0	119	20	70	337	84.45	180	0.30	0	0	4	3	6

（15）饰物仪器制造业

分类号码	业别	省市	厂数	管理员或工头薪资（元）		工人最高工资（元）						工人最低工资（元）						备考
						免费供膳宿者			不供或不免费者			免费供膳宿者			不供或不免费者			
				最高	最低	技工	普通	未分类	技工	普通	未分类	技工	普通	未分类	技工	普通	未分类	
15-1	乐器	上海	2	25	10			63						0.40				
		全国	2	25	10			63						0.40				
15-2	教育用品	河北	2	120	10	30	10					15	4					
		上海	6	170	8			60			64			0			9	
		全国	8	170	8	30	10	60			64	15	4	0			9	
15-3	仪器	上海	5	120	8			40			50			0			9	
		全国	5	120	8			40			50			0			9	
15-4	制钟																	
15-4-1	钟	河北	1	50	25	25	3					10	1					
		山东	5	36	10	25	10					5	1					
		全国	6	50	10	25	10					5	1					
15-4-2	钟及电筒	上海	1	120	10			80						10				
		全国	1	120	10			80						10				
15-5	玩具	上海	4	80	0			40						0.60				
		全国	4	80	0			40						0.60				
第十五大类全国最高或最低薪工			26	170	0	30	10	80			64	5	1	0			9	

(16) 其他工业

分类号码	业别	省市	厂数	管理员或工头薪资(元)		工人最高工资(元)						工人最低工资(元)						备考
						免费供膳宿者			不供或不免费者			免费供膳宿者			不供或不免费者			
				最高	最低	技工	普通	未分类	技工	普通	未分类	技工	普通	未分类	技工	普通	未分类	
16-1	牙刷																	
16-1-1	牙刷	河北	1	20	20	15	3					12	2					
		上海	5	100	1			40			76			1			3	
		广东	1						23.10						2.31			
		全国	7	100	1	15	3	40	23.10		76	12	2	1	2.31		3	
16-1-2	牙刷兼牙粉	上海	1	60	12			40									8	
		全国	1	60	12			40									8	
16-2	制镜	上海	4	60	6			36						0				
		全国	4	60	6			36						0				
16-3	热水瓶																	

16-3-1	自制瓶胆	上海	2	125	2			50			55			2			
		全国	2	125	2			50			55			2			
16-3-2	购用瓶胆	上海	7	80	0			45			40			0.40			6
		全国	7	80	0			45			40			0.40			6
16-3-3	专制瓶胆	上海	3	50	5			80			130			1			
		全国	3	50	5			80			130			1			
16-4	打包	湖北	1						110	25					8	15	
		山东	1	60	45					36						18	
		河南	1	55	55				40	15					18	10	
		全国	3	60	45				110	36					8	10	
第十六大类全国最高或最低薪工			27	125	0	15	3	80	110	·36	130	2	2	0	2.31	10	3
十六大类全国最高或最低薪工			2435	450	0	119	40	100	337	84.45	180	0	0	0	0	0.50	2.24

〔国民政府资源委员会档案〕

7. 刘大钧：中国各业职工工作时间调查统计表

（1934年）

（1）木材制造业

分类号码	业别	省市	厂　数	平均每日开工时　数	平均每月例假日　数	平均每年年节及纪念日假数	二十一年平均开工日数		
							上半年	下半年	共计
1-1	锯木	山东	1	10	2	35			×
		福建	1	10	1	15	170	170	340
		广西	3	10	1.3	23.3	160	150	303.3
		上海	4	9.9	2	12.5			336
		全国	9	9.9	1.5	20.7	165	160	312.5
1-2	木制品								
1-2-1	木箱	上海	1	10	0	9			336
		全国	1	10	0	9			336
1-2-2	纱管筒	上海	5	12	2.2	9			336
		全国	5	12	2.2	9			336
1-2-3	梭子	上海	1	10	2	15			
		全国	1	10	2	15			
1-2-4	牙签	广州	1	10	0	15	120	150	270
		全国	1	10	0	15	120	150	270
1-3	竹制品	上海	1	9.5	2	15.5			336
		全国	1	9.5	2	15.5			336
第一大类全国总数或总平均			18	10.5	1.6	17.5	150	156.7	304

附注：各省市及全国各项平均数字皆系根据各厂数字计算，故全国平均数与各省市平均之平均不必相同。

又二十一年平均开工日数系为表示各业营业状况，故在二十一年成立不及一年之厂不包括在内。上海二十一年适逢一二八战事，各厂停工者多，不足代表寻常年年度，故改用二十二年数字，并不分上下两半年。

上海平均开工日数未分上下半年，故未与他省市合并计算全业总平均。如某业仅上海一处有之，则将其数照录于全业项下，但仍不加入全类全业总平均。

每月例假，及每年年节等假，大半仅为工人权利（工人不请假者给予升工），而工厂并不必按假期日数停工，故与开工日数不必有何关系。×不详

* 内有一厂或数厂统计不完全。

（2）家具制造业

分类号码	业别	省市	厂数	平均每日开工时数	平均每月例假日数	平均每年年节及纪念日假数	二十一年平均开工日数		
							上半年	下半年	共计
2-1	铁制家具	河北	1	12	0	15	168	174	342
		福建	1	10	0	7			342
		上海	6	10.3	0.6	15			336
		全国	8	10.5	0.5	12.3	168	174	342
2-2	地毯	河北	1	8	0	10	174	176	350
		北平	1	9.7	2	10			350
		上海	1	10	1	7			336
		全国	3	9.2	1	9	174	176	350
2-3	地毯及其它	北平	1	10	0	20			350
		全国	1	10	0	20			350
第二大类全国总数或总平均			12	10.1	0.5	12.0	171	175	347

（3）冶炼业

分类号码	业别	省市	厂数	平均每日开工时数	平均每月例假日数	平均每年年节及纪念日假数	二十一年平均开工日数		
							上半年	下半年	共计
3-1	翻砂								
3-1-1	机器及零件	江苏	2	9.5	0	12			292.5
		浙江	1	9.5	0	9	170	170	340
		河北	1	10	0	11.8			280
		山东	2	10.5	1	17.5	141	157.5	298.5
		青岛	1	12	2	20	120	120	240
		上海	17	10.6	0	10.1			280
		全国	24	10.4	0.2	11.8	143	151.2	291.7

3-1-2	铁钢铁管	青岛	1	10	0	15	120	150	270
		上海	4	8.9	0	7.6			336
		全国	5	9.1	0	9.1	120	150	270
3-2	熔炼								
3-2-1	炼钢铁	湖北	1	24	2	12			249
		山西	1	16	3	9.5			249
		上海	1	8	4	7			306
		全国	3	16	3	9.5			249
3-2-2	炼铅	湖南	1	24	0	11			300
		全国	1	24	0	11			300
第三大类全国总数或总平均			33	11.2	0.4	11	138.4	151	282.7

（4）机械及金属制品业

分类号码	业别	省市	厂数	平均每日开工时数	平均每月例假日数	平均每年年节及纪念日假数	二十一年平均开工日数		
							上半年	下半年	共计
4-4	机器制造兼修理								
4-1-1	印刷机	河北	1	11	0	10	130	160	290
		山东	1	10	2	25	150	170	320
		北平	1	12.5	0	12	170	183	353
		上海	6	10.3	1.3	8.7			336
		全国	9	10.6	1.1	11	150	171	321
4-1-2	针织机	河北	3	11.3	0	15	173.7	171.3	345
		北平	1	15	0	18	166	181	347
		上海	6	10.2	0.3	9			336
		全国	10	11	0.2	12.4	171.7	173.7	345.4
4-1-3	纺织机	江苏	1	9	3	11.4	165	165	330
		浙江	2	10.2	2	14	20	160	253.5

		河北	5	12	0	15	174.6	174.4	349
		上海	13	10.8	1	8.1			336
		全国	21	10.9	0.9	11.4	151.1	171	322.7
4-1-4	动力机	江苏	1	9	0	11.9	170	170	340
		浙江	3	9.3	1.3	20.7	167.3	164.3	331.6
		河北	3	10.3	0	11.7	174.3	174.3	347.7
		山东	1	10	2	15	175	170	345
		上海	13	10	0.5	9.3			336
		广州	1	9	0	15	170	170	340
		全国	22	9.9	0.6	12.1	171.1	169.2	340.3
4-1-5	各种机器	江苏	4	9.5	0	10.7	142.7	173.7	316.5
		安徽	1	10	0	5			327
		湖北	1	11	2	20	90	90	180
		湖南	3	8.7	2	18.3	162.3	166.3	328.7
		河北	3	11.3	0.7	26	164.5	164.5	328.3
		山东	4	10.5	1.2	20	145	156.3	301.3
		山西	2	9	2	12.5	165	165	330
		陕西	1	8	4	15			327
		上海	22	10.5	0.4	9.9			336
		全国	41	10	0.8	13	149	160.8	313
4-1-6	机器零件								
4-1-6-1	地轴	上海	1	10	0	12.2			336
	宕柱	全国	1	10	0	12.2			336
4-1-6-2	袜针	河北	3	12	0	14.3	170	170	340
		北平	1	16	1	22	162	181	343
		上海	7	11.1	2	15			336
		全国	11	11.8	1.2	16	167.3	173.7	341
4-1-6-3	罗底	河北	1	10	1	25	168	170	338
		全国	1	10	1	25	168	170	338
4-1-6-4	汽门	河北	1	10	0	12	174	174	348

	龙头	北平	1	15	0	17	165	183	348
		上海	2	19	0	14.5			336
		全国	4	11	0	14.5	169.5	178.5	348
4-1-7	修理机器及零件	浙江	1	10	0	14	173	172	345
		湖北	3	9.3	3.3	19	155	150	305
		广东	1	10	0	7	160	170	330
		南京	1	9	0	12			350
		青岛	2	11	0	11	169.5	165.5	335
		上海	14	11.1	0.7	9			336
		广州	3	9	1.3	12.7	153.3	166.7	320
		全国	25	10.2	1	10.5	160.2	163.7	326.5
4-2	金属品制造								
4-2-1	锅炉水箱	上海	1	9	0	6			336
		全国	1	9	0	6			336
4-2-2	制罐								
4-2-2-1	制罐	上海	5	11.7	1.3	10			336
		广州	1	11	0	15			
		全国	6	11.6	1	12.5			
4-2-2-2	印刷制罐	河北	2	10	1	15	172	172	344
		上海	4	10.6	2	9.7			340
		全国	6	10.4	1.7	11.5	172	172	344
4-2-2-3	制罐及其它	上海	4	9.9	2.5	10			336
		全国	4	9.9	2.5	10			336
4-2-2-4	印刷制罐及其它	广州	1	10	0	20	160	160	320
		全国	1	10	0	20	160	160	320
4-2-3	钢精片及器皿	上海	4	9.5	1	10			336
		广州	1	9	0	15			
		全国	5	9.4	0.8	11.3			
4-2-4	制钉								
4-2-4-1	钉	河北	1	8	0	15			

		上海	5	12.2	1.5	6.2			336
		广州	1	24	0	15			
		全国	7	13.5	1	9.2			
4-2-4-2	钉纲等	上海	2	19	3	7.5			336
		全国	2	19	3	7.5			336
4-2-5	制针	青岛	2	11	2	9.5	157.5	155	312.5
		全国	2	11	2	9.5	157.5	155	312.5
4-2-5a	洋伞骨	广州	3	10	2	15	150	150	300
		全国	3	10	2	15	150	150	300
4-2-6	制灯	湖南	1	10	0	12			
		河北	3	11.3	0.3	14	173	169	344.7
		山东	1	10	4	20	154	154	308
		上海	3	11	1.3	10			336
		全国	8	10.9	1.1	14	166.7	164	335.5
4-2-7	铜皮	上海	4	9.5	2	11.6			336
		广州	2	10	0	15	150	150	300
		全国	6	9.7	1.3	12.8	150	150	300
4-2-8	铁条	上海	1	12	0	30			140
		全国	1	12	0	30			140
4-2-9	其它金属制品	河北	1	10	0	14	160	160	320
		上海	5	9.9	1.5	15			336
		全国	6	9.9	1.2	14.7	160	160	320
4-3	电气机械及用品								
4-3-1	电气机械及用具	河北	2	9.7	0	14	160	160	320
		上海	3	9.5	1.3	8			336
		全国	5	9.6	0.8	9.5	160	160	320
4-3-2	电气机械及电池	上海	1	8	4	7			302
		全国	1	8	4	7			302
4-3-3	电气用具	上海	5	10	1.5	10.7			340
		广州	1	9	0	10	170	160	330

		全国	6	9.8	1.2	10.5	170	160	330
4-3-4	电料	上海	4	10.2	1.5	7.5			336
		全国	4	10.2	1.5	7.5			336
4-3-5	电料及其它	上海	2	9.5	0	12.5			336
		全国	2	9.5	0	12.5			336
4-3-6	电灯泡	上海	13	10.1	2.2	8.2			336
		全国	13	10.1	2.2	8.2			386
4-3-7	年红灯	上海	2	8	4	7			336
		全国	2	8	4	7			336
4-3-8	电池	四川	1	11	2	14			270
		上海	3	9.8	0.7	13.3			336
		广州	4	10	0	20	165	155	320
		全国	10	10.1	0.5	16.8	165	155	320
4-3-9	电池兼电筒	上海	1	8	2	20			300
		广州	1	9	0	18	160	160	320
		全国	2	8.5	1	19	160	160	320
4-3-10	电筒	上海	8	10.8	0.6	16.7			336
		广州	3	9.3	0	20	160	166.7	326.7
		全国	11	10.4	0.5	18.3	160	166.7	326.7
4-3-11	电焊	上海	1	10.4	1	12.2			336
		全国	1	10.4	1	12.2			336
4-4	翻砂铁工								
4-4-1	纺织业机	浙江	2	9.7	2	13.5			331
		上海	3	9.8	0	12			336
		全国	5	9.8	0.8	12.7			331
4-4-2	动力机	江苏	3	9.1	1	9.33	167	169.3	336.3
		江西	2	8.5	2	17.5	153	151	304
		湖北	2	9	0.5	15	165	165	330
		河北	1	12	0	10			331
		青岛	2	11	1	25	155	160	315

		广州	1	9	0	10			324
		全国	11	9.6	0.9	14.8	160.8	162.2	323.8
4-4-3	各种机器	江苏	2	9.5	0.5	9	151	174	325
		浙江	2	10	0	10.5	170	175	345
		四川	1	9	2	10	175	170	345
		河北	4	10.2	0	12.5	170	162.7	332.7
		河南	5	9.7	1.2	14	171.5	172	343.5
		北平	2	11	0.5	33.5	165	176.5	341.5
		青岛	2	10	2	15	160	160	320
		上海	3	9.3	1	7			336
		广州	1	9	2	10	150	150	300
		全国	22	9.8	0.9	13.8	164.3	167.7	333.7
4-4-4	修理及零件	浙江	1	11	0	9	175	175	350
		安徽	1	9	2	5	169	167	336
		湖北	3	8	4	9.7			331
		四川	1	22	2	10	160	160	320
		山东	1	10	2	15	165	165	330
		福建	1	9	4	7	140	140	280
		南京	1	9	2	15	165	165	330
		全国	9	10.4	2.7	10	162.3	162	326.6
4-4-5	金属制品	上海	1	10	0	10			336
		全国	1	10	0	10			336
第四大类全国总数或总平均			306	10.4	1.1	12.9	160.5	164.8	325.9

（5）交通用具制造业

分类号码	业别	省市	厂 数	平均每日开工时数	平均每月例假日数	平均每年年节及纪念日假数	二十一年平均开工日数		
							上半年	下半年	共计
5-1	造船								
5-1-1	造船	湖北	1	10	0	12	150	142	292
		四川	2	9	1	10			330
		青岛	1	9	4	18	151	156	307
		上海	1	13	4	10			336
		全国	5	10.2	2	10	150.5	149	314.7
5-1-2	造船及其它	上海	5	9.8	0	10			336
		全国	5	9.8	0	10			336
5-1-3	修理轮船	四川	2	11	0	9.5			320
		上海	7	10.2	0	5.5			340
		全国	9	10.4	0	6.8			320
5-2	造车								
5-2-1	铁路机厂	江苏	1	9	4	7			323
		浙江	1	8	0	9	178	178	356
		江西	1	8	4	7	140	145	285
		湖北	2	8	4	8	160	162	311
		湖南	2	8	4	17	177	175.5	352.5
		四川	1	10	1	8			323
		察哈尔	1	9.5	2	9			323
		河北	4	8.9	3.5	8	160	160	319
		山东	1	8	4.5	8	152	153	305
		广东	3	14	4	11.7	156	152	308
		青岛	1	8	4	10	172	160	332
		上海	1	10	4	7			280
		广州	3	8	4	8.7	176.3	177	353.3

		全国	22	9.3	3.5	9.2	165.9	164.9	326.3
5-2-2	造电车	北平	1	24	2	10	182	184	366
		全国	1	24	2	10	182	184	366
5-2-3	汽车零件	湖南	1	8	0	12			350
		河北	2	10.5	0	12	172	174	346
		全国	3	9.7	0	12	172	174	348
5-2-4	修理汽车	浙江	1	8	3	7	160	162	322
		四川	1	11	2	16			×
		全国	2	9.5	2.5	11.5	160	162	322
5-2-5	自行车	河北	2	10	0	20	160	160	320
		青岛	1	11	1.3	20	165	170	335
		上海	1	8	4	20			336
		全国	4	9.7	1.3	20	161.7	163.3	325
5-2-6	自行车零件	河北	3	11.7	0	14	167	159.5	326.3
		全国	3	11.7	0	14	167	159.5	326.3
5-2-7	煤气车	上海	1	10	2	15			×
		全国	1	10	2	15			×
第五大类全国总数或总平均			55	10	1.9	10.6	164.8	163.9	327

（6）土石制造业

分类号码	业别	省市	厂数	平均每日开工时数	平均每月例假日数	平均每年年节及纪念日假数	二十一年平均开工日数		
							上半年	下半年	共计
6-1	砖瓦								
6-1-1	砖瓦	江苏	6	21.3	0.3	7.5	68	124	194.3
		浙江	1	11	0	20			×
		江西	1	24	3	4.1	70	120	190
		湖北	2	22	5	4.1	90	90	180
		山东	7	11	0	1.7	117	103	220

		福建	1	10	0	10	170	175	320
		广东	2	24	0	15	150	150	300
		南京	4	11	0	0			275
		青岛	1	12	0.8	4.1	105	95	200
		上海	2	9.7	1	4.1			336
		广州	2	17	0	11.5	165	165	330
		全国	29	15.7	0.7	6.8	106.2	117.3	227.6
6-1-2	瓷砖	上海	2	12	4	3			336
		全国	2	12	4	3			336
6-1-3	瓷砖及其它	江苏	1	10	0	11.9	135	135	270
		全国	1	10	0	11.9	135	135	270
6-2	玻璃								
6-2-1	玻璃器皿	江苏	1	24	2	16.4	50	70	120
		浙江	2	10.5	0	23.3	180	120	320
		湖北	1	8	0	1			311
		河北	7	11.6	0	16.8	170	168.4	338.4
		山西	1	9.5	0	60	150	150	300
		北平	1	10	0	5	177	183	360
		上海	21	9.7	0.6	13.7			308
		全国	34	10.5	0.4	16.4	156.3	151.7	311.2
6-2-2	玻璃车边	上海	4	9.5	2	8.5			334
		全国	4	9.5	2	8.5			334
6-3	水泥	江苏	1	24	4	14	170	170	340
		湖北	1	24	0	12	150	150	300
		河北	1	20	2.7	8	178	180	358
		上海	1	21	4	7			349
		广州	2	24	2	7	136.5	184	320.5
		全国	6	22.8	2.4	9.2	154.2	173.6	327.8
6-4	石，石灰石粉								
6-4-1	炼灰	上海	1	24	6	11.9			340

		全国	1	24	6	11.9			340
6-4-2	石粉	江苏	1	12	0	10	170	170	340
		上海	3	11.5	2.3	8			336
		全国	4	11.6	1.7	9	170	170	340
6-4-3	轧石	江苏	3	10.9	0	18.6	54	148	202
		浙江	2	10	0.5	18.6	165	165	330
		上海	1	10	0	18.6			336
		全国	6	10.6	0.1	18.6	72.5	150.8	223.3
6-4-4	炼灰制砖	湖北	1	24	0	11.9	96	104	200
		全国	1	24	0	11.9	96	104	200
6-5	瓷器								
6-5-1	瓷窑	江西	1	8	4	7			×
		河北	2	10	2	7.5			300
		山东	1	10	0	7	150	150	300
		全国	4	9.5	2	7.2	150	150	300
6-5-2	瓷器、玻璃坩锅、火砖	湖南	1	10	0	5	150	150	300
		河北	2	10	0	8	145	117	262
		全国	3	10	0	7	146.7	128	274.7
6-6	坩锅								
6-6-1	坩锅	上海	1	10	2	10			×
		全国	1	10	2	10			×
6-6-2	坩锅、火砖	上海	2	8.5	2	19.5			280
		全国	2	8.5	2	19.5			280
6-6-3	坩锅、玻璃火砖	上海	1	10	0	8			280
		全国	1	10	0	8			280
6-7	石棉	河北	2	20	1	30	166.5	161	327.5
		全国	2	20	1	30	166.5	161	327.5
6-8	制炼煤焦								
6-8-1	炼焦	河北	1	20	0	0			320
		全国	1	20	0	0			320

6-8-2	煤球	浙江	1	10	0	15	170	170	340
		上海	6	14.3	1.5	7.5			336
		全国	7	13.7	1.2	10	170	170	340
第六大类全国总数或总平均			112	13.2	0.9	11.5	125.4	139.3	267.8

(7) 建筑材料业

分类号码	业别	省市	厂数	平均每日开工时数	平均每月例假日数	平均每年年节及纪念日假数	二十一年平均开工日数		
							上半年	下半年	共计
7-1	建筑材料	上海	1	9	1	12.5			341
		全国	1	9	1	12.5			341
7-2	铜铁钢料	河北	1	10	0	10	175	175	350
		山东	2	10.5	2	20	158	175	333
		北平	1	12	0	17	165	183	348
		上海	7	9.6	0	8.2			341
		广州	1	10	0	15			
		全国	12	10	0.2	12.8	164	177	341
	铜铁钢料及其它	广州	1	10	0	15	150	150	300
		全国	1	10	0	15	150	150	300
第七大类全国总数或总平均			14	9.9	0.2	11.5	161.2	171.6	332.8

(8) 水电业

分类号码	业别	省市	厂数	平均每日开工时数	平均每月例假日数	平均每年年节及纪念日假数	二十一年平均开工日数		
							上半年	下半年	共计
8-1	水电	上海	1	24	0.7	4.4			366
		全国	1	24	0.7	4.4			366
8-2	水厂	江苏	1	24	0	4.4	182	184	366

		浙江	1	8	0	0	182	184	366
		湖北	1	24	0.7	7	182	184	366
		四川	1	12	0	0	182	184	366
		福建	1	8	4	7			294
		广西	1	7	0	7			
		广东	1	24	4	7			366
		北平	2	24	0	3	182	184	366
		青岛	1	9	1	10	182	184	366
		上海	1	24	0.7	4.4			366
		南京	1	9.5	4	8			×
		广州	1	24	4	7			330
		全国	31	17.1	1.5	5.4	182	184	355.2
第八大类全国总数或总平均			14	17.5	1.5	5.3	182	184	355.2

（9）化学工业

分类号码	业别	省市	厂数	平均每日开工时数	平均每月例假日数	平均每年年节及纪念日假数	二十一年平均开工日数		
							上半年	下半年	共计
9-1	火柴								
9-1-1	火柴	江苏	4	9.7	0.5	17	153	162.7	314.5
		浙江	4	10.7	1	18.7	158.7	138.7	297.5
		江西	1	10	1.6	19.7	17.3	173	346
		湖北	1	9	2	173			×
		湖南	1	10	2	65	150	140	290
		四川	1	11	1	19	150	150	300
		河北	4	10	3.5	10.2			330
		山东	1	10	2	19.7	130	120	250
		广西	1	10	2	7	150	150	300

		广东	2	9	2	15	147.5	137.5	280
		北平	1	10	2	50	151	164	315
		青岛	1	11	2	7	175	155	330
		上海	4	9.7	1	15			336
		广州	3	9	2.2	15	157.5	162.5	314
		全国	29	9.9	1.7	18.2	154.6	149.7	308.7
9-1-2	梗片	浙江	3	10.5	2	24.3	151.7	151.7	303.3
		广东	2	11	1	11	160	160	320
		青岛	5	11	2	29	120	106	235.7
		上海	3	9.3	0.7	8.3			280
		广州	2	9.5	1.5	22.5	160	170	330
		全国	15	10.4	1.5	20.7	143.9	141.5	283.3
9-2	皂烛								
9-2-1	皂	安徽	1	10	0	10			350
		湖北	1	10	1	8	174	174	348
		河南	1	10	0	30	140	140	280
		河北	2	9.7	1.5	2.2	165	166.5	331.5
		上海	4	8.7	1.3	10			336
		全国	9	9.4	1	16.1	161	161.7	328.2
9-2-2	皂烛	浙江	1	10.5	0	16	110	110	220
		四川	2	16	2	14.5			295
		全国	3	14.2	1.3	15	110	110	270
9-2-3	碱烛皂	上海	1	10	0	7			336
		全国	1	10	0	7			336
9-2-4	泡花碱	河北	1	24	2	8	167	167	334
		全国	1	24	2	8	167	167	334
9-3	搪瓷								
9-3-1	搪瓷器皿	河北	3	10.5	0	20	165	170	335
		上海	13	11.7	1.9	13.1			336
		广州	2	10	0	15			

		全国	18	11.3	1.4	14.5	165	170	335
9-3-2	搪瓷及其它	上海	4	9.2	2	11.5			336
		全国	4	9.2	2	11.5			336
9-3-3	制坯	上海	2	9	1	26.5			336
		全国	2	9	1	26.5			336
9-4	油漆、墨、颜料等								
9-4-1	油漆	河北	1	8	4	7	151	154	305
		上海	3	9.3	2	20			336
		全国	4	9	2.5	13.5	151	154	305
9-4-2	油墨	上海	2	14.5	2.5	10			336
		全国	2	14.5	2.5	10			336
9-4-2a	油漆、油墨	广州	1	9	2	15			
		全国	1	9	2	15			
9-4-3	颜料	山东	1	20	1	30	140	140	280
		青岛	1	24	0	30	120	120	240
		上海	1	10	2	30			
		全国	3	18	1	30	130	130	260
9-4-4	虫胶	广州	1	10.5	4	14			
		全国	1	10.5	4	14			
9-5	化妆品	上海	13	10.5	2.2	11.3			336
		广州	3	8.8	2.7	11.7	171.3	171.3	342.6
		全国	16	10.1	2.3	11.4	171.3	171.3	342.6
9-6	药品								
9-6-1	一般药品	浙江	1	10	0	5	177	183	360
		上海	6	9.3	2.5	10			336
		全国	7	9.4	2	8.7	177	183	360
9-6-2	药及皂	上海	1	9	4	16.3			336
		全国	1	9	4	16.3			336
9-7	人造脂								
9-7-1	赛璐珞	上海	6	9.2	1.5	16.7			336

		全国	6	9.2	1.5	16.7			336
9-7-2	电玉电木等	上海	7	9.4	2.7	7.2			336
		全国	7	9.4	2.7	7.2			336
9-8	碱酸								
9-8-1	制酸	广西	1	24	2	7	150	60	210
		上海	1	12	4	8			182
		全国	2	18	3	7.5	150	60	210
9-8-2	制碱	四川	1	24	0	37	140	140	280
		河北	1	24	0	9	177	180	357
		全国	2	24	0	23	158.5	160	318.5
9-8-3	碱酸及漂粉	上海	1	20	4	16.3			338
		全国	1	20	4	16.3			338
9-9	碳酸钙 碳酸镁								
9-9-1	碳酸钙镁	浙江	1	10	2	33			×
		上海	3	19.3	1	8			336
		全国	4	17	1.3	16.3			336
9-9-2	碳酸钙镁及其它	江苏	1	12	4	12	115	135	250
		河北	1	24	4	8			320
		全国	2	18	4	10	115	135	285
9-10	炼气	上海	1	24	0	0			×
		全国	1	24	0	0			×
9-11	酒精	广西	1	10	2	3	150	110	260
		广东	1	24	4	15			
		上海	1	13.7	4	7			
		全国	3	12.4	1.5	16.7	150	110	260
9-12	其它化学工业	上海	3	14	0	32			336
		全国	3	14	0	32			336
第九大类全国总数或总平均			148	11.4	1.8	16.0	152.1	147.8	302.6

（10）纺织工业

分类号码	业别	省市	厂数	平均每日开工时数	平均每月例假日数	平均每年节及纪念日假数	二十一年平均开工日数		
							上半年	下半年	共计
10-1	棉纺织								
10-1-1	制棉								
10-1-1-1	轧花	江苏	8	11.5	0	4	31.7	80	109
		上海	5	11.6	0	7			150
		全国	13	11.5	0	5.5	31.7	80	109
10-1-1-2	轧花及其它	江苏	3	12	0	17.9	90	150	236.7
		全国	3	12	0	17.9	90	150	236.7
10-1-1-3	废花	上海	8	15.3	1	9.5			336
		全国	8	15.3	1	9.5			336
10-1-1-4	废花及其它	上海	1	12	1.9	17.9			336
		全国	1	12	1.9	17.9			336
10-1-1-5	弹旧花及药棉	广东	1	10	0	20			
		全国	1	10	0	20			
10-1-2	棉纺								
10-1-2-1	纺纱	江苏	9	23.5	3.4	18.7	134.6	142	276.6
		浙江	2	18	3.5	24	139	138.5	277.5
		安徽	1	24	4	15.5			298
		江西	1	24	4	20	163	167	330
		湖北	1	24	3	8			313
		河北	3	23.3	4	9	163.7	164.3	328
		山东	2	23.5	4	7	160.5	171	331.5
		山西	2	22	3	26	155	155	310
		河南	4	21.7	3.7	18.7	153	137	290
		青岛	1	22	4	7	171	162	333
		上海	12	22.5	3.7	5			336

		全国	38	22.6	3.6	15.5	148.1	148.9	297.7
10-1-2-2	纺纱兼织布	江苏	10	22.8	3.6	10.5	157.3	155.7	313
		浙江	1	21	4	17	106	145	251
		湖北	4	22	3	29.3	162	159.5	321.5
		湖南	1	21	4	8	155	136	291
		河北	4	19.7	3.7	8	165.8	168.5	334.3
		山东	1	24	2	7	150	150	300
		山西	2	23.1	3	21	155	155	310
		上海	16	22.3	3.9	7.6			336
		全国	39	22.1	3.6	12.5	156.3	156.4	312.7
10-1-2-3	纺纱兼织毯	上海	1	24	4	5			336
		全国	1	24	4	5			336
10-1-3	棉织								
10-1-3-1	棉织	江苏	55	16.5	2.2	17.1	139.6	154.2	293.8
		浙江	20	12.1	0.7	21.7	152.4	161.8	314.2
		江西	2	10	2	22	150	150	300
		湖北	1	8	0	30	120	150	270
		四川	1	11	2	16			304
		河北	9	10.8	1.3	17.5	169.7	171	340.7
		山东	3	12	0.7	25	161.7	163.3	325
		山西	2	9.5	1	40	150	150	300
		福建	2	12	2	15	165	167.5	332.5
		广西	1	10	0	12			
		广东	6	11.6	0.8	15.6	112.5	147.5	257.5
		北平	2	13	0	22	105.5	160	265.5
		青岛	2	10.5	3	20	150	120	270
		上海	74	12.2	1.3	12.3			336
		广州	37	11.1	3.2	14.5	148.2	151.8	300
		全国	217	13	1.7	13	146.1	155.8	301.7
10-1-3-2	棉织兼铁工	上海	1	10	2	21			336

		全国	1	10	2	21			336
10-1-3-3	棉织兼藤竹木	浙江	1	8	4	7	150	140	290
		全国	1	8	4	7	150	140	290
10-1-4	药棉纱布	浙江	3	13.7	1.3	20	137	163	300
		河北	1	16	2	15.8	170	168	338
		上海	3	9	1	9.5			343
		广州	1	9	4	10	150	150	300
		全国	8	12.5	2.0	17.5	141.3	158.7	300
10-1-5	药棉纱布及其它	广州	1	8	0	15	175	175	350
		全国	1	8	0	15	175	175	350
10-2	丝及丝织业								
10-2-1	缫丝								
10-2-1-1	厂丝	江苏	43	11	2	22.8	74.8	151.4	215
		浙江	13	11.5	2.1	30.3	68.5	127.4	185.7
		四川	7	15.3	2	16.7	45	125	243.3
		山东	1	10	4	15			
		广东	18	10.8	0.8	15.7	97.5	132.5	230
		上海	49	10.7	2.6	8			112
		广州	1	10	2	7			
		全国	132	11.1	2.1	19.7	73.6	137.7	213.2
10-2-1-2	双宫	上海	2	10.5	5	20			140
		全国	2	10.5	5	20			140
10-2-1-3	绢丝	浙江	1	21	2	10			×
		上海	1	22	4	2			336
		全国	2	21.5	3	6			336
10-2-2	丝绸及附属工业								
10-2-2-1	织绸	江苏	12	12.9	2.2	21	93.5	164	265
		浙江	51	10.3	1.9	26.6	126.7	152.9	279.7
		四川	1	8	2	21.3			

		河北	6	12.8	1.3	14.5	163.2	159.7	314.8
		广东	1	10	0	20			
		上海	125	15.8	1.9	17.1			336
		广州	1	10	2	7			
		全国	197	13.9	1.9	21.1	125.8	154.6	280.9
10-2-2-2	络丝	浙江	1	10.5	2	26	85	165	250
		全国	1	10.5	2	26	85	165	250
10-3									
10-3-1	毛纺	河北	1	22	4	17.9	171	162	333
		全国	1	22	4	17.9	171	162	333
10-3-2	毛织	上海	21	13.5	2	14.5			336
		全国	21	13.5	2	14.5			336
10-3-3	毛纺织	湖北	1	10	3	10	90	180	270
		河北	1	20	2	10			290
		北平	1	20	4	9	181	141	322
		上海	2	9	3	7			336
		全国	5	13.6	3	9	135.5	160.5	296
10-3-4	毛纺兼制服用品	山西	1	10	2	35	140	140	280
		全国	1	10	2	35	140	140	280
10-3-5	弹毛	上海	1	9	0	17.9			×
		全国	1	9	0	17.9			×
10-4	丝织兼棉织	河北	5	12	0.8	20	166.5	166.2	332.7
		河南	2	10	1	32.5	150	150	300
		全国	7	11.4	0.8	24.2	163.2	163	326.2
10-4a	棉纺兼毛织	广州	1	12	4	12	150	150	300
		全国	1	12	4	12	150	150	300
10-5	废丝毛棉纺织	江苏	1	22.5	3	20	153	171	324
		上海	3	19.3	3.3	7.3			336
		全国	4	20.1	3.2	10.5	153	171	324
10-6	染炼								

10-6-1	丝光纱	浙江	1	12	0	40	×	×	×
		湖北	1	12	0	30	135	150	285
		上海	16	9.3	1.1	15.8			308
		全国	18	9.6	0.9	18.3	135	150	285
10-6-2	染炼	江苏	1	10	0	15			293
		浙江	3	11	0	15.3	160	160	320
		湖北	3	11.3	0.7	20	130	155	285
		湖南	1	0	17				350
		四川	2	11.5	1	14.5	60	60	225
		河北	10	10.2	0.3	20	151.2	143.7	295
		山东	2	17	2	20	150	150	300
		上海	30	10.5	0.8	16.9			336
		广州	3	9.3	0	20	153.3	130	283.3
		全国	55	11.1	0.7	17.4	144.7	141.8	291.7
10-6-3	染炼兼印布	上海	1	20	4	17.9			308
		全国	1	20	4	17.9			308
10-7	印花	上海	7	9.7	1.5	7			308
		全国	7	9.7	1.5	7			308
10-8	制线								
10-8-1	经纬线	浙江	2	10.5	2	20	25	155	180
		上海	4	12.5	2	25			336
		全国	6	11.8	2	22.5	25	155	180
10-8-2	纱线团	广东	3	10	1.3	14.3	90	133.3	223.3
		上海	3	10	1	11.3			336
		广州	1	9	0	15			
		全国	7	9.9	1	13.1	90	133.3	223.3
10-8-3	它种线	上海	3	8.8	1.3	18			336
		全国	3	8.8	1.3	18			336
10-9	边带								
10-9-1	制边	河北	1	12	2	15	175	175	350

		全国	1	12	2	15	175	175	350
10-9-2	制带	上海	2	15	3	9			336
		全国	2	15	3	9			336
10-9-3	宽紧带	江苏	1	10.5	2	20	165	155	320
		上海	3	10.8	1.3	10			336
		全国	4	10.7	1.5	15	165	155	320
10-9-4	边带	上海	2	10.5	2	17.9			336
		全国	2	10.5	2	17.9			336
10-9-5	边带兼牙筷	上海	1	8	4	11			336
		全国	1	8	4	11			336
10-10	绒布整理								
10-10-1	拉绒	上海	2	24	3	17.9			×
		全国	2	24	3	17.9			×
10-10-2	拉绒兼漂染印花	江苏	2	18	3	9			×
		上海	2	11.5	0	9			336
		全国	4	14.7	1.5	9			336
10-10-3	压布	河北	1	10	0	17.9	120	90	210
		全国	1	10	0	17.9	120	90	210
第十大类全国总数或总平均			821	13.5	1.9	17.4	132.7	150.7	283.4

（11）服用品制造业

分类号码	业别	省市	厂数	平均每日开工时数	平均每月例假日数	平均每年年节及纪念日假数	二十一年平均开工日数		
							上半年	下半年	共计
11-1	织袜								
11-1-1	织袜	江苏	8	14.6	2	17.7	106.6	164.1	270.7
		四川	1	17	2	15			
		河北	1	24	2	7			

		广东	1	11	0	20			
		青岛	1	20	2	40	150	150	300
		上海	40	13	1.9	16.4			336
		广州	1	12	3	10	150	150	300
		全国	53	13.6	1.9	17	116.2	161	227.2
11-1-2	织袜兼衫裤及其它	浙江	1	10	0	25	170	170	340
		河北	3	10.3	1.2	21.7	169.7	161.7	331.4
		上海	15	11.3	4.4	12.8			
		广州	3	10	0.7	20	155	155	310
		全国	22	10.9	1.2	16.8	164.8	160.8	325.6
11-2	草呢帽	河北	5	12	1	17.5	131.7	166.7	298.4
		上海	7	9.5	1.7	21.7			336
		全国	12	10.5	1.4	19.9	131.7	166.7	298.4
11-3	伞	上海	2	9.7	1.5	5.5			336
		全国	2	9.7	1.5	5.5			336
11-4	手帕	上海	7	11.3	1.7	12.3			329
		全国	7	11.3	2.7	12.3			329
11-5	衫裤	浙江	1	9.5	2	17.9	160	165	325
		河北	4	11	0.7	16.5	169.3	169.7	339
		广东	2	10	2	26.5	85	100	185
		上海	16	10.2	1.8	18.6			336
		广州	5	10.2	0.6	18	150	136	286
		全国	28	10.3	1.5	18.8	146.4	143.7	290.1
11-6	线毯毛巾								
11-6-1	线毯	江苏	1	9	2	30	120	160	280
		河北	3	10.2	1	11.3	171.7	169.3	341
		上海	1	9	2	30			112
		全国	5	9.7	1.4	18.8	158.7	167	325.7
11-6-2	毛巾	江苏	1	8	2	20	165	165	330
		河北	2	10	1.5	20	173.5	170.5	344

		全国	3	9.3	1.7	20	170.7	168.7	339.3
11-7	其它服用品								
11-7-1	钮扣	江苏	3	10.3	2	24.7	155	155	310
		河北	1	10	2	7	175	170	345
		上海	3	9.3	0.7	6			336
		全国	7	9.8	1.4	15.5	161.7	160	321.7
11-7-2	织席	河北	1	10	2	25	150	165	315
		全国	1	10	2	25	150	165	315
11-7-3	其它	上海	1	10	3	17.2			336
		全国	1	10	3	17.2			336
第十一大类全国总数或总平均			141	11.6	1.5	17.5	145	157.2	302.9

（12）皮革及橡胶制造业

分类号码	业别	省市	厂数	平均每日开工时数	平均每月例假日数	平均每年年节及纪念日假数	二十一年平均开工日数		
							上半年	下半年	共计
12-1	制革								
12-1-1	制革	湖北	1	9.4	4	7			319
		湖南	1	9	4	17	130	145	275
		四川	1	11	2	18			330
		河北	3	9.7	1	22.5	162.3	165	327.3
		山西	1	10	2	30			319
		河南	1	8	4	30			×
		陕西	1	10	2	15			327
		广西	1	10	2	12			
		上海	9	9.2	1.5	11.8			330
		广州	1	7	2	10	180	80	260
		全国	20	9.3	2.1	16.2	159.4	144	313.4

12-1-2	制革兼制胶	上海	1	8	2	14			336
		全国	1	8	2	14			336
12-2	橡胶制品	河北	1	10	2	30			×
		山东	1	10	2	30	90	120	210
		青岛	1	10	2	15	60	90	150
		上海	44	11.6	2.4	9.3			336
		广州	14	10.1	4	13	149.1	149.1	298.2
		全国	61	11.2	2.9	12.8	135.6	141.1	276.7
12-3	制胶	广东	1	24	0	15			
		上海	1	24	0	14.7			336
		全国	2	24	0	15			
第十二大类全国总数或总平均			81	11	2.6	14	143	142	292.8

(13) 饮食品制造业

分类号码	业别	省市	厂数	平均每日开工时数	平均每月例假日数	平均每年年节及纪念日假数	二十一年平均开工日数		
							上半年	下半年	共计
13-1	碾米								
13-1-1	砻谷	江苏	4	11	0	6	83.3	106.7	190
		全国	4	11	0	6	83.3	106.7	190
13-1-2	碾米	江苏	26	11.5	0.2	11.8	131.3	152.4	272.4
		浙江	3	8.5	0	13.3	171.7	171.7	343.3
		安徽	10	10.3	0	9	174.3	181	298.8
		江西	2	10	0	36	145	60	205
		湖北	1	12	0	20	90	90	180
		广东	1	8	0	15	150	150	300
		上海	4	9	0	4			336
		广州	9	12	0	17.2	135.6	173.3	308.9

		全国	56	10.9	0.1	13.0	141.6	156.5	284.7
13-1-3	碾米及其它	广州	1	12	0	15	140	160	300
		全国	1	12	0	15	140	160	300
13-2	面粉机粉								
13-2-1	面粉	江苏	10	23.6	2.6	25.5	103.8	125	220.2
		浙江	1	24	4	12	150	150	300
		安徽	3	24	4.7	5	101	119	220
		湖北	5	24	2.2	12.5	150	150	300
		湖南	1	24	4	15			×
		四川	2	20.5	0	13	110	110	220
		察哈尔	1	24	0	9			×
		绥远	1	24	4	15			308
		河北	7	24	1	8.5	121.7	136.7	249.7
		山东	10	20	4	13.8	134.7	138.7	264.2
		山西	3	20.7	6	26.3	131.7	125	256.7
		河南	3	21.3	2	30	15	112.5	140.3
		南京	2	23	4	15.1			232
		青岛	2	24	2	7	137	137	275
		上海	15	22.5	3.1	7.4			336
		全国	66	22.0	2.9	15.4	115.4	129.3	232
13-2-2	机粉	江苏	1	9	0	15	140	160	300
		全国	1	9	0	15	140	160	300
13-2-3	电厂兼制面粉	绥远	2	24	3	7			366
		河北	1	24	4	30			366
		山西	1	24	5	25			366
		全国	4	24	4	20.7			366
13-3	炼乳	浙江	2	10	0	10	183	182	347.5
		全国	2	10	0	10	183	182	347.5
13-4	制糖	上海	4	9.4	2.3	4			308
		全国	4	9.4	2.3	4			308

13-5	制备食品								
13-5-1	罐头食品								
13-5-1-1	罐头食品	浙江	5	11	0.8	10.4	123	73	196
		河北	2	11	0	20	120	115	235
		山东	2	10.5	0	50	155	157.5	312.5
		广东	2	10	4	18	75	75	205
		上海	8	10.7	0.67	11			336
		全国	19	10.7	1.0	18.5	124	98.5	225.9
13-5-1-2	罐头食品及其它	浙江	1	10	0	16	90	90	180
		福建	2	9	4	7	145	145	290
		全国	3	9.3	2.7	10	126.7	126.7	253.3
13-5-2	水产制品	浙江	1	8	2	13	150	150	300
		全国	1	8	2	13	150	150	300
13-5-3	豆腐制品	上海	1	20	6	13.8			336
		全国	1	20	6	13.8			336
13-5-4	糖果	河北	1	20	0	4	160	160	320
		上海	2	11	0	8			336
		全国	3	14	0	6.7	160	160	320
13-5-5	糖果饼干	广东	1	10	0	30			
		广州	3	9.7	1.3	15	170	170	340
		全国	4	9.8	1	18.8	170	170	340
13-6	榨油								
13-6-1	榨油	江苏	19	10.5	0.4	20	134.1	132.6	265.5
		浙江	1	24	0.7	27	80	90	170
		湖北	3	24	0	15			×
		广东	1	8	2	15	150	150	300
		青岛	1	10	2	18.5			×
		上海	10	12.9	1.4	17.5			280
		广州	30	10.3	0.13	10.2	158.3	179.8	337.9
		全国	65	11.6	0.5	12.1	146.7	158.3	307.1

13-6-2	油米	江苏	10	10.2	0	13	143.7	148.7	292.4
		广东	1	12	0	15	130	170	300
		全国	11	10.4	0	13.3	142.2	151.1	293.2
13-7	制茶	上海	44	10.3	0	10.2			168
		全国	44	10.3	0	10.2			168
13-8	制烟								
13-8-1	烤烟叶	山东	1	16	4	15	0	90	90
		河南	1	8.5	4	15	0	112	112
		青岛	1	10	0	15	0	90	90
		全国	3	11.5	2.7	15	0	97.3	97.3
13-8-2	卷烟	江苏	1	6	4	15.7			×
		浙江	1	9	4	20	85	85	170
		安徽	2	10	4	15.7	120	140	260
		河北	1	20	0	15.7			×
		山东	1	10	2	20	150	30	180
		山西	1	9	2	20			×
		青岛	1	10	2	40	120	120	240
		上海	48	12	1.8	11.1			336
		全国	56	11.7	1.9	15.7	118.7	93.7	212.4
13-9	制酒								
13-9-1	酒	山东	2	10	0	30	160	170	330
		北平	1	10	2	40	156	169	325
		全国	3	10	1	35	158	169.5	327.5
13-10	清凉饮料								
13-10-1	汽水	河北	3	10	0	7	134.7	106.7	241.3
		上海	2	8	4	7			241
		广州	3	8.3	4	×	113.3	63.3	176.7
		全国	8	9.0	2.3	7	124	85	209
13-10-2	冰及汽水	四川	1	24	0	12	100	100	200
		福建	1	12	0	7	126	140	266

		上海	1	10.5	5	12			196
		全国	3	15.5	1.7	9.5	113	120	233
13-11	调味品								
13-11-1	味精	上海	5	9.5	1.3	12.5			336
		全国	5	9.5	1.3	12.5			336
13-11-2	酱油	福建	1	9	4	7	140	140	280
		全国	1	9	4	7	140	140	280
13-12	淀粉	浙江	1	12	0	10	60	120	180
		上海	1	10	2	18			336
		全国	2	11	1	14	60	120	180
13-13	精盐	河北	1	24	0	7			×
		山东	1	24	0	8	120	180	300
		青岛	1	24	4	8	150	170	320
		上海	1	24	0	5			150
		全国	4	24	1	7	135	175	310
13-14	制蛋								
13-14-1	冰蛋	南京	1	8	3	3			×
		青岛	2	8	4	3	95.5	83.5	179
		上海	1	8	2	3			336
		全国	4	8	3	3	95.5	83.5	179
13-14-2	粉蛋	绥远	1	11	0	0			×
		河北	2	10	0	10	96	82	178
		河南	7	9.4	0.3	12	76.7	86	162.7
		全国	10	9.7	0.2	10	81.5	85	166.5
13-15	造冰冷藏	上海	2	16	0	1			336
		全国	2	16	0	1			336
第十三大类全国总数或总平均			390	13.2	1.2	13.4	129.1	138.4	264

（14）造纸印刷业

分类号码	业别	省市	厂数	平均每日开工时数	平均每月例假日数	平均每年年节及纪念日假数	二十一年平均开工日数		
							上半年	下半年	共计
14-1	制纸								
14-1-1	制纸	江苏	3	11.5	2.3	17	157	154.5	303.7
		四川	1	24	2	20	150	90	240
		河北	1	24	0	10	160	160	320
		山东	1	10	2	19	123	137	260
		山西	1	24	2	17.5			236
		福建	1	20	4	7	152	150	302
		广东	1	24	0	20	150	150	300
		北平	1	24	0	17	165	183	348
		上海	7	19.2	2.3	12			336
		全国	17	19.2	1.9	15.7	151.8	147.4	291.7
14-1-2	纸版	江苏	2	24	2	12.5	92.5	162.5	255
		浙江	2	17	2	16.5	143.5	165	308.5
		河北	1	24	4	60	159	138	297
		上海	1	24	2	12			336
		全国	6	21.7	2.3	21.7	126.2	158.6	284.8
14-1-3	锡纸	上海	1	11.6	2.3	13.2			336
		全国	1	11.6	2.3	13.2			336
14-2	印刷								
14-2-1	印刷	江苏	10	13	1.1	16.7	165.9	170	334.1
		浙江	15	10.3	1.9	12.9	163.3	159	322.3
		江西	2	8	5	5.5	150	140	290
		湖北	3	8.3	1.3	21.7	155	150	310
		湖南	2	8	2	20	154	169	323
		四川	2	10	1	23.5			300
		河北	13	12.7	0.5	11.4	165.4	165	328.2
		山东	1	9	2	7	160	170	330

		山西	2	9.5	1	17.5	160	160	320
		河南	1	20	0	30			308
		广西	3	13.3	3.3	6.7	150	150	300
		南京	15	9.1	2	12.4	162	160.1	322.1
		北平	7	9	2	17.3	161.7	167.6	329.3
		青岛	1	9	0	7	155	155	310
		上海	99	11	2.9	10.6			336
		广州	11	10.2	0	16.4	160.5	165	325.5
		全国	187	10.8	2.2	13.2	161.7	162.7	324.4
14-2-2	印刷兼熔铸	江苏	1	11	2	20	166	169	335
		广东	1	11	0	9	165	165	330
		上海	7	8.6	2.6	10			336
		广州	1	10	0	15	170	170	340
		全国	10	9.4	1.9	11.8	167	168	335
14-3	纸制品								
14-3-1	纸盒	上海	10	10.8	2.4	5.7			336
		全国	10	10.8	2.4	5.7			336
14-3-2	卡纸片等	上海	3	10	2.7	9			336
		全国	3	10	2.7	9			336
第十四大类全国总数或总平均			234	11.6	2.2	13.3	158.7	161.1	319.4

（15）饰物仪器制造业

分类号码	业别	省市	厂数	平均每日开工时数	平均每月例假日数	平均每年节年及纪念日假数	二十一年平均开工日数		
							上半年	下半年	共计
15-1	乐器	上海	2	9.5	2	18.8			336
		全国	2	9.5	2	18.8			336
15-2	教育用品	河北	2	9.2	2	15.5	170.5	164.5	335
		上海	6	9.8	1.8	8.4			336
		全国	8	9.7	1.9	10.4	170.5	164.5	335
15-3	仪器	上海	5	11	1	8.5			336
		全国	5	11	1	8.5			336
15-4	制钟								
15-4-1	钟	河北	1	12	2	20			×
		山东	5	10	2	38	147.7	158.3	306
		全国	6	10.3	2	35	147.7	158.3	306
15-4-2	钟及电筒	上海	1	10	2	10			330
		全国	1	10	2	10			330
15-5	玩具	上海	4	11.1	1.5	14.5			336
		全国	4	11.1	1.5	14.5			336
第十五大类全国总数或总平均			26	10.3	1.7	18.8	156.8	160.8	317.6

（16）其它工业

分类号码	业别	省市	厂数	平均每日开工时数	平均每月例假日数	平均每年年节及纪念日假数	二十一年平均开工日数		
							上半年	下半年	共计
16-1	牙刷								
16-1-1	牙刷	河北	1	10	1	15	170	173	343
		广东	1	9	4	15	150	150	300
		上海	5	8.6	4	20			336
		全国	7	8.9	3.4	16.7	160	161.5	321.5
16-1-2	牙刷兼牙粉	上海	1	9	4	10			336
		全国	1	9	4	10			336
16-2	制镜	上海	4	10.2	1	11.5			336
		全国	4	10.2	1	11.5			336.
16-3	热水瓶								
16-3-1	自制瓶胆	上海	2	11	2	16			336
		全国	2	11	2	16			336
16-3-2	购用瓶胆	上海	7	9.8	0.7	11.7			336
		全国	7	9.8	0.7	11.7			336
16-3-3	专制瓶胆	上海	3	9.7	1.5	14.5			336
		全国	3	9.7	1.5	14.5			336
16-4	打包	湖北	1	24	4	13.4	30	30	60
		山东	1	10.5	1.9	13.4			
		河南	1	16	1.9	13.4	0	84	84
		全国	3	20	4	13.4	15	57	72
第十六大类全国总数或总平均			27	10.4	2	13.5	87.5	109.3	194.2
拾六大类全国总数或总平均			2435	12.3	1.6	14.8	140.8	151	290.3

* 本表选自资源委员会刘大钧所编《中国工业调查报告》。

〔国民政府资源委员会〕

（三）“国营”工矿业

1. 铁道部关于筹办龙烟铁矿厂及其改交实业部经办呈

（1929年10月—1931年 5月）

（1）铁道部提案(1929年10月25日)

提案　龙烟铁矿及钢铁厂之采冶、运销及其他一切营业事宜，應归铁道部负责办理。

理由　查宣化、龙关、怀来等县铁矿为吾国重要铁矿之一，向归龙烟铁矿公司经营，开办未久，即因资本缺乏，停歇多年，以最重要之基本工业而长此沉埋，以数百万已投之巨资而长此废置。论其责任，当有攸归该公司股本，政府与商人各半，而章程则赋商股以绝大之权。长此停顿，政府岂容坐视，是以去岁由农矿部毅然设局办理，积极筹划，兹因建筑铁路早经二中全会决议拨用庚款，限期积极进行，交由政府转令铁道部奉行。将来需用钢料为量至巨，况在吾国工业初步进展期内，钢料销场亦自以铁路用途为最大，加以该公司股本，铁道部占有壹百叁拾余万元，占全数三分之一，以钢铁之销场与公司之本身论，胥与铁道部有最密切之关系。该公司之本身固为一事，该公司之经营当另为一事。吾国产业落后，基本工业更复黯然无色，该公司为现成之局，徒以其本身无办法，而长此阻碍其事业之进行，而长此阻碍基本工业之发展，政府即无论如何尊重业权，亦断不得能坐视不顾也。又况钢铁事业政策上应归国有，该公司商股尚有曹、陆卖国逆贼之余秽乎。现由农矿部、铁道部会同协议，将公司本身之整顿划为一事，而将该公司事业之经营，另划为一事。又因上述种种关系，以后者之责归铁道部切实办理。此则为本提案所根据之理由也。

办法　由政府明令将该公司一切物质资产，如矿场、钢铁厂及其一切附属设备等，交铁道部全权管理经营之。其采冶、运销及其他一切附带营业，概由铁道部独立办理，与该公司原有资债帐项无涉。矿区税及采掘矿砂照章向农矿部纳税。铁道部对于该公司负物质资产之保管责任。至于该公司本身之如何清理，另案办理。此种办法，是否有当？敬请
公决。

提案人　孙　科

十·二十五·

（2）铁道部呈（1929年11月18日）

呈为筹划龙烟钢铁厂矿进行事宜恳予备案，奉第三八七六号钧令开：为令遵事。据该部孙部长提议，龙烟铁矿及钢铁厂之采冶、运销及其他一切营业事宜，应归该部负责办理一案，经本院第四十四次会议决议：(一)关于公司之清理、整顿事项，由有关系各部会商办理。(二)关于铁厂以后之经营，由铁道部负责进行。除令农矿部知照外，合行令仰该部即便遵照办理，此令。等因；奉此，查前奉第二二一七号钧院训令内开：(一)努力发展铁道事业，并提前完成粤汉、陇海、新陇绥各线，由铁道部负责办理。粤汉限民国二十一年底竣工，陇海限民国二十三年底竣工，新陇绥限民国二十六年底竣工。(二)就庚款全部中拨用三分之二为铁道建筑经费等项。又附件说明书第三项开：依照孙委员拟庚款筑路公债计划及截至民国十八年底之庚款积存现款为数不过一三八五〇〇〇〇〇元，以完成粤汉、陇海、新宁三路尚虞不给等情。按粤汉线株韶段长二百七十英里，共需钢轨约三万九千八百吨，分三年完成，每年应需钢轨壹万三千二百七十吨。陇海线潼兰段长六百五十七英里，共需钢轨约九万七千吨，分五年完成，每年应需钢轨壹万九千四百吨。新陇绥线长壹千七百英里，共需钢轨约贰拾五万吨，分八年完成，每年应需钢轨约三万一千二百五十吨。又已成之路，只就京沪、沪杭甬、津浦、陇海、平汉、道清、胶

济、湘鄂、平奉、平绥、南浔，粤汉、广三、广九十四线，计合肆千零十一英里，每年养路应需钢轨约二千二百四十六吨以上。四项合计，自民国十九年起，每年应需钢轨约共六万六千一百六十六吨，其他桥梁建筑等应需钢铁尚未计及。自民国二十二年起粤汉完成，另筑他新线，努力实行。

总理十万英里铁路计划，钢铁之需要自与努力之程度相并而激增，此项钢铁若尽仰给于外人，即以目前最后每年六万六千一百六十六吨钢轨一项，照最低价每吨壹百元，计每年已有六百六十一万六千六百元之漏卮，未可忽视。况民国十六年钢铁进口为六百四十七万四千八百四十五担，值海关银三千二百七十九万五千二百八十六两，十七年为壹千零五十万二千五百九十三担，值四千八百三十二万四千七百一十两，漏卮之巨，触目惊心。钢铁事业繁密，竞争尤烈，欲塞漏卮，行远自迩先就本身之需要，而供给之，不受营业竞争之影响矣。基础已具，再审势扩充，稳建进行，不难达最后之目的。故目前所急在从速筹设年产陆柒万吨之钢厂，以供铁道建设之急需，而树钢铁事业之基础。然炼钢需铁，制铁需矿，吾国铁矿蕴藏可供现代规模之经营者，目下所知为辽宁、长江与宣文陇关三部，辽宁量巨而质低，现为日人经营，长江以大冶为巨擘，因汉冶萍公司有日本债务关系，矿砂供日，犹虞不足，故制铁须取矿砂于宣龙，实势所必至，且龙烟公司、宣化烟筒山铁矿，已有设备，稍事整理，即可出砂，允堪利用也。铁矿既定，则铁厂可言，龙烟公司石景山炼厂地点，系假定天津、通县、丰台、芦沟桥、三家店、宣化与石景山七处作长期研究，而后定为石景山，该厂基为磐石坚固而不透水，邻永定河长年不断之水量足敷用而有余，矿砂由平绥路来，焦炭由平汉路井陉等地来，石灰石产在距厂十一公里之将军岭，已有宽轨铁路达产地，且该地天气干燥，比之长江多湿，制铁尤为便宜，故取铁矿于宣龙，则设铁厂于石景山，亦理所当然。石景山炼厂，现有化铁炉一座，每日能出铁二百五十吨，设备将近完工，据民国十二年估计，设备完全至开炉，需款只陆拾七万一千元，现虽时异事殊，所需修完该化铁炉之款项与前估计当不甚远，每年除停炉修理外，以三百日计，可出铁柒万五千吨，以供目前制钢之需，亦正符合，铁矿铁厂已有定计，则钢厂可筹，龙烟公司钢厂计划系请美国贝林马萧工程师酌定，此工程师曾办印度他脱钢铁厂，尚属老成可靠，其计划第一期每年出钢三万五千吨，设备费约需美金肆百万元，第二期每年出钢柒万五千吨，设备费约需美金肆百万元，第三期每年出钢叁拾柒万吨，设备费约需美金贰千六百万元，现采取该工程师第二期计划，并略减钢量定为年产陆万五千吨，则设备费虽物价涨落，不无变更，可估华银贰千万元，实行时仍须该工程师详为计划，然出入当不甚远也。铁矿铁厂钢厂之规画既具，则款项须筹，庚款三分之二用于建筑铁路者约为壹万万元，其用于钢铁材料者，可估百分之四十，约四千万元，以此款半数二千万用于设钢厂以自制钢件，既供铁道之需要，又奠钢铁事业之基础，实属一举两得，其余铁厂铁矿所需之款，职部当尽力筹画，所须申明者，则物质建设基本之钢铁事业之基础，系于粤汉、陇海、新宁三铁路之能否按预定期间完成，而三线之能否按预定期间完成，又系于庚款之能否按期拨付，简言之，则吾国物质建设之基，实系于三分之二之庚款，除一面派员向农矿部接收龙烟厂矿，以便暂行保管外，所有筹画龙烟钢铁厂矿进行各情，理合呈请核准备案，实为公便。谨呈

行政院长

铁道部长　孙　科印

中华民国十八年十一月十八日

（3）铁道部呈(1931年4月20日)

呈为请予将龙烟铁矿厂移交实业部办理，以便统筹而利进行

事。窃职部前以铁路铺设及养路问题，需用钢轨为数甚巨，而海关近年钢铁进口之数，民国十六年值海关银三千二百七十九万五千二百八十六两，十七年值四千八百三十二万四千七百一十两，漏卮之巨，触目惊心，就铁路本身之需要而先筹供给，在从速筹设年产六七万吨之钢厂，以供建设之急需，而树钢铁事业之基础。环顾国内铁矿，除辽宁、长江而外，其为国人从事设备而稍加整理，即可出砂者，厥以龙烟公司之铁矿及钢铁厂为最易着手。惟从事整理，需款亦甚浩繁，当时农矿部以筹款维艰，故商由职部改负该龙烟厂经营之责，期得路矿相维之利，当于十八年一月奉钧院第三八七六号训令，以龙烟铁矿及钢铁厂之采冶、运销及其他一切营业事宜，应归职部负责办理一案，经第四十四次院议议决：(一)关于公司之清理整顿事项，由有关系各部会商办理；(二)关于铁厂以后之经营，由铁道部负责进行，除令农矿部知照外，合行令仰该部即便遵照办理，此令。等因。奉此。经于是月将筹划龙烟钢铁厂矿进行事宜呈奉钧院第三四二六号指令，准予备案。在案。惟自奉令接管以来，北方军事迁延岁月，且经济枯窘，进行为难，而职部对于所属各路事务监督管理，头绪纷繁，苦难兼顾。现自实业部成立，关于钢铁事业，正在积极规划，矿冶人才均经罗致，所有筹划龙烟钢铁厂矿进行事宜，拟请移交实业部办理，以归划一，而便统筹。是否有当？理合呈请鉴核，俯予照准，实为公便。谨呈

行政院

铁道部长　孙　科

中华民国二十年四月二十日

（4）实业部的呈文(1931年5月26日)

呈为呈复事：案奉钧院第一九八零号训令内开：据铁道部呈请将龙烟钢铁厂矿移交实业部办理，以归划一，而便统筹。等情。

据此。除指令照准外，合行令仰该部知照。等因。复准铁道部咨同前由，本部自应遵照办理，除与铁道部咨商接收手续，并俟接收完毕再行呈报外，理合复请鉴核。谨呈

行政院

实业部部长　孔祥熙

中华民国二十年五月二十六日

〔国民政府行政院档案〕

2. 实业部与古巴夏湾拿国际糖公司借款筹办国营制糖厂有关文件

(1931年1月—1934年10月)

(1) 实业部笺函(1931年1月12日)

径启者。兹送上关于提议兴办国营精糖事业案一件(密件)，即请查照列入国务会议议程为荷。此致

行政院秘书处

附　提案一件

抄件三件〔略〕

部长　孔祥熙启

一月十二日

提案

为提议事：窃以精糖一项为平民日用所需，考之世界各国耗糖数量，往往逐年增加。例如日本三十年前平均每人每年仅用糖二斤，今则增至二十三磅半，我国现在平均每人每年耗糖亦只二斤，将来必尚有巨额之增加。在昔台湾未割，本国产糖差可自给，近则洋糖进口价值岁达一万万两之巨，以后需要增加入口之糖必将益巨，故发展糖业，实为切要之图。前工商部对于停业已久之国民制糖公司，曾有派员整理之举，继因种种关系一时未能复业，惟

精糖事业亟应注意，故当四中全会开会之际，曾由祥熙提出保护关税政策一案，其中关于糖业之保护办法，拟从制炼精糖入手，暂将进口粗糖免税，以期先将制造品输入国变为输入原料自造国，即以制炼精糖之余利，逐渐培植国内糖之原料，期于相当期间内彻底完成我国糖业，该案业经通过在案。兹有侨居古巴商人罗胞强为图振兴本国糖业起见，特联络古巴糖商回国投资，进行发展糖业。节经驻古凌公使函电，转达该侨商等所拟计划前来，现复据该侨商及古巴糖商推派代表来华接洽，彼方初意拟成立一中古合营之炼糖公司，资本定为美金二千万，由彼方负责筹划，以百分之五十属于我政府，百分之三十属于华侨，百分之二十属于古巴糖商，营业期限定为三十年，期满一切财产完全归中国政府所有，惟以原料糖进口免除关税为创办之先决问题，祥熙以事关发展糖业，经一再考虑，以为我国资本缺乏，兴业困难，于无损主权范围内利用外资，振兴实业，尚非失算。古巴为美洲弱小国家，投资我国，政治上亦不至具有野心，中古合作原则自不妨酌量容纳。惟查第二二二次行政会议通过外商投资方式，共分三种，虽各有精要之点，惟以本案而论，似以第三方式，即借贷方式为最妥善，此项炼糖厂拟采取国营方式，定名为中国国立炼糖厂，所需资金，则由中国政府发行债券，由古商所代表之夏湾拿国际糖公司转向银行担保贷款，该厂所需原料糖准予无税进口，以二十年为期，但糖价应以市价为准，不认古方有独占之权，糖厂理事中国方面须占三分之二，厂长必须为中国人，糖厂盈余须提出每年应摊还之债券本息金及国库损失补偿金，其余照一百分支配计算，以五分给予国际糖公司作为酬劳金。当本此旨派员迭与磋议，拟订协议书草案凡十六款，彼方大体同意，惟对于第十六款之盈余分配，请求自百分之五增至百分之八或百分之十。惟原料糖无税，进口税收上似不无影响，故拟于订立合同时规定该厂制出精糖后，每担应缴纳国库海关金一两二钱（即所免税之一半），糖资弥补，若营业发达，则所获赢余，即可作为根本提倡糖业之用。查新颁税则，精糖税率（每担海关金二两九钱），虽已较前增加一倍，然比较美国每磅抽税金二分五厘至三分五厘（即每担抽海关金八两至十二两），相去尚远，只须保护政策，可以贯彻，精糖税率逐渐增加，则每年所增精糖税饷，足抵炼厂所需原料糖之税而有余，国库之收入固无所损失，且二十年后债券还清，全厂财产即归我有，果能在此二十年内一面利用外来资本及原料树立国营制糖基础，一面以余资或盈利整理旧有商办之糖厂，并奖励甘蔗、甜菜之种植及粗糖厂之设立，经过相当时期后，制糖事业既具规模，国产原料渐足自给，吾国制糖事业似不难彻底完成。除将协议书十六款由双方通函承认大体，并声明须经国务会议通过正式签订合同，始能发生效力外，理合照录协议书十六款及来往函件各一提出会议，敬候

公决

附抄协议书一件　函二件〔略〕

实业部部长　孔祥熙

(2) 实业部呈(1931年5月9日)

为呈请事。窃查我国精糖事业幼稚，平民日用所需几全恃洋糖供给，检阅十八年海关贸易报告入口货值，糖类居第二位，亟应设法振兴糖业，以挽漏卮。本部前拟国营糖业方策，拟利用古巴原料先办精糖工厂，俟有相当成效，再谋促进粗糖生产，以谋根本解决，迭与古巴糖商代表切实磋商，并拟订双方协议书草案，提经钧院第十次国务会议决议，交付审查后，复经根据审查结果，提经钧院第十七次国务会议决议原则通过，由国库拨款，分三年津贴，并饬拟□□办法呈核。等因。各在案。兹经派员与古巴糖商代表赓续磋商，根据前订协议书于五月一日签订草合同，静候国府核准。该草合同内容共分：(一)组织；(二)营业资本；(三)管

理；(四)财务；(五)经营；(六)合同等章，各章又分细目若干条，凡与厂有关事项，大致已包括无遗。本部〇〇〇〇中央政治会议第二二二次会议通过之外人投资第三项方式尚属符合，至于组织方法，亦多参照各项国营事业成例审慎拟订，如能奉准实行，当可于无损主权范围内，利用外资，以达振兴糖业之目的。惟念国营糖业事属创举，伏查中央政治会议第二六一次会议，孙委员等提议：凡一切事业企图或契约订立之含有专卖独占特许性质，其设定及废止应先经政治会议决定原则，立法院审议内容，始得成立，经决议照办。等因。此项合同草案，如奉钧院议决通过，应否照中政会议第二六一次决议案办理，以昭慎重之处，并请核夺施行。所有与古巴糖商签订设立糖厂草合同缘由，是否有当？理合检同中英文草合同一份，备文呈请察核示遵。再合同第六章第四条规定本合同用中英及西班牙三国文字制成，关于西班牙文字一份，拟俟合同核准后，再行译呈备案，合并陈明。谨呈

行政院

附呈中英文草合同一份

实业部部长　孔祥熙印

中华民国二十年五月九日

英文草合同〔略〕

中华民国国民政府实业部与古巴夏湾拿国际糖公司订立合同

兹由中华民国国民政府实业部(以下简称甲方)与古巴夏湾拿国际糖公司(以下简称乙方)为组织国立制糖厂起见，双方签立合同，订明条款如下：

第一章　组织

第一条　双方本合作之精神，依据中华民国中央政治会议第二百二十二次会议通过之外人投资第三种方式（即借贷方式）协议，由乙方贷资，由甲方组织一糖厂，名曰中华国立制糖厂(以下

简称糖厂），以发展中国国内糖业为目的。

第二条　糖厂定为国营，依照中华民国之法律管理之。

第二章　营业资本

第一条　糖厂之营业资本定为美金五百万元，由乙方供给，贷与甲方，由甲方发行公债，如后第四章第二至第九条之规定。

第三章　管理

第一条　糖厂置厂长一人及副厂长一人，由主管部派充，对主管部直接负责。

第二条　厂长之下设营业、会计、工务三组，各置主任及副主任，由监理委员会推荐，呈请主管部委派之。

第三条　厂长、副厂长及营业会计二组之主任，均由华人充任，工务组主任及会计组副主任得为他国国籍之人，由乙方介绍，至债券偿清之日为止。

第四条　每月支出之预算，应由厂长及代表古巴方面之会计员会同核定。

第五条　糖厂设监理委员会，以委员九人组织之，甲方推选三分之二，乙方推选三分之一，由主管部聘任之，乙方推出之三委员中，至少应有一人为华人。

厂长为当然委员。

第六条　监理委员会职权如下：

一、关于糖厂一切规程之拟订事项。

二、关于糖厂一切设计事项。

三、关于第三章第二条所规定高级人员之推荐事项。

四、关于糖厂财务之进行事项。

五、关于糖厂收支及预算决算之审核事项。

六、关于糖厂购置、营造之审核事项。

七、关于建议于主管部或主管部交议事项。

第七条　于本合同照第六章第一条规定之手续核准后两星期

内，甲方应组织一筹备处，委定需要之职员，进行筹设糖厂事宜。

第四章　财务

第一条　依上文第二章第一条之规定为供给营业资本，以备：(甲)组织事务所；(乙)收买国内炼糖厂；(丙)在上海建设一每日出糖千吨之新式炼糖厂；(丁)及其他由双方酌定开办费等等之用，乙方允代糖厂向国内外银行筹拨款项，以美金五百万元为限，分期交付如下：

付款日期	数　目
本合同核准后即付	美金拾万元
本合同核准后三个月内付	美金玖拾万元
本合同核准后六个月内付	美金壹百万元
本合同核准后一年内付	美金壹百万元
本合同核准后二年内付	美金壹百万元
本合同核准后三年内付	美金壹百万元
共计	美金五百万元

第二条　为承借前条所述之款项，甲方允发第一种糖业金债券，名曰甲种债券，总额不得过美金五百万元，十足发行，并随时按照实收之款，将相当数目之债券给予乙方。

第三条　甲种债券以第五章第三条规定之折扣为担保品，此项债券之利息定为年利八厘。

第四条　于新式炼糖厂完工开炼后五年内甲种债券应每年清偿五分之一，但若糖厂盈余充裕，得早期清偿。

第五条　为供给充量之原料糖起见，乙方允与糖厂开一信用账预垫，每次购入糖之代价，于精糖售出时清还之。此项垫款之利息，不得超过年利六厘。

第六条　为负责付还糖价起见，甲方允发第二种糖业金债券，名曰乙种债券，总额不得超过美金一千五百万元，随时按照糖价，将相当数目之债券给予乙方收执。

第七条　乙种债券之利息定为年利六厘，每年六月末日及十二月末日付给之。

本章第五条所规定信用账之利息，即以前项债券之到期利息移付之。如有多余或不足时，互相找补。

第八条　乙种债券十足发行，以糖厂财产之全部（包括炼糖厂基地、码头、栈房及其他一切建筑物并厂中所有精粗糖存货）为担保品。

第九条　乙种债券于甲种债券还清后十五年内偿清之。

第十条　于糖业债券未清偿以前，乙方或其指定人得有权稽核糖厂之帐目。

第五章　经营

第一条　于本合同依第六章第一条规定之手续核准后，乙方允即筹拨需要之款项，以便进行建筑炼糖厂及办理糖厂委托之事务。

第二条　糖厂所需之原料糖，由乙方经手代购，以在中国交货，最低之糖价为标准，每次交易时，糖厂应向各产糖市场取得当时之价单，以资比较购买之糖须出自价目最廉之国，且无论何国之糖，均不得享有优先权利，以期为糖厂得到最廉价之糖。

第三条　为收回甲种债券起见，(见第四章二三四条)乙方除照前条之规定，以最低市价供给原料糖外，并允另给糖厂以每磅糖美金二厘五毫之折扣，至甲种债券全数收回之日为止。此项折扣应作为特别帐目存入银行，不得移作他用。

第四条　糖厂输入之一切原料糖，应照常纳海关进口税。

第五条　乙方经购原料糖应得千分五之佣金。

第六条　为增进双方利益起见，糖厂输入之粗糖复输出口及制出之精糖运销国外时，应由乙方经售。

第七条　乙方允与糖机厂家接洽新式炼糖厂之建筑及设备。

第八条　糖机厂家与糖厂签立合同时，应将美金一百万元无利存贮甲方指定之银行为担保，炼糖厂于二年内成立及成立后一年内由该厂家运用机器以证完善之用。

第九条　糖厂所有净利应照百分支配计算，以五分给予乙方，作为酬劳金。

第十条　如糖厂将来受政府补助时，此项补助金不得视为该厂之盈余，亦不得移作前条乙方酬劳金之用。

第十一条　除照本章第九条之规定给予乙方酬劳金外，如尚有多余，应充作改善炼糖厂及建设相类事业之用，以符第一章第一条说明之目的。

第六章　立约

第一条　本合同由双方签订后，须经国民政府核准备案，并由甲方正式用书面通知乙方，始生效力。

第二条　本合同之有效期为二十年，但十五年后，如糖厂之债券已经偿清，则任何一方得提前终止合同，惟须于一年前通知对方。

第三条　本合同对于任何一方之合法承继人，均有拘束力。

第四条　本合同用中英及西班牙三国文字共制四份，双方及糖厂各执一份，其余一份应呈中华民国国民政府备案。关于本合同解释发生疑义时，以英文合同为标准解决之。

中华民国二十年
一千九百三十一年　月　日在中华民国首都签订

中华民国国民政府实业部部长　徐善祥（奉命代签）

古巴夏湾拿国际糖公司代表　普赉德(签)

本草合同应由古巴国际糖公司核准　普赉德附注

(3) 上海市糖业同业公会呈(1931年7月8日)①

呈为请愿纠正实业部与外商订立借款兴办糖厂合同，并建议或完全归于国营，以挽损失而维国权事。窃敝会前闻实业部有与古巴国糖商借款兴办糖厂之举，因事关国权，与糖业至巨，曾电实业部询问此事之虚实，旋奉实业部以笼统之批示雒诵之，下方深疑惑。乃日者报章续载此事，纪之綦详，实业部已与古巴国之夏湾拿国际糖公司签订借款兴办糖厂之草合同，已于第贰百贰拾贰次中央政治会议决定通过，移送立法院审核在案。敝会以事关吾国实业，且与糖业前途至为密切，未敢漠然恝置，乃据传闻，是项草合同之内容中多辱国贫民之点，逖闻之下，莫知所措。伏以向者，中华国民制糖公司因办理不善，一蹶不振，倘国营糖厂再受外商之把持垄断，致蹈国民制糖厂覆辙，是吾国制糖事业永无振兴之望，与提倡种蔗为扩充制糖张本之原则，更属绝望，而巨额惊人之漏卮，亦无挽回之希冀，其关乎国权之隆替与农工商业之兴亡，何可胜言。夫工商业之利弊不一而足，自非身历其境者，不足以尽其隐，敝会经营是业耳，熟能详心为之危难安缄默。爰本一得之见，为谋高深之补，将该合同有妨之点，就其荦荦大者，谨为钧院一一陈之。

一、名为国营之糖厂，而用人行政完全受其干涉，财政受其支配及监督。

二、借款利息周息八厘，质诸欧美各国之普通利率二三厘者比之，不无受其苛剥。

三、购买原料及输出制品由其一手包办，则糖厂买卖之大权放弃无遗。是予以操纵垄断，上下其手，而遂其无穷之欲壑。

四、对于购买原料之价，承认其以当时市场行市表比较为准。查市场行市表乃各国市场表面文章，其实际咸视购买力之多寡为

① 此为行政院收文日期。

特殊廉价之暗幕。若果以市场行市表为标准，则此项原料恐未能真获到廉价之货，反暗耗不知凡几。

五、购入原料卖出制品，均由其经手，所给予一入一出之佣金，照合同所载及其表示，假如糖厂日产千吨，每年除却一月为修机停制时外，则年产为三十三万吨，每担以银平均扯十两计算，则其所得之佣金当在四百万元以上，以二十年为期计之，达八千余万元之巨，而该项损失款复利息犹未计也。

六、对于建造日产千吨糖厂之全部机器，亦由其专权购办，此项全部机器约须代价一千万以上，依照商场习惯百分之十回佣计之，则其又可中饱百余万之巨大佣金，而机价之被暗侵，又从可想见。

七、该商代表签字者为普赉德，其人现方组织中华国际糖公司为推销，是厂出品之唯一机关，闻其推销方法以各地分销为主。查是种分销方法流弊滋大，为与糖厂最不利者。盖于厂方定价涨跌未正式宣布前分销者，内外勾结，得以夤缘先知，价涨则先报后售，价跌则先售后报，纵使加以检查，尤必为其所贿隐。征之怡和车糖之完全失败，太古车糖之日就衰颓者，皆因于此日本糖及爪哇糖，则屏弃此种分销方法，故能畅行不悖。若果准其以分销方法推销之，则涨跌间所遭之损失，更仆难数。

八、借款美金五百万元，由部发行相当之甲种债券为还该项借款外，更复要求由部再发一千五百万之乙种债券为其担保偿还糖款之责任。此项乙种债券，以糖厂全部分之财产，即地基机器仓库及其他一切之建筑物，并凡工厂内外所存之精粗糖等为二重之担保制品，贩卖权复被操，其代价无异又为其三重担保，揆其用意，无非合同所载已为其厚集侵略之本，糖厂必须失败，恐糖款之无着，因复有此之要求，此中用意尤昭然若揭。故其如手持枪械身御钢甲，对于实业部防之又防，国营体统及信用丧几尽矣。

综观是项合同，人为刀俎，我为鱼肉，有百害而无一利，且最关紧要之买卖大权拱手让人，任其把持，实属违反国营之原则。且就表面观之，似利用外资兴办实业，实则转被利用，予以侵略机会，设日后糖厂失败，彼已饱攫而去，该项之损失承受者既非国民政府，亦非实业部，结果，均属之吾国人民之分担，辱国贫民，莫此为甚。抑又不能已于言者，古巴全国人口为数不过三百五十万，仅等于上海一隅之人口，且又为贫瘠之国，宁有财力供借于人，无非以此施其侵略经济之野心，以地大人众之吾国，而以制糖一业仰其鼻息，且为其巧取豪夺，耻莫甚焉，要非吾五亿之民众所甘于忍受者也。伏祈钧院，俯赐鉴核，严予纠正是项合同，至低限度关于设备及买卖权完全归吾国自主，以重国权，而挽损失。或将该合同根本取消，兴办糖厂全归国营，所有国营之资本，由财部发行相当公债充之，此项公债还本基金，则请于全国糖货进口税上附加之，吾民宁愿受关税增重之负担，不忍见国权之凌替，而任人侵略，危及国本也。敝会情切痛深，急不暇择，用敢不揣冒渎陈情请愿，仰恳钧院俯如所请，国家幸甚，糖业幸甚。谨呈

行政院院长

上海市糖业同业公会

请愿代表　郑泽南

杨文韶

姜雅臣

中华民国二十年七月　日

(4) 国民政府文官处公函(1931年10月5日)

国民政府文官处公函　字第八一九四号

径启者。国民政府第十四次常会关于中央政治会议函为据行政院函送实业部与古巴夏湾拿国际糖公司签订贷资草合同案，请核议，经本会议第二七九次会议，将原订草合同修正通过，并由

孔委员祥熙等译为英文。兹检同修正合同及英文译本函请查照，转饬行政院发交实业部遵照办理一案，经决议：交院遵办。等因。除函复外，相应抄同原函件录案函达查照，办理为荷！此致

行政院

计抄送原函一件原附实业部与古巴夏湾拿国际糖公司订立合同一件及该合同译文一件〔略〕

代理文官长　叶楚伧

中华民国二十年十月五日

（5）实业部与古巴夏湾拿国际糖公司计划借糖案审查会记录（1934年10月5日）

实业部与古巴夏湾拿国际糖公司计划借糖案审查会

时期　二十三年十月五日午后三时

地点　行政院

出席　实业部刘荫茀

外交部朱鹤翔　陈海超

财政部吴　竞　董溥铭

行政院岑德彰

纪录　　程明齐

审查情形

实业部意见，以我国精糖，大多仰给舶来品，漏卮绝巨，前于民国二十年有华侨罗胞强，介绍古巴夏湾拿国际糖公司，愿贷款我国，设立国营炼糖厂，已草拟合同，经第二七九次中政会议通过，嗣因故延搁未果签订。近据罗胞强呈请，又与古巴夏湾拿国际糖公司接洽，拟援美棉麦之例，由古巴政府于十六年内，以生糖六百万吨，贷与我国，第一年供糖六十万吨，作为贷款，年利四厘，分十六年偿还，由我国用以设立炼糖厂及振兴其他工业，其余分批十五年，每年供糖三十六万吨，作为炼糖厂原料，按照

中国市场或伦敦市场最低之未纳关税价格作价，俟在中国销售后，再缴进口关税，将来即以炼糖厂及我国政府名义，为此项生糖贷款担保偿还，并不需要物质担保。并据罗胞强声称：年利四厘，仍在要求减低，糖之旋光度，明年二月以前为自九六至九七度，嗣后为自八六至九九·五〇度。惟在实业部计议所及，认为与我国农产工业关系重要，并以第一年六十万吨之数太多，拟分为二年或三年，其余分批十五年，每年三十六万吨，亦拟减少年限及吨数。现当接洽之始，拟请行政院核示原则，以便遵照进行。

外交、财政两部意见：二十年中政会议通过合同，系先借现金设立炼糖厂，嗣后乃借原料糖，以为炼糖之原料，现在一律借糖，糖为销耗品，其需要似非棉麦可比，此项借糖量巨期久，于我国土糖不无影响，恐激起他国之倾销竞争。此外，外交部更以不能保障他国人不在租界设立同样之厂及要求同等待遇为虑。财部亦并以销售后再缴关税，亦于税务恐有窒碍。

审查结果

此案办法与民国二十年中央政治会议通过合同，显有出入，拟请仍送中央政治会议决定原则，再行交部办理。

(6) 财政部糖厂案审查报告(1934年10月25日)①

秘密

糖厂案审查报告

为报告事：查实业部请设新式糖厂向古巴借生糖案，经一八一次院议决议，由陈部长公博与祥熙接洽后下次提会，嗣准陈部长电商请由祥熙单独提出报告。兹谨将该案审查意见报告如下：

查此案就利用外资兴办实业之原则而言，自有相当意义，惟据此次古巴方面来电，所述条件视二十年中政会议通过之合同内

---

① 此为行政院收文日期。

容略有出入，兹谨摘要分陈如次：

一、关于贷款者　二十年合同订明古方供给我方美金五百万为糖厂资本，于三年内交齐，由我方发行甲种债券，交付古方，年息八厘，其本息分五年偿还，以糖价之折扣作为担保（每磅美金二毫五厘）。此次电开条件，古方并不贷予现金，改为第一年交糖六十万吨，作为贷款，年息四厘，分十六年偿清，按照所开办法，表面似新胜于旧，利率较低。但必待此六十万吨生糖售出，始能设厂，且一年之内，须销售如此巨额，似远过国内需要，恐厂未成立，而国内糖业已大受影响矣。

二、关于原料者　二十年合同关于古方供给生糖之数量未经明定，我方不受拘束，但古方允于一千五百万美金范围内随时垫付糖价，由我方发行乙种债券，分十五年偿清。此次电开条件自第二年起至第十六年逐年应由我方承销生糖三十六万吨，合计第一次作为贷款之糖共六百万吨。两相比较，旧合同我方对于糖之数量及供给来源，均可不受拘束，而此次新拟办法则每年需购数量确切规定，似不如前次之伸缩自由，且前定合同时，曾约定如我国糖业发达时，国外原糖之供给随时可以停止。今则至少十六年内非购古巴原糖不可。国内外恐难免不生问题，现在荷兰、日本在我国竞争销售精糖，且恐引起外交方面之纠纷。

三、关于糖价者　二十年合同规定我方购糖虽委托乙方代办，但须购自糖价最廉之国。此次电开条件系按照中国最低市价为标准，以国际糖公司为我国驻古购糖唯一经理。照此办法无异畀古巴糖商以十六年之稳固市场，古巴糖商既可以此号召获得优越之佣金，并可对于糖价任意操纵。

以上三项为前后两案不同之点，依此推论，对于本案进行似宜注意下列各项问题。

一、糖价问题　在现今国际贸易竞争时期，古巴国际糖公司在华有长期巨量之销售权，自可以之号召同业而得优厚之佣金，在彼方自较有利。我国既须负购糖义务，似不妨援照二十年合同所定糖价折扣办法，于最低市价下另定一合理之折扣。

二、数量问题　来电所开古方于十六年内供给生糖六百万吨，诚恐供过于求，不能销罄。查最近五年外糖进口海关统计：

一九三〇年　　六三四、〇〇〇吨

一九三一年　　五五六、〇〇〇吨

一九三二年　　二六〇、〇〇〇吨

一九三三年　　二五四、〇〇〇吨

一九三四年（一月至八月）一四四、〇〇〇吨。照上表所列是输入糖量已逐年递减，古方运华最低糖量似应力予核减或酌定一自由伸缩办法。

三、年限问题　炼糖设备固极切要，但国内植糖事业亦须兼顾，似应将协定古糖进口年限缩短并定每年递减办法，以期扶植国内糖产之萌芽。

四、利息问题　糖价分年偿还，年息四厘，固较二十年合同所定为低，惟古方握有多年销售权，似宜再将利息减少。

五、关税问题　关于如何缴纳关税，未经言明，如依原呈所称糖价以最低未纳关税价格为准，恐不无延纳关税之误解，似宜订明关税照纳，以免妨害税收。

查第一期之六十万吨精糖，照现在市价，约值国币二万万元，以之初步整理我国糖业绰有余裕，或先将此项借款成立期限略予延长。至此后借糖与否，视事实之需要，随时续订糖之价格，应以世界最低价为标准，倘古巴糖商不能照此供给，我政府得令国际糖公司在其他国际市场购买。

再查实部抄送古方来电所开条件，似嫌简略，未能详密研究，似应由实部参照各点，再行商洽详细办法，呈候核定。又上次谈判时，古巴代办曾在场证明及该公司代表回国后，竟迄无消息。此次续行谈判，似应请求古巴政府对于该公司组织，切实证明，以昭慎重。

以上审查意见，是否有当，敬请公决。

审查报告人　孔祥熙印

〔附汪精卫批〕：授权实业部与古巴方面接洽进行，并参照原提案及审查报告所开各点详细商办。

〔国民政府行政院档案〕

3．军政部关于所属兵工厂制酸厂状况复实业部咨

（1931年7月25日）

军政部咨　设(甲)字第573号

为咨复事：案准贵部工字第一六九三号咨开：为咨请事：查制酸工业为各种工业之基本，亟宜从事兴办。本部现拟筹办该项工厂，对于国内原有各制酸工厂之情形，如制造方法、产额、设备及成本原料等，均须详加调查，以为拟订该项工厂计划书之参考。查贵部所属各兵工厂多附有制酸工场，相应咨请贵部转饬各兵工厂，将制酸部分之设备组织及制造方法、原料采择、每年产额、成本估计等列报，密咨转部，藉供参考。等因。准此。查各兵工厂附设制酸厂者，计有汉阳、东三省、山西等三处，相应将各该厂最近制酸状况列表密咨，即请查照为荷！此咨

实业部

附汉阳、东三省、山西三兵工厂制酸状况表一份

部长　何应钦

中华民国二十年七月二十五日

汉阳、东三省、山西三兵工厂制酸厂

状况表

汉阳兵工厂

甲、硫酸厂

一、制造装置　　铅室法设有铅室二房。

二、原料及其需用量　每二十四小时以下准此。

（一）硫磺　　成分九八%购自外国，需用量一，四五〇公斤。

（二）硝酸　　比重一．五〇，本厂制造需用量二九五公斤。

（三）煤　　一，〇〇〇——一，五〇〇公斤。

三、成品及其数量　每二十四小时以下准此。

（一）Be、四五度铅室酸五，九〇〇公斤。

（二）Be、五四度鲁氏塔酸九〇〇公斤。

四、提浓法　卡斯卡德法，每二十四小时出Be、六六度硫酸三，六〇〇公斤。

乙、硝酸厂

一、制造装置　梵伦抵拿法，炉数三座。

二、原料及其需用量。以每炉一座计。

（一）智利硝石　成分九四%，需用量一，〇〇〇公斤。

（二）硫酸　比重一．八四，本厂制，需用量一，一〇〇公斤。

（三）煤　一八〇公斤，又真空房炉烧煤一，五〇〇公斤。

三、成品　比重一．五〇，硝酸六八〇公斤。

东三省兵工厂

甲、硫酸制造所

一、制造装置　白金接触法。

二、原料及其需用量

（一）硫磺　购自外国，需用量五，〇〇〇公斤。

（二）煤　需用量二，五〇〇——三，〇〇〇公斤。

三、成品　浓度一〇五%，发烟硫酸一〇，〇〇〇公斤。

四、成本　每一，〇〇〇公斤，为一，二〇一，一三〇元。

五、售价　每公斤一角八分七厘。

乙、硝酸制造所

一、制造装置　大直立式蒸馏锅三只，小直立式蒸馏锅二只。

二、原料　购自外国。

三、成品　比重一。五〇，硝酸五，〇〇〇公斤。

四、成本　每公斤六角六分一厘。

山西兵工厂

甲、硫酸厂

一、制造装置　铅室法。设有烧磺炉及铅室各二个，格鲁威塔(Glovertower)及格鲁撒克塔(Galussactower)各一个。

二、原料及其需用量

(一)硫磺　成分八〇一九〇%，山西产，每公斤价约九分，需用量一，一〇〇公斤。

(二)硝酸　比重一。五〇，需用量一八〇公斤。

三、成品　Be、四八度铅室酸二，二七〇公斤。

四、提浓法　采用卡斯卡德(Cascade)法。

乙、硝酸厂

一、制造装置　卧式蒸馏釜二个。

二、原料及其需用量

(一)硝石　山西产，成分为六〇%，精制至纯度八〇%后用之，需用量九〇〇公斤。

(二)硫酸　本厂制品需用量七二五公斤。

(三)硝化棉用废酸　需用量九〇公斤。

三、成品　比重一。五〇，硝酸四〇〇公斤。

〔国民政府实业部档案〕

4．实业部为筹设工业基本原料工厂给各省实业厅训令

（1931年9月11日）

实业部训令　工字第二一六二号

令各省实业厅、建设厅（无实业厅省分）、各市社会局

为令行事：查年来国人鉴于世界经济潮流之压迫，输入工业物品之充斥，对于振兴工业提倡国货事项，已引起全国人士所重视。本部长在前工商部任内，蒙将各种国营基本工业工厂择要计划建议并办。迨本部成立后，复根据前案继续进行，以期依次观成，并于部内设立国营基本工业工厂设计委员会，延聘专门人才，将各项急需工业分别研究，俾期实施。兹迭据各地民众及工厂联合团体等以振兴国货，必先筹设工业基本原料工厂，以为准备。盖一般工厂感于我国生产要素之未完备，基本原料仰给于外货者甚多，倘不设法解决，以求自给，则振兴工业未免徒托空言，提倡国货亦几等于具文。爰就管见所及，以为筹设工业基本原料工厂，实为最近切要之图。惟兹事体大，断非民众能力所可企及，拟请政府速派专员研究各项工业原料，分省设厂制造。并请迅予通令各省主管官厅，指定专员设法筹划，以利民生，而兴国货。等情。具呈到部。查所呈各节，颇多扼要、可采之处，本部除依原定计划，积极进行，并据情分令外，合行令仰该厅，即便斟酌该省工业原料需要情形，查照办理，并随时呈报来部，以凭稽核为要。此令。

〔国民政府实业部档案〕

5．建设委员会办理浙江长兴煤矿节略并附抄件

（1931年12月21日）

建设委员会办理长兴煤矿节略　附抄件二份

长兴煤矿公司历年办理不善，折阅甚巨，不能维持，于民十三年停工，十六年十二月浙江省政府以该矿停工过久，恢复无期，积欠矿税时逾三载，按照矿业条例之规定，采矿权早应取消。提经浙江省政府委员会第五十次会议议决，组织开采长兴煤矿筹备委员会，同时以建字第一八〇一三号府令，通知长兴煤矿公司取消其采矿权。十七年七月十四日，农矿部曾公函浙省府查询长兴煤矿公司矿权曾否经省政府取消，浙省政府准函后，即于同月二十六日将取消该公司矿权，并组织开采长兴煤矿筹备委员会情形函部查照（浙省府建字第一〇九六号公函）。十七年秋，建设委员会鉴于长江一带人民需要燃煤之急迫，爰商得浙省府同意，经省政府委员会第一百四十次会议议决，撤销筹备委员会，将该矿移交建设委员会办理，由会组织长兴煤矿局，派技正陆子冬前往筹备，复工开采。对于已取消矿权之前商所存材料机件等项，概由会公平估价，拟订清偿办法，呈报行政院备案，于十九年二月二十六日奉第六三八号院令照准，并由会将办理前公司资产估价暨清偿旧股情形函达前农矿部查照。复于十九年十月十五日在长兴煤矿局内设立长兴煤矿公司资产清偿处，办理关于清偿一切事宜，并登报通告，惟截至二十年一月十五日，该前公司并无代表前赴矿局接洽登记，遂将清偿处结束撤销。至关于前公司请将该矿收回办理一节，曾由前公司代表刘万青来会接洽，会方面表示如前公司能将该矿由会办理期间所投资本悉数清偿，未始不可将矿交还商办，但该前公司对于还款一层，迄无办法，且亦无诚意表示，阅时两载，未便再事稽延。故进行注册领照手续，确定矿权。

浙江省政府公函　建字第一〇九六号

径复者。案准贵部函询长兴煤矿公司矿权是否取消，请查明见复。等因。准此。查长兴煤矿因历年办理不善，非特基金用罄，且复借债累累，无形停顿，业已四载，股东沉陷绝望，财产将化乌有。即以矿区税一端而论，积欠多年，按诸矿业条例第四十条规定，其矿业权早经消灭。本省政府负督促全省实业发展之责，自不能听其荒弃，特将长兴煤矿公司矿权取消，先行组织浙江省政府开采长兴煤矿筹备委员会，拟具简章，提交本省政府委员会第五十次会议议决通过，并函聘李石曾、张静江，委任陈立夫、陆子冬、周抡元、蒋尊第、何崇傑等为该筹备委员会委员各在案。现正设法筹款，详细规划，一俟就绪，即可恢复开工。准函前因，相应函复贵部，请烦查照为荷。此致

国民政府农矿部

中华民国十七年七月廿六日

国民政府农矿部公函　字第一〇〇号

径启者。据全国注册局呈称：为具报浙江长兴煤矿请缓缴税情形，仰祈核示祗遵事。窃查各省矿区税，奉准由局主管征收拨充教育经费一案，前经电饬各该矿业公司，迅将本年下期六个月之矿区税照缴，并呈报钧部各在案。兹据浙江长兴煤矿公司呈称：敝公司矿区自甲子江浙战事发生，适当冲要，工程材料损失五百余万元，致遭停顿，迭经设法呼吁赔偿补助，以谋恢复工程，感受时艰，诸多影响，不意浙省政府近复将敝公司矿权取消。除由敝公司另向浙省政府请愿外，在此矿权未复、工程停顿时间，奉令饬缴之矿区税，恳请俯察下情，暂予从缓，一俟回复矿权，开办有日，即当遵令照缴，仰祈鉴核。等情。据此。查矿权之设立变更、移转、消灭及限制，应由钧部主管，此次浙省政府取消该公司矿权，谅已经部核准。现职局未奉饬知，究竟该公司所陈系何实情？矿税是否准予缓缴？未敢擅专，据呈前情，理合具文呈请钧部察核批示祗遵，实为公便。等情。据此。查浙江长兴煤矿公司矿权，是否已由贵政府取消，本部无案可考，相应函达，即请查明，见复，以凭核夺，实纫公谊。此致

浙江省政府

部长　易培基

中华民国十七年七月十四日

〔国民政府建设委员会档案〕

6．实业部关于办理钢铁及硫酸铔厂情形致参谋本部公函

（1932年4月29日）

实业部公函　工字第四〇七五号

径复者：案准贵部叁字第九五二号函开：案奉国民政府密令内开，云云。至随时函示，俾为计划筹设各厂之参考。等由，并抄附原提案壹件。准此。查钢铁暨三酸等厂，均属基本工业，极关重要。本部在前工商部期内，于民国十七年建议中央政治会议并办九种基本工业案内，业经列入该项工厂，嗣于核准并办后，因所拟发行之兴业公债二万万元，迄未指定担保基金，以致该厂等未克早日举办。自本部成立后，复以该案中此两项工厂，不但与工业有关，且与军事、交通暨农业方面均有重大关系，筹办万难再缓。爰遵照总理遗教，利用外资办法，关于钢铁一项，拟向德国喜望钢铁公司及其联合各公司商借美金一千六百万至二千万元，设立一每日能产生铁五百吨为标准之国营钢铁厂及其附属工场，并开采邻近该厂之煤矿，拟具草合同大纲，提经行政院第五次会议通过，交实业部负责办理。旋于本年一月与该公司等代表康道孚乔治将该借款草合同签订，提经第六次会议决议，照准。在案。关于三酸一项，拟先从硫酸着手，与英帝国化学公司及德国爱谒染料公司合资七十五万镑，该公司等出资三十五万镑，国家占资本过半数，为四十万镑。其中官股占二十五万镑，由中英庚款余额项下拨借，其余十五万镑募集商股补充，共同并办一每年能产硫酸铔二十万公吨，并附产硫酸五万公吨之硫酸铔厂，拟具计划大纲，提经第四十五次国务会议议决，交实业、军政、财政三

部审查，于廿年十一月间，先后开会审查二次，佥以该厂亟须筹办，应照原案通过。业经会呈行政院核准备案，并函请管理中英庚款董事会审核通过，各在案。现对于以上两厂筹备事宜，均已分别聘派部内外专家，积极筹划，一切厂址之初步调查，业已告竣，顷复派遣专员会同英德方面所派来华各专家，分经湘鄂豫苏皖各地查勘，以便择定一最适宜之地点后，即行签订正式合同，实行设厂。惟钢铁厂规模较大，因环境种种关系，筹备需时，预计须越三年，方可开工制造硫酸錏。计程虽可较速，然亦因有钻探矿藏、采择机料等事项，大约亦非一、二年后，不克完成。此本部筹设国营钢铁厂及硫酸錏厂之经过大略情形也。至关于冯委员玉祥提议筹备制造钢铁三酸等厂一案，自奉行政院令与军政部会同切实筹划执行后，业与该部开会磋商，讨论结果，以本部所已筹设之钢铁厂及硫酸錏厂，虽足为将来国防军事之助，惟完成时期尚远，恐缓不济急。目前为充实军备起见，应仍先行筹办专供军用之相当规模钢铁及三酸工厂，拟俟会呈行政院核准后，再会同筹划进行，准函前由。相应将本部办理钢铁及硫酸錏厂之情形及与军政部会商冯委员提案所决定之办法，复请查照。此致

参谋本部

中华民国　年　月　日

以武力收复东北失地并积极筹设钢铁三酸等厂案

冯玉祥提　（提32）

现在上海战事日益扩大，而东北伪国又已成立，此时无论为军事上之策应及为领土主权之保全，以武力收复东北失地，已不容再缓。此乃当然应取之坚决态度，而不许稍有迟疑者，应请大会决定此方针，以示坚决对外。军事既经决定，同时即应积极筹设大规模制铁制钢厂及三酸等厂，以为军事上之长期的供给，盖非下此最大决心，则外交决无胜利之可望，而东北失地将永沦异国，

言念及此，不寒而栗。所提是否有当？致候
公决施行。

〔国民政府实业部档案〕

7. 实业部筹办四川石油矿与四川善后督办来往咨

（1933年12月—1934年1月）

（1）四川善后督办刘湘致实业部咨

（1933年12月25日）

为咨请派员筹办四川石油矿产事：查石油关系近代工业、交通及国防甚大，中国每年所需，纯恃外洋进口，每年约值九千余万两，损耗国民经济数量极巨，似此情形，亟宜救济。查四川自流井、蓬莱镇、乐山、巴县各地产生石油，乡民用土法凿井，掘取原油以作燃料，年代甚久。敝署委派范崇实为开采四川石油筹备主任，由范主任资聘德国地质专家用新式电探方法逐处考查，已届半载。据其报告四川产石油地域分作四区，计以遂宁、蓬安、蓬溪为第一区，此区中之蓬莱镇火井沟乡民向用土法取油，未能深掘，所出原油比重甚轻，色亦静淡；以资中、仁寿为第二区，此区中之罗泉井所产原油比重亦小，与火井沟原油均合于提炼汽油之用；以内江、富顺、乐县为第三区，此区中自流井各盐井类产原油比重略重，以巴县大江南岸为第四区，此区中之盐坡石油沟有原油自然流出，比重较大，色现褐黑。现在已将第一（蓬溪遂宁）三（内江富顺乐县）四（巴县南岸）三区测完，除第四区（巴县）因岩多石坚，不易钻凿，议从缓办及第二区尚未测完，需待明春，始悉其详外，其第一、三两区断定其储量甚丰，应即着手筹备开办，先行试掘，预计六个月后，可将一、三两区分别试凿数井，可觇实际产量如何，届时第二区应亦测毕，再就一二三三区所产质量、数量及交通情形择地设置炼油厂。资本一项，在第一筹备与试凿范围内，估计约需国币贰佰万元，先由川省设法筹集，陆续支付，期其迅速举办，就近督促。惟石油为国营矿业，自应咨请大部遴派专员筹备办理，并请由大部设定全川石油矿权，呈请行政院备案，以凭办理，而利进行。所有关于开办四川石油矿事宜，请予派员筹备并设定全川石油矿业权各缘由，相应备文咨请大部核夺施行。此咨

实业部部长陈

四川善后督办　刘　湘印

中华民国二十二年十二月二十五日

（2）矿业司长黄金涛签呈（1934年1月12日）

谨签呈者：查此件所请指定川省石油四大区域面积甚为广泛，每区包括数县，几总括四川全省石油田在内，自应慎重考虑。兹准四川善后督办来咨，职司详加研究，拟定办法如下：

一、为促进该省石油事业之发展，并便于部省合作起见，该省对于开采石油，业经派有筹备主任范代表崇实，拟即由本部加委该代表为本部筹办四川石油矿专员，以资双方联络进行。

二、石油矿业，依法应由本部经营，所有划区设权及一切技术进行规划，均属重要。来咨既请由本部遴选专员筹备办理，拟即由本部派定副专员一人并技师，会同负责办理，藉免隔阂而收部省合力经营之效。

三、派员决定后，拟即准由该专员等，先行组织筹备处，并在京设定驻京办事处，以便随时与本部接洽。

四、筹备及办事处成立后，应即责成该专员等先行将德技师电探地域内已经测竣之第一区蓬溪、遂宁，第三区内江、富顺、乐山等县，依法迅绘矿区图，呈由本部核准，设立国营矿业权，转呈行政院备案。

五、所有尚未测定第二区资中、仁寿，及已测缓办之巴县南岸各地，亦责成该专员等，从速继续测绘，呈部核办。

六、在筹备期内，一切探矿工程设计进行等事项，均由该专员等，随时呈部。谨呈

部长

次长

次长

职黄金涛谨呈

二十三年一月十二日

范崇实复诚住铜银巷十四号

(3) 实业部给四川善后督办咨文稿(1934年1月18日)

实业部咨

案准贵署咨开：关于开采川省石油矿，经委派范崇实为筹办主任，资聘德国地质专家，用新式电探方法，逐处查考。据报全省产油地域可分四区，现已将第一三四三区测完，除第四区议从缓办，及第二区尚未测竣外，其第一第三两区，断定储量甚丰，应即着手筹备，先行试掘。惟石油为国营矿业，应请遴派专员筹备办理，并请设定全川石油矿权，呈报行政院备案，以利进行。等由，准此。具见注重国防，热心实业之至意，自应照办。除加委贵督办原派范筹备主任为本部筹办四川石油矿专员，并派本部科长梁津兼充副专员及技师，会同组织筹备处，及设立驻京办事处，以便随时接洽外，所有德国地质专家电探区域内，已经测竣之第一区及第三区各油矿，即由该专员等负责迅绘矿区图，呈由本部设定国营矿业权，呈报行政院备案。其尚未测定之第二区，及已测缓办之第四区内各油矿，亦责由该专员等从速继续测绘。至关于筹备期内探钻工程，及其他一切进行计划，均由该专员等负责办理，随时报部，俾便查核。除另令饬遵外，相应复请查照为荷！此致

四川善后督办刘
中华民国　年　月　日

〔国民政府实业部档案〕

8. 全国经济委员会秘书处检送石油工业报告及计划致实业部公函

（1934年3月28日）

全国经济委员会秘书处公函　路字第2604号

案准本会公路处签送该处民国二十二年份对于石油工业方面之工作报告及发展中国石油工业之计划各一种，请查核分送参考。等由。除分函外，相应检同原件，函送备查，即希查照。此致
实业部

附石油工业方面之工作报告及发展中国石油工业之计划各一份。

秘书长　秦　汾

中华民国二十三年三月二十八日

全国经济委员会公路处民国二十二年份对于石油工业方面之工作报告

全国经济委员会公路处在民国二十二年内，对于石油工业方面进行之工作，可分三部叙述：(一)勘查油苗；(二)筹划发展中国石油工业；(三)统计进口石油炼品在中国分布之情形。兹分别叙述如下：

(一)勘查油苗

勘查油苗工作，共有两起，第一起在四月至七月，担任勘查工作者，为中央大学地质学系、实业部地质调查所及公路处等三机关所组织混合团体，其代表公路处参加者为副工程师张昌华及工程员林文英，勘查地点为四川之自流井、贡井、石油沟及达县

四处。石油沟及达县两处油苗之附近，都有聚油结构，惟须实施探掘，方能确定有否油田存在。自流井、贡井一带井眼，产盐多而产油少(日仅数十斤)，其地是否储有丰富油量，未能断定，现由刘湘聘请上海德国雅礼洋行技师三人，从事电探油田，其详情及结果，尚待报告。

第二起，在十一月底，担任勘查工作者为公路处副工程师陆贯一，勘查地点为浙江长兴煤矿，油苗在矿井中，系九月间公路处工程员林文英道经该矿，见废石有油臭而发见者，林工程员向该矿工人询得详情，并报告公路处后，即由处密函北平地质调查所、中央研究院地质研究所、建设委员会等，探询是项油苗，过去有无研究，先后得复，均称未知此项油苗之存在。十一月底，适北平地质调查所派计荣森君往长兴调查煤矿地质，本处遂派陆副工程师赴该处会同计君，勘查油苗。勘查结果，陆副工程师认断该项油苗，系从深处移来，因拟钻探计划，送交本处。此项计划，现正在审核中。

(二)筹划发展中国石油工业

公路处以石油工业，于公路运输及国防上均有重要关系，特指定专门人员研究发展中国石油工业方案。兹已由副工程师陆贯一，拟具计划一种，计分石油工业为销油、炼油、采油三部，其结论曰：若经济有法调度，能于销油、炼油、采油三方面同时举行，实为发展中国石油工业之上策；若其不能，则以销油、炼油为主，而以采油为辅，是为中策；若财力再有所不逮，则以销油为主，而以其他两项为辅，斯为下策矣。

……

根据海关统计，一九三二年(民国二十一年)在太湖区域内七商埠(芜湖、南京、镇江、苏州、上海、杭州、宁波)进口之石油炼品共值银三千九百万海关两，占全国进口石油炼品百分之四十二。推之以往各年，此区所占百分数，例皆高于四十二，以其面积之小，而占如许百分数，可见太湖区域石油炼品消耗额之高，消耗之集中若是，愉便于石油工业之发展。故本计划，拟即于太湖区域，着手石油工业之局部建设，实现上列之三步骤。

(三)统计进口石油炼品在中国分布之情形

吾国关于石油炼品之进口，大都仅注意于汽油、火油、润油、柴油等，每年进口之数量及其价值，而于其他石油炼品，则多忽之。且于各品在中国分布之情形，更乏统计。公路处鉴于此种资料，为筹划发展中国石油工业所不可缺，爰着手于此项统计，现已完成一九二零至一九三三年石油炼品在太湖区域之进口统计(太湖区域包括芜湖、南京、镇江、苏州、上海、杭州、宁波七商埠所关之面积)一种，其他区域之统计，在陆续调查中。

公路处对于油苗之勘查，特别注意于长兴之油苗，拟尽力促成钻探计划之实现。关于发展中国石油工业事，现正就陆副工程师之计划慎重审核，研究实行方法。

发展中国石油工业之计划〔略〕

〔国民政府实业部档案〕

9．实业部矿业司签复工业司有关国防矿业事项致参谋本部咨

(1934年)

签复工业司关于有关国防事项咨参谋本部。

查本司二十三年办理有关国防矿业事项，其关于第八类第二十五项第六、第十两目者，除各矿产量一项，尚未据各矿悉数呈报到部，应俟汇齐再行编送。所有本年内人民承领采矿及由本部设定国营矿权各矿之区数面积，兹分别列表附送。至关于第四项者，计有筹备中央钢铁厂及开发川陕石油二事，并分述如下：

一、筹备国营中央钢铁厂

关于设厂价格，拟派专员赴欧美调查，并请美国钢铁专家担

任审核一事，本年春间，经由部提出行政院第一四一次会议通过，同时并准院秘书发函交第一五二次院议决，议案将审查。参谋本部、国防设计委员会试办小规模钢铁厂初步计划书及实业部钢铁厂计划书之会议纪录，交财政、军政、实业三部会商办法，决定实行。当经各部派定代表在本部开会讨论，决议三项办法：(一)规模采定二百五十吨钢铁厂计划。(二)厂址在安徽、当涂、马鞍山一带，以能安全及经济为原则。(三)厂价俟派员赴美审定后再议实行办法。并经三部会呈行政院，提出第一五六次会议决议通过。嗣即经由部派矿业司司长黄金涛于本年五月间赴美进行审核厂价工作，并调查欧美各国钢铁状况，旋于九月间事竣返回，编就审定钢铁厂价格及商定钢铁厂设计报告书，呈部。复经由部检同原报告等件，转呈行政院鉴核。至关于钢铁原料及燃料一层，本年内并一面由部先后委派中外专家分往各省调查，如安徽、山东、江西、湖北等之煤、铁、锰矿，皆往次第查勘。

二、开发川陕石油

关于川省石油，本部准四川善后督办来咨，略谓：经派员筹备开采，并资聘德国地质专家用电探方法逐处考查，据报全省产油区域可分四区，其经测勘完竣断定储量较丰之区，应即着开办，以应急需。惟石油为国营事业，请遴员筹办开办到部，当经本部分别委派筹办专员及副专员督饬筹备进行，先将已测定之区绘制矿区图呈部，设定国营矿业矿区二处，并呈报行政院备案。对未经测定各区，并经督促继续测勘。至于已测之区，并继续为探钻之筹备，即经由部于本年四月间派副专员兼技师携带新式扭秤重力探矿仪入川，赴富顺、威远及荣县交界一带进行探验施钻地点，旋于八月间事竣返部，将已探验成绩编具简报，绘制探测位置图。至于详密结论及应开钻眼所在，尚须加以精密研究决定，一俟川中匪乱稍定，即可决定筹备进行钻探。至关于陕北油田，年来本部地质调查所选经派员继续为新区之测勘，已经设定国营矿权三处，并由该所与国防设计委员会合作进行探钻，尚在工作中。

二十三年内核准探采有关国防需要之主要矿产面积区数表

矿产名称	矿区地址	区数	面积	探或采	备注
锰	浙江杭县上泗乡定北四图转塘柯村攒西钨诸山	一	668.40	采	
钨	湖南汝城大囲山小囲山	一	4,721.00	采	
钨	湖南资兴瑶冈仙钱東湾仙人形谷头垅丝毛坪夹颈石	一	3,685.00	采	
钨夹锡砒	湖南郴县秀才乡瑶林特别区水湖里龙须山观音座莲蕉山板	一	3,1200.0	采	
钨	湖南桂东四都里仁南乡扬河溪桶杠圈荒田埂旺里垅许家山旅岭	一	3,141.00	采	
钨夹锡砒	湖南临武西区镇北团尖峰岭铙钹岭杉水凹檀山塄牛头冲炼屋脚	一	4,306.00	采	
钨夹锡砒	湖南桂东尚德乡沙坑垅牛角垅瓦屋里牛岗背等处	一	17,812.00	采	
钨夹砒	湖南资兴南二区敦仁乡瑶冈仙桥头岭		393.00	采	
钨	湖南郴县永丰乡礼字团凤凰山李家山	一	3,178.00	采	
锑	安徽绩溪十四都荆州镇杨家坞	一	2,039.21	采	
锑	湖南新化安集乡锡矿山长龙界萧家湾小黄冲	一	23.73	采	
锑	湖南新化锡矿山兔子岭田井冲园垴上	一	514.00	采	
锑	湖南新化安集乡沫矿村锡矿山饮家冲大竹山	一	172.00	采	
锑	湖南东安北应乡东泥洞毛冲阴阳凹枫水冲芦毛冲	一	2,815.00	采	
锑	湖南新化矿山岭降子冲桥湾里塘湾里上降子冲界上	一	734.00	采	
锑	湖南溆浦第三区茶叶冲粟树堡喇叭湾马家垇	一	289.00	采	
锑	浙江淳安西乡梓铜源头万岁岭	一	184.05	小	

铅	湖南湘潭第四区龙家团出口大港就胆石龙形山月形山高等冲等处	一	851.00	采
铅	湖南郴县第二区永丰乡铁屎垅冲天蜡灼宝王岭	一	4,961.00	采
铅	湖南临湘桃林区毛家大小畚箕坡段山洞庙嘴上狮子岩	一	3,927.00	采
铅锌	湖南邵阳第三区姚黄乡宜秋庙蒙山石头塘山塘尾等处	一	1,827.00	采
铅磺	湖南郴县永丰乡东坡江东冲凤凰垅凤冠形黄姓坪朱家坪等	一	5,992.00	采
铅夹锌	湖南麻阳北乡铅场界铅矿坨	一	1,659.02	探
铜	江苏江宁道静乡新四图磨子岭山	一	190.00	小
铜	云南易门沙河村大潦塘	一	176.86	小
锡夹砒钨	湖南桂阳北乡协和团梅花井狮子腰狮子尾	一	1,689.00	采
锡夹砒钨	湖南宜章西乡羊家坠九岗岭马口里刀背崎等处	一	6,012.00	采
锡	湖南宜章彭家山狮形岭小水冲银珠瑶石窿上大沙坪	一	1,658.00	采
锡夹砒	湖南临武北区镇南团铁沙坪黑石山唐头冲隘溪里	一	2,475.00	采
砒夹锡锌	湖南桂阳北乡由义都两岐里十家灶坪两头岩桥下窿	一	4,353.00	采
砒锡	湖南常宁白沙镇倒石湖双癸窿天宝摩天岭等处	一	5,234.00	采
砒	云南凤仪四十里龙潭坡	一	198.00	小
硫磺夹铅	湖南溆浦三区云雾山飞水岩打硫湾小汪家岭大界上等处	一	2,844.00	采
硫磺	湖南溆浦三区家岩垅龙形坑丛茅坑李远朋山瞿榜生山等处	一	906.00	采
硫磺	青岛东王府庄东北卧狼山	一	192.00	小
硫磺	浙江龙游南乡溪口河西土名岩山头前	一	39.33	小

二十三年设定有关国防之国营各矿区数面积表

矿产名称	地　　点	区数	面积公亩	备考
煤	山东淄川万山庄西田亩地	一	8,225.30	
石油夹煤气	四川富顺自流井 荣县贡井	一	1,071,917.00	
石油夹煤气	四川达县大兴场顾家河渡市街 渠县文重场三准镇	一	10,358,108.00	
石油	陕西延长张家园 雷家滩	一	20,970.00	
石油	陕西延长张家园 雷家滩	一	20,040.00	
石油	陕西延川永平镇一带	一	66,844.80	
钨	江西大庚西华山	一	20,090.00	
钨	江西大庚洪水寨－罗种	一	108,645.00	
钨	江西大庚漂塘	一	133,817.00	
钨	江西崇义大庚生龙口	一	77,532.00	
钨	安远仁风墟	一	37,625.75	
钨	会昌白鹅十六公山	一	22,880.80	

〔国民政府实业部档案〕

10．财政军政实业等部会商行政院交办试办钢铁厂有关文件

（1934年3—4月）

（1）行政院秘书处致实业部笺函（3月22日）

笺函第一一九二号

查本院第一四五次会议，讨论参谋本部国防设计委员会函送试办小规模钢铁厂初步计划书一案。经决议：连同实业部钢铁厂计划书，交秦汾、丁文江、翁文灏、钱昌照、周仁、吴健、王宠

佑、曾养甫、黄金涛、胡博渊、杨公兆、刘荫茀组织审查委员会，共同审查，由秦委员汾召集。当经分别函知去后，旋准秦委员汾来函报告本月十四日召集审查会议情形，并检送会议纪录一份到处。当经转陈。奉谕：提出第一五二次院议。经决议：交财政、军政、实业三部会商办法，决定实行。除分函外，相应抄检各原件，函达查照。此致

实业部

计抄送原会议纪录一份。检送试办小规模钢铁厂初步计划书，暨马鞍山、谌家矶钢制品成本及净利预算详表，及附注各一件。〔略〕

行政院秘书长　褚民谊印

中华民国廿三年三月二十二日

钢铁厂计划审查会会议记录

日期　二十三年三月十四日上午十时至下午三时。

地点　全国经济委员会会议厅。

出席者　曾养甫　胡博渊代　胡博渊　周仁　杨公兆
刘荫茀　王宠佑　吴　健　黄金涛　钱昌照
丁文江　秦　汾

主席　秦　汾

纪录　赵　冠

开会如仪。

主席报告行政院交会审查经过。

黄金涛说明“筹设国营中央钢铁厂报告及计划书”大要。

钱昌照说明“试办小规模钢铁厂初步计划书”大要。

杨公兆报告草拟上项计划书之理论及用意。

黄金涛提议：二百五十吨炉比一百吨炉较为经济。

主席以黄金涛之提议付表决多数通过。

丁文江提议：如政府或私人能筹得的款，而设备大概比照实业部此次计划厂价在三千万元以下，应用二百五十吨炉，地点在马鞍山。

钱昌照说明国防设计委员会所以提议小规模钢铁厂计划，只因政府或私人财力有限，而出品销路亦无把握，倘政府或私人真能筹得的款，而销路亦有把握者，则对丁文江之提议可以附议。

主席以丁文江之提议付表决，多数通过。

吴健提议：如政府或私人对于二百五十吨炉无法筹得的款，则可利用汉口谌家矶铁厂基础，比照国防设计委员会小规模钢铁厂第二计划在一千万元以下，筹设一百吨炉。

主席以吴健提议付表决，多数通过。

周仁提议：钢铁厂进行手续，应先请专家拟具详细计划及招标章程，向各国著名厂家公开招标，再由专家审查决定之。

钱昌照附议。

主席以周仁提议付表决，多数通过。

吴健提议：向行政院建议，须俟筹款确有办法，然后向各国招标。

主席以吴健提议付表决，全体一致通过。

黄金涛说明谌家矶炉不足百吨。

吴健说明谌家矶炉在八十五吨至九十吨之间。

胡博渊代曾养甫声明尊重多数人之意见。

主席提议：本日通过各议案，由主席函复行政院秘书处。多数通过。

主席宣告散会。

(2) 财政、军政、实业三部会呈稿(4月9日)

财政部

军政部　会稿

实业部

案准钧院秘书处第一一九二号函开：查本院第一四五次会议，讨论参谋本部国防设计委员会函送试办小规模钢铁厂初步计划书一案。云云。至相应抄检各原件函达查照。等由。计抄送原会议纪录一份，检送试办小规模钢铁厂初步计划书，暨马鞍山、谌家矶钢制品成本及净利预算详表及附注各一件。准此。自应遵办，即经各派代表于三月三十日在实业部开会讨论，决议如下：(一)规模：采定二百五十吨钢铁厂计划。(二)厂址：在安徽当涂马鞍山一带，以能安全及经济为原则。(三)厂价：俟派员赴美审定后，再议定实行办法。理合将本案会议，决定事项会同呈报，仰祈鉴核备案，实为公便。再此呈由实业部主稿，合并陈明。谨呈

行政院

附呈会议纪录一份

中华民国　年　月　日

财政部军政部实业部会商奉行政院

交办钢铁厂计划会议纪录

民国二十三年三月三十日上午

十时在实业部开会

出席者　财政部代表　华瑞麒

军政部代表　俞大维　庄　权　张连科代

实业部代表　黄金涛

主席　黄金涛

开会如仪。

主席报告　此次奉行政院将审查参谋部国防设计委员会试办小规模钢铁厂初步计划及实业部钢铁厂计划之会议纪录，发交财政、军政、实业三部会商办法，决定实行。盖实业部之计划已属小厂计划，为合乎近世钢铁事业潮流中最小限度之厂，因化铁炉

出铁欲求其经济及品质纯净，照现时各国经验，以二百五十吨为最小限度，故前次行政院审查各委员均赞成二百五十吨之计划。现在筹款办法以价格为标准，故须先将厂价估定。

军政部庄代表　军政部已将实业部及国防设计委员会两计划加以研究，兵工所用钢料，其质地尺寸及数量不能与普通钢厂所制之钢料相合，故兵工钢料似不能参加于有营业性质之钢铁厂内制造。

主席　实业部原计划系炼普通钢，但另附两吨电气炼钢炉一座及热制炉等以制炼特别钢及合金钢，即所以备兵工钢料之用，国防设计委员会恐实业部计划每年出钢料七万五千吨，无此销路，不知中国每年钢铁进口达六十万吨，实业部钢铁厂可造七、八种钢料，国防会之小厂计划仅造钢料两、三种，实业部所计划之产额虽较多，而种类亦从而加多，其实一也，对于销路并不受有何项影响。

军政部张代表　关于国防上、兵工上亦需一部分普通钢料，但扬子厂所炼生铁不合炼钢之用。最近兵工署曾向扬子厂订购大批生铁为炼钢之需，不料该生铁含矽分甚高，在上海炼钢厂之钢炉内实际熔炼费时既久，炉墙又受侵蚀损坏，故吃亏殊甚。假如以该厂为基础，添设钢厂须切实改善其生铁之品质。

主席　扬子厂化铁炉所炼生铁成本既高，虽增加关税亦不足以保护之。其化铁炉为薄墙式，不适炼碱性生铁，供炼钢之用，纵令可以改制碱性生铁，亦只能有半数产额可靠，是每日仅可炼钢四十余吨耳。故从各方面观之，在扬子厂内设炼钢厂极不经济。

军政部庄代表　军政部亦极希望实业部计划能早日实现，则各兵工厂炼钢所需生铁，即可由实业部钢铁厂供给。

财政部华代表　有营业性质之厂，自以注重经济为前提。

主席　实业部二百五十吨钢铁厂计划比较为经济，已不成问题，现在所有待者，即为价目估定问题，因全厂部分繁多，且有若干专门特别机械，非可以投标方法即能决定今日问题，在会商办法决定实行。前次实业部已呈准行政院请美国专门钢铁顾问工程师(Brassert)估价，故拟即照此进行。

决议事项：

一、规模　采定二百五十吨钢铁厂计划。

二、厂址　在安徽当涂马鞍山一带，以能安全及经济为原则。

三、厂价　俟派员赴美审定后开议定实行办法。

四、由实业、军政、财政三部会同呈复行政院，由实业部主稿。

主席宣告散会。

李鸣龢纪录

〔国民政府实业部档案〕

11. 参谋本部为设立钢铁厂厂址问题致实业部公函

(1934年4月11日)

参谋本部公函　壹字第八七三号

径启者。案查中央钢铁厂厂址问题，业经贵部会同军部及本部派员开会讨论，并亲赴马鞍山现地视察，以马鞍山经济交通为较优，决议：马鞍山厂先行设立，惟对安全问题不可距长江太近。除分函外，特将会议纪要随函送达，希即查照办理为荷！此致

实业部

附会议纪要一份〔略〕

中华民国二十三年四月十一日

〔国民政府实业部档案〕

12. 淮南煤矿概况

(1935年)

淮南煤矿概况

一、位置及交通

淮南煤矿在安徽怀远县舜耕山之九龙岗，西距大通煤矿五公里，西北距淮河沿岸之洛河镇九公里，现筑轻便铁路相通，东北距蚌埠水程五十三公里，有小轮行驶，水大时可直接通航，水小时仅至距离洛河十余公里之新城口为止。该矿因鉴于水运不便且展转装运，需费较巨，故自上年起，着手建筑淮南铁路，自矿厂南行经合肥巢县而至芜湖对江之裕溪口，全线计长二五五公里。刻矿厂至合肥一段，业已竣工，合肥至江边一段，正在进行之中。

二、沿革及资本

淮南煤矿系建设委员会于民国十八年春开始创办，为津浦沿线各煤矿中之最后起者，曾经该会派员详细查勘，认为质优量富，遂向农矿部承领矿区，于十九年春正式组织淮南煤矿局，先就九龙岗矿区，购地建屋，开凿东西各井，并筑矿洛轻便路。二十年冬，各项设备大致布置就绪，即正式开始营业。又该矿资本，全数系由建设委员会陆续拨付，截至二十三年六月底止，矿局方面（淮南铁路不在内），共计投资1,646,137元。现在该矿每日产额约达八百吨。

三、矿局组织

淮南煤矿局设局长一人，承建设委员会之命，处理全局事务，副局长二人，襄助一切，其下分设总务、土木、采矿、机电、营运、会计六课，下开办事处暨淮通联合营业处等，全局共有职员242人，其重要职员姓名如下：

局长　程士范

总工程师兼副局长　许本纯

副局长　胡钟垣

副总工程师　孔宪文

四、矿区

淮南煤矿局共有矿区五处，其地点及面积如下：

九　龙　岗　区　54,799.50公亩
洞　　山　　区　58,175.26
长　　山　　区　50,263.94
上窨及新城口区　63,963.34
共　　　　　计　227,202.04公亩

五、煤量及煤质

淮南煤田储量，据中央研究院叶良辅、喻德渊两君，就九龙岗及洞山两区所估计者如下。

(一)九龙岗区

煤层总厚假定为9公尺，东西延长2,500公尺，斜度约60度，可采深度假定地面直下400公尺，煤之比重假定为1.3，依此计算，共得储量12,600,000吨。

(二)洞山区

煤层总厚假定为9公尺，东西延长3,000公尺，斜度60度，可采深度地面直下400公尺，煤之比重为1.3，共得储量约15,000,000吨。

两共27,600,000吨。

该矿所产之煤，挥发份甚高，约在百分三〇以上，定炭稍低，约得百分之四五，系属一种瓦斯炭，其分析成绩如下：

取样地点	百分比						
	水份	挥发份	固定炭	灰份	硫份	发热量(加罗利)	粘性
西井煤堆	1.62	33.35	46.58	18.45	0.90	6,392	粘不膨
东井煤堆	1.51	34.24	43.15	21.10	0.62	5,948	粘不膨

六、矿井工程

该矿分东西两厂，相距约二公里，凡主要建筑，均在东厂，现有一号二号两井，为主要出煤井。西厂现有三号四号两井，供补助出煤之用，一号井深108公尺，直径12呎九吋，现为进风口，二

号井深106公尺，直径9呎八吋半，为出风口，三号井深83公尺，直径6尺，为出风口，四号井现深156公尺，将来拟接深至180公尺，井口长方形，长11尺，宽7尺，为进风口，此外在三四号井北边，另开斜井一口，供上下工人及材料之用。

该矿煤层倾斜甚急，故须先开石门，贯通各槽，然后再沿走向，开掘煤巷，进行采煤。现一、二号井下，有总石门一，南北约长二百四十余公尺，三、四号井下，有主要石门二，相距二十公尺，一长二百三十余公尺，一长一百七十余公尺。此外在一、二号井下，尚有石门七道，所开煤巷，最长者为南三槽，东长八百余公尺，西长六百余公尺。又在三、四号井下，亦有石门三道，最长之煤巷，为南二槽及北一槽，东西各长六〇〇公尺。

井下运搬，以石门及煤巷为主要运道，均铺轻便轨道，延长共约八公里。所采之煤，先由煤眼运至煤巷，装入煤车，经由石门，推至井底，再放入罐笼，用绞车起出，四井井口各设汽绞车一座。一号井绞车，汽缸113″/4，冲程13 1″/2；二号井绞车，汽缸12″，冲程15″；三号井绞车，汽缸6 1″/8，冲程10″；四号井绞车，汽缸7 3/8″，冲程14″。又井下煤车容量约半吨，全矿共有一百八十辆。

该矿坑内涌水量每日约一，五〇〇吨，现一、二号井装置电泵二部，每部每分钟能排水一三〇加仑至三五〇呎高处；又一八〇加仑汽泵一部。三、四号井装置吊泵一部，每分钟能排水一五〇加仑，卧式汽泵两部，每分钟共能排水三〇〇加仑。又该矿井下工作，概用安全灯，以防沼气发生危险，现已购置电气安全灯一百盏，普通安全灯一千二百盏。

七、地面设备

（一）锅炉　锅炉房有二，东西厂各一。兹将两处锅炉详情列下：

地点	形式	马力	大小		常用汽压（磅）	座数	用途
			炉径（公尺）	炉高或炉长（公尺）			
东厂	立式	50	1.52	2.44	80	3	东厂水泵及绞车
	兰克夏式	90	1.98	6.66	80	1	
	兰克夏式	100	2.44	9.15	80	2	
西厂	立式	50	1.52	2.44	80	3	西厂绞车及水泵
	兰克夏式	90	1.98	6.66	80	2	

此外另由南京购到拨柏葛锅炉三座，拟装西厂。

（二）机器厂、分机厂、铁工厂、翻砂厂、铸工厂、电厂五部分，其设备详情列下：

地点	机器名称	说明	部数
机厂	蒸汽机	八〇马力	一
	又	一五马力	一
	车床	宽二呎长八呎	一
	又	宽三呎四吋长十呎	一
	刨床	宽十六吋长六呎	一
	钻床	钻孔1/8″～3/8″	一
	火油引擎	五马力	一
	交流马达	五马力	一
铁工厂	打铁炉		三
电厂	三相交流发电机	电力40K.W	一
	柴油引擎	八〇马力	一
	压气机	三五马力	一
风扇	苏洛哥式风扇	每分钟抽空气10,000立方呎	二

（三）矿洛轻便铁路　自九龙岗矿区至淮河南岸洛河镇，计长十二公里，铺设轻便铁路，钢轨每码重三十磅，轨距一公尺，全路计有大小桥梁六座，涵洞二十二座。运煤设备计有德国制十吨

机车一辆，英国制机车二辆及英国制钢质煤车四十辆，每车载重十吨。总计铁路及车辆两项，投资共达二七,〇八九元。

（四）轮驳　该矿为便利洛蚌运输计，除租用轮驳运煤外，特自备轮驳，以利淮河煤运，计现有一号汽轮一只，马力二五匹，二号汽轮一只，马力一〇〇匹，轮驳六只，每只可载煤五〇吨。

（五）淮南铁路　建设委员会为避免淮河及津浦铁路转运困难起见，因拟建筑淮南铁路，自矿局南行经合肥巢县直达芜湖对岸之裕溪口。其计划暂时以每日运煤一,五〇〇吨为目的，外加开客货车，输送沿线土产及乘客，以图铁路经济之独立。该铁路计长二一五公里，外加卷线岔道及矿厂码头，各处复线四十公里，共长二五五公里，轨距用标准制，钢轨每码重五〇磅。该路系于二三年春开工，现在矿合段业已筑成，其合巢段及巢江段，亦正在进行中，预计所需经费，约达六百五十万元。

八、工人

该矿工人分里工、外工两种。采煤多属外工，间有里工，土木工作有里工及外工，至机电方面，则全属里工。现在该矿共有里工六百人，外工约一千五百人。此外尚有矿警一九四人。该矿工作效率，就矿厂方面而言，采煤工每人约为〇.三六吨，坑内外全体约为〇.三一吨。

九。产额及成本

（一）产额　该矿现在每日产煤八百吨，其开办以来之产额兹列下：

民国二十年　30,955吨

廿一年　66,973吨

廿二年　191,645吨

廿三年　217,701吨

廿四年（一月至四月）　82,374吨

（二）成本　该矿成本自廿一年七月起，始有正式统计，兹将其近两年度(每年七月至翌年六月底为一年度)采煤成本列下。

民国廿一年度(廿一年七月一日至廿二年六月卅日止)

	开支项目	洋数	出煤吨数	每吨成本	附注
矿山成本	采煤费				
	井内费用	222,021.21	119,300.81	1.861	井内采煤直接需用工料
	扩充费用	57,319.88		0.481	井内无永久性之扩充工程需用工料
	地面费用	67,998.01		0.570	地面工务需用工料至煤堆止
	其它费用				
	产煤税捐	3,995.41		0.034	每吨应征17 1/2分本年仅征产量一部份
	资产折旧	29,825.20		0.250	
	矿山管理费	109,212.36		0.915	警卫医药及工务事务人员薪金办公费均在内
总公司费用	矿山管理费	同上		同上	已并列矿山成本
	购料委员会经费	7,800.00		0.065	本局购料机关
总成本	合计	498,172.07	119,300.81	4.176	

民国廿二年度(廿二年七月一日至廿三年六月三十日止)

	开支项目	洋数	出煤吨数	每吨成本	附注
矿山成本	采煤费				
	井内费用	319,157.26	191,664.53	1.665	
	扩充费用	78,307.33		0.409	
	地面费用	84,045.15		0.439	
	其他费用				

	产煤税捐	33,541.29		0.175	
	资产折旧	47,916.11		0.250	
	拟提开办费	13,756.50		0.078	
	矿山管理费	133,855.80		0.698	
总公司费用	矿山管理费	同上		同上	已并列矿山成本
	建设委员会管理费	12,000.00		0.063	
	矿业试验室经费	3,000.00		0.016	
	购料委员会经费	9,270.00		0.048	
	各煤厂经费(四处)	51,230.45		0.266	本局销煤转运及公务接洽机关
总成本	合　　计	786,079.89	191,664.53	4.101	

又煤斤运至市场销售，除采煤成本之外，尚有运费及沿途零星费用，兹将淮南煤运至上海之最低成本列下，以示一斑。

采煤成本	每吨四.一〇　元
全蚌埠轮驳运费	一.三〇
蚌埠火车上力	〇.一五
铁路运费	一.七五
浦口卸车及装船	〇.七五
江轮运费	一.〇〇
浦口转口税	〇.二四
上海卸船及码头费	〇.八〇
其它沿途杂费	〇.二七
合　　计	一〇.三四

十、营业状况

(一)销场　淮南煤矿除矿山门市外，有洛河、蚌埠、浦口三厂，更于怀远、蒙城、涡阳、临淮、蚌埠、南京、江阴、无锡等处，设分销户。现在该矿对于淮河涡河两流域销场，系与大通联合营业，双方销煤，各按上月份之产量平均支配，大约淮南每年可销二、三万吨，其余大都运销长江下游，二十二年销数约达十六万余吨。兹将近两年该矿销煤数量表列下：

历年销煤售价比较表

年份	销售处所	销煤吨数	共收煤价	附注
二十一年度	矿山	2,315.10	16,596.05	
	洛河煤厂	12,362.56	106,145.79	
	蚌埠煤厂	8,014.35	75,065.41	
	浦口煤厂	70,866.25	709,448.25	
	合计	93,556.17	907,255.50	
二十二年度	矿山	1,857.97	11,219.10	
	洛河煤厂	25,717.18	200,149.35	
	蚌埠煤厂	6,167.61	52,048.54	
	浦口煤厂	165,238.77	1,490,618.12	
	合计	198,981.53	1,754,035.11	

（二）煤价　次将淮南煤在各地最近之售价，概记如下：

矿厂门市　　每吨六.〇〇元

蚌　埠　　八.〇〇

浦　口　　七.六〇

上　海　　一〇.〇〇

（三）盈亏　该矿近二年营业均有盈余，廿一年度盈余一四三，七九八元，廿二年度盈余二五九，四九〇元。兹将该矿廿年度营业损益表列下：

最近营业损益表（民国二十二年度即廿二年七月一日至廿三年六月卅日止）

会计科目		支　出	收　入	备　考
收入	售　煤		1,745,035.11	
	自用煤		76,248.60	
	铁道收入		4,556.10	
	杂项收入		2,836.21	
	杂损益		1,181.57	
	兑换损		1,937.94	
	本期存煤作价		214,140.47	
支出	井内采煤费	519,157.26		
	采煤扩充费	78,307.33		
	地面采煤费	84,045.15		
	管理费	209,356.25		
	运输费	622,940.74		
	营业费	113,642.88		
	产煤税捐	24,257.71		应纳33,541.29 免税 9,282.58
	资产折旧	47,916.11		
	拟提开办费	13,756.50		
	拟提改良职工生活用费	4,714.27		
	利　息	22,963.46		
	上期存煤作价	254,387.00		
	本年度盈余	259,490.34		
合计		2,054,936.00	2,054,936.00	

(四)资产　淮南煤矿资产至廿三年六月底值一百五十二万七千余元。兹将该矿廿二年度资产、负债表列下：

民国二十二年度(廿三年六月三十日)

会计科目		资　　产	负　　债	备　考
负债	长期负债		340,902.18	
	建委会来款		140,000.00	
	长期借款		200,902.18	
	短期负债		289,662.89	
	未负料款		44,685.71	
	未负款项		134,812.97	
	暂存款项		1,683.38	
	存入保证金		103,000.00	
	改良职工生活用费基金		5,480.83	
	各项准备		173,384.35	
	呆帐准备		1,753.97	
	固定资产折旧准备		171,630.38	
	资本		1,646,173.60	
	建委会投资		1,646,173.60	
资产	固定资产	1,527,131.36		
	竖井建立工程	244,149.06		
	井下开拓工程	381,988.05		
	矿洛铁道工程	429,866.28		
	机械设备	197,187.18		
	房屋建筑	156,023.86		
	地产	25,562.35		
	家具仪器	36,826.80		
	航运设备	31,295.89		
	煤厂资产	81,634.91		
	他项矿产	2,697.04		
	流动资金	713,239.67		
	现金	34,823.13		
	基金存款	5,227.61		

	应收票据	75,234.52		
	应收煤款	114,048.43		
	应收款项	4,035.90		
	暂欠款项	103,888.62		
	存出保证金	1,391.78		
资产	有价证券	972.80		
	库存材料	159,476.41		
	存煤作价	214,140.47		
	其他资产	209,715.99		
	未结帐款	4,814.94		
	解存建委会款	103,000.00		
	企业投资	46,875.00		
	开办费	55,026.05		
对照	合　　计	2,450,087.02	2,450,087.02	

〔国民政府资源委员会档案〕

13. 行政院与财政等部关于实业部与美国通用汽车公司合设汽车装工厂审查经过的文件

（1935年5月 日—15日）

（1）行政院致全国经济委员会公函（5月8日）

行政院公函　字第一三二一号

据实业部呈报与美国通用汽车公司磋商合设汽车装工厂经过情形及该公司请示各点，请鉴核等情到院，经提出本院第二百十一次会议讨论，并经决议：交财政、铁道、实业、交通四部审查，并请全国经济委员会及参谋本部参加。兹定于本月十日（星期五）上午九时，在本院会议厅开会，除饬处函知并分函外，相应抄同原件，函请查照，届时派员出席参加讨论为荷。此致

全国经济委员会

计抄送实业部原呈一件，原附运费表一纸

院　长　汪兆铭

中华民国廿四年五月八日

抄　原　呈

案查前奉钧院第六〇三三号密令，抄发参谋本部国防设计委员会密函及该委员会在牯岭会议议决案四件。关于筹设汽车制造厂案，饬即与外国汽车公司进行商洽等因，嗣复奉钧院第七二四八号训令，为五中全会张人杰等提创汽车工厂一案，饬迅即并案筹办等因，先后到部。查本部鉴于近年汽车进口数量日增，在过去两年迭与欧美各汽车工厂接洽合作设厂，去年复与美国通用汽车公司(general motor corp)磋商合作，盖以该公司组织宏大，资本雄厚，为欧美各汽车公司冠，年来在世界各国销行之各式汽车，如“雪佛莱”、“别克”、“滂蒂克”、“礼和”等数量俱超过其他各公司，即在中国历年所销售之汽车，亦较其他各公司为多，且该公司对于汽车制造之技术及汽车之新型等悉心研究，发明独多，若能与其合作，自较为有利。经双方数次交换意见，尚称接近。本年又复派员赴沪，与该公司继续洽商，对于合作方式、资本、厂址、制造步骤各点，一再讨论，大致如下：(一)双方拟采合资方式，资本各占百分之五十，由美国通用汽车公司供给机器设备、机件存货及技术张本，中国方面负责厂址及厂房。(二)以筹办装工厂为入手点，该厂每年产量暂定五千辆，所需资本数约为国币三百万元，以后逐渐扩充。(三)关于厂址问题，该公司主在上海，认为若在上海，较设其他地点，可省汽车机件由美运沪后，转运至厂址所在地之各项费用，同时于汽车装成后销行华南、华北各地，运费亦可减少。惟以我方主设南京及长江流域相当城镇，该公司最后建议，装工厂暂设上海，于经济许可，将来筹设制造厂时，再移设其他相当地点。(四)装工厂将尽量训练及雇佣中国技术人员，并利用中国材料。（五）装工厂制品，先以运货汽车为主，并限定数种式样，隔相当时间，再装制乘客用车，最后从事汽车之制造。上列各点，除对于厂址问题，我方尚在郑重考虑并征询各方意见，未经确定外，其余各点双方大致已臻妥协。现该公司正派代表，由美来华，正式洽商设厂事宜。

以上系本部与美国通用汽车公司磋商合作之过去大概情形。惟最近复据该公司来函，除对于以前磋商各点，请求正式函复外，并对下列提出各点请予核示。（一）厂址问题　该公司认为装工厂暂设上海，系纯为求制品经济起见，如将上海至各地及南京至各地之运费相较（该公司拟表附呈），其理至明，故如装工厂设在上海尚有利益可图。若在南京或其他地点，则所冀减低之成本，将全为运费所抵消，故力主在上海。（二）关税问题　该公司意见，凡汽车上各种机件之税率应低于整部汽车之税率，及装工厂出品，应免再出口税、转口税或地方入境税。（三）采用关栈制设厂问题　该公司为装工厂制品便于运销华南以及南洋各国计，拟请采关栈制设厂，即机件由美直接运至厂中装成汽车运销国内者，于出厂时，照纳关税；其运销国外者，则直接由厂装运出口，以省纳税退税之手续。（四）资本问题　该公司以该厂资本若双方各占百分之五十，双方资本约何时筹足，亦请决定。（五）运费问题　运输费用影响于装工及制造成本者至巨，拟请减免，以资鼓励新兴工业。（六）销售机关问题　该公司对于汽车销售有完善之组织及多年之经验，故将来装工厂之出品，拟请委其销售，同时该公司在华已设有之服务机关，如汽油站、修理场等，皆可供应用。

谨按该公司上列所陈各点，系全从工业经济立场而言，为求使汽车装工厂易于实现，汽车制造厂早肇基础计，似应予以考虑，理合将本部与该公司磋商合作经过情形及该公司请示各点，呈请鉴核，并乞训示祗遵。谨呈

行政院

附呈运费表一纸

实业部部长陈公博

上海至各地及南京至各地每辆装成汽车及汽车机件运费比较表

起讫地点	每辆运费	自上海至南京每辆机件运费	总运费
上海至天津	一百元		一百十元
南京至天津	一百五十元	三十元	一百八十元
上海至香港	九十元		九十元
南京至香港	一百三十元	三十元	一百六十元
上海至汉口	七十五元		七十五元
南京至汉口	五十五元	三十元	八十五元

(2) 行政院致全国经济委员会公函(5月15日)

行政院公函　字第一四三四号

案查前据实业部呈报与美国通用汽车公司磋商合设汽车装工厂经过情形，及该公司函请核示六点，请鉴核训示祇遵。等情。当经提出本院第二一一次会议，决议：交财政、铁道、交通，实业四部审查，并请全国经济委员会参谋本部参加。旋经召集审查。兹据报告审查结果前来，复经提出本院第二一二次会议，决议：照审查报告通过。除分别函令外，相应抄同原审查纪录，函达查照。

此致

全国经济委员会

计抄送原审查会纪录一份

院　长　汪兆铭

中华民国二十四年五月十五日

实业部与美国通用汽车公司合设汽车装工厂案审查会纪录

日期：二十四年五月十日上午九时

地点：行政院

出席：交通部　舒震东

实业部　谷正纲　刘荫茀

铁道部　许传音　朱葆芬

财政部　何铁民　曹树藩

全国经济委员会　赵祖康

参谋本部　钱诒士

行政院　岑德彰

纪录　窦毅

案由：

实业部呈报与美国通用汽车公司磋商合设汽车装工厂经过情形，及该公司函请核示六点，请鉴核训示祇遵。

审查结果：

一、厂址问题　再由实业部与该公司接洽，以设在南京或南京以上沿江各地为原则。

二、关税问题　由财政部交国定税则委员会研究。

三、采用关栈制设厂问题　按照海关关栈制度章程办理。

四、资本问题　定为三百万元，依照中央规定原则，华方应占百分之五十一以上。

五、运费问题　参照奖励民营工业办法，酌予核减。

六、销售机关问题　得委托该公司销售机关办理，政府购买汽车，应免佣金。

至关于人员方面，据实业部代表说明总经理一职，由华人充任，董事华方亦可占大多数。以上各点当否，请提出行政院会议决定。

〔国民政府全国经济委员会档案〕

14. 资源委员会关于保留皖鄂等五省铁矿与行政院来往函

（1935年7—9月）

（1）资源委员会致行政院公函（7月30日）

径启者。马鞍山设立钢铁厂计划，业经贵院派员筹备进行，将来该厂需用铁砂，自须取给于皖、鄂、赣、湘、苏沿江各省。惟各该省铁矿储量，除商办各矿前已取得采照或与外商订有售砂契约者外，其他剩余铁矿，可资久远者，为数实属有限。查矿业法第九条，有“铁矿应归国营，由国家自行开采。如无探采之必要，得出租探采”之规定。又实业部公布承担国营矿运暂行办法，有“承担人所采矿质，如系铁矿，须订明自设冶炉，或专供当地厂炼厂之用。”等语。现皖、鄂、赣、湘、苏五省铁矿，对于供给国营钢铁厂原料，已属不甚丰富，本无再行出租之可能。又铁矿开采似易，而冶炼实难。自铁砂至成钢品，其间手续重迭，设备浩繁，决非人民少数之资财所能胜任，设或轻予人民租采，不特无裨实业，转恐别兹纠纷。本会再三审度，拟请由贵院令行实业部，将皖、鄂、赣、湘、苏五省铁矿全数保留为国营矿区，不再准许人民承租探采。事关大计，谅荷赞同。相应函达查照办理，并希见复为荷。此致

行政院

委员长　蒋〇〇

（2）行政院复资源委员会公函（9月5日）

行政院公函　字第三〇八四号

案查前准贵会第一零五号公函，以皖、鄂、赣、湘、苏五省铁矿，对于供给国营钢铁厂原料，已属不甚丰富，本无再行出租之可能。又铁矿开采似易，而冶炼实难，自铁砂至成钢品，其间

手续重迭，设备浩繁，决非人民少数之资财所能胜任。嘱令实业部将皖、鄂、赣、湘、苏五省铁矿，全数保留为国营矿区，不再准许人民承租探采等由。当经令饬实业部查复去后，兹据该部呈复称："查皖、鄂、赣、湘、苏五省铁矿，经前农矿部及本部划为国营矿区者共十区，内只安徽省繁昌县及江苏省铜山县两区，由前农矿部出租与人民开采。本部任内，除上年将安徽省繁昌县原出租一区撤销，因该省有预缴砂捐关系依法继续准由中江公司承租外，其余均未出租。且江苏省铜山县一区，本部最近并将该原承租合同撤销，以资保留。至各该省内前经农商部特准由地方政府及人民呈请开采者，计湖北省五区，安徽省十五区、江苏省一区、江西省五区、湖南省二区，共尚有二十八区，惟系前部原定成案，未便遽予变更。当此中央钢铁厂正筹划进行之际，本部深虑该厂成立后，原料供给不足，年来行政计划，对于长江区域各铁矿努力调查，以期发现。其已发现而储量较丰者，悉划归国营，尽予保留，以备自用，今后决不将该五省内铁矿再予出租，与资源委员会所拟将沿江各省铁矿，悉予保留，以为马鞍山钢铁厂之用意见，正复相同。奉令前因。理合将前农商部已准地方政府及人民呈请开采各铁矿，并前农矿部与本部划为国营矿区暨准人民承租国营各铁矿，分别列表各一份，具文呈请鉴核。再本部前准参谋本部密函称：最近探查有某国商人，向湖北省建设厅刘厅长接洽，购买象鼻山铁矿一事，请注意。等因。当以密令饬湖北省建设厅查复，嗣准湖北省政府咨称，此次售卖象鼻山存砂，系为遵令筹款筑路，呈奉蒋委员长戌秘蓉电准在案。本部以铁矿关系国防，而我国铁矿储量，又属有限，宜尽量保留，以供自用。本部历来对于铁矿商人请求售砂出口，除前农商、农矿两部已备案之合同外，一律未予核准。此次该省政府售卖象鼻山铁矿，深虑有外人从中承购，此例一开，商人势必向部请求援案办理，将来殊难应付，业经电请蒋委员长转电湖北省政府停止进行，另拟筹

款方法，俾与资源委员会此次来函之原意相合，合并声明。”等情。前来。除指令外，相应抄同原表函复査照。此致

军事委员会资源委员会

计抄送原附抄表两件

院长 汪兆铭

中华民国廿四年九月五日

皖苏鄂赣湘五省内前农矿部及实业部设定国营铁矿矿业权并准许人民承租表

省别	矿区地名	公亩数	设权年月	已否出租	备注
安徽	繁昌县东乡东区孤山一带	3,514.13	民国十九年十一月	未出租	
安徽	铜陵县叶山冲	31,791.92	同上	同上	
安徽	繁昌县孤山东三里墓齐山	2,114.76	同上	同上	
安徽	繁昌县东乡孤山南七里甄山	1,666.25	同上	同上	
安徽	繁昌县东乡孤山南三里大小铜山	10,229.76	同上	同上	
安徽	铜陵县铜官山小铜官山天鹅山宝山	21,918.59	民国廿四年四月	同上	
湖北	阳新县五湖镇尖节乡龙口源鸡笼山冠山堡山等处	10,140.00	民国十九年十一月	同上	
江苏	江宁县凤凰山	22,381.00	民国廿一年九月	同上	
江苏	铜山县利国驿王家营	2,423.80	民国十九年十一月	原由前农矿部出租与利华公司经本部于廿四年七月撤销	
安徽	繁昌县西二区横岭冲等处	6,420.48	民国十九年十一月	原由前农矿部出租与兴华公司现由中江公司继续承租	
江西	无				
湖南	无				

注：本表所列各国营铁矿，均系前农矿部及本部先后划定， 其中有前农矿部核准商人承租两区内有一区业经本部依法取销合同，现只有一区尚系商人承租。

前农商部准许地方政府及人民开采鄂皖苏赣湘五省铁矿一览表

矿业权者		矿区所在地	公亩数	有无售砂合同	备注
公司名称	代表人				
湖北官矿公署		湖北省大冶县申明堡峰烈山	1535.51	与扬子公司曾订有合同	即象鼻山及其附近
湖北官矿公署		湖北省大冶县申明堡大岩山	709.32		同上
湖北官矿公署		湖北省宜都县南乡文萃写经寺东北广坡燕儿窝	22941.70	无合同	
湖北官矿公署		湖北省宜都县南乡写经寺西南张家脑李家山等处	11999.85		
鄂城铁矿公司	王遇甲	湖北省鄂城县西山雷山	2813.95	与外商订有合同未准	
裕繁公司	霍守华	安徽省繁昌县北乡桃冲	8993.59	与外商订有合同	
昌华公司		安徽省繁昌县西北乡赵冲朱山涝山	5017.07	原订有合同现已过期无效	
利民公司	徐国安	安徽省当涂县东乡扇面山	2322.43		
利民公司	徐国安	安徽省当涂县东乡妹子山	983.04		
利民公司	徐国安	安徽省当涂县东乡小四山	1615.87	合称福利民公司与外商订有合同	
利民公司	徐国安	安徽省当涂县归善乡高村拷栳山	3563.52		
利民公司	徐国安	安徽省当涂县北山二三区交界戴山	737.26		
利民公司	徐国安	安徽省当涂县北乡山南山	2912.25		
福民公司	徐国安	安徽省当涂县四区常稔圩小姑山	565.24		
宝兴公司	章兆奎	安徽省当涂县二区地名东山	1523.71		
宝兴公司	章兆奎	安徽省当涂县二区地名四山黄铅山	3520.51	与外商订有合同	
宝兴公司	章兆奎	安徽省当涂县二区地名平岘冈	1665.00		
益华公司		安徽省当涂县二区地名碾屋山	264.19		

益华公司		安徽省当涂县东北乡石马台龙家山碾屋山等处	12642.82	与外商原订有合同部令取销	
益华公司		安徽省当涂县东北乡甸塘村之龙山虎山小安山	5280.77		
金鑫公司	张维庸	江苏省丹徒县西乡十三都七丈坑	6572.85	无合同	
	刘荃孙	江西省永新县西乡四十都钱象山大屋里逃凹顶彭家形固家形	9652.22	同上	
	屠　冠	江西省永新县西乡四十都乌石山月光茅叶坡观音形等处	12779.52	同上	
汉口杨子机器公司	金　远	江西省瑞昌县北乡铜岭山	1403.96	同上	
	傅孟平	江西省安福县北乡连岭村烟坑岭螺形山	6558.11	同上	
仙居公司	王揖唐	江西省九江县仙居乡城门山	4982.97	同上	
天然公司	孙恺襄	湖南省来阳县白沙冲萧家冲新沟里	638.98	同上	
	陈植楠	湖南省安化县田湖大茶园铁炉坑茶园齐公坑	344.06	同上	
汉冶萍公司		湖北省大冶县		有历次售矿借款合同	此矿系前清特许迄今尚未设定矿权

注：1. 以上各铁矿均系经前农商部核准设权，自矿业法施行后，本部对于新呈请之铁矿，概未准予设权领采。

2. 本表内设权之铁矿，经前农商、农矿两部核准，订有售砂合同者，经此次呈院核定后，俟合同规定期满，一律不得续订。

3. 本表所列各铁矿，嗣后拟加整顿，如有违反矿业法及合同各规定时，即将该采照撤销，划为国营矿区，以资保留，而备自用。

4. 该五省内尚无部准给照之小铁矿。

〔国民政府资源委员会档案〕

15. 实业部关于地质矿产调查及进行计划的报告

（1935年12月）

办理经过　调查地质矿产为发展矿业之初步工作，故矿业行政之方针，恒恃地质矿产之调查而确定。兹将近四年来办理经过及进行计划分述如下：

一、增设各省地质矿产调查机关　地质调查，原有本部直辖地质调查所，成立于前农商部时代，民国十六年左右，湖南、两广、江西各省亦先后成立地质调查所，民国二十年，又有贵州、河南、陕西三省正式成立地质调查所。惟各所分立，若不集中指挥，难期通力合作之效，经即厘定整理全国地质调查大纲，提经行政院决议通过后，分咨各省转饬遵办。所有各省调查所之组织、章程及经费预算等，统由本部核定，并以本部地质调查所为全国调查总机关；其各所调查计划，并应随时商承调查总机关办理，复经本部明订各所调查所工作标准，通饬遵行。各所成立以来，对于本省地质矿产多有调查，并予人民方面以技术上之指导与辅助。此外，关于已设地政机关之各省份，应附设地质调查所，前准内政部咨据地政会议议决，最近已商同内政部会呈行政院核准，分令各省市政府遵照在案。至本部直辖地质调查所，综理全国地质调查，进展范围尤广，本年为应事实需要，已将内部改组，增设技正技士，并经立法院通过在案。并在京另建新址，业经移京办公，其北平原址则改为调查分所。此近年来各省地质调查所之增设暨本部统一全国调查经过情形也。

二、实际调查工作　本部直辖地质调查所，系于每年春秋两季按期拟定调查地质矿产办法，呈部核定，依照进行，必要时，并经由部委派技术人员前往查勘。综计二十年以来，经先后调查之区域，有川、康、陕、云、贵五省之地质矿产，山东、广东两省之新生代地质，山西、察哈尔暨冀晋豫三省接壤各地及四川、湖北、扬子江下游之新生代地质，浙赣各属之煤田地质及甘肃、宁夏接壤各地，暨闽南沿漳龙路线附近之矿产地质，均经分别编具报告。其他如绥远之宝石、墨煤炭等矿，苏、鲁、皖、赣、湘、鄂、粤、桂各省之煤铁矿，察哈尔、安徽、浙江、湖南、河南等省之硫磺矿，湖南之锡砒铅锌等矿，湖北、湖南之锰矿，四川、湖北、河南之铜矿以及河北之金矿，云南之锡矿，四川、陕西之石油矿，江西之钨矿，亦均经次第调查。而湖南之硫磺矿、安徽雷家沟之煤矿，并经由部派员前往钻探。四川之石油金矿，亦经由部派员前往实地测验施钻地点或查勘。至陕西发现储量丰富之油页岩尤为重要，本部地质调查所选经派员测勘，编有二次调查报告。此外关于云南、甘肃、青海三省地质矿产，本年复经地质调查所派员为第二次之查勘，现仍在进行中。又关于贵州之石油、江西之钨矿，最近并由该所派员分途调查，亦在工作中。

三、进行有关地质矿产之各项研究　本部地质调查所除调查地质矿产外，并进行其他与地质矿产有关之各项研究，其工作状况及行政文件，恒由矿业司接洽办理。至与农林等司有关者，亦由矿业司与有关各司会同办理。兹分录于次：(1) 关于土壤一项，设有土壤研究室，自二十年以来经先后调查及分析者，有南京、北平、杭州、陕西渭河、河北定县、广州高雷、江浙交界太湖流域以及吉、黑、鲁、豫、察、绥、皖、湘、桂等省之土壤，除测制各地土壤图分析其在含磷酸等各要素外，并研究各地土壤之改善与矿业及农林之进展，至关重要，所有研究结果，均刊载于土壤专报中。(2) 关于古生物一项，设有古生物研究室，该所于调查各地地质矿产时，并为此项工作之进行，如地质年代之考察、动植物化石之采集研究鉴定，吾国自周口店人猿头骨发现后，颇为各国学者所注意，近年来除继续周口店发掘工作外，并陆续各地化石标本采集鉴定，编有古生物志，并与各国交换研究。(3)关于燃料一项，原在北平设有沁园燃料研究室，近数年以来，对于煤质煤性之分析不下九百余种，石油之分析亦达数十余种，而油页岩之研究尤为注意。对于陕西、察哈尔、广东所产之油页岩，经分别分析测定其含油气体，并鉴定原油成分，他若合煤炼焦、低温蒸馏以及制造煤气所产重油内轻油之提取暨植物油内产生汽油代用品等试验，均经分别举行，得有相当结果。本年内全国经济及资源委员会各方对于此项研究极为赞助，并在南京本部地质调查所内特建燃料研究专室，与该所合作进行液体燃料之研究，所有关于研究一切仪器及药品等，亦均经本部分别咨请军政部及财政部特给专运及免税护照，径向各国采购运入，近已逐渐设备完全，不日开始工作。(4)关于矿物岩石一项，该所设有矿物岩石研究室，历年来除分析各种矿产及研究各种岩石之成因产生外，并继续为明矾提铝之试验。暨发现四川盐水中含有碘溴钾等之质，编有专书，曾经本部令知四川盐业团体从事研究提制。(5)关于地震一项，该所经于北平鹫峰设有地震研究专室。二十年以来，除陆续增加研究仪器及继续逐日记录外，对于历次国内各地发生地震之测验，如震源所在，经本部屡次咨令各省厅查复，其地点及时间均属符合。至所测震波图亦多为各国专家借用参考，此项测验纪录，该所编有地震专报，按期出版。

进行计划　此后对于各省地质矿产未经调查者，自应按照本部地质调查所原定分期计划及各省地质分所规则，赓续进行。俾全国地质状况及矿产之分布、各种矿床储量之多寡，得以逐渐明了，而于煤、铁、铜、锑、钨及石油等有关国防之各种金属矿，尤当特加注意，以备提前启发。

廿四、十二、廿一

〔国民政府实业部档案〕

16．参谋军政财政等部关于实施国民党中政会建设国防工业决议案有关文件

（1935年6月—1936年3月）

（1）国民党中央政治会议秘书处致资源委员会密函（1935年6月24日）

径密启者。准傅汝霖、李宗黄、王祺、王陆一四委员提议，请速定根本大计，以免再误，而救危亡一案。并列举：1．确定国防工业建设五年计划；2．选定国防工业区域；3．筹措的款集中力量以为建设国防之实施；4．国内外技术人才之聘致及养成；5．主要管辖人员之确定等办法五项，恳予采纳等由到会。当经提出本会议第四六二次会议讨论，并经决议："函参谋本部、军事委员会资源委员会、财政部、实业部命于下星期三提出报告。"除分函外，相应录案并抄送附原案函达，即希贵会就主管范围内，将各该有关事件办理情形缮具报告，于本月二十五日以前函送过处，以便转陈。

此致

军事委员会资源委员会

附抄原提案一件〔略〕

中央政治会议秘书处印

（2）参谋本部致资源委员会密函（1936年2月11日）

参谋本部密函　壹(信)字第一九九四号

案准中央政治委员会秘书处本年二月六日密函即开：查接管中央政治会议卷内准李委员宗黄等提议，请速定根本大计，建设国防重工业，以救危亡一案，并将原提案所拟筹款办法交由朱委员培德审查。旋经报告，拟请责成政府在三年内筹定一万万元，作为建设国防重工业基金，二十四年度内务先筹定二千万元，所

有应办事业之缓急及其详细计划，应由军事主管机关会同其他有关机关制定呈核复由。第四六五次政治会议推定孔祥熙、陈果夫、宋子文三委员负责筹措财源各在案。等由。准此。查国防工业根本建设，实不容缓，其正在创办中者，应促其速成。未办者，即应择要筹办，就中央核定二年内一万万元之基金，视应办事业之缓急，详细计划规定。惟其中多属技术及经济范围，似宜以贵会为军事主管机关，本部就国防见地参加制定，用是函请贵会主持办理，并请召集军参两部人员及其他主管机关商订为荷。此致

资源委员会

附原提案一件　报告四件

中华民国二十五年二月十一日

机密

王委员祺等提请集中全力从事于国防重工业之根本建设案

自九一八事件发生以来，国家生存、民族生命，已陷于最危险、最悲惘之境遇，而无术以为安全之保障。其所以致此，则由现代战争之利器不备，重工业之基础未立，而轻工业亦无从发展，敌国外患乘之，乃如束手待决之囚，莫能自操生命之算。人有飞机、重炮、炸弹、毒气，而我则缺乏，或竟无之。人能制造，而我须购买，坐是相形见绌。领土主权，不克保持，民族国家，万分危殆，固属显然之事实。时至今日，论其挽救危亡，尤非速定国策，断然毅然，集中全力，从事于国防重工业之根本建设不为功。苏俄之第一期五年计划，乃国防重工业之建设也。他山攻错，亡羊补牢，过此不图，噬脐曷及。年来政府对于国防工业根本未有建设，其唯一原因，厥曰财政困难，经费无出，此则诚然，其实乃由于无决心无毅力，不肯集中力量以从事于根本救国之途。不观平昔各衙署机关，动则支用建筑费数十万或数百万元，而皆九一八事件发生以后之物，即此一端，已足为国防工业基本建设之

用，倘能中央与地方政府与人民一德一心，努力齐赴，向鹄同趋，则安见其不能成为事实耶。苏俄初始之困乏，固不优于我也。兹就管见所及，为今日救国当务最急之一事，略举其端，借供采择。

甲、确定国防工业建设五年计划（厘定国防工业应行建设之现代最新式之各种制造，如飞机制造厂、钢铁制造厂、大规模兵工厂、三酸厂、母机厂、汽油提炼厂、酒精厂等）。

乙、选定国防工业区域（为现在敌人陆海空军威力所不能达到，或易于建设空防，而又为资源人力种种适应之区域。如湖南之衡阳至株洲地带，陕西之西安）。

丙、筹措的款，集中力量，以为建设国防之实施。建设国防工业，为民族国家求生存，应不顾一切，集全力以赴之。现在可筹之款项：1。以古物作抵，借外债一万万元。2。停止一切建筑及不急之建设费，拨为国防工业建设之用。3。征收遗产税。4。征收轻微之交通附加捐。5。酌拨全国各机关长官之公费。6。财富捐之征收。7。娱乐及奢侈品之附加捐。8。一般交际庆贺之节余金。

丁、国内外技术人才之聘致及养成。

戊、主要管辖人员及机关人员之确定。

以上所见，实为救济时局及立国根本之要图，而又急不容缓者。拟恳中央毅然采纳，限期完成，以救危亡。是否可行，尚祈公决。

王　祺

李宗黄

王陆一

傅汝霖

廿四、六、十七、

参谋本部对于国防工业办理经过概况

一、关于陆军军用各厂，如兵工、被服、粮秣、装具等厂，曾与关系机关商定整理扩充计划，惟因剿匪期间，军费支绌，不克积极进行。现正力求渐进中。至于海、空两军有关之各厂，亦筹划勉求自制。惟因我国重工业缺乏，诸多原料，取材异国，现着手就本国能应用之材料，设法制造。

二、国营及民营工厂，有关国防工业，均与主管部协同促进，以应国防需要。惟现时值此国家经济及工业状况，势不能充分发展。但就现拟创设之重工业诸厂，如实业部拟创设之国营钢铁厂、中央机器厂，粤省拟设之钢铁厂，及民营之酒精厂、淡气厂等，以及各省区重要矿产之开采，于国防经济方面，比较研讨协商，促其发展，尤以现时各省公路异常发达，曾迭次函请实业部及全国经济委员会，创设汽车制造厂，及开采石油矿，俾应需要，而塞漏卮。

三、关于工业区者，本部以现时工厂之设置，多趋于海岸港埠，其意盖为购用外国之机器原料，运费较廉，成品因交通便利，销售较易。然值此航权未收，而国税之保护，未能贯彻，倾销之防止，未能进行。故海岸商埠各工厂，尤易受摧残。如申新七厂，其一例也。则近海设厂，是否有利，颇堪研究。再就军事观测之，不独战时不能安全，且经济重心，并趋于国防第一线附近，危险尤甚。倘就内地铁道线附近煤矿或其他原料产地，分区设厂，尚可利用铁道公路运价之调节，并奖励保护，以防止经济侵略之深入。以此曾函请实业部对于国防工业、国营工厂之设置，及民营工厂之注册，应特别注意厂址，战时之安全及经济具备之要件，并请召集关系各部商定工业区域，俾便设置国防工业厂址。

四、关于利用外资。目前国防工业建设，因财力不充，而利用外资者，亦曾就主权国防及利益上，向主管部建议交涉改善。

上四项为本部办理国防工业经过概略情形。惟本部系就国防立场，分别建议，而筹划实施，仍属主管部办理也。

资源委员会关于重工业方面之工作报告

本会成立之初，原名国防设计委员会，现改为资源委员会。所有工作进行，共分三个步骤。

(一)调查并搜集国内已有之材料。此项工作，已大体完成。

(二)根据可靠材料，拟具各种国防工业之单独具体计划。此项工作，有已完成者，亦有在进行中者。

(三)将各种单独具体计划，融会贯通，使成一个有机体的国防工业计划。此项工作，将于本年七月开始。

本会工作，保守秘密，绝不向外宣传。盖今日欲图建设，惟有埋头做去，固不在多言也。兹将本会关于重工业方面之工作，略述如下：

(一)钢铁

本会钢铁厂计划，已告一段落。

产量　每日三五〇吨

设备　三五〇吨量化铁炉一座，热气炉三座，七五吨马丁炼钢炉三座，并有洗煤厂，副产品炼焦炉，大中小型轧钢厂、钢皮厂、发电厂、运输轨道，以及一切厂屋。

造价　兼制马口铁及镀锌皮者，约需三千二百万元，不兼制马口铁及镀锌皮者，约需二千六百万元。

时间　约需三年

厂址　安徽当涂马鞍山

(二)锑

国内各兵工厂，年用纯锑约五十吨。湖南锑矿，经本会派员详细调查，据估计新化、益阳、沅陵三县，锑矿储量可炼纯锑二百万吨以上。现在每年所产除国内自用外，输出国外者，逾一万吨。就该省储量而言，锑之供给，不患缺乏。

(三)钨

钨砂关系兵工甚巨，本会对赣、粤两省钨砂产区之采运销情形，业经调查清楚，并已拟具整理办法。

(四)铜

国内各兵工厂，年需紫铜二〇三八吨，黄铜板条六九三吨。铜矿产地，以湖北之阳新、四川之彭县、山西之闻喜垣曲、河南之济原及云南之东川，较为著名。但欲求开发，须先探明确实矿量，方可实施采矿。本会铜矿初步调查，已告一段落。现拟先在湖北阳新，着手探矿，钻机亦已购就，不久即可开始工作，以后将陆续及于其他产地，此乃根本办法也。至于短期间内铜的供给，不外两途，一则向外国购置，预储两年内需要之量；一则利用废铜，加以提炼，关于废铜提炼，本会已拟有具体计划。

(五)铝

铝为空军之必需用品，亦且关系一般工业。明矾为炼铝之重要原料，浙、皖之明矾矿储量甚大。惟炼铝须有廉价电力，本会对于浙南一带之水力调查，已经完毕，水力发电计划，亦已拟就，只待炼铝技术上得有把握，即可进行。

(六)铅锌

国内各兵工厂，年用铅二五八一吨，锌九五四吨。湖南水口山铅锌矿现采之粗砂，经选洗后，年可得铅砂六千吨，锌砂一万吨，铅砂在长沙炼成纯铅约三千吨，足供军用。锌砂亦在长沙附近用西法炼成纯锌约七八百吨，稍加扩充，即可敷用。惟水口山矿现存矿量，所余无多，亟须加工探矿，以资继续。斯事本会已在计划进行中。此外湖南境内发现铅锌矿之各地，亦将积极试探，以谋铅锌之自给。

(七)煤

国内煤矿，本会曾经选派专员，加以详细调查，均有切实报告。现正草拟煤业整理计划，不久即可完成。

(八)石油

国内石油产地，以陕北为最有希望。本会正在延长、延川两县实施钻探，有两井已日出万升，其他各井，成绩亦好，预计至明年冬季，可钻探二十六井。惟最近该区被匪侵入，员工失去自由，须俟治安恢复，方可继续工作。至四川石油产地，本会已一再调查，不久即将实行钻探。甘肃方面，亦经派员前往，先行调查地质。

（九）低温蒸馏及轻化

国内需要石油，为量甚巨。本会除探采天然石油外，并从事研究低温蒸馏及轻化。关于低温蒸馏，本会已设有小规模之工厂，实地工作，以便养成此项工业之技术人员。去年曾派员赴欧洲各国研究，上月又派员至日本考察，以为将来正式设厂之筹备。关于轻化，则需款较巨，现正着手作一小规模试验工作。

（十）硝磺

国内制硝，多由土中煎炼而得，冀、豫、鲁等省均有出产，兵工署年购豫硝约一百五十吨，该项硝田，除硝外兼产食盐。近因影响盐税，有冲毁硝盐田之议，以致引起当地人民之恐慌。本会对于此项硝盐田，已有详细调查，正在草拟办法，以期税收民生双方兼顾，且将设法发展土硝，以裕军需。

硫磺为硫酸、火药、肥料等重要原料，国产硫磺，均自黄铁矿提出。主要产地：

湖南之水口山、郴县、湘乡、慈利等处。

山西之阳曲、隰县、汾西等处。

河南之新安、狂口、修武、博爱等处。

山东之淄川、博山等处。

以上四省，年产硫磺约四千三百吨，其他各省年产不及一千吨，全国共计五千余吨。每年进口洋磺计四五千吨，实因美国、意大利等处，有天然硫磺，质优价廉之故，本会正在筹拟将来硫磺自给计划。

（十一）水力

本会关于水力，除浙南已有详细计划外，现正测勘四川水力，以后对江西水力，亦将加以测勘。

（十二）电气器材

电气工业，直接间接均与国防有莫大之关系，亟应设法发展。吾国此项工业，年来虽已有相当之成绩，但一切重要原料，尚须仰给于人，殊非久远妥善之道。本会经详细调查研究后，曾拟就电气器材厂计划，包括电线、电泡、真空管、绝缘品、电池、电机、电报、电话及无线电机等厂，资本总额约需五、六百万元。现在资本方面已有接洽，可望正式进行。

（十三）飞机工厂

飞机工厂之技术及经济方面，本会前年即派员至欧美调查，上月返国。现正草拟详细计划。

（十四）国防化学

直接与国防有关之重要工业，如淡气工厂、氯气制造厂等，本会自成立以来，即竭力提倡，并与国内工业家采取密切合作。至酒精厂、糖厂等，亦正在计划中。

实业部呈报对于国防工业筹商经过情形

为密呈事。准中央政治会议秘书处本年六月二十日密函，抄送傅汝霖等四委员提请集中全力，从事于国防重要工业之根本建设案，嘱就主管范围，将各有关事件办理情形，缮具报告，于本月二十五日以前送处。等由。准此。除飞机制造、兵工厂、母机厂，非本部主管范围外，本部并办于国防有关之工业，有已成就者，有正在筹商者，有已交其他机关承办者，计分三类。兹谨撮要报告如次：

甲、已成就者凡三：

（一）硫酸錏厂　本厂名为人造肥料，实则为淡气基本之工业，平时则制造人造肥料，战时则改造淡气，以供军用。本部前曾与英商卜内门磋商合办，原定资本一千五百万元，追后数次磋商，颇难就绪，最后其总经理哈利麦干来华，要求建筑；酬金一百五十万元，嗣减为一百万元。公博当时以为既名合资，则酬金万无单责之华方之理，且博访专家，亦谓一千万元，已足爱商之国内诸银行。及创办永利碱厂之范锐，即令其承办，现已在浦口购地千余亩，筹资八百万元，所购机器，已在途中，明年年底，当可完全成立，并由范锐计划，即在平时亦制若干种淡气，以供军用，此事已由范锐面呈蒋委员长决定。

（二）中央机器厂　本厂虽与机械有关，然一时尚难制造，有关国防之机械，盖本厂之资本，全数借之庚款委员会，不独计划。事先需共同商定，即出品之种类，亦须由其同意，庚款会以有外人关系，所注意者，惟能赢利还本付息，对于国防非其所关；故非将借款三百余万元付清以外，尚难自由制造有关国防之品类。

（三）酒精厂　本厂资本为一百五十万元，全数由华侨黄江泉等担任募集，名为官股占十分之一，而实则本部未尝交付实股分文。本部所占股额系为借款，每年须纳利息六厘。如该厂赢利在六厘以下，本部须填足六厘之数；倘在六厘以上，则将余利用以购买股票，或即缴归国库。现该厂每日出产七千加仑，极其能力，可以出产一万二千加仑，足以供给全国而有余。惟现在市面能销售者仅四千加仑，以故前途未可乐观，倘能军事机关不向外国购买，而专向本厂承购，则可以自立。

乙、正在筹商者有二：

（一）采发煤油　我国西北以至四川，向有富于煤油之名，虽间有专家尚抱悲观，惟亦有专家主积极试探。本年春间，美人阿尔脱琼斯曾派代表来华，请求划定甘肃、新疆、陕西、四川等省试办，并愿出美金至少一千五百万元，当时公博曾报告国防会议，由汪院长召集王世杰、丁文江、钱昌照及公博等数人审查。钱昌照谓陕西已由国防设计委员会试探，应予除外。公博即将决定诸点转告勒文，往返磋商，亦愿将陕西除外，旋琼斯遣派正式代表域士及地质专家艮脱利来华，讨论特许合同。公博亦经报告，国防会议有案，乃在讨论之中。国防设计委员会又报告蒋委员长，谓该会亦将四川划入试探范围，于是该案遂不得不停顿，事后该美商谓中国政府背信失约，谓为无责任之政府，而公博亦无词以应也。现有顾维钧、周作民、钱新之、黄宗孝诸人，愿措资试探甘肃、宁夏、新疆三省，现正在磋商期间，事之能成，尚不敢必。

（二）汽车厂　与中国磋商合资建设汽车厂，前后计有美国之福特及通用汽车公司，有捷克之代表，有意大利之飞翼。惟争持之点有二：其一为建造问题，盖外商多主先办配合厂，而我则主办制造厂。其二则为地点问题，外商多主在上海，而我则坚持在内地。然对于第一点，我方经已让步。盖我国连东三省在内，每年销售只七千辆汽车。而福特一厂，在经济未曾衰落之时，每日制造八千至一万辆。现在衰落，每日亦制六千辆，审是，则其每日所出，已供给我国一年而有余。彼之不肖，即建制造厂，显而易见。惟对于第二问题，刻我方尚在坚持，大概来接洽之数厂中，尚以福特及通用两公司较有希望也。

丙、已交其他机关承办者一：

以即为蕴酿已久之钢铁厂。查此案早决于民国二十年一月孙前院长任内，亦已与德国喜望公司签订草约。惟当时所顾虑者，厥为原料问题，长江以南素多铁矿，不虞缺乏。至煤之一项，在孔前部长已决收回民办之雷家沟，旋闻雷家沟煤质不佳，因先与德方订立十万元合同，请其钻探，殊试探结果，煤质未良，因又改探江西之高坑，以致此案虚悬一年有半。迨认为高坑之煤可以炼焦，然而虑及价目问题，盖当时德方所要求者，由一千六百万至二千万美金，虽此款为借款性质，然而不能要求如是之高，当由筹备委员会决议，遣派本部矿业司长黄金涛赴美，请专家勃莱脱代为估定。在黄金涛赴美之时，曾接蒋委员长电示，嘱即签字，然当黄金涛未回，价目未定，实难办理。越一星期后，又接蒋委员长电，嘱从缓签字，当将前后情形，电达牯岭，此黄金涛未回国之情形也。后黄金涛回国报告勃莱脱估定价目，再由本部核定为三千五百零一万二千一百五十三马克，按今日汇兑，约合国币三千五百七十一万余元。然闻当时国防会议在庐山开会之时，曾决定钢铁厂须在三千万元以下，始能许办之说，则对德方之交涉不能不予中止。以后更由国防设计委员会改请麦基计划，更由行政院另任丁文江筹备，本部亦已将各矿钻探之材料，及马鞍山空测之详图，移送丁文江，以资参考。此筹办钢铁厂之经过大略也。

复次公博微闻外间颇有以本部在沪设厂为非计者，但查本部在上海新成立者，仅有两厂，除酒精厂纯为商人出资，本部不能强其设在内地外，中央机器厂，则有其特殊之原因，当时庚款会原主该厂设沪，后以华董之努力及前工业司长程振钧之力争，始以四万元购得南京市政府在草鞋峡地段三百余亩。讵正在设计之时，狮子山炮台司令突来抗议，请中央机器厂迁移，其理由谓不独该厂妨碍炮台之炮线，一旦有事，敌兵更容易借为掩护登陆，以为攻击炮台之根据地，事关国防大计，迫得弃置原地，然恐更张多次，更不见信于庚款外人，迫得照其原议，迁移上海。此中不得已之情形，不能不特予声叙者也。

再公博不能已于言者，今日国防工业建设之迟缓，不容讳言，资本之缺乏，固为一大原因，然机关庞杂，权不集中，要为迟缓理由之最大者。稍有计划，牵涉孔多，事前各不相谋，事后互相牵制，此中痛苦，非片纸可以详陈，然兹事体大，更非实业一部所能妄参末议。所有关于国防工业筹商经过大略条列如上，仰祈鉴核。谨呈

中央政治会议

实业部部长　陈公博

二四、六、二四

财政部对于国防工业筹款办法之报告

查原提案列举办法，分甲、乙、丙、丁、戊五项，其与本部主管事项有关者，为丙项，该项内分筹款办法八款。兹就原拟办法，逐条研究，报告如下：

一、原提案拟以古物作抵，借外债一万万元。查近来金融停滞，经济恐慌，世界各国，莫不皆然，故棉麦借款、美麦借款，皆以货物贷给我国，未尝借给现款。处目前之时势，欲借外债一万万元，筹办国防工业，殊属非易，且古物不能生产，而借款本息，非指定可靠之财源作抵不可，就现在中国财政情形，另指财源，亦属困难。

二、原提案拟停止一切建筑，及不急之建设费，拨为国防工业建设之用。查中央审查二十四年度国家总概算时，原取紧缩政策，各机关本身，非有必要，不得新有营造工程。关于建设及文化事业经费，以必要者为限，故总概算内所列此类经费，可以移缓就急者，为数尚不甚巨，但国防工业，建设需要，更为迫切，量为移拨，当无不可，似宜由中央决定原则，再就概算所列各项临时费，逐一审查，见认为可以缓者，一律保留，备为移充国防工业建设之用。

三、原提案拟征收遗产税。查征收遗产税，本部正在筹拟之中，对于征收办法，推行步骤，已拟具草案，最近期内，即拟将条例草案呈院核转审议。虽创办之始，或未能普遍征收，然于二十四年度内当可举办。

四、原提案拟征收轻微之交通附加捐。查交通事业酌征附加捐，以前似有成案，现在各铁路亦尚有另收客货运之加价者，此项附捐，自可举办。至如何办理，应由交通、铁道两部筹拟。

五、原提案拟酌拨全国各机关长官之公费。查各机关长官公费，多属公务上必需之开支，且为数有限，应否酌拨及如何提拨之处，未敢擅拟。

六、原提案拟征收财富捐。查本部已拟于二十四年开始征收所得税，并已拟具条例，呈院核转审议，不久当可施行。至预拟征收之遗产税，亦属于财富课征之一种，所得、遗产两税实行征收以后，对于财富课税，已无多遗漏，其他对于财富者之课税，或漫无标准，或迹近苛碎，办理不易，似可暂从缓议。

七、原提案拟征收娱乐及奢侈品之附加捐。查各省市对于电影、戏团等娱乐场所，均已征收娱乐捐，大致系由顾客负担。如再附加若干，并不为苛，似可酌量各地方情形举办。至奢侈品一项，其由外洋输入者，海关征收关税及附加税率，已增高不少。其在国内制造贩卖或消费者，可俟财政收支系统法颁布后，依照原法第二章第三条第四项之规定，再分别拟具办法，加征，应请察酌汇办。

八、原提案拟提征一般交际庆贺之节余金。查原案所称，一般交际庆贺，如系指政府机关所办者而言，则通常交际庆贺之所费，原无特定预算，无节余之可言，遇有大典必须特定预算者，则或属偶然，其节余必甚微末，且应缴还国库，仍属库款。如系指人民之交际庆贺，则无法计算其有无节余。只宜由公私团体宣传提倡，使人民自动捐输而已。

以上所陈，是否有当？伏祈

鉴核

财政部长　孔祥熙

(3) 参谋本部致资源委员会密函(1936年2月14日)

参谋本部密函　壹(信)字第二〇〇三号

案准中央政治委员会秘书处函，以国防工业根本建设一案，前准李委员宗黄等建议，业经议定：由政府筹集基金，所有应办事业之缓急及其详细计划，应由军事主管机关会同实业部及其他关系机关制定呈核。现在该项计划，本会国防专门委员会亟待审查，除分函外，录案函请查照办理，等由。除由本部函请贵会主办，并召集有关机关商订外，兹定于本月十八日，星期二下午二时半，在本部西花厅，先由关系机关商讨原则，届时拟请派重要人员携原案来部会商为荷。此致

军事委员会资源委员会

中华民国二十五年二月十四日

（4）国防工业建设会议纪录（2月18日）

国防工业建设会议纪录

日期　民国二十五年二月十八日下午三时

地点　参谋本部西花厅

出席　程　潜　刘荫茀　俞大维杨继曾代　庞松舟　罗厚安　杨公兆　张亮清　程义法　熊仲韬　钱治士

主席　程潜

纪录　周大谋

开会如仪：

（甲）报告事项

一、主席报告

本案系王委员等提出，已经过中央政治会议审查通过，并发交有关各部拟具各项实施方案。现此案发下日久，所有详细内容，想各位均极明晰，但内中尚有若干问题，亟待解决者，今天特行召集各位开会讨论，以便呈复中政会采择施行。兹提出以下三点，即请各位从详讨论。

（1）国防工业区域安全问题。

（2）国防工业建设程序问题。

（3）国防工业经费问题。

主席词毕，继由实业部、兵工署、资源委员会、财政部，各代表依次报告，词长从略。

（乙）讨论事项

一、关于国防工业区域安全问题案。

决议：分别选定川、湘、赣三省相当地点。

二、关于国防工业建设程序问题案。

决议：由兵工署、资源委员会，先行会同拟具方案。下次开会时，并通知航空委员会及交通司，派员参加。

三、关于国防工业经费问题案。

决议：本案有孔、陈、宋三委员，负责筹措，暂不讨论。

四、下次开会日期及由何部召集案。

决议：顺推至第三周星期二下午三时开会，由资源委员会负责召集。

（丙）散会

（5）资源委员会杨公兆程义法签呈（1936年2月20日）

本月十八日，奉命出席参谋本部重工业建设会议。开会时，由参谋本部程部长主席，除由出席各部会报告外，足供纪录者，有下列两点，均系程部长建议。

一、设厂地点

（1）安全地域（不受军舰及飞机之威挟者为限）

（2）水陆交通便利

（3）原料燃料方便地点

（4）有扩充性的地点及规模

（5）用水供给便利地点

（6）无水灾地点

适合上项条件之地点，以在湖南及江西两省境内为最适宜。四川虽极安全，然交通不便，接济时尚欠灵敏。北方则以陕西较为适宜，惟交通及经济条件，均不及湘、赣。

二、建设程序

（1）钢铁厂

（2）铜厂

（3）石油矿及汽油代用品制炼厂

（4）炸药厂

（5）无烟药

（6）子弹厂炮弹厂

（7）汽车厂载重车

（8）通信器材厂

（9）望远镜光学军用品制造厂

兹谨具简略报告，俟参谋本部正式纪录印就后，再行附呈，谨呈

秘书长

调查处处长　杨公兆

专　　员　程义法

二五年二月廿日

（6）国防工业建设第二次会议纪录（2月25日）

国防工业建设会议纪录

日期　民国二十五年二月二十五日上午九时

地点　资源委员会会议室

出席人员　钱昌照　俞大维杨继曾代　韦以黻　刘荫茀　程义法　庞松舟　罗厚安　钱诒士　钱昌祚　王承黻　杨庆贞　杨公兆　孙　拯　朱其清

主席　钱昌照

议决事项

一、兵工厂与一般重工业分别

二、重工业建设案以资源委员会提案为根据，惟应加入汽车厂声明已另有机关筹办。关于氯气工厂将来与兵工署商量决定。

三、兵工厂之扩充增设，现军政部已拟有五年计划，其中兵

工厂建设费三年约六千万元，系该计划之一部，应请一并筹措。

（7）蒋介石、程潜致国民党中央政治委员会秘书处函

（3月5日）

案查本部前准贵处本年二月六日密函节开：查接管中央政治会议卷内，准李委员宗黄等提议，请速定根本大计，建设国防重工业，以救危亡一案，并将原提案所拟筹款办法交由朱委员培德审查。旋经报告，拟请责成政府在三年内筹定一万万元，作为建设国防重工业基金，二十四年度内务先筹定二千万元，所有应办事业之缓急及其详细计划，应由军事主管机关会同其他有关机关制定，呈核复由。第四六五次政治会议推定孔祥熙、陈果夫、宋子文三委员负责筹措财源各在案。等由。附原提案一件，报告四件。当经本部于二月十八日，召集资源委员会、实业部、财政部、军政部代表，会同讨论议决，关于国防工业区域，应在原料及其他经济条件许可范围以内，选定湘、赣、川三省相当地点，以期安全。关于建设程序及经费，因多属技术及经济范围，应由资源委员会负责召集，并函会主持办理。旋由本会函请原与会各机关，并通知航空委员会、海军部、交通部派员参加，于二月二十五日在本会开会讨论，当时由本会提出一般重工业建设方案，估计约需九千六百万元。军政部代表提出兵工厂一部份扩充增设经费六千零八十万元。讨论结果：（一）一般重工业与兵工应分别开列；（二）重工业建设案，以资源委员会提案为根据，照讨论结果加以修正，呈请中央核定；（三）兵工厂之扩充增设，现军政部已拟有兵工五年计划，其中一部分之扩充增设经费，三年内约需六千万元，应请中央一并筹措。各关系机关意见既均一致，兹由本会根据讨论结果，将重工业提案补充修正，缮成表件，送请呈核。查今日国防重工业需要之最急迫者，为兵工原料、航空器材、交通通信工具及燃料等数端。关于兵工原料方面，大约可分两类：其

一为金属原料，以钢、铁、铅、锌为主，而锰、锑、钨等则为合金所必需，本会金属工业之提案，即以供给此项原料为目的。其二为火药原料，以硫酸、硝酸等为主，而氯气黄磷则为毒气及烟幕燃烧弹所必需，氧气又为防毒所应备。本会化学工业之提案，即以供给此项原料为目的。关于航空器材及交通通信工具方面，拟有机器厂、电气器材厂。惟汽车厂一项已由中国汽车制造公司另行筹划，故未列入。关于燃料方面，拟开发湘、豫、赣烟煤矿，以防一旦华北有事，烟煤供给之断绝，同时拟采探及提炼石油，并设立其代用品之工厂，以补液体燃料之不足。此外关于食盐供给，拟改良川盐制造方法，减轻成本，扩充产额，以顾民食。又川省为我国腹心要地，此次重工业计划中厂址拟设该省者，亦有数处，为供给廉价动力便利开发起见，特拟有该省水力发电计划。以上数端，均属国防上急迫之需要，所拟各厂厂址，除黄磷工厂设于海州，系迁就该地磷化钙矿外，余皆在安全地带，其设厂计划，均曾经本会详细调查研究，审慎估计，但使款项有着，当可次第举办。所有国防重工业建设计划拟定方针，及会同有关机关讨论决定情形，相应检同修正提案表，会衔函达查照，转陈核定见复。至纫公谊。此致

中央政治委员会秘书处

附试拟主要重工业建设地址及经费一览表

参谋本部参谋总长　　　　程〇〇

军事委员会资源委员会委员长　蒋〇〇

试拟主要重工业建设地址及经费一览表〔略〕

资源委员会

（8）资源委员会致行政院密函（3月7日）

案准第八三九号函，以贵院工作纲要计划内第四项与本会职掌有关，嘱于二十天内，依照纲要拟具六年计划，并注明逐年进

展程度送院。等由。附抄行政院工作纲要一件，准此。查本会职掌，注意国防资源自给之筹划及建设，关于兵工原料、航空器材、交通通信工具及燃料等之自足问题，尤所注意。历年以来，曾拟有各种详细建设计划，因经费所限，仅有一小部分见诸实施。最近准中央政治委员会秘书处密函称：中央政治会议曾议决责成政府在三年内筹定一万万元，作为建设国防重工业基金，所有应办事业之缓急及其详细计划，应由军事主管机关会同其他有关机关制定呈核。并于第四六五次政治会议中推定委员负责筹措经费。等因。当由参谋本部及本会召集会议，军政部、海军部、航空委员会、实业部、交通部、财政部各机关均派员出席，会议结果，通过本会所提出之国防重工业三年建设计划案，建议中央呈候核定。查该提案中各种计划，与贵院工作纲要中实业部分及重工业与军事建设部分之工作，颇有关系。兹将该提案中各种重工业设厂地址，出产能力及所需经费，列表送请核办。其中已由本会举办及准备就绪即将着手者，有湘赣两省锑矿及钨矿之整理，陕北及四川油矿之采探，湖北大冶、阳新铜矿之采探等项。拟由本会自办者，为各种化学工业、植物油中提炼汽油，酒精厂、机器厂、电气器材厂等项。拟与实业部合办，经该部吴部长复函同意者，有钢铁厂、煤炭低温蒸馏及开采湘赣烟煤矿等项。此外关于铅锌矿之探采及冶炼，锰矿之整理及锰铁矿之筹办，豫省烟煤矿之开发与四川水力电厂等项，拟与实业部商量进行。以上系指国家自行建设所需经费而言。惟目前财政困难，政府直接投资，能力有限。为提倡民间投资于重工业起见，本会曾拟有国防工业保息条例，拟每年指定的款三百万元，作为国防工业保息之用。曾于民国二十三年八月本会在牯岭开全体大会时通过详细办法，因迄未指定的款，至今未能实施。查此项经费，照原拟数目三百万元保息六厘计，则民间五千万元之投资可得实惠，似应着手举办。兹附当时通过国防工业保息条例一份，即请贵院核酌。关于科学技术人才之统计与运川，本会对科学及技术人才调查，进行已历三年，当兹国难严重之时，此后工作，拟以全国科学技术人才之总动员为主要目标，兼顾平时各种建设事业之需要，曾经拟具简要实施方案，函商教育部征取同意，并商定此项方案实施时，由本会负责主持，兹检附一份，送请核办，此项工作尚属创举，关系方面亦多，将来进展程度如何，目前尚难预先揣度。准函前因。相应检同试办主要重工业建设地址及经费一览表、全国科学技术人才之统计与运用方案及国防工业保息条例，函请贵院核办，即希查照为荷。此致

行政院

附试拟主要重工业建设地址及经费一览表一件〔略〕

全国科学技术人才之统计与运用方案一件

国防工业保息条例一件

全国科学技术人才之统计与运用方案

当兹国难危急之际，本会对于科学技术人才之统计与运用，以全国科学技术人才总动员为目标，兹谨具简要实施办法如后。

一、由本会会同有关各行政及军事机关拟定战时各地各军队及后方勤务，对于各种科学技术人才之需要与编制及补充办法。

二、以前项所拟定者为根据，补充本会已有之专门人才调查，并整理一切统计。

三、由本会会同有关军事机关及军队，于必要时集合之。

四、全国科学技术人才之总动员及其补充工作，由本会会同有关军事机关执行之。

为顾及平时各种建设事业之需要，拟同时兼任下列工作。

一、由本会会同有关各行政及军事机关与实业团体，拟定各种已办拟办事业之科学技术人才需要及补充办法，该办法由本会

会同原拟办法各机关与团体实施之。

二、以前项所拟定者为根据，补充本会已有之专门人才调查，并整理一切统计。

（9）行政院致资源委员会公函（3月24日）

行政院公函　字第一三四六号

案准贵会本年三月七日密字第三七六号公函，为送试拟主要重工业建设地址及经费一览表，全国科学技术人才之统计与运用方案及国防工业保息条例，复请查照核办。等由。准此。查贵会建议中央呈候核定之国防重工业三年建设计划案及全国科学技术人才之统计与运用之详细方案，本院均有参考之必要，拟请贵会抄送一份。又原送主要重工业建设地址及经费一览表，仅列第一年所需经费，拟请将第二第三两年所需经费，一并拟送过院，以便饬处拟定本院工作整个具体方案，审定实施。相应函达，即希查照，迅予办理见复为荷。此致

军事委员会资源委员会

院长　蒋中正

中华民国廿五年三月廿四日

试拟主要重工业建设地址及经费一览表

资源委员会

试拟主要重工业建设地址及经费一览表　　资源委员会

事业种类	拟设地址	全部完成时每年生产能力	第一年所需经费(元)	第二年所需经费(元)	第三年所需经费(元)	全部所需经费(元)
一、钢铁			10000000	13000000	7000000	30000000
(一)钢铁厂	长沙株州附近	各种钢品十万吨	10000000	13000000	7000000	30000000
二、其他重要金属			2900000	1730000	970000	5600000
(一)铜之探采及冶炼	湖北阳新(兼炼废钢)	电钢二千五百二十吨	600000	930000	970000	2500000
(二)铅锌矿之探采及冶炼	湖南水口山	纯铅三千吨纯锌二千四百吨	1600000	800000		2400000
(三)锰矿之整理及锰铁厂	湖南湘潭	锰砂二万吨	700000			
(四)锑矿及钨矿之整理及钨铁厂之筹设	江西湖南境内	纯锑约一万吨钨砂约四千吨	无须另筹经费	无须另筹经费	无须另筹经费	无须另筹经费
三、燃料			3750000	766000	7750000	19160000
(一)汽油及代用油						
甲、石油之探采及提炼	陕西四川境内	提炼石油十八万桶约可得汽油四百二十五万加仑	700000	2410000	1850000	4970000
乙、煤炭低温蒸馏	江西乐平四川彭县湖南武冈	低温油四百四十二万八千加仑汽油四十七万八千八百加仑	600000	1100000	2000000	4300000
丙、植物油中提炼汽油	川黔滇及西北各省	汽油二百一十六万加仑	50000	1250000	1700000	3000000
丁、酒精厂	四川内江或江西南昌附近此外可设之处甚多	代汽油一百八十万加仑	400000	800000	800000	2000000

(二)煤						
甲、开采湘赣豫烟煤矿	河南禹县湖南湘潭及江西萍乡	烟煤一百万吨	2000000	1500000	1400000	4900000
四、化学工业			9180000	200000	7500000	16880000
(一)淡气工厂	湖南株州江西赣州	亚莫尼亚一万八千吨百分之二十无水硫酸五万七千六百吨硫酸铔肥料五万四千吨浓硝酸一万一千五百二十吨	5800000		5800000	11600000
(二)氯气工厂	四川自流井山西运城	氯气三千六百吨烧碱四千三百二十吨	800000		800000	1600000
(三)制磷工厂	江苏海州	黄磷三百六十吨	900000			900000
(四)养气工厂	江西南昌湖南株州	养气七十二万立方公尺	200000	200000		400000
(五)南昌炸药工厂	湖南株州江西赣州	硝化甘油三百六十吨无烟炸药一千零八十吨	400000		400000	800000
(六)硝化纤维工厂	湖南株州江西赣州	硝化纤维五百四十吨	500000		500000	1000000
(七)新法制盐厂	四川犍为	盐二十万担	580000			580000
五、电气器材			4450000	1350000	200000	6000000
(一)电气器材厂	汉口	各种电气器材战时可望自给	4450000	1350000	200000	6000000

六、机器			2000000	3000000	3000000	8000000
(一)机器厂	南昌或长沙附近	轻机械部份能力可产飞机发动机及螺旋桨一百具并可制造其他轻机械	2000000	3000000	3000000	8000000
七、水力发电			100000	37400000	7010000	10850000
(一)水力发电厂	四川长寿乐山灌县	发电机能力共四万零八百马力	100000	3740000	7010000	10850000
			共计长 32380000	30680000	33430000	96490000

〔国民政府资源委员会档案〕

17. 实业部一九三六年度内新办事业报告(摘要)

(1936年)

实业部二十五年度内新办事业

〔甲、乙两项略〕

(丙)关于工业事项

——筹设官商合办温溪纸厂

名称——官商合办温溪纸厂。

种类——制造新闻纸。

期限——款项拨付后，以一年为完成期。

经费来源——资金金额定为四百五十万元。官股三百九十万元，借用中英庚款三十四万余镑拨充之，商股六十万元，由沪上书业认定半数，其余三十万元公开招募。

未完成事项——已组织筹备委员会负责进行一切筹备事宜，并由部内管理中英庚款董事会商订借款契约。商股方面已认定半数，其余现正进行公开招募，一俟款额拨付，即着手建厂购机等事。

筹备经过——在该厂未正式筹备之前，曾通令各省查报森林区域木材产量，并派员前往浙属永嘉、丽水一带实地调查杉木产量及水源。总将所采木材交中央工业试验所化验，结果良好。遂于二十三年二月间呈请行政院将原拟借拨并办硫酸錏厂之英庚款二十五万余镑及本部应得之英庚款余额八万余镑，移作开办温溪纸厂经费，当经提出第一四八次会议，决议：大体通过，详细办法由实业部与管理中英庚款董事会会商办理，发行公债时，与财政部会商办理。随即拟具详细设厂计划，预定资本金额四百五十万元，由官商合办，官股三百九十万元，借用中英庚款三十四万余镑拨充之，商股六十万元，则由上海书业等认募。其产量为每日制新闻纸三十五吨。于二十四年夏间组织筹备委员会筹划进行事宜，一面向管理中英庚款董事会商洽借款，暨与沪上书业磋商合作办法。嗣以借拨庚款还本付息担保问题，未得财政部同意，至是年十一月间呈奉行政院核交财政部庚款董事会及本部审查，结果将本借款每年还本付息数目，分年编入本部预算以内，提经第二三七次院议通过，并征得董事会满意之答复。二十五年春为对技术上之慎重起见，经将该厂计划书送交中国工程师学会审查，旋准复称，大体甚表赞同。同时并将永嘉、丽水一带之木材样品，送瑞典卡尔司塔特厂试验，认为此项木材实为最适合于制造新闻纸之原料。是年秋由本部集合各方审查及试验报告送请董事会审议，经该会第四二次会议讨论，各董事对于该厂之设立，均极愿赞助，早观厥成。此后本部即草拟借款契约，先行非正式接洽，至最近函请董事会提付讨论决定。至商股部份，已经沪上书业认定三十万元，其余三十万元，正拟公开招募。此为该厂筹备经过大概情形。

(丁)关于商业事项

……

设立中国植物油料厂

名称——中国植物油料厂股份有限公司。

种类——官商合办。所营事业主要为桐油之存贮、制炼、机榨。其次代理桐油及其他植物油之存贮及制炼。代理承办押借押汇报关运输及其他便利销售各事项。提炼润机油料及制造油漆涂料。

经费——资本总额定为二百万元，分为二万股，每股一百元，先收半数，计一百万元。由本部认五十万元。川、鄂、湘、浙、桂各省政府各认三十万元。后赣省府亦加入认股。本部及各省政府均得以半数招募商股。

成立时期——二十五年八月十五日开创立会宣告成立。

正完成工作——公司沪、汉两办事处，长沙、常德、芜湖、杭州等办事处，均先后成立。上海、汉口、万县、重庆等工厂，亦先后开工。

未完成工作——常德、长沙等分工厂，正积极筹设。梧州、杭州、温州等分工厂，亦拟俟相当时机进行筹办。

……

(乙)关于矿业事项

本部对于法定应划归国营各矿区其主要者，为煤、铁、铜等矿，经本部分别依法划定矿区，设定国营矿业权；惟以经费及国防关系，本部多择要商由军委会资源委员会筹划探采。又关于国营钢铁厂，前经本部着手筹备，本年度另组织钢铁厂筹备委员会，附设于资源委员会内，由本部与资源委员会会同办理。兹将二十五年内开办暨继续兴办者，分述如次：

名　　称	种类	期限	经费来源	已未完成及现在状况
国营江西萍乡高坑矿区	煤矿	二年	由军事委员会资源委员会筹备	现正在钻探筹备开采
国营湖南湘潭谭家山矿区	煤矿	二年	由军事委员会资源委员会筹备	现正预备钻探
国营湖北鄂城灵乡矿区	铁矿	二年	同　上	现正钻探筹备开采
国营中央钢铁厂	钢铁	三年	由政府筹款	现正在湖南株州附近布置厂址并订购机炉由本部与资源委员会会同办理
国营湖北大冶阳新龙角山矿区	铜矿	二年	由军事委员会资源委员会筹备	现正在钻探中
国营湖北大冶阳新铜绿山矿区	铜矿	二年	同　上	同　上

〔国民政府实业部档案〕

18. 吴鼎昌关于办理重工业经过致资源委员会翁文灏等密函

（1936年1月23日）

咏霓乙藜先生勋鉴：奉一月十四日大示，并贵会重工业计划进行表一份，敬悉。查表内除(二)项已有计划，拟由贵会自办者外，虽有曾经为本部所筹及者，只以需款至巨，有非本部力所能逮，故未实施。今幸贵会分别拟定计划，循序进行，国家建设胥利赖之，固不仅本部亟表赞同已也。查(一)(三)(四)项内，本部对于各事业之初步筹划及行政程序之处理，已有一部分之办理经过。兹抄送节略一纸，附尘〔呈〕察阅。在(一)项，贵会现已举办之锑钨业整理及开发陕北、四川石油，大冶、阳新铜矿等，所有本部初步办理经过，想尚有合于尊旨。至(三)、(四)两项，拟与本部合办或商办者，当力为襄赞，共趋一鹄，并盼将所定计划抄寄一份，藉供参考，以便会商进行。惟此三项中多有关于矿业部份者，如国防资源之节制、国营矿区之保留及对外贸易之统制，皆与民营事业相关连，拟请贵会将已办之各事业查照，节略所开各点，或于法令上须补办手续者，或于行政上有须融通办理者，务希函示过部，自当酌为照办，以期贵会所办事业，与本部实业、行政互相呼应，俾事业之进行，更臻利便，是或有当于万一也。辱荷明教，无任钦迟，敢布悃臆，伫候复示。专泐。敬颂

勋安

弟吴鼎昌

一月二十三日

计开

锑业之整理　　本部前经派员赴湘与湘省政府及锑商代表筹商，由政府监督商人自行统一运销办法。嗣又与经济委员会财政

部及湘省政府代表筹商，囤积锑砂，提高市价，统制锑业等办法，惟均尚未实行。本部又于去年六月一日起，将湘省锑矿保留两年，禁止人民呈请设权，以防生产过剩。

钨矿之整理　本部前曾与江西、广东两省政府洽商，筹设钨矿局，以统一运销。近又拟订公卖办法以统制全国钨业。本部业在江西省大庚、崇义、安远、会昌等县，划定国营钨矿区六处，又从去年六月一日起，将湘省钨矿保留两年。

陕北及四川石油之开发　本部曾在陕西延长、延川两县境内划定国营石油矿三区，并曾派员筹办四川省石油矿，划定富顺县、荣县、达县、渠县等处，石油夹煤气国营矿二区。复在该川省国营矿区内进行探勘工作，以决定最有希望之油源所在。

湖北大冶、阳新铜矿之开发　本部曾在大冶、阳新两县划定国营铜矿二区。

中央钢铁厂　本部筹划该厂已历数年，经先后拟具详细报告与计划书暨价目调查审定报告呈送行政院核定。

宁乡铁矿之开发　该矿曾由本部派员调查，并将矿样分析，拟有报告。

江西高坑煤矿之开发　该矿本部曾派员详细调查，并拟具精密报告与开采计划，本部并曾将该矿划为国营区。

湖南铅锌矿之整理　本部曾迭令湖南省建设厅将水口山铅锌矿划定矿区，补呈设权。

此外，谭家山煤矿、禹县煤矿、青海金矿等，如资源委员会拟行举办，应先依照矿业法之规定，划定矿区，设权领照，再进行开采工作或由本部按所划矿区设定国营矿业权，再由资源委员会承租采办，俾一切手续胥能就矿业法令之范围办理，而免与商人呈请设权案及与业已设定之矿业权发生纠葛。

〔国民政府资源委员会档案〕

19. 资源委员会关于设立钨业管理处致实业部公函

（1936年2月19日）

国民政府军事委员会资源委员会公函　密字第321号

查钨砂为军需原料，且为我国大宗出口。近年产钨各省，虽在施行管理，究无划一规程。本会为开发国防资源，认钨业关系重要，亟应由本会直接管理，特设钨业管理处于江西南昌，管理全国钨业，并在长沙设立湖南分处，收买钨砂，统一输出。至关于矿业行政各事项，仍请贵部依法办理，相应检同钨业管理处组织大纲，湖南分处管理规程，及该处处置存货办法各一份，函请查照为荷。此致

实业部

附钨业管理处组织大纲一份

湖南分处管理规程一份

湖南分处处置存货办法一份〔略〕

中华民国二十五年二月十九日

资源委员会钨业管理处组织大纲

第一条　本处隶属军事委员会资源委员会。

第二条　本处设处长一人，由资源委员会派充之。

第三条　本处设总务主任一人，由资源委员会派充之。

第四条　本处设技正一人，技士三人，处员若干人，由处长呈请资源委员会派充之。

第五条　本处于必要时得在产销重要地点设立分处或事务所，其职员由处长呈请资源委员会派充之。

第六条　本处于必要时，得设钨铁厂，厂长由资源委员会派充之。

第七条　本处详细章程及办事细则另定之。

军事委员会资源委员会钨业管理处湖南分处管理规程

第一条 凡由湖南产运之钨砂悉由本分处给价收买，统一输出，商人不许运销出省。

第二条 钨砂收买价格由本分处呈准资源委员会钨业管理处公告之，所有交货付款条件悉依商场原有习惯办理。

第三条 钨砂所含钨氧及锡砒等标准成分及奖罚各项悉依商场原有习惯办理。

第四条 所有中央及地方钨砂捐税，仍归商人按照原额缴纳。

第五条 矿业权者由产地运钨砂至长沙或其他交易地点，须先持湖南省建设厅所发印证，向厅缴纳原有捐税，领取凭单来分处验明后填发资源委员会护照。

第六条 自二十五年三月十六日起，由本分处填发资源委员会钨砂护照，不另收护照费，但在三月十六日以前湖南省建设厅所发未过期之护照，仍准有效。

〔国民政府实业部档案〕

20．资源委员会召开重工业建设讨论会会议纪录

（1936年2月25日）

重工业建设讨论会议纪录

时期 民国二十五年二月二十五日上午九时三十分至十一时二十分

地址 南京三元巷二号本会

与会人员：

参谋本部代表　　钱诒士

军政部代表　　杨继曾

海军部代表　　杨庆贞

航空委员会代表　钱昌祚　王承黻

实业部代表　　　刘荫茀　程义法

交通部代表　　　韦以黻

财政部代表　　　庞松舟　罗厚安

本会代表　　　　钱秘书长昌照

本会列席者　　　杨公兆　孙　拯　朱其清

主席　钱秘书长昌照

纪录　孙拯

主席先报告关于重工业建设问题，中央政治会议讨论之经过，继言今日讨论之方针，拟注重建设事业之种类及经费。关于主办机关一层，俟中央决定。嗣逐项说明资源委员会关于重工业之提案（提案原文及表附后），并谓各厂地点，除黄磷工厂限于原料外，余皆在安全地带。又关于兵工厂建设，最好由兵工署方面提出计划，另列一案，与一般重工业提案，一并呈送中央，俾得同时进行。

军政部代表杨继曾报告，兵工方面现拟有五年兵工计划，其中新厂建设经费为六千零八十万元，分为三年。第一年，二千零九十万元；第二年，一千九百九十万元；第三年，二千万元。此项计划系以步兵三十师、炮兵二十二团，十个月作战计划为根据，即五年计划完成后，连同现有兵工厂，可有十个月作战之生产能力。惟此系根据陆军需要决定，并未顾及空军，化学兵亦未计入。惟五年计划中建厂之费，仅占甚小部分，计五年需要全数为三万六千余万元。其中制造弹药所需之材料费等达二万五千万元，而建厂费不过六千万元，可见其比例之微。杨君并附带报告二十五年度概算中，兵工方面曾列二百万元为飞机炸弹厂费，其出产能力为每月制造十八公斤之炸弹一万二千个。

参谋本部代表钱诒士认为资源委员会所提议各种重工业，均属重要，问题在于经费。

航空委员会代表钱昌祚报告，该会对于飞机厂已有相当进行。

惟现在尚限于利用外国已成材料，现拟有五百万元建厂计划。关于原料方面，希望重工业计划中，对于轻金属之供给，能加以注意。

主席说明，本会关于轻金属原拟利用浙省明矾矿，并为供给所需之廉价电力起见，拟有详细之飞云冈水电计划，惟因现在炼制技术尚无把握，尚未便提出计划。

实业部代表刘荫茀对于阳新矿是否能充分供给炼铜原料，表示怀疑。并表示据个人意见，酒精厂因原料问题，硫酸铔厂因销路问题，经济上能否维持，均可考虑。主张改硫酸铔厂为汽车厂。

主席说明，炼铜计划中，原拟一面利用废铜，一面开发新矿，且每日七吨，为量不巨，原料供给，似尚不致困难。关于酒精厂，在四川曾有切实调查，原料可有相当把握。至于硫酸铔之制造，系为氮气厂出品，不全恃兵工厂。为销路之意，关于汽车厂应行列入一层，甚表赞同，惟现在行营公路处，闻已另有筹划，似可不另列经费。

主席询交通部代表关于电气器材厂之意见，并请朱其清君说明。

朱君说明后，交通部代表韦以黻谓该部现有之厂，规模甚小，仅供修理之用，对于此次提案表示赞同，并谓电线与铜料之供给甚为重要。

军政部代表杨继曾谓兵工五年计划完成后，需铜年五千吨。现在重工业计划仅能供给半数，将来尚望扩充，且电信需要亦须计及，关于炼制废铜一层，因废铜用途甚广，一经大量收购，恐价格增昂，依个人主张仍以用自采之铜为主，关于铅锌矿，谓虽可应兵工需要，然必须加以整顿，主张应亟由中央收回整理。又言关于氯气工厂，兵工署方面原拟作为化学工厂之一部，此次计划中未提出，但希望此事将来再与兵工署方面详细讨论。又附带言及兵工署现正拟一种准军用品公卖法规。不许民间任意设置制造工厂，氯气工厂与商用炸革工厂均属此范围。

主席说明，除阳新之外，尚有彭县铜矿，现由行营整理，将来产额亦有可观。小西闻喜恒曲地方铜矿，亦甚有望，又现值改革币制之际，收回铜币，适当其时。本会已函财政部请加注意。关于氯气工厂，表示将来愿与兵工署详细讨论。

财政部代表庞松舟言，前次中央政治会议议筹之一万万元中，有兵工厂在内，今重工业提案已达九千五百万元，其中钢铁厂一项，因汇价关系尚须宽估，再加兵工厂之六千万元。航空委员会方面之五百万元，已达一万七千万之数，似与原案不符，主张兵工厂经费最好另提。

军政部代表杨继曾表示六千万元，不过占兵工计划中之甚小部分，兵工署现所注重者为整个之三万六千万元，而并不在局部之六千万元，惟因中央政治会议原提案中首举兵工厂，故不得不提出一部。关于另提一层，亦表示赞同。

航空委员会代表钱昌祚谓该会飞机厂经费，亦可另行提开。

海军部代表杨庆贞表示希望钢铁厂设于沿江沿海之地，以便海军利用。

主席说明，此项所拟之厂址，系尊重军事方面意见，重在安全。

主席询明无其他问题后，经众通过决议案。如下：

一、重工业建设案，以资源委员会提案为根据，加列汽车厂（声明已另有经费）。关于氯气工厂，俟与兵工署商量决定。

二、兵工厂之扩充增设，现军政部已拟有兵工五年计划，其中兵工厂建设费三年约六千万元，系该计划之一部，请一并另行筹措。

三、为符中央原来意旨，则参请各部会议议决原则起见，将来报告中叙明，除废磷工厂外，其他厂址均在安全地带。

〔国民政府资源委员会档案〕

21. 军事委员会办公厅奉转中政会交办修正建设一般重工业计划等案致资源委员会密函

(1936年6月4日)

国民政府军事委员会办公厅公函　高一字第5548号

案奉交下中央执行委员会政治委员会二十五年五月二十一日函乙件，并附国防专门委员会审查报告，修正建设一般重工业计划一览表及理由，修正建设各兵工厂计划一览表及理由，步兵三十师与炮兵二十二团之装备与作战期间之弹药消费表，步兵三十师炮兵二十二团作战期弹药之需要与供给表，制造械弹需用之主要材料及火药数量表各一件，并奉批交军政部办理，并抄知参谋本部及资源委员会等因。除分函外，相应抄同原函及各原附件，一并随函送达，即希查照为荷！此致

资源委员会

计附政委会函壹件，国防专门委员会审查报告

修正建设一般重工业计划一览表及理由

修正建设各兵工厂计划及理由

步兵三十师炮兵二十二团之装备作战期间之弹药消费表〔略〕

步兵三十师炮兵二十二团作战期间弹药之需要与供给表〔略〕

制造械弹需用之主要材料及火药数量表各一件〔略〕

中华民国廿五年六月四日

径密启者：查建设国防重工业一案，前经中央政治会议交由贵会会同实业部等制定详细计划，呈核在案。嗣据贵会资源委员会及参谋本部报告，会同有关系机关商定建设计划情形，并附具主要工业重工业建设地址及经费一览表，复据军政部拟具兵工五年计划中关于建设各兵工厂计划到会，当经并案饬由本会国防专

门委员会审查，将两种计划表酌予修正，并提经本会第十四次会议决议："通过，交军事委员会迅速办理。"相应录案并抄同审查报告及修正计划表函达，即希查照办理。再本会国防专门委员会拟有步兵三十师与炮兵二十二团之装备与作战期间之弹药消费表及作战期间弹药之需要与供给表，并制造械弹药需用之主要材料及火药数量表一并附送参考。此致

军事委员会

计附国防专门委员会审查报告

修正建设一般重工业计划一览表及理由

步兵三十师与炮兵二十二团之装备与作战期间之弹药消费表〔略〕

步兵三十师炮兵二十二团作战期间弹药之需要与供给表〔略〕

制造械弹需要之主要材料及火药数量表各一件〔略〕

中央执行委员会政治委员会

廿五，五，廿一

国防专门委员会报告审查国防重工业建设计划及各兵工厂建设计划意见

窃查本会奉交审查参谋本部、资源委员会拟之建设国防重工业计划一案，经召集会议，关于国防工业区域，认为应在军事上、安全原料及其他经济条件许可范围以内，选定湘、鄂，川三省相当地点。又对一般重工业拟设地址，除制磷工厂因原料关系，不得已设于海州及电气器材厂宜改于重庆或长沙外，余均称适当，新设之各兵工厂彼此有密切关系，不便过于分离，似以设于湖南、株州附近为宜。关于其他事项，依照下列三点予以审查。即(一)一般重工业兴造兵工业分别计划。(二)一般重工业之建设以原计划为根据，参照兵工行政计划中所需原料之数量及其他国防上需要情形，重加修正。(三)各兵工厂之建设，斟酌其需要缓急，将

其建设先后予以规定，两种计划加以上述之修正，列具简表并就其修正之点，附具说明，以便阅览。至两者之连带关系，在一般重工业方面，应努力生产优良物品，以供军事上之需要。平时宜另觅销场，以谋其存在与发展，俾战时得尽量发挥其效用，在造兵及其他军需品工业方面，亦宜极力采用国产物品，对于其生产之技术，需提供有效之助力。如此，则二者相因而成，可以互助之用。一般重工业建设计划所需经费约为一万万一百三十九万元，兵工厂建设经费约五千七百二十万元，两项合计一万五千八百五十九万元。此两种计划认为有同时进行必要，故其经费亦宜同时筹措，以资着手。至提筹措财源，仍请责成孔祥熙、宋子文、陈杲夫三委员统筹办法，以应建设之需。惟此等建设计划，均系最小限度，如兵工计划完成后所出弹药，仅能供给国军步兵三十师炮兵二十二团作战所需五分之一，合并陈明。以上审查意见，是否有当？理合检修正案及其说明等件，呈请鉴核施行。谨呈
中央政治委员会

国防专门委员会主任委员　程　潜

副主任委员　黄慕松

廿二、三、卅

附呈修正建设一般重工业计划一览表及修正理由

各兵工厂一览表及修正理由

步兵三十师炮兵二十二团之装备与作战期间之弹药消费表〔略〕

制造械弹需用之主要材料及火药数量表〔略〕

中央三十师炮兵二十二团作战期间弹药之需要与供给表〔略〕

修正建设一般重工业计划一览表

军事种类	建设地点	全部完成时每年生产能力	每种厂业完成时间	所需经费(万元)				附注
				全部	第一年	第二年	第三年	
一、钢铁				3000	1000	1000		
(一)钢铁厂	长沙株州附近	各种钢品十万吨	三年	3000	1000	1000	1000	
二、其他重要金属				1270	570	360	340	
(一)钢矿之探采及冶炼	湖北阳新	电钢七千五百九十吨	三年	750	250	250	250	兼炼废铜
(二)锌铅矿之探采及冶炼	湖南水口山	纯铅六千吨纯锌四千吨	二年	450	250	200		
(三)锰矿之整理及锰铁厂	湖南湘潭	锰砂二万吨	一年	70	70			
(四)锑矿及钨矿之整理与钨铁厂之筹设	江西湖南境内	纯锑约一万吨钨砂约四千吨		无须另筹经费				
三、燃料				1916	625	930.5	360.5	
(一)汽油及代用油 甲、石油之探采及提炼	陕西四川境内	提炼石油十八万桶约可得汽油四百二十五万加仑	三年	496	70	213	213	

乙、煤炭低温蒸馏	江西乐平四川彭县湖南武冈	低温油四百四十二万八千加仑汽油四十七万八千八百加仑	二年	430	150	280		先设江西乐平一厂
丙、植物油中提炼汽油	川黔滇及西北各省	汽油二百一十六万加仑	三年	300		5	1475	先在成都设立一厂，然后推广
丁、酒精厂	四川内江或江西南昌附近者外可设之处甚多	代汽油一百八十万加仑	一年	200	200			
(二)煤								
甲、开采湘赣豫烟煤矿	河南禹县湖南湘潭及江西萍乡	烟煤一百万吨	二年	490 490	200 200	290 290		
四、化学工业				1468	848	620		
(一)淡气工厂	湖南株州江西赣州	亚莫尼亚一万八千吨百分之二十发烟硫酸五万七千六百吨硫酸亚肥料五万四千吨浓硝酸一万一千五百三十吨	二年	1160	580	580		第一年度先办一厂厂址须与火药厂接近
(二)氯气工厂	四川自流井山西运城	氯气一千八百吨烧碱二千一百六十吨	一年	80	80			
(三)制磷工厂	江苏海州	黄磷三百六十吨	一年	90	90			此厂须设于淡气工厂所在区域
(四)商品炸药工厂	湖南株州江西赣州	硝化甘油三百六十吨炸药一千〇八十	二年	80	40	40		
(五)新法制盐厂	四川犍为	吨盐二万担	一年	58	58			

五、电气器材				600	445	155		
(一)电气器材厂	重庆或长沙	各种电气器材战时可望自给	二年	600	445	155		
六、机器				800	200	300	300	
(一)机器厂	南昌或长沙附近	轻机器部分能力可产飞机发动机及螺旋桨可制造其他各种轻机器		800	200	300	300	关于飞机机体之制造空委员会方面已有相当进行并有扩充计划
七、水力发电				1085	10	537.5	537.5	
(一)水力发电厂	四川长寿岳山灌县	发电机能力共四万〇八百马力	三年	1085	10	537.5	537.5	先施测验工作再行设厂
共需经费				10,229	3,698	3,993	2,448	

修正建设各兵工厂计划一览表

厂　　别		炮弹厂	无烟药厂	枪弹厂	炸药厂	沪枪弹厂机器之安装	各年经费合计
建设地点		湖南株州附近					
完成时每月生产能力		七五公厘四万一〇五公厘一万二千一五〇八厘五寸二公分十五万发	一五二公吨	一九〇〇万发	一一一公吨	四五〇万发	
每厂建设时间		二年	二年	二年	二年	一年	
全部所费经费（万元）		3360	1,000	660	660	100	5720
经费分年支出（万元）	第一年	2240	660	330	330	100	3630
	第二年	1120	340	330	300		2090
备　　考		二公分炮弹厂附设于炮弹厂。　炮弹厂宜于一年半内将其主要制造设备完成，以便必要时先行开工。无烟药厂亦希能于一年半内可开始制造。					

修正建设各兵工厂计划之理由

一、炮弹厂　现用炮弹种类甚多，购买不便，其价亦昂，故炮弹厂宜于最短期间完成，务须在一年半内将炮弹制造主要设备完成，以便必要时先行开工，二年建设完竣。又原计划对二公分炮弹之制造能力与其他相较，稍觉过大，可减少一半，并以附设于炮弹厂内较原撺部方便。

二、无烟药厂　无烟药种类甚多，购求不便，制造原料问题较少，故此厂宜提前建设。于第一年起一年半内，可开始制造，二年建设完竣。

三、枪弹厂　枪弹最为重要，故枪弹厂应从第一年起两年完成。

四、炸药厂　炸药为炮弹炸弹等必需材料，需要甚切，亦应从第一年起两年完成。

修正建设国防重工业计划之理由

一、铜矿之探采及冶炼　原案每年仅出电铜二千五百二十吨，一年以工作三百日计算，每日仅出八。四吨，以中央直辖各兵工厂目前之需要，每年为一千八百余吨，而兵工署所拟兵工计划完成以后，今年第四年起，每年需要上千余吨。查我国每年输入紫铜锭块及紫铜、黄铜制材为八九千吨，除兵器制造外，铜之需要尚多，故铜之产量，拟请增至五倍，即每年七五六〇吨，经费总额七百五十万元，三年完成。

二、铅、锌矿之探采及冶炼　原案每年出纯铅三千吨，纯锌二千四百吨，而兵工署所拟兵工计划完成以后，每年需要铅约五千二百吨，锌二千八百吨。查我国铅之需要，每年除湘产约二千四五百吨及滇产约二百五十吨外，为外洋输入约六千吨。锌之需要，除国内生产毛锌外，每年由外洋输入二千数百吨，故拟请将铅之产量增至二倍，即每年六千吨，锌增至每年四千吨，经费总额四百五十万元。第一年二百五十万元，二年完成。

三、煤炭低温蒸馏　原案总经费四百三十万元。第一年支出六十万元，先建江西乐平一厂。查此项工厂于蒸馏装置之外，其提取及分馏精制各种煤焦制品之设备需费颇巨，原定规模太小，似不经济。又查其制品之半焦，可作家庭燃料，低温之煤油制品，除已代替急需之汽油以外，可供制造各种炸药及毒气之原料。亦为今日国防上所急需制品，销路实无多大问题，拟请以原案经费设立三个较大之厂，第一年支出一百五十万元建设一厂，其他在第二年完成。

四、酒精厂　原案年产一百八十万加仑，经费总额二百万元，第一年四十万元。查酒精与汽油混合使用，在石油缺少之国家，近来已制定法律强制施行，约混合酒精三〇——五〇%，且兵工署所拟兵工计划完成以后，每年制造火药需要酒精一百四十四万加仑之多。又年产一百八十万加仑之工厂，实为一普通规模，此种工厂设备简单，原料易得，故拟请于一年以内完成。

五、氯气工厂　原案每年产氯气三千六百吨，烧碱四千三百二十吨，即平均每日产氯气十吨，可制成漂白粉约二十吨。查烧碱之需要甚多，惟氯气在平时之用途有限，国内每日对于漂白粉之总需要量约为十一吨，国内已能供给数吨，故原案规模似嫌过大。平时难于维持，拟请将生产能力改为一年，经济总额八十万元，第一年或第二年完成。（现巩分厂已有此种工厂，日产氯气数吨。）

六、氧气工厂　单独创设颇不经济，似亦无此先例，普通系利用氮气工厂（用林德法）Linde或硬化油工厂或煤炭氢化之附产品，用林德法分离液体空气，可生产氧气与氮气，硬化油一般用水之电气分解，所生氢气作为氢化之用，氧气为附产品，煤炭氢化所需之氢，亦用水之电解，而得者约有四五%。又查氧气之需要有限，似可不独立设厂制造，因仰给于外洋之材料尚多也。

七、硝化纤维工厂　硝化纤维为制硝化棉火药、硝化棉涂料、人造象牙之原料。至制造人造丝之原料，则以使用纤维胶为主，硝化棉火药属于无烟药范围，已列入兵工计划内，硝化棉涂料，则国内需要之量不多，人造象牙平时以制造一部分之日用品及玩具为主，均须于平时觅求海外销路，方能大量制造。故此项二厂实以奖励民营工业较为便利，拟请免予列入。

〔国民政府资源委员会档案〕

22. 行政院关于筹建汽车制造厂等三案给实业部密令

（1936年7月21日）

行政院密令　字第四四二四号

令实业部

案准全国经济委员会二十五年七月十四日路字第二七六二六号公函开：查本会第十四次常务委员会议将常务委员提本会工作调整案内，关于公路工作，除建筑公路之外，并宜(一)建设汽车制造厂，以期自能配合制造。(二)秘密购置及积蓄柴油及轻油。(三)制造汽油之代用品，如酒精由煤提油及用木炭或煤开驶汽车等，以备非常一案，前经函准贵院五月二十九日第二三四八号函，已令行实业、铁道、军政三部，各就原案主管范围与本会商洽办理，等由。经于六月十七日由本会公路处会同实业、铁道、军政三部派员在本会举行会议，并将会议纪录分送出席会议各机关，准复同意，各在案。相应检同会议纪录八份，送请查照备案，并转行有关各机关，就主管范围，查照办理。等由。准此。自应照办。除函达军事委员会查照办理，并函复暨分令外，合行检发原附会议纪录，令仰该部查照办理。此令。

计检发原附会议纪录一份。

中华民国二十五年七月廿一日

院　长　蒋中正

会商建设汽车制造厂购储柴油及汽油及制造汽油代用品会议纪录

时间　二十五年六月十七日下午三时

地点　全国经济委员会

出席者　胡博渊　实业部　程树仁　铁道部　赵英　军政部

李介民　军政部　赵祖康　全国经济委员会　杨埙　全国经济委员会

主席　赵祖康

甲、报告事项

主席报告召集会议之意义。略为：关于建设汽车制造厂，购储柴油、汽油及制造汽油代用品三事。本会曾奉常务委员交办并准行政院来函，嘱与铁道、实业、军政三部会商办理，应请各机关出席代表尽量发表意见，商定办法，以利进行。现在汽车制造已有中国汽车制造公司，本会经参加认股襄助，进行汽车配件之制造及车辆之修理，亦经本会拟具办法，并协助经费，督促各省举办。对于购储汽车用油，本会正在积极进行中。至汽油代用品，本会曾会同五省、市交委会，设立煤气车试验委员会，从事研究木炭生气炉之改良制造，并补助资源委员会暨地质调查所举办煤气车试验及燃料研究，特为报告，以供参考。

乙、讨论事项

一、建设汽车制造厂案

决议：

(一)关于汽车制造，已有中国汽车制造公司负责进行，照目前需要及国家财力，似可即由全国经济委员会随时与该公司密切联络，协助进行，并与各有关机关取得联络。

(二)各省市公营、商营大客车及货车之牌号，应由中央规划统制。

(三)关于举办各地配件制造厂、修车厂及工程车工作之支配与联络，由全国经济委员会统筹管理之。所需经费，拟请中央专案，酌予补助。

二、购储柴油、汽油案

决议：

(一) 集中购储汽车用油，仍由全国经济委员会主持进行。

（二）由全国经济委员会拟订汽车用油运储办法后规定各机关储油系统——储油地点、储油量、储油设备——并协助各省建筑储油设备，在规划储油系统时，随时与军事委员会协商。

（三）由全国经济委员会与中央信托局洽商，协助商人扩充油桶制造厂。

（四）由全国经济委员会与中央信托局筹设国营运油系统。

三、制造汽油代用品案

决议：

（一）汽车所用之酒精，可由上海、中国酒精公司供给一部份。关于汽油搀用酒精一事，拟仍由实业部前经召集之酒精混合汽油法规会议，继续开会规定办法。

（二）由煤提油，由全国经济委员会协助原研究机关积极进行。

（三）用木炭或煤，开驶汽车，仍由原研究机关继续进行。

（四）棉籽油及其他植物油之研究，均仍由原办机关继续进行。

〔国民政府实业部档案〕

23. 实业部等处理广东钢铁厂案的有关文件

（1936年11—12月）

（1）实业部矿业司司长程义法签呈（11月10日）

谨呈者：关于广东钢铁厂建造问题，近自粤省陈、何二代表及专家柯尔克到京后，职奉命已与商讨数次，询悉经过情形，其大略为广东省政府与英商百利实公司所订草合同中规定：如以马基原设计为范围者，全厂造价不得超过英金二百万镑，分六年付清，先由该公司派遣柯尔克等到粤复查原料，考察厂址，次乃详细设计，以九个月为限，另以三个月为省府审核时期，届时再订工程合同，以便实行建厂。其调查设计费用，共需英金三万二千镑，自本年五月间订约之日起，第一个月应付五千镑，以后每月续付三千镑，以至付清为止。同时并须在汇丰银行每月存储八千镑，一年之后积至十万镑，约等于造价百分之五，以为建厂时付款之保证金。但草合同又规定，如因时局工潮或经济关系，不能建厂者，任何一方可以通知对方，于一个月后解除契约，届时即将保证金退还省府。以上各项乃草合同之主要条款也。现在英商方面调查工作已经完毕，煤铁矿样已运英试验，迄现时止，粤省府已付调查费一万一千镑，保证金已存二万四千镑，两共三万五千镑。惟近三个月来，粤省府对于应缴或应存之款，均未支付，柯尔克表示衍期之款，应早拨付，并希望于返英之前，能知中央对于粤厂之意见，俾得将实在情形，告知垫款银行，此为百利实公司代表之愿望也。据陈代表称：粤建厅所办省营事业，依照现在情形，如水泥厂每年仍可获利三、四百万元，炼糖厂每年获利亦多，以之支付钢铁厂造价，原无困难，惟因各厂前购机械未付价款者，尚有一千余万元，必须尽先拨付，预计在钢铁厂建造之第一年度，粤省无力支付期款，势须仰赖中央为之辅助。此又为粤省省办事业之金融概况也。职按钢铁厂之设计，应以原料取给、产品销场，而定厂址之地点。兹就粤省设厂位置情形与国内其他适宜建厂地点比较说明如次：

一、原料　粤省云浮铁矿，质量均佳，足可供给最小经济单位钢铁厂三十五年之用。至炼焦所用之煤，柯尔克拟以粤省所产之富国半无烟煤与中兴烟煤混合炼焦，事属可能。灰石锰矿，粤桂均有出产。故就原料论，粤省设厂虽不及长江下游之佳，比之湖南，当无逊色。

二、产销　我国每年输入各种钢铁共有六十万吨，内中钢条最多，计十二余万吨，钢轨次之，计七万余吨，再次为各种建筑用钢品以及钢板、钢皮、钢丝等因。如果中央及粤省两厂同时建造，中央钢厂因地点之适中，应多制钢轨，以供铁路之需要。粤厂因近海便利，应多造钢条，以供各埠之建筑。次如特殊钢之制造，应为中央厂之任务，而薄钢皮一项，可由粤厂专制。至如其他建筑用钢品，两厂均可兼制，一则专销沿江各省，一则出售近海各埠。主要产品既各不同，销售区域又经划分。则中央与粤省两厂，均可顺利进行。

三、厂址　长江以南，适宜建厂地点计有三处：一为距京不远之马鞍山；二为广州近郊之东塱；三为湖南之湘潭(株州)。如以原料取给销场近便为比较，马鞍山最为优胜，广州近郊次之，湖南湘潭又次之。如以国际战争预防袭击为虑，则湖南为上，广州次之，马鞍山又次之。

总之，关于广东省建设钢铁厂，英方银行之贷款既有着落，而分年付款，又为省政府力所能逮，机会颇属难得。如果粤中省营工业之余利的确可靠，似应促成其事，先由中央令粤省府将调查设计费如数拨付，由百利实公司将详细设计于明年完成后，再由粤省呈请中央核夺。至于应否由中央补助经费一层，亦可于明年审核该项设计时，再行决定。以上所拟，是否有当？敬乞核夺！

谨呈

部长　阅

次长

职程义法谨呈

十一月十日

（2）行政院秘书处函(11月16日)

查关于处理广东钢铁厂一案，前经拟定原则两项：(一)由中央设立全国钢铁厂监督委员会，各钢铁厂之重要营业方针由该会商研决定，使各尽所长，不得跌价摧残。(二)中央钢铁厂设于湖南，对于军用钢品及造路钢轨，特别注重，广东钢铁厂则多造钢条及钢皮，使两厂出品不致完全重复，兹已电奉院长核准照办，除分函资源委员会查照办理外，相应函达查照，即希会同资源委员会与粤省派来人员详商实行办法，并拟具全国钢铁厂监督委员会组织规程，呈院核定为荷！此致

实业部

附抄送致院长电一件

行政院秘书长　翁文灏印

中华民国二十五年十一月十六日

抄原电

洛阳。蒋院长钧鉴：密广东省政府前于四月二十八日与英商百利实公司签订广东钢铁厂合约，造价不得过英金二百万镑，分六年付清。六月一日，外交部函呈英使馆送来合约到院，当由院电令省府呈核。嗣据该省府于六月九日呈送到院，当即分交资源委员会及实业部核议，近据该省建设所派遣代表陈仲璧、何致虔二员来京洽谈，英商百利实公司亦派柯尔克来京，均经分别详洽，对于粤省各项办法，藉以更为明悉，最重要者在知中央对于粤省建设所铁厂计划及合约是否核准，窃以为(一)中国全年需用钢品六十万吨，中央及广东两厂每年不过各出十万吨，数量并无问题。(二)日本钢铁业正在竭力促进，现在除该国自行需用外，所余无须数年之后，日本出钢大加，必在中国推扩销路，则中国新事业实行必难，故在此时甚宜努力办理。(三)广州地方在国防上尚为安全，粤省对英商已订合同价值适宜，但已付调查费及保证金三万五千镑，中央一旦取消，似失对外信用，颇宜考虑。因上述理由，似宜于两厂并存方针之下妥筹兼顾办法。兹拟(一)由中央设立全国钢铁厂监督委员会，各钢铁厂之重要营业方针，由该会商研决定，使各尽所长，而不得跌价摧残。(二)中央钢铁厂设于湖南，对于军用钢品及造路钢轨，特别注重。广东钢铁厂则多造钢条及钢皮，使两厂出品不致完全重复。以上所拟意见，曾与吴达诠、

钱乙藜二兄面商，均荷赞同，如蒙钧座核准，拟再与粤省来员详商实行办法，并拟具监督委员会规程，是否可行？敬祈察核，训示为幸。职翁文灏叩。尤．六．印．

(3) 资源委员会、实业部函(12月4日)

案准贵处二十五年十一月十六日第七八八二号函，嘱会同详商处理广东钢铁厂实行办法及拟具全国钢铁厂监督委员会组织规程送核等因，附抄尤电一件。准此。自当分别照办，相应拟送组织大纲一份，即希查照转陈核定为荷！

此致

行政院秘书处

附组织大纲一份

中华民国　年　月　日

全国钢铁厂监督委员会组织大纲草案

一、本委员会之职务在监督全国各钢铁厂之业务，以促发展而免冲突。

二、本委员会设委员五人，由行政院院长聘任之，并指定一人为主任委员。

三、本委员会设秘书一人，由主任委员提经本委员会会议通过，派充之。

四、各钢铁厂应将制造钢铁产品之种类，事先拟具计划，呈请本委员会核准。有必要时，本委员会得决定方针，令行遵照。

五、各钢铁厂铁产品之销路及价格，应按时呈报本委员会。有必要时，本委员会得规定标准，令行遵照。

六、本委员会对于全国钢铁事业之营业方针以及政府应行提倡督促之方法，应随时考虑，向主管机关提出意见。

七、本委员会遇有钢铁厂在营业上不遵命令扰乱市面应行制止者，应拟具适当办法，交由主管机关实行。

八、本组织大纲自公布日施行。

〔国民政府实业部档案〕

24. 建设委员会所属各矿进行状况及开发方案

（约1937年）

一、河南宜洛煤矿

宜洛煤田在陇海铁路洛阳站西南，东西绵长约二十余公里，有煤九层，可以开采者为大占层及铁里石层，全煤田储煤量约在一万万吨以上，煤质属可以炼冶金焦之上等烟煤，热力甚大。

建设委员会于二十六年春派员勘得是项煤田后，即积极进行测量矿区，咨准实业部，根据矿业法第九条“凡可以炼冶金焦之烟煤应归国营”之规定，设定国营矿区一千余公顷，作为国营矿业之一，并于本年七月间，在河南宜阳县城内成立宜洛煤矿工程处筹备开工，唯以时值国难期中，各种材料机件来源有限，整个工程计划不免遭失意外迟延，兹以尽量利用当地材料及旧有矿窿为标准，拟定产煤计划如下：

一、恢复柏坡煤矿，拟于年内恢复，每日产煤五十吨，以后逐渐改良附近土窑工程，增加产煤，至二十七年六月底，每日可产二百吨至三百吨。

二、在二里庙附近，开凿方一公尺半风井一座及斜井一座，于十个月内完成后，再开凿井底平巷及铺设井口上下设备等，需时又约一年余，故至二十八年年底，日可产煤五百吨，以后仍添开永久出煤大井，添置机械设备，逐渐增加产煤，达到每日三千吨计划。

三、在三道岔方面，开凿平巷三百公尺，于五个月内完成，至二十七年六月底，每日亦可产煤三百吨至五百吨，此后再继续增加，达到每日产煤八百吨计划。

总计以上三项工作，所规定最近数年内产煤数量如下表：

二十六年年底　　日产煤五十吨

二十七年六月底　　日产煤五百吨至八百吨

二十八年年底　　日产煤一千吨至一千三百吨

三十年六月底　　日产煤三千吨

为解决运输问题起见，拟兴筑由洛阳至宜阳矿厂之洛宜支线，与陇海路衔接，此段工程包括横贯洛河之大桥一座，如材料来源不虞缺乏，需时八九月可以建筑完成，现正由建委会商请铁道部转饬陇海铁路局计划兴筑，如即时开工，至二十七年六月底或可开始运煤。

二、安徽淮南煤矿

淮南煤田在安徽怀远县淮河南岸，自建设委员会于十九年筹备开发以来，已有相当规模，前以煤斤运输不便，又集资兴筑自淮河南岸田家庵，达长江北岸裕溪口之淮南铁路，经于二十四年年底通车，煤斤运输既畅，煤产亦因以增加，最近每日产煤已达二千五百吨，现方从事开发该煤田西部之洞山矿区，并已到达相当阶段，约计明年六月底，全矿每日产额可增至三千吨，嗣后仍可视市场需要情形，陆续增加产量。

〔国民政府建设委员会档案〕

25. 西京电气股份有限公司董事会关于举行创立会经过情形并检附各项章程致建设委员会呈

(1937年7月15日)

敬呈者。窃公司遵照钧会与陕西省政府、中国建设银公司议定合办西京电厂大纲，于本年七月五日在钧会举行创立会及第一届董监联席会议，由各董事互选秦瑜等三人为常务董事，复由常务董事互选秦瑜为董事长，并推举陈中熙为董事会秘书，所有公司章程、董事会组织章程暨西京电厂组织规程等均经分别议决通

过，即于七月五日开始办公。理合将开会经过情形并检同各项章程议录，备文呈报，仰祈鉴核备案，实为公便。谨呈

建设委员会

附第一届董监联席会议录一份，西京电气公司章程一份，董事组织章程一份，西京电厂组织规程一份。

西京电气股份有限公司董事会谨呈

中华民国二十六年七月十五日

西京电气股份有限公司创立会及第一次董监联席会议

日期　二十六年七月五日

地点　南京建设委员会会议室

出席董事及监察人

袁钝初　秦瑜代

雷宝华

李志刚　雷宝华代

杨毓桢

续式甫　张庆华代

尹国墉

王巽之　墉代

秦　瑜

陈大受

陈中熙

张家社　熙代

卞喜孙　受代

列席　寿光

公推临时主席　秦　瑜

纪录　倪钟焕

主席致开会词：

今日为西京电气公司开创立会及董监联席会议之期，关于西

京电厂筹设缘起及其他详细情形另附之事业报告内，已言之綦详，兹述其梗概如后：

该厂最初本拟由官商合办，嗣以商人认股者不多，此事曾告停顿，后经陕西建设厅雷厅长来京会商后，决定由陕西省政府与建设委员会合资创办，购用首都电厂旧有之七五〇瓩汽轮发电机，移装使用以来经过情形甚为良好，该厂过去营业情形亦尚不恶，至本年六月底止，资产总额已达国币七一一，五〇〇元，内中流动资产约计二三九，〇〇〇元，固定资产（包括发电、配电等资产暨未完工程）约四五〇，〇〇〇元，其他杂项资产约二二，五〇〇元，负债方面应付未付款项约有三八，〇〇〇元，折旧约计一一，二四〇元，现在该厂投资总额，综计国币四〇〇，〇〇〇元，损益约国币二〇〇，〇〇〇元之谱。

现在西京市面日趋繁荣，电量需要增加甚速，现有机件当时本属应急性质，故添购新机亟须积极进行。关于是项新发电设备之完成，尤以省府方面企望更切，一方面为拟举办一合乎经济原则合理化之新电厂，需要新投资起见，商请中国建设银公司加入合作，三方组织公司，合资经营，规定投资总额为国币壹百万元，内陕西省政府与建设委员会各担任叁拾叁万伍千元，银公司担任叁拾叁万元，公司组织完全依照公司法办理，今日开会即系开西京电气股份有限公司成立会，此乃西京电厂过去之大概情形也。

（一）讨论公司章程

议决：就原拟草案修正通过。附公司章程乙份。

（二）讨论董事会章程

议决：就原拟草案修正通过。附董事会章程乙份。

（三）讨论西京电厂组织规程

议决：就原来章程修正通过。附西京电厂组织规程乙份。

（四）聘任西京电厂厂长

议决：聘任寿光为西京电厂厂长。

(五)讨论委派西京电厂职员

议决：交由常务董事办理，一致通过。

(六)讨论公司股款缴付办法

议决：须同时一次缴足，一致通过。

(七)讨论西京电厂本年七月至十二月经常及临时支出预算

议决：照原请核定数修正通过。附西京电厂本年七月至十二月支出预算表三纸。

(八)讨论核减西京电厂电价

议决：表灯电价照二十五年二月建设委员会核准之西京电厂营业章程内所载各厂电价每度统减一分，是项新价格于一六〇〇瓩发电设备装竣发电后，即予施行，当经一致通过。

(九)讨论咸阳通电问题

议决：交由董事会再行详细研究。

(十)推选常务董事及董事长

由各董事互推秦瑜、雷宝华、尹国墉为常务董事，复由各常务董事互推秦瑜为董事长，当经一致通过。

(十一)推选董事会秘书

由各董事互推陈中熙为董事会秘书，当经一致通过。

(十二)尹董事国墉提议，请令饬西京电厂嗣后关于该厂工程及经济状况，每月编造简明报告乙份，送董事会察阅。

议决：一致通过。

(十三)寿厂长光提议请核准建造该厂职员住所。

议决：原则通过。

(十四)散会

西京电气股份有限公司章程

第一章　总则

第一条　本公司定名为西京电气股份有限公司。

第二条　本公司在西京市区内及其他呈准之区域内，专营供给电灯电力电热于公众之业务。

第三条　本公司呈准建设委员会及陕西省政府以三十年为专营年限，自民国二十六年七月一日起至五十六年六月三十日止。期满得续呈展延。

第四条　本公司设管理处于南京，电厂于西京。

第五条　本公司之公告应登载于西京之报纸，必要时得酌登他处之报纸。

第二章　股份

第六条　本公司股本总额定为壹百万元，分为壹万股，每股壹百元，一次缴足。

第七条　本公司股票为记名式，股东转让时，应将股票送请本公司验明过户。

第八条　本公司股东以有中华民国国籍者为限。

第九条　股票如遗失，应邀同证人报请本公司登记，并登本公司指定之报纸声明，经三个月如无纠葛，始得补发。

第十条　本公司股票须经董事五人以上之署名、盖章，始生效力。

第三章　股东会

第十一条　本公司于每年决算后三个月内，开股东常会一次，由董事会于一个月前登报通告，在此期内停止股票过户，遇必要时，得照公司法之规定开股东临时会。

第十二条　股东会开会时，股东每一股有一表决权，但一股东有十一股以上者，每十股递增九权，不及一权之零数不计。

第十三条　股东会之职权如下：

一、选举公司董事及监察人。

二、查核董事监察人提出之各项簿册及报告。

三、决议董事会提出之盈余分配案。

四、决议各股东之提案。

第四章　董事会及监察人

第十四条　本公司设董事九人，监察人三人，均由股东会选举之，概为无给职。

第十五条　股东非有股份壹百股以上者，不得当选为董事或监察人。

第十六条　董事任期三年，监察人任期一年，均得连选连任。

第十七条　董事会由董事全体组织之，主持下列事项。

一、股东会决议案件之执行事项。

二、营业方针之决定事项。

三、重要规章之审定与修改事项。

四、预算决算之审定事项。

五、厂长之聘任及其他高级职员之任免事项。

六、重要合同之商订与废止事项。

七、会计报告之编制及盈余之分配事项。

八、其他有关公司之重要事项。

第十八条　董事会设常务董事三人，由董事互选之，于董事会不开会时行使第十七条之职权，并由常务董事公推一人为董事长。

第十九条　监察人对于下列监察权得共同或各自行使之。

一、账目之稽核。

二、财产之检查。

三、会计师报告之核定。

第二十条　监察人得列席董事会陈述意见，但无表决权。

第五章　职员

第二十一条　本公司电厂设厂长一人，由董事会聘任之，承董事会之命，处理公司一切业务。

第二十二条　本公司职员名额由董事会规定之。

第二十三条　本公司职员任用及保证办法另定之。

第六章　会计

第二十四条　本公司每年决算期间分为两期，一月一日至六月三十日为上期，七月一日至十二月三十一日为下期，俟年终决算后，应由董事会依法造具下列表册，送交监察人查核，提请股东会通过。

一、营业报告书

二、资产负债表

三、财产目录

四、损益计算书

五、盈余分配案

第二十五条　本公司每年度结算，如有纯余，应先提法定公积金，次提常年股息一分，如尚有余，再酌提特别公积金后，应以百分之七十为股东红利，以百分之三十为董监职工之酬奖金。

第七章　附则

第二十六条　本公司各项规程及办事细则由董事会拟定施行。

第二十七条　本章程所有未尽事宜，悉遵照公司法及其他有关系之法令办理。

第二十八条　本章程经主管官署备案后施行。

董事：秦　瑜　陈大受　陈中熙　雷宾华　续式甫

杨毓桢　卞喜孙　王巽之　尹国墉

监察人：张家社　李志刚　袁纯初

西京电气股份有限公司董事会章程(略)

西京电气股份有限公司西京电厂组织规程

第一条　本厂规程依据西京电气股份有限公司章程第二十六

条订定之。

第二条　本厂设厂长一人，承董事会之命处理全厂一切事务。

第三条　本厂设总务、会计、营业、机务、电务五股，承厂长之命分掌各项事宜。

第四条　总务股职掌如下：

一、关于文书之收发、撰拟及保管事项。

二、关于材料物品之购置、点验、收发、保管事项。

三、关于稽查及交涉事项。

四、关于职工考绩之登记及其他人事事项。

五、关于不属于其他各股事项。

第五条　会计股职掌如下：

一、关于现金之出纳及票据之保管事项。

二、关于帐目之登记及预算决算统计表册报告之缮写事项。

三、关于帐目单据之审核事项。

四、关于其他会计事项。

第六条　营业股职掌如下：

一、关于营业之接洽及推广事项。

二、关于用户之注册及纪录事项。

三、关于电费之核算及征收事项。

四、关于其他营业事项。

第七条　机务股职掌如下：

一、关于全厂发电设备之管理、检查及修理事项。

二、关于机务工人之管理事项。

三、关于燃料之化验事项。

四、关于机务工料账之分配事项。

五、关于发电统计及成本计算事项。

六、关于其他机务事项。

第八条　电务股职掌如下：

一、关于输电、配电设备之管理、检查及修理事项。

二、关于用户电气设备之检查及接电事项。

三、关于电表之抄验、装拆及修理事项。

四、关于电务工人之管理事项。

五、关于电务工料账之分配事项。

六、关于电务统计事项。

七、关于其他电务事项。

第九条　各股各设主任一人，股员、事务员、司事、练习生各若干人。

第十条　本厂依工程上之需要，得设工程师、副工程师、工务员各若干人。

第十一条　厂长由董事会聘任，各股股长、工程师及副工程师，由董事会委派，其余各员由厂长委派，报请董事会备案。

第十二条　本厂办事细则另定之。

第十三条　本章程自董事会订定之日施行。

〔国民政府建设委员会档案〕